보정 한글 맞춤법 강의

보정 한글 맞춤법 강의

이희승 · 안병희 · 한재영 공저

(학)신구학원
신구문화사

보정판 서문

《보정 한글 맞춤법 강의》는 기존의 《개정 한글 맞춤법 강의》를 근간으로 하여 2017년 3월 28일 문화체육관광부 고시로 일부 개정된 한글 맞춤법과 표준어 규정 그리고 외래어 표기법의 내용을 보충하여 정리한 것이다.

전면적인 개정은 아니나 《한글 맞춤법》〔문화체육관광부고시 제2017-12호(2017. 3. 28.)〕이 일부 개정되었다. '한글 맞춤법과 《표준국어대사전》 간의 기술 내용이 일부 일치하지 않아 국민의 어문생활에 혼란이 생김에 따라 언어 현실을 반영하여 한글 맞춤법 규정문을 수정'한 것이다. 규정에 보이는 띄어쓰기 불일치를 해소하고 표현 및 용례를 정비하였다.

표준어 규정〔문화체육관광부고시 제2017-13호(2017. 3. 28.)〕도 역시 일부 개정되었다. 표준어 규정은 2011년과 2014년, 2015년 그리고 2016년에 표준어와 표준형의 목록이 추가되었다.

외래어 표기법〔문화체육관광부고시 제2017-14호(2017. 3. 28.)〕도 일부 개정되었다. '외래어 표기법과 《표준국어대사전》 간의 기술 내용이 일부 일치하지 않고, 어문규범 간 일관되지 않은 조항으로 인해 국민의 어문생활에 혼란이 생김에 따라 언어 현실을 반영하고 불일치하는 조항을 삭제하는 등 외래어 표기법을 수정'하고자 한 것이다. 규정에 보이는 띄어쓰기 불일치를 해소하고 표현 및 용례를 정비하였으며, 표 제목도 수정하였다. 아울러 다른 어문규범과 일치하지 않는 조항인 "'해', '섬', '강', '산' 등이 외래어에 붙을 때에는 띄어 쓰고, 우리말에 붙을 때에는 붙여 쓰도록" 하였던 규정을 삭제하였다.

어문 규정을 보면서 사전을 따로 찾는 독자의 번거로움을 덜기 위하여, 《한글 맞춤법》과 《표준어 규정》, 《표준어 모음》에 제시된 어휘를 대상으로 사용 빈도가 현저히 떨어진 어휘라든가 해당 어휘의 어원이나 구성 내용을 알기 쉽지 않은 어휘들의 사전적 의미를 모아 정리한 내용과 《한글 맞춤법 강의》를 통해 제시하였던 많은 분량의 주제별 참고문헌 목록은 덜어내고, 덜어낸 참고문헌 목록 이후에 발표된 최근 10년간의 업적들을 수록한 참고문헌도 그대로 제시하였다.

그 동안의 《한글 맞춤법 강의》가 독자들의 사랑을 받아왔음을 잘 알고 있다. 《한글 맞춤법》의 개정으로 인하여 나오게 된 《보정 한글 맞춤법 강의》에 대해서도 독자 여러분의 사랑과 가르침이 있으시기를 바란다. 보정판을 출판하는 데에도 신구문화사 대표 임미영 사장과 최승복 부장의 많은 관심과 도움은 여전하였다. 여기에 적어 고마운 마음을 전한다.

2018년 2월 일
한재영 적음

증보판 서문

한글 맞춤법이 시행된 후 시간은 어느 새 20여 년이 흘렀다. 언어의 기본적인 속성 가운데 하나가 변화이기는 하지만 그 사이 우리의 국어 사용 환경은 보이게 또는 보이지 않게 많이 변하였다. 《한글 맞춤법 강의》 초판 간행 이후의 변화를 수용하기 위하여 고친판을 내기도 하였으나 그 이후의 변화도 상당히 누적되어 보완할 필요가 생겼다.

우선 눈에 보이는 변화로는 국제교류가 활발해짐에 따라 추가 고시된 스웨덴어를 비롯한 북구의 3개 언어와 말레이시아어를 비롯한 동남아의 3개 언어 그리고 포르투갈어, 네덜란드어, 러시아어에 대한 외래어 표기법을 들 수 있다. 한글 대조표와 표기 세칙이 보완되었다.

눈에 보이지 않는 변화는 어휘 사용 현실에서 찾을 수 있다. 한글 맞춤법이 공표되던 때만 하여도 우리에게 그리 낯설지 않던 많은 어휘들이 낯선 어휘가 되어 있는 것이 그것이다. 한글 맞춤법 규정의 이해를 돕기 위하여 제시한 예가 이해에 도움이 되지 못하는 경우가 생긴 것이다. 이 책에서는 독자들이 낯설어할 만한 예들에 대해서 주석을 달아 도움이 되고자 하였다.

일반적으로 어문규정은 일정 기간이 지나게 되면 수정되고 보완되어야 한다. 약속으로 정한 어문규정은 약속을 바꾸지 않는 한 꾸준히 변화하는 말과 시간이 흐를수록 차이를 보이게 되기 때문이다. 차이가 지나치게 커져서 불편을 느끼게 되기 전에 수정하고 보완할 준비를 갖춰나가는 것이 필요하다고 하겠다. 이 책에서 특별히 어문규정과 관련한 참고논저를 충실히 담아보고자 한 까닭이다. 나아가 북한에서 나온 어문규정 관련 참고논저 목록도 제시하였다. 남북이 어문규정의 통일을 의논하게 될 때 북한의 어문규정에 대한 충실한 이해는 합당한 결론에 도달하기 위한 바탕이 되리라고 생각하였기 때문이다.

《한글 맞춤법 통일안 강의》 이후 《한글 맞춤법 강의》에서도 여전히 취하고 있는 기본적인 태도는 규정이 가지고 있는 문제보다는 규정의 원리와 배경에 보다 많은 관심을 가져, 규정에 대한 이해를 도모하고자 하는 것이었다. 이 책에서도 여전히 일관되게 지키고자 한 태도이다.

20여 년 전《한글 맞춤법 강의》의 간행을 거들어드릴 때에 사소한 내용까지 챙겨 일러 주시던 안병희 선생께서 돌아가신 지도 3년이 넘었다. 그 동안 보완의 필요가 있었음에도 외면하고 있었던 것은 감히 나설 자리가 아니라는 생각 때문이었다. 하지만 전통의《한글 맞춤법 강의》가 명맥을 유지하여 주었으면 하는 독자들의 요구까지 외면하기는 어려웠다.

선생의 가르침 없이 만들어진 책이 온전한 모습과는 거리가 있을 수밖에 없음을 잘 알고 있다. 그저《한글 맞춤법 통일안 강의》와《한글 맞춤법 강의》가 가지고 있던 정신과 선생의 뜻에 거스르지나 않았으면 하는 바람이다.《한글 맞춤법 강의》의 명맥을 잇도록 한 데에는 신구문화사 대표 임미영 사장과 최승복 편집부장의 도움이 절대적이었다. 이 자리를 빌어 감사드린다.

2010년 2월 일

한재영 적음

고친판 서문

1989년 3월부터 시행된 새 맞춤법과 표준어에 대한 강의 초판이 나온 지도 벌써 4년 반이 지났다. 그 사이 정부에서《표준어 모음》을 새로 공고하였고, 남북의 대표가 제삼국에서 기계화에 필요한 한글의 로마 자 표기법을 합의하여 발표하였다. 국제 환경의 변화도 커서 우리 나라와 동구권 나라들과의 교류가 활발해진데다가 북한의 간행물을 우리 주위에서 심심찮게 볼 수 있게 되었다. 그리하여 폴란드 어, 체코 어 등 동구권 언어의 외래어 표기법이 정부에서 고시되었고, 북한의 맞춤법과 문화어에 대한 연구가 활발하게 일어났다. 강의 초판의 내용만으로 우리 문자 생활을 올바로 하기에는 부족함이 컸었다. 이에 강의의 고친판을 내게 된 것이다.

이 고친판은 우선 초판이 간행된 뒤에 발표된《표준어 모음》,《기계화를 위한 한글의 로마 자 표기법》, 폴란드 어 등 동구권 다섯 언어의 외래어 표기법을 수록하여 설명하고, 우리의 맞춤법이나 표준어와 다른 북한의《조선말 규범집》내용을 소개하기로 하였다. 한편, 강의 초판이 간행된 뒤에 많은 독자들이 책에 대한 비판과 질의를 해왔었다. 이들 고마운 비판과 질의에 대한 수정과 보완도 이 고친판에 담게 되었다. 국립 국어 연구원에 가설된 가나다 전화를 통해서도 우리 맞춤법과 표준어 규정에 대한 중요한 질의가 잇따랐고, 연구원에서는 그 질의에 대한 해답을 모아서《'가나다 전화' 자료집》을 간행하였다. 그 가운데서 요긴한 부분은 맞춤법과 표준어를 이해하는 데 필요하다고 생각되어 고친판의 사이사이에 끼워 넣었다. 그 밖에 도판이나 본문 내용에서도 상당한 손질을 하였다. 이리하여 고친판은 초판과 사뭇 다른 모습이 되었다. 고친판에 대해서도 초판과 같이 독자 여러분의 많은 사랑과 가르침을 빌어 마지 않는다.

초판이 나온 그해 11월 공저자로 모신 이희승(李熙昇) 선생께서 돌아가시고 이듬해 정초에는 신구문화사 대표 이종익(李鍾翊) 선생이 뜻밖의 일로 별세하

셨다. 초판은 말할 것도 없고 통일안 강의를 있게 하신 두 분이 한두 달 사이에 유명을 달리하신 것이다. 이 책뿐 아니라 우리 나라 학계와 출판계를 위해서 크나큰 손실이 아닐 수 없다. 두 분의 가르침과 지도가 없이 고친판을 내려 하니 추모의 정을 더욱 느끼게 된다. 고친판이 겉모습은 달라졌지만, 두 분이 세워 놓으신 초판의 골격은 그대로 지니도록 하였다. 삼가 두 분의 명복을 다시금 빌어 마지 않는다.

고친판을 내는 데도 초판과 마찬가지로 한재영(韓在永) 교수의 도움이 컸다. 신구문화사 대표 이숭겸(李崇謙) 사장과 박종성(朴鍾聲) 실장도 책의 체재에서 내용에 이르기까지 많은 충고와 도움을 주었다. 여기에 특별히 적어 깊은 사의를 표한다.

1994년 2월 일
안병희 적음

서문

이 책은 처음 《한글 맞춤법 통일안 강의》를 보완하여 출판할 생각으로 시작되었다. 금년 3월부터 시행하게 된 《한글 맞춤법》은 문교부에서 심의하여 제정하였으나 1933년 10월 조선어 학회에서 제정한 《한글 맞춤법 통일안》과 그 내용에서 크게 달라진 것이 없다. 《통일안》이 공표된 지 반 세기가 지나는 사이에 일어난 국어의 변화와, 그것을 사용하면서 제기된 문제점을 수용하여 약간의 손질을 한 것이 《한글 맞춤법》이기 때문이다. 그리하여 《통일안》과 《한글 맞춤법》의 내용이 같은 것은 《통일안 강의》를 그대로 살리고, 달라진 부분만 설명을 보충하도록 하였다.

원래 《통일안 강의》는 1938년 1월부터 조선어 학회의 기관지인 《한글》에 연재되다가 해방 직후에 단행본으로 간행되었다. 그 내용의 대부분은 이미 반 세기 전에 쓰여진 셈이다. 《통일안》과 《한글 맞춤법》의 내용이 같다고 하여 《통일안 강의》의 해당 부분을 그대로 싣는 일은 독자 여러분께 죄송한 느낌이 없지 않다. 그러나 《통일안 강의》가 《한글 맞춤법》이 고시되기까지 독자 여러분의 변함 없는 사랑을 받아 왔다고 감히 말할 수 있는데, 그것은 책의 내용이 독자의 기호에 크게 벗어나지 않기 때문이라 생각된다. 더욱이 이미 《통일안 강의》에 익숙한 독자는 이 책의 새로운 부분만 읽으면 《한글 맞춤법》의 달라진 면을 곧 알게 되리라 생각되기도 하여, 가능하면 《통일안 강의》를 살리도록 한 것이다.

《한글 맞춤법》 외에도 문교부에서 공포한 《표준어 규정》과 《외래어 표기법》에 대하여도 간단한 설명을 덧붙이기도 하였다. 《한글 맞춤법》 제1장 총칙에서 한글 맞춤법은 표준어를 적는 규칙임(제1항)을 밝히고, 외래어는 《외래어 표기법》에 따라 적음(제3항)을 규정하고 있는 바와 같이, 한글에 의한 문자 생활을 제대로 하려면 맞춤법과 함께 표준어와 외래어 표기에 관한 올바른 지식이 필수적이다. 어떤 의미에서는 《표준어 규정》과 《외래어 표기법》에 대한 이해가 있어야《한글 맞춤법》에 대한 올바른 지식을 얻을 수 있다고도 말할 수 있는데, 이러한 뜻에서 이 책의 내용과 이름은 이해될 것이다.

그리하여 이 책은《통일안 강의》를 수정하고 확대하여 새로운 맞춤법, 표준어 및 외래어 표기에 관한 규정을 수록하여 해설을 붙이게 되었다. 이 책만 이해한다면, 한글에 의한 문자 생활은 올바로 행하여질 수 있을 것이다. 책 뒤의 찾아보기를 활용하면, 실제 문자 생활에서 일어나는 맞춤법의 문제도 대개는 해결되리라 믿는다. 아무쪼록 이 책이 과거의《통일안 강의》와 똑같이 독자 여러분의 맞춤법에 대한 지식을 넓히는 데 도움이 되고, 문자 생활의 반려가 되기를 빌어 마지 않는다.

이 책이 이루어지는 데는 국어 연구소 한재영(韓在永) 교수의 도움이 절대적인 힘이 되었다. 초고의 정리로부터 '부록'의 각종 자료와 '찾아보기'는 모두 한 교수가 수집하고 작성하였다. 엄밀하게 따지면 한 교수도 저자의 한 사람이라 할 정도다.《통일안 강의》와 마찬가지로 이 책이 나오게 된 것도 신구문화사 이종익 사장의 호의에 말미암는다. 여기에 특별히 적어서, 위의 두 분께 깊은 사의를 표한다.

1989년 5월 일

지은이 적음

새로 고친판 서문

이 강의가 간행된 후 4, 5차의 판을 거듭하여 6 · 25 전란 뒤에도 한 번 발행한 일이 있었다. 그러나 그 후 여러 가지 사정으로 말미암아 절판(絶版) 중에 있었더니, 이 강의의 발행자인 박문 출판사(博文出版社)가 문을 닫치게 되고, 동 출판사의 옛 주인 노성석(盧聖錫) 씨의 종씨 되는 노준석(盧俊錫) 씨가 이를 유감으로 여겨 별도로 주선하여 다시 간행할 준비를 추진하였었다. 그러나 조판(組版)이 거의 끝날 무렵에, 또다시 지장이 생겨서, 이를 단념하지 않을 수 없게 되었다.

신구문화사(新丘文化社) 사장 이종익(李鍾翊) 씨가 이러한 사정을 살피고, 과거에 박문 출판사와 옅지 않은 관계를 맺었던 인연으로, 이 책의 간행을 흔연히 담당하여 주었다. 그리하여 이미 조판되어 있던 것은, 활자가 구식인 까닭으로 전연 폐기하여 버리고, 새로운 자체(字體)로 조판을 고쳐 하였다.

또 한 가지 붙여 말하고 싶은 것은, 초판 발행 당시에, 저자의 불민한 탓으로, 통일안의 각 조항(條項) 원문(原文)은 빼어놓고 해설만을 베풀었으므로, 독자로부터 불편을 말하여 온 것이 한두 사람이 아니었다. 그리하여 이번에는 통일안 조항의 원문을 전부 끼워 넣어서, 면목을 일신하게 하였다.

초판(初版) 이래 발행자를 세번째 맞이하게 되고, 따라서 책의 체재(體裁)도 번번이 변경하게 되었다. 이 책은 5, 6판을 거듭하는 동안, 이처럼 그 운명이 기구하였다.

지금 이《통일안 강의》가 다시 햇빛을 보게 된 것은 온전히 신구문화사 사장 이종익 씨의 호의인 것을 거듭 말하여 감사의 뜻을 표한다.

1959년 5월 보름날

낙산(駱山) 밑 서재 남창(南窓)에서

이희승 적음

■《한글 맞춤법 통일안 강의》

서문(序文)

이 강의 초판본에는 서문을 붙이지 아니하였다. 그러나 지금 수정판을 냄에 당하여, 몇마디 말을 첫머리에 얹지 않을 수 없다.

당초에 이 강의를 《한글》 잡지에 쓸 때부터 여러 친구의 격려를 적지 않이 받아, 그 분들의 힘이 아니었다면 본래부터 피동적(被動的)이요 적극성(積極性)이 적은 나로서는, 이 강의를 이루어 보지 못하였을는지 알 수 없다. 그 당시의 성화(星火) 같은 원고 재촉은 나에게 말할 수 없는 고통이었다. 그러나 지금 와서 생각하여 보면 감사하기가 짝이 없다.

내가 이 강의를 쓰게 된 동기는 이러하거니와, 그 의도는 무엇에 있었던가? 맞춤법 통일안을 우리 형제에게 널리 알리는 데 그 주되는 목적이 있었음은 물론이요, 이와 동시에 우리 국어 국문에 대한 일반 상식도 겸하여 향상시키려 함에 꽤 마음을 쓴 셈이다. 그러나 결과는 맨 처음 의도의 십분의 일도 달하지 못하였으리라. 법률의 조문과 비슷한, 알기 어려운 통일안의 문구를, 내 딴은 쉽게 해설한다는 것이 역시 알기 어렵게 되었을 것을 스스로 불안하게 여기는 바다.

8 · 15 이후, 즉시 집에 돌아와서, 산란하여진 책상의 먼지도 털어 버릴 새 없이, 조선어 학회의 묵은 동지들과 함께, 다시 국어 국문 운동에 몸을 바치려 나섰을 때에, 여러 동지와 친구들은 이 통일안 강의를 한 권 책으로 낼 것을 다시 고무하여 마지 않았다. 그러나 미완고(未完稿)대로 있는 이 강의를 완성시킬 여유는 과연 가지지 못하였었다. 그리하여 그 해는 그저 넘어가고 말았다.

이듬해 봄에 와서, 외우(畏友) 일사(一簑) 형의 알선으로, 새로 생긴 출판사 동성사(東省社)의 힘을 얻어, 이 강의의 간행을 실천에 옮기게 되었으나, 불행히 인쇄업자를 잘못 만난 탓으로, 동성사나 저자나 유형무형(有形無形)하게 적지 않은 타격을 받게 되었다. 발행자 편의 손해도 많았거니와, 저자 편으로도 물질적 손실 이외에, 교정을 보아 주는 동안 오케이를 놓기 전에, 인쇄업자가 마음대로 지형(紙型)을 척척 떠낸 일이, 무엇보다도 불쾌하고 유감된 일이었다. 그 결과로 초간본은 오자(誤字), 낙서(落書) 투성이요, 종이도 말할 수 없이 나쁜 것을 쓰게 되었다.

이번 3판을 꾀할 때에, 그 지형을 사용하면 아직도 상당한 수량을 박아낼 수 있을 것이다. 그러나 그러한 볼썽사나운 책으로는 한 권 반 권도 다시 내어 놓고 싶지 않다. 또, 통일안 자체의 일부분 개정(改正)도 있고 하여, 수정판을 내기로 작정하였다.

이 개판(改版)에 즈음하여, 저자에게 가장 큰 호의를 베풀어 준 분은 동성사 주인 노영근(盧泳根) 씨다. 그 판권(版權)과 지형(紙型) 전부를 무조건으로 저자에게 넘겨준 데 대하여는 무엇이라고 감사해야 좋을지 알 수 없다. 또, 이 일이 이와 같이 성취된 이면에는 일사 형이 그 교섭에 많은 수고를 아끼지 않았다. 두 분에게 깊이 고마운 뜻을 표하여 마지않는다.

1949년 9월 초하룻날
이희승 적음

일러두기

본서는 한글 맞춤법에 관한 내용을 설명하기 위한 책이지만, 단순한 설명보다는 한글 맞춤법의 역사적인 배경과 기본적인 원리의 이해에 도움을 주고자 하였으며, 또한 한글로 표기되는 표준어와 외래어의 표기는 물론 국어의 로마 자 표기에 대해서도 올바른 지침을 제공하여 실제의 문자 생활에 도움이 되도록 도모하였다. 그 집필 내용의 개요는 다음과 같다.

●한글 맞춤법

1. 《한글 맞춤법》의 각 조항에 대해서는 조항의 설명과 함께 그 조항에 필요한 배경과 원리에 관한 설명을 하고자 하였다. 실용적인 면에서 도움을 필요로 하는 독자에게는 물론, 보다 깊은 내용을 알고자 하는 독자의 욕구에도 어느 정도는 만족할 만한 내용을 담아 보고자 하였다.

2. 그러나 본서의 기본적인 성격상 전문적인 내용의 설명과 각 조항과 관련된 부수적인 사항들에 대한 자세한 설명은 자제할 수밖에 없었다. 그에 대한 보완을 위해서 취한 방법이 【참고】의 제시이다. 【참고】에 소개된 논문 및 저서들은 가급적 필독서만을 소개하고자 하였다. 【참고】에 소개한 논문 및 저서들의 소개에는 해당 조항 가운데는 직접적인 관계가 없다고 하더라도 해당 조항과 밀접한 관계를 가지고 있는 내용을 담고 있는 것도 반영하였다.

3. 가급적 하나의 조항은 하나의 설명 단위가 되도록 하였으나, 해당 조항의 길이가 길거나, 짧더라도 상반된 내용을 담고 있는 경우에는 적당히 나누어 설명하였다.

4. 설명의 끝에는 일반 독자들이 궁금해할 만한 예를 들어 이해를 돕고자 하였으며, 각 항목에서 보이는 어휘들 가운데 자주 사용하지 않게 되어 의미를 쉽게 알기 어려운 어휘에 대해서는 따로 모아 '어휘 사전'으로 정리하여 간단한 의

미를 제시하였다.

5. 그와 함께 최근 관심이 모아지고 있는 북한의 맞춤법 규정 가운데 '한글 맞춤법'과의 차이를 보이는 내용에 대해서는 함께 소개하였다.

6. 본서의 뒤에는 최근 10여 년 동안 맞춤법에 관련된 신문, 잡지 등의 논설, 기사 목록을 덧붙였다. 맞춤법 문제에 대한 그 동안의 논란과 지금도 계속되고 있는 맞춤법에 대한 논란의 양상과 문제의 성격을 살피는 데 많은 참고가 될 것이다.

●표준어 규정

1. 앞서의 《한글 맞춤법》과는 달리 《표준어 규정》의 설명에서는 개별 항목이 아닌 장별 설명 방식을 취하였다. 그것은 《맞춤법》과는 달리 《표준어 규정》은 장별로 동일한 유형의 문제끼리 묶여 있기 때문이고, 맞춤법 문제가 이론의 문제라면 표준어 문제는 선택의 문제이기 때문이다. 그러나 필요한 경우에는 어휘의 선택과 관련된 문제들에 대하여 그 과정을 살펴 설명하였다.

2. 《표준어 규정》의 【참고】에는 표준어에 관하여 언급한 주요 논문들을 소개하였다. 그들이 우리가 접할 수 있는 거의 대부분이라는 점은 우리에게 시사하는 바가 크다고 할 수 있다. 우리 자신이 표준어에 대하여 가지고 있던 무관심의 정도를 반영하고 있다고 해도 과언이 아니기 때문이다.

3. 한편, 제2부의 내용은 '자음과 모음, 음의 길이, 받침의 발음, 음의 동화, 경음화, 음의 첨가' 등으로 구성되어 있고, 그에 대한 참고 논저들은 상당수가 있으나 앞서의 《맞춤법》과의 중복을 피한다는 의미에서 그들 내용에 대한 필독서의 소개는 《맞춤법》으로 미루었다.

●표준어 모음

1. 《표준어 모음》은 주요한 국어 사전들이 표준어로 인정하는 데서나 발음형을 보이는 데서 서로 어긋나는 단어들을 모아서 표준 어형과 발음을 일정하게 하여 보인 어휘집이다. 표준 어형과 발음을 정한 준거는 모두 《표준어 규정》에 있고, 어휘집의 어려운 단어는 '비고'에 뜻풀이가 베풀어져 있다. 그러므로 《표준어 모음》에 대한 설명은 줄이기로 한다.

2.《표준어 모음》의 구체적인 준거는 다음과 같다. '제1부 어휘 선택'은《표준어 규정》'제1부 표준어 사정 원칙'에 따른 것인데,《표준어 모음》의 해당 단어마다 '관련 규정'이 일일이 제시되어 있다. 2011년과 2014년, 2015년에는 표준어 목록의 추가 작업이 이루어졌다. 추가 표준어 목록은 표준어 모음의 '제1부 어휘 선택'의 말미에 별도의 표로 정리하여 제시하였다. '제2부 발음'은《표준어 규정》의 '제2부 표준 발음법'을 적용하였는데, '제1절 장단'은 '표준 발음법'의 '제3장 제6, 7항', '제2절 경음'은 '표준 발음법'의 제6, 7장이 관련 규정이다. 이들 준거를 이해하려면,《표준어 규정》의 관련 규정에 대한 설명을 참고하면 될 것이다. '표준어 모음'의 끝에는《한글 맞춤법》과 '표준어 규정'·'표준어 모음'에 제시된 어휘 가운데 의미를 쉽게 알기 어려운 어휘를 모아 '한글 맞춤법·표준어 규정·표준어 모음 어휘 사전'을 제시하였다. 본서를 읽으면서 다시 사전을 찾아야 하는 번거로움을 덜기 위한 조처이다.

●외래어 표기법

1.《외래어 표기법》의 설명은 앞에 보인《맞춤법》과《표준어 규정》의 절충적인 방식을 취하였다.《맞춤법》에 대해서는 개별 조항의 설명을 하고 있고,《표준어》에 대해서는 장별로 설명을 하고 있음에 비하여,《외래어 표기법》에서는 제1장에 대해서만 개별 조항의 설명을 택하고 제2, 3, 4장에 대해서는 장별 설명을 펴고 있다. 그것은 제1장 표기의 기본 원칙이《맞춤법》과 같은 성격을 가지는 데 반하여, 다른 것들은 그렇지 못하다는 데 기인한다. 문화부 고시 제1992-31호(1992. 11. 27.)과 문화체육부 고시 제1995-8호(1995. 3. 16.), 문화관광부 고시 제2004-11호(2004. 12. 20.) 그리고 문화관광부 고시 제2005-32 호(2005. 12. 28.)에 의한 언어의 표기 일람표와 지명 및 인명에 대해서도 같은 방식으로 처리하였다

2. 부록으로 실은 외래어 표기 용례에는 일상적으로 많이 쓰이는 예들을 수록하고자 하였다. 실용적인 면에서 도움이 되었으면 하는 생각에서이다. 국명 및 수도명을 별도의 면에 따로 모아 도표로 꾸며 독자들의 편의를 도모했다.

3.《외래어 표기법》의 뒤에 붙인【참고】도 앞서《표준어 규정》에서 소개한 참고 논저들처럼 우리가 접할 수 있는 거의 최대한의 목록이다. 보다 많은 우리의 관심을 필요로 하고 있음을 보여 준다고 할 수 있다.

●국어의 로마 자 표기법

1.《국어의 로마 자 표기법》은 앞서의《한글 맞춤법》,《표준어 규정》,《외래어 표기법》과는 그 성격이 자못 다르다. 왜냐하면, 앞서의 세 가지는 모두 '한글'로 적는 것임에 비하여《국어의 로마 자 표기법》은 우리말을 대상으로 하기는 하지만, 표기 자체는 로마 자로 하는 것이라는 점에서 오히려 정반대적인 성격을 갖는 것이라고도 할 수 있다. 본서에서《국어의 로마 자 표기법》을 부록에서 다룬 까닭이 그 곳에 있다.

2.《로마 자 표기법》의 용례도 외래어 표기법과 같이 실용적인 면을 취하고자 하여 최근의 행정 구역명을 소개하였다. 시, 구, 군까지만을 보이기로 한 것은 지나친 번잡함을 피하고자 하는 까닭과 함께 우리가 보인 예와 그의 응용으로 국어의 로마 자 표기는 충분하리라는 생각 때문이었다.

3.《로마 자 표기법》의 뒤에 붙인【참고】역시《표준어 규정》에서 소개한 참고 논저들처럼 우리가 접할 수 있는 거의 최대한의 목록이다. 그 절대수가 얼마 되지 않는다는 점에서 보다 많은 우리의 관심을 필요로 하고 있음을 보여 준다고 할 수 있다.

●참고문헌

1. 참고문헌 목록은 본서의 집필에 참고한 목록과 한글 맞춤법 및 표준어 관련 논저 그리고 외래어 표기법과 로마 자 표기법 관련 논저 목록을 각각 나누어 제시하였으며, 신문에 실린 논설과 기사 목록을 아울러 제시하였다.

2. 앞서의 '증보 한글 맞춤법 강의'에서는 2005년도까지 나온 목록을 참고문헌에 제시한 바 있다. 본서에서는 한글 맞춤법 및 표준어 관련 논저 그리고 외래어 표기법과 로마 자 표기법 관련 논저 목록을 각각 나누어 제시하였으며, 신문에 실린 논설과 기사 목록에 대하여 2005년 이후 2014년까지의 목록만을 제시하기로 한다. 경제성을 고려한 조처이지만, 참고문헌의 전체 목록을 보고자 하는 이들에게는 다소의 번거로움을 끼치게 된 셈이다. 양해를 구한다.

3. 같은 맥락에서 증보판에 제시하였던 '어문규정 관련 북한의 관련 참고논저' 목록도 제외하기로 한다. 추후 추가가 필요한 경우에 다시 다루기로 한다.

4. 앞서의 '증보판'에 실었던 2005년도까지의 참고문헌 목록은 신구문화사

홈페이지를 통하여 계속 제공하기로 한다.

●찾아보기

1. 본서의 찾아보기는 크게 두 가지 성격으로 나뉜다. 그 하나는 개별 조항에 나오는 용례들의 색인이고, 다른 하나는 본문의 설명에 나오는 용어들의 색인이다.

2. 용례의 경우에는《맞춤법》과《표준어 규정》, 그리고《표준어 모음》의 용례들을 함께 묶어 이용의 편의를 도모하였다. 용례 뒤의 번호는 다음의 예와 같이 해당 용례를 보이는 항을 의미한다.

㉸ 불긋불긋	19	→ 맞춤법 제19항
길라잡이	1.25	→ 표준어 규정 제1부 표준어 사정 원칙 제25항
밭갈이	2.23	→ 표준어 규정 제2부 표준 발음법 제23항
각시	3.1	→ 표준어 모음 1. 어휘 선택
대견하다	3.21	→ 표준어 모음 2. 발음 (1) 장단
겨울잠	3.22	→ 표준어 모음 2. 발음 (2) 경음

3. 용어들의 경우에는 해당 용어가 보이는 면수를 보였다.

4.《외래어 표기법》과《국어의 로마 자 표기법》에 대해서는 별도의 찾아보기를 붙이지 않았다. 본서에서 소개하고 있는 각각의 간추린 표기 용례집이 찾아보기 역할을 충분히 할 것이라 믿기 때문이다.

차 례

Ⅰ. 한글 맞춤법

Ⅱ. 표준어 규정

Ⅲ. 표준어 모음

Ⅳ. 외래어 표기법

부 록

찾아보기

I

한글 맞춤법

일 러 두 기

1. 이《보정 한글 맞춤법 강의》는 문교부 고시 제88-1호(1988.1.19.)에 따라 1989년 3월 1일부터 시행하게 된 맞춤법이 2014년 10월 27일 〈문장 부호〉의 용법을 보완하여 일부 개정 고시되고, 2015년 1월 1일부터 시행된 규정을 다시 2017년 3월 28일 문화체육관광부고시 제2017-12호로 일부 수정한《한글 맞춤법》규정을 강의한 것이다.
2. 《한글 맞춤법》은 본문 6장과 부록으로 이루어져 있다. 각 장은 다시 절로 나누고, 절은 항으로 나누어, 각기 원칙에 따라 예시어를 제시했다.
3. 각 절과 항마다 따로 해설을 실었고, 【참고】란을 두어 연구 자료를 제시했다.
4. 최근들어 사용빈도가 낮아져 일반독자들에게 낯선 어휘가 된 예시어에 대해서는 한글 맞춤법과 표준어 규정 그리고 표준어 모음의 어휘들을 골라 정리한 '어휘 사전'을 통하여 간단한 설명을 붙였다.
5. 말미에《한글 맞춤법》이 되기까지,《한글 맞춤법》과《통일안》과의 비교와,《한글 맞춤법》과 북한의《조선말 규범집》과의 차이를 정리하여 참고가 되게 했다.
6. 표기는 개정된 규정에 따랐다.
7. '다만'은 규정의 본문에 해당되지 않는 예외 사항을 제시할 경우, 〔붙임〕은 규정의 본문에 포함시켜 설명하기 어려운 사항을 보충할 경우에 각각 사용했다.

제 1 장 총 칙

한글 맞춤법 전체에 대한 정신, 즉 큰 강령이라고 할 수 있는 것을 세 항목의 총칙으로 규정하여 놓았다.

> 제 1 항 한글 맞춤법은 표준어를 소리대로 적되, 어법에 맞도록 함을 원칙으로 한다.

이 조항의 내용을 검토하여 보면, 다음 세 가지 요소가 포함되어 있음을 알 수 있다.

(1) 표준어를 맞춤법 규정의 대상으로 삼는다는 뜻.

(2) 표준어로 인정하여 선택한 말은, 그 발음대로 충실히 적어야 한다는 뜻.

(3) 표준어이고 또 발음대로 기록한 철자라도, 문법에 맞지 않고 어그러져서는 안 된다는 뜻.

이 세 가지 요소가 잘 어울리어 조화되는 것을 원칙으로 삼아서, 앞으로 맞춤법을 규정하여 나갈 큰 강령을 세운 것이다. 그 중의,

(1) 첫째 요소는 본서의 《표준어 규정》에서 다시 자세히 다루게 되므로 여기에서는 생략하고, (2), (3)의 요소에 대하여서만 살펴보기로 한다.

(2) 둘째 요소는, 표준어는 그 발음을 우리가 실제로 말하는 소리대로 적자고 하는 것으로, 표음 문자인 한글로서는 너무나 당연한 규정이다. 그러나 《통일안》이 나오기 전의 글을 적는 실례를 보면,

① 전부터 기록하던 습관에 의하여, 실제의 발음대로 적지 못하는 예

'어깨'를 '엇개'로 적기 쉽고, (제5항 참조)

'으뜸'을 '웃듬'으로 적기 쉬우며 (제5항 참조)

'사랑니'를 '사랑이'로 적기 쉬우며, (제27항 참조)

② 한자음을 적을 때에, 실제의 발음과 어그러지는 예

'휴게실'을 '휴계실'로 적으며, (제8항 참조)

'익명'을 '닉명'으로 적으며, (제10항 참조)

'유유상종'을 '유류상종'으로 적는다. (제13항 참조)

이러한 예들은 모두 역사적 표기법에 따른 것이거나 혹은 잘못 적은 예들로서, 역사적 표기법에 따른 예들은 그 표기법을 채용하던 당시에는 발음도 그 표기법의 글자와 부합되었으리라 생각한다. 그러나 말은 시대가 변함에 따라 그 발음 역시 변하게 되므로, 일단 변한 이상, 현재 사용하고 있는 발음대로 기록해야 할 것은, 어문 일치를 주장하는 현대에 있어서 더욱 필요한 일이라 생각한다(본서의 표준어 규정 참조).

(3) 셋째 요소, 즉 문법에 맞도록 기록해야 하는 것도 대단히 필요한 것이다. 표준어를 실제로 사용하고 있는 발음대로만 적는다면 그것은 위의 둘째 요소에는 충실한 표기가 되지만 독서의 능률을 크게 떨어뜨리는 결과를 초래할 것이다. 가령,

'같이'를 '가치'로 (제6항 참조)

'웃어른'을 '우더른, 욷어른'으로 (제7항 참조)

'같다, 같고, 같아, 같으니'를 '갇다, 갇고, 가타, 가트니'로 (제15항 참조)

'낱낱이'를 '난나치, 낟나치'로 (제20항 참조)

적는다면 언어의 현상은 그대로 드러나지만, 언어의 규칙성, 곧 문법은 세울 수 없게 된다. 언어의 규칙성에 따라 정리되지 못한 표기는 읽기에 여간 불편한 것이 아니다.

흔히 표음 문자인 한글은 글자와 음소와의 1:1 관계를 유지하여야 될 것으로 생각하고 있다. 그러한 생각으로 본다면 한글로 기록된 내용은 일단 소리 기호의 단순한 전사로만 이해된다.

그런데 문자를 통한 개념의 이해는 음성 기호의 매개가 필연적으로 수반되는 것이 아닐뿐더러, 오히려 음성 기호의 매개없이 문자가 직접 개념과 통하는 것이다.

이를테면 '같이'나 '꽃잎'을 보고 [가치]나 [꼰닙]이라는 소리를 먼저 연상하는 사람은 거의 없다. [가치]나 [꼰닙]이라는 음성 기호를 귀로 듣는 경우와 마찬가지로 '같이'나 '꽃잎'을 눈으로 보고, 바로 '같이'나 '꽃잎'이 가지고 있는 개념에 도달하는 것이 일상적이기 때문이다.

그러므로 하나의 개념이 같은 표기로 적히면 독서의 능률이 크게 향상된다. 어느 나라 말을 막론하고, 순표음주의로만 맞춤법을 규정한 일은 없다. 그러기

에, 《한글 맞춤법》은 실제의 발음과 약간 다르더라도 소리와 형태에 관한 규칙(제3장, 제4장 참조), 곧 어법을 세워서 그에 맞게 적도록 한 것이다.

이상과 같이 "소리대로 적되" 하는 둘째 요소와 "어법에 맞도록" 하는 셋째 요소는 일견 상충되는 듯이 보일 수도 있는 것이지만, 언제든지 그 한 편 주장에만 얽매일 수는 없는 것으로서, 서로 잘 조화를 이루어야 할 것이다. 제1항의 끝에 "원칙으로 한다"는 표현을 사용하여 예외도 있을 수 있다는 여유를 둔 데 대하여 주의를 할 필요가 있다. 《한글 맞춤법》이 이렇듯 절충안을 제시하고 있는 것은, 문자가 보다 순수히 눈을 위한 것이라는 사실을 배려한 것이라고 할 수 있다.

【참고】 1. 맞춤법의 역사에 대하여는 이기문(1963, 1980), 이익섭(1971), 안병희(1988)을 참조할 것.
2. 음소적 원리와 형태 음소적 원리에 대하여는 이기문(1980)을 참조할 것.
3. 표준어에 대하여는 본서의 《표준어 규정》을 참조할 것.

제 2 항 문장의 각 단어는 띄어 씀을 원칙으로 한다.

앞의 제1항에서 음성 기호가 귀를 위한 것인 반면 문자는 순수히 눈을 위한 것이라는 사실을 살펴보았거니와, 제2항의 띄어쓰기 규정도 문자 사용의 효율성과 경제성을 위한 조항이다. 우선 다음의 예들을 보기로 하자.

(1) 나물좀다오.
(2) 장비가말탔다.
(3) 아기가방에들어간다.
(4) 예수가마귀를쫓았다.
(5) 오늘밤나무사온다.

이들은 모두 짤막짤막한 글들이지마는, 띄어 쓰지 아니 하였기 때문에 그 뜻은 두 가지 혹은 그 이상으로 해석될 수 있다.

(1)을,
① 나물 좀 다오.
② 나 물 좀 다오.

와 같이 띄어 쓰게 되면, 비로소 그 뜻이 분명하게 되어 ①은 콩나물이나 숙주나

물이나 산나물 또는 그 밖의 어떠한 종류든지 반찬하여 먹는 나물을 좀 달라는 말이 되고, ②는 목이 마르니 나에게 물을 좀 달라는 말이 된다.

(2)도 그 뜻을 두 가지로 달리 볼 수 있으니,

① 장비가 말 탔다.

하면, '장비'란 사람이 장군답게 말을 탄 것이 될 것이지만,

② 장비 가말 탔다.

고 하면, 장군답지 못하게 가마를 탄 것이 되고 말 것이다. '가마를'이란 말을 줄이면 '가말'로 되기 때문이다.

(3)은 더욱 재미있는 예가 될 수 있다.

① 아기가 방에 들어간다.

고 하면 당연한 것이겠으나,

② 아기 가방에 들어간다.

라고 하면 상당히 위험한 장면의 상정이 요구될 것이기 때문이다.

(4)도 역시,

① 예수가 마귀(魔鬼)를 쫓았다.

라고 하여야 당연하지,

② 예수 가마귀〔烏〕를 쫓았다.

라고 해서야 예수교 신자를 조롱하는 이야기가 될 수밖에 없을 것이다.

(5)는 아주 짧은 어구지마는 그 해석은 다음과 같이 여러 가지로 될 수가 있으니,

① 오늘밤 나무사 온다. (今夜 羅武士 來)

② 오늘밤 나무 사 온다. (今夜 買木 來)

③ 오늘밤 나 무 사 온다. (今夜 我 買大根 來)

④ 오늘 밤나무 사 온다. (今日 買栗木 來)

⑤ 오늘 밤 나무 사 온다. (今日 栗與木 買來)

⑥ 오, 늘 밤나무 사 온다. (噫常買栗木 來)

⑦ 오, 늘 밤 나무 사 온다. (噫常買栗與木 來)

그리고 표준어는 아니지마는,

⑧ 오늘밤 나무사 온다. (오늘밤 나무야 온다.)

⑧은 즉 '다른 것이야 모르지마는, 오늘 밤에 나무는 틀림없이 오겠다.'는 뜻을 나타내는 말이 된다.

그리고 ④와 ⑤의 '밤나무'라는 말은 '율목(栗木)'이라는 뜻도 되고, 또 '밤에 피는 나무'란 뜻도 되므로, 결국 이 짧은 글은 열 가지 이상의 다른 뜻으로 해석될 수 있다. 여기서 ④, ⑤의 뜻을 두 가지로 보는 것은 띄어쓰기 방식의 차이에 기인하는 것이 아니므로 논외로 해야 하고, ①은 너무 무리한 억지 해석이라고 할지 모르나, 띄어쓰기 때문에 야기되는 이와 같은 중의적인 양상은 띄어쓰기의 중요성을 충분히 웅변하고 있다고 할 수 있다.

혹 위에 든 예문이 짧은 글의 경우라서 그런 것이지 긴 문장 속에서는 앞뒤의 문맥을 살펴 충분히 정확한 의미를 파악할 수 있다고 할 수 있을지도 모른다. 그러나 우리는 보다 긴 문장이라고 하더라도 두 가지 혹은 세 가지로 해석될 수 있어, 그 의미를 해석하기가 어려운 경우를 종종 만나게 되기도 한다. 막대기와 같이 띄어 쓰지 않은 글로 된 고전 소설이나 옛날의 한글 편지를 읽어 본 사람은 그러한 경우를 누구나 경험하였을 것이다.

따라서 글을 띄어 쓴다고 할 경우 어떻게 띄어 쓸 것인가가 문제된다. 띄어 쓰는 단위로 고려될 수 있는 대상으로는 형태소, 단어, 구, 문장 등의 문법 단위를 들 수 있다. 그러나 위에서 본 바와 마찬가지로 문장을 띄어쓰기의 단위로 삼는 것은 문제의 출발점으로 되돌아가는 것이 되는 것이고, 구를 띄어쓰기의 단위로 삼는 것은 문장을 띄어쓰기의 단위로 삼는 것보다는 나을 것이지만, 상당히 불철저한 것이어서, 구가 꽤 길어질 경우 등에는 문장을 단위로 하는 것보다 크게 나을 것이 없는 경우를 보일 수도 있기 때문이다. 그렇다고 해서 형태소를 띄어쓰기의 단위로 삼을 수도 없는 것이다. 우선 형태소의 분석을 어떻게 할 것이냐 하는 기본적인 것부터 아직도 여전히 남아 있는 문제이지만, 그러한 문제가 해결된다고 해도 문자의 효율성이라는 면에서 본다면 문제가 있는 것이다. 위의 (5)를 형태소 단위로 띄어 쓴 다음 예가 그것을 보여 준다.

오늘 밤 나무 사 오 ㄴ 다.

이 예가 보여 주는 표기가 받침 소리인 'ㄴ'이 음절과 같이 적히는 등 우리의 문자 생활의 습관과 크게 어긋나기 때문만이 아니다. 띄어 쓰지 않은 (5)가 나타내는 ②, ③, ④, ⑤의 해석이 형태소 단위로 띄어 쓴 이 예에서도 가능하기 때문이다. 그리하여 우리가 취할 수 있는 최선의 방법은 단어를 띄어쓰기의 단위로 잡는 것이 된다.

《훈민정음》을 만들 때에, 좀더 국어의 본질에 착안하였더라면 당연히 단어 본위로 철자하도록 글자를 만들었을 것이지, 현재 쓰고 있는 것과 같은 음절 본위의 글자로 만들지는 않았을 것이다. 이것은 분명히 원칙적으로 한 음절이 한 단어가 되는 한문 글자의 영향을 받아서 그리 되었으리라고 생각된다. 그러기에 중국어와 같은 언어를 형태상으로 분류할 때에 단음절 언어(單音節言語)라 하고, 국어 · 영어 · 독일어 같은 말은, 한 단어가 여러 음절로 된 것이 많기 때문에 다음절 언어(多音節言語)라 부르는 것이니, 로마자는 다음절 언어의 단어를 철자하기에 편하도록 되었고, 우리 한글은 말은 다음절 언어이지만 음절마다 한 덩어리가 되도록 글자 모양이 되어 로마자와 달리 글을 쓸 때에 띄어 쓰는 문제가 생기게 된 것이다.

한 개의 단어는 각각 한 개의 독립된 개념을 가지고 있으므로, 단어를 한 덩어리로 써 놓아야 얼핏 보아서도 그 개념을 파악할 수 있고, 글을 읽는 데 있어서도 능률을 기할 수 있게 된다. 그러나 토, 즉 조사는 한 단어이면서도 독립된 개념을 가지고 있지 못하고 다만 문법상의 직능, 즉 문장 구성상의 관계를 맺는 능력만을 나타내는 것이므로, 따로 띄어 쓰지 말고 그 위에 오는 말 즉 실질적 개념을 가진 단어에 붙여 쓰자 하는 것이다.

단어는 띄어 쓴다고 하는 본 조항의 규정에서 본다면 조사를 붙여 쓰는 것은 예외적인 존재라고 설명할 수가 있으나, 띄어쓰기의 근본 취지가 문자 사용의 효율성과 경제성에 있는 만큼 오히려 그 취지에는 부합되는 것이라고 할 수 있다.

더욱이 본 조항도 제1항과 같이 끝에 "원칙으로 한다"는 표현을 사용하여 단어도 경우에 따라서는 붙여 쓸 수 있다고 한 것이다.

실제로 개념을 나타내는 단어라 할지라도 지나치게 띄어 씀으로써 오히려 이해에 지장을 주는 경우는 붙여 쓰는 것이 바람직하다.

이번에 확정 공포된《한글 맞춤법》에서, 띄어쓰기에 대해 3개 항만 가지고 있던《한글 맞춤법 통일안》(이하《통일안》으로 줄임)을 11개 항으로 크게 수정, 보완한 것은 띄어쓰기의 근본 취지인 문자 생활의 효율성에 보다 주목한 것으로 이해된다.

【참고】 1. 문자에 대하여는 Gelb(1952)를 참조할 것.
2. 단어에 대하여는 안병희(1965a), 이희승(1975)를 참조할 것.

제 3 항 외래어는 '외래어 표기법'에 따라 적는다.

제3항은 《통일안》에는 없던 조항이다. 외래어란 '외국으로부터 들어온 말이 국어에 파고들어 익히 쓰여지는 말, 곧 국어화한 외국어'를 말한다. 여기서 국어화라는 말은 국어의 제반 언어 규칙을 따르고 언중이 그것을 국어로 인식함을 의미한다. 그러나 실제로 한 어휘가 외국어냐, 외래어냐 하는 것을 구분하는 것이 그 정의만큼 용이한 것은 아니다. 또한 해당 외래어를 한글로 적을 때에 외국어의 원래 발음에 충실하도록 기록한다고 하여 왔으나, 그 결과 외국어와 외래어의 구분은 거의 불가능에 가까운 것이 되고 말았던 것이다.

문교부에서는 이의 정리를 위하여 1985년 12월 28일 《외래어 표기법》을 정하여 공포한 바 있는데, 제3항은 외래어를 표기할 경우 바로 그 《외래어 표기법》에 따를 것을 규정하고 있다(1986년 1월 7일 문교부 고시와 1992년 11월 27일 문화부 고시 참조).

【참고】 1. 외래어에 대하여는 이희승(1959)를 참조할 것.
2. 외래어의 표기에 대하여는 본서의 《외래어 표기법》을 참조할 것.

제2장 자 모

자모(字母)라는 말은 두 가지 의미를 가지고 있으니, 그 하나는 활자를 만들어 내는 금속제 모형을 이름이고, 또 다른 하나는 한 개의 음절을 자음과 모음으로 분석하여 적을 수 있는 글자를 가리키는 말이다. 여기서는 물론 이 둘째의 뜻을 가리킨다. 사람의 말 중에는 모음만으로 혹은 자음만으로 한 개의 음절을 이루는 일도 있으나, 대체로 자음과 모음이 합해져야만 한 개의 음절을 이루는 것이 보통이다. 그리하여 한글이나 만주 글자, 몽고 글자, 또는 유럽 여러 나라의 언어를 기록하는 로마 자와 같은 것들은 모두 그 말을 모음과 자음으로 갈라서 적을 수 있으므로, 이러한 각 개의 글자 글자들을 자모라 이르고 있다. 그러나 한 개의 음절을 자음, 모음으로 구분하지 못하고 한 덩어리로만 표기하는 일본의 가나〔假名〕 같은 글자는 자모라고 이를 수 없다. 덧붙여 한자(漢字)도 그 음을 자음, 모음으로 나누어 적을 수 없을 뿐만 아니라, 한 음절이 곧 한 개의 개념을 나타내는 글자이므로, 이 역시 자모라고 이를 수 없다. 요컨대, 자모는 표음 문자 중에서도 음소 문자에 국한하여 이를 수 있다.

제 4 항 한글 자모의 수는 스물넉 자로 하고, 그 순서와 이름은 다음과 같이 정한다.

ㄱ(기역) ㄴ(니은) ㄷ(디귿) ㄹ(리을) ㅁ(미음) ㅂ(비읍)
ㅅ(시옷) ㅇ(이응) ㅈ(지읒) ㅊ(치읓) ㅋ(키읔) ㅌ(티읕)
ㅍ(피읖) ㅎ(히읗)
ㅏ(아) ㅑ(야) ㅓ(어) ㅕ(여) ㅗ(오) ㅛ(요)
ㅜ(우) ㅠ(유) ㅡ(으) ㅣ(이)

〔붙임 1〕 위의 자모로써 적을 수 없는 소리는 두 개 이상의 자모를 어울러서 적되, 그 순서와 이름은 다음과 같이 정한다.

ㄲ(쌍기역) ㄸ(쌍디귿) ㅃ(쌍비읍) ㅆ(쌍시옷) ㅉ(쌍지읒)
ㅐ(애) ㅒ(얘) ㅔ(에) ㅖ(예) ㅘ(와) ㅙ(왜)
ㅚ(외) ㅝ(워) ㅞ(웨) ㅟ(위) ㅢ(의)

〔붙임 2〕 사전에 올릴 적의 자모 순서는 다음과 같이 정한다.

자음 ㄱ ㄲ ㄴ ㄷ ㄸ ㄹ ㅁ ㅂ ㅃ ㅅ ㅆ ㅇ ㅈ ㅉ
ㅊ ㅋ ㅌ ㅍ ㅎ
모음 ㅏ ㅐ ㅑ ㅒ ㅓ ㅔ ㅕ ㅖ ㅗ ㅘ
ㅙ ㅚ ㅛ ㅜ ㅝ ㅞ ㅟ ㅠ ㅡ ㅢ
ㅣ

얼핏 생각하면, 한글 자모의 수효와 순서를 새삼스럽게 규정할 필요가 없을 듯하나, 역사적으로 살펴볼 때에 그 수효와 순서에 모두 변천이 있었으므로, 여기에 그것을 밝히지 않을 수 없었던 것이다.

여기에 규정한 한글 자모의 수효와 순서는 학교 교육이 생기기 전 시기에 한글을 배우는 데 표준적인 교본이 되던 《반절(反切)》(또는 《본문(本文)》이라고도 하였음)에 의하여 결정되었으나, 맨 처음부터 그 수효와 순서가 이와 같았던 것은 아니다. 이제 그 연혁을 대강 더듬어 보기로 하자.

(1) 《훈민정음(訓民正音)》: 누구나 다 알다시피, 이것은 세종 28년 병인(丙

寅, 1446년) 9월에 세상에 반포되었는데, 그 당시의 글자 수와 배열 순서는 다음과 같다.

ㄱ ㅋ ㆁ ㄷ ㅌ ㄴ ㅂ ㅍ ㅁ ㅈ ㅊ ㅅ ㆆ ㅎ ㅇ ㄹ ㅿ

ㆍ ㅡ ㅣ ㅗ ㅏ ㅜ ㅓ ㅛ ㅑ ㅠ ㅕ (글자 수: 28)

(2) 《훈몽자회(訓蒙字會)》 범례: 훈민정음이 생긴 지 81년 후인 중종 22년 정해(丁亥, 1527년)에 최세진이 《훈몽자회》라는, 한자를 배우는 교과서를 만들고, 그 책 첫머리에 있는 범례 중에 '언문 자모(諺文字母)'라 하여 다음과 같이 벌려 놓았다.

초성과 종성에 두루 쓰는 8자(初聲終聲通用八字)

ㄱ ㄴ ㄷ ㄹ ㅁ ㅂ ㅅ ㆁ

초성에만 쓰는 8자(初聲獨用八字)

ㅋ ㅌ ㅍ ㅈ ㅊ ㅿ ㅇ ㅎ

중성에만 쓰는 11자(中聲獨用十一字)

ㅏ ㅑ ㅓ ㅕ ㅗ ㅛ ㅜ ㅠ ㅡ ㅣ ㆍ (글자 수: 27)

이 순서는 선조 2년(1569년)에 중간된 《진언집(眞言集)》이라는 책의 범례 속에 포함된 한글의 순서와 일치한다. 《진언집》의 원간본이 언제 간행되었는지는 분명하지 않으나, 늦어도 16세기 초에 간행된 것으로 추정되는 책이 전하고 있으므로, 이 한글의 순서는 《훈몽자회》의 연대보다 훨씬 앞서 이루어진 것이다.

(3) 《삼운성휘(三韻聲彙)》 범례: 영조 27년(1751년)에 홍계희가 저술한 것인데, 그 범례인 '언자 초중종성지도(諺字初中終聲之圖)'에 다음과 같은 순서로 되어 있다.

초성과 종성에 두루 쓰는 8자(初聲終聲通用八字)

ㄱ ㄴ ㄷ ㄹ ㅁ ㅂ ㅅ ㆁ

초성에만 쓰는 6자(初聲獨用六字)

ㅈ ㅊ ㅋ ㅌ ㅍ ㅎ

중성 11자(中聲十一字)

ㅏ ㅑ ㅓ ㅕ ㅗ ㅛ ㅜ ㅠ ㅡ ㅣ ㆍ (글자 수: 25)

(4) 《반절(본문)》: 지난 시기에 속간에서 한글을 처음 배울 때에 사용되던 《반절》은 초성과 중성이 결합된 음절의 도표이지만, 그 바탕에 한글의 자모와 순서가 나타나 있다. 《반절》이 만들어진 연대는 분명하지 않다. 그러나 숙종 45년(1719년) 우리 나라 사신이 일본 사람들에게 적어 준 언문서(諺文書)가 바로

반절이므로 그 유래가 매우 오래된 것임을 알 수 있다.

ㄱ ㄴ ㄷ ㄹ ㅁ ㅂ ㅅ ㅣ ㅇ
가 갸 거 겨 고 교 구 규 그 기 ᄀᆞ
나 냐 너 녀 노 뇨 누 뉴 느 니 ᄂᆞ
다 댜 더 뎌 도 됴 두 듀 드 디 ᄃᆞ
라 랴 러 려 로 료 루 류 르 리 ᄅᆞ
마 먀 머 며 모 묘 무 뮤 므 미 ᄆᆞ
바 뱌 버 벼 보 뵤 부 뷰 브 비 ᄇᆞ
사 샤 서 셔 소 쇼 수 슈 스 시 ᄉᆞ
아 야 어 여 오 요 우 유 으 이 ᄋᆞ
자 쟈 저 져 조 죠 주 쥬 즈 지 ᄌᆞ
차 챠 처 쳐 초 쵸 추 츄 츠 치 ᄎᆞ
카 캬 커 켜 코 쿄 쿠 큐 크 키 ᄏᆞ
타 탸 터 텨 토 툐 투 튜 트 티 ᄐᆞ
파 퍄 퍼 펴 포 표 푸 퓨 프 피 ᄑᆞ
하 햐 허 혀 호 효 후 휴 흐 히 ᄒᆞ

맨 첫 줄은 받침으로 쓰이는 글자를 보인 것인데, 모음의 'ㅣ'가 끼여 있는 사실이 이상하다. 이것은 'ㆁ'의 올바른 용법을 잊은 뒤에 'ㅣ'와 'ㅇ'으로 분석한 결과이다. 여기에서도 《반절》이 오래 전에 이루어진 것을 확인할 수 있다. 그것은 어떻든, 이 《반절》은 《삼운성휘》의 범례와 똑같이 글자 수가 25자다.

이 밖에도 자모에 관하여 참고할 만한 서적이 몇 가지 더 있으나 실례를 보이는 데에는 이 정도로 족할 것이다.

위에 든 예를 살펴보면 근세까지 가장 널리 보급되고 세력있게 전하여 온 것은 《진언집》과 《훈몽자회》라고 할 수 있다. 이것이 곧 《반절》이란 것이 되어 속간에 성행하였기 때문이다.

그리하여 《반절》의 14줄의 순서대로 자음의 순서를 정하고 그 한 줄의 순서대로 모음의 순서를 정하였으나, 다만 모음의 맨 끝자인 'ㆍ'는 폐지하여 버렸으니 그 이유는,

(1) 'ㆍ'를 속칭 '아래 ㅏ'라고 부르고 있지만, 훈민정음을 만들던 당시에는 분

명히 그 음이 'ㅏ'가 아니라 어느 다른 모음과도 같지 아니한 독특한 음을 가지고 있었을 것이고,

(2) 'ㅏ'는 장음이고, 'ㆍ'는 같은 음으로서 단음이라고 주장하는 이가 혹 있지만, 'ㅏ'에 한해서만 장단 두 가지의 글자를 만들지는 않았을 것이며,

(3) 'ㆍ'는 후세에 여러 음으로 변하였으나 한자음에 있어서는 거의 예외없이 'ㅏ'음으로 변하였기 때문에, 흔히 'ㆍ'를 'ㅏ'로 읽으므로, 'ㆍ'를 남겨 두는 것은 'ㅏ'와 혼동되어 아무런 유익도 없이 글자의 혼란만 일으킬 염려가 있기 때문이고,

(4) 이미 1930년 2월에 보통 학교 언문 철자법을 정할 때에 'ㆍ'를 정식으로 폐지하였기 때문이다.

이와 같은 이유로 《통일안》에서 'ㆍ'를 아주 쓰지 않기로 결정하였고, 《한글 맞춤법》에서는 《통일안》의 내용을 그대로 옮겨 제4항의 규정대로 자음 14자, 모음 10자, 모두 24자의 자모와 차례를 정한 것이다. 간혹 신기함을 탐하여 '씨올, 춤, 혼돌' 등과 같이 'ㅏ' 대신에 'ㆍ'를 사용하는 일이 요즘에도 있는데, 이것은 아주 잘못된 것이다.

한글 자모의 수와 순서가 정하여진 연혁은 위의 설명으로 알 수 있는데, 자모의 이름도 비슷한 연혁을 가지고 있다.

한글이 창제된 뒤 정식으로 이것을 발표한 문헌이 곧 《훈민정음》(세종 28년 병인 9월, 1446년 10월에 반포됨)이란 책인데, 이 《훈민정음》에는 아직 글자의 이름이 없고, 다만 그 음가 즉 그 글자가 어떤 성질의 음을 가졌는가를 다음의 예와 같이 표시하였다.

ㄱ는 牙音이니 如君字初發聲ᄒᆞ니, 並書ᄒᆞ면 如虯字初發聲ᄒᆞ니라.
ㅋ는 牙音이니 如快字初發聲ᄒᆞ니라.
ㆁ는 牙音이니 如業字初發聲ᄒᆞ니라.
ㄷ는 舌音이니 如斗字初發聲ᄒᆞ니, 並書ᄒᆞ면 如覃字初發聲ᄒᆞ니라.
ㅌ는 舌音이니 如呑字初發聲ᄒᆞ니라.
ㄴ는 舌音이니 如那字初發聲ᄒᆞ니라.
....
....
ㆍ는 如呑字中聲ᄒᆞ니라.
ㅡ는 如卽字中聲ᄒᆞ니라.

ㅣ는 如侵字中聲ᄒᆞ니라.

ㅗ는 如洪字中聲ᄒᆞ니라.

ㅏ는 單字中聲ᄒᆞ니라.

……………………

……………………

위에 열거한 예를 보면 훈민정음의 발음을 나타내기 위하여 한자의 음을 빌려서 설명하였으니, 'ㄱ, ㅋ, ㆁ'들의 자음 글자는 아무 자의 초발성(初發聲)이라 하였고, 'ㆍ, ㅡ, ㅣ'들의 모음 글자는 아무 자의 중성이라 하였다. 좀더 자세히 말하면, 'ㄱ'이란 글자의 음가는 아음에 속한 소리인데, '君'자의 음, 즉 '군'의 중성 'ㅜ'와 종성 'ㄴ'을 떼어 버리고 남은 소리, 즉 'ㄱ' 과 같다고 설명한 것이다. 모음도 이와 마찬가지로, 'ㆍ'의 발음은 '呑'자의 음 즉 'ᄐᆞᆫ'의 초성 'ㅌ'과 종성 'ㄴ'을 떼어 버리면, 남는 것은 자연 'ㆍ'의 발음이 될 것이다.

그 당시에는 한자가 많은 사람의 눈에 익은 글인 반면에, 한글은 생판 처음이므로, 우리 글의 발음을 설명하기 위해 한자의 음을 빌리게 된 것은, 면할 수 없는 사정일뿐 아니라 오히려 당연한 일이었다고 할 수 있다. 따라서, 각 글자의 음가만을 가르쳤고, 글자의 이름은 지을 여유가 없었던 것으로 생각된다.

그럼에도 불구하고, 우리가 예상할 수 있는 분명한 사실은 만들어진 글자, 즉 'ㄱ, ㄴ, ㄷ, ……' 등의 훈민정음 글자들이 어떠한 방법으로든 읽혔을 것이라는 점이다. 물론 훈민정음의 본문이나 해례에서 그에 대한 설명이 보이지는 않지만, 훈민정음 언해에서 각 글자의 뒤에 붙은 조사를 통해 그에 대한 어느 정도의 암시를 받을 수는 있다. 훈민정음 언해에서는 글자 뒤에 쓰인 조사가 다르기 때문이다. 먼저 중성은 모음 조화에 따라 'ㆍ, ㅣ, ㅗ, ㅏ, ㅛ, ㅑ'에는 'ᄂᆞᆫ', 'ㅡ, ㅜ, ㅓ, ㅠ, ㅕ'에는 '는'이 쓰여서 글자대로 읽혔음을 암시하고 있다. 초성 'ㄱ, ㄴ, ㄷ' 등의 뒤에는 모두 'ᄂᆞᆫ'이라는 조사를 사용하였는데, 이것은 이들 글자가 최소한 '기역, 니은' 등의 받침 소리로 끝나는 말로 읽히진 않았음을 알게 한다. 그러면 어떤 모음으로 끝나느냐가 문제다. 우선 상정될 수 있는 것은 자음과 기본 모음자인 'ㆍ, ㅡ, ㅣ'가 연결된 것인데 모음 글자 뒤에 쓰인 조사에 비추어서 'ㅡ'는 모음 조화 규칙에 어긋나므로 제외하고 나면 가능성은 'ㆍ'와 'ㅣ'로 줄게 된다. 쉽게 생각하기로는 'ᄀᆞ, ᄂᆞ, ᄃᆞ' 등과 같이 첫 모음 글자로 읽었으리라고 보기 십상이나, 《진언집》이나 《훈몽자회》 등의 역사적 근거를 통해 볼 때, '기, 니, 디' 등으로 읽었을 가능성이 더 크다고 할 수 있다.

《진언집》이나 《훈몽자회》에 기록된 한글 자모에 관한 내용들은 그 문헌에서 만든 것이 아니라 그 이전부터 내려온 것으로 생각되는데 실제로 성종 때에 활약한 성현(成俔)의 《용재총화(慵齋叢話)》에 이미 《훈몽자회》 등과 같이 한글 자모를 '초성 종성 통용 8자(初聲終聲通用八字), 초성 8자(初聲八字), 중성 11자(中聲十一字)'로 분류하고 있는 것이다.

《훈몽자회》의 범례에는 다음과 같이 적혀 있다.

諺文字母 俗所謂反切二十七字

初聲終聲通用八字

ㄱ 其役 ㄴ 尼隱 ㄷ 池(末) ㄹ 梨乙 ㅁ 眉音 ㅂ 非邑 ㅅ 時(衣) ㅇ 異凝

(末)(衣)兩字只取本字之釋俚語爲聲

其尼池梨眉非時異 八音用於初聲

役隱(末)乙音邑(衣)凝 八音用於終聲

初聲獨用八字

ㅋ (箕) ㅌ 治 ㅍ 皮 ㅈ 之 ㅊ 齒 ㅿ 而 ㆁ 伊 ㅎ 屎

(箕)字亦取本字之釋俚語爲聲

中聲獨用十一字

ㅏ 阿 ㅑ 也 ㅓ 於 ㅕ 余 ㅗ 吾 ㅛ 要 ㅜ 牛

ㅠ 由 ㅡ 應 不用終聲 ㅣ 伊 只用中聲 ㆍ 思 不用初聲

그 범례 전체의 문맥으로 미루어 보면, 각 자모 밑에 달아 놓은 한자들도 그 이름을 표시하기 위함이 아니라, 각 자모의 발음을 보이기 위한 것으로 생각된다. 가령, 'ㄱ 其役, ㄴ 尼隱'의 '其, 尼'와 '役, 隱'은 각각 'ㄱ, ㄴ'의 초성과 종성의 음가를 나타낸 것으로 보이기 때문이다. 그러나 그러한 음가의 예시에서, 그리고 그것을 통한 한글의 학습에서 '其役, 尼隱' 등이 'ㄱ, ㄴ' 등의 이름으로 굳어지게 된 것은 매우 자연스러운 일이라 하겠다.

이 방법은 그 후 그대로 습용되어 반절까지 계속되었다. 그러나 고종 6년 기사(己巳, 1869년)에 이루어진 강위의 《동문자모분해(東文字母分解)》에는, 전부터 한글 자모의 발음이나 명칭을 한자를 빌려서 표시하던 방법을 깨뜨리고 다음과 같이 우리 글로 달아 놓았다. 즉,

초성 18자(初聲十八字)

ㅇ 으, ㅎ 흐, ㄱ 그, ㄲ 끄, ㅋ 크, ㅅ 스, ㅆ 쓰, ㅈ 즈, ㅊ 츠,

ㄴ 느, ㄷ 드, ㄸ 뜨, ㅌ 트, ㄹ 르, ㅁ 므, ㅂ 브, ㅃ 쁘, ㅍ 프

중성 11자(中聲十一字)

ㅏ 아, ㅑ 야, ㅓ 어, ㅕ 여, ㅗ 오, ㅛ 요, ㅜ 우, ㅠ 유, ㅡ 으,
ㅣ 이, ㆍ ᄋᆞ

종성 8자(終聲八字)

ㄱ 기윽, ㄴ 니은, ㄷ 디읃, ㄹ 리을, ㅁ 미음, ㅂ 비읍, ㅅ 시읏,
ㅇ 이응

그러나 같은 글자로서 초성과 종성에 아울러 들어 간 것을 보면, 이 책에서도 역시 글자의 발음을 보인 데에 지나지 못하고, 그 글자의 이름을 표시한 것이라고는 볼 수 없다.

또한 지석영이 제안하여, 광무 9년(1905년)에 발포(發布)된《신정국문(新訂國文)》중에는,

초성 종성 통용 8자(初聲終聲通用八字)

ㄱ 기윽, ㄴ 니은, ㄷ 디읃, ㄹ 리을, ㅁ 미음, ㅂ 비읍, ㅅ 시옷,
ㅇ 이응

ㄱㄴㄷㄹㅁㅂㅅㅇ八字난用於初聲

윽은읃을음읍읏응八字난用於終聲

초성 독용 6자(初聲獨用六字)

ㅈ 지, ㅊ 치, ㅋ 키, ㅌ 티, ㅍ 피, ㅎ 히

중성 독용 11자(中聲獨用十一字)

ㅏ 아, ㅑ 야, ㅓ 어, ㅕ 여, ㅗ 오, ㅛ 요, ㅜ 우, ㅠ 유, ㅡ 으,
= ᄋᆖ(合音이 으), ㅣ 이

와 같이 기록되어 있는데, 이는 대체로《훈몽자회》의 방법을 따랐으나 한자로써 글자의 음을 표시하는 대신 한글로 적었을 뿐이다. 그리고 'ㄱ'을 '기윽'이라 하고 'ㄷ'을 '디읃'이라고 달아 놓은 것은, 강위의《동문자모분해》식을 따랐으며, 중성 독용 11자 중의 '=' ('이으' 의 합음)를 새로 만들어 놓은 것이 지석영의 창안이라 할 수 있다. 이와 함께 'ㆍ'를 폐지한 것 또한 주의를 할 만한 사실이다.

그 후, 융희 3년(1909년) 2월에 발행된 유길준의《대한문전》에는 문자를 설명한 제3장 중에 다음과 같이 적혀 있다.

一. 母音十一字이니

ㅏ 아, ㅑ 야, ㅓ 어, ㅕ 여, ㅗ 오, ㅛ 요, ㅜ 우, ㅠ 유, ㅡ 으,
ㅣ 이, ㆍ ᄋᆞ

二. 父音十七字이니

ㄱ 극, ㄴ 는, ㄷ 듣, ㄹ 를, ㅁ 믐, ㅂ 븝, ㅅ 슷, ㅇ 응, ㅈ 즈,
ㅊ 츠, ㅋ 크, ㅌ 트, ㅎ 흐, ㆆ, ㅿ, ㆁ

(注意) 最下 三字는 近時에 使用치 아니ᄒᆞ는 者이다.

이것을 보면, 모음 글자에 대하여는 아무 다른 설명이 없지마는, 자음 17자 중 'ㄱ' 이하 'ㅇ'까지의 8자에 대하여는, 다른 곳에서 볼 수 없는 특수한 이름을 붙였다. 그리고 'ㅈ'부터 'ㅎ'까지의 6자의 명칭은 《동문자모분해》의 영향을 입은 듯하다.

이후로 생겨난 여러 문법 책에는 자모를 설명할 때에 대개 《훈민정음》이나 《훈몽자회》의 예를 그대로 소개하였을 뿐, 별다른 이름을 붙인 것은 별로 볼 수 없다. 그 후, 주시경 학설의 정통을 계승한 김두봉(金枓奉)의 《조선말본》에 자모의 이름을 규정한 것이 있는데, 모음 글자에 대하여는 앞에서 말한 여러 책과 다른 점이 없고, 자음 글자에 대하여는 다음과 같이 명칭을 붙였다.

글씨	ㄱ	ㄴ	ㄷ	ㄹ	ㅁ	ㅂ	ㅅ	ㅇ	ㅈ	ㅎ
이름	기윽	니은	디읃	리을	미음	비읍	시읏	이응	지읒	히읗

여기에 특색이라고 할 수 있는 것은 'ㅅ'자까지 '시읏'이라 하여, 전부터의 명칭 '시옷'의 '옷'을 '읏'으로 고쳤고, 'ㅈ', 'ㅎ'은 이전에는 '지, 히'나 '즈, 흐'로 부르던 것을 역시 '지읒, 히읗'의 새 이름을 지어서, 자음 글자의 칭호를 일률적으로 통일하였다. 아울러 종전에는 그 글자의 발음인지 명칭인지 불분명하게 되어 있던 것을 이 책에서는 '이름'이라 하여 그 글자들의 명칭인 것을 명확하게 밝혀 놓았다.

이상은 대개 한 개인의 의사로 글자의 명칭을 정하여 놓은 것에 지나지 못하나 어떠한 회의의 형식을 갖추어, 즉 공식으로 제정된 것으로는 1930년 2월에 당시의 학무국과 여러 학자들이 협의하여 만들어낸 《언문철자법》을 들 수가 있는 바 그 부기(附記)에는,

子音의 稱號法은 下와 如히 定함.

ㄱ 기역, ㄴ 니은, ㄷ 디귿, ㄹ 리을, ㅁ 미음, ㅂ 비읍, ㅅ 시옷,

ㅇ 이응, ㅈ 지읒, ㅊ 치읓, ㅋ 키읔, ㅌ 티읕, ㅍ 피읖, ㅎ 히읏

이라고 적고 있다.

이상을 죽 훑어 보면, 모음의 명칭은 그 글자의 발음이 곧 그 글자의 이름으로 되어 《훈민정음》 이후로 의견이 일관되었으나, 자음에 대하여는 몇 가지 다른 명칭이 있어 왔고, 그들은 각각 나름대로의 이유를 가지고 있었다고 볼 수 있다.

또한 1933년의 《통일안》에서는, 1930년에 공식적으로 결정된 안을 존중하여 《언문철자법》의 규정을 따랐고, 그 중에서 대단히 불합리하다고 생각되는 'ㅋ키윽'을 'ㅋ키읔'으로, 'ㅎ히읏'을 'ㅎ히읗'으로 바로잡았다.

본 《한글 맞춤법》의 제4항에 규정된 자모의 이름은 바로 《통일안》의 내용을 그대로 옮긴 것이다. 논의의 과정에서는 'ㄱ, ㄷ, ㅅ'의 이름 문제가 제기되어 다른 자음과 같이 '기윽, 디읃, 시읏'으로 하자는 합리성과 경제성을 내세운 견해가 피력되기도 하였으나, 이미 '기역, 디귿, 시옷'으로 굳어져 있을 뿐 아니라, 다른 자음의 이름과 분명하게 구별되는 점도 있어서 그대로 두기로 하였다.

제1항의 본문에 보인 바와 같이 자모의 수는 모두 24자로 그 중에 자음이 14자, 모음이 10자로 되어 있다. 그런데 현재 사용되고 있는 발음을 골고루 적으려면 이 24자만 가지고는 불충분한 점이 많다. 그리하여 다시 자음 5자, 모음 11자를 더 만들어 쓰게 되었으니, 이는 이미 있는 자모 중의 두 개 또는 세 개를 함께 어울러서 한 글자로 만든 것이다. 〔붙임 1〕에 보이는 자음 5자(ㄲ, ㄸ, ㅃ, ㅆ, ㅉ)와 모음 11자(ㅐ, ㅒ, ㅔ, ㅖ, ㅘ, ㅙ, ㅚ, ㅝ, ㅞ, ㅟ, ㅢ)가 그것이다. 이 모음자 중에는 자모 두 개를 합하여 된 것(ㅐ, ㅒ, ㅔ, ㅖ, ㅘ, ㅚ, ㅝ, ㅟ, ㅢ)과 자모 세 개를 합하여 된 것(ㅙ, ㅞ)이 있다.

글자를 만드는 원리상으로 말한다면 이와 같이 두 자나 석 자를 합하여 한 개의 음을 표시하는 일은 바람직한 것이라고는 하기 어렵다. 이론상으로만 생각한다면, 이상적인 글자는 다음과 같은 두 조건을 갖추어야 할 것이다.

(1) 1자 1음주의(一字一音主義)

(2) 1음 1자주의(一音一字主義)

첫째의 '1자 1음주의'라는 말은 한 글자는 한 가지 음만을 표시하여야 한다는 뜻이지만 세간에 통용되는 글자 중에는 한 자가 한 가지의 음만을 가지지 못하는 경우가 매우 많다. 한자(漢字) 중에도 몇 가지 음을 가진 글자가 많은 것은 말할 것도 없거니와, 로마자에도 '1자 1음주의'의 원칙에 어그러지는 일이 퍽

많다. 영어의 경우에서만 보더라도, 모음에 있어서 a는 10가지, e는 13가지, o는 13가지, u는 9가지의 음을 각각 가졌으며, 자음에 있어서도 c=k, c=s 혹은 c=ʃ; g=g, g=ʒ 혹은 g=dʒ; s=s, s=z, s=ʃ 혹은 s=ʒ와 같이 되는 것이 있다. 물론 이와 같은 것은 몇 가지 예를 보인 것에 지나지 않을 뿐만 아니라 음을 세밀하게 관찰하여 구별한 것도 아니다. 다만 상식적으로 보아 얼핏 그 음이 다르다는 것을 알 수 있는 정도만을 구별하여 놓은 것에 지나지 않는다.

그리고 둘째로 '1음 1자주의'란 것은 한 종류의 음은 한 개의 글자로써 표시하여야 한다는 것이지만, 이 조건에 들어맞지 않는 글자도 상당히 많다. 영어의 경우에 ch, sh, th, ph 라든지, 불어의 ch, 독어의 sch, tsch 들은 모두 한 개의 음을 표시하기 위하여 두 자, 석 자 혹은 넉 자를 합하여 놓은 것이다.

이것은 글자의 보수성으로 생기게 되는 부득이한 사정이라고 할 수밖에 없지만, 그러한 글자를 이상적이라든지 완전 무결한 글자라고 하기는 어려운 일이다. 이상적인 글자란, 적어도 이상적인 표음 문자란 위에서 말한 두 가지 조건을 동시에 갖춘 글자이어야 한다고 생각되기 때문이다.

그런 점에서 볼 때 우리 한글은 이 두 가지 조건에 가장 접근되어 있는, 즉 이상적인 글자에 가장 가까운 글자라고 할 수 있다.

왜냐하면, 첫째로 특별한 예외를 제하고는 모두 '1자 1음주의'에 부합되어 자음이나 모음 중 한 가지 음밖에 가지지 않았다. 'ㄱ'은 영어의 'c'나 'g'와 같이 여러 음으로 발음되지 않으며, 또 모은 'ㅏ, ㅗ'들도 영어의 'a, o'와 같이 십여 종의 음을 가지지 않아 다만 한 가지 소리만을 나타낼 따름인 것이다.

특별한 예외라는 것은 자음의 'ㅅ, ㅈ, ㅊ'이 받침 소리로 쓰일 경우에 'ㄷ'으로 나타나고, 'ㅇ'이 초성에서는 아무런 음가를 나타내지 않는다. 그리고 모음으로 'ㅣ'가 다른 자모와 합하여 'ㅐ, ㅔ'등의 음을 구성할 경우에 'ㅣ'의 원음과는 다른 성질을 나타내는 예가 있을 뿐이다. 물론 그 밖의 글자들 가운데에도 엄밀하게 따진다면 다른 예를 찾아볼 수 있겠지만 그 수효는 미미하다고 할 수밖에 없다.

그렇지만 두 번째의 '1음 1자주의' 아래에서 생각해 보면 우리 한글에도 이 조건에 어긋나는 것이 많다. 〔붙임 1〕에 보인 16자 중에는 모두 한 종류의 음을 표시하기 위하여 두 개 이상의 자모를 사용한 것이 많다. 여기서 한 가지 주의하여야 할 일은 한글을 지금과 같이 모아 쓰기를 하는 한, 이들 16글자가 두 개 이상의 자모를 모아 만든 것이라 하더라도 한 개의 자모와 같이 한 덩어리로 뭉쳐

지게 되어 있어서 로마 자와 같은 불편은 배제할 수 있게 되었다. 어쨌든 한글은 위의 설명들로 미루어 보아 이상적인 글자가 되는 조건에 가장 가까운 글자라고 할 수 있는 것이다.

이렇듯 복합하여 만든 글자 가운데 모음에 대하여서는 특별히 부언할 필요가 없으리라 생각되나, 자음 'ㄲ, ㄸ, ㅃ, ㅆ, ㅉ'의 다섯 자에 대하여는 다소의 설명을 할 필요가 있다. 이에 대하여는《통일안》이 공표될 때에 상당한 논의가 있었기 때문이다. 이 다섯 글자는 각각 그 발음이 ㄱ, ㄷ, ㅂ, ㅅ, ㅈ과 같은 종류이면서도, 그보다 소리가 단단하다 하여 '된소리', '경음(硬音)' 또는 '농음(濃音)'이라는 명칭을 가지게 된 것으로, 근세의 발음으로 ㄲ, ㄸ, ㅃ, …… 등과 같이 쓰이던 ㅺ, ㅼ, ㅽ, ㅲ, ㅾ은 이른바 '된ㅅ' 또는 '된ㅂ'을 붙인 글자라 하여, 그 발음이 ㄲ, ㄸ, ㅃ, …… 등과 똑같은 것으로 보는 견해도 있었으며, 심지어는 '정작 된소리를 표시하는 글자는 ㅺ, ㅼ, ㅽ, …… 들이요, ㄲ, ㄸ, ㅃ, …… 들은 우리 나라 말 발음에는 없는 한자음을 표시하기 위하여 만든 글자'라고 주장하여, ㄲ, ㄸ, ㅃ, …… 등은 한글의 자모에서 제외되어야 한다는 견해도 있다.

이 병서(ㄲ, ㄸ, ㅃ, …… 등을 가리킴)를 반대하는 이유를 요약하여 보면,

① ㄲ, ㄸ, ㅃ, …… 들의 병서는 우리 나라 말의 된소리를 표시하는 글자가 아니라 한자음을 표기하기 위하여 특별히 만든 글자이며,

② 된소리를 나타내는 글자는 '된ㅅ'을 붙인 ㅺ, ㅼ, ㅽ, …… 들이며, 옛 문헌에는 '된ㅅ'을 사용한 것은 많지만, 병서를 사용한 것은 극소수이고,

③ 병서보다 '된ㅅ'을 사용하는 편이 편리하다.

는 등으로 정리될 수 있을 것이지만, 이들 병서에 대한 반대 이유는 그 근거가 아주 박약하다고 할 것이다. 그 이유를 살펴보면 다음과 같다.

(1) ㄲ, ㄸ, ㅃ, …… 들을 우리 나라 말의 소리를 표기하기 위한 글자가 아니라고 하는 것은 한글 창제 직후에 반포한《훈민정음》을 잘 이해하지 못한 까닭이다. 그 책을 보면 우리 나라 말의 발음에 없는 외국의 발음, 예컨대 한음(漢音) 곧 중국의 한자음을 표기하기 위하여 만든 글자는 그 이유를 밝혀 놓았고, 그 밖의 글자들은 한음(漢音)에 통용한다고 규정하여 놓았으니, 중국의 한자음에 통용한다는 문구는 우리 나라 말을 표기하는 것이 원칙이 된다는 것을 전제로 하고 있는 것으로 이해하는 것이 온당한 이해의 태도라고 생각된다. 그러므로 ㄲ, ㄸ, ㅃ, …… 들의 병서도 국어의 발음을 표기하는 글자인 것은 물론이

고, 중국의 한자음에도 통용되는 글자라고 보아야 할 것이다. 《훈민정음》이란 좁은 범위 안에서 한자음에만 사용하고 순수한 국어에는 사용한 예가 별로 없음을 보고 곧 국어만을 표기하는 글자가 아니라고 속단하는 것은 옳지 못한 것일 뿐 아니라, 《훈민정음》과 같은 시대의 다른 문헌인 《용비어천가》, 《월인천강지곡》 등에는 순전한 된소리만을 나타낼 때에 이를 사용한 실례가 상당히 많이 보이기 때문이다.

(2) 옛날 문헌에 의하면, 이른바 '된ㅅ'이 사용된 경우, 그 'ㅅ'과 함께 쓰인 글자의 음을 된소리로 만드는 단순한 기능만을 행사하는 것이 아니라, 원래의 'ㅅ'음으로도 발음되었을 흔적을 찾아볼 수 있다. 문헌 자료가 보여 주는 어두의 초성 표기 양상은 '된ㅅ' 외에 'ㅂ'계열과 'ㅄ'계열이 있고, 이들 사이에는 혼란이 전혀 없다. 이들을 단순히 '된ㅅ', '된ㅂ' 등이라고 한다면 이들이 보여 주고 있는 정연한 규칙성은 설명할 도리가 없게 된다. 또한 'ㅻ, ㅌ'과 같은 예에 사용된 'ㅅ, ㅂ'을 '된ㅅ, 된ㅂ'이라 하기는 어려울 것이다. 'ㄴ, ㅌ'의 된소리는 상정할 수 없는 것이기 때문이다. 따라서 이들 어두 초성에 쓰인 'ㅅ, ㅂ, ㅄ', 특히 'ㅂ, ㅄ'은 된소리가 되게만 하기 위하여 사용한 것이라고는 볼 수 없다. 다른 이유가 반드시 있을 것이라고 믿어진다.

그 일단을 살펴보기 위하여 다음과 같은 예를 보기로 하자. 옛 문헌에 '米'는 'ᄡᆞᆯ'로 되어 있을 뿐, 결코, '쏠'이나 '쌀'로는 나타나지 않는다. 그렇지만 이 'ᄡᆞᆯ'이 다른 말과 복합이 된 '이ᄡᆞᆯ, 조ᄡᆞᆯ, 해ᄡᆞᆯ, 메ᄡᆞᆯ, 출ᄡᆞᆯ' 등의 예들은 현대 국어에서 '입쌀, 좁쌀, 햅쌀, 멥쌀, 찹쌀' 등으로 발음될 뿐만 아니라, 《계림유사》에는 '白米'를 '漢菩薩'(15세기 문헌의 표기로는 '힌ᄡᆞᆯ'로 추정됨)로 기록하고 있어 'ㅂ'이 'ㅅ'음을 된소리로 만드는 기능이 아니라 실제로 'ㅂ'이 발음되었을 가능성을 보여 주고 있다. 또 종자(種子)라는 말은 'ᄡᅵ'로 적혀 있는데 이 말 역시 복합어가 된 '벼ᄡᅵ, 조ᄡᅵ, 파ᄡᅵ' 등이 현대 국어에서 '볍씨, 좁씨, 팝씨' 등으로 발음되어 그와 같은 생각의 타당성을 뒷받침해 주고 있다.

이상은 몇 가지 예에 지나지 못하나, 그 밖에도 이와 같은 어휘를 꽤 많이 찾아낼 수 있다. 이러한 사실로부터 다음과 같은 결론을 얻을 수 있다. 즉,

① '된ㅅ'과 '된ㅂ'은 단순히 어떤 음을 된소리로 만드는 작용만을 가진 것이 아니라, 그에 딸린 다른 소리나 기능 또는 의미를 가졌을 것이다.

② 따라서 단순히 어떤 소리를 된소리로 만들 경우에는 '된ㅅ'이나 '된ㅂ'은 사용할 수 없다.

③ 그러므로 어떤 음을 단순히 된소리로 만들 경우에는, 따로 글자가 없는 이상 동일한 글자를 중첩하여 사용하는 것이 합리적일 것이다.

그뿐 아니라 《훈민정음》 이하 《용비어천가》, 《월인천강지곡》, 그 밖의 세종, 세조 때에 발간된 많은 불경 언해 등에서 순수한 우리말에 대하여 이들 병서를 사용한 실례가 많다. 그러므로 'ㄲ, ㄸ, ㅃ……'과 같은 병서의 사용이 불가하다고 하는 것은 그 근거를 찾기가 어렵다고 하겠다.

(3) 병서보다 '된ㅅ'을 사용하는 것이 편리하다고 하였으나 그 논거가 어디에 있는지 분명치 않다. 혹 획수의 많고 적음을 놓고 불편을 이야기하는 듯하나 그러한 불편은 병서자들을 약간 가공함으로써 극복할 수 있기 때문이다. 더욱이 현대 문명의 이기인 타자기나 컴퓨터를 사용할 경우에는 '된ㅅ' 보다 이들 병서의 사용이 훨씬 능률적인 것이다.

그런데 〔붙임 1〕의 내용을 살펴보면, 《통일안》의 내용을 보완한 것을 알 수 있다. 《통일안》에는 'ㄲ, ㄸ, ㅃ, ㅆ, ㅉ'의 다섯 자의 이름만을 정하여 놓았었다. 즉 《통일안》 이전에는 'ㄲ, ㄸ, ㅃ, ㅆ, ㅉ'을 중자음(重子音), 쌍성(雙聲), 경음(硬音) 들의 이름으로 부르기도 하였으나, 순 우리 나라 말의 이름은 없었다. '된기역, 된디귿', '짝기역, 짝디귿' 등의 명칭이 제기되기도 하였으나, '된기역'이라 하면 'ㅆ'도 '된시옷'이라 불러야 할 것이고, 그럴 경우 종래에 사용되던 'ㅺ, ㅼ, ㅽ, ㅆ'들의 'ㅅ'만을 지칭하여 '된시옷'이라 불러 왔으므로 혼동의 염려가 있을뿐더러, '짝기역, 짝디귿'이라고 부르면 우리 나라 말의 경우에 '쌍'이 아닌 '외짝'을 '짝'이라고 하는 습관이 있어, 《통일안》에서는 '쌍기역, 쌍디귿'으로 정하였던 것이다. 이에 대해서도 'ㄱ, ㄷ, ㅅ'과 마찬가지로 '쌍기윽, 쌍디읃, 쌍시읏'으로 하자는 의견이 있었으나 역시 습관상, 관용상의 이유로 그냥 두기로 하고, 모음 'ㅐ, ㅒ, ㅔ, ㅖ' 등의 이름에 대하여는 'ㅏ, ㅑ, ㅓ, ㅕ' 등에 준하여 당연히 'ㅐ, ㅒ, ㅔ, ㅖ' 등으로 된다고 생각하여 정하지 않았던 것이다. 《한글 맞춤법》은 이들 자음 다섯 자 외에도 두 개 이상의 자모를 어울러 적는 모음 11자의 이름과 순서도 명시하여 놓았다. 규정의 통일성을 유지하도록 한 것이다.

〔붙임 2〕의 내용은 종전의 《통일안》에는 없던 것이다. 그러나 이러한 규정이 없었던 탓으로 그간 발간된 국어의 사전들은 사전 편찬자의 판단과 기준에 따른 자모의 순서를 보여 주고 있고, 그로 인한 사전 이용자들의 혼란 또한 자못 큰

것이었다. 그러한 혼란의 양상은 특히 두 개 이상의 자모를 어울러서 적는 글자들에서 심하였다. 〔붙임 2〕의 규정은 혼란의 방지를 위해 사전에서의 모든 자모의 배열 순서를 정한 것이다. 다만, 자음은 초성의 순서만 정하고 받침의 순서에 대한 규정이 없다. 이것은 초성의 순서를 원용하면 될 것이라고 판단되었기 때문이다. 받침에 쓰이는 자음의 순서를 보이면 다음과 같다.

ㄱ ㄲ ㄳ ㄴ ㄵ ㄶ ㄷ ㄹ ㄺ ㄻ ㄼ ㄽ ㄾ ㄿ

ㅀ ㅁ ㅂ ㅄ ㅅ ㅆ ㅇ ㅈ ㅊ ㅋ ㅌ ㅍ ㅎ

그 경우에 초성과 중성, 종성의 순서로 적용이 되게 됨은 물론이다. 예를 들어 '향로'와 '행자'를 비교하여 보면 그들의 첫 음절의 초성은 같으므로 중성에 의하여 그 순서가 결정되는 것이다. 위의 규정에 의하면 'ㅐ'가 'ㅑ'에 선행하므로 국어 사전에서는 '행자'가 '향로'보다 먼저 배열된다.

그러나 사전에 올릴 적의 자모 순서를 규정과 같이 게시하였다고 하여 배열과 관련한 문제가 모두 해결된 것은 아니다. 구체적인 내용으로 들어가 보면 문제는 여전히 남아 있음을 알게 된다. 임의의 단어라고 할 수 있는 다음의 단어들을 규정에 따라 배열할 경우에 각기 다른 세 가지 유형의 배열 결과가 나올 수 있기 때문이다.

금매화, 가가호호, 가새풀, 까까중, 끊임없이, 깊이, 가가아수, 가까머리, 가까스로, 깎다, 끼울다, 까꾸러지다, 가꾸러지다, 가꿔, 까꿔, 까, 깍두기, 각다귀, 까마귀, 가귀, 가권, 가, 가가

남기심(1988)에서는 배열의 단위를 정하는 기준에 따라 세 가지 서로 다른 배열의 결과가 나올 수 있음을 보여 주고 있다. 다음의 '내포형 1'과 '내포형 2' 그리고 '각립형'이 그것이다. 실제로 시중에 나와 있는 사전들의 표제항 배열 순서를 비교하여 보면 규정에 어긋난 것이라고는 할 수 없음에도 서로 일치하지 않는 경우를 볼 수 있는 것이다.

〈내포형 1〉	〈내포형 2〉
가	가
까	가가
가가	가가아수

가까머리	가가호호
가까스로	가까머리
가가아수	가까스로
까까중	가꾸러지다
가가호호	가권
가꾸러지다	가귀
까꾸러지다	가뀌
가권	가새풀
가귀	까
가뀌	까까중
까뀌	까꾸러지다
까마귀	까뀌
가새풀	까마귀
깎다	각다귀
각다귀	깍두기
깍두기	깎다
끊임없이	끊임없이
금매화	금매화
끼울다	끼울다
깊이	깊이

〈각립형〉

ㄱ	ㄲ
가	까
가가	까까중
가가아수	까꾸러지다
가가호호	까뀌
가권	까닭
가귀	까마귀
가규	깍두기
가긍	깎기

가기판	깎다
가까머리	끊임없이
가까스로	끼울다
가꾸러지다	
가꿔	
가새풀	
각다귀	
금매화	
깊이	

【참고】 1. 자음에 대하여는 이병근(1979)를 참조할 것.
2. 모음에 대하여는 이기문(1968, 1971, 1979), 이현복(1971), 김완진(1978)을 참조할 것.
3. 이중 모음에 대하여는 이숭녕(1949), 허웅(1952), 김완진(1964)를 참조할 것.
4. 한글 자모와 반절에 대하여는 안병희(1985)를 참조할 것.
5. 사전에서의 자모의 차례에 대하여는 최현배(1959), 남기심(1988)을 참조할 것.

제3장 소리에 관한 것

잔잔한 물에 돌을 던지면 그 자리에 파동이 생기고, 이 파동을 중심으로 하여 원형의 파문이 사방으로 퍼져 나가는 것을 볼 수 있다. 이와 마찬가지로 공기 중에서 어떠한 물체가 진동하면 그 자리에 공기의 파동이 생기고, 그 파동이 다시 파문이 되어 상하 사방으로 퍼져 나가게 된다. 이와 같은 공기의 파문이 우리의 고막을 울리어 청신경을 자극하면 우리는 일련의 감각을 감지하게 된다. 이러한 현상을 '소리' 혹은 '음향'이라 이르고, 이와 같이 하여 사람의 발음 기관에서 나는 소리를 '음성' 또는 '말소리'라고 한다.

언어는 그 음성을 기초로 하여 성립되는 것이니, 일정한 음성에 일정한 뜻을 붙여서 그 음성을 통하여 그 뜻을 전달할 수 있는 것이다. 다시 말하면 음성은 언어의 형식이요, 뜻은 언어의 내용인 것이다.

음성은 이렇듯 언어가 성립되는 데 아주 중요한 요소가 되는 것이지만, 본 《한글 맞춤법》에서 그 전반을 다룰 수는 없는 일이어서, 다만 맞춤법에 직접 문제가 되는 점에 대해서만 규정을 하고 있다.

제1절 된소리

된소리는 조음 기관에 강한 긴장을 일으켜 발음되는 소리라고 설명된다. 따라서 엄밀하게 말하면 어떠한 자음이나 어떠한 모음이든지 '예사소리'와 '된소리'로 구별하여 발음하지 못할 것이 없겠지만, 일상 사용되는 우리말 중에서 된소리의 특징이 가장 잘 드러나서 '예사소리'와 '된소리'의 차이를 누구든지 상식적으로 쉽게 판단할 수 있는 것은 'ㄱ:ㄲ, ㄷ:ㄸ, ㅂ:ㅃ, ㅅ:ㅆ, ㅈ:ㅉ'의 다섯 가지뿐이다.

이것은 다시 말하면, 우리 나라 말 중에서 된소리가 될 가능성이 가장 농후한 것은 'ㄱ, ㄷ, ㅂ, ㅅ, ㅈ'의 다섯 가지 소리뿐이라는 뜻이다.

제5항 한 단어 안에서 뚜렷한 까닭 없이 나는 된소리는 다음 음절의 첫소리를 된소리로 적는다.

1. 두 모음 사이에서 나는 된소리

소쩍새	어깨	오빠	으뜸
아끼다	기쁘다	깨끗하다	어떠하다
해쓱하다	가끔	거꾸로	부썩
어찌	이따금		

2. 'ㄴ, ㄹ, ㅁ, ㅇ' 받침 뒤에서 나는 된소리

산뜻하다	잔뜩	살짝	훨씬
담뿍	움찔	몽땅	엉뚱하다

다만, 'ㄱ, ㅂ' 받침 뒤에서 나는 된소리는, 같은 음절이나 비슷한 음절이 겹쳐 나는 경우가 아니면 된소리로 적지 아니한다.

국수	깍두기	딱지	색시

싹둑(~싹둑)	법석	갑자기	몹시

제5항은 된소리를 표기에 반영하는 경우를 규정하여 놓은 것이다. 우선 이 제5항의 전문을 알아보기 쉽도록 전제와 결론의 두 부분으로 나누어서 설명하려 한다.

〔전제〕 한 단어 안에서 뚜렷한 까닭 없이 나는 된소리는,

〔결론〕 다음 음절의 첫소리를 된소리로 적는다.

위의 전제를 다시 자세히 분석하여 보면,

(1) "한 단어 안에서"라는 조건과,

(2) "뚜렷한 까닭 없이"라는 조건과,

(3) "된소리로 발음된다"는 조건이 어울리어 한 개의 전제가 되었으므로, 이 세 조건 중의 한 가지라도 없으면 이 전제는 성립될 수 없고, 따라서 그 결론도 이루어질 수 없을 것이다.

이제 이 전제의 세 가지 조건에 대해서 각각 살펴보기로 하자.

(1) 한 단어의 안이라고 하였으니, 이 경우의 단어는 적어도 둘 또는 그 이상의 음절을 가져야 한다. 그 각 음절의 중심을 이룬 모음과 모음 사이에서 발음되는 자음이 단일한 성질을 가진 자음인 경우에는 원칙적으로 아래 음절의 첫소리로 그 자음을 표기하여야 할 것이다. 그리하여야 말소리를 자연스러운 발음대로 적을 수 있게 되는 것이다. 이를테면 '고기(肉)'를 '곡이', '사내(男)'를 '산애', '아비(父)'를 '압이'라고 적지 않는 것과 마찬가지이다.

이는 제1항의 "소리대로 적는다"는 취지에도 합당한 것이다.

(2) 한 개의 단어 속에 포함된 둘 혹은 그 이상의 음절이, 각각 또는 두 덩어리 이상의 독립된 의미를 가지고 있을 경우에는, 즉 복합어의 경우에는 그 중간에 끼여 있는 자음을 아래 음절의 첫소리로 적을 수 없다. 이를테면 '속옷(內衣)'을 '소곳', '손아귀(拳內)'를 '소나귀', '물오리(水鴨)'를 '무로리', '집안(家內)'을 '지반'으로 적을 수는 없는 것이다. 이 말들은 '속, 옷, 손, 아귀, 물, 오리, 집, 안'이 모두 각각 독립된 뜻을 가지고 있으므로, 이 말들이 두 개씩 모여 한 단어가 되었을지라도 그 각 단어의 원형을 그대로 유지하는 것이 읽고 이해하기에 매우 편리하기 때문이다. 이와 같은 단어 안에서 된소리가 나는 경우에는 똑같이 원형을 밝혀 적어야 한다. 이를테면 '목구멍(咽喉), 입버릇(口癖),

옷상자(衣櫃)'를 '모꾸멍, 이뻐릇, 오쌍자'로 적을 수 없다. 비슷한 예로서 '안게, 안고, 삼다, 삼더니' 등의 어간과 어미 사이에 나는 된소리도 '안께, 안꼬, 삼따, 삼떠니'로 적지 않는 것이다.

그러나 아무 뜻도 가지지 않은 두 음절 사이에서 발음되는 자음은 아래 음절의 첫소리로 적는 것이 합리적인 것이다.

(3) 한 개 단어의 내부에서, 또 아무 뜻이 없는 두 음절 사이에서 나는 소리로서 그것이 된소리로 발음될 수 있는 경우에 한하여 그 된소리를 아래 음절의 첫소리로 적어야 한다. 즉 '어깨, 오빠'를 '엇개, 억개; 옷바, 옵바'로 적으면 복합어로 오해될 염려가 있다. 또 'ㄴ, ㄹ, ㅁ, ㅇ'의 유성 자음은 뒤의 예사소리를 반드시 된소리로 나게 하지 않으므로, '산뜻하다, 살짝' 등과 같이 된소리가 나면 표기에 그대로 반영할 수밖에 없다. 그렇지만 'ㄱ, ㅂ' 받침 뒤에서는 반드시 된소리가 나기 때문에, 다시 말하면 '국수, 깍두기, 딱지, 색시, 싹둑(~싹둑), 법석, 갑자기, 몹시, 적삼, 접시, 딱지'와 같이, 윗 음절의 받침 'ㄱ, ㅂ'이 분명히 발음되고 그 받침으로 인하여 아래 음절의 첫소리가 자연히 된소리로 나기 때문에, 그 아래 음절의 첫소리를 굳이 된소리로 적지 않아도 상관이 없다.

물론 동일한 자음이 거듭될 때라도 된소리가 될 가능성이 박약한 경우, 즉 'ㄲ, ㄸ, ㅃ, ㅆ, ㅉ'이 성립되는 경우 이외에는, 역시 아래 음절의 첫소리를 병서하지 않는다. 이를테면 '엄마, 간나위' 등을 '어ㅁ마, 가ㄴ나위'와 같이 표기하지는 않는 것이다.

본 제5항에서 두 모음 사이에서 된소리가 나는 말들은 역사적으로 윗 음절에 'ㅅ' 받침이 쓰이고 다음 음절의 첫소리가 예사소리로 쓰여 왔을지라도, 현대 우리말의 실제 발음으로는 윗 음절의 받침과 아래 음절의 첫소리가 구별되지 않고, 다만 아래 음절의 첫소리가 된소리로만 나타날 뿐이다.

그러므로 윗 음절에, 'ㅅ' 받침을 붙이지 않고 아래 음절의 첫소리를 된소리로 병서하기로 한 것은 앞서 말한 전제와 제1장 총칙 제1항의 규정에 의한 것이다.

이 결론의 설명을 보충하기 위하여 다시 다음의 몇 가지 이유를 덧붙이고자 한다.

① 역사적 표기법으로는 윗 음절에 'ㅅ' 받침이 붙어 있었으나, 실제 회화에 사용되는 현대 우리말에는 'ㅅ' 받침 발음이 나타나지 않고, 다만 다음 음절 첫소리가 된소리로 발음될 뿐이다.

② 된소리는 두 종류의 음이 중복되는 것이 아닌, 두 소리로 분석할 수 없는 단일한 소리이다. 다만 현재 그러한 음을 표기할 독립된 글자가 없기 때문에 동일한 두 글자를 합하여 병서할 뿐인 것이다. 그러므로 한 가지의 음을 위와 아래 음절에 각각 갈라서 표기한다는 것은 지극히 불합리한 조처가 될 것이다.

③《한글 맞춤법》의 제7항에는 'ㄷ' 소리 받침을 규정하고 있는데, 본 항의 규정으로 그 경우와의 혼동을 피할 수도 있다.

【참고】 예사소리(평음), 된소리(경음), 거센소리(격음)에 대하여는 이기문(1972b), 이기문 · 김진우 · 이상억(1984)를 참조할 것.

제2절 구개음화

구개음(口蓋音)이란 말은 음성학상의 술어로, 혓바닥과 입천장 사이가 꼭 달라붙든지 좁아져서 나는 소리를 이르는 말이다. 구개는 다시 앞쪽에 있는 경구개(硬口蓋)와 뒤쪽에 있는 연구개(軟口蓋)의 두 부분으로 나눌 수 있으므로, 구개음도 경구개음과 연구개음의 두 가지로 나눌 수가 있겠지만 보통 구개음이라 하면 경구개음을 의미한다. 여기서 다루려는 구개음 'ㅈ, ㅊ'도 역시 혓바닥과 경구개 사이를 밀폐하였다가 떼는 동시에 마찰을 수반하면서 내는 음성이니, 'ㅈ'은 국제 음성 기호로는 'tʃ, dʒ'에 해당하고 'ㅊ'은 'tʃ'에 가까운 소리이다.

그런데 구개음화는 본래 구개음이 아닌 소리가 다른 소리의 영향을 받아 구개음으로 변하는 것으로, 우리 나라 말에서 그 특징이 가장 현저한 것은 'ㄷ'이 'ㅈ' 소리로 변하는 때와 'ㅌ'이 'ㅊ'으로 변하는 때의 두 가지 경우가 있으며, 여기에 영향을 주는 소리는 모음 'ㅣ'나 또는 'ㅣ'가 앞에 붙어서 복합된 이중모음 'ㅑ, ㅕ, ㅛ, ㅠ' 들이다. 국어의 역사를 살펴보면, 이와 같은 모음이 'ㄷ' 이나 'ㅌ'음 직후에 올 때에는,

댜 → 쟈 → 자
뎌 → 져 → 저
됴 → 죠 → 조
듀 → 쥬 → 주
디 ——→ 지

탸 → 챠 → 차
텨 → 쳐 → 처
툐 → 쵸 → 초
튜 → 츄 → 추
티 ——→ 치

와 같이, 그 'ㄷ'과 'ㅌ' 소리가 구개음으로 변하였다. 즉 원래는 구개음이 아니던 'ㄷ'과 'ㅌ'이 'ㅣ'나 또는 'ㅣ'를 포함한 'ㅑ, ㅕ, ㅛ, ㅠ' 위에서 구개음인 'ㅈ'과 'ㅊ' 소리로 발음된 것이다. 그 이유는 'ㅣ' 모음이 본래 모음 중에서는 가장 혓바닥과 경구개를 가까이 접근시키고, 그 사이에서 발음되는 소리인 까닭에 이 'ㅣ'나 'ㅣ'를 포함한 모음 위에 오는 자음은 그 방향(즉 혓바닥과 경구개사이)으로 끌리어 발음 위치가 바뀌므로 그와 같이 소리가 변하게 되는 것이다. 이와 같은 것을 음성학상으로 '구개음화 현상'이라고 부른다. 종래에는 '반절' 중의,

다 댜 더 뎌 도 됴 두 듀 드 디
타 탸 터 텨 토 툐 투 튜 트 티

를, 평안도 지방을 제외하고는 모두,

다 자 더 저 도 조 두 주 드 지
타 차 터 처 토 초 투 추 트 치

로 읽어 왔으니, 이것은 짝수(偶數) 자리에 있는 글자가 모두 'ㅣ' 모음 때문에 구개음화되어서 그렇게 발음된 것이다.

이러한 현상은 우리 국어에만 존재하는 것이 아니라, 일본어 · 중국어 · 영어 등에서도 찾아볼 수 있어, 세계적으로 공통된 현상이라고 할 수 있다. 이를테면 일본 가나의 'タ, チ, ツ, テ, ト'를 '다, 지, 쓰, 데, 도'라고 읽어서 'チ'의 음이 '지'로 변한 것이라든지, 중국 말의 '中, 忠[듕]'과 '蟲, 寵[튱]' 등이 현대 발음으로는 [쭝] 또는 [충]으로 변한 것이라든지, 또 영어의 'education[에듀케이션]'을 [에주케이션]으로, 'would you'를 빨리 발음할 경우 [우쥬] 등으로 발음하는 것들이 그것이다.

【참고】 1. 구개음화에 대하여는 이병건(1977)을 참조할 것.
2. 구개음화의 시기에 대하여는 안병희(1957), 이기문(1972a)를 참조할 것.

제6항 'ㄷ, ㅌ' 받침 뒤에 종속적 관계를 가진 '-이(-)'나 '-히-'가 올 적에는 그 'ㄷ, ㅌ'이 'ㅈ, ㅊ'으로 소리 나더라도 'ㄷ, ㅌ'으로 적는다.(ㄱ을 취하고, ㄴ을 버림.)

ㄱ	ㄴ	ㄱ	ㄴ
맏이	마지	핥이다	할치다
해돋이	해도지	걷히다	거치다
굳이	구지	닫히다	다치다
같이	가치	묻히다	무치다
끝이	끄치		

제6항은 'ㄷ, ㅌ' 구개음화의 예를 인정함을 밝히고 있다. 그러나 구개음화를 인정한다고 하더라도 일정한 조건을 구비할 것을 요구하고 있다. 제6항에 드러난 조건은 다음과 같이 정리될 수 있다. 즉,

(1) 'ㄷ'이나 'ㅌ'이 (어떠한 단어나 어간의) 받침으로 끝날 것.

(2) 그 단어나 어간 아래에 '이'나 '히'가 연접될 것.

(3) 그 '이'와 '히'가 그 위에 있는 단어나 어간에 대하여, 종속적인 관계를 가질 것.

이 세 가지 조건을 다시 차례로 살펴보기로 하자.

(1) 물론 제6항의 규정에는 '단어나 어간'이라고 하는 내용이 명시적으로 밝혀져 있지는 않지만 '종속적인 관계'를 가지는 형태소의 앞에 올 수 있는 요소라는 점을 염두에 둔다면, 제6항의 'ㄷ, ㅌ 받침'은 '단어나 어간의 마지막 소리인 ㄷ, ㅌ 받침'임을 알 수 있다.

여기서의 단어라 함은 어떠한 사물의 명칭을 나타낸 명사(대명사 포함)를 가리키고, 어간이라 함은 어떠한 한 개의 관념이나 실질의 뜻을 나타낸 용언(형용사, 동사 들)의 중추부(활용할 때 변하지 않는 부분)를 의미한다. 이러한 말의 마지막 소리에 받침으로 'ㄷ'이나 'ㅌ'이 사용될 경우를 가리키는 것이다.

제6항에 보인 예를 보면 '맏, 끝'은 명사이고, 그 외의 '굳-, 해돋-, 같-, 핥-, 걷-, 닫-, 묻-' 들은 모두 용언(형용사나 동사)의 어간이다. '맏이'의 '맏'은 현재 '맏아들, 맏딸'과 같이 주로 접두사로 쓰이나 원래 명사이던 말이 접두사로 변한 것이므로, '맏이'와 '끝이'는 같은 범주에 속하는 말이다. 그리고 이 단어

들은 각각 그 끝에 'ㄷ'이나 'ㅌ'의 받침을 가지고 있다.

(2) 또한 제6항의 예를 보면, '맏-, 해돋-, 굳-, 같-, 끝-, 핥-' 등에는 '이'음이 접속되었고, '걷-, 닫-, 묻-' 등에는 '히'음이 접속되었다.

(3) 세 번째 조건 중의 '종속적인 관계'란 말은 '대등적인 관계'란 말의 반대가 되는 말로서, 예를 들면 '팥알(小豆粒), 집안(家內)'에서 '팥'과 '알', '집'과 '안'은 다 같은 명사로서 대등적인 관계를 가지고 있으며, 용언의 경우에도 '맞먹다, 굶주리다'에서의 '맞-'과 '먹-', '굶-'과 '주리-'는 다 같은 용언으로서 대등적인 관계를 가지고 연결된 말들이다.

그러나 제6항에 보인 말 중의 '이'나 '히'는 그 앞의 말과 대등한 자격을 가지지 못한다. 다시 말하면, '이'나 '히'는 독립된 뜻을 가지지 못하고, 다만 그 위에 있는 요소에 대하여 어떠한 작용이나, 직능만을 보태 줄 뿐이다.

이제 그들을 구분하여 살펴보면,

① 명사 밑에 붙는 '토'로서의 '이'

예: 맏이, 끝이, 밭이, 뭍이

② 용언(형용사)을 부사로 바꾸는 접미사 '이'

예: 굳이, 같이

③ 용언(동사)을 명사로 바꾸는 접미사 '이'

예: 해돋이, 땀받이

④ 용언(동사)을 사동 혹은 피동(=수동)으로 만드는 선어말 어미 '이'나 '히'

예: 핥이다, 걷히다, 닫히다, 묻히다

이 네 가지 직분을 나타내는 '이'나 '히'는

(ㄱ) 어느 정도까지는 일반성이 있다. 즉 ①의 경우, 받침 있는 명사의 주격토는 언제든지 '이'요, ②의 경우도 용언에 '이'를 더하여 부사로 되는 말이 퍽 많다. ③의 경우도 ②에 못지않게 많이 쓰인다. 그리고 ④의 경우는 그다지 많다고는 할 수 없어도, 역시 일반적인 보편성이 있다고 보아 큰 잘못이 없으리라 생각된다.

(ㄴ) 따라서 이것을 하나의 법칙으로 세울 수 있다. 즉 보편성이 있는 조사나 접미사와 선어말 어미 등 이른바 문법 형태소가 '이, 히'일 경우에 일어나는 구개음화인 것이다. 이 법칙을 무시하고 '밭이'를 '밭치'나 '바치'로 쓴다거나, '같이'를 '갇치'나 '가치' 등으로 쓴다면 단어나 혹은 어간의 원형을 파괴하여 버리는 것이 되므로, 이것은 문자 생활의 효율상이나, 독서의 능률상 적지 않은 지장

을 초래하게 된다. 글을 빨리 보고, 알기 쉽게 하려면 일정한 개념은 항상 일정한 형상을 가지고 나타나야 할 것이 절대로 필요하기 때문이다.

이상 앞에서 설명한 (1), (2), (3)의 세 가지 조건 중에서, 한 가지만 빠지는 경우라도, 'ㄷ, ㅌ'의 구개음화는 인정할 수 없다.

그 밖에 《통일안》에서는 'ㅑ, ㅕ, ㅛ, ㅠ, ㅣ' 위에서 'ㄴ, ㄹ'의 구개음화를 인정하여 《통일안》 제5항에 〔붙임 2〕를 두었으나, 본 《한글 맞춤법》에서는 이를 음소의 차이로 다루지 않고 이음(異音) 곧 음소 안에서 일어나는 음성의 차이로 다루어, 특별한 규정을 두지 않고 있다.

【참고】 1. 어간, 어근, 접사 등에 대하여는 이익섭 · 임홍빈(1983)을 참조할 것.
2. 형태소에 대하여는 남기심(1968, 1983), 고영근(1978)을 참조할 것.
3. 기본형, 이형태에 대하여는 이익섭 · 임홍빈(1983)을 참조할 것.

제3절 'ㄷ' 소리 받침

먼저, 'ㄷ' 소리와 'ㅅ' 소리의 본질과 그 차이를 살펴볼 필요가 있다.

'ㄷ'은 음성학상 폐쇄음(파열음)으로, 혀끝을 윗잇몸 뒤에 대어 후두를 통하여 나오는 기류를 일시 막았다가 터놓을 때에 나는 소리이다. 즉 혀끝과 윗잇몸 사이가 폐쇄되어, 입 안에 뭉쳐 있던 기류가 폐쇄된 위치에서 터져 나오는 동시에 발음되므로 폐쇄음 또는 파열음이란 명칭이 생기게 되었다. 그러나 우리 국어에 있어서는 이 'ㄷ'이 모음 앞에 놓일 때에는 분명히 파열되지만, 받침으로 끝나고 말 때나, 다른 자음이 계속될 때에는 파열되지 않고 폐쇄된 채로 그치고 만다. 따라서 '다, 더, 바다, 더덕, 다듬이' 등과 같이 한 음절의 첫소리로 쓰일 경우에는 언제든지 모음 앞에 쓰이므로, 물론 잘 파열되어 아무 문제가 없다. 그렇지만 받침으로 쓰일 경우에는 이처럼 단순하지는 않다.

'ㄷ'의 출현이 가능한 환경을 모두 살펴보면,

(1) 모음 앞에서 발음될 때 → 파열된다.
받아라, 믿으면, 닫아서, ……

(2) 자음 앞에서 발음될 때 → 파열되지 않는다.
받고, 믿게, 닫지, ……

(3) 'ㄷ' 받침을 가진 단어가 저 홀로 발음될 때 → 파열되지 않는다.

낟, 맏, ……

이 현상을 다시 요약하여 보면, 'ㄷ' 받침은,

(1) 모음 앞에서는 잘 파열된다.

(2) 단독으로 발음될 때나, 그 아래에 자음이 계속될 때에는, 파열되지 않고 폐쇄한 대로 그친다.

우리 국어의 'ㄷ'과 비슷한 서양 여러 나라의 말의 'd' 나 't' 는 단어의 말음(末音) 즉 받침으로 끝나고 그 단어 단독으로 발음될 경우에도 대개는 가볍게 파열되지만, 우리 나라 말에서는 폐쇄음 받침이 폐쇄된 상태대로 끝나 버리는 것이 한 특징으로 되어 있다. 여기서 문제를 삼는 것도 첫소리인 경우의 'ㄷ'이 아니라, 받침인 경우의 'ㄷ'인 것에 주의할 필요가 있다.

또한 'ㅅ'은 마찰음으로, 혀끝을 윗잇몸 안 쪽에 가까이 대어, 그 사이에 적은 틈을 남겨 두고, 기류를 그 사이로 마찰시키며 내보낼 때 나는 소리이다. 따라서 이 'ㅅ' 소리를 낼 때에는 기류가 폐쇄되는 일이나 발음 위치가 파열되는 작용은 조금도 없다. 그러나 역시 국어 음운의 특수한 현상으로, 'ㅅ'이 받침으로 사용되어 단독으로 발음될 때나, 다른 자음에 계속될 때에는 마찰음의 본질을 잃고 폐쇄 상태로 변해 버린다. 즉,

(1) 모음 앞에서 발음될 때에는,

갓이, 맛을, 벗어라, 씻으면, ……

과 같이, 마찰음으로 유지되고 있지마는,

(2) 자음 앞에서 발음될 때의,

갓과, 맛도, 벗고서, 씻지, …… 등이나,

(3) 단독으로 발음될 때의,

갓, 맛, 벗, 씻, …… 들은

'ㅅ'음의 본질인 마찰 작용이 나타나지 않고, 아주 폐쇄되어 버리고 만다. 그러므로 'ㅅ' 받침은,

(1) 모음 앞에서는 마찰 작용을 잘 행한다.

(2) 단독으로 발음될 때나, 그 아래에 자음이 계속될 때에는 마찰 작용을 행하지 않고 폐쇄 상태로 변한다.

이제 이 'ㄷ'과 'ㅅ'의 발음 현상을 비교하여 보면,

① 모음 앞에서 발음될 경우에는 다 각각 제 본질을 충분히 발휘하여, 두 음의 차이는 현저히 나타난다.

② 받침으로 쓰여서 끝나고 말 경우나, 그 아래에 자음이 계속될 경우에는, 두 음은 동일한 결과 즉 폐쇄 상태를 나타낸다.

즉 'ㄷ'과 'ㅅ'은 그 음의 본질이 다르면서도, 국어 발음의 습관으로는 동일한 결과를 나타내는 경우가 많다. 이와 같이 다른 음이 특정한 조건에서 구별되지 않을 경우를 중화(中和)라고 한다. 'ㄷ, ㅅ'은 받침 소리로는 중화가 된다고 설명한다. 그런데 이들의 중화는 16세기에 들면서 생긴 현상이다. 한글이 창제된 15세기에는 받침 소리에서도 구별되었다. 그러므로 《훈민정음 해례》에서 8종성으로 'ㄷ, ㅅ'이 모두 나타나고, 실지로 당시의 문헌에서는 받침에서 'ㄷ, ㅅ'이 비교적 엄격히 구별되어 사용되었다.

그러므로 현대 국어의 'ㄷ'과 'ㅅ'이 받침으로 쓰일 경우에는 그 발음 현상이 서로 비슷한 일면을 가지고 있다는 것을 전제로 하고 제7항의 설명에 들어가려 한다.

제7항 'ㄷ' 소리로 나는 받침 중에서 'ㄷ'으로 적을 근거가 없는 것은 'ㅅ'으로 적는다.

덧저고리	돗자리	엇셈	웃어른	핫옷
무릇	사뭇	얼핏	자칫하면	뭇〔衆〕
옛	첫	헛		

제7항의 내용을 분석하여 보면, 크게 두 부분으로 나눌 수 있으니,

(1) ① 'ㄷ' 소리로 나는 받침 중에서

② 'ㄷ'으로 적을 근거가 없는 것은

(2) 'ㅅ' 으로 적는다.

가 그것으로, (1)은 전제가 되는 것이고, (2)는 결론이 되는 것이다.

이 전제는 위의 (1)에서 보듯이 ①과 ②의 두 가지 중요한 조건을 포함하고 있다. 이 중에서도 ①은 보다 중요한 조건이 되는 것으로, 어떤 말의 받침이 'ㄷ' 소리로 발음되어야 한다는 것이고, ②는 그 말의 받침이 'ㄷ' 소리로 발음되되 'ㄷ' 으로 적을 근거가 없어야 한다는 것이다. 근거가 없어야 한다는 것은 무조건하고 'ㄷ' 소리로 발음되어야지, '걷다〔步〕, 듣다〔聽〕' (제18항 5 참조)나 '섣달〔臘月〕, 섣부르다〔未熟〕' (제29항 참조)와 같이 그 'ㄷ'이 만일 문법적으로든 어원적으로든 모종의 관계를 가지고 'ㄷ' 소리로 나타나는 일이 있을 경우에

는 (2)의 결론은 성립될 수 없고, 따라서 'ㅅ'으로 쓸 수 없다는 것이다.

다음으로 결론 부분인 (2)를 보면 'ㅅ'으로 적는다고 하였는데, 그에 대해서는 왜 하필이면 'ㅅ'이냐 하는 의문이 제기될 수 있다. 《통일안》에서는 그에 대해 '재래의 버릇을 따라'라고 이유를 밝히고 있다. 본《한글 맞춤법》에서는 그에 대해 명시적으로 밝히고 있지는 않으나 《통일안》의 내용이 그대로 적용될 수 있다. 왜냐하면 글자는 대단히 보수성이 강하여, 큰 이유 없이는 재래의 표기 관례를 일시에 끊어 버리기는 어려운 것이기 때문이다. 그러므로 이 'ㄷ' 소리 받침도 이렇다 할 큰 이유가 없는 바에는 될 수 있는 대로 종래의 관습을 존중하여 'ㅅ' 받침으로 통일하자는 것이다. 이렇게 말하면, 본《한글 맞춤법》 전체가 이 이유(즉 재래의 관습)에 위반되는 것이 아니냐고 반문할 수도 있을 것이다. 그러나 거기에는 종래의 관습보다 더 중요한 이유가 있는 것이다. 즉 위에서도 이미 말한 바 있고 앞으로도 다시 이야기가 되겠지만, 단어의 고정화라든지 문법 체계의 정돈 등의 훨씬 중대한 이유가 많이 있는 것이다. 재래의 관습을 깨뜨리면서도 새 형식을 취하지 않을 수 없는 이유가 여기에 있는 것이다.

여기서 한 가지 덧붙이고 싶은 것은 접두사와 관형사의 차이이다. 관형사는 일반 명사 위에 거의 보편적으로 널리 사용되는 말로서 독립한 단어를 이룰 수 있으나, 접두사는 한 개의 독립한 단어는 될 수 없다. 접두사는 '짓밟다, 짓찧다, 짓씹다, 짓누르다, ……'의 '짓'과 같이, 어떠한 종류의 말 위에서는 공통되는 뜻을 가지고 사용되나, 모든 동사 위에 일반적으로 사용될 수는 없는 것으로, 제7항의 예 중에 '덧, 웃, 엇, 핫' 등은 모두 이러한 성질을 가진 것으로 접두사가 되는 것이다.

【참고】 받침의 'ㄷ'과 'ㅅ'의 표기에 대하여는 홍윤표(1985), 이익섭(1987, 1992)를 참조할 것.

제4절 모 음

모음은 일정한 모양을 취한 혀와 입천장 사이로 공기를 마찰 없이 통과시켜 입술로 빠져 나가게 함으로써 구강이나 비강에서 공명이 되도록 하여 내는 소리이다. 자음과 달리 모음은 단독으로 발음되어 하나의 음절을 이룰 수 있다는 특성을 가지고 있다. 모음의 구분 기준으로는 혀의 위치나 개구도, 또는 원순성 등을 들 수 있으며, 반모음의 결합 여부에 따라 단모음과 이중 모음으로 나누기도 한다.

단모음: ㅏ, ㅓ, ㅗ, ㅜ, ㅡ, ㅣ, ㅐ, ㅔ, ㅚ
이중 모음: ㅑ, ㅕ, ㅛ, ㅠ, ㅒ, ㅖ, ㅘ, ㅙ, ㅝ, ㅞ, ㅟ, ㅢ

그러나 이들 중 자음 뒤의 'ㅖ'는 'ㅔ'로, 'ㅢ'는 'ㅣ'로 혼동되어 발음되는 경향이 있다. 또한 단모음 'ㅚ'는 이중모음 'ㅞ'와 혼동되어 발음되기도 하고, 현대국어에서 단모음으로 발음되지 않는 이중모음 'ㅟ'는 경우에 따라 단모음화하여 'ㅣ'로 발음되기도 한다.

【참고】 1. 자음, 모음에 대하여는 김진우(1968), 김완진(1971, 1978), 이기문(1971), 이병근(1979)를 참조할 것.
2. 단모음, 이중 모음에 대하여는 이숭녕(1949), 허웅(1952), 김완진(1964), 이기문(1972b, 1979)를 참조할 것.

제8항 '계, 례, 몌, 폐, 혜'의 'ㅖ'는 'ㅔ'로 소리 나는 경우가 있더라도 'ㅖ'로 적는다.(ㄱ을 취하고, ㄴ을 버림.)

ㄱ	ㄴ	ㄱ	ㄴ
계수(桂樹)	게수	혜택(惠澤)	헤택
사례(謝禮)	사레	계집	게집
연몌(連袂)	연메	핑계	핑게
폐품(廢品)	페품	계시다	게시다

다만, 다음 말은 본음대로 적는다.

게송(偈頌)　　게시판(揭示板)　　휴게실(休憩室)

우리말의 발음 습관상 '셰, 졔, 쳬' 등과는 달리 '계, 례, 몌, 폐, 혜'의 발음은 불가능한 것은 아니지만, 현실적으로 '게, 레, 메, 페, 헤' 따위로 발음이 되고 있다. '례(禮)'의 경우에는 어두에 올 때, '예'로 발음되어 별 문제가 없으나, '계, 몌, 폐, 혜'는 소리대로 각각 '게, 메, 페, 헤'로 적을 수 있음에도 불구하고 그대로 쓰기로 한 것은 표기의 역사성과 독해의 능률을 중시한 것이다. 비록 현실의 발음이 표기와 거리를 가지고 있다 하더라도 그 표기가 눈에 익어 문자 생활의 효율성을 증대시키는 데에 도움을 주는 것이라면 채택하여야 할 필요가 충분히 있음을 우리는 앞서 이미 살펴본 바가 있다.

단서 규정에 '게송(偈頌), 게시판(揭示板), 휴게실(休憩室)' 등의 '게'를 "본음대로" 적는다고 하였는데, 이는 '偈, 揭, 憩'의 독음이 본래부터 '게'일뿐아니라 현실의 발음도 '게'이기 때문이다.

제9항 '의'나, 자음을 첫소리로 가지고 있는 음절의 'ㅢ'는 'ㅣ'로 소리 나는 경우가 있더라도 'ㅢ'로 적는다.(ㄱ을 취하고, ㄴ을 버림.)

ㄱ	ㄴ	ㄱ	ㄴ
의의(意義)	의이	늴큼	닁큼
본의(本義)	본이	띄어쓰기	띠어쓰기
무늬〔紋〕	무니	씌어	씨어
보늬	보니	틔어	티어
오늬	오니	희망(希望)	히망
하늬바람	하니바람	희다	히다
늴리리	닐리리	유희(遊戲)	유히

현실적으로 '의'는 몇 가지 다른 발음으로 실현되고 있다. 자음을 가지지 않는 어두의 '의'는 물론 [의]로 실현이 되지만, 자음을 첫소리로 가지고 있는 음절의 '의'는 [이]로 발음이 되고 단어의 첫 음절 이외의 '의'는 [이]로, 조사의 '의'는 [에]로 발음되는 경향을 보이고 있다.

본《한글 맞춤법》과 함께 공포된《표준어 규정》 제2부 표준 발음법의 제5항에서는 그와 같은 현실을 반영하여 '의'에 대한 여러 가지 발음을 그 조건에 따라 융통성 있게 인정하고 있다. 그러나 그러한 현실에도 불구하고 '의'와 '이', '에'는 어두에서 변별적 대립을 보이고 있어, '의리(義理), 의사(義士)'는 결코 [이리, 이사]나 [에리, 에사]가 아니다. 그러므로 이들 말의 '의(義)'와 같은 유연성을 고려할 때, '의의, 본의'를 '의이, 본이'로 적을 수는 없는 것이다.

또한 자음을 첫소리로 가지고 있는 음절에서의 '의'는 이미 여러 차례에 걸쳐 설명한 바 있듯이 표기의 역사성과 독해의 능률을 고려한 규정이라고 할 수 있다.

다시 말하자면 자음을 가진 '의'는 [ㅣ]로 발음이 되더라도 '띄어쓰기, 씌어' 등과 같이 어원의 표시라든가, '희망, 희다' 등과 같이 관용의 표기 방식에 따라 '의'로 적기로 한 것이다.

또 '무늬, 보늬, 늴리리' 등의 '늬'는 '니'로 발음되지만, 그 '니'가 '어머니, 아니다' 등의 '니'와는 같지 않다. 즉 앞의 '니'는 [ni]이지만, 뒤의 '니'는 n이 구개음 ɲ으로 변화한 [ɲi]인 것이다. 우리 나라 말에 있어서는, 'ㄴ'이 'ㅣ'나 'ㅣ'가 선행한 이중 모음 'ㅑ, ㅕ, ㅛ, ㅠ' 위에서 발음될 때에는 예외없이 구개음으로 변하여 버린다. 그러므로 'ㅣ' 위에서 구개음이 되지 않는 [ni]는 관용대로 '늬'로 표기하는 것이 합리적이다.

제5절 두음 법칙

단어의 첫머리 즉 어두에서 발음되는 음은 국어의 음운 구조상의 제약이나 발음 습관상의 기피 현상에 기인하는 제약이 있는데, 이를 두음 법칙이라 한다. 이 법칙에 따라 일어나는 현상은 다음과 같다.

(1) 구개음 'ㄴ[ɲ]'이 어두에 오지 못하는 경우: 'ㄴ[ɲ]'은 'ㅣ'나 'ㅣ'를 앞세운 이중 모음 'ㅑ, ㅕ, ㅛ, ㅠ'의 바로 앞에 오면 구개음 'ㄴ[ɲ]'이 된다. 이를테면 '남녀'에서 둘째 음절의 'ㄴ'은 첫 음절의 'ㄴ'과 달리 구개음 [ɲ]으로 발음된다. 그런데 국어에서는 '녀자'가 '여자'로 발음되는 것과 같이 구개음 'ㄴ'은 어두에 오지 못하고 탈락한다. 그러므로 어두의 '냐, 녀, 뇨, 뉴, 니, 녜'는 '야, 여, 요, 유, 이, 예'로 바뀐다.

(2) 유음 'ㄹ[r, l]'이 어두에 오지 못하는 경우: 이 경우의 바뀌는 양상은 두 가지로 나누어 살펴볼 수 있다. 첫째는 '락원'이 '낙원'으로 바뀌는 것과 같이 '라, 러, 로, 루, 르, 래, 뢰'가 '나, 너, 노, 누, 느, 내, 뇌'로 바뀌는 것이요, 둘째는 '료리'가 '요리'로 바뀌는 것과 같이 '랴, 려, 료, 류, 리, 례'가 '야, 여, 요, 유, 이, 예'로 바뀌는 것이 그것이다.

(3) 자음군이 어두에 오지 못하는 경우: 영어에서는 'ground, street' 등의 gr, str

와 같이 어두에 둘 또는 세 자음, 곧 자음군(子音群)이 올 수 있으나, 국어에서는 그러한 일이 없다. 한글이 창제될 중세 국어 당시에는 어두에 'ㅅ, ㅂ, ㅄ' 등으로 시작되는 세 가지 계열이거나, 또는 'ㅂ'으로 시작되는 자음군이 얼마 동안 존재하였었다. 그러나 그러한 현상 자체가 국어가 속한다고 생각되는 알타이 계 언어들의 일반적인 공통 특징에서 벗어나는 것일뿐더러 상당히 불안정한 체계를 갖고 있어 곧 된소리화하든가, 자음군 가운데 하나가 탈락하든가, 거센소리로 변하든가 하여 하나의 자음만 남게 되었다.

위의 (1), (2)와 (3)은 몇 가지 점에서 양상을 달리한다. 우선 (1)과 (2)는 단지 국어의 발음 습관상 나타나는 기피 현상 때문이지, 발음 구조상 그 발음의 실현이 불가능해서 일어나는 현상은 아니다. 뒤에서 구체적인 예들을 통하여 살펴볼 수 있겠지만, (1)과 (2)에 해당하는 예들은 모두 한자어이고, 고유어의 경우에는 그 예가 그리 많지는 않지만 '녀석'이라든가 '라면' 등의 예에서 어두에 구개음 ㄴ이나 유음이 실현되는 경우를 볼 수 있기 때문이다. 반면에 (3)의 경우는 현대 국어의 발음 구조상 그 실현이 불가능하다는 점에서 차이를 보인다. 그와 같은 맥락에서 이해될 수 있는 사실은 근래에 들어온 'news, radio' 등은 '뉴스, 라디오' 등으로 실현되지만, 마찬가지 외래어라고 하더라도 'ground, strike' 등과 같이 어두에 자음군을 가지는 단어들은 각각 모음 [으]를 취하여 '그라운드, 스트라이크' 등과 같이 실현된다.

【참고】 1. 구개음에 대하여는 안병희(1957), 이명규(1976), 김수곤(1976a · b)를 참조할 것.
2. 유음에 대하여는 이병근(1979)를 참조할 것.
3. 어두 자음군에 대하여는 이기문(1955)를 참조할 것.

제10항 한자음 '녀, 뇨, 뉴, 니'가 단어 첫머리에 올 적에는 두음 법칙에 따라 '여, 요, 유, 이'로 적는다.(ㄱ을 취하고, ㄴ을 버림.)

ㄱ	ㄴ	ㄱ	ㄴ
여자(女子)	녀자	유대(紐帶)	뉴대
연세(年歲)	년세	이토(泥土)	니토
요소(尿素)	뇨소	익명(匿名)	닉명

다만, 다음과 같은 의존 명사에서는 '냐, 녀' 음을 인정한다.

냥(兩) 냥쭝(兩-) 년(年)(몇 년)

〔붙임 1〕 단어의 첫머리 이외의 경우에는 본음대로 적는다.

남녀(男女) 당뇨(糖尿) 결뉴(結紐) 은닉(隱匿)

〔붙임 2〕 접두사처럼 쓰이는 한자가 붙어서 된 말이나 합성어에서, 뒷말의 첫소리가 'ㄴ' 소리로 나더라도 두음 법칙에 따라 적는다.

신여성(新女性) 공염불(空念佛) 남존여비(男尊女卑)

〔붙임 3〕 둘 이상의 단어로 이루어진 고유 명사를 붙여 쓰는 경우에도 〔붙임 2〕에 준하여 적는다.

한국여자대학 대한요소비료회사

본항은 단어의 첫머리에 구개음 'ㄴ'을 기피하는 두음 법칙을 인정하여 표기에 반영할 것을 규정한 것이다. 물론 첫머리 이외의 경우에는 구개음 'ㄴ'이 발음되므로 〔붙임 1〕에 보인 예에서와 마찬가지로 본음 그대로 적는다. 단서 규정에 보인 의존 명사의 경우는 실질적으로는 항상 다른 단어의 뒤에 쓰이게 되어 두음 법칙의 행사 영역 밖의 것이므로 '다만'과 같이 다루어진 것이다. 그러나 어두가 아니라고 하더라도 대상 단어의 구성 요소가 독립된 단어로 쓰일 수 있을 경우에는 두음 법칙의 적용 대상이 되어야 한다. 〔붙임 2, 3〕에 보인 것과 같이 합성어와 둘 이상의 단어로 이루어진 고유 명사의 경우에는 비록 시각적인 효율성을 위하여 붙여 쓴다고 하더라도 '여성, 염불, 여비, 여자, 요소' 등의 독립된 단어를 그 구성 요소로 하고 있다. 그러므로 그와 같은 경우에도 첫머리에서의 구개음 'ㄴ'은 역시 두음 법칙의 적용 대상이 되기 때문에 본문의 규정에 따라서 'ㄴ'을 적지 않는 것이다.

제11항 한자음 '랴, 려, 례, 료, 류, 리'가 단어의 첫머리에 올 적에는 두음 법칙에 따라 '야, 여, 예, 요, 유, 이'로 적는다.(ㄱ을 취하고, ㄴ을 버림.)

ㄱ	ㄴ	ㄱ	ㄴ
양심(良心)	량심	용궁(龍宮)	룡궁
역사(歷史)	력사	유행(流行)	류행
예의(禮儀)	례의	이발(理髮)	리발

다만, 다음과 같은 의존 명사는 본음대로 적는다.

리(里): 몇 리냐?

리(理): 그럴 리가 없다.

〔붙임 1〕 단어의 첫머리 이외의 경우에는 본음대로 적는다.

개량(改良) 선량(善良) 수력(水力) 협력(協力)
사례(謝禮) 혼례(婚禮) 와룡(臥龍) 쌍룡(雙龍)
하류(下流) 급류(急流) 도리(道理) 진리(眞理)

다만, 모음이나 'ㄴ' 받침 뒤에 이어지는 '렬, 률'은 '열, 율'로 적는다.(ㄱ을 취하고, ㄴ을 버림.)

ㄱ	ㄴ	ㄱ	ㄴ
나열(羅列)	나렬	분열(分裂)	분렬
치열(齒列)	치렬	선열(先烈)	선렬
비열(卑劣)	비렬	진열(陳列)	진렬
규율(規律)	규률	선율(旋律)	선률
비율(比率)	비률	전율(戰慄)	전률
실패율(失敗率)	실패률	백분율(百分率)	백분률

〔붙임 2〕 외자로 된 이름을 성에 붙여 쓸 경우에도 본음대로 적을 수 있다.

신립(申砬) 최린(崔麟) 채륜(蔡倫) 하륜(河崙)

〔붙임 3〕 준말에서 본음으로 소리 나는 것은 본음대로 적는다.

국련(국제 연합) 한시련(한국 시각 장애인 연합회)

〔붙임 4〕 접두사처럼 쓰이는 한자가 붙어서 된 말이나 합성어에서 뒷말의 첫소리가 'ㄴ' 또는 'ㄹ' 소리로 나더라도 두음 법칙에 따라 적는다.

역이용(逆利用) 연이율(年利率)
열역학(熱力學) 해외여행(海外旅行)

〔붙임 5〕 둘 이상의 단어로 이루어진 고유 명사를 붙여 쓰는 경우나 십진법에 따라 쓰는 수(數)도 〔붙임 4〕에 준하여 적는다.

서울여관 신흥이발관
육천육백육십육(六千六百六十六)

본항은 어두에서 유음 'ㄹ'을 기피하는 두음 법칙에 따른 표기를 규정한 것이다. 단어의 첫머리에 오는 유음 'ㄹ'을 회피하기 위한 방법으로는 'ㄹ→ㄴ'과 'ㄹ→ㅇ'이 있는데 여기서는 어두의 'ㄹ'이 'ㅣ' 모음이나 'ㅣ'가 선행한 'ㅑ, ㅕ, ㅛ, ㅠ' 등 이중 모음 위에서 탈락하는 'ㄹ→ㅇ'의 방법을 규정한 것이다. 본항도 제10항에서와 마찬가지로 의존 명사의 경우는 독립하여 어두에 쓰이는 경우가 없다는 점에서 본음대로 적는다는 단서 규정을 달고 있다. 단어의 첫머리 이외의 경우에는 두음 법칙이 적용되지 않으므로 〔붙임 1〕과 같이 본음대로 적음이 당연하지만, 모음이나 'ㄴ' 받침 뒤에 오는 '렬(劣, 列, 烈, 裂)'이나 '률(律, 慄, 率)'은 단서의 예에서 보이는 바와 같이 실제 발음에 따라 '열'과 '율'로 적기로 하였다. 물론 모음이나 'ㄴ' 받침으로 끝나는 경우가 아닌 것은 그 발음에 따라 '격렬(激烈), 법률(法律)' 등과 같이 본음대로 '렬, 률'로 적는다.

그러나 실제의 표기예들에서 단어 경계가 언제나 선명한 것은 아니다. '거품-양, 구름-양〔雲量〕, 허파숨-양〔肺活量〕, ADZT-양, 알칼리-양'과 '거품-량, ADZT-량, 알칼리-량'과 같은 예들이 그것이다. 본항의 규정들은 이들 단어에서 '量'의 환경을 단어의 첫머리로 보느냐, 아니면 단어의 첫머리 이외의 경우로 보느냐에 따라 표기를 달리해야 함을 말하고 있기 때문이다. 한자 '量'이 다른 한자나 한자어와 결합하는 경우에는 '분자량(分子量), 폐활량' 등과 같이 '량'으로 표기되나 위의 예들과 같이 한자어 이외의 외래어나 고유어와 '量'과의 결합인 경우에는 한자어 형태소를 하나의 단어로 인식하는 데에 어려움이 없으므로 '양'이라고 표기된다.

이름도 단어이므로 성에 붙여 쓸 경우에는 〔붙임 5〕에 보인 두음 법칙에 따라 '정인지(鄭麟趾), 이윤성(李倫成), 김용(金龍)' 등과 같이 적어야 한다. 그러나 외자로 된 옛날 사람들의 이름인 경우에는 단독으로 쓰이면 '입, 윤' 등과 같이 두음 법칙이 적용되지만 성과 어울려 쓰이면 '신립, 하륜' 등과 같이 발음되어 두음 법칙이 적용되지 않는 관행이 있다. 〔붙임 2〕는 이 관행을 인정하여 소리대로 적을 것을 허용한 것이다.

어두의 'ㄹ'이 'ㅇ'으로 된 단어가 합성어의 둘째 이하의 성분으로 나타날 경우에는 〔붙임 4, 5〕와 같이 'ㅇ'으로 적는다. 그러나 이들 합성어가 줄어질 적에는 본음대로 소리 나는 일이 있다. 이를테면 '한국 시각 장애인 연합회'의 준말은 글자대로 하면 '한시연'이 되지만, 실제 발음은 본음대로 '한시련'이다. 이 경우에는 위의 〔붙임 1〕을 준용하여 본음대로 적도록 한 것이 〔붙임 3〕의 규정이다.

제10항의 〔붙임 2, 3〕의 경우와 마찬가지로 독립한 단어에 접두사가 붙거나 합성어가 형성된 경우에는 각 단어에 대하여 두음 법칙이 적용되므로 표기도 그것을 반영하기로 하여 〔붙임 4, 5〕의 규정을 두었다. 유의할 것은 수사의 경우에, 십진법에 따라 두음 법칙을 적용하여 적는다는 점이다.

《한글 맞춤법》 제11항 〔붙임 4〕에서의 '열역학(熱力學)'이 'ㄹ' 첨가를 보이는 것은 《표준 발음법》 제29항 〔붙임 1〕('ㄹ'받침 뒤에 첨가되는 'ㄴ'소리는 'ㄹ'로 발음한다)의 규정으로 설명할 수 있다. 여기서 그와 유사한 예인 '몰염치'와 '파렴치'의 표기가 문제될 수 있지만 '沒廉恥'의 경우 그 발음대로 [모렴치]가 되기도 하고 'ㄹ'이 첨가되어 [몰염치]가 되기도 하는데 이 중 어느 쪽으로 발음되더라도 '몰염치'로 표기하는 데는 아무런 문제가 없을 것이다.

'破廉恥'의 경우도 독립되어 쓰이는 '염치'에 '파-'가 접두어로 붙은 것이므로 동일한 규정을 적용하여 '파염치'로 적어야 한다고 생각할 수 있다. 그러나 일반적인 현실 발음이 '파렴치'이기 때문에 '파염치'로 했을 때 표기와 발음간의 불일치를 설명할 수가 없게 된다. 그러므로 '破廉恥'의 경우는 현실 발음의 이러한 불규칙성을 표기에 반영하여 '파렴치'로 적어야 한다. 현실 발음과의 불일치로 인하여 '파렴치'와 같이 표기해야 할 예로서는 '沒理解, 過燐酸, 亞燐酸' 등을 들 수 있으나, 이들에 대하여서 표준국어대사전에서는 각각 '몰이해, 과인산, 아인산'으로 적어 표기에 반영하지 않았다. 특히 '沒理解'의 경우에는 발음이 '몰리해'로 됨을 인정하면서도 표기에 반영하지 않았으며, '과린산, 아린산'의 경우에는 각각 '과인산, 아인산'의 잘못된 발음으로 처리하였다.

본항의 설명을 마치면서, 〔붙임 2〕의 규정에는 상당한 문제가 있음을 말하여 두고자 한다. 첫째로 규정이 분명하지 않다는 점이다. 이 규정에 대한 위의 설명에서는 역사적 인물의 이름으로서 '신립, 하륜' 들과 같이 발음되는 관행이 있을 경우에 본음대로 적는다고 하였다. 그것은 제시된 예에서 귀납된 설명일 뿐이고, 규정에는 그러한 제약이 없다. 즉 '김용(金龍), 방열(方烈)' 들을 '김룡, 방렬' 들로 적을 수 없다는 규정은 없다. 둘째로는 비슷한 경우에 있어야 할 유사한 규정이 없다는 점이다. 앞의 제10항에는 '김영(金寧), 김유(金紐), 이영(李寧)' 들의 외자로 된 역사적 인물의 이름을 성에 붙여 쓸 경우에 대한 아무런 규정이 없다. 이들도 '김녕, 김뉴, 이녕' 들과 같이 본음대로 발음되는 관행이 없다는 보장이 없다. 마찬가지로 제12항에도 '김노(金魯), 이내(李來), 이노(李輅), 하낙(河洛)' 들을 본음대로 '김로, 이래, 이로, 하락' 들로 적을 수 있게 규정하여야 한다. 그러므로 본항의 〔붙임 2〕는 아예 삭제하거나, 규정의 내용을 명확하게 고쳐서 제10항과 제12항에도 같은 규정을 두어야 할 것이다.

그러나 고유 명사인 경우에는 본항의 규정에 매여 기존의 표기 방식을 굳이 바꿀 필요는 없을 것이다. 인명의 경우 자신이 지금까지 써온 표기 방식을 바꾸고 싶지 않거나, 지명이나 사찰명의 경우도 관습적으로 이미 '김용리(金龍里), 김용사(金龍寺)' 등과 같은 표기가 널리 쓰이고 있다면 굳이 기존의 표기를 바꿀 필요는 없을 것이다. 다만 어느 쪽이든 일단 하나의 표기를 결정했다면 그 표기로 통일해서 언제나 어디서나 일관되게 쓰는 것이 좋겠다.

제12항 한자음 '라, 래, 로, 뢰, 루, 르'가 단어의 첫머리에 올 적에는 두음 법칙에 따라 '나, 내, 노, 뇌, 누, 느'로 적는다.(ㄱ을 취하고, ㄴ을 버림.)

ㄱ	ㄴ	ㄱ	ㄴ
낙원(樂園)	락원	뇌성(雷聲)	뢰성
내일(來日)	래일	누각(樓閣)	루각
노인(老人)	로인	능묘(陵墓)	릉묘

〔붙임 1〕 단어의 첫머리 이외의 경우에는 본음대로 적는다.

쾌락(快樂)	극락(極樂)	거래(去來)
왕래(往來)	부로(父老)	연로(年老)
지뢰(地雷)	낙뢰(落雷)	고루(高樓)
광한루(廣寒樓)	가정란(家庭欄)	동구릉(東九陵)

〔붙임 2〕 접두사처럼 쓰이는 한자가 붙어서 된 단어는 뒷말을 두음 법칙에 따라 적는다.

내내월(來來月)	상노인(上老人)
중노동(重勞動)	비논리적(非論理的)

본항의 본문은 어두에 오는 유음 'ㄹ'이 'ㅣ' 모음이나 'ㅣ'가 선행한 'ㅑ, ㅕ,

ㅛ, ㅠ' 등 이중 모음이 아닌 'ㅏ, ㅓ, ㅗ, ㅜ, ㅡ' 위에서 'ㄴ'으로 발음되는 두음 법칙에 따른 표기를 규정하고, 붙임은 단어의 첫머리 이외의 경우에서는 제10항과 제11항의 〔붙임 1〕과 같이 발음에 따라 본음 그대로 적지만, 독립한 단어에 접두사가 붙거나 독립한 단어가 결합한 합성어의 경우는 제10항의 〔붙임 2, 3〕과 제11항의 〔붙임 4, 5〕와 마찬가지로 두음 법칙에 따라 'ㄴ'으로 적음을 규정한 것이다. 그런데 본항의 〔붙임 1〕에 보인 '가정란, 동구릉' 등은 '난(欄)'이나 '능(陵)' 등 독립한 단어가 결합된 것이라 하여 '가정난, 동구능'으로 적기 쉬우나, 이 경우는 접미사와 비슷한 용법이므로, '가정란, 동구릉'으로 적어야 하기에 특별히 예로 보인 것이다. '난'(欄)이 독립되어서 쓰이는 말이기 때문에 '가정난, 비고난'으로 적는 것이 이치에 맞을 뿐 아니라 실제로 그렇게 올려 놓은 국어 사전들도 있다. 따라서《한글 맞춤법》에서 '가정난, 비고난' 따위로 적도록 한 데에는 표기의 결정 이상의 뜻이 담겨 있다 하겠다. 즉, '家庭欄'은 어떻게 적건 발음이 달라지지 않지만, '備考欄'의 경우는 표기에 따라 발음이 달라지기 때문에 '비고란'으로 적도록 함은 곧 [비ː고난]이 아닌 [비ː고란]을 표준발음으로 삼음을 뜻하는 것이다.

'비고란, 가정란'과 같은 예로서는 '거래량, 생산량, 임진란, 원자로, 소각로' 따위를 더 들 수 있다. '양(量)', '난(欄)', '노(爐)'가 독립되어 쓰이기도 하는 것들이지만 이와 같은 한 음절짜리 한자어는 다른 한자어 뒤에 붙으면 접미사처럼 다루어 본음대로 적게 됨을 알 수 있다. 그러나 고유어나, 한자어 이외의 외래어와 함께 쓰일 경우에는 독립된 형태소로서의 기능을 지니게 되므로, '어린이난, 펜팔난' 따위와 같이 두음 법칙의 적용 대상이 된다.

제11항과 제12항은 'ㄹ'이 'ㅇ'이나 'ㄴ'으로 변하게 되어 두음 법칙이 다른 것으로 규정되어 있으나, 좀더 깊이 살펴보면 같은 법칙으로 통괄할 수 있다. 즉 제11항의 예들에서 어두의 'ㄹ'이 바로 'ㅇ'으로 변한다고 설명하는 대신에, 제12항과 같이 'ㄹ'이 'ㄴ'으로 변한 다음에 제10항에서 말한 구개음 'ㄴ'이 어두에 오지 못하는 두음 법칙이 적용되어 'ㅇ'으로 변한다고 설명하는 것이다. 이를테면 '량심, 룡궁' 등은 본항과 같이 일단 '냥심, 뇽궁' 등으로 된 다음에, 제10항에 예와 같이 '양심, 용궁' 등으로 되었다고 설명하는 방법이다. 따라서 제11항의 두음 법칙은 모두 'ㄹ'이 'ㄴ'으로 변하는 규칙이 먼저 적용되고, 다음에 구개음 'ㄴ'이 탈락되어 'ㅇ'으로 표기되는 규칙이 적용된다고 할 것이다.

제6절 겹쳐 나는 소리

본절에서 대상으로 삼는 겹쳐 나는 소리는 한 단어 안에서 같은 음절 또는 비슷한 음절이 중복되는 경우를 말한다. 일반적으로 이러한 예들은 첩어라고 칭하고 있으나 이러한 중복된 구조가 모두 첩어인 것은 아니다. 소리나 몸짓을 흉내내는 의성어나 의태어는 순수한 첩어이지만, 단위 의미를 지닌 한자어 안에서 동일한 문자가 반복되어 나타나는 경우는 첩어와 비슷하지만 순수한 첩어라 하기는 어렵다. 더욱이 '꼿꼿-, 놀놀-, 눅눅-, ……' 등에서 반복되는 '꼿, 놀, 눅, ……'은 형태소라 하기 어려우므로 첩어가 아니다.

맞춤법의 처리에서 함께 다루는 것이 편리하기 때문에 겹쳐 나는 소리라 하여 묶었을 뿐이다.

【참고】 1. 첩어에 대하여는 남풍현(1964), 이익섭(1982)를 참조할 것.
2. 의성어, 의태어에 대하여는 남풍현(1964)를 참조할 것.

제13항 한 단어 안에서 같은 음절이나 비슷한 음절이 겹쳐 나는 부분은 같은 글자로 적는다.(ㄱ을 취하고, ㄴ을 버림.)

ㄱ	ㄴ	ㄱ	ㄴ
딱딱	딱닥	꼿꼿하다	꼿곳하다
쌕쌕	쌕색	놀놀하다	놀롤하다
씩씩	씩식	눅눅하다	눙눅하다
똑딱똑딱	똑닥똑닥	밋밋하다	민밋하다
쓱싹쓱싹	쓱삭쓱삭	싹싹하다	싹삭하다
연연불망(戀戀不忘)	연련불망	쌉쌀하다	쌉살하다
유유상종(類類相從)	유류상종	씁쓸하다	씁슬하다
누누이(屢屢-)	누루이	짭짤하다	짭잘하다

본항의 규정은 한 단어 안에서 동일한 음절이나 비슷한 음절이 반복된 형식은 동일한 문자로 하여 독서의 능률을 높이려 한 것이다. 이를테면 '딱딱, 쌕쌕, 짭짤하다' 등을 제5항 단서 규정에 따라 '딱닥, 쌕색, 짭잘하다'로 써 놓으면 뜻의

파악에 지장이 있다. 한자어인 '연연불망, 유유상종'은 제11항 〔붙임 1〕, '누누이'는 제12항 〔붙임 1〕의 규정에 어긋나지만 실제 발음이 같은 음절의 반복이므로 같은 글자로 적는 것이다. 그러나 본항의 규정은 같은 한자가 겹치는 경우 언제나 같은 글자로 적도록 한 것은 아니다. 이들 한자들의 실제의 발음이 각각 '연연-(→[여년-]), [유유], [누누]'이기 때문에 '연련불망, 유류상종, 누루이'로 적을 수는 없는 것이다. '열렬하다'나 '늠름하다'와 같은 예들의 경우 '烈烈하다'는 그 발음이 '열열(→[여렬])'이 아니라는 점에서 위의 예들과 다르다. '烈'의 본음도 '렬'이고 발음 또한 '열렬'이기 때문에 '열열-'로는 적을 수가 없다. '凜凜'의 경우는 발음이 [늠늠-]으로서 같은 음절이 겹쳐 나지만 '늠름-'으로 적어야 한다. 왜냐하면 '늠름-'에서 둘째 음절 'ㄹ'이 선행 음절의 종성 'ㅁ'에 동화되어 'ㄴ'이 된 것이기 때문이다. 한자어인 경우, 반복되는 두 음절의 제1음절은 두음 법칙에 따라 적고, 제2음절은 본음대로 적음이 원칙이다. 예컨대, '연년세세(年年歲歲), 낙락장송(落落長松), 냉랭(冷冷)하다, 역력(歷歷)히, 염념불망(念念不忘)' 등이 그러한 예외적인 예들로 이에 특히 주의할 필요가 있다.

제4장 형태에 관한 것

언어는 여러 가지 층위로 구성이 되어 있고, 각각의 층위는 나름의 언어 단위로 이루어져 있다. 그러한 언어 단위 중에는 일정한 의미를 가지는 것이 있는 반면, 일정한 의미를 가지지 못하는 것도 있다. 그 가운데 어떤 의미 또는 기능을 지니고 있는 단위를 일반적으로 문법 단위라고 한다. 본장에서 다루려 하는 '형태'는 바로 일정한 의미를 가지고 있는 문법 단위를 이른다. 문법 단위 가운데 최소의 단위를 '형태소'라고 한다.

이러한 형태소는 단독으로 사용되는 자립 형태소와 그렇지 못한 의존 형태소로 나누기도 하며, 명사나 용언의 어근이나 어간과 같이 개념을 나타내는 어휘 형태소(또는 실질 형태소)와 조사나 접사, 용언의 어미 등과 같이 문법적인 관계를 나타내는 문법 형태소(또는 형식 형태소)로 구분하기도 한다. 본장에서는 이들 형태소들간의 결합 관계에 대한 규정을 담고 있다.

【참고】 1. 문법 단위에 대하여는 안병희(1965a), 최현배(1971), 이희승

(1975), 고영근(1978)을 참조할 것.

2. 이형태, 기본형, 교체 등에 대하여는 이익섭 · 임홍빈(1983)을 참조 할 것.
3. 특이 형태소에 대하여는 이익섭 · 임홍빈(1983)을 참조할 것.

제 1 절 체언과 조사

'체언(體言)'이란 말은 본래 불교에서 쓰는 '체(體) · 용(用)' 즉 본체와 작용이란 용어의 '체'를 나타내는 말이란 뜻인데, 문법상으로는 활용(어형의 문법상 변화)되지 않는 말, 그리고 한 글월(文)의 주어가 될 수 있는 말, 즉 명사 · 대명사 · 수사 들을 가리킨다. 그러나 《한글 맞춤법》에 사용된 체언이란 말은 대체로 명사를 지칭하고 있다. 조사는 주로 체언 뒤에 쓰여서, 그 체언이 뒤에 오는 말과 갖는 관계를 나타내는 단어이다.

이와 같이 조사는 대체로 체언에 의존해서 쓰이기 때문에 체언의 말음이나 조사의 두음 사이에는 서로 밀접한 관계가 있다. 그러므로 여기서 그 관계를 맞춤법으로 규정하게 된 것이다.

제 14 항 체언은 조사와 구별하여 적는다.

떡이	떡을	떡에	떡도	떡만
손이	손을	손에	손도	손만
팔이	팔을	팔에	팔도	팔만
밤이	밤을	밤에	밤도	밤만
집이	집을	집에	집도	집만
옷이	옷을	옷에	옷도	옷만
콩이	콩을	콩에	콩도	콩만
낮이	낮을	낮에	낮도	낮만
꽃이	꽃을	꽃에	꽃도	꽃만
밭이	밭을	밭에	밭도	밭만
앞이	앞을	앞에	앞도	앞만
밖이	밖을	밖에	밖도	밖만

넋이	넋을	넋에	넋도	넋만
흙이	흙을	흙에	흙도	흙만
삶이	삶을	삶에	삶도	삶만
여덟이	여덟을	여덟에	여덟도	여덟만
곬이	곬을	곬에	곬도	곬만
값이	값을	값에	값도	값만

체언에 조사를 어울러 쓸 경우에 체언과 조사를 구별하여 적는다는 말은, 체언과 조사의 경계선을 분명하게 구별하여 적는다는 뜻이다. 이를테면 '떡이, 떡을, 떡에, 떡도, 떡만'을 '떠기, 떠글, 떠게, 떡도, 떡만'으로 적으면 체언과 조사의 어느 편의 어형도 일정하게 보존되지 못한다.

그러나 예시된 바와 같이 구별하여 적으면, 체언과 조사가 모두 일정한 형식으로 고정되어 표기되고, 문법적인 표기가 잘 되어 독서의 능률을 크게 높이게 되리라고 생각한다.

본항의 규정에는 체언과 조사를 구별하여 적는다고만 규정하였으나, 예시된 내용에서 체언의 표기는 그 기본형으로써 고정하여 적는다는 뜻이 있음을 놓쳐서는 안 된다. 이를테면 '꽃이, 꽃도; 밭이, 밭도; 값이, 값도' 등이 '꽃이, 꼳도; 밭이, 받도; 값이, 갑도'로 표기되더라도 체언이 조사와 구별되기는 하지만, 조사의 첫소리에 따라 바뀌는 체언의 어형이 표기에 나타나서 독서의 능률에 상당한 장애가 된다.

따라서 체언은 그 기본형으로만 표기한 '꽃, 밭, 값' 등으로써 한자의 '花, 田, 價' 등이 갖는 시각적인 효과를 거두게 되는 것이다. 본항의 참뜻이 여기에 있음을 유의하여야 한다.

제1장 총칙 제1항에서 "소리대로 적되 어법에 맞도록" 한다는 규정은 한글이 문자로서는 가장 선진 단계라 할 수 있는 표음 문자이기는 하지만, 모든 면에서 표의 문자나 음절 문자보다 우수하다는 것은 아니기 때문에 표음 문자인 한글로써 표의 문자의 장점을 취하고자 하는 깊은 뜻이 담겨 있다. 표음 문자가 기원적으로는 소리의 기호이기는 하지만, 문자인 이상 어디까지나 눈을 위한 것이기 때문에 이와 같이 체언과 조사를 구별하여 적을 뿐 아니라, 체언을 그 기본형으로 고정하여 적어서 표의 문자가 갖는 독서의 능률을 한글이 갖게 한 것이다.

【참고】 1. 체언에 대하여는 최현배(1971), 이익섭 · 임홍빈(1983)을 참조할 것.
2. 조사에 대하여는 김민수(1971), 김영희(1974), 홍윤표(1979)를 참조할 것.

제2절 어간과 어미

'어간'과 '어미'는 '용언'에 대하여 쓰는 말이다. 용언이란 말은 역시 불교 용어로서 '체(體)'에 상대되는 '용(用)'에서 나온 말이니, 오늘날 문법상의 술어로는 '활용하는 말'을 뜻한다. 우리 국어의 용언으로는 동사 · 형용사 들이 있고, 이 동사 · 형용사에 속하는 개개의 단어를 음미하여 보면, 그 말이 여러 가지 형태로 활용할 때에 변화하는 부분이 있다.

이와 같이 어떠한 단어가 활용할 때에, 변하는 부분을 변하지 않는 부분과 구별하여 '어미'라고 하고, 변하지 않는 부분을 '어간'이라고 이른다. 앞으로 제15항에서 보게 될 예 중의 '먹다, 먹고, 먹어, 먹으니(食)'는 그 형식을 조금 바꾸어 기록하면,

먹-다		다		다
먹-고		고		고
먹-어	먹	어	먹	어
먹-으니		으니		으니
……		……		……

가 되고, 또 '앉다, 앉고, 앉아, 앉으니(坐)'는 다음과 같이 된다.

앉-다		다		다
앉-고		고		고
앉-아	앉	아	앉	아
앉-으니		으니		으니
……		……		……

이 말들 중에서, 아무리 활용되어도 변하지 않는 부분 '먹'과 '앉'은 어간이

요, 그 어간에 딸리어 활용되는 형태에 따라 변하는 부분 '다, 고, 아/어, 으니, ……' 들은 모두 어미이다. 그런데 어간은 용언의 개념을 나타내고, 어미는 용언의 문법적 관계를 나타내는데, 이는 제14항에서 설명한 체언과 조사의 관계와 똑같다.

【참고】 1. 어간에 대하여는 김차균(1971), 최명옥(1985)를 참조할 것.
2. 어미에 대하여는 김계곤(1969), 고영근(1967, 1974b, 1975)를 참조할 것.

제15항 용언의 어간과 어미는 구별하여 적는다.

먹다	먹고	먹어	먹으니
신다	신고	신어	신으니
믿다	믿고	믿어	믿으니
울다	울고	울어	(우니)
넘다	넘고	넘어	넘으니
입다	입고	입어	입으니
웃다	웃고	웃어	웃으니
찾다	찾고	찾아	찾으니
좇다	좇고	좇아	좇으니
같다	같고	같아	같으니
높다	높고	높아	높으니
좋다	좋고	좋아	좋으니
깎다	깎고	깎아	깎으니
앉다	앉고	앉아	앉으니
많다	많고	많아	많으니
늙다	늙고	늙어	늙으니
젊다	젊고	젊어	젊으니
넓다	넓고	넓어	넓으니
훑다	훑고	훑어	훑으니
읊다	읊고	읊어	읊으니
옳다	옳고	옳아	옳으니
없다	없고	없어	없으니
있다	있고	있어	있으니

본항은 체언과 조사를 구별하여 적도록 한 제14항과 똑같다. 이는 위에서 말한 바 어간과 어미의 관계가 체언과 조사의 관계와 같기 때문이다. 즉 '어간'은, 용언이 활용될 때에 변하지 않는 부분일 뿐 아니라, 또한 그 말의 실질 관념, 즉 어떤 관념의 중추를 표시하는 부분이다. 다시 말하면 그 말 뜻의 중심 분자다. 그리고 '어미'(활용부라고도 이른다)라 하는 것은 언어의 형식 관념, 즉 어떤 관념의 직능(작용이라고도 할 수 있다)을 표시하는 부분이다. 그리하여 그 말의 직능이 바뀔 때에는 그 어미가 변하는 것이다. 그러나 아무리 그 말의 직능이 변할지라도 그 실질 관념을 나타내는 어간은 변하지 않는 것이 우리말의 근본 성질이다. 이것은 마치 사람이 생활해 나갈 때에 그 활동(즉 작용)은 시시각각 변하지만, 그 사람의 본체는 조금도 변함이 없는 것과 마찬가지이다.

어간과 어미를 구별하여 적는다는 뜻은, 용언의 변치 않는 부분인 실질 관념과 변하는 부분인 형식 관념의 한계를 명확히 구별하여 표기한다는 말이다. 본항의 예로 보인 말들의 '먹, 신, 믿, 울, 넘, ……, 넓, 훑, 읊, 옳, 없, 있' 들은 그 말 뜻의 중추를 표시하는 어간들이요, '다, 고, 어, 으니, ……' 들은 그 말의 작용을 표시하는 형식 즉 어미들이다. 이 두 부분(실질 관념을 표시하는 부분 즉 어간과, 형식 관념을 표시하는 부분 즉 어미)을 구별하여 적어야 할 이유는 다음과 같다.

(1) 실질 관념을 나타내는 어간은 언제든지 일정 불변한 어형을 가졌으므로, 어형을 보고 곧 말 뜻을 파악할 수 있다.

(2) 동일한 직능을 표시하는 어미는 동일한 형식으로 통일되어, 어떠한 어간 밑에서든지 공통으로 쓰인다.

(3) 따라서, 극히 소수의 변칙(불규칙) 용언을 제외하고는 모두 일목요연한 법칙에 통일되어, 문법을 정리하는 데 지극히 편리하게 된다.

문법적 체계를 보이기 위하여, 본항의 예를 다음과 같은 방식으로 적어 놓는다면, 그 활용 형식이 어떻게 통일되는가를 알 수 있을 것이다.

먹
신
믿
울　　　　다
넘　　　　고
……　　　어(아)

어간		어미
……		으니
……		게
……		지
……	+	더니
……		……
넓		……
훑		……
읊		
옳		
없		
있		

왼쪽에 열거한 것은 어간들이고, 오른쪽에 열거한 것은 모두 어미들이다. 이 어미 중의 어떠한 것이든지 위에 있는 모든 어간에 붙어서 공통적으로 사용된다. 이 어간과 어미는 거의 한없이 벌여 적을 수 있으므로, 그 많은 용언들이 이 간단한 형식 아래 통일되어 활용된다. 만일 위와 같이 구별하여 적지 않고,

먹다	먹고	머거	머그니
신다	신고	시너	시느니
믿다	믿고	미더	미드니
넘다	넘고	너머	너므니
입다	입고	이버	이브니
……	……	……	……
……	……	……	……
……	……	……	……
넓다	넓고	널버	널브니
훑다	훑고	훌터	훌트니
읊다	읊고	을퍼	을프니
옳다	옳고	올하	올흐니
없(업)다	없(업)고	업서	업스니
있(잇)다	있(잇)고	잇서	잇스니

와 같이 철자한다면, 어간과 어미가 서로 혼동되어 어떠한 경우에는 그 어디까

지가 어간이고 어디까지가 어미인지 쉽사리 구별할 수 없는 일이 많게 된다. 그뿐 아니라 어간이라 지목할 부분이 혹은 '먹, 신, 믿, 울, 넘, ……, 넓, 훑, 읊, 옳, 없, 있'으로 되고, 혹은 '머, 시, 미, 너, 이, ……, 널, 훌, 을, 올, 업, 잇'으로 되어 아무런 통일도 없게 된다. 또는 어간을 어떤 사람의 의견대로 '머그, 시느, 미드, 너므, 이브, ……, 널브, 훌트, 을프, 올흐, 업스, 잇스'와 같이 본다면, '먹고, 신고, 믿고, 넘고, 입고, ……' 할 때의 어형과 '머거, 시너, 미더, 너머, 이버, ……' 할 때의 어형이 서로 달라져서, 여러 경우에 큰 어그러짐이 생기게 되어 불통일이 더욱 심하게 된다.

그러므로 제15항의 규정과 같이 어간과 어미를 구별하여 적는 것이 가장 합리적인 것을 알 수 있다. 그런데 이 때에도 체언의 경우와 같이 어간은 단순히 어미와 구별되어 적을 뿐 아니라, 그 기본형으로써 표기를 고정시켜 독서의 능률을 높이도록 한 점을 유의하여야 한다. 이를테면 '찾다, 찾아; 없다, 없어; 있다, 있어' 등을 '찯다, 찾아; 업다, 없어; 잇(읻)다, 있어' 등으로 적어도 본항의 규정에는 벗어나지 않으나, 어간을 기본형에 따라 '찾, 없, 있' 등으로 적으면 독서에서 각각 한자의 '尋, 無, 有' 등과 같은 효과를 얻게 되는 것이다. 다만, 모음으로 끝나는 어간인 경우에는, 이를테면 '가다, 가, 간; 오다, 와, 온' 등과 같이 어간과 어미를 구별하여 적지 못하는 일이 생긴다. 이는 자모를 음절 단위로 모아 쓰는 한글의 특성 때문에 일어나는 현상이므로 본항의 규정 대상이 아니다.

〔붙임 1〕 두 개의 용언이 어울려 한 개의 용언이 될 적에, 앞말의 본뜻이 유지되고 있는 것은 그 원형을 밝히어 적고, 그 본뜻에서 멀어진 것은 밝히어 적지 아니한다.

(1) 앞말의 본뜻이 유지되고 있는 것

넘어지다	늘어나다	늘어지다	돌아가다
되짚어가다	들어가다	떨어지다	벌어지다
엎어지다	접어들다	틀어지다	흩어지다

(2) 본뜻에서 멀어진 것

드러나다　　사라지다　　쓰러지다

〔붙임 2〕 종결형에서 사용되는 어미 '-오'는 '요'로 소리 나는 경우가

있더라도 그 원형을 밝혀 '오'로 적는다.(ㄱ을 취하고, ㄴ을 버림.)

ㄱ	ㄴ
이것은 책이오.	이것은 책이요.
이리로 오시오.	이리로 오시요.
이것은 책이 아니오.	이것은 책이 아니요.

〔붙임 3〕 연결형에서 사용되는 '이요'는 '이요'로 적는다.(ㄱ을 취하고, ㄴ을 버림.)

ㄱ	ㄴ
이것은 책이요, 저것은 붓이요, 또 저것은 먹이다.	이것은 책이오, 저것은 붓이오, 또 저것은 먹이다.

〔붙임 1〕의 규정은,

(1) 앞말의 본뜻이 유지되고 있는 것은 그 원형을 밝히어 적는다.

(2) 그 본뜻에서 멀어진 것은 (그 원형을) 밝히어 적지 아니한다.

의 두 부분으로 나누어 생각하여야 할 것이니, 이 두 부분의 다른 점은 앞말의 본뜻이 유지되고 있느냐 아니냐에 있는 것이다. 지금 각각 그 실례를 가지고 보면, 첫째 부분의 예가 (1)에 열거된 말들이요, 둘째 부분의 예가 (2)에 적힌 말들이다.

이 말들을 다시 자세히 살펴보면, (1)의 예들은 각각 두 개의 단어로 나눌 수 있으니,

① '넘어, 늘어, 돌아, 되짚어, 들어, 떨어, 벌어, 엎어, 접어, 틀어, 흩어'와

② '지다, 나다, 가다, 들다'

들이 그것이다. 그런데 ①에 열거한 말들은 각각,

넘다, 늘다, 돌다, 되짚다, 들다, 떨다, 벌다, 엎다, 접다, 틀다, 흩다

의 활용형이므로 독립한 단어임이 분명하고, ②에 열거한 말들도 각각 한 개의 단어임이 틀림없다. '지다'는 완전히 독립하여 사용되는 단어라고는 할 수 없으나, 준독립 단어로 볼 수 있다.

그리하여 ①과 ②에 속한 단어 한 개씩이 서로 연결하여, 혹은 본뜻대로 혹은 본뜻을 조금 변하여 새로운 한 개의 단어를 이루었으나, ①에 속하는 말들이 새

로 성립된 단어의 뜻의 주가 되고, ②에 속한 말들은 그 말의 뜻을 보조하는 정도에 지나지 못한다. 다시 말하면, ①에 속한 말과 ②에 속한 말들이 각각 서로 모여 새 단어를 이룰 때에, ①의 것은 그 주요 성분이 되고, ②의 것은 제2차적 혹은 보조적 성분이 되는 데 지나지 못한다. 그리하여 〔붙임 1〕에 이른바 "본뜻이 유지되고 있는 것"이란 말은 앞말, 즉 이 주요 성분에 대하여 이르는 것이니, 주요 성분의 본래의 뜻이 유지되고 있는 말은 '그 원형'(즉 주요 성분의 어간)인 기본형을 밝혀서 어미와 구별하여 적는다는 뜻이다.

그런데 본뜻이 유지되고 있다는 말은 무엇을 기준으로 삼아서 한 말이냐 하면, 우리가 사용하고 있는 현대 말이나, 다소 옛말일지라도 우리가 일반적으로 그 뜻을 기억하고 있는 말은, 본뜻이 유지되고 있는 것으로 보는 것이다.

이와 반대로, (2)에 열거한 예들은, 그 말을 두 개의 성분으로 나눌 수 있을 듯하면서도 실상은 그렇게 되지 못하니, 주요 성분이라 할 수 있는 앞말의 본뜻이 유지되고 있지 못하기 때문이다. 앞말 즉 주요 성분이 되는 '드러, 사라, 쓰러' 들을 어간과 어미로 분석하여 '들어, 살아, 쓸어' 들로 적을 수 없다. '들다, 살다, 쓸다' 들과 같이 용언을 만들어 보면 그 뜻이 '드러나다, 사라지다, 쓰러지다'와 다름을 곧 알 수 있다. 이것들은 그 본뜻에서 멀어진 뜻으로 쓰인다고 볼 수밖에 없다.

그 가운데에는, 혹 옛말로는 본뜻이 나타나 있는 것도 있을지 모르나 현대 말로나 우리가 기억할 수 있는 옛말로는 한 단어를 이룰 수 있는 말이 없다. 그리고 '쓸어지다'와 같은 말은 그 의미를 바꾸어 '먼지가 잘 쓸어진다'와 같이 될 경우에는 현대 말로도 본뜻을 유지하고 있다고 할 수 있으나, '한 쪽으로 쏠리어 넘어지다' 라는 의미로는 그 본뜻을 유지하고 있다고 할 수 없다.

〔붙임 2, 3〕은 과거 문교부의 국정 교과서에서 일찍부터 채택된 규정으로서 접속형(연결형)이나 종지형(종결형)이나 다 '이요'로 하기로 하였던 《통일안》의 내용과 달라진 것이다. 종결형에서는 모든 용언의 어간에 공통적으로 사용되므로 '-오'를 택하고, 연결형에서는 서술격 조사(이른바 지정사) '이다' 뒤에서만 나타나므로 '-요'를 택하기로 한 것이다. 이를테면 다음 예문의,

김 군이 가오.

김 선생님이 가시오.

에서 어미 '-오'는 상대를 약간 존대하여 글월을 끝맺는 뜻으로 사용되는데, 앞에 오는 형태가 'ㅣ'로 끝나면 '-요'로 발음될 뿐이다.

이는 형태소 결합에 나타나는 'ㅣ' 모음 동화를 표기에 반영하지 않는다는 것을 뜻한다. 그것은 결합하는 형태소들의 원 모습을 최대한 살려 주려는《한글 맞춤법》의 기본 정신이기도 한 것이다. 만일 'ㅣ' 모음 동화를 표기에 반영하면 새로운 어미로 '-요'를 인정하는 것이 된다. 국어의 종결어미 '-오'는 모음 뒤에서는 '-오'로 자음 뒤에서는 '-으-'가 결합된 '-으오'가 사용되는데 'ㅣ' 모음 뒤에서는 '-요'를 인정하면 이 형태의 수가 늘어나 활용이 복잡하게 될 뿐만 아니라 조사 '요'와 구분하기도 어렵게 된다. 이 때문에《한글 맞춤법》제15항〔붙임 2〕에 "종결형에서 사용되는 어미 '-오'는 '요'로 소리 나는 경우가 있더라도 그 원형을 밝혀 '오'로 적는다."와 같이 용법과 표기에 대해 명시하여 놓았다. 그러나 다음 예에서 보듯이,

이는 김 군이요(이고), 저는 박 군이다.

이 분은 김 선생님이시고, 저 분은 박 선생님이시다.

에서 어미 '-요'는 '-고'와 같은 뜻이나 '이다'의 어간에 직접 연결되는 경우에만 사용된다. 다시 말하면, 종결형과 같이 'ㅣ'가 아닌 형태 뒤에서 '-오'로 사용된 일이 전혀 없는 것이다.

'-오'는 종결어미이므로 어간이나 선어말어미 뒤에 결합하여야만 하며 '-요'는 조사이므로 명사에 결합함은 물론 용언에 결합할 때도 종결어미 뒤에 다시 결합한다. 따라서 '-오'나 '-요' 앞의 말이 체언이면 당연히 '-요'를 써야 하며 용언이더라도 종결어미라면 '-요'를 써야 하는 것이다. 특히 '-요'는 반말체의 종결어미 '아/어', '지' 등 뒤에 결합되므로 쉽게 구별해 낼 수 있다. '가시오'의 경우 '-오' 앞의 '시'는 선어말어미이므로 '요'가 결합할 수 없어 '가시요'라고 쓸 수 없다. '가세요, 가셔요'의 경우 '가세, 가셔'가 독립적으로 쓰일 수 있는 점으로 보아 종결어미 다음에 조사 '요'가 결합한 것임을 알 수 있다. 따라서 '가세요'와 같이 쓸 수 있는 것이다.

이 때 주의할 것은 "'ㅣ' 뒤에 '-어'가 와서 'ㅕ'로 쓸 적에는 준 대로 적는다."(《한글 맞춤법》제36항 참조)는 규정과 혼동해서는 안된다. 현행《한글 맞춤법》이 'ㅣ'모음 동화를 인정하지 않으나 아예 'ㅣ'가 줄어들고 뒤의 모음과 합쳐질 때는 '가져(가지어)'와 같이 표기할 수 있다. 만일 '가시오'에서 '시'의 'ㅣ'가 '오'와 합쳐질 수 있다면 이 규정에 따라 '가쇼'와 같이 표기할 수 있는 것이다.

제16항 어간의 끝 음절 모음이 'ㅏ, ㅗ'일 적에는 어미를 '-아'로 적고, 그 밖의 모음일 적에는 '-어'로 적는다.

1. '-아'로 적는 경우

나아	나아도	나아서
막아	막아도	막아서
얇아	얇아도	얇아서
돌아	돌아도	돌아서
보아	보아도	보아서

2. '-어'로 적는 경우

개어	개어도	개어서
겪어	겪어도	겪어서
되어	되어도	되어서
베어	베어도	베어서
쉬어	쉬어도	쉬어서
저어	저어도	저어서
주어	주어도	주어서
피어	피어도	피어서
희어	희어도	희어서

본항은 모음 조화(母音調和)의 규칙성에 따른 어미의 구별을 규정한 것인데, 이미 제15항에 제시된 용례에 적용되어 있다. 그러나 현실적으로 제15항의 '찾아, 앉아' 등이 '찾어, 앉어' 등으로 발음되는 경향이 있을 뿐 아니라 그러한 표기도 나타나므로 따로 규정을 마련한 것이다. 모음 조화는 다음절 어형에서 모음끼리 일정한 자질을 공유하는 순행 격음 동화 현상(順行隔音同化現象)으로, 터키 어 등의 알타이 제어나 헝가리 어 등의 우랄 제어에 흔히 구개적(口蓋的) 모음 조화가 나타난다. 국어도 15세기 중엽까지는 비교적 엄격하게 모음 조화가 지켜졌으나, 차차 사라져 현대 국어에서는 의성 의태어와 본항에 제시된 어미에 국한된 현상으로 남아 있다.

15세기의 모음 체계는 이미 모음 추이를 겪은 뒤이기 때문에 구개적 조화가 나타나지는 않으며, 중세 국어 자료에도 모음 조화를 어기는 많은 예를 찾아볼 수 있다. 원래 활용에서도 모음 조화는 광범하게 나타났으나, 현대 국어에 이르러서는 어간의 끝 음절 모음이 'ㅏ, ㅗ'(양성 모음)일 때에는 어미가 '-아, -아서, -았-' 등으로 되고, 그 밖의 모음인 'ㅓ, ㅜ, ㅡ, ㅣ, ㅐ, ㅔ, ㅚ' 등일 때에는 어미가 '-어, -어서, -었-' 등으로 되는 규칙만 남게 되었다. 그런데 근래에는 어간 말음이 자음일 경우에는 어간이 양성 모음일 때에도 '-어, -어서, -었-' 등으로 되는 경향이 있는데, 여기에서 이를 인정하지 않기로 한 것이다. 또한, 중세 국어에서 양성이었던 'ㅐ, ㅚ'나 중성이었던 'ㅣ'가 본항의 2에 보이는 예와 같이 모두 음성 모음을 취하며, 'ㅏ, ㅗ'만이 양성 모음으로 명맥을 유지한다. 비어두의 'ㅣ, ㅡ'는 양성 모음과 음성 모음을 모두 취할 수 있어 여전히 중성 모음이다.

【참고】 1. 모음 조화에 대하여는 이숭녕(1947), 이기문(1968), 김완진(1978)을 참조할 것.
2. 'ㆍ'의 소멸 과정에 대하여는 이기문(1972b)를 참조할 것.
3. 동화의 종류에 대하여는 이병근(1979)를 참조할 것.
4. 교체의 종류에 대하여는 이기문(1962), 이익섭 · 임홍빈(1983)을 참조할 것.
5. 중립 모음에 대하여는 이기문(1972b)를 참조할 것.

제17항 어미 뒤에 덧붙는 조사 '-요'는 '-요'로 적는다.

읽어	읽어요
참으리	참으리요
좋지	좋지요

본항은 어간에 어미가 연결된 활용형 뒤에 결합하여 상대에 대한 존대의 뜻을 나타내는 조사 '-요'에 대한 규정이다. 앞서 설명한 제15항 〔붙임 2〕의 어미 '-오'와 혼동될 염려가 있기 때문에 마련된 것이다. 다시 말하면 '이리 오시요'와 '책이 아니요' 등으로 소리 나는 경우가 있더라도 '이리 오시오'와 '책이 아니오' 등으로 적는 사실에 이끌리어, 이를테면 '참으리요, 좋지요'를 '참으리오, 좋지오'로 적어서는 안 된다는 내용이다. 조사의 '-요'는 조사의 정의에 따라 앞에 오는 '읽어, 참으리, 좋지'가 독립되어 쓰이는 점이 어간의 뒤에 직접 연결되

어 쓰이는 어미 '-오'와 다르고, 그 기본형이 '읽어요'에서 알 수 있듯이 '-요'이기 때문이다.

【참고】 존경법(주체 경어법), 겸양법(객체 경어법), 공손법(상대 경어법)의 등분에 대하여는 허웅(1954, 1975), 이숭녕(1962, 1964), 안병희(1965b, 1982), 이익섭(1974)를 참조할 것.

> **第18항** 다음과 같은 용언들은 어미가 바뀔 경우, 그 어간이나 어미가 원칙에 벗어나면 벗어나는 대로 적는다.

본항 첫머리에 "다음과 같은 용언"이란 말이 있다. 이 말은 앞으로 아홉 가지 종류의 변칙 용언(불규칙 용언)을 들기 위하여 한 말이다. 그런데 그 아홉 가지 종류의 용언은 활용하는 형식이 일반 용언의 활용 법칙에 어그러질 뿐 아니라, 그 아홉 가지 종류끼리도 서로 같지 않고, 각각 특수한 활용 형식을 가지고 있다. 그리하여 이러한 용언들은 어간이 일정하지 못하여 변하는 일이 있거나, 어미가 일반적인 어미와 다르게 활용되는 것이 있으니, 각각 그 특수한 변칙을 따라 변한 대로 표기를 하도록 하여, 구태여 실제의 발음과 어그러지게 억지로 통일되는 법칙을 주장할 것이 아니라는 것이다.

> 1. 어간의 끝 'ㄹ'이 줄어질 적
>
> | | | | | | |
> |---|---|---|---|---|---|
> | 갈다: | 가니 | 간 | 갑니다 | 가시다 | 가오 |
> | 놀다: | 노니 | 논 | 놉니다 | 노시다 | 노오 |
> | 불다: | 부니 | 분 | 붑니다 | 부시다 | 부오 |
> | 둥글다: | 둥그니 | 둥근 | 둥급니다 | 둥그시다 | 둥그오 |
> | 어질다: | 어지니 | 어진 | 어집니다 | 어지시다 | 어지오 |
>
> 〔붙임〕 다음과 같은 말에서도 'ㄹ'이 준 대로 적는다.
>
> 마지못하다　　마지않다　　(하)다마다　　(하)자마자
> (하)지 마라　　(하)지 마(아)

이 아홉 가지 종류 중의 첫째되는 용언은 그 어간이 'ㄹ' 받침을 가진 말로서, 이 'ㄹ' 받침이 'ㄴ'이나 'ㅂ' 또는 '시'나 '오'로 시작되는 어미 위에서는 발음되지 않고 줄어지게 된다. 가령 '갈다, 놀다'라는 용언을 가지고 보면, 그 어간은 '갈, 놀'이 되어 'ㄹ' 받침을 가지고 있고, 이 어간에다가,

(1) 어미 'ㄴ'이나 'ㄴ'으로 시작된 어미 '-ㄴ, -나'를 붙여 보면 '갈은, 갈으나'나 '갌, 갈나'가 아니라 '간, 가나'로 발음되며, 마찬가지로 '놀은, 놀으나'나 '놄, 놀나'가 아니라 '논, 노나'로 발음된다.

(2) 어미 'ㄹ'이나 받침 'ㄹ'로 시작된 어미 '-ㄹ, -ㄹ까'를 붙여 보면 '갈을, 갈을까'나 '갏, 갏까'가 아니라 '갈, 갈까'로 발음되며, 마찬가지로 '놀을, 놀을까'나 '놇, 놇까'가 아니라 '놀, 놀까'로 발음된다.

(3) 'ㅂ'으로 시작된 어미 '-ㅂ니다'와 '-ㅂ시다'를 붙여 보면 '갈읍니다, 놀읍니다'나 '갋니다, 놃니다'와 '갈읍시다, 놀읍시다'나 '갋시다, 놃시다'로 발음되는 것이 아니라, '갑니다, 놉니다'와 '갑시다, 놉시다'로 발음된다.

(4) '시'로 시작된 어미 '-시다(신다, 시었다, 시겠다 등)'를 붙여 보면 '갈으시다, 놀으시다'나 '갈시다, 놀시다'가 아니라 '가시다, 노시다'로 발음된다.

(5) '오'나 '오'로 시작된 어미와 연결될 때에도 역시 '갈으오, 놀으오, 갈으오니, 놀으오니'나 '갈오, 놀오, 갈오니, 놀오니'가 아니라 '가오, 노오, 가오니, 노오니'로 발음된다. 즉 어간의 끝 'ㄹ'이 탈락되고 만다. 이것을 표로 나타내어 보이면,

어간		어미		구분
갈(磨) 놀(遊) 길(長) 울(鳴) …… ……	+	ㄴ 나 ……	-	(1) 'ㄴ'어미
		ㄹ ㄹ까 ……	-	(2) 'ㄹ'(받침)어미
		ㅂ니다 ㅂ시다 ……	-	(3) 'ㅂ'어미
		시다 신다 시었다 ……	-	(4) '시'어미

오
오니 — (5) '오'어미
……

와 같이, 그 어간의 받침되는 'ㄹ'이 발음되는 것이 아니라,

가(磨)
노(遊)
기(長)
우(鳴)
……
……
\+

ㄴ
나 — (1) 'ㄴ'어미
……

ㄹ
ㄹ까 — (2) 'ㄹ'(받침)어미
……

ㅂ니다
ㅂ시다 — (3) 'ㅂ'어미
……

시다
신다 — (4) '시'어미
시었다
……

오
오니 — (5) '오'어미
……

와 같이, 'ㄹ' 받침이 탈락되어 발음되지 않는다. 일반적인 경우에는 어간이 일정하여 변하지 않지마는, 이 경우에는 어간의 일부분이 되는 'ㄹ'이 탈락되어 어간이 변하고 만다.

그러므로 'ㄹ'로 끝난 어간(즉 'ㄹ' 받침을 가진 어간)은 규칙 용언이 되지 못하고 불규칙 용언이 되는 것이다.

그런데 이 'ㄹ' 받침을 가진 용언이 활용될 때에는, 언제든지 'ㄹ'이 탈락되느냐 하면 반드시 그렇지는 않다. 만일 어떠한 경우의 활용에라도 'ㄹ'이 발음되지 않는다면, 이 용언은 애초부터 받침을 가지지 않는 것이 되기 때문이다.

다음과 같은 경우에는 받침 'ㄹ'이 반드시 발음된다.

갈(磨) 놀(遊) 길(長) 울(鳴) …… ……	+	고 게 려면 면 어서(아서) 어야(아야) …… …… ……

따라서 이 말들은 받침이 없는 말들이 아니라 'ㄹ' 받침을 가진 것임을 알 수 있다. [붙임]에 보인 예들에는 'ㄷ, ㅈ'으로 시작되는 어미거나 어미 '라, 아'가 나타난다. 이들 어미 위에서는 어간의 받침 'ㄹ'이 발음되는 것이 원칙인데, 여기에 보인 예들은 'ㄹ'이 발음되지 않는 형태가 굳어져 쓰이기 때문에 그대로 관용을 인정하여 준 대로 적기로 한 것이다.

그렇지만 '(하)지 마라'의 경우에는 '(하)지 말라'와 같은 표기도 가능하다는 사실은 기억할 필요가 있다. 이른바 문어체의 명령이나 간접 인용의 형식에서는 "가지 말라", "읽지 말라고 하였다"와 같이 '마라'가 아닌 '말라'가 사용되는 것이다. 일상 회화에서 'ㄹ'이 준 형태인 '가지 마라'가 일반적으로 쓰이기는 하지만 권위를 세워 타이르는 말에서는 '가지 말아라'가 쓰이고 '말아요'와 같은 말도 쓰이는 것이다.

2. 어간의 끝 'ㅅ'이 줄어질 적

긋다:	그어	그으니	그었다
낫다:	나아	나으니	나았다
잇다:	이어	이으니	이었다
짓다:	지어	지으니	지었다

어간에 'ㅅ' 받침을 가진 용언 '긋다, 낫다, 잇다, 짓다, 붓다' 등은 그 받침이 발음되는 경우도 있고, 발음되지 않는 경우도 있어서 어간이 일정하지 못하다. 이 말들은 이와 같이 불규칙하면서도 그 가운데 규칙이 있으니

긋 낫 짓 잇 붓 …… ……	+	고 게 는 다 더니 지 ……

와 같이 자음으로 시작되는 어미 위에서는 예외 없이 'ㅅ'이 발음되고,

그 나 지 이 부 …… ……	+	어서(아서) 어야(아야) 으니 으면 …… …… ……

와 같이 모음으로 시작되는 어미 위에서는 'ㅅ' 받침이 또한 예외 없이 발음이 되지 않는다. 물론 일부 지방의 방언에는 모음 위에서도 역시 'ㅅ' 받침을 발음하는 일이 있으나, 표준어에 의하여 이와 같이 규정한 것이다. 그러나 표준어에서도 어간의 끝 'ㅅ'이 줄지 않는 용언이 있다. 이를테면 '벗다, 빗다, 빼앗다, 솟다, 씻다, 웃다' 등이 그러한데, 이들은 규칙 용언이기 때문이다.

3. 어간의 끝 'ㅎ'이 줄어질 적

그렇다:	그러니	그럴	그러면	그러오
까맣다:	까마니	까말	까마면	까마오
동그랗다:	동그라니	동그랄	동그라면	동그라오
퍼렇다:	퍼러니	퍼럴	퍼러면	퍼러오
하얗다:	하야니	하얄	하야면	하야오

'ㅎ' 받침은 'ㄱ, ㄷ, ㅂ' 소리들의 파열음(또는 폐쇄음이라고도 이른다)이나 'ㅈ' 소리의 파찰음과 만날 경우에는 그 특징을 현저히 나타내어 'ㅎ'의 존재가 분명하지마는, 그 밖의 자음(발음할 때 기류가 막히지 않고 어느 틈으로 새어버

리는 자음들)과 만날 경우에는, 그 특징을 힘있게 나타내지 못하고, 그 발음이 매우 모호해져서 마침내는 아주 나지 않게 되고 만다. 즉,

하얗게 → 하야케(실제 발음의 결과로)

하얗고 → 하야코(실제 발음의 결과로)

하얗다 → 하야타(실제 발음의 결과로)

하얗더라 → 하야터라(실제 발음의 결과로)

하얗지 → 하야치(실제 발음의 결과로)

와 같이 'ㅎ' 받침이 분명히 반영되는 경우가 있는 반면에, '하얗니, 하얗ㄴ, 하얗면'은 '하야니, 하얀, 하야면'으로 발음되어 실제 말에 있어서는 'ㅎ' 받침을 나타내지 않는다.

그러므로 이 경우에는 'ㅎ' 소리가 줄어져 나타나지 않으니, 나타나지 않는 소리는 나타나지 않는 대로 표기하자고 규정하여 놓은 것이다. 이들 'ㅎ' 소리가 줄어지는 변칙 용언은 모두 형용사로서, 그 어간이 두 음절 이상으로 되어 있다. 그러나 같은 형용사라도 한 음절인 '좋다'는 'ㅎ' 소리가 제대로 발음되는 규칙 용언이다.

4. 어간의 끝 'ㅜ, ㅡ'가 줄어질 적

푸다:	퍼	펐다	뜨다:	떠	떴다
끄다:	꺼	껐다	크다:	커	컸다
담그다:	담가	담갔다	고프다:	고파	고팠다
따르다:	따라	따랐다	바쁘다:	바빠	바빴다

이 경우의 용언은 《통일안》에는 없던 규정으로, 어간이 모음 'ㅜ'로 끝난 '푸다'와 'ㅡ'로 끝나는 어간을 가진 용언은 어미 '-어, -어도, -어서, -었-' 등과 결합할 때에 어간의 끝 모음 'ㅜ'나 'ㅡ'가 줄어지게 되는 일도 없지 않다. 이를테면,

푸+어 → 퍼, 푸+어도 → 퍼도, 푸+었다 → 펐다

끄+어 → 꺼, 끄+어도 → 꺼도, 끄+었다 → 껐다

와 같이 어간의 끝이 변한다. 다른 변칙 용언과 마찬가지로 이러한 용언도 변한 대로 적도록 한 것이다. 어간의 끝 'ㅡ'가 줄어지는 것은 뒤의 8과 9에 해당되는 예를 제외한 'ㅡ'로 끝나는 모든 용언이 그러하다. 'ㅜ'가 줄어지는 용언은 '푸다'만 여기에 속하고, '꾸다, 두다, 쑤다, 주다' 등은 규칙적으로 활용하여 'ㅜ'

가 줄지 않는다. 그것은 이들 규칙 용언과는 달리 '푸다'가 원래 '프다'에서 변한 말이기 때문에 'ㅡ'로 끝나는 어간을 가진 용언과 같은 부류를 이루었던 데 말미암는다.

5. 어간의 끝 'ㄷ'이 'ㄹ'로 바뀔 적

걷다〔步〕:	걸어	걸으니	걸었다
듣다〔聽〕:	들어	들으니	들었다
묻다〔問〕:	물어	물으니	물었다
싣다〔載〕:	실어	실으니	실었다

이 경우의 용언도 역시 변칙(불규칙)인 가운데 규칙이 있으니,

(1) 자음으로 시작된 어미 위에서는 'ㄷ' 받침으로 발음된다.

걷, 듣, 묻, 싣, ……, …… } + { 게, 고, 는, 다가, 더니, 세, 지, ……

(2) 모음으로 시작된 어미 위에서는 'ㄹ' 받침으로 발음된다.

걸, 들, 물, 실, ……, …… } + { 어서, 어야, 으니, 으면, ……, ……

'ㄹ' 소리와 'ㄷ' 소리는 다 혀끝과 윗잇몸 사이에서 나는 소리로서, 그 발음되는 자리가 서로 같으나 발음하는 작용이 다르다. 즉 'ㄷ'은 혀끝과 윗잇몸 사이를 막았다 터놓으면서 내는 소리요, 'ㄹ'은 그 자리에서 혀끝을 진동시키는

소리다. 그러므로 혀끝이 잘 진동되지 못할 경우에는 'ㄹ'을 발음하려는 것이 'ㄷ' 소리로 되고 만다. 그리하여 모음 위에서는 혀끝이 잘 진동될 수 있으나, 자음 위에서는 비교적 진동되기 어려운 것이다. 그 발음의 쉽고 어려움으로 인하여, 이와 같은 변칙이 생겨난 것으로 보인다. 여기에 속하는 단어는 위에 든 예외에 '긷다, 깨닫다, 눋다, 닫다(走), 붇다, 일컫다' 등이 더 있다. 그러나 '걷다(收), 곧다, 굳다, 닫다(閉), 돋다, 뜯다, 묻다(埋), 믿다, 받다, 뻗다, 얻다' 등은 모음으로 시작하는 어미 위에서도 'ㄷ'이 발음되는 규칙 용언이다.

6. 어간의 끝 'ㅂ'이 'ㅜ'로 바뀔 적

깁다:	기워	기우니	기웠다
굽다〔炙〕:	구워	구우니	구웠다
가깝다:	가까워	가까우니	가까웠다
괴롭다:	괴로워	괴로우니	괴로웠다
맵다:	매워	매우니	매웠다
무겁다:	무거워	무거우니	무거웠다
밉다:	미워	미우니	미웠다
쉽다:	쉬워	쉬우니	쉬웠다

다만 '돕-, 곱-'과 같은 단음절 어간에 어미 '-아'가 결합되어 '와'로 소리 나는 것은 '-와'로 적는다.

돕다〔助〕:	도와	도와서	도와도	도왔다
곱다〔麗〕:	고와	고와서	고와도	고왔다

어간의 받침이 'ㅂ'인 어간 아래에 자음으로 시작된 어미가 올 때에는 '가깝고, 가깝다; 맵지, 맵소' 들과 같이, 'ㅂ' 받침이 분명히 발음되지마는, 모음으로 시작된 어미가 올 때에는 'ㅂ'이 제대로 발음되지 않는다. 그러나 아주 없어지는 것은 아니어서 반모음 '오/우'소리(엄밀하게 말하면, 국제 음성 기호의 'w'와 같은 반모음)로 발음된다. 즉 어간 밑에 모음으로 시작되는 어미가 와서,

깁+어,	깁+으니,	깁+었다
맵+어,	맵+으니,	맵+었다

와 같이 활용이 될 경우는 모두,

기워, 기우니, 기웠다

매워, 매우니, 매웠다

들과 같이 'ㅂ'이 '우'로 되고, 어미 '어'가 모음 조화에 따라 '아'로 되어,

곱+아, 돕+았다

와 같이 활용이 될 경우에는,

고와, 도왔다

와 같이 'ㅂ'이 '오'로 변한다. 그런데 어간이 두 음절 이상일 경우에는 모음 조화에 상관없이 언제나 '우'로 변한다. 이를테면 '가깝다, 수고롭다' 등은,

가깝+어 → 가까워, 수고롭+었다 → 수고로웠다

와 같이 변한다. 이들 변칙 용언은 모두 변한 대로 적기로 한 것이다.

《통일안》에서는 '가깝다, 수고롭다'의 경우에도 모음 조화에 따라 '가까와, 수고로왔다'로 적도록 규정하였었으나, 《한글 맞춤법》에서는 실제로 발음되고 있는 '가까워, 수고로웠다'를 채택하고, 받침 'ㅂ'이 '오'로 변하는 경우는 단음절 어간 뒤에서만 인정하기로 하였다.

이 'ㅂ' 받침 용언은 규칙적으로 활용하는 말보다 불규칙적으로 활용하는 말이 그 대부분을 차지하고 있어,

좁다(狹), 좁아, 좁으니

굽다(曲), 굽어, 굽으니

등 몇 개를 제외하고는, 대부분이 변칙 용언이다.

7. '하다'의 활용에서 어미 '-아'가 '-여'로 바뀔 적

하다: 하여 하여서 하여도 하여라 하였다

'하다'는 독립한 용언으로도 쓰이고, 또는 '일하다, 착하다'와 같이 어떠한 용언의 끝의 부분으로도 쓰인다. '가다, 나다, 사다, 파다' 등 규칙 용언의 경우 같으면 당연히 '아'로 되어야 할 어미가 이 '하' 아래에서는 '여'로 되어 버린다. 이것은 다른 용언에서는 볼 수 없는 특례다. 이와 같이 어미가 불규칙하게 활용하는 변칙 용언도 현실 발음에 따라서 적기로 규정한 것이다. 이들 변칙적인 활용형 '하여'가 '해'로 줄어지는 일이 있는데, 이 때에도 현실 발음을 존중하여 줄어진 형태대로 적기로 하였다(제34항 붙임 2 참조).

8. 어간의 끝 음절 '르' 뒤에 오는 어미 '-어'가 '-러'로 바뀔 적

이르다〔至〕:	이르러	이르렀다	누르다:	누르러	누르렀다
노르다:	노르러	노르렀다	푸르다:	푸르러	푸르렀다

이 말들은 그 어간이 '이르, 노르, 누르, 푸르'이므로 어미 '어'와 연결될 때에는 '이르어, 노르어, 누르어, 푸르어'가 되어야 할 터인데, 실제의 말로는 '이르러, 노르러, 누르러, 푸르러'가 되고, 또 과거를 표시하는 어미 '었'이 올 경우에는 항상 '렀'으로 바뀐다.

이 경우도 위의 '하다'와 같이 어간이 변하는 것이 아니라 어미가 변하지마는, 역시 변칙 용언임에는 틀림없다. 이 변칙 용언의 예는 동사 '이르다'와 형용사 '노르다, 누르다, 푸르다'뿐이다.

9. 어간의 끝 음절 '르'의 '—'가 줄고, 그 뒤에 오는 어미 '-아/-어'가 '-라/-러'로 바뀔 적

가르다:	갈라	갈랐다	부르다:	불러	불렀다
거르다:	걸러	걸렀다	오르다:	올라	올랐다
구르다:	굴러	굴렀다	이르다:	일러	일렀다
벼르다:	별러	별렀다	지르다:	질러	질렀다

이들 용언은 어간의 형태도 바뀌고, 어미도 불규칙적으로 바뀐 형태가 결합하는 활용을 보여 준다. 이들은 어간과 어미가 모두 불규칙으로 활용하는 변칙 용언이다. 즉 어간 밑에 어미 '어'나 '아'가 올 때 그 어간의 끝 모음 '—'가 탈락되는 동시에 어미 '어'나 '아'는 '러'나 '라'로 변한다. 그리고 이들 용언은 피동사나 사동사를 만드는 '이'가 결합하는 경우에도 어간의 끝 모음 '—'가 줄고, '이'는 '리'로 바뀐다. 이를테면 '가르+이다, 부르+이다' 등이 '갈리다, 불리다'로 되는데, 이 경우도 그와 같이 소리 나는 대로 적기로 하였다. 어간의 끝 모음이 '르'인 용언 가운데서 본항의 4에 해당하는 '따르다, 치르다'와 8에 해당하는 낱말 이외의 것들은 모두 이와 같이 활용하는 말이다.

이렇게 보면, 변칙 용언의 종류가 매우 많은 것처럼 보일 수도 있으나 용언의

대다수는 규칙적으로 활용되고, 변칙 용언은 그 가지 수로는 이상의 아홉 가지를 꼽을 수 있으며, 이 변칙에 포함되는 어휘의 수는 용언 전체의 수에 비하여 그다지 많지 않음을 기억할 필요가 있다. 또 학자에 따라서는 본항 1에서 말한 'ㄹ'이 줄어지는 경우와 4에서 말한 'ㅡ'가 줄어지는 경우는 변칙 용언으로 다루지 않는 일이 있다. 모든 어간의 끝 'ㄹ'은 똑같이 줄어지고, 'ㅡ'가 '어'나 '아' 앞에서는 모두 줄어지기 때문이다. 그러나 여기서는 맞춤법을 규정한 것이므로 다른 변칙 용언과 같이 다루었다.

제3절 접미사가 붙어서 된 말

접미사는 스스로 독립된 단어로 사용되지 못하고, 어떠한 말이나 어간 뒤에 붙어서, 그 말이나 어간의 뜻을 제한하거나 문법적 성질을 다르게 바꾸는 말이다. 즉 '-질'이란 말은,

선생질, 순경질, 도둑질, 비질, 칼질, 톱질, ……

과 같은 여러 말에 붙어서, 그 여러 말이 나타내는 일에 종사하거나 기구를 쓰는 동작을 뜻하는 접미사다. 또 '-이'란 말은,

길이, 깊이, 높이, ……

들 용언의 어간에 붙어서, 그 용언의 문법적 성질을 바꾸어서 명사 또는 부사로 전성시키는 접미사다. 이와 같이 접미사는 어떤 말이나 어간을 뜻이나 품사가 다른 말이나 어간으로 만드는데, 이렇게 하여 만들어진 말을 파생어라고 한다. 위에 예시된 '선생질, 길이' 등은 모두 '선생, 길다'에서 전성된 파생어들이다. 그런데 맞춤법의 조항을 살펴보면서, 이러한 파생어의 접미사를 구별하여 적느냐 적지 않느냐의 문제에 봉착하게 된다. 다음은 그러한 문제에 대한 규정을 다루고 있다.

【참고】 1. 접미사에 대하여는 고영근(1974a)를 참조할 것.

2. 파생에 대하여는 김계곤(1968, 1969), 이병근(1976), 송철의(1977)을 참조할 것.

3. 활용에 대하여는 이익섭 · 임홍빈(1983)을 참조할 것.

제19항 어간에 '-이'나 '-음/-ㅁ'이 붙어서 명사로 된 것과 '-이'나 '-히'가 붙어서 부사로 된 것은 그 어간의 원형을 밝히어 적는다.

1. '-이'가 붙어서 명사로 된 것

길이 깊이 높이 다듬이 땀받이
달맞이 먹이 미닫이 벌이 벼훑이
살림살이 쇠붙이

2. '-음/-ㅁ'이 붙어서 명사로 된 것

걸음 묶음 믿음 얼음 엮음
울음 웃음 졸음 죽음 앎

3. '-이'가 붙어서 부사로 된 것

같이 굳이 길이 높이 많이
실없이 좋이 짓궂이

4. '-히'가 붙어서 부사로 된 것

밝히 익히 작히

다만, 어간에 '-이'나 '-음'이 붙어서 명사로 바뀐 것이라도 그 어간의 뜻과 멀어진 것은 원형을 밝히어 적지 아니한다.

굽도리 다리〔髢〕 목거리(목병) 무녀리
코끼리 거름(비료) 고름〔膿〕 노름(도박)

〔붙임〕 어간에 '-이'나 '-음' 이외의 모음으로 시작된 접미사가 붙어서 다른 품사로 바뀐 것은 그 어간의 원형을 밝히어 적지 아니한다.

(1) 명사로 바뀐 것

귀머거리 까마귀 너머 뜨더귀 마감
마개 마중 무덤 비렁뱅이 쓰레기
올가미 주검

(2) 부사로 바뀐 것

거뭇거뭇 너무 도로 뜨덤뜨덤 바투
불긋불긋 비로소 오긋오긋 자주 차마

(3) 조사로 바뀌어 뜻이 달라진 것

나마 부터 조차

본항의 본문을 자세히 살펴보면 전문이 두 부분으로 이루어져 있으니,

(1) 어간에 접미사 '-이(또는 '-히')'가 붙어서 명사나 부사로 된 것은 그 어간의 원형을 밝히어 적는다.

(2) 어간에 접미사 '-음'이 붙어서 명사로 된 것도 그 어간을 밝히어 적는다.
이와 같이 나누어 보는 것이 편리하다. 그리하여 (1)에 있어서는,

〔전제〕 어간에 접미사 '-이(또는 '-히')'가 붙어서 명사나 부사로 된 것은

〔결론〕 그 어간의 원형을 밝히어 적는다.

그리고 또 (2)에 있어서는,

〔전제〕 어간에 접미사 '-음'이 붙어서 명사로 전성된 것은

〔결론〕 그 어간의 원형을 밝히어 적는다.

와 같이, 전제와 결론으로 분석하여 보는 것이 더욱 편리하다.

이 (1)과 (2) 두 부분은 그 결론은 동일하고 전제만이 다르므로, 제19항의 본문은 그것을 합쳐서 한 개의 조항으로 함에 지나지 않는다.

특히 주목할 것은 발음이 그대로 유지되는 것은 물론이거니와 구개음화 등의 음운 현상으로 인하여 발음이 변하여 발음되는 것이라고 하더라도 그 결론 부분은 그대로 성립된다는 것이다. 구개음화라는 것은 앞의 제2절 제6항에서 이미 자세히 설명하였거니와 본항의 예 가운데에서 찾아보면, '땀받이, 미닫이, 벼훑이, 쇠붙이, 같이, 굳이' 들의 어간 '받, 닫, 훑, 붙, 같, 굳'은 다 각각 'ㄷ'이나 'ㅌ' 받침이 분명하지마는, '이'가 붙는 경우에는 'ㄷ'은 'ㅈ' 소리로, 'ㅌ'은 'ㅊ' 소리로 발음되므로 이러한 것을 구개음화라고 하는 것이다. 그리하여 그 발음이 이와 같이 변하는 일이 있을지라도 그 어간의 기본형, 곧 원형을 밝히어 적는다는 것이 이 조항의 결론이다.

이제 다시 올라가서 본 조항의 두 부분이 되는 (1)과 (2)의 전제를 각각 음미하여 보면 (1)의 전제 속에는,

① 어간 아래에(어간이 무엇인지는 제4장 제2절 제15항 해설 참조)

② 접미사 '-이(또는 '-히')'가 붙어서

③ 명사나 혹은 부사로 된 것

이라는 세 가지 조건이 있어서, 이 세 가지 조건이 구비될 때에 "그 어간의 원형을 밝히어 적는다"는 결론이 가능하다는 것이다. 그리고 이 세 요소 중, 세 번째의 전제 속에는 명사로 된 것과 부사로 된 것의 두 가지 경우가 포함되어 있어서 (1)의 전제가 되는 세 조건을 다시 두 조건으로 갈라 놓는다면,

① 어간 아래에 접미사 '-이'가 붙어서 명사로 된 경우와

② 어간 아래에 접미사 '-이(또는 '-히')'가 붙어서 부사로 된 경우

가 그것이다. 그리하여 ①의 경우는 본항의 예로 들어 놓은 것 중의 1이 그것이요, ②의 경우는 3과 4가 그것이다. 다시 말하면 예 1은 명사로 되는 경우요, 예 3과 4는 부사로 되는 경우다.

그리고 (2)의 전제를 음미하여 보면,

① 어간 아래에

② 접미사 '-음/ㅁ'이 붙어서

③ 명사로 된 것

이라는 역시 세 개의 조건이 포함되어 있어서, 이 세 조건이 구비될 때에 비로소 "그 어간의 원형을 밝히어 적는다"는 결론이 가능하다. 제19항의 2는 이 경우의 예를 보인 것이다.

위의 제19항의 1, 2, 3, 4로 나누어 열거한 예들 중에서 '-이(또는 '-히')'나 '-음/ㅁ'을 떼어 버리고 바로 그 위에 남은 한 음절이나 두 음절로 된 말들은 다 각각 형용사나 동사의 어간들이다. 그리하여 이 어간들을 밝히어 표기한다는 것, 즉 그 어간들의 받침을 보존하여 표기한다는 것이 이 제19항의 근본 정신이다. 이 접미사들이 구체적인 의미는 가지지 못한다고 할지라도 받침을 가진 어간 아래에서 널리 사용되어 하나의 법칙과 같이 되므로, 이것을 일반적인 것으로 보아 그 위에 오는 어간의 원형을 보존하도록 철자를 정한 것이다.

여기서 잠시 '있다'와 '없다'의 명사형 표기에 대해서는 다시 살펴볼 필요가 있다. '있다, 없다' 등과 같이 'ㅆ, ㅄ' 받침 뒤에서는 명사형 표기를 '-음'으로 적든, '-슴'으로 적든 발음상으로 전혀 구별이 되지 않은 뿐만 아니라 '-읍니다', '-습니다'를 '-습니다'로 통일시킨 《표준어 규정》 제17항의 규정에 잘못 유추되어 '있슴, 없슴'으로 적는 경우를 자주 볼 수 있기 때문이다. 또한 '-사오니'의 경우에도 '있아오니, 없아오니'로 잘못 적는 경우를 볼 수 있다. 따라서 이들의 차이를 종합적으로 비교할 필요가 있는 것이다.

'ㅆ, ㅄ' 받침 뒤에서는 각 경우가 발음의 차이가 분명히 드러나지 않기 때문에 이해를 돕기 위하여 'ㄱ, ㄷ' 받침으로 끝나는 예들의 활용 양상을 표로 보이면 다음과 같다.

동사 \ 활용	명사형	종결어미	연결어미
'먹다'	먹음(○)	먹습니다(○)	먹사오니(○)
	먹슴(×)	먹읍니다(×)	먹아오니(×)
'얻다'	얻음(○)	얻습니다(○)	얻사오니(○)
	얻슴(×)	얻읍니다(×)	얻아오니(×)

위의 표에서 보는 것처럼 'ㄱ, ㄷ' 받침 뒤에서의 명사형 표기로는 '-음'이 옳고, 종결형과 연결형 어미의 표기로는 '-습니다, -사오니'가 옳은 것이다. 결국 'ㅆ, ㅄ, ㄱ, ㄷ ……' 등 받침 아래에서 표기의 일관성을 유지하기 위해서는 명사형은 '-음', 종결 어미는 '-습니다', 연결 어미는 '-사오니'로 적어야 옳은 것이다.

명사형 표기와 관련된 또 다른 문제로는 앞서 살핀 제18항의 예들 가운데 'ㄹ'로 끝나는 용언들의 경우가 있다. 《한글 맞춤법》 제18항에서는 "다음과 같은 용언들은 어미가 바뀔 경우, 그 어간이나 어미가 원칙에 벗어나면 벗어나는 대로 적는다"고 규정하고 'ㄹ'로 끝나는 용언의 경우 그 예시(갈다 : 가니, 간, 갑니다, 가시다, 가오)를 통해 'ㄹ'이 떨어지는 환경을 제시하고 있다. 어미 'ㄹ'로 끝난 용언들의 어간 받침 'ㄹ'은 'ㄴ', 'ㅂ', '오'로 시작되는 어미나 관형형 어미 'ㄹ', 존경의 선어말 어미 '-시-' 앞에서 탈락하고 '-으-' 없는 어미형이 바로 결합한다. 국어에서 용언의 어간이 자음으로 끝나면 '-으-'가 선행하는 어미를 쓰고, 모음으로 끝나면 그러지 않는 어미가 있다(예 : 먹-으니/가니, 먹-은/가-ㄴ). 그러나 'ㄹ'로 끝난 용언은 여타 자음 어간과 달리 모음 어간과 같은 어미 활용을 보인다. 즉, '-으-'가 선행하지 않는 어미형을 결합시킨다. 명사형 어미 '-음/ㅁ'이 결합할 때도 마찬가지이다. 예를 들어 '날다'에 명사형 어미가 결합하면 '으'가 없는 어미 'ㅁ'을 결합시켜 '낢'과 같이 써야 한다. 이 때 다른 활용에서와는 달리 'ㄹ'이 탈락하지 않는 것은 '날며'에서와 같이 'ㅁ' 앞에서는 'ㄹ'이 탈락하지 않으며 '낢을'과 같이 '낢'이 다시 모음으로 시작하는 조사와 결합할 때는 [날믈]과 같이 'ㄹ'이 소리 나기 때문이다.

어간이 'ㄹ'로 끝나더라도 파생명사를 만들 때는 '울음', '얼음'과 같이 '음'이 붙을 수 있다. 이런 파생명사들은 명사형과는 달리 용언의 서술성이 상실되고 그 의미도 약간은 변화하기 때문에 명사형의 표기와 혼동해서는 안된다. 그러나 어간이 원래 가지고 있는 의미에서 멀어진 '거름', '노름' 등은 어간과 접사를 구분할 수는 있다고 할지라도 원형을 밝히어 적지 않는다.

위의 〔붙임〕도 우선 전제와 결론으로 나누어 보면,

〔전제〕 (1) 어간에

(2) '-이'나 '-음' 이외의 모음으로 시작된 접미사가 붙어서

(3) 다른 품사로 바뀐 것은

〔결론〕 그 어간의 원형을 밝히어 적지 아니한다.

이 결론은 제19항 본문의 결론과는 정반대가 되는 것이니, 그 이유는 전제가 다르기 때문이다. 그 다른 점은 세 가지 요소 가운데 (1)이나 (3)에 있지 않고 (2)에 있다.

제19항 본문에서는 "어간 아래에 '-이'나 '-음/ㅁ'이 붙을 경우"를 대상으로 하지마는, 〔붙임〕에서는 그와 반대로 "어간에 '-이'나 '-음' 이외의 모음으로 시작된 접미사가 붙을 경우"를 대상으로 하고 있기 때문이다. 전제 가운데 이같이 정반대되는 조건이 있음으로써, 결론에 있어서도 그와 같이 정반대가 되고 만 것이다.

이제 이해의 편의상 (1), (2), (3)에 든 말의 어원을 찾아 구분하여 다음과 같이 적어 보자.

(1) 명사로 바뀐 것: 귀먹어리, 깜아귀, 넘어, 뜯어귀, 막암, 막애, 맞웅, 묻엄, 빌엉뱅이, 쓸에기, 옭아미, 죽엄

(2) 부사로 바뀐 것: 검웃검웃, 넘우, 돌오, 뜯엄뜯엄, 밭우, 붉웃붉웃, 비롯오, 옥웃옥웃, 잦우, 참아

(3) 조사로 바뀌어 뜻이 달라진 것: 남아, 붙어, 좇아

이 말들 가운데 밑줄을 그은 부분은 거의 모두 형용사나 동사의 어간들이며, 바로 그 아래에 계속되는 부분은 현대 말로 보아 아무런 의미도 가지지 못한 모음이거나 모음으로 시작된 몇 개의 음절들이다. 뿐만 아니라 그 모음들은 '이'나 '음' 이외의 모음들이다. 접미사 '-이'나 '-음'은 모든 어간 밑에 널리 사용되는 일반적인 것으로, 하나의 규칙을 이룬다고 할 수 있는 것이지마는 이 〔붙임〕의 예에 나타나는 '어리, 아귀, 어, 어귀, 암, 애, 웅, 엄, 엉뱅이, 에기, 아미, 웃, 오, 엄, 우, 웃, 아' 들을 보면, 그 가운데에는 몇 개의 말에 공통으로 쓰이는 것이 있기는 하지만 그 대부분은 다만 어떤 한 어간 아래에만 국한되어 쓰이므로 일반적이 아니고, 따라서 아무런 규칙도 세울 수가 없다. 그러므로 이 〔붙임〕

의 규정이 적용될 말들, 즉 '-이'나 '-음' 이외의 모음으로 시작되는 접미사가 붙는 말들은 그 어간을 밝히어 적지 않기로 한 것이다.

〔붙임〕의 예들 가운데 '너머'나 '부터'의 경우에는 쓰임은 다르지만 '넘어'나 '붙어'와 같이 원형을 밝히어 적는 표기가 함께 쓰이는 예도 있다. '넘어'는 '넘다'라는 동사의 '-아/어'형 어미가 연결된 것으로 품사는 동사이고, '너머'는 명사로서 공간적인 위치를 나타낸다. '물이 넘어 수도 꼭지를 잠갔다'라고 할 때에는 '넘어'이고 '넘기 때문에'와 같은 뜻으로 해석된다. '산 너머 저쪽'은 '산'을 넘는 동작이 들어 있지 않고 산 뒤에 있는 공간을 가리키게 된다. '산 넘어'에서 '산'은 목적어이고, '산 너머'의 '산'은 명사가 관형어로 쓰인 것이다.

조사 '부터'의 경우도 발음이 같은 '붙어'는 '붙다'에 '-아/어'형 어미가 결합된 동사라는 점에서 차이를 보이는 것이다.

그에 대해, 어간을 전부 밝히어 적든지, 아니면 전부 밝히지 말고 적든지 그 어느 한 편을 취하여 일률적으로 처리하는 것이 혼동의 방지를 위해서도 나은 것이 아니겠느냐 하는 의문이 있을 수 있다. 얼핏 생각하면 일률적으로 규정하는 것이 대단히 편리할 듯하지만, 실제 문제에 들어가서 보면 그렇지도 못하다. 독서의 능률상으로는 어원을 밝혀 적는 것이 절대로 유리하다.

그러나 모든 말을 다 이와 같이 어원을 밝히기로 하면, 그에 따라 많은 문제들이 생기게 된다. 가령 '올가미'란 말의 어원을 밝히어 보자. '옭아미'로 써야 할까? '옭암이'로 적어야 할까? 또는 '올감이'로 표기하여야 할까? '옭다'라는 말을 보면 '옭아미'로 적는 것이 그럴 듯하지만, '올감지'라는 말이 있는 것을 보면, '올감이' 또는 '옭암이'로 적어야 한다고 주장하는 데도 그 근거가 아주 없는 것은 아니기 때문이다. 그리고 또 '얄팍하다'라는 말의 어원을 캘 것 같으면, '얇학하다'로 적는 것이 당연한 것이요, '코뚜레'는 '코뚫에'로 표기하여야 옳을 것이니, 이와 같이 극단으로 나가려 할 때 당면하게 되는 문제는 많은 말의 어원을 일일이 판별하여 어간과 접미사를 구별하여 적는 것이 그리 만만치 않은 작업이라는 점이다.

그러나 어원을 무시하고 발음대로 적는다 해도 또한 큰 어려움이 있다. '길이(長), 깊이(深), 먹이(食料)' 들을 모두 '기리, 기피, 머기'로 적어 놓는다고 할 때, 그들을 읽고 이해하는 데에 어려움이 있음을 쉽게 알 수 있기 때문이다. 같은 태도로는 '먹다'의 피동형과 사동형인 '먹히다, 먹이다'를 '머키다, 머기다'로 혹은 실제 발음을 그대로 표기하여 '메키다, 메기다'로 적어야 하는 등의 무리가 따르게 된다. 그러기에 어느 한 편을 취한다는 일률적인 태도를 버리고 중용의 길을 택하여 '이(또는 '히')'나 '음'이 붙는 경우와 같이 일반적인 법칙이 성립될 때에는 어원을 가리기가 쉬우므로, 어간의 원형을 보존하고 '이'나 '음' 이외의 모음으로 시작된 접미사가 붙을 경우에는 아무런 법칙이나 표준도 없이, 일일이 그 어원을 가리어 낼 수가 없으므로, 어간의 원형을 밝히지 않고 적기로 한 것이다.

제3절에 포함된 다른 여러 항목들도 모두 이와 같은 정신 아래에서 규정된 것이다.

제20항 명사 뒤에 '-이'가 붙어서 된 말은 그 명사의 원형을 밝히어 적는다.

1. 부사로 된 것

곳곳이　낱낱이　몫몫이　샅샅이
앞앞이　집집이

2. 명사로 된 것

곰배팔이　바둑이　삼발이　애꾸눈이
육손이　절뚝발이/절름발이

〔붙임〕 '-이' 이외의 모음으로 시작된 접미사가 붙어서 된 말은 그 명사의 원형을 밝히어 적지 아니한다.

꼬락서니　끄트머리　모가치　바가지
바깥　사타구니　싸라기　이파리
지붕　지푸라기　짜개

제20항의 규정은 제19항과 매우 비슷하여, 그와 마찬가지로 원형을 밝혀 적도록 한 것이다. 다른 점은, 제19항에서는 '어간'에 '-이'가 붙는 경우이고, 본항에서는 어간이 아니라 명사 아래에 '-이'가 붙는 경우를 대상으로 한 것이다. 즉 제19항은 용언의 경우요, 제20항은 체언의 경우이다. 또 한 가지 다른 점은, 제19항에서는 '-이'나 '-음'이 붙어서 으레 다른 품사로 전성하는 경우이지마는, 본항에서는 다른 품사로 변하는 외에 명사 그대로 품사는 바뀌지 않고 의미만이 변한 경우도 포함되어 있다는 점이다.

본항의 규정(즉 '-이'가 붙는 것)이 제19항의 경우처럼 그렇게 일반적인 통칙은 되지 못하지만 그래도 상당히 넓은 범위로 사용된다. 더욱이 1의 예들과 같이 명사가 거듭되면서 '-이'가 붙어 부사로 되는 경우는 일반적으로 널리 사용된다.

그러나 '이' 모음 이외의 모음으로 시작된 접미사가 붙어서 이루어진 말은 원형을 밝히어 적지 않기로 하여 〔붙임〕에 규정하여 놓았음은 앞의 제19항에서의 이유와 마찬가지이다. 다만 제19항의 〔붙임〕과 다른 점은 접미사가 붙는 말이 '어간' 대신에 '명사'라는 것과 품사의 전성이 있고 없는 점이다.

위의 예에서 명사의 원형을 살펴보면, '꼴악서니, 끝으머리, 목아치, 박아지, 밖알, 샅아구니, 쌀아기, 잎아리, 집웅, 짚우라기, 짝애'에서 밑줄 친 것들은 명사이고, 그 아래에 붙은 접미사들은 일반적이라고 할 수 있는 법칙이 없으므로 제19항 〔붙임〕의 규정과 마찬가지로 어원 즉 명사의 원형을 밝히어 적지 아니한 것이다.

제21항 명사나 혹은 용언의 어간 뒤에 자음으로 시작된 접미사가 붙어서 된 말은 그 명사나 어간의 원형을 밝히어 적는다.

1. 명사 뒤에 자음으로 시작된 접미사가 붙어서 된 것

값지다 홑지다 넋두리 빛깔
옆댕이 잎사귀

2. 어간 뒤에 자음으로 시작된 접미사가 붙어서 된 것

낚시 늙정이 덮개 뜯게질
갉작갉작하다 갉작거리다 뜯적거리다
뜯적뜯적하다 굵다랗다 굵직하다
깊숙하다 넓적하다 높다랗다
늙수그레하다 얽죽얽죽하다

다만, 다음과 같은 말은 소리대로 적는다.

(1) 겹받침의 끝소리가 드러나지 아니하는 것

할짝거리다 널따랗다 널찍하다 말끔하다
말쑥하다 말짱하다 실쭉하다 실큼하다
얄따랗다 얄팍하다 짤따랗다 짤막하다
실컷

(2) 어원이 분명하지 아니하거나 본뜻에서 멀어진 것

넙치 올무 골막하다 납작하다

앞에서 살핀 제19항과 제20항은 어간이나 명사 아래에 모음으로 시작되는 접미사가 붙을 경우를 규정하여 놓은 것이나, 본항은 명사나 어간 아래에 자음으로 시작되는 접미사가 붙는 경우를 규정한 것이다(다만 '-히'는 자음으로 시작되는 접미사지만, '-이'와 기능이 같을 뿐 아니라 발음이 비슷하므로 제19항에서 다룬 바 있다).

그리하여 명사 아래나 어간 아래나 어느 경우를 물론하고, 자음으로 시작된 접미사가 계속될 때에는, 그 명사나 어간의 원형을 보존하여 표기하자는 것이다. 본항의 접미사가 붙어서 된 파생어를 유형별로 살펴보면,

(1) 명사+자음 접미사 → 명사

(2) 명사+자음 접미사 → 명사 이외의 품사

(3) 어간+자음 접미사 → 어간(형용사 혹은 동사의)

(4) 어간+자음 접미사 → 형용사나 동사 이외의 품사

이 네 가지 가운데의 어느 하나에 속하게 되고, 그 경우에 "그 명사나 어간의 원형을 밝히어 적는" 것으로 되어 있다. 본항의 예 중에서,

(1)에 속하는 예로는 '넋두리, 빛깔, 옆댕이, 잎사귀'를,

(2)에 속하는 예로는 '값지다, 홑지다'를,

(3)에 속하는 예로는 '갉작갉작하다, 갉작거리다, 뜯적거리다, 뜯적뜯적하다, 굵다, 굵다랗다, 굵직하다, 깊숙하다, 넓적하다, 높다랗다, 늙수그레하다, 얽죽얽죽하다'를,

(4)에 속하는 예로는 '낚시, 늙정이, 덮개, 뜯게질'을 들 수 있다.

유형 (1)과 (2)에 속하는 예는 본항 1의 경우로서 '값, 홑, 넋, 빛, 옆, 잎' 등의 명사가 그 원형을 그대로 보존하고 있으며, 유형 (3)과 (4)에 속하는 예는 본항 2의 경우로서 '낚, 늙, 덮, 뜯, 갉, 굵, 깊, 넓, 높, 얽' 등의 어간이 그 원형을 그대로 지니고 있다.

제21항의 본문 내용에서는, 명사나 혹은 용언의 어간 뒤에 자음으로 시작된 접미사가 붙어서 된 말은 그 명사나 어간의 원형을 밝히어 적는다고 규정하였으나, '다만'으로 붙인 단서 규정에는 그 원칙의 예외가 되는 말들을 모아 놓았다. 즉 명사나 어간의 아래에 자음으로 시작된 접미사가 붙을지라도, 그 명사나 어간의 원형을 밝히어 적을 수 없는 말들을 이 단서 규정에서 처리한 것이다.

우선 (1)의 "겹받침의 끝소리가 드러나지 아니하는 것"이 지닌 의미는 무엇인가? (1)에 예로 든 말들인 '할, 널, 말, 실, 얄, 짤' 들은 본래 '핥다, 넓다, 맑

다, 싫다, 얇다, 짧다' 들 용언의 어간이었을 것이나, 그들 겹받침 중의 마지막 받침이 전연 발음되지 않으므로, 이와 같이 아주 발음되지 않는 받침을 군더더기 모양으로 끌고 다니며 표기할 필요까지는 없다고 생각하여, 이 단서 규정을 두게 된 것이다. 제21항 2의 예에 나오는 '갉작갉작하다, 넓적하다' 들도 그 어간이 겹받침을 가진 것은 이 단서의 경우와 비슷하나, 그 마지막 받침이 반드시 발음되는 점에 주의할 필요가 있다. 그러나 본항 1의 예에 나오는 '값지다, 넋두리'는 겹받침의 끝소리가 드러나지 않지만, 소리대로 적지 않으므로 주의하여야 한다. 그것은 명문으로 밝히지는 않았으나 다만, (1)의 예들이 모두 용언의 어간에 속하고 '값, 넋'이 명사에 속하는 데 말미암는다. 그러므로 다만, (1)의 규정은 '용언 어간의 겹받침 끝소리가 드러나지 않는 것'을 전제하고 있음에 주목하여야 할 것이다.

그리고 (2)의 "어원이 분명하지 아니하거나 본뜻에서 멀어진 것"이 의미하는 내용도 제시된 예를 통하여 살펴보자.

(2)에 제시된 예들의 경우, '넙치'와 '납작하다'는 그 어원을 '넓다'와 관련지어 찾아볼 가능성도 없지는 않으나, '넓다'가 지니고 있는 본뜻과는 상당히 거리가 있는 의미를 지니게 되었으며, '올가미'를 의미하는 '올무'나 '그릇에 찰락말락하다'라는 의미를 가지는 '골막하다'는 그 어원을 찾기 어렵다고 할 수 있는 예들이다. 이러한 예들에서는 접미사가 붙기 전의 말을 찾아내어 원형을 밝히기가 쉽지 않으므로 소리대로 적기로 규정한 것이다.

제22항 용언의 어간에 다음과 같은 접미사들이 붙어서 이루어진 말들은 그 어간을 밝히어 적는다.

1. '-기-, -리-, -이-, -히-, -구-, -우-, -추-, -으키-, -이키-, -애-'가 붙는 것

맡기다	옮기다	웃기다	쫓기다
뚫리다	울리다	낚이다	쌓이다
핥이다	굳히다	굽히다	넓히다
앉히다	얽히다	잡히다	돋구다
솟구다	돋우다	갖추다	곧추다
맞추다	일으키다	돌이키다	없애다

다만, '-이-, -히-, -우-'가 붙어서 된 말이라도 본뜻에서 멀어진 것은 소리대로 적는다.

도리다(칼로~) 드리다(용돈을~) 고치다
바치다(세금을~) 부치다(편지를~) 거두다
미루다 이루다

2. '-치-, -뜨리-, -트리-'가 붙는 것

놓치다 덮치다 떠받치다 받치다
밭치다 부딪치다 뻗치다 엎치다
부딪뜨리다/부딪트리다 쏟뜨리다/쏟트리다
젖뜨리다/젖트리다 찢뜨리다/찢트리다
흩뜨리다/흩트리다

〔붙임〕 '-업-, -읍-, -브-'가 붙어서 된 말은 소리대로 적는다.

미덥다 우습다 미쁘다

동사는 물론 어떠한 작용(반드시 동작에만 한하는 것은 아니다)을 표시하는 말인데, 자신이 행하는 작용을 능동이라 이르고, 상대자로부터 어떠한 작용을 받을 경우에는 피동이라 이른다. 그리고 이 밖에 상대자에게 어떤 작용을 시킬 때에는 사동이라 일컫는다. 그리하여 이 피동과 사동은 원동사의 기본적인 의미와 깊은 관련이 있게 되고, 그에 따라 원동사에 어떠한 문법적인 변화를 더하여 표시하는 것이 여러 언어를 통하여 볼 수 있는 현상이다.

국어에 있어서도 원동사의 어간에 '-기-, -리-, -이-, -히-, -구-, -우-, -추-, -으키-, -이키-, -애-' 등의 접미사를 사용하여 피동사나 사동사로 만드는 일이 있으나, 어떠한 한 가지 방식으로 통일할 수 있는 일반적인 법칙은 찾을 수 없다. 그러나 어떠한 동사의 피동사나 사동사는 거의 대부분 그 원동사와 밀접한 관계가 있으므로 이 피동과 사동의 어형에는 원동사의 어간을 그대로 보존하여 표시할 필요가 있는 것이다. 그 이유는 용언의 경우에 어간과 어미를 구별하여 표기할 필요가 있는 것과 마찬가지로, 원동사의 어간이 밝혀져 있으면 독서의 능률상 상당한 편익이 있기 때문이다. 그들을 소리대로만 표기한다면 그 말이 다른 말의 피동 혹은 사동인지, 아니면 독립한 별개의 동사인지 쉽게 알기 어렵게 되므로 어간을 밝혀 적는 것이 글자의 사명을 가장 충분히 발휘하게 되는 것이라 생각한다.

마찬가지 이유로 형용사의 어간을 동사화시키는 동시에 사동의 의미를 가지는 '넓히다, 낮추다, 높이다' 등도 역시 어간을 밝혀 적는 것이다.

그러나 '도리다(칼로~), 드리다(용돈을~), 고치다, 바치다(세금을~), 부치다(편지를~), 거두다, 미루다, 이루다' 등의 말들을 살펴보면 그 근본은 모두 어떠한 말의 어간이나 어근이고, 그것에 접미사가 더하여 각각 새로운 뜻을 가진 단어를 이룬 것이다. 그러나 그 새로운 뜻이란 것이 그 근본 어간이나 어근의 본뜻과는 상당히 멀어졌으므로, 구태여 그 원형을 밝히어 적을 필요가 없다. 이제 시험삼아 그 변하기 전 어간이나 어근의 원형을 밝히어 적어 본다면,

돌다(廻) …… 돌+이다 → 돌이다(抉: 도리다)
들다(入) …… 들+이다 → 들이다(獻: 드리다)
곧다(直) …… 곧+히다 → 곧히다(改: 고치다)
받다(受) …… 받+히다 → 받히다(納: 바치다)
붙다(附) …… 붙+이다 → 붙이다(寄送: 부치다)
걷다(撤) …… 걷+우다 → 걷우다(收: 거두다)
밀다(推) …… 밀+우다 → 밀우다(轉: 미루다)
일다(起) …… 일+우다 → 일우다(成: 이루다)

와 같이 되어 위에 열거해 놓은 소위 어간이나 어근의 원형을 밝힌 표기 예를 분석해 보면,

(1) 원어간이나 어근이 가졌던 뜻과 그것에 접미사가 덧붙어서 이루어진 새 말의 새 뜻과는 그 거리가 너무 멀다.

(2) 접미사가 덧붙는 데는 말 뜻으로나 문법적으로나 아무 법칙도 없다.

(3) 예로 보인 일부의 단어만으로도 이러한 양상을 드러내는데, 그 많은 말들에 대하여 모두 그 어간이나 어근의 원형을 밝힌다고 하는 것은 거의 불가능에 가까운 일일 것이기 때문이다. 즉 이중 삼중으로 어원을 밝혀야 하는 경우도 있을 것이고, 또 그 말의 어원 같기도 하고 같지 않기도 하여 매우 모호한 경우도 많을 것이다.

(4) 또한 위에 기록한 예들 가운데 '받히다, 붙이다' 등은 '받다, 붙다'의 피동이나 사동이 되는 경우가 있는데, 이런 경우와 혼동될 염려도 있다.

이상과 같은 이유로, 구태여 어원을 심하게 캘 것 없이 본 규정에 보인 예와

같이 발음에 따라 표기하는 편이 도리어 늘 쓰는 데 편리하고, 일일이 어원을 찾아내려는 헛수고도 덜게 되는 것이다.

그러나 '부치다'의 경우 '붙이다'와의 차이를 정확히 구별하여 사용하는 것은 쉬운 일이 아니다. '붙이다'는 '붙다'에 사역의 의미를 더하는 파생 접사 '-이-'가 결합한 단어이며 '부치다' 역시 역사적으로 '붙이다'와 기원이 같기는 하지만, '부치다'는 "① 힘이 모자라다. (예) 힘이 부치는 일이다. ② 바람을 일으키다. (예) 부채를 부치다. ③ 남을 시켜서 편지나 물건을 보내다. (예) 소포를 부치다. ④ 다른 곳, 기회에 넘기어 맡기다. (예) 회의에 부치다. 인쇄에 부치다. ⑤ 어떠한 대우를 하기로 하다. (예) 불문(不問)에 부치다. ⑥ 심정을 의탁하다. (예) 밝은 달에 부쳐 읊은 시조. ⑦ 논밭을 다루어서 농사를 짓다. (예) 밭을 부치다. ⑧ 번철에 기름을 바르고 빈대떡 같은 것을 익혀서 만들다. (예) 빈대떡을 부친다. ⑨ 몸이나 식사 따위를 의탁하다. (예) 몸 부칠 곳이 없다."의 의미로 쓰여 '붙다'와의 의미상 관련성이 희박하다고 판단될 때만 사용한다.

'붙이다'는 '붙다'의 의미가 유지되는 경우, 예를 들어 "① 우표를 붙인다. ② 책상을 벽에 붙인다. ③ 흥정을 붙인다. ④ 접을 붙인다. ⑤ 불을 붙인다. ⑥ 감시원을 붙인다. ⑦ 싸움을 붙인다. ⑧ 내기에 100원을 붙인다. ⑨ 말을 밭에 붙인다. ⑩ 조건을 붙인다. ⑪ 취미를 붙인다. ⑫ 별명을 붙인다."의 경우에 사용한다. 이들은 모두 (가) 'NP_1과 NP_2를 V'나 (③ ④ ⑦) (나) 'NP_1에 NP_2를 V' ①②⑤⑥⑧⑨⑩⑪⑫의 구성을 보인다. (가) 구성의 예는 NP_1 NP_2가 붙는 대상이 된다는 공통점을, (나) 구성의 예는 NP_1이 구체적인 장소(처소성)를 나타내고 NP_2가 그에 붙는 대상이 된다는 공통점을 가지고 있다. 따라서 '붙다'의 의미가 살아 있으므로 어원을 밝혀 '붙이다'로 적는 것이다. '부치다' 중 ④⑤⑥⑧도 이와 같은 구성을 가지나 NP_1이나 NP_2의 성격과 관계가 위와 같지는 않다. 따라서 이 경우 '붙다'의 의미가 유지되지 못한다고 판단되기에 '부치다'로 적는 것이다.

이 중 '부치다'의 ⑨는 종래 '붙이다'로 쓰던 것인데 현행 맞춤법에서 새로이 바뀐 것이므로 각별히 주의하여야 한다.(註 : NP는 명사구, V는 동사임)

또한 제22항 2도 위에서 설명한 바와 같은 맥락에서 이해될 수 있는 것이어서 하나의 항목으로 묶어 규정을 설정한 것이다. '-치-, -뜨리-, -트리-'라는 접미사는 위에 보인 예들 이외에도 상당히 생산적으로 쓰이고 있으며, 뜻을 강하게 한다는 문법적인 기능을 가졌다고도 볼 수 있어서 한 개의 법칙으로 세울 수 있는 까닭이다. 이와 같이 일반적인 규칙이 성립될 때에 그 위에 오는 어간의 원형을 밝히어 보전할 것은 더 이상의 설명을 필요로 하지 않는다. 더욱이 이들 접미사가 모두 자음으로 시작되므로 위의 제21항에 따르더라도 어간의 원형을 밝혀 적어야 하는 것이다.

본항의 〔붙임〕에는 '-업-, -읍-, -브-'가 붙는 말은 어떠한 경우라도 원형을 밝히어 적지 않을 것을 규정하고 있다. 여기에 든 예를 살펴보면 '미덥다, 우습다, 미쁘다' 들은 각각 '믿업다, 웃읍다, 믿브다'로부터 어간인 '믿, 웃'을 쉽게 가려낼 수 있고, 또 '믿브다'는 본문 2의 예와 마찬가지로 제21항의 규정에 의하여 당연히 어간을 밝혀 적어야 할 것이다. 그러나 〔붙임〕에 보인 예들 이외에 '-업-, -읍-, -브-'가 붙은 말들을 살펴보면 '고닳브다(→고달프다), 슳브다(→슬프다), 갇브다(→가쁘다), 긷브다(→기쁘다), 밭브다(→바쁘다)' 등의 '고닳, 슳, 갇, 긷, 밭'은 어근이라고 볼 수 있는 것으로, 소위 어근을 포함한 말들을 중심으로 살펴본다면 이들 어근은 독립한 하나의 단어가 되지 못하기 때문에 그 원형을 밝히어 적을 수 없는 것이다.

그렇다고 해서 어간을 포함한 말들은 그 원형을 밝히어 적고, 어근을 포함한 말들은 그 원형을 밝히어 적지 않는다고 하여 구별한다면 그것은 실로 쉬운 일이 아니다. 어느 것이 어간이고, 어느 것이 어근인지 하는 것도 실제적인 문제로 들어가게 되면 판단하기 어렵기 때문이다. 그러므로 이왕 구별할 수 없을 바에야 어근 쪽을 본위로 하여, 원형을 밝히어 적지 않는 것이 훨씬 편리하다고 판단한 것이다. 그뿐 아니라 '-브-'는 '-업, -읍'과 같은 기능을 가지는 접미사이므로 하나의 단위로 통합하여 같이 처리함이 합리적이기 때문이다.

【참고】 1. 어간에 대하여는 이희승(1955), 이익섭(1968), 고영근(1974b)를 참조할 것.
2. 어근에 대하여는 고영근(1974b), 이익섭 · 임홍빈(1983)을 참조할 것.
3. 접사에 대하여는 김계곤(1968, 1969), 고영근(1974a), 송철의(1977)을 참조할 것.

제 23항 '-하다'나 '-거리다'가 붙는 어근에 '-이'가 붙어서 명사가 된 것은 그 원형을 밝히어 적는다.(ㄱ을 취하고, ㄴ을 버림.)

ㄱ	ㄴ	ㄱ	ㄴ
깔쭉이	깔쭈기	살살이	살사리
꿀꿀이	꿀꾸리	쌕쌕이	쌕쌔기
눈깜짝이	눈깜짜기	오뚝이	오뚜기
더펄이	더퍼리	코납작이	코납자기
배불뚝이	배불뚜기	푸석이	푸서기
삐죽이	삐주기	홀쭉이	홀쭈기

〔붙임〕 '-하다'나 '-거리다'가 붙을 수 없는 어근에 '-이'나 또는 다른 모음으로 시작되는 접미사가 붙어서 명사가 된 것은 그 원형을 밝히어 적지 아니한다.

개구리	귀뚜라미	기러기	깍두기
꽹과리	날라리	누더기	동그라미
두드러기	딱따구리	매미	부스러기
뻐꾸기	얼루기	칼싹두기	

"'-하다'나 '-거리다'가 붙는 어근"이라 함은, 본항의 예로 제시된 말들이 '깔쭉거리다, 꿀꿀거리다, 눈깜짝하다, 삐죽하다, ……'와 같이 어근에 '-하다'나 '-거리다'가 붙어 형용사나 동사를 이룸을 의미한다. 이들 어간에 '-이'가 붙어서 명사가 될 경우에 ㄴ과 같이 적지 않고, ㄱ과 같이 적어서 그 원형을 밝히어 적는 이유는,

(1) '-하다'나 '-거리다'가 붙어서 용언으로 되는 경우와 유연성 및 통일을 유지하기 위해서이다. 이를테면 '꿀꿀이, 오뚝이' 들이 '꿀꿀거리다, 오뚝하다' 들과 의미의 연관성을 보이기 위해서는 어근의 원형을 밝혀 적는 것이 좋다. 또 '-하다'나 '-거리다'가 붙는 경우를 '눈깜짜카다, 삐주꺼리다, 홀쭈카다, ……' 등으로 적을 수 없는 만큼 명사의 경우도 '깔쭈기, 꿀꾸리, 눈깜짜기, 더퍼리, 배불뚜기, 삐주기, ……' 라고 표기할 수 없는 것이다.

(2) '하다'나 '없다'가 붙어서 된 용언의 어원을 밝혀 적기로 한 제26항과의 통일된 조화를 이루도록 하기 위함이다. 그러나 〔붙임〕에 보이는 예들은 원형을 밝히어 적지 않기로 하였다. 그 예들 가운데 '개굴개굴, 귀뚤귀뚤, 뻐꾹뻐꾹, ……' 등을 보면 각각 그들의 반쪽인 '개굴, 귀뚤, 뻐꾹, ……'이란 말에 '이'가

붙어서 '개굴이, 귀뚤이, 뻐꾹이, ……'란 말들이 성립되었다고 볼 수 있다. 따라서 '개굴이, 귀뚤이, 뻐꾹이' 등이 원형을 보존하여 표기한 것이므로, 얼핏 보아 당연히 그렇게 하여야 온당할 듯싶다. 하지만 거기에는 그리 간단하지만은 않은 문제가 있다.

① '개굴개굴' 한다 하여 '개굴이'로 적고, '꾀꼴꾀꼴' 한다 하여 '꾀꼴이'로 적어야 한다면 '까치'의 경우에는 '깣깣' 한다 하여 '깣이'로 적고, '제비'의 경우에는 '젭젭' 한다 하여 '젭이'로 적어야 한다는 주장까지도 가능할 것이며,

② 다 같은 동물의 이름으로, '개구리'를 '개굴이'로 표기한다거나 '매미'를 '맴이'로 적는다면, '너구리'는 '너굴이'로 되기 쉬울 것이며, '개미'도 '갬이'로 기록하려는 유추 작용이 생길 것이다.

〔붙임〕의 규정은 본항의 본문 내용과 상치되는 듯하지만 그들 사이의 구분 기준은 쉽게 찾을 수 있으니, '-하다'나 '-거리다'가 그 어근에 붙을 수 있느냐의 여부가 그것이다. '까치'를 '깣이'로 쓸 수 없고, '제비'를 '젭이'로 적을 수 없으며, 또 '너구리'를 '너굴이'로 표기하지 못하고, '개미'를 '갬이'로 적어서는 안 될 이유가 있는 이상, 이들 쌍방 사이의 모순을 피하고 그 표기법을 일치되게 하는 편이 훨씬 유효하고 합리적이라 생각한 것이다.

'깍두기, 날라리, 누더기, 동그라미, 두드러기, 부스러기, 얼루기, 칼싹두기' 등의 말에서도 그 어근의 원형을 밝혀서 '깍둑이, 날랄이, 누덕이, 동그람이, 두드럭이, 부스럭이, 얼룩이, 칼싹둑이' 등으로 적지 않기로 한 것은 위에서 살핀 것과 똑같은 이유 때문이다. 그런데 혹 '깍두기, 칼싹두기'에서의 '깍둑, (칼)싹둑'은 '-거리다'가 붙어서 쓰이므로 어원을 밝혀 적어야 한다고 할지 모르나, '깍두기, 칼싹두기'는 '깍둑거리다, (칼)싹둑거리다'의 '깍둑, (칼)싹둑'이 나타내는 뜻과 전혀 다르므로 문제가 되지 않는다.

제24항 '-거리다'가 붙을 수 있는 시늉말 어근에 '-이다'가 붙어서 된 용언은 그 어근을 밝히어 적는다.(ㄱ을 취하고, ㄴ을 버림.)

ㄱ	ㄴ	ㄱ	ㄴ
깜짝이다	깜짜기다	속삭이다	속사기다
꾸벅이다	꾸버기다	숙덕이다	숙더기다
끄덕이다	끄더기다	울먹이다	울머기다

뒤척이다	뒤처기다	움직이다	움지기다
들먹이다	들머기다	지껄이다	지꺼리다
망설이다	망서리다	퍼덕이다	퍼더기다
번득이다	번드기다	허덕이다	허더기다
번쩍이다	번쩌기다	헐떡이다	헐떠기다

본항 규정 중의 접미사 '-이다'는 '-거리다'와 그 성질이 매우 비슷하여, 어근을 용언으로 만드는 데 규칙적으로 사용될 뿐 아니라, 제23항에서 '-거리다'가 붙는 말에 '-이'가 붙어서 명사가 되는 경우에 그 원형을 밝혀 적기로 하였으므로, '-이다'를 '-거리다'나 '-이'와 일률적으로 처리하여 어근을 밝혀 적기로 하였다. 이를테면 사물의 모양이나 행동을 흉내낸 말 곧 시늉말〔擬態語〕인 '깜짝깜짝'에서 파생된 '깜짝거리다, 눈깜짝이'와 같이 '깜짝이다'로 적어서, 어근인 '깜짝'을 밝힘으로써 독서의 능률을 올리도록 한 것이다.

제25항 '-하다'가 붙는 어근에 '-히'나 '-이'가 붙어서 부사가 되거나, 부사에 '-이'가 붙어서 뜻을 더하는 경우에는 그 어근이나 부사의 원형을 밝히어 적는다.

1. '-하다'가 붙는 어근에 '-히'나 '-이'가 붙는 경우

급히 꾸준히 도저히 딱히

어렴풋이 깨끗이

〔붙임〕 '-하다'가 붙지 않는 경우에는 소리대로 적는다.

갑자기 반드시(꼭) 슬며시

2. 부사에 '-이'가 붙어서 역시 부사가 되는 경우

곰곰이 더욱이 생긋이 오뚝이

일찍이 해죽이

본항에서 "'-하다'가 붙는 어근"이란 뜻은, 본항 1에 예로 든 말에서 '-히'를 뗀 어근에 접미사 '-하다'가 붙어서, '급하다, 꾸준하다, 도저하다, 딱하다, 어렴풋하다, 깨끗하다' 들과 같이 형용사가 되는 것을 가리켜 한 말이다. 이들에 대해 어원을 밝히어 적도록 한 이유는, '하다'가 붙어서 용언으로 쓰일 경우와 통일을 유지하기 위해서이다. '하다'가 붙는 경우를 '그파다, 꾸주나다, 따카다,

깨끄타다, ……'라고 적을 수 없는 만큼 '-히'나 '-이'가 붙어서 부사가 되는 경우에도 '그피, 꾸주니, 따키, ……' 등으로 적지 않는 것이다. 어원을 다같이 적으면 상호간의 유연성이 유지되어 독서의 능률을 효과적으로 높일 수 있게 될 것이다.

본래 부사에 '-이'가 붙어 역시 부사가 되는 경우에도 시각적 효율성 등을 고려한 위의 근거로 '곰고미, 더우기, 생그시, ……' 등으로 적지 않고 본래 부사의 원형을 밝히어 적도록 하였다. 즉 '곰곰, 곰곰이'로 적는 것이 '곰곰, 곰고미'로 적는 것보다 두 부사의 연관성을 쉽게 알려 주기 때문이다.

그러나 '-하다'가 붙지 않는 경우에는 용언으로 쓰일 경우와의 통일 등을 고려하지 않아도 되므로, 위의 〔붙임〕에서와 같이 소리대로 적기로 하였다. 그리하여 '반드시'(꼭)는 '반듯하다'에서 파생된 '반듯이'(반듯하게)와 표기에서 구별되는 이점이 있다(한글 맞춤법 제57항 참조).

'일찌기'를 '일찍이'로 적는 것도 이 규정과 관계된다. '일찍'이라는 부사가 따로 있고 의미도 '일찍이'와 유사하므로 부사 '일찍'에 접미사 '이'가 결합된 구성이라 판단하여 '일찍이'로 적는 것이다. 이렇게 적으면 '일찍'과의 연관성을 보여 준다는 효율성이 있다. '더욱이', '오뚝이' 등도《한글 맞춤법 통일안》과 다르게 바뀐 유형의 예들이다.

> 제26항 '-하다'나 '-없다'가 붙어서 된 용언은 그 '-하다'나 '-없다'를 밝히어 적는다.
>
> 1. '-하다'가 붙어서 용언이 된 것
>
>   딱하다 숱하다 착하다 텁텁하다 푹하다
>
> 2. '-없다'가 붙어서 용언이 된 것
>
>   부질없다 상없다 시름없다 열없다 하염없다

본항에 규정한 내용을 직접 예를 통하여 살펴보면, 그 실제의 발음은 각각 '따카다, 수타다, 차카다, 텁터파다, 푸카다, 부지럽다, 상업다, 시르멉다, 여럽다, 허여멉다'가 된다. 그러나 종전부터 사용하여 오던 문자 생활의 습관이 매우 뿌리 깊어 이러한 표기법은 눈에 서투른 까닭에 어근과 '-하다', '-없다'를 분명히 구별하여 쓰기로 하였다. 또 이 규정은 앞에 보인 제23, 24, 25항의 규정, 즉

'-하다'나 '-거리다'가 붙는 어근에 '-이, -히, -이다' 들 접미사가 연결하여 이루어진 파생어는 그 어근의 원형을 밝히어 적기로 한 원칙과 같은 정신에서 온 것이다.

제4절 합성어 및 접두사가 붙는 말

합성이란 말은 '꽃잎, 물통, 부엌일, 젖몸살, 칼날, 팥알, 밤낫, ……' 등과 같이 두 개 이상의 단어가 합하여 새로운 하나의 단어를 이룬다는 의미인데, 이렇게 하여 이루어진 새 단어를 합성어 혹은 복합어라고 이른다. 학자에 따라서는 파생어와 여기서 말하는 합성어인 복합어를 합하여 합성어라 하는 등 합성어와 복합어의 용어 자체가 달리 사용되고 있으나 현상 자체의 이해에는 아무런 문제가 되지 않는다.

접두사는 스스로 독립한 단어가 되지 못하고, 어떠한 말이나 어간 앞에 붙어서 그 말이나 어간의 뜻을 제한하는 말이다. 즉 '짓-'이란 접두사는,

짓누르다, 짓문대다, 짓밟다, 짓이기다, 짓주무르다, 짓찧다, ……

들의 여러 말에 붙어서 사용되어 '함부로' 또는 '흠씬'의 뜻을 더한다. 이 때의 '짓-'은 얼른 보면 부사 같기도 하나, 부사와 같이 독립되어 쓰이지는 못한다. 제3절에서 언급한 접미사는 이 접두사와 같은 형태이지만, 위치에서 대립된다. 그리하여 접두사와 접미사를 합쳐서 접사(接辭)라 하고, 접사에 의하여 새로 만들어진 말을 파생어라 한다.

본절에서는 합성어와 접두사에 의한 파생어에 나타나는 맞춤법을 다룬다

제27항 둘 이상의 단어가 어울리거나 접두사가 붙어서 이루어진 말은 각각 그 원형을 밝히어 적는다.

국말이	꺾꽂이	꽃잎	끝장	물난리
밑천	부엌일	싫증	옷안	웃옷
젖몸살	첫아들	칼날	팥알	헛웃음
홀아비	홑몸	흙내		
값없다	겉늙다	굶주리다	낮잡다	맞먹다
받내다	벋놓다	빗나가다	빛나다	새파랗다

샛노랗다 시꺼멓다 싯누렇다 엇나가다 엎누르다
엿듣다 옻오르다 짓이기다 헛되다

〔붙임 1〕 어원은 분명하나 소리만 특이하게 변한 것은 변한 대로 적는다.

할아버지 할아범

〔붙임 2〕 어원이 분명하지 아니한 것은 원형을 밝히어 적지 아니한다.

골병 골탕 끌탕 며칠 아재비
오라비 업신여기다 부리나케

〔붙임 3〕 '이〔齒, 蝨〕'가 합성어나 이에 준하는 말에서 '니' 또는 '리'로 소리 날 때에는 '니'로 적는다.

간니 덧니 사랑니 송곳니 앞니
어금니 윗니 젖니 톱니 틀니
가랑니 머릿니

제27항 본문에 담긴 의미는, 두 개 이상의 단어가 어울리거나 접두사가 붙어 새로운 단어를 형성할 경우에 실제의 발음이 변하거나 변하지 않거나, 본래의 단어나 접두사의 원형을 밝히어 적는다는 것이다. 여기에 예시된 말들은 대부분 소리가 변하는 것들이고, 소리가 변하지 않는 것은 '홀아비, 새파랗다, 시꺼멓다' 등이다. 그 밖에도, '밤낮, 눈물, 밥벌이, 맏딸' 등 소리가 변하지 않는 예가 많으나, 이들은 원형을 밝혀 적는 데 아무런 문제가 없으므로 굳이 예시하지 않은 것이다. 소리가 변하는 경우에도 독서의 능률을 위하여 원형을 밝혀 적도록 한 앞의 여러 조항에 적용된 원칙에 따라 본래의 단어나 접두사의 원형을 밝히어 적기로 한 것이다. 원형을 밝혀 적는 예 중에서 '새파랗다, 샛노랗다' 등 색채를 나타내는 형용사에 쓰인 접두사는 주의하여야 한다. 이들 접두사 '새, 샛, 시, 싯'은 빛깔이 짙고 산뜻함을 나타내는데,

새까맣다, 새빨갛다, 새파랗다, 샛노랗다, 샛하얗다
시꺼멓다, 시뻘겋다, 시퍼렇다, 싯누렇다, 싯허옇다

와 같이 뒤에 오는 말의 소리에 따라 쓰임이 다르다. 즉 '새, 샛'은 뒤에 오는 말의 모음이 양성 모음 'ㅏ, ㅗ'일 때 쓰이고, '시, 싯'은 음성 모음일 때 쓰인다. 또 '새, 시'는 된소리나 거센소리 앞에 쓰이고, '샛, 싯'은 'ㄴ, ㅎ' 앞에 쓰인다.

그런데 원형을 밝히는 경우에는 먼저 합성어나 파생어를 이루는 단어나 접두사의 어원이 분명하여야 할 것이다. 어원을 모르는 단어의 접두사의 원형을 밝힐 수는 없기 때문이다. 따라서 합성어나 파생어에서 그것을 구성하는 성분의 어느 한 편이 분명하지 않은 어원을 가지게 될 경우에는 〔붙임 2〕에 보인 경우와 같이 원형을 밝히어 적지 않기로 하였다. 이를테면 '며칠'이란 말의 일부분이 되는 '몇'은 어원이 분명하지만, '일'은 그 어원을 알 수가 없다. 이것은 한자 '日'의 음 '일'이라고 꼭 단정할 수도 없다. 또 만일 '몇일'이란 표기법을 채용한다면, '꽃잎, 앞일'에서 보듯이 국어의 받침 소리는 대립적 관계를 가진 말의 모음 위에서는 그 받침의 원음이 나지 않고, 그 다음 말의 '이' 모음도 '니'로 변하므로 '몇일'의 발음이 '[몃닐]>[면닐]'로 되어야 할 것이다. '오라비'의 경우도 '올아비'로 쓸 때에는 그 속에 '아비'란 말이 포함되어 있고, 이 '아비'는 '지아비, 홀아비, 물아비' 들을 보아 일반 남자를 가리키는 말일 것이나, '올'은 그 어원을 밝힐 도리가 없는 것이다. '골병, 골탕, 끌탕, 아재비, 업신여기다, 부리나케' 등의 예에 대해서도 그 어원을 찾기가 어려운 까닭에 원형을 밝히어 적지 않기로 한 것이다. '골병'과 '골탕'은 그 어원적인 형태가 '골(골수)-병', '골(골수)-탕'인지 '곯-병', '곯-탕'인지 분명치 않으며, '끌탕'은 '끓-당'인지 '끓-탕'인지 가늠하기 어려우며, '아재비'는 기원적으로 '아ᅀᆞ(弟)+아비(父)→아ᅀᆞ비→아자비(叔父)→아재비'의 과정을 겪은 것으로 상정할 수 있겠지만, 현대 국어의 '아재비'를 '앚-애비'로 적는 데에는 무리가 있기 때문이다. 그 밖에 '업신여기다, 부리나케' 등에 대하여 혹자는 '없이-여기다, 불이-나게' 따위와 관련 가능성을 내세우기도 하지만, 그 근거가 불분명하다는 점에서 소리 나는 대로 어원을 밝히어 적지 않기로 한 것이다. 이러한 말들은 그 한 편의 어원이 분명하다고 할지라도 그것을 밝히어 적을 수 없다.

그러나 〔붙임 1〕과 같이 어원이 분명하더라도 소리가 "특이하게 변한 것"은 원형을 밝히어 적지 않는다. 즉 '할아버지, 할아범'은 원래 '큰'을 뜻하는 옛말인 '한'과 '아버지, 아범'이 결합하여 이루어진 말이므로, 원래 '한아버지, 한아범'이라고 되어야 할 것이나 발음이 변한 '할아버지, 할아범'으로 적기로 한 것이다. 이것은 언뜻 생각하면, 본문에 예시된 '국말이, 꽃잎, 옷안' 들은 소리가 변하더라도 원형을 밝히어 적은 것과 어긋나는 규정으로 보인다. 그러나 소리가 특이하게 변한다는 조건이 다르다. 원형을 밝히어 적는 경우는 소리가 변하여도 규칙성이 있지만, '할아버지, 할아범'의 경우는 '큰아버지, 큰아범'이 '클아버지, 클아범'으로 안 되는 사실에서 곧 알 수 있듯이 규칙성이 전혀 없이 소리가 변한 것이다. 다만, 주의해야 할 것은 소리는 특이하게 변하였으나 그 원형을 의식하고 있다는 점이다. 다시 말하면 '하라버지, 하라범'이라고 발음대로 적는 것이 아니라 '할'과 '아버지, 아범'을 따로 구별하여 적는다는 것이다. 그리하여 '아버지, 아범'이라는 말의 원형을 보존하게 되는 동시에, '할머니'의 '할'과의 연관성을 표기하게도 된다.

〔붙임 3〕은 합성어나 접두사에 의한 파생어에서 뒤에 오는 말이 '이'일 경우에 '니, 리'로 소리날 때에는 원형을 밝히지 않고, '니'로 적도록 하였다. 이는 '논일, 옛일'을 '논닐, 옛닐'로 적지 않고, 원형을 밝히어 적는 본항 본문의 규정에 벗어나는 것이다. 즉 '간이, 윗이' 들이 '간니, 윗니'로 소리 나는 것은 '논닐, 옛닐'과 같이 소리가 규칙성 있게 변한 것이기 때문이다. 그러나 실제 표기에서 '사랑이, 앞이' 들과 같이 적으면, '사랑, 앞'이란 말에 주격 조사 '이'가 연결된 형태와 혼동되어 '사랑이, 아피'로 읽힐 수도 있다. 그리하여 예외로서 다른 단어나 접두사 뒤에서 '니'나 '리'로 소리 나는 독립된 단어 '이'는 '니'로 적기로 한 것이다.

> 第28항 끝소리가 'ㄹ'인 말과 딴 말이 어울릴 적에 'ㄹ' 소리가 나지 아니하는 것은 아니 나는 대로 적는다.
>
> | | | |
> |---|---|---|
> | 다달이(달-달-이) | 따님(딸-님) | 마되(말-되) |
> | 마소(말-소) | 무자위(물-자위) | 바느질(바늘-질) |
> | 부삽(불-삽) | 부손(불-손) | 싸전(쌀-전) |
> | 여닫이(열-닫이) | 우짖다(울-짖다) | 화살(활-살) |

본항도 두 개 이상의 단어가 어울리어 합성어가 되는 경우인데, 그 윗말의 받침 'ㄹ'이 발음되지 않고 탈락되는 경우를 규정한 것이다.

그러면, 'ㄹ' 받침이 어떤 소리 위에서는 제대로 발음이 되고 어떤 소리 위에서는 발음이 되지 않는가? 본항의 예를 가만히 살펴보면, 발음이 되지 않는 경우는 한결같이 'ㄴ, ㄷ, ㅅ, ㅈ' 소리 위에 한하여 나타나는 현상임을 발견할 수 있다.

'ㄹ' 받침이 'ㄴ, ㄷ, ㅅ, ㅈ' 소리 위에서 발음이 되지 않는 까닭은,

(1) 'ㄹ'은 설전음이라 하여, 혀끝을 진동시켜서 발음되는 소리이므로 다른 어느 소리보다도 발음하기 어렵다.

(2) 'ㄹ'은 혀끝에서 발음되므로 설단음이라고도 하는데, 'ㄴ, ㄷ, ㅅ, ㅈ' 들도 혀끝 혹은 그 가까운 자리에서 나는 설단음 혹은 전부 설면음인 까닭에, 두 개의 설단음이 서로 만날 때에 그 사이에 거의 시간적 여유를 허락하지 않으므로 그 위에 있는 'ㄹ' 소리가 자연 빠져 버리기 쉽다. 즉 혀끝이 그 위치에서 'ㄹ' 소리를 발음하려는 작용을 하다가 동일한 위치(혀끝)에서 발음하여야 할 'ㄴ, ㄷ, ㅅ, ㅈ' 소리를 내는 작용으로 곧 옮겨지고 만다.

이상과 같은 이유로, 'ㄹ' 받침은 그 발음이 'ㄴ, ㄷ, ㅅ, ㅈ' 위에서 잘 빠져 버린다. 즉 동일한 위치에서 종류가 다른 두 소리가 차례차례로 발음될 경우에는 이 두 가지 소리를 발음하는 작용의 시간이 극히 짧은 순간이므로 소리가 한 덩어리로 되어 한 소리로 되어 버리려는 경향이 매우 강하여 결국은 발음하기 어려운 'ㄹ' 소리가 빠져 버리고 만다. 그리하여 'ㄹ'이 'ㄴ' 위에서는 발음될 수 없고, 만일 억지로 내려면 도리어 그 'ㄴ' 소리가 'ㄹ' 소리로 변하고 만다. 이를 테면,

불놀이 → 불롤이

칼날 → 칼랄

찰나(刹那) → 찰라

와 같이 된다. 그리고 또 'ㄷ'이나 'ㅅ, ㅈ' 소리 위에 'ㄹ' 음이 올 때에도 이 'ㄹ'을 기어이 발음하려 하면, 그 'ㄷ'이나 'ㅅ, ㅈ'은 된소리로 변하는 일이 있다.

발등 → 발뜽(실제 발음의 결과로)

물동이 → 물똥이(실제 발음의 결과로)

글소리 → 글쏘리(실제 발음의 결과로)

물새 → 물쌔(실제 발음의 결과로)

물지게 → 물찌게(실제 발음의 결과로)

술잔 → 술짠(실제 발음의 결과로)

이러한 합성어의 경우뿐만 아니라, 용언이 활용할 경우에도 이와 비슷한 예가 있다.

놀는 → 노는……(1)	알는 → 아는……(1)
놀세 → 노세……(2)	알소 → 아소……(2)

와 같이 되어, (1)의 경우는 'ㄴ' 위에 'ㄹ'이 오게 되는 까닭으로, 그 발음이 아

주 나지 않으며, (2)의 경우는 'ㄹ' 소리가 'ㅅ' 위에서 전연 발음이 될 수 없는 것은 아니지만 흔히 발음이 되지 않고 마는 때가 많다.

그러므로 본항에 규정하여 놓은 바 두 개의 말이 어울릴 적에 윗말의 'ㄹ' 받침을 보존하는 것이 그 말의 원형을 밝히는 편익이 있을지는 모르나, 전혀 발음이 되지 않는 경우에 'ㄹ' 받침을 붙이는 것은 실제의 발음을 무시하고 형식에만 구애되는 쓸데없는 일이 되므로 'ㄹ' 받침을 붙이지 않기로 한 것이다.

그리고 한자어에서도 앞에 오는 한자의 받침 'ㄹ'이 탈락하는 일이 있다. 이를테면 한자 '不(불)'의 받침 'ㄹ'이,

부당(不當), 부덕(不德), 부득이(不得已), 부자유(不自由),
부정(不正, 不貞), 부족(不足)

과 같이, 뒤에 오는 한자의 첫소리 'ㄷ, ㅈ' 앞에서 탈락하여 '부'로 되는 현상도 같은 것이다. 이 경우도 물론 'ㄹ'이 소리 나지 않는 대로 적는다.

제29항 끝소리가 'ㄹ'인 말과 딴 말이 어울릴 적에 'ㄹ' 소리가 'ㄷ' 소리로 나는 것은 'ㄷ'으로 적는다.

반짇고리(바느질~)	사흗날(사흘~)	삼짇날(삼질~)
섣달(설~)	숟가락(술~)	이튿날(이틀~)
잗주름(잘~)	푿소(풀~)	섣부르다(설~)
잗다듬다(잘~)	잗다랗다(잘~)	

본항은 아무 까닭없이 나는 'ㄷ' 받침 소리는 'ㅅ'으로 적는다는 제7항의 규정에 어긋나는 것으로 언뜻 생각된다. 그러나 제18항 5의 어간의 끝 'ㄷ'이 'ㄹ'로 바뀔 경우를 거꾸로 생각하면 쉽게 이해된다. 즉 '묻다, 묻고, 물어, 물으니'와 같이 '사흘, 이틀'과 '날'이 어울릴 적에,

사흘+날 → 사흗날, 이틀+날 → 이튿날

로 바뀐 것이다. 그러나 역사적인 관점으로는 이 경우의 'ㄷ'은 'ㄹ'이 변한 것으로 설명되지 않는다. 15세기 국어의 표기에 따르면, '이튿날'은 '이틄날'과 같이 사이시옷이 나타나는 합성어(제30항 참조)로서, '이틋날'로도 적히었다. 이는 'ㅅ' 앞에서 'ㄹ' 받침이 탈락하는 현상에 말미암은 표기인데, 이 형태가 오늘날의 '이튿날'이 된 것이다. 따라서 본항의 'ㄷ' 받침 소리는 'ㅅ'으로 적어야 할 것이나, 《통일안》 이래로 'ㄷ'으로 적어 오고 있을 뿐 아니라 'ㄷ' 불규칙

용언에서와 같이 'ㄷ'이 'ㄹ'로 넘나드는 현상이 있으므로 'ㄹ'에서 온 것으로 보고서 'ㄷ'으로 적기로 한 것이다.

제30항 사이시옷은 다음과 같은 경우에 받치어 적는다.

1. 순우리말로 된 합성어로서 앞말이 모음으로 끝난 경우

(1) 뒷말의 첫소리가 된소리로 나는 것

고랫재	귓밥	나룻배	나뭇가지	냇가
댓가지	뒷갈망	맷돌	머릿기름	모깃불
못자리	바닷가	뱃길	볏가리	부싯돌
선짓국	쇳조각	아랫집	우렁잇속	잇자국
잿더미	조갯살	찻집	쳇바퀴	킷값
핏대	햇볕	혓바늘		

(2) 뒷말의 첫소리 'ㄴ, ㅁ' 앞에서 'ㄴ' 소리가 덧나는 것

멧나물	아랫니	텃마당	아랫마을	뒷머리
잇몸	깻묵	냇물	빗물	

(3) 뒷말의 첫소리 모음 앞에서 'ㄴㄴ' 소리가 덧나는 것

도리깻열	뒷윷	두렛일	뒷일	뒷입맛
베갯잇	욧잇	깻잎	나뭇잎	댓잎

2. 순우리말과 한자어로 된 합성어로서 앞말이 모음으로 끝난 경우

(1) 뒷말의 첫소리가 된소리로 나는 것

귓병	머릿방	뱃병	봇둑	사잣밥
샛강	아랫방	자릿세	전셋집	찻잔
찻종	촛국	콧병	탯줄	텃세
핏기	햇수	횟가루	횟배	

(2) 뒷말의 첫소리 'ㄴ, ㅁ' 앞에서 'ㄴ' 소리가 덧나는 것

곗날	제삿날	훗날	툇마루	양칫물

(3) 뒷말의 첫소리 모음 앞에서 'ㄴㄴ' 소리가 덧나는 것

가욋일	사삿일	예삿일	훗일

3. 두 음절로 된 다음 한자어

곳간(庫間)	셋방(貰房)	숫자(數字)
찻간(車間)	툇간(退間)	횟수(回數)

본항의 내용을 검토하여 보면, 이는 합성 명사가 되는 경우에 대하여 베풀어 놓은 맞춤법의 규정이다. 합성 명사라는 것은 두 개의 명사가 어울려서 하나의 명사가 되는 것을 가리킨다. 그런데 이와 같이 합성 명사가 될 때에, 아래 명사의 첫소리가 된소리로 나는 등, 그 중간에 발음의 변화가 생기는 일이 있다. 이때에, 그 된소리로 발음되는 현상 등을 정확하게 표기하기 위하여, 두 명사 사이에 'ㅅ'을 끼어 넣기로 한 것이, 이른바 사이시옷(사이 ㅅ)이라 하는 것이다. 사이시옷은 한글이 창제된 당시에 이미 있었는데, 《훈민정음 해례》에 '魯ㅅ 사롬'이란 표기가 그것을 보여 준다. 《용비어천가》, 《훈민정음 언해》 등에는 사이시옷 이외에 'ㄱ, ㄷ, ㅂ, ㆆ'이 두 명사 사이에 쓰였으나 곧 사이시옷으로 통일되어 오늘날까지 계속되어 쓰인다.

사이시옷을 적는 데 규칙을 세우는 일은 쉽지 않다. 《한글 맞춤법》에서는 합성 명사 중 적어도 한 명사가 순우리말 곧 고유어이고, 앞말이 모음으로 끝날 경우에만 사이시옷을 적기로 한 것이다. 즉 '이과(理科), 치과(齒科), 총무과(總務課), 서무과(庶務課)' 등 고유어가 전혀 들어 있지 않은 경우와 '박속, 입김, 앞발, 길가, 손등, 등불, 물약, 집일' 등 앞말이 받침 소리로 끝난 경우에는, 비록 뒷말의 첫소리가 된소리로 되는 등 발음의 변화가 있더라도 사이시옷을 적지 않기로 한 것이다. 그리하여 본항 1과 2에서 사이시옷을 적는 원칙을 정한 것이다. 즉 합성 명사가 고유어만으로 되거나 고유어와 한자어로 되고, 앞말이 모음으로 끝나면서,

(1) 뒷말의 첫소리 'ㄱ, ㄷ, ㅂ, ㅅ, ㅈ' 등이 된소리로 나는 것
 냇가, 맷돌, 모깃불, 못자리, 귓병, 자릿세, ……
(2) 뒷말의 첫소리 'ㄴ, ㅁ' 앞에서 'ㄴ' 소리가 덧나는 것
 멧나물, 텃마당, 잇몸, 제삿날, 툇마루, ……
(3) 뒷말의 첫소리 모음 앞에서 'ㄴㄴ' 소리가 덧나는 것
 뒷윷, 뒷일, 욧잇, 깻잎, 가욋일, 예삿일, ……

의 경우에 앞말의 받침으로 사이시옷을 적는다는 내용이다. 그러나 합성 명사가 고유어만으로 되거나 고유어와 한자어로 되고, 앞말이 모음으로 끝나더라도,

(1) 뒷말의 첫소리가 된소리로 안 나거나 덧나는 소리가 없는 것
 게거품, 개다리소반, 새장, 애꾸눈, 애기마름, 깨알, ……
(2) 뒷말의 첫소리가 본래 된소리나 거센소리인 것
 나리꽃, 허리띠, 쇠뿔, 보리쌀, 까치콩, 배탈, 개펄, ……

의 경우에는 사이시옷을 적지 않기로 한다.

글을 쓸 때 사이시옷을 놓고 망설이게 되고 어느 누구도 선뜻 시원스러운 대답을 못해 주는 것은 바로 여기에서의 '합성 명사'의 성격이 문제되기 때문이다. 합성어는 통사적 구성, 다시 말하면 구가 아닌 하나로 굳어진 단어를 뜻한다. 이론적으로 구와 단어를 구별하는 기준이 있기는 하지만 실제적으로 구와 단어를 명확하게 구별하는 일은 그렇게 쉽지 않다. 사이시옷과 관련해서 명사와 명사가 이어진 구성이 구인지 단어인지 구별하기는 더욱 어려운 것이다.

지금까지의 연구에서 구와 단어를 구별할 수 있는 기준으로 이야기된 것 가운데 몇 가지를 들어 보면 다음과 같다.

(1) 앞의 명사가 뒤 명사와는 별도로 관형사, 관형형, 명사, 명사구의 수식을 받으면 구다.

(2) 앞의 명사를 다른 명사로 바꾸는 데 제한이 없으면 구고 상당히 제약되어 있으면 단어다.

(3) 두 명사 사이에 다른 요소가 들어갈 수 있으면 구다.

그런데 3은 한자어에서도 사이시옷을 받치어 적는 예외를 규정하여 놓았으나, 이는 다른 항의 〔붙임〕에 해당하는 성격을 갖는다. 고유어라면 사이시옷을 적어야 할 경우에도 한자어이기 때문에 적지 않은 예가 많으나, 오직 "두 음절로 된 다음 한자어"에만 사이시옷을 받치어 적기로 한다고 하였기 때문이다. 여기 예시된 여섯 단어는 사이시옷을 적지 않으면 실제 발음과 너무 동떨어질 뿐만 아니라, '찻간'이 '차간'(車間, 차 사이)과 구별되고 '셋방'이 '셋돈, 셋집'과의 관련성을 나타내는 등의 이익도 있는 것이다.

사실 사이시옷을 어떻게 표기하느냐 하는 문제는 《통일안》의 제정 당시에도 많은 논의가 있었고, 그 후 개정의 기회마다 조금씩 고쳐져 왔었다. 즉 1933년의 《통일안》을 공표할 때의 내용은 앞 낱말이 모음으로 끝날 경우에만 사이시옷을 받침으로 붙여 쓰기로 하였던 것인데, 1940년의 개정안에서는 사이시옷을 두 낱말의 사이에 따로 적기로 하였고, 1946년의 개정안에서는 다시 받침으로 적도록 한 것이다. 이는 보기에 따라서는 단순한 문제로 생각될 수도 있으나 사이시옷에 대한 시각의 차이를 보여 주는 좋은 예가 될 것이다.

이와 같이 맞춤법의 제정과 개정에서 볼 수 있듯이 사이시옷의 문제는 주로 음운론적인 접근의 대상이 되어 왔었다. 본항의 규정에서도 사이시옷을 적어야 하는 경우에 대하여 주로 음운론적으로 설명하고 있다. 음운론적으로 볼 때, 사이시옷이 쓰이는 경우는 뒷말의 첫소리가 된소리로 나는 경우와 뒷말의 첫소리 'ㄴ, ㅁ'이나 모음 앞에서 'ㄴ' 음이 첨가되는 경우로 나누어 볼 수 있다. 이렇듯 음운론적으로 접근하는 것은 그 결과에 주목한 것이라 할 수 있는 것으로, 맞춤법에 관한 한 이러한 태도는 발음 현상에 기댄 것이라는 점에서 정당성을 부여받을 수 있다.

그러나 발음상으로는 앞서의 조건을 충족시키는 경우라고 하더라도, 앞말이 모음으로 끝난 경우에 한하여 사이시옷을 표기에 반영하기로 하였음에 유의할 필요가 있다. 즉 받침으로 사용되지 않는 글자를 새로이 만들어야 하는 부담을 배제시키기 위한 배려와 오직 'ㅅ'만이 따로 쓰여 음절 단위로 글자를 이루는 한글의 일반적인 원칙에서 벗어나는 것까지도 배제시키기 위한 배려라 할 것이다.

두 음절로 이루어진 한자어의 경우에는 사이시옷을 붙이지 않는 것을 원칙으로 하였으나, 예외적으로 본항의 3에 보인 6개의 예들에 대해서만 사이시옷을 쓰기로 하였다. 예외를 인정하는 근거나 기준 등은 여전히 남아 있는 문제이며, 앞으로도 논란의 여지가 많다. 이를테면 3의 규정에 따르면 '초병(醋甁)'으로 적어야 하는데, 2의 규정에 따른 표기인 '촛국(醋-)'과의 차이를 고유어와 한자어로 구별하는 일이 쉽지 않은 것이다. 실지로 2에 제시된 '찻잔, 찻종'은 한자어 '茶盞, 茶鍾'이라는 의견도 있을 수 있기 때문이다.

사이시옷의 보다 본질적인 문제는 '나무집, 나뭇집; 고기배, 고깃배' 등의 예에서 볼 수 있는 의미적인 차이에 대한 것이라고 하겠으나, 여기서 깊이 다루는 것은 맞춤법의 범위를 너무 벗어나므로 참고 논저의 소개로 대신하고자 한다.

【참고】 사이시옷 문제와 관련한 음운론적, 통사론적, 의미론적 접근에 대하여는 전상범(1976), 임홍빈(1981)을 참조할 것.

> 第31항 두 말이 어울릴 적에 'ㅂ' 소리나 'ㅎ' 소리가 덧나는 것은 소리대로 적는다.
>
> 1. 'ㅂ' 소리가 덧나는 것
>
> 댑싸리(대ㅂ싸리) 멥쌀(메ㅂ쌀) 볍씨(벼ㅂ씨)
> 입때(이ㅂ때) 입쌀(이ㅂ쌀) 접때(저ㅂ때)
> 좁쌀(조ㅂ쌀)

2. 'ㅎ' 소리가 덧나는 것

머리카락(머리ㅎ가락)　　살코기(살ㅎ고기)
수캐(수ㅎ개)　　수컷(수ㅎ것)　　수탉(수ㅎ닭)
안팎(안ㅎ밖)　　암캐(암ㅎ개)　　암컷(암ㅎ것)
암탉(암ㅎ닭)

본항의 예를 살펴보면 역시 합성어임에 틀림없는데, 이는 위에 보인 바와 같이 두 가지로 나누어 생각할 수 있다.

(1) '멥쌀, 찹쌀, 좁쌀, 햅쌀, 입쌀' 들의 합성어 사이에서 'ㅂ' 소리가 나는 말들과,

(2) '머리카락, 수캐, 암탉, 안팎' 들의 합성어 사이에서 'ㅎ'이 발음되는 말들이 그것이다.

그런데 (1)에 포함된 '쌀' 계통에 관한 말들을 자세히 살펴보면, 윗말이 되는 '멥, 찹, 좁, 햅, 입' 들은 본래 'ㅂ' 받침이 없어야 독립한 하나의 말을 이루게 되는 것이다. 그러면 이 'ㅂ'은 어떻게 되어서 생긴 소리인가? 그것을 옛 문헌에서 찾아보면, '쌀'이란 말은 15세기에는 'ㅂ'계열의 어두 자음군을 가진 'ᄡᆞᆯ'로 적혀 있다. 이 말이 앞말과 합하여 합성어를 이룰 때에, 그 어두 자음군의 'ㅂ'이 앞말의 받침처럼 발음되지만 'ᄡᆞᆯ'이란 말 자체만이 독립하여 사용될 적에는 그 'ㅂ' 발음이 충분히 나타나지 못하고, 더욱이 후대에 오면서 'ᄉᆞᆯ'의 초성 'ㅅ'을 된소리로 만드는 효력만을 가지게 된 것이다. 이제 그 표기법의 변천된 경로를 보이면,

메 → 멥ᄉᆞᆯ(혹은 메ᄡᆞᆯ) → 멥ᄡᆞᆯ

과 같은 과정을 밟아 변하여 왔다. 그러므로 이 말들은 그 앞말에 대하여는 그 원형을 보존할 수 없는 무리가 있지만, 뒷말인 '쌀'이란 현대 말을 표준어로 삼지 않을 수 없기 때문에 본항의 1과 같이 표기하기로 한 것이다(고대에 있어서는 'ᄡᆞᆯ'이란 말을 단독으로 사용할 때에도 그 'ㅂ'이 'ㅂ'으로서 발음이 되었던 듯한 흔적을 이 합성어들을 통하여 엿볼 수 있다).

그리고 2의 'ㅎ'을 포함한 말들은 그 'ㅎ'이 마치 사이시옷처럼 두 말 사이에 들어가서 두 말을 하나의 단어로 연결시키는 동시에, 아랫말의 첫소리의 'ㄱ, ㄷ, ㅂ'을 거센소리 'ㅋ, ㅌ, ㅍ'으로 변화시키는 작용을 한다. 즉 '머리ㅎ가락,

수ㅎ병아리, 안ㅎ밖, 암ㅎ닭' 또는 '머릫가락, 숳병아리, 않밖, 않닭'이라고 표기하면 앞말과 뒷말이 각각 독립한 말로 분명히 드러나나, 실제 발음대로 '머리카락, 수평아리, 안팎, 암탉' 과 같이 표기하기로 한 것이다. 이는 제30항과 모순되는 규정으로 보인다. 더욱이 여기의 'ㅎ'은 원래 앞말의 받침 소리로 15세기에는 조사 앞에서도 사용되었던 것이다. 그러나 사이시옷이 많은 합성 명사에 나타나는 데 대하여, 'ㅎ'은 약간의 합성 명사에만 나타나므로 1의 'ㅂ'과 같이 원형을 밝히지 않고 소리대로 적는 것이다. 이러한 말은 이 밖에 '수키와, 수퇘지, 암탕나귀' 등이 더 있다.

제5절 준 말

준말이란 말의 의미는 쉽게 말하면 '줄어진 말' 혹은 '약어(略語)'란 뜻이니, 이 줄어진 말에는 다음의 세 가지 경우가 있을 것이다.

(1) 본래부터 한 개의 단어로서, 그 발음이 줄어들어 보다 간단하게 된 것이니 예를 들면 다음과 같다.

기ᄅᆞ마ᄅᆞ(鞍) → 길마

거우루(鏡) → 거울

드르(野) → 들

(2) 단순한 한 개의 단어가 아니라, 두 개의 단어나 또는 두 단어로 볼 수 있는 말이 한데 모여서 새로운 한 개의 단어가 될 때에 그 중에서 어떤 소리가 줄어진 것이다.

쓰레기+받기 → 쓰레받기

고지+감 → 곶감(乾柹)

여린+무 → 열무

귀+후비개 → 귀개, 귀이개

(3) 완전한 실질적 의미를 가진 두 단어가 모이는 경우가 아니라, 체언 아래 토가 붙을 때나 또는 용언의 어간 밑에 어미가 붙을 때에, 그 중에서 소리의 일부분이 줄어지는 경우가 있다.

① 체언에 토가 붙는 경우

나+는 → 난

너+를 → 널

저+에게 → 제게

② 용언의 어간에 어미가 붙는 경우

비기+고 → 빅고

자시+게 → 잣게

가지+지 → 갖지

이와 같이 음운이 축약되어서 성립된 말, 즉 준말은 우리 나라 말뿐 아니라 외국 말에서도 흔히 볼 수 있는 현상이며, 표기의 문제가 아닌 실제의 회화에서는 더욱 많이 행하여지고 있는 것이다.

우리 국어에서 이러한 경우에 맞춤법을 어떻게 할 것인가 하는 문제에 대한 규정이 필요함은 그에 따른 당연한 요구라고 할 수 있다.

제32항 단어의 끝 모음이 줄어지고 자음만 남은 것은 그 앞의 음절에 받침으로 적는다.

본말	준말	본말	준말
기러기야	기럭아	가지고, 가지지	갖고, 갖지
어제그저께	엊그저께	디디고, 디디지	딛고, 딛지
어제저녁	엊저녁		

본항에서는 특히 단어의 마지막 음절 속에 있는 모음이 줄어지고 자음만이 남을 경우에 그 자음을 어떻게 처리하여 적을 것인가에 대한 규정을 베풀었으니, 위에서 말한 세 가지 준말의 경우 중,

(1)에 해당하는 것으로는,

온가지 → 온갖

'온갖'이란 말은 그 발음대로만 기록한다면 '온갓'이라고 표기하여도 충분하겠지만, 줄기 전의 본말을 찾아보면 '온가지'임에 틀림없을 것이므로 'ㅈ' 받침을 붙여서 '온갖'으로 쓰자는 것이다. 이는 다른 준말과는 달리 본말 '온가지'가 표준어로 이미 사용되지 않는 경우이기 때문이다.

(2)의 경우에 해당하는 것으로는,

어제+저녁 → 엊저녁

어제+그저께 → 엊그저께

까마귀+까치 → 까막까치

'엊저녁, 엊그저께, 까막까치' 들에 대하여 생각해 볼 때에 음운의 축약이 결코 단어의 마지막 음절에서 행하여진 것은 아니나, 이러한 말들이 이루어지기 전의 성분, 즉 '어제, 까마귀'를 본위로 하여 생각한다면 역시 최종 음절의 모음이 줄어진 것이다.

(3)의 경우에 해당한 것으로는, 다시 두 가지로 나누어,

① 체언의 끝 음절이 줄어지고 토가 붙는 것

기러기+야 → 기럭아

아기+야 → 악아

애꾸눈이+야 → 애꾸눈아

이 경우의 '야'는 토가 분명하며, 특히 부르는 뜻을 나타내는 호격 조사가 되는 것이다. 그리고 이 호격 조사는 받침 없는 말 아래에서는 '야'이지마는, 받침 있는 말 아래에서는 '아'로 쓰인다. 그러므로 '기럭, 악, 애꾸눈'으로 되면, 이 말들에는 받침이 생겼으므로 당연히 호격 조사 '아'가 붙게 되는 것이다. 또,

② 용언 어간의 끝 음절이 줄어지고 어미가 붙는 것

가지+고 → 갖고

디디+지 → 딛지

이 경우는 한 단어로서의 끝 음절이 줄어지는 것이 아니라, 그 어간만을 단위로 삼아 볼 때에 끝 음절의 모음이 줄어지게 되는 것이다. 그런데 이때 주의할 일은 '갖고, 딛지'로 어간이 줄어지는 현상이 모든 어미 앞에 나타나지 않고 자음으로 시작되는 어미 앞에서만 나타나는 점이다. 따라서 '갖어, 딛었다'란 말은 존재하지 않는다.

이상과 같이 마지막 음절의 모음이 탈락되고 자음만이 남을 경우에, 그 자음은 그 윗음절의 받침으로 삼아 표기하자는 것이다. 그렇게 함으로써 본말과의 연관성이 유지되어 독서의 효율을 기할 수 있게 된다. 다만, '애꾸눈이'란 말에 있어서는 단순히 끝 음절의 '이'가 빠졌을 뿐이므로 그 앞의 음절에 받침으로 적는 데 대하여는 아무 상관도 없다.

제33항 체언과 조사가 어울려 줄어지는 경우에는 준 대로 적는다.

본말	준말	본말	준말
그것은	그건	너는	넌
그것이	그게	너를	널
그것으로	그걸로	무엇을	뭣을/무얼/뭘
나는	난	무엇이	뭣이/무에
나를	날		

본항에서는 앞서 말한 바 준말의 경우 중, (3)의 ① 즉 체언에 토가 붙을 때에 소리가 줄어지는 경우를 규정하였으니, 여기에서도 두 가지 종류로 나누어 볼 수 있다.

① 체언에 토가 붙은 때에 그 토만이 줄어지는 경우

나+는 → 난
너+는 → 넌
나+를 → 날
너+를 → 널

② 체언에 토가 붙을 때에 그 체언의 발음도 줄어지고 또 거기 붙는 토의 발음도 함께 줄어지는 경우

그것+이 → 그게
무엇+을 → 무얼
그것+을 → 그걸
무엇+이 → 뭣이/무에
그것+으로 → 그거로/그걸로
무엇+으로 → 무어로/무얼로

본항의 내용이 전항(제32항)의 설명 중 (3)의 경우와 다른 점은, 전항의 그것은 체언의 끝 음절의 모음이 줄어지는 경우이지마는, 본항의 내용은 체언은 줄지 않거나 줄더라도 끝 음절의 모음이 빠지는 것이 아니라 자음(즉 받침)이 빠지든지 또는 변하는 점에 차이가 있다. 그리고 전항의 경우는 대체로 토가 변하지 않으나, 본항의 경우는 축약이나 변화의 중심이 조사에 있다는 것을 주의하여야 할 것이다.

제34항 모음 'ㅏ, ㅓ'로 끝난 어간에 '-아/-어, -았-/-었-'이 어울릴 적에는 준 대로 적는다.

본말	준말	본말	준말
가아	가	가았다	갔다
나아	나	나았다	났다
타아	타	타았다	탔다
서어	서	서었다	섰다
켜어	켜	켜었다	켰다
펴어	펴	펴었다	폈다

〔붙임 1〕 'ㅐ, ㅔ' 뒤에 '-어, -었-'이 어울려 줄 적에는 준 대로 적는다.

본말	준말	본말	준말
개어	개	개었다	갰다
내어	내	내었다	냈다
베어	베	베었다	벴다
세어	세	세었다	셌다

〔붙임 2〕 '하여'가 한 음절로 줄어서 '해'로 될 적에는 준 대로 적는다.

본말	준말	본말	준말
하여	해	하였다	했다
더하여	더해	더하였다	더했다
흔하여	흔해	흔하였다	흔했다

국어에는 한 단어 내부에서 음절을 달리하여 모음과 모음이 연결되는 일을 피하려는 현상이 있다. 이를 모음 충돌(母音衝突) 기피 현상이라고 한다. 이를테면 '아이, 요사이'가 '애, 요새'로 되는 사실에서 보듯이, 두 모음 'ㅏ, ㅣ'의 충돌을 피하여 단모음 'ㅐ'로 축약하여 발음하는 현상이 있는 것이다. 이러한 모음 충돌을 기피하기 위한 음운 축약 현상이 다른 품사와는 달리 용언의 활용에서는 규칙적으로 나타난다. 모음으로 시작되는 어미가 모음으로 끝나는 어간에 연결될 경우에는 모음 충돌이 일어나기 때문이다. 그러므로 제34항부터 제39항까지는 활용에서 일어나는 모음 충돌을 기피하기 위한 음운 축약과 관련된 맞춤

법을 규정하고 있다.

제34항 본문은 모음 'ㅏ, ㅓ'로 끝나는 어간에 모음 'ㅏ, ㅓ'로 시작되는 어미 '-아/어, -아서/어서, -았/었-' 등이 연결될 경우에 일어나는 축약을 인정하고, 그대로 적도록 규정한 것이다. 즉 같은 모음이 만나면 항상 합음이 일어나므로, 그것을 표기에 반영하도록 한 것이다. 다시 말하면, 맞춤법으로는 준말대로만 적도록 규정한 것이다.

나+아 → 나, 나+아서 → 나서
나+아도 → 나도, 나+았다 → 났다

그런데 'ㅅ' 변칙 용언(제18항 2 참조)의 어간은 모음으로 시작되는 어미 위에서 'ㅅ'이 줄어져 모음 충돌이 일어나지만, 음운 축약은 일어나지 않는다. 따라서, '낫다'의 활용형은 위에 보인 '나다(生)'의 활용형과 구별된다.

낫+아 → 나아, 낫+아서 → 나아서
낫+아도 → 나아도, 낫+았다 → 나았다

〔붙임 1〕은 모음 '애, 에'로 끝나는 어간에 모음으로 시작되는 어미 '-어, -었-'이 연결될 경우에는 어미의 두음 'ㅓ'가 탈락하는 일을 인정하고, 〔붙임 2〕는 '여' 변칙 용언(제18항 7 참조)의 '하여, 하였-'이 한 음절로 축약하여 '해, 했-'으로 되는 일을 인정하여 그대로 적도록 규정한 것이다. 본문은 준말이 의무적으로 나타나는 데 대하여, 〔붙임〕은 준말이 수의적이어서 본말과 준말을 다 같이 인정하는 점에 주의하여야 한다. 즉 결론은 "준 대로 적는다"로 다 같지만, 전제는 본문이 '-아/-어, -았/-었'이 어울릴 적인 데 대하여 〔붙임 1〕의 "어울려 줄 적", 〔붙임 2〕의 '될 적'이란 전제는 '어울려도 줄지 않을 적'에는 '줄지 않는 대로 적는다'는 뜻이 담겨 있는 것이다.

제35항 모음 'ㅗ, ㅜ'로 끝난 어간에 '-아/-어, -았-/-었-'이 어울려 'ㅘ/ㅝ, ㅘㅆ/ㅝㅆ'으로 될 적에는 준 대로 적는다.

본말	준말	본말	준말
꼬아	꽈	꼬았다	꽜다
보아	봐	보았다	봤다
쏘아	쏴	쏘았다	쐈다
두어	둬	두었다	뒀다
쑤어	쒀	쑤었다	쒔다

주어	줘	주었다	줬다

〔붙임 1〕 '놓아'가 '놔'로 줄 적에는 준 대로 적는다.

〔붙임 2〕 'ㅚ' 뒤에 '-어, -었-'이 어울려 'ㅙ, ㅙㅆ'으로 될 적에도 준 대로 적는다.

본말	준말	본말	준말
괴어	괘	괴었다	괬다
되어	돼	되었다	됐다
뵈어	봬	뵈었다	뵀다
쇠어	쇄	쇠었다	쇘다
쐬어	쐐	쐬었다	쐤다

제35항은 원순 모음으로 끝나는 어간에 모음으로 시작되는 어미가 연결될 경우에 일어나는 음운 축약을 규정한 것이다. 즉 모음 'ㅗ, ㅜ'로 끝난 어간에 모음으로 시작되는 어미 '-아/-어, -았-/-었-'이 연결될 경우에는 어간의 모음 'ㅗ, ㅜ'가 반모음으로 되는 일이 있다. 그러나 반모음으로 되는 일은 수의적인 현상이므로, 위의 제34항 〔붙임〕과 같이 본말과 준말을 표기에서 다 같이 인정한다.

보아 → 봐, 　보아서 → 봐서, 　보았다 → 봤다

두어 → 둬, 　두어서 → 둬서, 　두었다 → 뒀다

〔붙임 1〕은 '놓아'가 [노하]로 발음되는 것이 원칙이지만, 흔히 'ㅎ'이 탈락하여 [노아]로 발음되면서 본문의 예와 같이 '놔'로 축약되는 현상의 표기를 규정한 것이다. 즉 '놓아, 놓아서, 놓았다'가 원칙이지만, '놔, 놔서, 놨다'로 축약되는 것도 표기에서 허용한다는 것이다. 그러나 이는 '놓다'의 활용형에서만 인정한 예외적인 사실이다. 비슷한 예인 '좋아, 좋아서, 좋았다'는 물론이고, '낳아, 낳아서, 낳았다'도 'ㅎ'의 탈락과 '놔'와 같은 축약이 허용되지 않음을 주의하여야 한다.

〔붙임 2〕는 모음 '외'로 끝나는 어간에 모음으로 시작되는 '-어, -었-'이 연결될 경우에 어간과 어미의 모음이 '왜'로 축약되는 현상의 표기에 대한 규정이다. 이를테면 본말인 '괴어, 괴었다'가 원칙이나, 준말인 '괘, 괬다'의 표기도 허용한다는 것이다. 그런데 이 규정은 '괴다, 되다' 들과 같이 모음 '외' 앞에 자

음이 있는 어간에만 적용된다. 자음이 없는 '외다'는 '왜, 왜서, 왰다'와 같이 축약이 일어나지 않으므로 '외어, 외어서, 외었다'만 인정된다.

참고로, '보이다', '쏘이다'의 준말 '뵈다'와 '쐬다' 역시 '되다'와 같은 활용을 보여 각기 '봬, 뵀다', '쐐, 쐤다'와 같이 쓸 수 있다. 다만 '뵈다', '쐬다'의 경우 '보여, 보였다', '쏘여, 쏘였다'로도 쓰는데 이들은 '보이다', '쏘이다'에 '-어, -었-'이 결합한 원말의 활용형으로《한글 맞춤법》제38항 "'ㅏ, ㅓ, ㅗ, ㅜ' 뒤에 '-이어'가 어울려 줄어질 적에는 준대로 적는다"는 규정에 따라 표기한 것이다.

그런데 "할머니께서는 장차 훌륭한 사람이 되라고 말씀하였다"에서와 같이 명령의 의미를 가지는 '(으)라'가 어간에 직접 결합하는 일이 있기도 하다. 이 '(으)라'는 구어에서 청자를 앞에 두고 말할 때는 쓰지 못하고, 문어체나 간접 인용문(남의 말을 직접적으로 인용했음을 나타내는 어미 '-고'와 인용동사 '하다', '말하다' 등을 가지고 있다.)에서만 사용되는 것이다. 이때 '되라'는 '되어라'로 대치될 수 없으므로 '돼라'라고 쓸 수 없다. 따라서 '되라'인지 '돼라'인지 구분하기 어려울 때에는 그 말을 '되어라'로 대치할 수 있는가 살펴보면 된다. 만약에 '되어라'로 대치될 수 있으면 '돼라'로 쓰고, 대치될 수 없으면 '돼라'로 써서는 안 된다.

제36항 'ㅣ' 뒤에 '-어'가 와서 'ㅕ'로 줄 적에는 준 대로 적는다.

본말	준말	본말	준말
가지어	가져	가지었다	가졌다
견디어	견뎌	견디었다	견뎠다
다니어	다녀	다니었다	다녔다
막히어	막혀	막히었다	막혔다
버티어	버텨	버티었다	버텼다
치이어	치여	치이었다	치였다

본항의 규정은 'ㅣ+어 → 여'로 축약될 경우에 그대로 적도록 규정한 것이다. 예에서 살펴볼 수 있듯이 모음 'ㅣ'로 끝난 피동 · 사동의 접사 '-이, -히, -리, -기'에 '-어'가 결합하는 경우에도 적용 대상이 된다. 그런데 이 경우도 제34항의 〔붙임〕과 제35항과 같이 본말은 원칙이고, 준말은 허용 규정이다.

이와 관련하여 생각해 볼 필요가 있는 예로 "제 이름은 서영이예요"와 같은 예에서의 '-이예요'가 있다. '서영이예요'의 문법적인 구조는 다음과 같이 두 가지로 분석될 수 있다.

(1) 서영+이에요
(2) 서영이+이에요

이 경우에는 (2)가 (1)보다 타당한 분석이라고 할 수 있다. 국어에서 '서영'과 같이 자음으로 끝나는 이름에 조사가 결합되는 경우 접미사 '-이'가 함께 결합되어 나타나는 것이 특징적인 현상이기 때문이다.

(3) 서영이가, 서영이와, 서영이를, 서영이도

(2)가 타당한 구조라는 것이 확실하더라도 위의 표기를 결정하는 데에는 또 한 가지가 난점으로 남는다.

'서영이+이에요'에서 '이'와 '이'의 충돌현상이 나타나고 있는데 이를 회피하는 방법으로는 탈락과 축약 가운데 어느 방법을 택해야 하기 때문이다. 전자라면 체언의 말음절 '-이'든지 계사 '-이'든지 하나의 '-이'가 탈락하여 '서영이에요'가 되겠고 축약의 경우라면 '-이에요'의 '이'와 '에'가 축약하여 '-예'가 되어 '서영이예요'로 표기해야 하기 때문이다.

이 현상과 평행되는 예는 '서영이었다'와 같은 표기이다. 이것을 분석하면 '서영이+이었다'일 것이고, 본 규정을 따른다면 '서영이였다'가 맞고 '*서영이었다'는 틀리는 표기가 된다.

【참고】 1. 피동에 대하여는 이상억(1970), 임홍빈(1978), 김석득(1979)를 참조할 것.
2. 사동에 대하여는 이상억(1970), 이익섭 · 임홍빈(1983)을 참조할 것.

제37항 'ㅏ, ㅕ, ㅗ, ㅜ, ㅡ'로 끝난 어간에 '-이-'가 와서 각각 'ㅐ, ㅖ, ㅚ, ㅟ, ㅢ'로 줄 적에는 준 대로 적는다.

본말	준말	본말	준말
싸이다	쌔다	누이다	뉘다

펴이다	폐다	뜨이다	띄다
보이다	뵈다	쓰이다	씌다

본항은 'ㅏ, ㅕ, ㅗ, ㅜ, ㅡ'로 끝난 어간에 접미사 '-이-'가 연결되어 새로운 어간을 이룰 경우에 어간의 모음과 접미사의 모음이 축약되어 'ㅐ, ㅖ, ㅚ, ㅟ, ㅢ'로 되는 현상을 인정하여 축약된 형태의 표기도 허용한 것이다. 이러한 축약은 국어에서 매우 흔한 현상이다. 이를테면 명사의 '아이, 사이'라든지 부사의 '사랑스러이, 새삼스러이'가 '애, 새'나 '사랑스레, 새삼스레'로 되는 것들이 그러하다. 그러므로 본항은 본말인 '싸이다, 보이다' 등과 함께 준말인 '쌔다, 뵈다' 등을 적을 수 있도록 규정한 것이다.

第38항 'ㅏ, ㅗ, ㅜ, ㅡ' 뒤에 '-이어'가 어울려 줄어질 적에는 준대로 적는다.

본말	준말		본말	준말	
싸이어	쌔어	싸여	뜨이어	띄어	
보이어	뵈어	보여	쓰이어	씌어	쓰여
쏘이어	쐬어	쏘여	트이어	틔어	트여
누이어	뉘어	누여			

본항은 제36항과 제37항이 같은 형태에 적용되는 것을 규정한다. 즉 모음 'ㅏ, ㅗ, ㅜ, ㅡ'로 끝난 어간에 접미사 '-이-'가 와서 'ㅐ, ㅚ, ㅟ, ㅢ'로 축약되는 경우(제37항 참조)와 접미사 '-이-'가 연결된 어간 곧 'ㅣ'로 끝난 어간에 어미 '-어, -었-'이 와서 'ㅕ'로 축약되는 경우(제36항 참조)를 모두 인정하고 있다. 이를테면 '싸이어'에 어간과 접미사 사이의 축약이 일어나면 '쌔어'로 되고, 어간과 어미 사이에 축약이 일어나면 '싸여'로 된다. 본《맞춤법》에서는 본말인 '싸이어'와 함께, 준말로서 '쌔어, 싸여'를 동시에 허용한 것이다. 이들 준말은 축약될 경우에 국한되는 것이므로, '뜨이어(쓰다)'와 같이 준말이 하나 만인 경우에는 본항의 예와 같이 '띄어(쓰다)'만 인정한다. 그러나 '뜨이어'가 '(눈이) 뜨여(被開)'와 같이 축약될 경우에는 본항의 규정에 따라 '뜨여'로 적을 수도 있는 것이다.

그런데 본항은 규칙적으로 일어나는 준말의 표기와 관련된 규정이므로 예시된 다른 말과 마찬가지로 '쏘이어'가 본말이고 '쐬어'가 준말로 되어 있다. 《표준어 규정》은 비슷한 형태이면서 널리 쓰이는 두 단어를 복수 표준어로 인정하고, 그 쓰임의 보편성에 따라 원칙과 허용으로 구별하였다(제5절 제8항 참조). 그리하여 '쐬다'가 원칙, '쏘이다'가 허용의 복수 표준어로 규정되어 있다. 이러한 차이는 맞춤법과 표준어 제정이라는 관점에 말미암는다. 결과는 모두 올바른 표기이며 표준어이지만, 규정에는 미묘한 차이가 있음을 유의할 것이다.

제39항 어미 '-지' 뒤에 '않-'이 어울려 '-잖-'이 될 적과 '-하지' 뒤에 '않-'이 어울려 '-찮-'이 될 적에는 준 대로 적는다.

본말	준말	본말	준말
그렇지 않은	그렇잖은	만만하지 않다	만만찮다
적지 않은	적잖은	변변하지 않다	변변찮다

앞의 제36항에서 인정한 축약을 받아들인다면, 어미 '-지'에 '않-'이 어울릴 경우 '-쟎-'이 되어야 하고, '하지'가 줄어든 '-치'에 '않-'이 어울릴 경우면 '-챦-'이 되어야 할 것이다. 그러나 본항의 예들은 이미 줄어진 형태가 굳어져 하나의 낱말로 대접받고 있으므로, 어원을 밝혀서 줄어진 과정을 보일 필요가 없다는 생각에서 소리 나는 대로 적기로 한 것이다. 물론 이 경우의 '-잖-'이나 '-찮-'이 독립한 하나의 낱말은 아니지만 낱말의 경우를 준용하여 하나의 음절로 줄어지는 경우는 모두 '-잖-'과 '-찮-'으로 적기로 하였다. 그리하여 《통일안》에서 '점잖다(이 말은 '젊지 않다'에서 온 것이나, 본말의 뜻과 거리가 있다고 해서 소리대로 적는다)'와 '적쟎다'로 구별 표기되어 일어나던 혼란이 없어진 것이다.

제40항 어간의 끝 음절 '하'의 'ㅏ'가 줄고 'ㅎ'이 다음 음절의 첫소리와 어울려 거센소리로 될 적에는 거센소리로 적는다.

본말	준말	본말	준말
간편하게	간편케	다정하다	다정타
연구하도록	연구토록	정결하다	정결타
가하다	가타	흔하다	흔타

〔붙임 1〕 'ㅎ'이 어간의 끝소리로 굳어진 것은 받침으로 적는다.

않다	않고	않지	않든지
그렇다	그렇고	그렇지	그렇든지
아무렇다	아무렇고	아무렇지	아무렇든지
어떻다	어떻고	어떻지	어떻든지
이렇다	이렇고	이렇지	이렇든지
저렇다	저렇고	저렇지	저렇든지

〔붙임 2〕 어간의 끝 음절 '하'가 아주 줄 적에는 준 대로 적는다.

본말	준말
거북하지	거북지
생각하건대	생각건대
생각하다 못해	생각다 못해
깨끗하지 않다	깨끗지 않다
넉넉하지 않다	넉넉지 않다
못하지 않다	못지 않다
섭섭하지 않다	섭섭지 않다
익숙하지 않다	익숙지 않다

〔붙임 3〕 다음과 같은 부사는 소리대로 적는다.

결단코	결코	기필코	무심코
아무튼	요컨대	정녕코	필연코
하마터면	하여튼	한사코	

본항의 규정은 "용언의 어간과 어미는 구별하여 적기로" 한 제15항의 규정과는 상반되는 규정으로 볼 수 있다. 왜냐하면 다음 음절의 첫음절과 어울려 거센소리로 되게 하는 'ㅎ'은 어간의 끝부분이고, 다음 음절은 어미이기 때문이다. 실제로 《통일안》에서는 이 'ㅎ'과 어미를 구별하여 표기하도록 규정한 바 있었던 것을 이번에 본 조항과 같이 고친 것이다. 이론적으로 본다면 어간과 어미를 구별하여 적는 것이 일관성 있는 체계를 위해서나 의미 파악의 효율성이라는 면에서 낫다고 할 수 있다. 그러나 어간의 끝 음절 '하'의 'ㅏ'가 줄어진 'ㅎ'을 따로 표기하는 데에는 적잖은 문제가 따르게 된다. 우선 본항이 제15항의 내용과

상반되는 것이라 하여 'ㅎ'만을 따로 표기한다면 음절 단위로 표기하기로 한 《한글 맞춤법》의 전제에 어긋나는 예가 되게 된다. 따라서 인쇄를 하는 경우는 물론 일상의 필기 생활에도 부자연스러운 부담을 주게 되는 것이다. 그러한 부담은 단순한 필기 생활의 부담만이 아니라 다음에 보일 〔붙임 2〕와 같은 탈락과 축약을 일반 대중이 바로 이해하여야 한다는 것을 의미한다. 사실 그러한 부담이 《통일안》 제56항에서 말한 '가ㅎ다 · 갛다, 다정ㅎ다 · 다졍다' 들의 규정을 국정 교과서의 표기 정도에만 머물게 한 것으로 이해할 수 있다. 그에 따라 본 《한글 맞춤법》에서는 야기되는 제반 문제와 문자 생활의 현실을 규정에 반영하여 축약되어 거센소리로 되는 경우는 거센소리로 적기로 한 것이다.

〔붙임 1〕에서는 어간의 끝소리로 굳어진 것에 대하여 받침으로 적도록 규정하고 있다. 이 경우 어떤 낱말을 받침으로 적고 어떤 낱말을 거센소리로 적는지에 대한 기준부터 문제가 될 수 있다. 'ㅎ'을 어간의 받침으로 적는 예들은 '먹다, 앉다' 등 자음으로 끝난 어간과 똑같은 활용을 한다. 즉 '않다, 그렇다' 들의 어간은,

어간		어미
않	+	다
그렇		고
먹		으니
앉		으면
……		아/어
……		……

와 같이 모든 어미 앞에 나타나지만, 본문의 '간편케, 다정타'에 나타나는 어간은 '-게, -다' 들과 같은 일부 어미 앞에만 나타나는 차이가 있는 것이다.

일반적으로 '하다'가 붙는 다른 용언들 가령 '간편하다'는 '간편하니'만 가능하고 '*간편ㅎ으니'와 같은 형태가 불가능한 데 비해 '아니하다'는 '아니하니', '않으니' 모두가 가능한 것으로 보아 '않다'는 하나의 별개 단어로 굳어진 것이라 판단된다. '아니'를 '안'으로 적는 것은 《한글 맞춤법》 제32항에 "단어의 끝모음이 줄어지고 자음만 남은 것은 그 앞의 음절을 받침으로 적는다"는 규정에 따른 것이다. '아니하다'는 부사 '아니'와 용언 '하다'가 결합된 것이므로 '아니'를 그 준말 '안'으로 대치하는 것이 가능할 듯싶지만 보조용언으로 쓰이는 '아니하다'는 하나의 단어로 굳어진 것이기 때문에 '안하다'의 꼴로는 쓰이지 못한다. 반드시 '않다'나 '아니하다'꼴로 사용하여야만 하는 것이다.

한편 '않다'와 혼동되어 쓰이는 것으로 '아니다'가 있지만, '아니다'는 서술격

조사(또는 계사) '이다'에 대응하는 부정 표현으로 서술격 조사 '이다'가 쓰인 문장을 부정할 때 사용되는 형용사로 보조용언이 아닌 본용언이라는 점에서 차이가 있다.

그 밖에 〔붙임 1〕의 '그렇다, 이렇다, 저렇다'가 '그러다, 이러다, 저러다'와 보이는 차이에 대해서도 잠시 살펴볼 필요가 있다. 두 가지가 모두 맞는 표기이기 때문이다. '그렇다, 이렇다, 저렇다'는 '그러하다, 이러하다, 저러하다'의 준말로 '그와(이와/저와) 비슷하다, 그런(이런/저런) 모양으로 되어 있다.'의 뜻이며, '그러다, 이러다, 저러다'는 '그렇게(이렇게/저렇게) 하다'나 '그러하다, 이러하다, 저러하다'의 뜻을 가진 동사로 의미나 문법적인 기능이 '그렇다, 이렇다, 저렇다'와는 다르다. '그렇다, 이렇다, 저렇다'는 형용사인데 비해 '그러다, 이러다, 저러다'는 전체가 동사처럼 기능하는 것이다. 그런데 '그렇다'류는 ㅎ불규칙 용언으로 그 활용이 매우 특이하다. 국어에서는 자음으로 끝나는 어간에 'ㄴ, ㅁ'으로 시작하는 어미가 뒤따를 때 대부분 '으'가 개입되는데 반해 '그렇다'류는 '으'가 개입하지 않고 오히려 'ㅎ'이 탈락하여 '그러니, 그럴, 그러면, 그럽니다(그렇습니다)'와 같이 활용한다. '그러다'류는 규칙 활용을 하여 '그러니, 그럴, 그러면, 그럽니다'로 쓰인다. 결국 '그렇다'와 '그러다'는 기본형은 다르나 활용할 때의 형태가 동일한 것이다. 이런 이유로 문장 안에서 위의 형태가 나왔을 때는 그 의미를 면밀히 살펴보아야만 한다. 국어에서는 'ㅎ'으로 끝나는 용언 중 '그렇다'류와 같이 ㅎ불규칙 활용을 하는 것으로는 '노랗다, 파랗다, 발갛다, 동그랗다' 등과 같이 ㅎ으로 끝나는 형용사들이 있다. 'ㅎ'으로 끝나더라도 '낳다'와 같은 동사나 형용사 '좋다' 등은 ㅎ불규칙 활용을 하지 않는다. 따라서 이들은 어간과 어미의 원형을 유지하여 '낳으니, 낳을, 낳으면, 낳습니다'처럼 써야 한다. 다만 동사 '놓다'는 일반적으로 규칙 활용을 보이지만 어미 '-아'나 선어말 어미 '-았'과 결합할 때는 '놔', '놔라', '놨다'로 줄어들 수 있다. ㅎ불규칙 용언들은 어미 '-아/어'나 '-았/었'이 결합할 경우 활용 양상이 특이하다. '이렇다'의 경우 '이렇다'에 '아/어, -았/었'이 결합한 '*이렇어, *이렇었다'의 꼴로 쓰지 않고 '이러하다'에 '아/어, 았/었'이 결합한 '이러해, 이러했다'가 줄어든 '이래, 이랬다'로 써야 하는 것이다.

〔붙임 2〕에서는 어간의 끝 음절 '하'가 아주 줄어질 적에는 본문의 정신에 따라서 소리대로 적기로 한 것이다. 이 붙임과 본문과의 차이는 '하' 앞의 말이 'ㄱ, ㅂ, ㅅ'과 같이 무성 자음으로 끝나느냐, 모음이나 유성 자음으로 끝나느냐

에 있다. 즉 '생각하다 못해, 섭섭하지 않다' 들은 줄 경우에 '생각다 못해, 섭섭지 않다' 들로 발음되므로, 발음되는 그대로 적도록 규정하였다.

〔붙임 3〕에 보인 예들은 어떠한 용언의 활용형이 아닌, 독립한 별개의 단어로 익어 버린 말이다. 즉 이들 예는 부사로 굳어 버린 말들이다. 이 말들을 활용형으로 보지 않는 이유는,

(1) 부사로 굳어지기 이전의 원 어간이 가지는 본뜻과는 거리가 상당히 멀어져 있다.

(2) 대개 단어의 성립은 이와 같은 과정을 밟아서 발달되는 일이 많으니, 쉬운 예로 조사 '부터(自)'라는 말은 본래 '붙다(附)'의 의미를 가진 말의 활용형 '붙어'로부터 발달되었고, '너머'라는 명사도 '넘다(溢, 過)'의 활용형 '넘어'로부터 성립된 것이다. 그러나 이러한 경우에 원래의 어간과 어미를 구별하여 적지 않는다.

이제 이들 예를 별개의 독립된 단어로 인정하는 이상, 구태여 원 어간의 활용형으로의 표기법을 취할 필요가 없음은 너무도 명백한 일이라 생각된다. 차라리 이런 말들은 준말의 범위에서 빼는 편이 옳을 것이다. 그러나 그 표기 방식에 대하여 아직 의혹을 가지는 일이 많기 때문에 이러한 규정을 세운 것이다.

제 5 장 띄어쓰기

문장을 띄어 써야 할 필요성에 대하여서는 제1장 제2항에서 이미 자세히 설명하였으므로 중복을 피하기 위하여 다시 설명하지는 않으려 하지만 복합어(학교 문법의 용어로는 '합성어'이나 어문 규정 내에서 '복합어'라는 용어를 사용하였으므로 일관성을 유지하기로 한다.)에 관한 사항은 덧붙일 필요가 있다.

국립국어원(2007)에서는 '표준국어대사전'에 기대어 제6, 8, 9, 11, 15, 18항의 '소리나다'와 제16, 18, 40, 51항의 '끝음절' 그리고 문장 부호 '가운뎃점'과 '소괄호'의 용례로 든 '국회 의원'과 '우리 나라'의 띄어쓰기에 문제가 있음을 지적하고 있다. 하지만 띄어쓰기에 관한 문제를 사전에 기대는 것은 그리 적절한 접근으로 이해하기 어렵다고 하겠다. 사전의 표제어는 기본적으로 단어인 바 표제어로 등재될 경우에는 당연히 붙여 써야 할 것이기 때문이다. 문제

가 된 '소리나다, 끝음절, 국회 의원, 우리 나라'의 경우에는 그들이 구인지 복합어인지에 따라 띄어쓰기가 달라질 수 있다는 점을 염두에 두어야 할 것이다. 다만 국립국어원(2007:67)에서 지적한 문장 부호 '드러냄표'의 용례인 '본 이름'에서의 '본'은 부사가 아닌 접두사이므로 '본이름'과 같이 붙여 써야 한다.

제1절 조 사

체언이나 체언 상당어의 뒤에서 체언이나 체언 상당어의 쓰임을 한정시켜 문장 안에서 다른 성분과의 관계를 나타내는 의존 형식을 조사라고 한다. 이러한 조사는 문법적인 기능만을 담당하는 격조사와, 문법적인 기능보다는 의미를 담당하며 명사는 물론 부사나 제한된 분포를 보이기는 하나 활용형 뒤, 또는 일부 어근 뒤에도 연결되는 특수 조사(보조사)로 구분된다.

제41항 조사는 그 앞말에 붙여 쓴다.

꽃이	꽃마저	꽃밖에	꽃에서부터
꽃으로만	꽃이나마	꽃이다	꽃입니다
꽃처럼	어디까지나	거기도	멀리는
웃고만			

본항의 내용, 즉 "조사는 그 앞말에 붙여 쓴다"는 것은 조사를 하나의 단어로 인정하고, 그에 따라 조사를 별개의 품사로 설정한다는 내용을 전제로 하고 있다. 왜냐 하면 조사가 하나의 단어가 아니라 단순한 어미라면 붙여 쓰는 것이 당연한 것이고, 당연한 것에 대한 별도의 규정은 필요가 없을 것이기 때문이다.

조사가 하나의 단어라고 하는 전제가 성립될 경우, 본항의 내용을 제1장 제2항의 내용과 비교하여 보면 상반되는 내용을 담고 있음을 알 수 있다. 즉 문장 속의 각 단어는 띄어 써야 한다는 것과 (하나의 단어인) 조사는 그 앞말에 붙여 쓴다는 것이 그것이다. 그렇지만 제2항은 원칙이 되며, 본항은 예외가 된다. 어떤 원칙이든지 약간의 예외는 있다. 띄어쓰기에 있어서도 단어를 띄어 쓴다는 원칙이 근본 방침이요, 표준적인 규정이 되는 까닭에 제2항은 여전히 본항 규정의 중심이 되는 것이다.

학자에 따라 조사를 별개의 단어로 보지 않고 체언의 어미로 다루기도 하지만, 우리말의 본질을 캐어 본다면, 인구어족에 속한 언어와는 근본적으로 다른 점이 있어서 조사는 어미로 간주할 수 없는 것이다.

그렇다면, 명사와 조사 또는 부사와 조사가 별개의 단어인 이상 각각 띄어 써야 옳을 것이나, 본항에서는 예외적으로 그 앞말에 붙여 쓰기로 하였으니 그 이유는 다음과 같다.

(1) 조사는 본래 실질적 의미를 가지지 못한 말로서, 다만 다른 단어들의 문법적 관계를 맺어 주는 것을 그 임무로 삼기 때문에 항상 그 앞말에 붙어서 쓰이고 독립성이 없다.

(2) 글을 띄어 쓰려는 근본 동기는, 각 단어를 한 덩어리로 만듦으로써 그 의미를 한눈에 알게 하여 독서의 능률을 올리려 하는 데에 있다. 그러나 만일 체언과 조사를 일일이 띄어 쓰게 되면, 띄는 곳이 너무 많아서 띄어 쓰는 효과가 감소되어 독서 능률에 오히려 지장을 주는 일이 생기게 된다.

이러한 이유로 조사는 그 앞말에 붙여 쓰도록 한 본항의 취지는 잘 이해될 수 있으리라 생각한다.

제2절 의존 명사, 단위를 나타내는 명사 및 열거하는 말 등

의존 명사는 독립하여 쓰이지 못하고 다른 말에 의지하여 쓰이는 명사, 즉 불완전 명사를 가리킨다. 독립성은 비록 없지만 명사적 기능을 수행한다는 점에서 독립된 단어로 취급한다. 의존 명사는 명사적인 기능을 갖는 것 이외에도 부사적인 기능을 갖는 것과 수량의 단위를 나타내는 것 등으로 나타낼 수 있다. 그 밖에 여기서 '열거하는 말'이라고 하는 것은 '겸, 내지, 대, 등, 및' 따위의 여러 가지를 나열할 때에 쓰이는 낱말들을 가리킨다. 본절은 이러한 의존 명사류들에 대한 띄어쓰기 규정을 보여 준다.

제42항 의존 명사는 띄어 쓴다.

아는 **것**이 힘이다.	나도 할 **수** 있다.
먹을 **만큼** 먹어라.	아는 **이**를 만났다.
네가 뜻한 **바**를 알겠다.	그가 떠난 **지**가 오래다.

의존 명사는 의존적이라는 성격 때문에, 띄어 쓰는 문제에 대한 논란의 대상이 되기도 하였으나, 제1장 제2항의 규정에 기대어 띄어쓰기로 하였다. 유의해야 할 점은 의존 명사와 동일한 형태를 취하면서도 의존 명사로서가 아니라 조사나 접사 또는 어미 등으로 쓰일 경우를 잘 구별하여 적어야 한다는 것이다. 의존 명사로 쓰이는 경우가 아니라면 물론 붙여 써야 한다. 이를테면 '만큼'은 '먹을 만큼'과 같이 관형어 뒤에 쓰이는 의존 명사이지만, '그만큼, 생각만큼'들과 같이 체언에 직접 연결되어 특수 조사로 쓰이면 띄어 쓰는 것이 아니라 붙여 쓰는 것이다.

이와 같이 의존 명사로 보면 띄어 써야 하고 접미사로 보면 붙여 써야 하는 것이지만, 의존 명사나 접미사의 구별이 언제나 선명한 것은 아니어서 문제가 될 때도 있다. 그를 판단하는 기준으로 삼을 수 있는 의존 명사와 접미사 사이의 차이점의 하나는 의존 명사는 그 앞에 단어가 올 수도 있고 구가 올 수도 있지만 접미사는 그 앞에 구가 올 수 없고 단어가 와야 한다는 점이다.

제43항 단위를 나타내는 명사는 띄어 쓴다.

한 개	차 한 대	금 서 돈	소 한 마리
옷 한 벌	열 살	조기 한 손	연필 한 자루
버선 한 죽	집 한 채	신 두 켤레	북어 한 쾌

다만, 순서를 나타내는 경우나 숫자와 어울리어 쓰이는 경우에는 붙여 쓸 수 있다.

두시 삼십분 오초	제일과	삼학년	육층
1446년 10월 9일	2대대	16동 502호	
제1어학실습실	80원	10개	7미터

단위를 나타내는 '개, 마리, 자루' 등 의존 명사도 띄어쓰기로 하였다. 따라서 수효를 나타내는 '개월, 시간' 등도 붙여 쓰지 않는다. 그러나 순서를 나타내는 의존 명사나 아라비아 숫자와 어울리어 쓰이는 의존 명사는 붙여 쓸 수도 있도록 하였다. 즉 '제 일 편, 삼 차, 16 회' 등은 '제일편, 삼차, 16회' 등으로도 쓸 수 있는 것이다.

제44항 수를 적을 적에는 '만(萬)' 단위로 띄어 쓴다.
십이억 삼천사백오십육만 칠천팔백구십팔
12억 3456만 7898

본 조항은 《통일안》에서 십진법에 따라 띄어 쓰던 것을 '만' 단위로 개정한 것이다. 수를 띄어 쓴다면, 십진법에 의하는 것이 합리적이기는 하지만, 우리 나라의 관습이 '만'을 단위로 하여 계산하므로 고치게 되었다. 또 독서의 능률이라는 측면에서도 십진법에 따르면 너무 띄어 쓰게 되어 의미 파악에 장애가 된다고 생각하였기 때문이다. 참고로 금액 등의 변조를 막기 위한 방편으로 필요할 경우 모두 붙여 쓰고 있는 것은 본항과는 상관없는 관례임을 덧붙인다.

제45항 두 말을 이어 주거나 열거할 적에 쓰이는 말들은 띄어 쓴다.

국장 **겸** 과장	열 **내지** 스물
청군 **대** 백군	책상 · 걸상 **등이** 있다.
이사장 **및** 이사들	사과 · 배 · 귤 **등등**
사과 · 배 **등속**	부산 · 광주 **등지**

본항은 "두 말을 이어 주거나 열거할 적"에 쓰이는 의존 명사나 접속 부사를 띄어 쓰도록 한 규정이다. 이는 의존 명사는 띄어 쓴다는 제42항 등을 원용하면 쉽게 이해할 수 있다. 이를테면 '주택 겸 점포'나 '뽕도 딸 겸 임도 볼 겸' 등에 쓰이는 의존 명사나, '교장 및 교사' 등에 쓰이는 접속 부사는 독서의 능률을 위하여 띄어 쓰는 것이다.

제46항 단음절로 된 단어가 연이어 나타날 적에는 붙여 쓸 수 있다.
좀더 큰것 이말 저말 한잎 두잎

본항의 규정도 제1장 제2항의 규정에 대한 예외라고 할 수 있다. 그러나 본항의 예에 보인 것과 같은 한 음절인 단어가 여러 개 계속될 경우에 띄어 쓰는 것은 쓰기에 부담을 주고, 또 띄어 써 놓아도 읽기에 부담을 주어 독서의 능률이 오히려 낮아지게 된다. 그러므로 이러한 경우에는 그 중에서 의미상으로 한 덩어리가 되는 단어는 붙여 쓰는 편이 도리어 독서 능률을 증진시킬 수 있을 것이다. 이를테면,

좀 더 큰 것

이라고 표기하는 것이 이론상 옳고 또 원칙이나, 의미를 고려하여 그 중의 몇 단어를 붙여서,

좀더 큰것

이라고 표기하는 것이 보다 편리함을 알 수 있다. 그러나 이 때에 그 붙이는 방법이 적당하지 않아서, 이를테면,

좀더큰것

좀 더큰것

이라고 쓴다면 이것은 오히려 독서 능률을 감퇴시킬 염려가 있다. 여기서 의미를 고려하여 붙인다는 것은 의미의 자연스러운 단락에 따라 적는다는 뜻이다. 그런데 본항이 띄어쓰기에 관한 다른 조항의 내용과 다른 점은, 반드시 붙여 쓰라는 것이 아니다. 띄어 쓰는 것이 원칙이나 붙여 쓸 수도 있다는 허용 규정이라는 점이 다른 조항과 다른 것이다.

제3절 보조 용언

보조 용언, 즉 보조 동사와 보조 형용사는 각각 본 용언의 뒤에 쓰여 본 용언의 의미에 보조적인 의미를 더하여 주는 용언을 가리킨다. 이러한 보조 용언은 본 용언의 특정한 활용형하고만 결합되며, 한 문장에 하나만 쓰이는 것이 아니라 여러 개가 연달아 쓰일 수도 있다. 이들 보조 용언 중에는 본 용언으로 쓰이는 것도 있으나, 보조 용언은 단독으로 쓰이지는 못하고 반드시 본 용언의 뒤에 쓰인다는 점에서 본 용언으로 쓰이는 것과 구별된다.

【참고】 보조 동사와 보조 형용사에 대하여는 최현배(1971), 이기동(1976), 홍윤표(1977), 서정수(1978, 1980)을 참조할 것.

> 제47항 보조 용언은 띄어 씀을 원칙으로 하되, 경우에 따라 붙여 씀도 허용한다.(ㄱ을 원칙으로 하고, ㄴ을 허용함.)

ㄱ	ㄴ
불이 꺼져 간다.	불이 꺼져간다.
내 힘으로 막아 낸다.	내 힘으로 막아낸다.
어머니를 도와 드린다.	어머니를 도와드린다.
그릇을 깨뜨려 버렸다.	그릇을 깨뜨려버렸다.
비가 올 듯하다.	비가 올듯하다.
그 일은 할 만하다.	그 일은 할만하다.
일이 될 법하다.	일이 될법하다.
비가 올 성싶다.	비가 올성싶다.
잘 아는 척한다.	잘 아는척한다.

다만, 앞말에 조사가 붙거나 앞말이 합성 용언인 경우, 그리고 중간에 조사가 들어갈 적에는 그 뒤에 오는 보조 용언은 띄어 쓴다.

잘도 놀아만 나는구나! 책을 읽어도 보고…….
네가 덤벼들어 보아라. 이런 기회는 다시없을 듯하다.
그가 올 듯도 하다. 잘난 체를 한다.

본항의 규정은 보조 용언에 대한 띄어쓰기를 규정한 것이다. 보조 용언도 본 용언과 마찬가지로 하나의 단어이므로 띄어 쓰는 것이 원칙이다. 그러나 보조 용언을 반드시 띄어 쓴다고 하면, 본 용언과 보조 용언이 어울려 하나의 용언이 된 '들어가다, 늘어나다, 엎어지다' 들(제15항 〔붙임 1〕(1) 참조)과 본 용언에 보조 용언이 연결된 '꺼져 가다, 겪어 나다, 깨뜨려 버리다' 들을 구별하기가 쉽지 않은 문제가 있다. 독서의 능률을 보아도 '꺼져 가다, 겪어 나다, 깨뜨려 버리다' 들이 '꺼져가다, 겪어나다, 깨뜨려버리다' 들보다 독해가 빠르다는 보장이 없다. 그러므로 보조 용언은 띄어 씀을 원칙으로 하되, 붙여 쓸 수도 있도록 허용한 것이다.

더욱이 의존 명사 '듯, 만, 법, 양, 척, 체' 등에 '하다'나 '싶다'가 어울려서 된 보조 용언은 실제 발음이 앞서는 관형어와 이어지므로 원칙대로 '올 듯하다, 할 듯하다, 아는 척하다'로 적는 것보다 '올듯하다, 할듯하다, 아는척하다'와 같이 붙여 쓰는 것이 오히려 자연스럽고, 또 독서의 능률도 높일 것이다.

그러나 보조 용언 중에는 원칙대로 띄어 써야 하는 예가 있다. 즉 보조 용언 앞에 조사가 와서,

불이 꺼져만 간다.

고생을 겪어는 났다.

와 같이 쓰이는 '가다, 나다' 등 보조 용언과 본 용언이 합성어이어서,

방에 들어가 보아라.

물에 떠내려가 버린다.

와 같이 쓰이는 '보다, 버리다' 등 보조 용언은 본 용언과 반드시 띄어 쓰도록 한다. 그리고 의존 명사에 '하다'나 '싶다'가 어울려 된 보조 용언의 경우에는, 의존 명사에 조사가 붙는 일이 있다. 이를테면 '올 듯하다, 올 성싶다'가 '올 듯은 하다, 올 성도 싶다'와 같이 쓰이면, 위의 조사 뒤에 쓰이는 보조 용언 '가다, 나다' 들과 같이 보조 용언 '하다, 싶다'는 띄어 써야 하는 것이다.

제4절 고유 명사 및 전문 용어

고유 명사란 인명, 지명, 작품명, 사건명 따위 특정한 사물의 명칭을 일컫는 말이고, 전문 용어란 과학이나 기술 영역 등 특정 분야에서 사용되는 말을 일컫는다.

> 제48항 성과 이름, 성과 호 등은 붙여 쓰고, 이에 덧붙는 호칭어, 관직명 등은 띄어 쓴다.
>
> 김양수(金良洙)　서화담(徐花潭)　채영신 씨
>
> 최치원 선생　박동식 박사　충무공 이순신 장군
>
> 다만, 성과 이름, 성과 호를 분명히 구분할 필요가 있을 경우에는 띄어 쓸 수 있다.
>
> 남궁억/남궁 억　독고준/독고 준
>
> 황보지봉(皇甫芝峰)/황보 지봉

사람의 성과 이름, 성과 호 등은 고유 명사로서 특정한 인물을 가리키는 말이므로, 한 덩어리의 단어로 생각된다. 그러나 따져 보면 성과 이름은 별개의 단어로 볼 수도 있다. 성은 부계의 혈통을 표시하고, 이름은 특정한 개인에게 붙여진 것이기 때문이다. 그러므로 《통일안》에서는 성과 이름을 띄어 쓰도록 규정하였

다. 그런데 우리 나라의 성은 보통 한 글자(음절)로 되어 있어서 독립한 단어로 잘 인식되지 않으므로, 《한글 맞춤법》은 성과 이름을 붙여 쓰도록 수정한 것이다. 실지로 성과 이름을 붙여 쓰더라도, 성과 이름은 쉽게 식별되기 때문에 띄어 쓸 필요가 없다. 같은 이유에서 성과 호, 성과 자도 붙여 쓰기로 하였다. 그러나 고유 명사인 성명 뒤나 앞에 쓰이는 '씨, 선생, 박사' 등의 호칭어와 '장관, 국장, 교장' 등 관직명은 보통 명사이므로 띄어 써야 한다.

혹 사전에 '양, 씨' 등에 관하여 접미사로 처리한 경우가 있으나 그들은 접미사라고 볼 수 없는 호칭어이므로 띄어 써야 하는 것이다.

다만, 성과 이름을 붙여 쓸 경우 '남 궁억'과 '남궁 억'의 예처럼 성이 '남(南)'인지 복성인 '남궁(南宮)'인지로 혼동될 염려가 있거나 성과 이름, 성과 호를 굳이 분명하게 구분할 필요가 있을 때에는 띄어쓰기로 하였다.

제49항 성명 이외의 고유 명사는 단어별로 띄어 씀을 원칙으로 하되, 단위별로 띄어 쓸 수 있다.(ㄱ을 원칙으로 하고, ㄴ을 허용함.)

ㄱ	ㄴ
대한 중학교	대한중학교
한국 대학교 사범 대학	한국대학교 사범대학

본항은 여러 개의 단어로 이루어진 성명 이외의 고유 명사는 단어별로 띄어 쓰는 것을 원칙으로 하나, 단위별로 붙여 쓰는 것도 허용하고 있다. 고유 명사라 하더라도 그 안에 여러 개의 단어가 나타나면, 그 단어는 맞춤법의 강령이라고 할 제1장 제2항에 따라 단어별로 띄어 쓰는 것이 당연하다. 그럴 경우에 각 단어의 뜻이 분명해진다는 이점이 있으나, 각 단어가 결합하여 가리키는 하나의 대상이 잘 파악되지 못하는 단점도 있다. 본항에서 단위별로 띄어 쓰는 것을 허용한 것은 그런 약점을 보완하기 위한 조처다.

제50항 전문 용어는 단어별로 띄어 씀을 원칙으로 하되, 붙여 쓸 수 있다.(ㄱ을 원칙으로 하고, ㄴ을 허용함.)

ㄱ	ㄴ
만성 골수성 백혈병	만성골수성백혈병
중거리 탄도 유도탄	중거리탄도유도탄

전문 용어란 특정한 학문이나 기술 분야에서 사용되는 용어를 말하는데, 대개 둘 이상의 단어가 결합하여 이루어져 있다. 본항은 몇 개의 단어로 이루어진 전문 용어의 띄어쓰기를 규정한 것인데, 그 취지는 앞의 제49항과 유사한 것이다. 즉 전문 용어의 경우, 몇 개의 단어가 결합하여 새로운 단어가 이루어졌을 때 그 새로운 단어는 하나의 단어로서 붙여 쓸 수도 있도록 한 것이다. 그러나 붙여 쓰면 본《한글 맞춤법》제1장 제2항의 "단어는 띄어 씀을 원칙으로"라고 언급한 규정에도 벗어날 뿐 아니라 제50항의 ㄴ에서 보듯이 의미 파악이 용이하지 않은 점도 있으므로 띄어 쓰는 것을 원칙으로 하고, 붙여 쓰는 것도 허용한 것이다.

"단어는 띄어 씀을 원칙으로 한다"라는 규정의 적용이 언제나 쉬운 일은 아니다. '살다'의 관형형과 '교육'의 두 단어로 이루어진 '산교육'과 같은 예에서 그들을 붙여 쓸 것인지 아니면 띄어 쓸 것인지 하는 것은 '산교육'이 하나로 굳어진 단어인지, 즉 합성어인지 아니면 '관형형+명사'의 두 개의 단어로 된 구인지 하는 판단에 달려 있는데, 그 판단이 어려운 것이다.

이와 같이 어떤 구성이 복합어인지 구인지를 가리는 것은 쉬운 일이 아닌 것이다. 지금까지의 연구에서 합성어는 그 구성 성분이 본래의 성질을 잊어 버린다는 점이 이야기되어 왔다. '산교육'도 그와 같은 기준으로 설명될 수 있다. 이 구성이 구라면 '산'은 본래 동사의 관형형으로서 동사가 가지는 성질을 가지고 있어야 한다. 그 중의 하나는 부사나 부사구의 수식을 받을 수 있어야 한다는 것이다. 의심 없이 구라고 생각되는 '산 사람'에서 '산'은 부사 '오래', '잘'이나 부사구 '재미있게'의 수식을 받을 수 있다. 그러나 '산교육'에서의 '산'은 이런 부사나 부사구의 수식을 받게 되면 '*오래 산교육', '*잘 산교육', '*재미있게 산교육'과 같이 문법적인 국어의 표현이라고 할 수 없게 된다. 이렇게 볼 때 '산교육'은 합성어라고 판단되고 따라서 붙여 쓰는 것이 옳다.

제6장 그 밖의 것

여기서 말하고자 하는 그 밖의 것이란 맞춤법의 체계와 관련된 사항이 아니라 개별 형태나 특수한 발음과 그에 따른 표기상의 통일 등에 대한 구체적인 내용들을 이른다.

제51항 부사의 끝 음절이 분명히 '이'로만 나는 것은 '-이'로 적고, '히'로만 나거나 '이'나 '히'로 나는 것은 '-히'로 적는다.

1. '이'로만 나는 것

가붓이	깨끗이	나붓이	느긋이	둥긋이
따뜻이	반듯이	버젓이	산뜻이	의젓이
가까이	고이	날카로이	대수로이	번거로이
많이	적이	헛되이	겹겹이	번번이
일일이	집집이	틈틈이		

2. '히'로만 나는 것

극히	급히	딱히	속히	작히
족히	특히	엄격히	정확히	

3. '이, 히'로 나는 것

솔직히	가만히	간편히	나른히	무단히
각별히	소홀히	쓸쓸히	정결히	과감히
꼼꼼히	심히	열심히	급급히	답답히
섭섭히	공평히	능히	당당히	분명히
상당히	조용히	간소히	고요히	도저히

본항은 접미사 '-이'나 '-히'로 파생된 부사의 끝 음절을 어떻게 구별하여 적느냐 하는 것을 규정한 것이다. 접미사 '-이'와 '-히'는 분명하게 구별될 듯하지만, 일부 부사에서는 실지 발음이 두 가지가 다 있기 때문에 이들 접미사로 된 부사의 끝 음절을 어떻게 구별하여 적느냐 하는 것이 문제시된다. 이에 앞서 이들 접미사와 그 앞에 오는 어간이나 어근을 어떻게 적느냐 하는 문제도 당연히 제기된다. 이에 대하여는 이미 제19항에서 어간에 이들 접미사가 붙어서 부사로 된 것은 그 어간의 원형을 밝힌다고 하고, 또 제25항에서 '-하다'가 붙는 어근에 이들 접미사가 붙어서 부사가 되거나 부사에 '-이'가 붙어서 뜻을 더하는 경우에는 그 어근이나 부사의 원형을 밝힌다고 하였으므로, 본항에서는 이들 파생 부사의 끝 음절 '이'와 '히'를 구별하여 적는 방식에 관한 문제만 다루게 되었다.

본항의 규정은 구별하여 적는 기준을 발음에 두고서, 분명히 '이'나 '히'로 나는 것은 '이'나 '히'로 적고, '이, 히'로 나는 것은 '히'로 적는다고 되어 있다. 언뜻 보면 매우 합리적인 기준으로 생각된다. 그러나 분명히 '이'로만 발음된다고 하여 '이'로 적도록 한 말 중에서 '고이, 헛되이, 일일이' 등은 '고히, 헛되히, 일일히' 등과 같이 잘못 적히는 일이 있으므로, 반드시 실지 발음이 '이'로만 난다고 할 수는 없다. 그러므로 2의 '히'로만 나는 것은 문제가 없으나, 1의 '이'로만 나는 것과 3의 '이, 히'로 나는 것은 문법적으로도 구별하는 기준을 세울 필요가 있다. 실지로 여기에 제시된 예들이 그러한 기준으로 정리되어 배열되어 있는 것이다. 따라서 여기서는 1과 3만 설명하기로 한다.

1. '이'로만 나는 것에 해당되는 예들은 접미사 앞의 어근이나 어간이 다음과 같이 네 가지로 나누어진다.

(1) '-하다'가 붙는 어근의 끝소리가 'ㅅ'인 경우

깨끗하다 → 깨끗이

반듯하다 → 반듯이

의젓하다 → 의젓이

(2) 'ㅂ' 불규칙 형용사의 어간인 경우

곱다 → 고이

날카롭다 → 날카로이

대견스럽다 → 대견스러이

(3) 규칙적인 활용을 하는 형용사의 어간인 경우

많다 → 많이

적다 → 적이

헛되다 → 헛되이

(4) 같은 말이 겹쳐진 첩어로서, 뒤에 '하다'가 오지 못하는 경우

겹겹 → 겹겹이

일일 → 일일이

틈틈 → 틈틈이

3. '이, 히'로 소리 나는 것에 해당되는 예들은 모두 '-하다'가 붙는 어근이 앞에 올 경우뿐이다. 다만, 끝소리가 'ㅅ'인 어근은 언제나 '이'로만 소리 나므로 제외된다.

솔직하다 → 솔직히

나른하다 → 나른히

도저하다 → 도저히

요컨대, 접미사 '-이'나 '-히'로 파생된 부사의 끝 음절은 '히'로만 나는 것은 '히'로 적고, '이'로만 나거나 '이, 히'로 나는 것은 위에 설명한 조건을 따라 '이'나 '히'로 적으면 된다.

第52항 한자어에서 본음으로도 나고 속음으로도 나는 것은 각각 그 소리에 따라 적는다.

본음으로 나는 것	속음으로 나는 것
승낙(承諾)	수락(受諾), 쾌락(快諾), 허락(許諾)
만난(萬難)	곤란(困難), 논란(論難)
안녕(安寧)	의령(宜寧), 회령(會寧)
분노(忿怒)	대로(大怒), 희로애락(喜怒愛樂)
토론(討論)	의논(議論)
오륙십(五六十)	오뉴월, 유월(六月)
목재(木材)	모과(木瓜)
십일(十日)	시방정토(十方淨土), 시왕(十王), 시월(十月)
팔일(八日)	초파일(初八日)

한자가 가지고 있는 본래의 음, 곧 본음이 아니라 우리 나라의 관용으로 널리 통용되고 있는 본음 이외의 음을 속음이라고 한다. 본항은 본음으로 된 한자어는 물론이고 속음으로 된 한자어도 표준어로 인정하여 그대로 적도록 한 것이다. 《한글 맞춤법》이 표준어를 소리대로 적는 것을 원칙으로 삼았다는 점에서 본항의 근거를 찾을 수 있다.

第53항 다음과 같은 어미는 예사소리로 적는다.(ㄱ을 취하고, ㄴ을 버림.)

ㄱ	ㄴ	ㄱ	ㄴ
-(으)ㄹ거나	-(으)ㄹ꺼나	-(으)ㄹ지니라	-(으)ㄹ찌니라
-(으)ㄹ걸	-(으)ㄹ껄	-(으)ㄹ지라도	-(으)ㄹ찌라도
-(으)ㄹ게	-(으)ㄹ께	-(으)ㄹ지어다	-(으)ㄹ찌어다

-(으)ㄹ세	-(으)ㄹ쎄	-(으)ㄹ지언정	-(으)ㄹ찌언정
-(으)ㄹ세라	-(으)ㄹ쎄라	-(으)ㄹ진대	-(으)ㄹ찐대
-(으)ㄹ수록	-(으)ㄹ쑤록	-(으)ㄹ진저	-(으)ㄹ찐저
-(으)ㄹ시	-(으)ㄹ씨	-올시다	-올씨다
-(으)ㄹ지	-(으)ㄹ찌		

다만, 의문을 나타내는 다음 어미들은 된소리로 적는다.

-(으)ㄹ까?　　-(으)ㄹ꼬?　　-(스)ㅂ니까?
-(으)리까?　　-(으)ㄹ쏘냐?

본항에 보인 예들은 실제로 'ㄹ' 뒤라는 환경 때문에 모두 된소리로 실현되는 예들이다. 위의 제5항 2에서 규정한 바에 따른다면 본항의 ㄴ과 같이 된소리로 적어야 할 것이나, 어미 '-(으)ㄹ'과 어울려 쓰이는 조건이 있으므로 예사소리로 적도록 규정하였다. 더욱이 '-(으)ㄹ걸', '-(으)ㄹ지'는 '-(으)ㄴ걸, -는지'와 연관성이 있으므로 일관성을 유지한다는 면에서 예사소리로 적을 필요가 있다. 그러나 다만에 보인 의문 어미들을 된소리로 적기로 한 것은 '-(스)ㅂ니까, -(으)리까'와 같이 받침 'ㄹ' 뒤가 아닌 환경에서도 '까'라는 된소리가 나타나기 때문에 같은 어미를 일관성 있게 적도록 하는 뜻과 종래 이미 의문을 나타내는 어미는 된소리로 적어 온 관용을 따르도록 한 취지에 의한 것이다.

제54항 다음과 같은 접미사는 된소리로 적는다.(ㄱ을 취하고, ㄴ을 버림.)

ㄱ	ㄴ	ㄱ	ㄴ
심부름꾼	심부름군	귀때기	귓대기
익살꾼	익살군	볼때기	볼대기
일꾼	일군	판자때기	판잣대기
장꾼	장군	뒤꿈치	뒷굼치
장난꾼	장난군	팔꿈치	팔굼치
지게꾼	지겟군	이마빼기	이맛배기
때깔	땟갈	코빼기	콧배기
빛깔	빛갈	객쩍다	객적다
성깔	성갈	겸연쩍다	겸연적다

본항의 규정 내용 가운데에 특히 주목할 필요가 있는 것은 '-꾼'이다. 종래에는 '지겟군, 나뭇군, 낚싯군' 따위와 같이 접미사 앞에 사이시옷을 받치어 적고서 '-군'으로 적어 왔기 때문이다. 그러나 종래에도 한편으로는 '심부름꾼, 장꾼' 등이 쓰여 왔었다. 그러던 것을 이번에 '-꾼'으로 통일하여 적기로 한 것이다. 즉 어떤 일을 직업적, 습관적으로 하는 사람이라는 의미를 지니는 접미사는 '-꾼'으로 처리한 것이다. 이는 사이시옷을 일부의 합성어에서만 인정하는 맞춤법의 규정(제30항 참조)과도 관련된다. 그 밖에 '-깔, -때기, -빼기, -꿈치, -쩍다' 등과 같이 된소리로 발음되는 접미사는 모두 된소리로 적도록 한 것도 같은 취지에서 규정된 내용이다.

유의할 것은 접미사 '쩍다'의 경우 언제나 '쩍다'로만 표기되는 것은 아니라는 점이다. '괘다리적다, 괘달머리적다, 딴기적다, 열퉁적다' 등과 같이 [적다]로 발음되는 경우를 '-적다'로 적는 것은 당연한 것이지만, 발음이 [쩍다]인 경우에는 다음과 같이 '-적다'와 '-쩍다'로 구별하여 적어야 하는 것이다.

첫째, '-적다(少)'의 뜻이 유지되고 있는 합성어의 경우는 '-적다'로 적어야 한다. 여기에 해당되는 예는 바로 '맛적다'(맛이 적어 싱겁다)이다.

둘째, 반면 '적다(少)'의 뜻이 없이, [쩍다]로 발음되는 경우는 모두 '-쩍다'로 통일하여 적도록 하고 있다. 여기에 해당되는 단어로는 '맥쩍다(심심하고 무료하다), 멋쩍다(동작이나 모양이 격에 맞지 아니하다, 어색하다), 해망쩍다(총명하지 못하고 아둔하다), 행망쩍다(정신 들이지 아니하다)' 등이 있다. 본항의 '객쩍다, 겸연쩍다'도 그와 같은 경우의 예들인 것이다.

'뚝배기'와 '곱빼기'의 경우 모두 [빼기]로 발음됨에도 불구하고 달리 적는 것도 주의하여야 한다. '귀퉁배기, 나이배기, 대짜배기, 육자배기, 주정배기, 포배기, 혀짤배기' 등과 같이 [배기]로 발음되는 경우를 '-배기'로 적어야 하는 것은 당연한 것이라 하겠지만, 발음이 [빼기]로 나는 예들의 경우에는 문제가 될 수 있기 때문이다.

먼저, '뚝배기, 학배기' 등과 같이 한 형태소 내부에 있어서 'ㄱ, ㅂ' 받침 뒤에서 [빼기]로 발음되는 경우는 '-배기'로 적어야 한다. '뚝배기, 학배기' 등은 《한글 맞춤법》 제5항에서 정한 대로 한 단어 안에서 'ㄱ, ㅂ' 받침 뒤에서 나는 된소리로 적지 아니한다는 규정을 따라야 하기 때문이다.

반면에 다른 형태소 뒤에서 [빼기]로 발음되는 것은 모두 '-빼기'로 통일하여 적도록 하고 있다(《한글 맞춤법》 제54항 참조). 여기에 해당되는 예로는 '고들빼기, 그루빼기, 대갈빼기, 머리빼기, 재빼기〔嶺頂〕, 곱빼기, 과녁빼기, 밥빼기, 악착빼기, 앍둑빼기, 앍작빼기, 억척빼기, 얽둑빼기, 얽빼기, 얽적빼기' 등이 있다. 이들 예의 '-빼기'는 한 형태소 내부에서 된소리가 나는 예가 아니다. '-빼기' 앞의 말들은 모두 하나의 형태소인 것이다.

> 제55항 두 가지로 구별하여 적던 다음 말들은 한 가지로 적는다.(ㄱ을 취하고, ㄴ을 버림.)
>
> | ㄱ | ㄴ |
> |---|---|
> | 맞추다(입을 맞춘다, 양복을 맞춘다.) | 마추다 |
> | 뻗치다(다리를 뻗친다, 멀리 뻗친다.) | 뻐치다 |

그 간 '주문하다'라는 의미로는 '마추다'를, '맞도록 하다'라는 의미로는 '맞추다'를 써 왔고, '한 쪽 끝에서 다른 쪽 끝까지 닿다'라는 의미로는 '뻐치다'를, '뻗다'의 강세어로는 '뻗치다'를 써 왔으나 실지로는 많은 혼동을 보여 왔는데, 본 《한글 맞춤법》에서는 '맞추다/마추다, 뻗치다/뻐치다'를 각각 '맞추다'와 '뻗치다'로 구분없이 쓰기로 하였다. 이는 구분이 쉽지 않을 뿐 아니라, 그 말들 사이에는 의미의 연관이 있으므로, 하나의 표기로 통일하게 된 것이다.

> 제56항 '-더라, -던'과 '-든지'는 다음과 같이 적는다.
>
> 1. 지난 일을 나타내는 어미는 '-더라, -던'으로 적는다.(ㄱ을 취하고, ㄴ을 버림.)
>
> | ㄱ | ㄴ |
> |---|---|
> | 지난겨울은 몹시 춥더라. | 지난겨울은 몹시 춥드라. |
> | 깊던 물이 얕아졌다. | 깊든 물이 얕아졌다. |
> | 그렇게 좋던가? | 그렇게 좋든가? |
> | 그 사람 말 잘하던데! | 그 사람 말 잘하든데! |
> | 얼마나 되던지 몰라. | 얼마나 되든지 몰라. |
>
> 2. 물건이나 일의 내용을 가리지 아니하는 뜻을 나타내는 조사와 어미는 '(-)든지'로 적는다.(ㄱ을 취하고, ㄴ을 버림.)

ㄱ

배든지 사과든지 마음대로 먹어라.

가든지 오든지 마음대로 해라.

ㄴ

배던지 사과던지 마음대로 먹어라.

가던지 오던지 마음대로 해라.

본항은 경험한 지난 일을 되돌아보는 뜻을 나타내는 회상 시제의 선어말 어미로 '-더-'를 인정하고, 그 시제가 표시된 '-더라, -던, -던지' 등과 회상 시제 없이 내용을 가리지 않는 의미를 가지는 조사나 어미로 쓰이는 '(-)든, (-)든지'를 구별하여 적도록 규정한 것이다. 이는 종래에도 이렇게 적어 왔을 뿐 아니라, 그것이 독서의 능률도 높이기 때문이다. 그런데 이들 가운데 특히 조심해야 할 것은 '-던, -던지'와 '-든, -든지'이다. 그들은 실지로 같은 소리로 날 정도로 형태가 비슷하므로, 많은 혼동이 있었다. 그러나 회상 시제가 있고 없음과 내용을 가리지 않는 뜻의 있고 없음을 따져 보면, 그 혼동은 피할 수 있다.

【참고】 1. 회상 시제 및 시제 체계에 대하여는 고영근(1965), 최현배(1971), 나진석(1971), 서정수(1976), 남기심(1978)을 참조할 것.

2. 선어말 어미와 어말 어미에 대하여는 고영근(1967, 1974a · b, 1975), 최현배(1971), 이익섭 · 임홍빈(1983)을 참조할 것.

제57항 다음의 말들은 각각 구별하여 적는다.

가름	둘로 가름
갈음	새 책상으로 갈음하였다.
거름	풀을 썩힌 거름
걸음	빠른 걸음
거치다	영월을 거쳐 왔다.
걷히다	외상값이 잘 걷힌다.
걷잡다	걷잡을 수 없는 상태
겉잡다	겉잡아서 이틀 걸릴 일
그러므로(그러니까)	그는 부지런하다. 그러므로 잘 산다.

그럼으로(써) (그렇게 하는 것으로)	그는 열심히 공부한다. 그럼으로(써) 은혜에 보답한다.
노름	노름판이 벌어졌다.
놀음(놀이)	즐거운 놀음
느리다	진도가 너무 느리다.
늘이다	고무줄을 늘인다.
늘리다	방을 더 늘린다.
다리다	옷을 다린다.
달이다	약을 달인다.
다치다	부주의로 손을 다쳤다.
닫히다	문이 저절로 닫혔다.
닫치다	문을 힘껏 닫쳤다.
마치다	벌써 일을 마쳤다.
맞히다	여러 문제를 더 맞혔다.
목거리	목거리가 덧났다.
목걸이	금목걸이, 은목걸이
바치다	나라를 위해 목숨을 바쳤다.
받치다	우산을 받치고 간다. 책받침을 받친다.
받히다	쇠뿔에 받혔다.
밭치다	술을 체에 밭친다.
반드시	약속은 반드시 지켜라.
반듯이	고개를 반듯이 들어라.
부딪치다	차와 차가 마주 부딪쳤다.
부딪히다	마차가 화물차에 부딪혔다.
부치다	힘이 부치는 일이다. 편지를 부친다. 논밭을 부친다. 빈대떡을 부친다. 식목일에 부치는 글

	회의에 부치는 안건
	인쇄에 부치는 원고
	삼촌 집에 숙식을 부친다.
붙이다	우표를 붙인다.
	책상을 벽에 붙였다.
	흥정을 붙인다.
	불을 붙인다.
	감시원을 붙인다.
	조건을 붙인다.
	취미를 붙인다.
	별명을 붙인다.
시키다	일을 시킨다.
식히다	끓인 물을 식힌다.
아름	세 아름 되는 둘레
알음	전부터 알음이 있는 사이
앎	앎이 힘이다.
안치다	밥을 안친다.
앉히다	윗자리에 앉힌다.
어름	경계선 어름에서 일어난 사건
얼음	얼음이 얼었다.
이따가	이따가 오너라.
있다가	돈은 있다가도 없다.
저리다	다친 다리가 저린다.
절이다	김장 배추를 절인다.
조리다	생선을 조린다. 통조림, 병조림
졸이다	마음을 졸인다.
주리다	여러 날을 주렸다.
줄이다	비용을 줄인다.
하노라고	하노라고 한 것이 이 모양이다.
하느라고	공부하느라고 밤을 새웠다.

-느니보다(어미)	나를 찾아오느니보다 집에 있거라.
-는 이보다(의존 명사)	오는 이가 가는 이보다 많다.
-(으)리만큼(어미)	그가 나를 미워하리만큼 내가 그에게 잘못한 일이 없다.
-(으)ㄹ 이만큼 (의존 명사)	찬성할 이도 반대할 이만큼이나 많을 것이다.
-(으)러(목적)	공부하러 간다.
-(으)려(의도)	서울 가려 한다.
-(으)로서(자격)	사람으로서 그럴 수는 없다.
-(으)로써(수단)	닭으로써 꿩을 대신했다.
-(으)므로(어미)	그가 나를 믿으므로 나도 그를 믿는다.
(-ㅁ, -음)으로(써) (조사)	그는 믿음으로(써) 산 보람을 느꼈다.

본항의 내용은 제55항의 규정 방향과는 상반된다. 제55항에서는 구분하여 적던 단어의 구별을 폐지하고 한 가지로 적도록 한 데 반하여, 본항에서는 구별되어 적던 비슷한 말의 구체적인 경우를 규정하고 있는 것이다. 본항의 예들을 그대로 구별하여 적도록 하는 것은, 그들이 같은 발음이 된다고 하더라도 제55항의 예들과는 달리 그 어원이 각각 다르고 뜻이 다른 말들이기 때문이다. 만일 이들을 같은 방식으로 통일하여 적으면 독서시 뜻을 파악하는 데 더 큰 혼란이 예상될 것이다. 이제 그들의 각각을 살펴보기로 하자.

가름: '가르다(分)'의 어간에 명사형 어미 '-ㅁ'이 연결된 형태로, '두 몫으로 가름'과 같이 '나누는 것'을 뜻한다.

갈음: '갈다(交替)'의 어간에 명사형 어미 '-음'이 연결된 형태로, '이것으로 축사에 갈음한다'와 같이 '대신하는 것'을 뜻한다.

거름: '(땅이) 걸다'의 어간에 명사를 만드는 접미사 '-음'이 연결된 형태로, '거름을 주다'와 같이 비료를 뜻한다. 그러나 이 뜻이 원래 어간이 가지고 있던 본뜻과 멀어진 것이므로 원형을 밝히지 않고 소리대

로 적는다(제19항 참조).

걸음: '걷다(步)'의 어간에 '-음'이 연결된 형태로, '하루 일만 걸음을 걸음'과 같이 '걷다'에서 온 파생 명사나 '걷다'의 명사형으로 쓰인다.

거치다: '경유하다'를 뜻하는 동사로, '대전을 거쳐서 부산에 갔다'와 같이 쓰인다.

걷히다: '걷다'의 피동사로서, '세금이 잘 걷힌다'와 같이 쓰인다.

걷잡다: '걷잡지 못하는 사태'와 같이 '쓰러지는 것을 거두어 붙잡다'를 뜻한다.

겉잡다: '모인 사람이 겉잡아 50만 명이다'와 같이, '겉가량하여 어림치다'를 뜻한다.

그러므로(그러니까): 'ㅎ' 불규칙 형용사 '그렇다'의 어간에 이유를 나타내는 '-므로'란 어미가 연결되어 이루어진 형태로, '그는 열심히 공부한다. 그러므로 동생도 그러하다'와 같이, '그러하기 때문에, 그렇게 하기 때문에'를 뜻한다.

그럼으로(써)(그렇게 하는 것으로): 'ㅎ' 불규칙 형용사 '그렇다'의 어간에 명사형 어미 '-ㅁ'이 연결된 뒤에 조사 '으로'가 붙은 말로서, '그는 열심히 노력한다. 그럼으로(써) 삶의 보람을 찾는다'와 같이 '그렇게 하는 것으로(써)'를 뜻하는 말이다.

노름: '놀다'의 어간에 접미사 '-음'이 붙어서 이루어졌으나, 어간의 본뜻과는 의미가 멀어진 명사로서, '도박'을 뜻한다. 어간의 원형을 밝히지 않고 소리대로 적는 것은 '거름'과 같은 이유다(제19항 참조).

놀음(놀이): '노름'과 똑같이 '놀다'의 어간에 접미사 '-음'이 붙어서 이루어진 말인데, '놀음놀이'에서와 같이 어간의 본뜻이 살아 있으므로 원형을 밝혀 적는다(제19항 참조).

느리다: '움직임이 빠르지 못하다'를 뜻하는 형용사다. 다른 말에서 파생된 것이 아니므로 어간을 소리대로 적는다.

늘이다: '늘다'란 동사에 접미사 '-이-'가 붙어서 파생된 말이므로, 원형을 밝혀 적는다(제22항 참조). '바지의 길이를 늘인다'와 같이 '본디

보다 더 길게, 더 많게, 더 크게 하다' 또는 '아래로 처지게 하다'를 뜻한다.

늘리다: '늘다'란 동사에 접미사 '-리-'가 붙어서 파생된 말로서, '살림을 늘린다'와 같이 '본디보다 더 크게 하거나 많게 하다'를 뜻한다.

다리다: '주름살을 펴려고 다리미로 문지르다'를 뜻하는 동사다. 파생어가 아니므로 어간을 소리대로 적는다.

달이다: '(불이) 달다'의 어간에 접미사 '-이-'가 붙어서 파생된 말이므로 원형을 밝혀 적는다(제22항 참조). '약을 달인다'와 같이 '끓여서 진하게 만들다'를 뜻한다.

다치다: '부상을 당하다'를 뜻하는 동사다. 파생어가 아니므로 어간을 소리대로 적는다.

닫히다: '(문을) 닫다'의 어간에 피동의 접미사 '-히-'가 붙어서 된 파생어이므로 원형을 밝혀 적는다(제22항 참조). '(문이) 닫아지다'와 대응하는 말이다.

닫치다: '(문을) 닫다'의 어간에 강세의 접미사 '-치-'가 붙어서 된 파생어다. '문이 저절로 닫히게 하지 말고, 문을 힘껏 닫쳐라.'에서 '닫히다'와 '닫치다'의 차이가 드러난다.

마치다: '끝내다'를 뜻하는 동사다. 파생어가 아니다.

맞히다: '맞다'에 사동의 접미사 '-히-'가 붙어서 된 파생어이므로 원형을 밝혀 적는다. '정답을 맞힌다, 비를 맞힌다'에서와 같이 '맞게 하다'를 뜻하는 말이다.

목거리: '목이 붓고 아픈 병'을 뜻한다. '거리'가 '걸다'란 동사의 어간에 파생 접미사 '-이'가 붙어서 된 말이지만, 어간의 본뜻과 멀어진 것이므로 원형을 밝히지 않는다(제19항 참조).

목걸이: '목에 거는 물건이나 장식품'을 뜻한다. '걸이'는 '걸다'의 본뜻이 살아 있으므로 원형을 밝혀 적는 것이다.

바치다: '웃어른에게 드리다, 마음과 몸을 내놓다, 세금 따위를 내다'를 뜻

하는 동사다. 파생어로 볼 수 없으므로, 어간을 소리대로 적는다.

받치다: '(우산을) 받다'의 어간에 강세의 접미사 '-치-'를 붙여서 파생된 말이다. 위의 '닫치다'와 똑같은 방식으로 된 것이다. '우산을 받친다, 자음을 받침으로 받쳐 쓴다' 등과 같이 '아래에서 잡아 들다, 밑을 괴다'를 뜻한다.

받히다: '(쇠뿔로) 받다'에서 파생된 말이므로 원형을 밝혀 적는다. '소한테 받힌다'와 같이 '받다'의 피동사를 뜻한다.

밭치다: 위의 '닫치다, 받치다'와 같이 '(체로) 밭다'의 어간에 강세의 접미사 '-치-'를 붙여서 파생된 말이다. '체로 술을 밭친다'와 같이 쓰인다.

반드시: '꼭, 틀림없이'를 뜻하는 부사다. '반듯하다'란 말에서 파생된 것으로 볼 수 없으므로 소리대로 적는다(제25항 1 〔붙임〕 참조).

반듯이: '반듯하다'의 어근에 접미사 '-이'가 붙어서 파생된 부사이므로, 원형을 밝혀 적는다(제25항 참조). '글씨를 반듯이 쓴다'와 같이 '반듯하게'를 뜻하는 말이다.

부딪치다: '차에 부딪친다'와 같이 동사 '부딪다'의 어간에 강세의 접미사 '-치-'가 붙어서 파생된 말이다. '닫치다, 받치다, 밭치다' 등과 같이 '부딪치다'는 문법적 성질이 원래의 동사 '닫다, 받다, 밭다, 부딪다'가 갖고 있는 것과 같으나, 강세의 뜻이 더하여질 뿐이다.

부딪히다: '부딪다'의 어간에 피동의 접미사 '-히-'가 붙어서 파생된 피동사다.

부치다: '힘이 미치지 못하다, 바람을 일으키다, 편지나 물건을 보내다, 논밭을 소작하다, 누름적 따위를 익혀 만들다, 의논할 문제로 내놓다, 몸이나 식사 따위를 의탁하다'의 뜻으로 쓰이는 동사다. 혹 '붙다'에서 파생된 말로도 볼 수 있으나, 본뜻과 멀어진 것이므로 원형을 밝혀 적지 않는다. 그러므로 '몸이나 식사 따위를 의탁하다'라는 뜻으로는 종래 '붙이다'를 썼으나, 본 《한글 맞춤법》에서 '부치다'로 쓰도록 수정한 것이다.

붙이다: '붙다'의 어간에 사동의 접미사 '-이-'를 붙여서 파생된 말이다.

시키다: '하게 하다'를 뜻하는 동사다. 파생어가 아니므로 어간을 소리대로

적는다.

식히다: '식다'에 사동의 접미사 '-히-'를 붙여서 만든 사동사이므로, 원형을 밝혀 적는다.

아름: 원래 '안다'의 어간에 접미사 '-음'이 붙어서 파생된 말이다. '한아버지'가 '할아버지'와 같이 변한 것이지만, '안다'의 본뜻과는 멀어졌으므로 소리대로 적는다.

알음: '알다'의 어간에 접미사 '-음'이 붙어서 된 파생어다. '사람끼리 서로 아는 것'을 뜻하는 말이다.

앎: '알다'의 어간에 어미 '-ㅁ'이 붙어서 된 명사형인데, 아주 명사로 굳어진 파생어로 쓰인다. '아는 것'을 뜻한다.

안치다: '끓이거나 찔 물건을 솥이나 시루 따위에 넣다'를 뜻하는 동사다. '앉다'에서 파생된 말로 볼 수 있으나, 뜻이 멀어졌으므로 소리대로 적는다.

앉히다: '앉다'에 사동의 접미사 '-히-'가 붙어서 파생된 사동사다.

어름: '두 물건의 끝이 닿는 데'를 뜻하는 말인데, '어르다'에서 파생된 말로 보인다.

얼음: '얼다'의 어간에 접미사 '-음'이 붙어서 파생된 말이므로 원형을 밝혀 적는다.

이따가: '조금 지난 뒤에'를 뜻하는 부사다. '있다가'에서 유래하는 것으로 보이지만, 어원이 분명하지 않고 본뜻에서 멀어진 것이므로 소리대로 적는다(제21항 참조).

있다가: '있다'의 어간에 어미 '-다가'가 붙어서 된 형태다.

저리다: '살이나 뼈 마디에 피가 잘 통하지 않아서 힘이 없고 감각이 둔하다'를 뜻하는 동사다. '(발이) 절다'에서 파생된 말로 보이나, 뜻이 멀어졌으므로 소리대로 적는다.

절이다: '절다'에 접미사 '-이-'가 붙어서 파생된 사동사다. '(염분을 먹여서) 절게 하다'를 뜻한다.

조리다: '고기나 채소 따위를 양념하여 바특하게 바짝 끓이다'를 뜻하는 말이다. '줄다'의 작은 말인 '졸다'에서 파생된 것으로 보이나, 뜻이 멀어진 것이므로 소리대로 적는다.

졸이다: '줄다'의 작은 말인 '졸다'에 접미사 '-이-'를 붙여서 파생한 말이다. '속을 태우다시피 마음을 초조하게 먹다'를 뜻한다.

주리다: '배를 곯다'를 뜻하는 말이다. '줄다'에서 파생된 것으로 보이나, 뜻이 달라졌으므로 소리대로 적는다.

줄이다: '줄다'의 어간에 접미사 '-이-'가 붙어서 파생된 사동사다.

하노라고: 말하는 사람 곧 화자(話者) 자신의 일에 대하여 사용하는 말로, '자기 나름으로는 한다고'를 뜻한다.

하느라고: '하는 일로 인하여'를 뜻하며 화자의 일에 국한되지 않고 두루 사용된다.

-느니보다(어미): '-느니 차라리'를 뜻한다. 어원적으로는 '-는 이(것)보다'로 분석이 되나, 의존 명사 '이'가 현대 국어에서는 사람만 가리키고, 사물은 가리키지 않으므로, 원형을 밝혀 적지 않고 하나의 어미로 다루어서 소리대로 적는다.

-는 이보다(의존 명사): '-는 사람보다'의 뜻으로서, 사람을 가리키는 의존 명사 '이'를 밝혀 적고, 또 '이'를 띄어 쓴다.

-(으)리만큼(어미): 위의 '-느니보다'와 같이 어원적으로는 '-(으)ㄹ 이만큼'으로 분석되나, 의존 명사 '이'가 사물을 가리킨다고 하여야 하므로, 하나의 어미로 다루어서 소리대로 적는다.

-(으)ㄹ 이만큼(의존 명사): '-(으)ㄹ 사람만큼'의 뜻이므로, 사람을 가리키는 의존 명사 '이'를 밝혀 적고, 또 '이'를 띄어 쓴다.

-(으)러(목적): '가다, 오다'와 같은 말 앞에 쓰여서, 그 동작의 직접 목적을 나타내는 어미다.

-(으)려(의도): '하다' 앞에 쓰여서, 그 동작의 의도를 나타내는 어미다. 뒤에 '-고'가 붙어서 '-(으)려고'로 쓰이는 점도 '-(으)러'와 다

른 점이다.

-(으)로서(자격): '어떤 지위나 자격을 가진 처지에서'를 뜻하는 조사인데, '-이다. 그래서'로 바꾸어 놓을 수 있는 말이다.

-(으)로써(수단): '어떤 재료, 수단, 방법을 가지고서'를 뜻하는 조사다. 앞의 '그럼으로(써)'에도 바로 이 조사가 사용되어 있는 것이다.

-(으)므로(어미): 까닭을 표시하는 어미인데, '-기 때문에'로 바꾸어 놓을 수 있는 말이다.

(-ㅁ, -음)으로(써)(조사): 명사형 어미 '-(으)ㅁ'에 수단이나 방법, 재료 등을 뜻하는 조사 '-(으)로써'가 결합한 형태다.

【참고】 명사화와 명사형에 대하여는 이익섭 · 임홍빈(1983), 남기심 · 고영근(1985)를 참조할 것.

부칙

이 규정은 2015년 1월 1일부터 시행한다.

부칙의 내용은 수정된 《한글 맞춤법》의 시행 시기를 밝힌 것이다. 비록 부록인 '문장 부호'에 국한된 부분적인 수정이었으나 '문장 부호'가 《한글 맞춤법》의 내용을 구성하고 있다는 점에서 이는 개정이라고 할 수 있다. 1988년 《한글 맞춤법》 규정의 부록으로 처음 선을 보였던 '문장 부호'가 26년 만에 현실을 반영하여 내용을 손보게 된 것이다. 문화체육관광부는 2014년 10월 27일 '문장 부호'의 용법을 보완하는 것을 주요 내용으로 하는 《한글 맞춤법》 일부 개정안을 고시하였는데, 그의 시행은 2015년 1월 1일부터로 정한 것이다.

■부 록

문 장 부 호

문장 부호는 글에서 문장의 구조를 드러내거나 글쓴이의 의도를 전달하기 위하여 사용하는 부호이다. 문장 부호의 이름과 사용법은 다음과 같이 정한다.

1. 마침표(.)

(1) 서술, 명령, 청유 등을 나타내는 문장의 끝에 쓴다.

예 젊은이는 나라의 기둥입니다. 예 제 손을 꼭 잡으세요.

예 집으로 돌아갑시다. 예 가는 말이 고와야 오는 말이 곱다.

〔붙임 1〕 직접 인용한 문장의 끝에는 쓰는 것을 원칙으로 하되, 쓰지 않는 것을 허용한다.(ㄱ을 원칙으로 하고, ㄴ을 허용함.)

예 ㄱ. 그는 "지금 바로 떠나자."라고 말하며 서둘러 짐을 챙겼다.
ㄴ. 그는 "지금 바로 떠나자"라고 말하며 서둘러 짐을 챙겼다.

〔붙임 2〕 용언의 명사형이나 명사로 끝나는 문장에는 쓰는 것을 원칙으로 하되, 쓰지 않는 것을 허용한다.(ㄱ을 원칙으로 하고, ㄴ을 허용함.)

예 ㄱ. 목적을 이루기 위하여 몸과 마음을 다하여 애를 씀.
ㄴ. 목적을 이루기 위하여 몸과 마음을 다하여 애를 씀

예 ㄱ. 결과에 연연하지 않고 끝까지 최선을 다하기.
ㄴ. 결과에 연연하지 않고 끝까지 최선을 다하기

예 ㄱ. 신입 사원 모집을 위한 기업 설명회 개최.
ㄴ. 신입 사원 모집을 위한 기업 설명회 개최

예 ㄱ. 내일 오전까지 보고서를 제출할 것.
ㄴ. 내일 오전까지 보고서를 제출할 것

다만, 제목이나 표어에는 쓰지 않음을 원칙으로 한다.

예 압록강은 흐른다　　예 꺼진 불도 다시 보자

예 건강한 몸 만들기

(2) 아라비아 숫자만으로 연월일을 표시할 때 쓴다.

예 1919. 3. 1.　　예 10. 1.~10. 12.

(3) 특정한 의미가 있는 날을 표시할 때 월과 일을 나타내는 아라비아 숫자 사이에 쓴다.

예 3.1 운동　　예 8.15 광복

〔붙임〕 이때는 마침표 대신 가운뎃점을 쓸 수 있다.

예 3 · 1 운동　　예 8 · 15 광복

(4) 장, 절, 항 등을 표시하는 문자나 숫자 다음에 쓴다.

예 가. 인명　　예 ㄱ. 머리말

예 Ⅰ. 서론　　예 1. 연구 목적

〔붙임〕 '마침표' 대신 '온점'이라는 용어를 쓸 수 있다.

2. 물음표(?)

(1) 의문문이나 의문을 나타내는 어구의 끝에 쓴다.

예 점심 먹었어?　　예 이번에 가시면 언제 돌아오세요?

예 제가 부모님 말씀을 따르지 않을 리가 있겠습니까?

예 남북이 통일되면 얼마나 좋을까?

예 다섯 살짜리 꼬마가 이 멀고 험한 곳까지 혼자 왔다?

예 지금?　　예 뭐라고?　　예 네?

〔붙임 1〕 한 문장 안에 몇 개의 선택적인 물음이 이어질 때는 맨 끝의 물

음에만 쓰고, 각 물음이 독립적일 때는 각 물음의 뒤에 쓴다.

예 너는 중학생이냐, 고등학생이냐?

예 너는 여기에 언제 왔니? 어디서 왔니? 무엇하러 왔니?

〔붙임 2〕 의문의 정도가 약할 때는 물음표 대신 마침표를 쓸 수 있다.

예 도대체 이 일을 어쩐단 말이냐.

예 이것이 과연 내가 찾던 행복일까.

다만, 제목이나 표어에는 쓰지 않음을 원칙으로 한다.

예 역사란 무엇인가 예 아직도 담배를 피우십니까

(2) 특정한 어구의 내용에 대하여 의심, 빈정거림 등을 표시할 때, 또는 적절한 말을 쓰기 어려울 때 소괄호 안에 쓴다.

예 우리와 의견을 같이할 사람은 최 선생(?) 정도인 것 같다.

예 30점이라, 거참 훌륭한(?) 성적이군.

예 우리 집 강아지가 가출(?)을 했어요.

(3) 모르거나 불확실한 내용임을 나타낼 때 쓴다.

예 최치원(857~?)은 통일 신라 말기에 이름을 떨쳤던 학자이자 문장가이다.

예 조선 시대의 시인 강백(1690?~1777?)의 자는 자청이고, 호는 우곡이다.

3. 느낌표(!)

(1) 감탄문이나 감탄사의 끝에 쓴다.

예 이거 정말 큰일이 났구나! 예 어머!

〔붙임〕 감탄의 정도가 약할 때는 느낌표 대신 쉼표나 마침표를 쓸 수 있다.

예 어, 벌써 끝났네. 예 날씨가 참 좋군.

(2) 특별히 강한 느낌을 나타내는 어구, 평서문, 명령문, 청유문에 쓴다.

예 청춘! 이는 듣기만 하여도 가슴이 설레는 말이다.

예 이야, 정말 재밌다! 예 지금 즉시 대답해!

예 앞만 보고 달리자!

(3) 물음의 말로 놀람이나 항의의 뜻을 나타내는 경우에 쓴다.

예 이게 누구야! 예 내가 왜 나빠!

(4) 감정을 넣어 대답하거나 다른 사람을 부를 때 쓴다.

예 네! 예 네, 선생님!

예 흥부야! 예 언니!

4. 쉼표(,)

(1) 같은 자격의 어구를 열거할 때 그 사이에 쓴다.

예 근면, 검소, 협동은 우리 겨레의 미덕이다.

예 충청도의 계룡산, 전라도의 내장산, 강원도의 설악산은 모두 국립 공원이다.

예 집을 보러 가면 그 집이 내가 원하는 조건에 맞는지, 살기에 편한지, 망가진 곳은 없는지 확인해야 한다.

예 5보다 작은 자연수는 1, 2, 3, 4이다.

다만, (가) 쉼표 없이도 열거되는 사항임이 쉽게 드러날 때는 쓰지 않을 수 있다.

예 아버지 어머니께서 함께 오셨어요.

예 네 돈 내 돈 다 합쳐 보아야 만 원도 안 되겠다.

(나) 열거할 어구들을 생략할 때 사용하는 줄임표 앞에는 쉼표를 쓰지 않는다.

예 광역시: 광주, 대구, 대전……

(2) 짝을 지어 구별할 때 쓴다.

예 닭과 지네, 개와 고양이는 상극이다.

(3) 이웃하는 수를 개략적으로 나타낼 때 쓴다.

예 5, 6세기 예 6, 7, 8개

(4) 열거의 순서를 나타내는 어구 다음에 쓴다.

예 첫째, 몸이 튼튼해야 한다.

예 마지막으로, 무엇보다 마음이 편해야 한다.

(5) 문장의 연결 관계를 분명히 하고자 할 때 절과 절 사이에 쓴다.

예 콩 심은 데 콩 나고, 팥 심은 데 팥 난다.

예 저는 신뢰와 정직을 생명과 같이 여기고 살아온바, 이번 비리 사건과는 무관하다는 점을 분명히 밝힙니다.

예 떡국은 설날의 대표적인 음식인데, 이걸 먹어야 비로소 나이도 한 살 더 먹는다고 한다.

(6) 같은 말이 되풀이되는 것을 피하기 위하여 일정한 부분을 줄여서 열거할 때 쓴다.

예 여름에는 바다에서, 겨울에는 산에서 휴가를 즐겼다.

(7) 부르거나 대답하는 말 뒤에 쓴다.

예 지은아, 이리 좀 와 봐. 예 네, 지금 가겠습니다.

(8) 한 문장 안에서 앞말을 '곧', '다시 말해' 등과 같은 어구로 다시 설명할 때 앞말 다음에 쓴다.

예 책의 서문, 곧 머리말에는 책을 지은 목적이 드러나 있다.

예 원만한 인간관계는 말과 관련한 예의, 즉 언어 예절을 갖추는 것에서 시작된다.

예 호준이 어머니, 다시 말해 나의 누님은 올해로 결혼한 지 20년이 된다.

예 나에게도 작은 소망, 이를테면 나만의 정원을 가졌으면 하는 소망이 있어.

(9) 문장 앞부분에서 조사 없이 쓰인 제시어나 주제어의 뒤에 쓴다.

예 돈, 돈이 인생의 전부이더냐?

예 열정, 이것이야말로 젊은이의 가장 소중한 자산이다.

예 지금 네가 여기 있다는 것, 그것만으로도 나는 충분히 행복해.

예 저 친구, 저러다가 큰일 한번 내겠어.

예 그 사실, 넌 알고 있었지?

(10) 한 문장에 같은 의미의 어구가 반복될 때 앞에 오는 어구 다음에 쓴다.

예 그의 애국심, 몸을 사리지 않고 국가를 위해 헌신한 정신을 우리는 본받아야 한다.

(11) 도치문에서 도치된 어구들 사이에 쓴다.

예 이리 오세요, 어머님. 예 다시 보자, 한강수야.

(12) 바로 다음 말과 직접적인 관계에 있지 않음을 나타낼 때 쓴다.

예 갑돌이는, 울면서 떠나는 갑순이를 배웅했다.

예 철원과, 대관령을 중심으로 한 강원도 산간 지대에 예년보다 일찍 첫눈이 내렸습니다.

(13) 문장 중간에 끼어든 어구의 앞뒤에 쓴다.

예 나는, 솔직히 말하면, 그 말이 별로 탐탁지 않아.

예 영호는 미소를 띠고, 속으로는 화가 치밀어 올라 잠시라도 견딜 수 없을 만큼 괴로웠지만, 그들을 맞았다.

〔붙임 1〕 이때는 쉼표 대신 줄표를 쓸 수 있다.

예 나는 — 솔직히 말하면 — 그 말이 별로 탐탁지 않아.

예 영호는 미소를 띠고 — 속으로는 화가 치밀어 올라 잠시라도 견딜 수 없을 만큼 괴로웠지만 — 그들을 맞았다.

〔붙임 2〕 끼어든 어구 안에 다른 쉼표가 들어 있을 때는 쉼표 대신 줄표를 쓴다.

예 이건 내 것이니까 — 아니, 내가 처음 발견한 것이니까 — 절대로 양보할 수가 없다.

(14) 특별한 효과를 위해 끊어 읽는 곳을 나타낼 때 쓴다.

예 내가, 정말 그 일을 오늘 안에 해낼 수 있을까?

예 이 전투는 바로 우리가, 우리만이, 승리로 이끌 수 있다.

(15) 짧게 더듬는 말을 표시할 때 쓴다.

예 선생님, 부, 부정행위라니요? 그런 건 새, 생각조차 하지 않았습니다.

〔붙임〕 '쉼표' 대신 '반점'이라는 용어를 쓸 수 있다.

5. 가운뎃점(·)

(1) 열거할 어구들을 일정한 기준으로 묶어서 나타낼 때 쓴다.

예 민수 · 영희, 선미 · 준호가 서로 짝이 되어 윷놀이를 하였다.

예 지금의 경상남도 · 경상북도, 전라남도 · 전라북도, 충청남도 · 충청북도 지역을 예부터 삼남이라 일러 왔다.

(2) 짝을 이루는 어구들 사이에 쓴다.

예 한(韓) · 이(伊) 양국 간의 무역량이 늘고 있다.

예 우리는 그 일의 참 · 거짓을 따질 겨를도 없었다.

예 하천 수질의 조사 · 분석

예 빨강 · 초록 · 파랑이 빛의 삼원색이다.

다만, 이때는 가운뎃점을 쓰지 않거나 쉼표를 쓸 수도 있다.

예 한(韓) 이(伊) 양국 간의 무역량이 늘고 있다.

예 우리는 그 일의 참 거짓을 따질 겨를도 없었다.

예 하천 수질의 조사, 분석

예 빨강, 초록, 파랑이 빛의 삼원색이다.

(3) 공통 성분을 줄여서 하나의 어구로 묶을 때 쓴다.

예 상 · 중 · 하위권 예 금 · 은 · 동메달

예 통권 제54 · 55 · 56호

〔붙임〕 이때는 가운뎃점 대신 쉼표를 쓸 수 있다.

예 상, 중, 하위권 예 금, 은, 동메달

예 통권 제54, 55, 56호

6. 쌍점(:)

(1) 표제 다음에 해당 항목을 들거나 설명을 붙일 때 쓴다.

예 문방사우: 종이, 붓, 먹, 벼루

예 일시: 2014년 10월 9일 10시

예 흔하진 않지만 두 자로 된 성씨도 있다.(예: 남궁, 선우, 황보)

예 올림표(#): 음의 높이를 반음 올릴 것을 지시한다.

(2) 희곡 등에서 대화 내용을 제시할 때 말하는 이와 말한 내용 사이에 쓴다.

예 김 과장: 난 못 참겠다.

예 아들: 아버지, 제발 제 말씀 좀 들어 보세요.

(3) 시와 분, 장과 절 등을 구별할 때 쓴다.

예 오전 10:20(오전 10시 20분)

예 두시언해 6:15(두시언해 제6권 제15장)

(4) 의존명사 '대'가 쓰일 자리에 쓴다.

예 65:60(65 대 60) 예 청군:백군(청군 대 백군)

〔붙임〕 쌍점의 앞은 붙여 쓰고 뒤는 띄어 쓴다. 다만, (3)과 (4)에서는 쌍점의 앞뒤를 붙여 쓴다.

7. 빗금(/)

(1) 대비되는 두 개 이상의 어구를 묶어 나타낼 때 그 사이에 쓴다.

예 먹이다/먹히다　　　　　　예 남반구/북반구

예 금메달/은메달/동메달

예 (　)이/가 우리나라의 보물 제1호이다.

(2) 기준 단위당 수량을 표시할 때 해당 수량과 기준 단위 사이에 쓴다.

예 100미터/초　　　　　　예 1,000원/개

(3) 시의 행이 바뀌는 부분임을 나타낼 때 쓴다.

예 산에 / 산에 / 피는 꽃은 / 저만치 혼자서 피어 있네

다만, 연이 바뀜을 나타낼 때는 두 번 겹쳐 쓴다.

예 산에는 꽃 피네 / 꽃이 피네 / 갈 봄 여름 없이 / 꽃이 피네 // 산에 / 산에 / 피는 꽃은 / 저만치 혼자서 피어 있네

〔붙임〕 빗금의 앞뒤는 (1)과 (2)에서는 붙여 쓰며, (3)에서는 띄어 쓰는 것을 원칙으로 하되 붙여 쓰는 것을 허용한다. 단, (1)에서 대비되는 어구가 두 어절 이상인 경우에는 빗금의 앞뒤를 띄어 쓸 수 있다.

8. 큰따옴표(“ ”)

(1) 글 가운데에서 직접 대화를 표시할 때 쓴다.

예 “어머니, 제가 가겠어요.”

예 “아니다. 내가 다녀오마.”

(2) 말이나 글을 직접 인용할 때 쓴다.

예 나는 “어, 광훈이 아니냐?” 하는 소리에 깜짝 놀랐다.

예 밤하늘에 반짝이는 별들을 보면서 "나는 아무 걱정도 없이 가을 속의 별들을 다 헬 듯합니다."라는 시구를 떠올렸다.

예 편지의 끝머리에는 이렇게 적혀 있었다.
"할머니, 편지에 사진을 동봉했다고 하셨지만 봉투 안에는 아무것도 없었어요."

9. 작은따옴표(' ')

(1) 인용한 말 안에 있는 인용한 말을 나타낼 때 쓴다.

예 그는 "여러분! '시작이 반이다.'라는 말 들어 보셨죠?"라고 말하며 강연을 시작했다.

(2) 마음속으로 한 말을 적을 때 쓴다.

예 나는 '일이 다 틀렸나 보군.' 하고 생각하였다.

예 '이번에는 꼭 이기고야 말겠어.' 호연이는 마음속으로 몇 번이나 그렇게 다짐하며 주먹을 불끈 쥐었다.

10. 소괄호(( ))

(1) 주석이나 보충적인 내용을 덧붙일 때 쓴다.

예 니체(독일의 철학자)의 말을 빌리면 다음과 같다.

예 2014. 12. 19.(금)

예 문인화의 대표적인 소재인 사군자(매화, 난초, 국화, 대나무)는 고결한 선비 정신을 상징한다.

(2) 우리말 표기와 원어 표기를 아울러 보일 때 쓴다.

예 기호(嗜好), 자세(姿勢)　　예 커피(coffee), 에티켓(tiquette)

(3) 생략할 수 있는 요소임을 나타낼 때 쓴다.

예 학교에서 동료 교사를 부를 때는 이름 뒤에 '선생(님)'이라는 말을 덧붙인다.

예 광개토(대)왕은 고구려의 전성기를 이끌었던 임금이다.

(4) 희곡 등 대화를 적은 글에서 동작이나 분위기, 상태를 드러낼 때 쓴다.

예 현우: (가쁜 숨을 내쉬며) 왜 이렇게 빨리 뛰어?

예 "관찰한 것을 쓰는 것이 습관이 되었죠. 그러다 보니, 상상력이 생겼나 봐요." (웃음)

(5) 내용이 들어갈 자리임을 나타낼 때 쓴다.

예 우리나라의 수도는 (   )이다.

예 다음 빈칸에 알맞은 조사를 쓰시오.

예 민수가 할아버지( ) 꽃을 드렸다.

(6) 항목의 순서나 종류를 나타내는 숫자나 문자 등에 쓴다.

예 사람의 인격은 (1) 용모, (2) 언어, (3) 행동, (4) 덕성 등으로 표현된다.

예 (가) 동해, (나) 서해, (다) 남해

11. 중괄호({ })

(1) 같은 범주에 속하는 여러 요소를 세로로 묶어서 보일 때 쓴다.

예 주격조사 { 이 / 가 }

예 국가의 성립 요소 { 영토 / 국민 / 주권 }

(2) 열거된 항목 중 어느 하나가 자유롭게 선택될 수 있음을 보일 때 쓴다.

예 아이들이 모두 학교{에, 로, 까지} 갔어요.

12. 대괄호(〔 〕)

(1) 괄호 안에 또 괄호를 쓸 필요가 있을 때 바깥쪽의 괄호로 쓴다.

예 어린이날이 새로 제정되었을 당시에는 어린이들에게 경어를 쓰라고 하였다.〔윤석중 전집(1988), 70쪽 참조〕

예 이번 회의에는 두 명〔이혜정(실장), 박철용(과장)〕만 빼고 모두 참석했습니다.

(2) 고유어에 대응하는 한자어를 함께 보일 때 쓴다.

예 나이〔年歲〕 예 낱말〔單語〕

예 손발〔手足〕

(3) 원문에 대한 이해를 돕기 위해 설명이나 논평 등을 덧붙일 때 쓴다.

예 그것〔한글〕은 이처럼 정보화 시대에 알맞은 과학적인 문자이다.

예 신경준의《여암전서》에 "삼각산은 산이 모두 돌 봉우리인데, 그 으뜸 봉우리를 구름 위에 솟아 있다고 백운(白雲)이라 하며 〔이하 생략〕"

예 그런 일은 결코 있을 수 없다.〔원문에는 '업다' 임.〕

13. 겹낫표(『 』)와 겹화살괄호(《 》)

책의 제목이나 신문 이름 등을 나타낼 때 쓴다.

예 우리나라 최초의 민간 신문은 1896년에 창간된『독립신문』이다.

예『훈민정음』은 1997년에 유네스코 세계 기록 유산으로 지정되었다.

예《한성순보》는 우리나라 최초의 근대 신문이다.

예 윤동주의 유고 시집인《하늘과 바람과 별과 시》에는 31편의 시가 실려 있다.

〔붙임〕 겹낫표나 겹화살괄호 대신 큰따옴표를 쓸 수 있다.

예 우리나라 최초의 민간 신문은 1896년에 창간된 "독립신문"이다.

예 윤동주의 유고 시집인 "하늘과 바람과 별과 시"에는 31편의 시가 실려 있다.

14. 홑낫표(「 」)와 홑화살괄호(〈 〉)

소제목, 그림이나 노래와 같은 예술 작품의 제목, 상호, 법률, 규정 등을 나타낼 때 쓴다.

예 「국어 기본법 시행령」은 「국어 기본법」에서 위임된 사항과 그 시행에 필요한 사항을 규정함을 목적으로 한다.

예 이 곡은 베르디가 작곡한 「축배의 노래」이다.

예 사무실 밖에 「해와 달」이라고 쓴 간판을 달았다.

예 〈한강〉은 사진집 《아름다운 땅에》에 실린 작품이다.

예 백남준은 2005년에 〈엄마〉라는 작품을 선보였다.

〔붙임〕 홑낫표나 홑화살괄호 대신 작은따옴표를 쓸 수 있다.

예 사무실 밖에 '해와 달' 이라고 쓴 간판을 달았다.

예 '한강' 은 사진집 "아름다운 땅"에 실린 작품이다.

15. 줄표(—)

제목 다음에 표시하는 부제의 앞뒤에 쓴다.

예 이번 토론회의 제목은 '역사 바로잡기 — 근대의 설정 —' 이다.

예 '환경 보호 — 숲 가꾸기 —' 라는 제목으로 글짓기를 했다.

다만, 뒤에 오는 줄표는 생략할 수 있다.

예 이번 토론회의 제목은 '역사 바로잡기 — 근대의 설정' 이다.

예 '환경 보호 — 숲 가꾸기' 라는 제목으로 글짓기를 했다.

〔붙임〕 줄표의 앞뒤는 띄어 쓰는 것을 원칙으로 하되, 붙여 쓰는 것을 허용한다.

16. 붙임표(-)

(1) 차례대로 이어지는 내용을 하나로 묶어 열거할 때 각 어구 사이에 쓴다.

예 멀리뛰기는 도움닫기-도약-공중 자세-착지의 순서로 이루어진다.

예 김 과장은 기획-실무-홍보까지 직접 발로 뛰었다.

(2) 두 개 이상의 어구가 밀접한 관련이 있음을 나타내고자 할 때 쓴다.

예 드디어 서울-북경의 항로가 열렸다.

예 원-달러 환율　　예 남한-북한-일본 삼자 관계

17. 물결표(~)

기간이나 거리 또는 범위를 나타낼 때 쓴다.

예 9월 15일~9월 25일　　예 김정희(1786~1856)

예 서울~천안 정도는 출퇴근이 가능하다.

예 이번 시험의 범위는 3~78쪽입니다.

〔붙임〕 물결표 대신 붙임표를 쓸 수 있다.

예 9월 15일-9월 25일　　예 김정희(1786-1856)

예 서울-천안 정도는 출퇴근이 가능하다.

예 이번 시험의 범위는 3-78쪽입니다.

18. 드러냄표(˙)와 밑줄(___)

문장 내용 중에서 주의가 미쳐야 할 곳이나 중요한 부분을 특별히 드러내 보일 때 쓴다.

예 한글의 본디 이름은 훈민정음이다.

예 중요한 것은 왜 사느냐가 아니라 어떻게 사느냐이다.

예 지금 필요한 것은 지식이 아니라 실천입니다.

예 다음 보기에서 명사가 아닌 것은?

〔붙임〕 드러냄표나 밑줄 대신 작은따옴표를 쓸 수 있다.

예 한글의 본디 이름은 '훈민정음'이다.

예 중요한 것은 '왜 사느냐'가 아니라 '어떻게 사느냐'이다.

예 지금 필요한 것은 '지식'이 아니라 '실천'입니다.

예 다음 보기에서 명사가 '아닌' 것은?

19. 숨김표(○, ×)

(1) 금기어나 공공연히 쓰기 어려운 비속어임을 나타낼 때, 그 글자의 수효만큼 쓴다.

예 배운 사람 입에서 어찌 ○○○ 란 말이 나올 수 있느냐?

예 그 말을 듣는 순간 ×××란 말이 목구멍까지 치밀었다.

(2) 비밀을 유지해야 하거나 밝힐 수 없는 사항임을 나타낼 때 쓴다.

예 1차 시험 합격자는 김○영, 이○준, 박○순 등 모두 3명이다.

예 육군○○부대 ○○○명이 작전에 참가하였다.

예 그 모임의 참석자는 김×씨, 정×씨 등 5명이었다.

20. 빠짐표(□)

(1) 옛 비문이나 문헌 등에서 글자가 분명하지 않을 때 그 글자의 수효만큼 쓴다.

예 大師爲法主□□賴之大□薦

(2) 글자가 들어가야 할 자리를 나타낼 때 쓴다.

예 훈민정음의 초성 중에서 아음(牙音)은 □□□의 석 자다.

21. 줄임표(……)

(1) 할 말을 줄였을 때 쓴다.

예 "어디 나하고 한번……." 하고 민수가 나섰다.

(2) 말이 없음을 나타낼 때 쓴다.

예 "빨리 말해!"

예 "……."

(3) 문장이나 글의 일부를 생략할 때 쓴다.

예 '고유'라는 말은 문자 그대로 본디부터 있었다는 뜻은 아닙니다. …… 같은 역사적 환경에서 공동의 집단생활을 영위해 오는 동안 공동으로 발견된, 사물에 대한 공동의 사고방식을 우리는 한국의 고유 사상이라 부를 수 있다는 것입니다.

(4) 머뭇거림을 보일 때 쓴다.

예 "우리는 모두…… 그러니까…… 예외 없이 눈물만…… 흘렸다."

〔붙임 1〕 점은 가운데에 찍는 대신 아래쪽에 찍을 수도 있다.

예 "어디 나하고 한번......." 하고 민수가 나섰다.

예 "실은...... 저 사람...... 우리 아저씨일지 몰라."

〔붙임 2〕 점은 여섯 점을 찍는 대신 세 점을 찍을 수도 있다.

예 "어디 나하고 한번…." 하고 민수가 나섰다.

예 "실은... 저 사람... 우리 아저씨일지 몰라."

〔붙임 3〕 줄임표는 앞말에 붙여 쓴다. 다만, (3)에서는 줄임표의 앞뒤를 띄어 쓴다.

《한글 맞춤법》이 되기까지
—《통일안》과의 비교를 중심으로

한글로써 우리말을 적는 규범으로 1933년《통일안》이 만들어진 이후 50여 년의 세월이 흘렀다. 그 50여 년 사이에 다른 사회적인 변화와 마찬가지로 우리의 말도 상당한 변화가 있었음은 주지의 사실이다. 그 간 이러한 변화에 따른 맞춤법의 부분적인 개정이 있어 왔음도 이미 알고 있는 바와 같다. 여기서는 그 동안 사용해 오던《통일안》의 제정과 수정의 경위를 간단히 살펴보고, 아울러《한글 맞춤법》이 확정되기까지의 사정을 알아본 다음,《통일안》과《한글 맞춤법》사이의 차이점을 대강 정리하여 봄으로써《한글 맞춤법》의 이해를 돕고자 한다.

그들 차이점에 대한 구체적인 내용을 확인하는 데에는 본서에 붙인《한글 맞춤법 통일안》이 도움이 될 것이다.

그 간 사용해 오던《통일안》은 1930년 12월 13일, 현 한글 학회의 전신인 조선어 학회 본회 총회의 결의로 만들게 된 것이다. 그 결의에 따라 권덕규, 김윤경, 이병기, 이윤재, 이희승, 장지영, 정인섭, 최현배 등 12인의 위원이 2년 여의 심의를 한 결과 1932년 12월에《통일안》의 원안이 작성되었고, 다시 김선기, 이탁 등 6인의 위원이 증선되어 모두 18인의 위원이 원안을 축조, 토의하여 제1독회를 마쳤으며, 그 내용을 권덕규, 김선기, 김윤경, 이희승, 이윤재, 장지영, 최현배 등 수정 위원 10인이 검토하여 약 6개월 후 제2독회를 마쳤다. 권덕규, 김선기, 이희승, 이윤재, 최현배 등 정리 위원 9인이 그 결과를 전체적으로 정리하여 그 해, 곧 1933년 10월 19일 임시 총회를 거쳐 확정했고, 그 해 10월 29일에 단행본으로 세상에 공표하였다.

이러한 과정을 통해 제정된《통일안》은 그 후 몇 차례의 수정을 거치게 된다. 1937년 3월 1일의 첫 번째 수정에서는 1936년 10월 28일(한글 기념일)에《사정한 표준말 모음》이 발표되었으므로 부록에 실린 표준말 제7항과 제8항의 표준말 어례 전부를 삭제하고,《통일안》의 각 항 용어와 어례들을 모두 사정된 표준말로 고쳤다.

1940년 6월 15일 두 번째의 개정에서는 본문 제19항 중의 '후'를 '추'로 고치는 동시에 《통일안》의 명칭 표기 중 '마춤법'을 '맞춤법'으로 쓸 것과, 제29항의 문구 수정과, 제30항의 '사이ㅅ'을 쓸 것 및 부록 《문장 부호》의 증보 수정을 행하였다.

이후 1946년 9월 8일에 있었던 세 번째 개정에서는 ① 제10항에 '다만' 줄을 넣고, ② 제30항을 고쳐 정하며, ③ 제48항에 '다만' 줄을 넣고, ④ 제61항에 '다만' 줄을 넣으며, ⑤ 제62, 63, 64항의 세 항을 없애고, 제65항을 제62항으로 삼으며, ⑥ 새로 제63항을 두는 등의 여섯 가지를 종전과 다르게 고치게 되었다.

그 이후 있었던 네 번째(1948년 한글날)와 다섯 번째(1958년 2월 20일)의 개정은 엄밀하게 따져서 개정이라고 말할 수는 없는데, 그 까닭은 1948년에는 단지 1946년의 개정본의 전문을 순 한글로 바꾸었을 뿐이며, 1958년의 개정은 《통일안》의 본문 가운데의 문법 용어만을 문교부 제정의 문법 용어로 바꾼 것이기 때문이다.

이와 같이 《통일안》은 약간의 수정이 있었으나 골격은 1933년에 제정, 공표된 그대로 유지되었으며, 공표된 직후부터 사회적 호응을 받아 우리 문자 생활의 규범으로 자리잡게 되었다. 특히 해방 이후부터는 문교부의 국정 교과서에 채택됨으로써 그 자리는 더욱 굳어져 《통일안》은 바로 정서법이라 부르게까지 되었다. 그러나 신문, 잡지 등 언론 매체는 물론이고, 심지어 문교부의 국정 교과서에서도 《통일안》의 표기에 따르지 않은 예가 나타나는 일이 있었다. 《통일안》의 제정 이후 거의 반 세기 동안 일어난 말의 변화와, 그 당시와는 비교되지 않을 정도의 복잡하고 다양한 문자 생활에 맞추어 《통일안》에 대한 검토와 수정이 문제로 제기된 것이다.

이에 문교부는 1970년 2월에 국어 심의회의 건의에 따라 한글 학회를 주간으로 하여 6개 국어 연구와 관련된 학회의 대표들로서 국어 조사 연구 위원회를 구성하고, 그 안에 한글 맞춤법 재심 위원회를 두어 《통일안》을 수정하게 하였다. 그 재심 위원회는 2년 여에 걸친 검토와 심의 끝에 작성된 수정안을 1972년 11월 문교부에 제출하였다. 이를 기초로 문교부에서는 여러 과정의 심의를 거쳐 1979년 12월에 《맞춤법안》을 발표하게 되었다.

그런데 약 10년에 걸쳐 마련된 《한글 맞춤법안》에도 상당한 문제점이 있어, 문교부는 이 안을 학술원에 이관하여 다시 연구, 검토하게 하였다. 학술원은

1982년 1월에 인문 과학부회 제2 분과회 회원을 중심으로 어문 연구 위원회를 구성하고, 그 안에 맞춤법 소위원회를 두어 그 안을 수정한《한글 맞춤법 개정안》을 1984년 12월에 문교부에 제출하였다.

문교부에서는 맞춤법의 개정 문제가 국가적인 사업일뿐 아니라, 국민의 문자 생활에 미치는 영향이 막대한 점에 비추어서, 학계와 언론계 등 국민의 여론을 다시 수렴할 필요가 있다고 하여, 1985년 2월에 국어 연구소에《맞춤법 개정안》의 검토를 위촉하였다.

국어 연구소에서는 맞춤법 심의 위원회를 구성하여《통일안》을 비롯하여 위의 여러 개정안을 종합적으로 검토하는 한편, 전국의 각계 각층을 대상으로 여론 조사를 실시하여 그 결과를 심의에 반영하였다. 국어 연구소는 이러한 과정을 거쳐 1987년 4월에《한글 맞춤법 개정안》이 완성되자, 국민의 여론을 들을 필요가 있다고 하여 세상에 발표하였다. 이와 동시에 맞춤법에 식견이 높은 각계각층의 인사들의 검토를 받고자 각 관계 기관의 추천을 받아 맞춤법 심의 위원회 위원과 합동으로 맞춤법 검토 위원회를 구성하고 여기에서 최종안을 작성하도록 하였다. 그리하여 검토 위원회와 약간의 미진한 문제의 조절을 위한 조절 위원회 및 보완 심의회를 거쳐서 1987년 9월에 국어 연구소의《한글 맞춤법안》이 최종적으로 확정되어 문교부에 제출되었다.

문교부에서는 곧바로 국어 심의회에 회부하여 그 안을 다시 심의 검토하게 하였다.

이러한 과정을 거쳐 확정된 맞춤법은 1989년 1월 19일《한글 맞춤법》으로서 '문교부 고시 제88-1호'로 공포되었는데, 그 부칙에 따라 1989년 3월 1일부터 시행하게 되었다. 이로써 약 20년에 걸친《통일안》의 개정 작업은 마무리되었다. 그러나《한글 맞춤법》은《통일안》의 개정이라 하기보다는 부분적인 보완에 지나지 않는다.《통일안》의 근본적인 개정을 주장하는 의견도 없지 않았지만, 문자 생활의 변혁이 바람직한 것이 아니기 때문에 꼭 필요한 부분만 손질한 결과인 것이다. 그런 점에서《한글 맞춤법》은《통일안》의 적절한 개정이라 할 것이다.

이제《한글 맞춤법》과 종전의《통일안》의 각 항을 비교하여 보기로 하자. 그러나 여기서의 비교는 그 대강의 내용에 국한하고 구체적인 내용의 비교는 각 항을 찾아가서 보도록 하였다. 다음의 도표에 보인 관련 항의 제시는 그에 대한 도움이 될 것이다.

《한글 맞춤법》과 《통일안》의 비교

구분 / 내용	《한글 맞춤법》	《통일안》
체제	본문 6장 57항 부록(문장부호)	총론, 각론 7장 63항 부록(표준말, 문장부호)
원칙	제1장 총칙	총론
맞춤법	제1항	1.
띄어쓰기	제2항	3. : 토에 대한 언급
외래어 표기	제3항 《외래어 표기법》으로	각론 제60항: 원칙 제시
		각론
한글 자모	제2장 자모	제1장 자모
자모	제4항: 수, 순서, 이름 ※사전에 올릴 적의 순서 명시	제1항: 수, 순서 제2항: 이름
소리	제3장 소리에 관한 것	제2장 성음에 관한 것
된소리	제1절 된소리 제5항: 된소리 환경 구분 구체화	제1절 된소리 제3항: 환경 구분 안함.
구개음화	제2절 구개음화 제6항:구개음화 인정	제3절 구개음화 제5항 〔붙임 1〕과 일치
'ㄷ' 소리 받침	제3절 'ㄷ' 소리 받침 제7항: 관용의 인정, 유형 구분 안함.	제6항: 관용의 인정, 유형 구분
모음	제4절 모음 제8항: [ㅖ, ㅔ]→'ㅖ' 제9항: [ㅢ, ㅣ]→'ㅢ'	제4장 한자어 제36항: 'ㅖ' 제39항: [의, 희]
두음 법칙	제5절 두음 법칙 제10항: [ㄴ] 제11항: [ㄹ] 제12항: [ㄴ]	제42항: [ㄴ] 제43항: [ㄹ] 제44항: [ㄴ]
겹쳐 나는 소리	제6절 겹쳐 나는 소리 제13항: 한 낱말 안에서의 음절의 중복	*
형태	제4장 형태에 관한 것	제3장 문법에 관한 것

체언과 조사	제1절 체언과 조사 제14항: 구별하여 적음.	제1절 체언과 토 제7항: 원형을 밝혀 적음.
어간과 어미	제2절 어간과 어미 제15항: 구별하여 적음. cf. '-오'와 '-이요' 포함	제2절 어간과 어미 제8항: 구별하여 적음.
어미 '-아/어', '-요'	제16항: '-아'와 '-어'의 구별 제17항: 어미 뒤의 '-요'	* *
불규칙 용언	제18항: cf. 18.4의 'ㅜ, ㅡ'가 줄어질 적 보완 ※18.6 단음절 어간 뒤의 '-아'만 '-와'로, 그 밖에는 모두 '-워'	제10항
파생 명사, 파생 부사	제3절 접미사가 붙어서 된 말 제19항: '-이', '-음/ㅁ'; '-이/히' cf. 19.4 〔붙임〕	제6절 어원 표시 제12항: '-이', '-음'; '-이' 제13항: '이', '음' 이외의 모음
명사+'-이'	제20항: 부사와 명사로 구분 cf. 〔붙임〕	제14항: 품사 전환 여부로 구분 제15항: '-이' 이외의 접미사
자음 접미사	제21항: 명사와 어간의 경우 구분	제16항: 명사와 어간 경우 구분
피·사동, 강세 접미사	제22항: 접미사의 기능 구분 안함. 22.1 '다만' 규정: 어원에서 먼 것	제9, 17, 18, 19, 20항: 유형별로 구분 제25항: 용례 많음.
'-하다, -거리다'	제23항: '-하다, -거리다'→ '-이' 파생 명사 cf. 〔붙임〕: '-하다, -거리다'가 붙지 못하는 것	제21항 2. cf. 1은 부사 제22항: 유형별로 구분
'-이다'	제24항: '-거리다'→'-이다'	제24항: '-이다'
'-이/히'	제25항: '-이/히' 부사	제21항 1. cf. 2는 명사임.
'-하다, -없다'	제26항: 1. '-하다' 26.2 '-없다'	제23항: '-하다'만 제27항 〔붙임〕: '-없다'
합성·파생어	제4절 합성어 및 접두사가 붙은 말 제27항: 합성어, 접두 파생어의 원형 cf. 〔붙임 3〕 '이〔齒, 蝨〕→니'	제7절 품사 합성 제28항: 〔붙임 3〕의 '이〔齒, 蝨〕→니'는 없음.
'ㄹ' 탈락	제28항: 'ㄹ'→Ø	제29항: 'ㄹ'→Ø
'ㄹ'→'ㄷ'	제29항: 'ㄹ'→'ㄷ'	*
사이시옷	제30항: 순 우리말 합성어, 순 우리말과	제30항: 윗말의 끝소리가 모음일

	한자어의 합성어, 두 음절로 된 한자어(6개만) ㄱ. 뒷말의 첫소리가 된소리로 나는 것 ㄴ. 'ㄴ' 소리가 덧나는 것	때에 된소리로 발음되면 사이시옷 사용
'ㅂ', 'ㅎ'	제31항: 'ㅂ' 이나 'ㅎ' 소리가 덧나는 것	제31항
모음 탈락	제5절 준말 제32항: 단어 끝 모음 탈락 → 앞 음절의 받침	제5장 준말 제52항
체언과 조사	제33항: 체언과 조사의 축약 → 준 대로 적음.	제53항
모음 축약	제34항: 'ㅏ, ㅓ' + '-아/어; -았/었-' cf. [붙임 1]: '애, 에' + '-어, -었-' [붙임 2]: '하여' → '해' 제35항: 'ㅗ, ㅜ' + '-아/어; -았/었-' cf. [붙임 1]: '놓아' → '놔' [붙임 2]: '외' + '-어, -었-' 제36항: 'ㅣ' + '-어' → 'ㅕ' 제37항: 'ㅏ, ㅕ, ㅗ, ㅜ, ㅡ' + '-이-' 제38항: 'ㅏ, ㅗ, ㅜ, ㅡ' + '-이어' 제39항: '잖', '찮' 제40항: '하' 의 'ㅏ' 탈락 → 거센 소리로 cf. [붙임 1]: 'ㅎ' 을 어간 끝소리로 [붙임 2]: '하' 의 탈락 [붙임 3]: 부사의 경우	제55항 2. * * 제55항 2. * * 제55항 4. 제55항 1. 'ㅡ' + '-이-' 제55항 3. 'ㅗ, ㅡ' + '-이어, -이었' * 제56항: 'ㅎ' 을 그 자리에 두거나 윗음절의 받침으로 * * 제57항
띄어쓰기	**제5장 띄어쓰기**	**제7장 띄어쓰기**
조사	제1절 조사 제41항: '명사, 부사' + '조사'	제61항: 용언의 어간과 어미 포함. cf. '다만' : 의존 명사 붙여 쓰기 허용
의존 명사	제2절 의존 명사, 단위를 나타내는 명사 및 열거하는 말 등 제42항: 띄어 쓴다.	* *

단위	제43항: 띄어 쓴다. cf. '다만' : 붙여 쓰기 허용	제61항: '다만' 제61항 '다만' : 띄어 쓰기 허용
수	제44항: 만(萬) 단위로	제62항: 십진법에 따라
연결어	제45항: 띄어 쓴다.	*
단음절 단어	제46항: 붙여 쓰기 허용	제61항: '다만'
보조 용언	제3절 보조 용언 제47항: 붙여 쓰기 허용	*
성명, 호칭어	제4절 고유 명사 및 전문 용어 제48항: 성과 이름, 성과 호는 붙여쓴다. 호칭어, 관직명: 띄어 쓴다.	제63항: 띄어 쓴다.
성명 이외	제49항: 붙여 쓰기 허용	제63항: 띄어 쓴다.
전문 용어	제50항: 붙여 쓰기 허용	*
'-이' 와 '-히'	제6장 그 밖의 것 제51항: '이' 로 발음되는 것만 '-이' 로	*cf. 제12항 2. 제14항 1. 제21항 7. 부록 5 참조
본음 · 속음	제52항: 소리에 따라	제47, 48, 49, 50, 51항
어미	제53항: 예사소리로 표기하는 경우와 된소리로 표기하는 경우	보유 첫째: 구분은 따로 하지 않음.
접미사	제54항: 된소리 표기 접미사	*
어휘	제55항: '맞추다, 뻗치다' 제56항: '-더라, -던, -든지'	* 보유 둘째: '-든' 으로 통일
동음 이의어	제57항	*
부록	부록: 문장부호	부록: 문장부호
문장부호	규정 보완, 불필요한 부호 삭제	39개 항의 나열

1. *표는 《통일안》에는 없는 조항임.
2. 《통일안》 총론 2의 표준어에 관한 규정은 따로 《표준어 규정》이 마련됨으로써 삭제됨.
3. 《통일안》에 있던 제33, 34, 37, 38, 40, 41, 45, 46, 47, 48, 50, 51항 등은 《한글 맞춤법》에서는 제외됨.
4. 《통일안》에 항 표시만 한 것은 《한글 맞춤법》의 내용과 큰 차이가 없음을 의미함.

새로운 〈문장 부호〉의 주요 내용은 다음과 같다.

첫째, 가로쓰기용 부호로 통합하여 용법을 수정하였다. 그동안 세로쓰기용 부호로 규정된 '고리점(。)' 과 '모점(、)' 은 개정안에서 제외하였고, '낫표(「 」, 『 』)'

는 가로쓰기용 부호로 용법을 수정하여 유지하였다.

둘째, 문장 부호의 명칭을 정리하였다. 부호 '.'와 ','를 각각 '마침표'와 '쉼표'라 하고, 기존의 '온점'과 '반점'이라는 용어도 쓸 수 있도록 하였다. 아울러 부호 '〈 〉, 《 》'를 각각 '홑화살괄호, 겹화살괄호'로 명명하고 각각의 용법을 규정하였다.

셋째, 부호 선택의 폭을 확대하였다. 줄임표의 경우에는 컴퓨터 입력을 고려하여 아래에 여섯 점(......)을 찍거나 세 점(⋯, ...)만 찍는 것도 가능하도록 하였고, 가운뎃점 대신에 마침표(.)나 쉼표(,)도 쓸 수 있는 경우를 확대하였으며, 낫표(「 」, 『 』)나 화살괄호(〈 〉, 《 》) 대신 따옴표(' ', " ")도 쓸 수 있도록 하였다.

넷째, 전체 조항의 수가 증가하였다. 소괄호 관련 조항은 3개에서 6개로, 줄임표 관련 조항은 2개에서 7개로 늘어나는 등 전체적으로 이전 규정에 비해 28개 조항이 늘어났다. 여기서 '조항수'라고 하는 것에는 〔붙임〕과 〔다만〕 조항을 포함한 것이다.

이해를 돕기 위하여 바뀐 내용을 도표로 정리하여 보면 다음의 대조표와 같다.

현행(1988년~)	개정안(2014년)
한글 맞춤법 〈제1장〉~〈제6장〉	한글 맞춤법 〈제1장〉~〈제6장〉: 현행과 같음.
	부칙: 신설
□ 부록	□ 부록: 문장부호 개정
문장부호	문장부호의 정의 추가 전반적으로 용어의 정의 수정·보완 및 추가
I. 마침표〔終止符〕	하위 항목으로 분할하여 규정 정비
1. 온점(.), 고리점(。): 삭제	1. 마침표(.) ①〔붙임 1〕과 〔붙임 2〕에 마침표를 쓰지 않는 것을 허용하는 경우를 신설하고, '다만'으로 제목이나 표어에는 마침표를 쓰지 않는 경우를 허용. ② '마침표' 대신 '온점'이라는 용어를 쓸 수 있도록 허용.
2. 물음표(?)	2. 물음표(?) '다만' 조항에서 제목이나 표어에는 물음표를 쓰지 않음을 원칙으로 함을 규정.

II. 쉼표〔休止符〕	하위 항목으로 분할하여 규정 정비
1. 반점(,), 모점(、): 삭제	4. 쉼표(,) ① 용어 대상의 현실화: '모점'이라는 용어는 배제하고, '반점'이라는 용어는 사용 허용. ② '다만'으로 쉼표 없이도 열거되는 사항임이 쉽게 드러날 때는 쓰지 않을 수 있도록 허용. ③ 열거할 어구들을 생략할 때 사용하는 줄임표 앞에는 쉼표를 쓰지 않는다는 규정 추가. ④ 한 문장 안에서 앞말을 '곧', '다시 말해' 등과 같은 어구로 다시 설명할 때 앞말 다음에 쓴다는 규정 추가. ⑤ 〔붙임 1〕에 쉼표 대신 줄표를 쓸 수 있도록 허용. ⑥ 〔붙임 2〕에 끼어든 어구 안에 다른 쉼표가 들어 있을 때는 쉼표 대신 줄표를 쓰도록 규정 추가.
2. 가운뎃점(·)	5. 가운뎃점(·) ① '다만' 조항에 가운뎃점을 생략하거나 쉼표를 쓸 수 있도록 허용. ② 공통 성분을 줄여서 하나의 어구로 묶을 때 쓰는 규정을 신설하고, 쉼표를 대신 쓸 수 있도록 허용.
3. 쌍점(:)	6. 쌍점(:) ① 희곡 등에서 대화 내용을 제시할 때에 쓰도록 하는 규정 신설. ② 〔붙임〕 규정으로 쌍점의 띄어쓰기 조항 신설.
4. 빗금(/)	7. 빗금(/) ① 빗금의 용법에 대한 구체적인 내용을 규정으로 신설하여 추가. ② 〔붙임〕으로 빗금의 띄어쓰기 규정 추가.
Ⅲ. 따옴표〔引用符〕	하위 항목으로 분할하여 규정 정비
1. 큰따옴표(" "), 겹낫표(『 』)	8. 큰따옴표(" ") 가로쓰기와 관련한 겹낫표 삭제.
2. 작은따옴표(' '), 낫표(「 」)	9. 작은따옴표(' ') 가로쓰기와 관련한 낫표 삭제.

Ⅳ. 묶음표〔括弧符〕	하위 항목으로 분할하여 규정 정비
1. 소괄호(( ))	10. 소괄호(( )) 소괄호의 용법에 대한 구체적인 내용을 규정으로 신설하여 추가.
2. 중괄호({ })	11. 중괄호({ }) 열거된 항목 중 어느 하나가 자유롭게 선택될 수 있음을 보일 때 쓰는 규정 추가.
3. 대괄호(〔 〕)	12. 대괄호(〔 〕) 원문에 대한 이해를 돕기 위해 설명이나 논평 등을 덧붙일 때 쓰는 규정 추가.
〈신설〉	13. 겹낫표(『 』)와 겹화살괄호(《 》) 겹낫표와 겹화살괄호에 관한 규정 신설.
〈신설〉	14. 홑낫표(「 」)와 홑화살괄호(〈 〉) 홑낫표와 홑화살괄호에 대한 규정 신설.
Ⅴ. 이음표〔連結符〕	하위 항목으로 분할하여 규정 정비
1. 줄표(—)	15. 줄표(—) 구체적인 사용 상황과 생략 허용 그리고 띄어쓰기 관련 조항 추가.
2. 붙임표(-)	16. 붙임표(-) 붙임표의 용법을 수정하여 제시
3. 물결표(~)	17. 물결표(~) ① 〔붙임〕 조항으로 물결표 대신 붙임표를 쓸 수 있도록 허용. ② 어떤 말의 앞이나 뒤에 들어갈 말 대신 쓰도록 한 규정은 삭제.
Ⅵ. 드러냄표〔顯在符〕	하위 항목으로 분할하여 규정 정비
1. 드러냄표(˙ , ˚)	18. 드러냄표(˙)와 밑줄(___) ① 세로쓰기에 사용되는 드러냄표 삭제. ② 〔붙임〕으로 드러냄표나 밑줄 대신 작은따옴표를 쓸 수 있도록 허용. ③ '가로쓰기에서는 밑줄(____, ~~~)을 치기도 한다' 는 규정 삭제.

Ⅶ. 안드러냄표〔潛在符〕	하위 항목으로 분할하여 규정 정비
3. 줄임표(……)	21. 줄임표(……) ① 문장이나 글의 일부를 생략할 때 쓰는 규정 추가. ② 머뭇거림을 보일 때 쓰는 규정 추가. ③ 〔붙임 1〕에 점은 가운데에 찍는 대신 아래쪽에 찍을 수도 있도록 허용. ④ 〔붙임 2〕에 점은 여섯 점을 찍는 대신 세 점을 찍을 수도 있도록 허용. ⑤ 〔붙임 3〕에 줄임표의 띄어쓰기 규정 추가.

《한글 맞춤법》과 《조선말 규범집》의 비교

남과 북이 갈려 살게 된 지도 벌써 70년이 되었지만, 요즈음의 정치 · 사회적인 환경 변화는 요원한 것으로 생각되던 통일이 그리 먼 일만은 아닌 듯한 느낌도 주고 있다. 갈려 사는 동안 우리가 사용하는 언어는 상당 부분에서 차이가 나타나게 되었는데, 그러한 차이의 극복을 위한 노력은 통일을 위한 준비 과정의 하나라고도 이야기할 수 있을 것이다. 여기서는 1989년 3월 1일부터 시행된 우리의 《한글 맞춤법》과 1988년에 개정된 북한의 《조선말 규범집》을 비교하여 그들 사이에 보이는 차이점의 대강을 정리하여 보기로 한다. 차이를 극복한다고 하여 다른 부분에만 주목하는 것을 온당한 접근 태도라 하기는 어렵다 하겠다. 특히 남북한의 문제에 관한 한 동질적인 요소가 훨씬 많다는 사실에 대한 인식을 전제로 삼는 것이 필요하다고 생각하기 때문이다. 맞춤법만을 국한하여 보더라도 남북한이 사용하고 있는 현재의 맞춤법은 남과 북에서 각각 일부 개정을 하였지만 조선어 학회의 '한글 맞춤법 통일안'에 그 뿌리를 두고 있다. 여기서는 남북한 맞춤법 사이의 차이점을 정리하여 보기로 하거니와 그것이 여기 언급되지 않은 보다 많은 동질적인 요소에 대한 인식이 바탕이 되고 있음에 대해서는 일단 밝혀둘 필요가 있다.

이제 맞춤법, 띄어쓰기, 문장부호법, 문화어 발음법의 4부(북에서는 이것을

'4칙'이라고 흔히 말한다)로 구성되어 있는《조선말 규범집》의 내용을 중심으로《한글 맞춤법》과의 차이를 정리하여 보기로 하자. 아울러 맞춤법의 대상이 되는 문화어에 대해서도 우리의 표준어와 보이는 차이를 살펴보기로 한다.

1. 맞춤법

《조선말 규범집》은 "조선말 맞춤법은 단어에서 뜻을 가지는 매개 부분을 언제나 같게 적는 원칙을 기본으로 하면서 일부 경우 소리 나는 대로 적거나 관습을 따르는 것을 허용한다"는 총칙과 본문 7장 27항으로 구성되어 있다. 총칙의 대강은《한글 맞춤법》은 제1항과 같은 내용을 담고 있는 것으로 이해할 수 있으나 "소리대로 적되 어법에 맞도록"이라 하여 한글이 음소문자라는 전제를 앞세운 것과는 달리 북한에서는 체언이나 용언의 어간 등 단어의 의미부를 '단어에서 뜻을 가지는 매개 부분'이라 하여 이들의 표기에서는 기본형으로 고정하여 적는 형태음소적 원리를 분명히 하였다는 점에 차이를 보인다.

자모의 차례와 그 이름도 큰 차이가 있다. 다음은《조선말 규범집》의 자모 차례와 그 이름이다.

> ㄱ(기윽) ㄴ(니은) ㄷ(디읃) ㄹ(리을) ㅁ(미음) ㅂ(비읍) ㅅ(시읏) ㅇ(이응) ㅈ(지읒) ㅊ(치읓) ㅋ(키읔) ㅌ(티읕) ㅍ(피읖) ㅎ(히읗) ㄲ(된기윽) ㄸ(된디읃) ㅃ(된비읍) ㅆ(된시읏) ㅉ(된지읒)
> ㅏ(아) ㅑ(야) ㅓ(어) ㅕ(여) ㅗ(오) ㅛ(요) ㅜ(우) ㅠ(유) ㅡ(으) ㅣ(이) ㅐ(애) ㅒ(얘) ㅔ(에) ㅖ(예) ㅚ(외) ㅟ(위) ㅢ(의) ㅘ(와) ㅝ(워) ㅙ(왜) ㅞ(웨)
> 자음 글자의 이름은 각각 다음과 같이 부를 수도 있다.
> (그) (느) (드) (르) (므) (브) (스) (으) (즈) (츠) (크) (트) (프) (흐) (끄) (뜨) (쁘) (쓰) (쯔)

이와 같이 남북한의 자모의 차례와 이름은 상당한 차이를 보인다. 자모의 수에서는 북한이 복합자 16자를 합해 40자를 택하고 있는 반면 남한에서는 자모의 수를 24자로 하고 있으며, 그에 따라 남북한의 사전이나 색인의 자모 배열법에 있어서의 자연 차이를 보이게 되는 것이다. 예컨대 된소리나 'ㅐ, ㅔ, ㅘ,

ㅝ' 등의 순서가 남한의 사전들보다 훨씬 뒤에 배열된다. 'ㅇ'의 경우에 자음으로서의 기능을 가지는 종성 'ㅇ'과 단순히 글자의 모양을 갖추기 위하여 사용되는 초성 'ㅇ'과는 구분하고 있다는 점도 중요한 차이라 하겠다. 그와 같은 'ㅇ'의 구분은 사전에서의 표제어 배열에서 상당한 차이를 나타내게 되는 것이다. 종성 'ㅇ'은 종성 'ㅅ' 다음에 배열되지만, 초성 'ㅇ'은 아주 없는 것으로 보고 '아, 야' 등이 'ㅏ, ㅑ'로 처리되어 'ㅉ'으로 시작되는 말 다음에 배열되는 것이다. 자모의 이름도 북한에서는 '기윽, 니은, 디읃……' 등으로 음절의 모음을 일률적으로 고치고 '쌍기역', 쌍디귿' 등도 '된기윽, 된디읃'으로 고치고 자음 이름은 '그, 느, 드……'로도 할 수 있는 허용 규정을 두고 있다. 1988년의 《조선말 규범집》이 1966년판과 달라진 점은 'ㅇ'의 줄인 명칭 '으'가 '응'으로 교체되었다는 것이다.

'형태부 적기'에서는 받침에 사용되는 자모와 용례를 구체적으로 다루어 받침에 대한 별도의 규정을 마련하지 않은 《한글 맞춤법》과는 차이를 보인다.

'말줄기와 토 적기'에서는 어간과 토에 대한 내용을 담고 있는데, 북한에서는 조사를 하나의 품사로 인정하지 않고 하나의 접미사로 처리하여 어미와 함께 '토'라 부르고 있다. 여기서도 다소 차이를 보인다. 먼저 어간 끝소리 'ㅂ'이 '오/우'로 바뀌는 ㅂ변칙의 경우를 들 수 있다. 남한에서도 맞춤법을 개정하기 전까지는 어간 끝소리 'ㅂ'이 양성 모음과 어울리면 '오'로, 음성 모음과 어울리면 '우'로 변하여 그 변한 것을 그대로 적던 것으로 '반가와, 괴로와, 매워, 무거워, 미워, 고와, 도와'와 같은 예들이 그것이다. 북한은 현재까지 이것을 그 대로 지켜 오고 있는 반면에, 남한에서는 1989년 개정에서 어간 끝소리 'ㅂ'이 모음과 어울릴 적에는 모두 '우'로 변하는 것을 표준으로 정하여 차이를 가지게 된 부분이다. 다음에는 어미 '어'가 '여'로 바뀌는 경우이다. 남한에서는 '여'의 표기를 어간이 '하-'인 경우만으로 제한하고 있지만, 북한에서는 어간이 '하'인 경우는 물론이고 어간의 끝소리가 'ㅣ, ㅐ, ㅔ, ㅚ, ㅟ, ㅢ'인 경우에도 어미 '-여', '-였-'으로 적도록 규정하고 있다. 이는 1954년 '조선어 철자법' 이래로 지켜지고 있는 규정이다.

'합친말 적기' 즉 합성어의 표기는 남북한의 규정이 대체적으로 일치하나 남한의 "'이〔齒, 蝨〕'가 합성어나 이에 준하는 말에서 '니' 또는 '리'로 소리날 때에는 '니'로 적는다"는 내용과 사이시옷에 대한 규정이 《조선말 규범집》에 비하여 더 들어 있는 내용이다. 북한은 남한에서 사이시옷을 사용하여 '냇가, 깻잎'

이라 적는 말을 사이표를 사용하여 '내'가, 깨 '잎'이라 적기로 한 지난《조선어 철자법》의 규정을《조선말 규범집》에서 삭제함으로써 현재는 합성어에 아무런 표시도 하지 않게 된 것이다. 그렇다고 해서《조선말 규범집》의 사이시옷이 완벽하게 자취를 감춘 것은 아니다. "샛별-새별(새로운 별); 빗바람(비가 오면서 부는 바람)-비바람(비와 바람)"과 같이 소리가 같은 말의 혼동을 피하기 위한 사이시옷은 1966년에 없었던 것이 1988년에《조선말 규범집》의 제15항으로 첨가되어 쓰이고 있는 것이다.

'말뿌리와 뒤붙이 적기' 즉 어근과 접사 또는 일부 토를 적는 데에서도 다소의 차이를 찾아 볼 수 있다. 그 대강은 남한과 별 차이가 없으나 접미사 '이'가 붙어 명사나 부사가 될 때 형태를 밝혀 적는 데에서 약간의 차이를 보인다. 명사가 되는 경우, 북한은 '하다'가 붙어서 단어를 이루지 못하는 어근일 경우에는 소리 나는 대로 적는데 남한은 이번 개정으로 '하다'뿐 아니라 '거리다'가 붙을 수 있는 어근까지도 그 형태를 밝혀 적도록 하여 '하다'가 붙을 수 없는 어근이라도 '거리다'가 붙을 수 있는 어근이면 그 형태를 밝혀 적기로 하였기 때문이다. 이것은 북한에 비해 남한이 어근 형태를 보다 더 고정시키는 표기법을 취한 것이라 하겠다. 부사의 경우에도 남한에서는 부사에 '이'가 붙어서 역시 부사가 되는 경우는 형태를 밝혀 적도록 한 조건을 더 추가함으로써 남북한 사이에 표기가 같았던 단어들이 일부 달라지게 되었다. 곧 '하다'가 붙을 수 없는 어근이라도 그것이 부사인 경우는 밝혀 적는 것이다.

'한자말 적기'에서는 다른 부분보다 매우 큰 차이를 발견하게 된다. 우선 북한은 한자어를 음절마다 해당 한자음대로 적는 것을 원칙으로 한다. 즉, 한자어의 음절 각각을 하나의 형태부로 인정하여 어느 위치에서나 같게 적는 형태주의 원칙을 지키는 반면에, 남한에서는 의존 명사나 외래어를 제외하고는 어두의 'ㄹ'과 'ㅑ, ㅕ, ㅛ, ㅠ, ㅣ, ㅖ' 앞의 'ㄴ' 소리를 인정하지 않고 두음법칙에 따라 소리 나는 대로 적으며, 모음이나 'ㄴ' 받침 뒤에 이어지는 '렬, 률'은 '열, 율'로 적는 것이다. 예컨대 '노인(老人), 양심(良心), 여자(女子), 요소(尿素), 규율(規律), 선열(先烈)' 등을 북한에서는 '로인, 량심, 녀자, 뇨소, 규률, 선렬' 등이라 적는다. 또한 북한은 한자어 모음에서 'ㅖ'는 '계, 례, 혜, 예'에서만 인정하여 남한에서 인정되고 있는 '몌, 폐'를 북한에서는 '메, 페'로 적고 있다는 점에서도 차이를 보인다.

2. 띄어쓰기

《조선말 규범집》에서는 총칙과 5장 22항으로 이루어진 띄어쓰기 규정을 별도로 마련하고 있다. 《한글 맞춤법》이 띄어쓰기 규정을 제5장에 포함시켜 10항으로 구성하고 있는 것과는 차이를 보인다.

북한은 토를 단어로 인정하지 않으므로 이를 붙여 쓰도록 하는 조항도 없다. 북한은 붙여 써야 하는 경우를 넓게 잡아 자세히 규정하고 있는 반면에 남한은 극히 일부에 한해 붙여 쓰는 것을 허용하고 있다. 하지만 이번 남북한의 개정된 띄어쓰기 규범에서는 각각 남한은 원칙적으로 너무 띄어 썼기 때문에 붙여 쓰는 방향으로 수정하였고, 북한도 1985년, 1987년 계속 수정하여 너무 붙여 쓰던 단위들을 띄어 쓰는 방향으로 수정하여 남북한의 띄어쓰기가 부분적으로 일치되는 양상을 보이게 되었다.

먼저 '명사와 관련한 띄어쓰기'에서 보면 남한이 성과 이름, 성과 호 등은 붙여 쓰고 성명 이외의 고유명사는 단위별로 띄어 씀을 허용하며 이외의 경우는 붙여 쓰는 것이 허용되지 않는 데에 비하여 북한에서는 붙여 쓰는 경우를 남한보다 많이 인정하고 있다. 특별히 눈에 띄는 것은 1966년의 《조선말 규범집》에는 없던 "시간과 공간의 뜻을 추상적으로 나타내는 고유어 명사 '앞, 옆, 뒤, 끝, 속, 밖, 안, 우, 아래, 밑, 사이(새), 때, 제, 곁, 길, 군데, 해, 달, 날, 낮, 밤, 곳, 자리, 고장, 어간, 어구, 가운데, 구석' 등은 토 없는 명사, 수사, 대명사 뒤에서 붙여 쓰며 일부 경우에는 규정형 뒤에서도 붙여 쓴다"는 내용과 "'년, 놈, 녀석, 자' 등도 이에 준하여 처리한다"는 규정이다. 이들은 《한글 맞춤법》에서는 띄어 쓰고 있기 때문이다. 합성어나 숙어로 된 명사를 붙여 쓰는 것은 남한과 차이가 없으나 두 개 이상의 단어가 어울려 하나로 녹아 붙어 한 단위처럼 된 명사는 붙여 쓴다고 하여 세부 규정의 적용에서는 차이가 있다.

'수사, 대명사와 관련한 띄어쓰기'에서도 대체적으로 일치되는 경향을 찾아볼 수 있다. 다만 북한에서는 수사가 토 없이 완전명사와 어울린 것은 띄어 쓰고 단위명사와 어울린 것은 붙여 쓰는 것을 원칙으로 하고 있는 반면에, 남한에서는 단위를 나타내는 명사는 띄어 쓰되 순서를 나타내는 경우나 숫자와 어울려 쓰이는 경우에는 붙여 쓸 수 있다는 점에서 차이를 보일 뿐이다. '15 성상, 70 나이의 고령, 60 여평생, 마흔고개, 칠순고개' 등과 같은 예에서의 '성상, 세월, 나이, 평생, 고개' 등과 같은 완전명사도 북한에서는 단위명사에 준하여 처리한다.

대명사의 경우 원칙적으로 다른 품사와 띄어 쓰는 점은 남한과 일치하지만 불완전명사(또는 이에 준하는 일부 명사)와 직접 어울린 것만 붙여 쓰고 있는 점은 차이를 보이고, '자신, 전체, 자체, 모두, 스스로'와 어울리는 경우에도 기본적으로 불완전명사의 경우와 같이 붙여 써 남한과 차이가 있다.

'동사, 형용사와 관련한 띄어쓰기'에서도 남한에서는 보조용언은 띄어 씀을 원칙으로 하되, 경우에 따라 붙여 씀도 허용하여 북한의 붙여 쓰는 규정과 차이를 줄였다. 다만, 북한에서는 동사와 형용사가 명사, 부사와 어울려 잇달아 있을 경우에는 행동의 단위에 따라 띄어 쓰는 것이 다른 점이라 하겠다. 남한에서보다는 상대적으로 더 붙여 쓰고 있는 것이다.

'특수한 말, 특수한 어울림에서의 띄어쓰기'에서 먼저 '학술 용어 및 전문 용어'는 남한에서 단어별로 띄어 씀을 원칙으로 하되 붙여 씀을 허용하고, 북한의 경우도 1966년에 비해 경우에 따라 띄어 쓰는 쪽으로 개정되어 다소 일치되는 방향으로 개정이 된 것으로 볼 수 있으나 아직 구체적인 내용에서는 차이를 보이고 있다. "하나의 대상, 하나의 개념을 나타내는 용어는 품사 소속과 형태에는 관계없이 붙여 쓰는 것을 원칙으로 한다"는 것이나 "규정어, 보어, 상황어로서의 구획이 뚜렷한 대상의 이름은 원칙적으로 그 규정어, 보어, 상황어 단위로 띄어 쓴다"는 것이 그러한 경우를 보이는 것으로 남한보다는 아직도 더 붙여 쓰는 경향을 취하는 것으로 이해된다. 그러한 경향은 성구나 속담의 띄어쓰기에서도 유효하다. "단어들이 토 없이 어울려 이루어진 속담이나 고유어 성구는 원칙적으로 붙여 쓰며, 토가 줄어진 속담이나 성구는 원칙적으로 단어 또는 단어화된 것을 단위로 띄어 쓰고" 있기 때문이다.

3. 문장 부호법

《한글 맞춤법》이 문장 부호를 부록으로 다루고 있는 반면에 《조선말 규범집》에서는 총칙과 20항으로 규정을 제시하고 있다. 사용하는 부호와 이름에서 다소 차이를 보일 뿐만 아니라 동일한 부호라 할지라도 그의 쓰임에서 차이를 보이기도 한다. 다음의 표는 《한글 맞춤법》과 《조선말 규범집》의 문장 부호를 비교하여 정리한 것이다. 문장 부호의 용법상의 차이는 구체적인 예를 생략하고 차이가 있는 부호라는 점만을 나타내기로 한다.

구분 / 부호	남한		북한		비교
마침표	온점	.	점	.	
					×
	물음표	?	물음표	?	
	느낌표	!	느낌표	!	
쉼표	반점	,	반점	,	
					×
	가운뎃점	·			×
	쌍점	:	두점: /	반두점;	☆/*
	빗금	/			×
따옴표	큰따옴표	" "	인용문	《 》	
	겹낫표	『 』			×
	겹화살괄호	《 》			
	작은따옴표	' '	거듭인용표	〈 〉	☆
	홑낫표	「 」			×
묶음표	홑화살괄호	〈 〉			
	소괄호	( )	쌍괄호	( )	☆
	중괄호	{ }			×
	대괄호	〔 〕	꺽쇠괄호	〔 〕	
이음표	줄표	—	풀이표	—	☆
	붙임표	-	이음표	-	
	물결표	~	물결표	~	
드러냄표 안드러냄표	드러냄표	˙	밑점	……	☆
	숨김표	○, ×	숨김표	×××	
				○○○	
				□□□	
	빠짐표	□			×
	줄임표	……	줄임표	…	
			같음표	〃	*

×: 북한에서는 사용하지 않는 부호. *: 북한에서만 사용하는 부호.

☆: 남북한이 함께 사용하는 부호이나 용법에 차이를 보이는 것.

위의 도표에는 《조선말 규범집》 '문장 부호법'의 제19항과 제20항의 내용은 반영이 되지 않은 것이다. 제19항은 "제목글에서의 부호 사용법"을 규정한 것이고, 제20항은 "제목이나 장, 절, 문단 등을 가르는 부호와 그 차례"를 규정한 것이다.

4. 문화어 발음법

여기서는《조선말 규범집》의 '문화어 발음법'에 관하여 살펴보기로 하자. '문화어 발음법'은 '표준어 규정'의 제2부 표준 발음법에 상당하는 부분이다.

'문화어 발음법'이 총칙과 10장 31항으로 구성되어 총칙과 7장 30항으로 구성된 표준 발음법과는 외형적인 차이를 보이고 있으나 보다 큰 차이는 그들이 대상으로 삼는 내용에 있다고 하겠다. 즉 표준 발음법이 표준어를 대상으로 삼는 반면에 문화어 발음법은 평양말을 토대로 하는 문화어가 그의 대상이기 때문이다. 여기서도 일치하는 많은 경우보다는 차이를 보이는 몇몇 경우를 정리하여 보기로 한다.

먼저 모음의 발음이다. 표준 발음법이 [ㅚ, ㅟ]의 이중모음으로의 발음을 허용하는 반면에 문화어 발음법에서는 그러한 예외를 인정하지 않는다는 점에서 차이가 있다. 표준 발음법이 '예, 례' 이외의 [ㅖ]에 대해서는 [ㅔ]로 발음하는 것과는 달리 문화어 발음법이 '예' 이외의 'ㅖ' 곧 'ㄱ, ㄹ, ㅎ' 뒤에서는 [ㅔ]로 발음한다는 것도 다른 점이다.

'첫 소리 자음의 발음'에서도 차이는 찾아볼 수 있으니 문화어 발음법이 모든 모음 앞에서 'ㄹ, ㄴ'을 [ㄹ, ㄴ]으로 발음하도록 한 것이 그것이다.

'받침자모와 관련한 발음'의 대강은 서로 일치하나 '밟다'와 '맛있다, 멋있다' 등의 예에 대하여 표준 발음법이 현실음을 수용하여 예외를 인정한 반면에 문화어 발음법에서는 그러한 예외를 인정하지 않는다는 차이가 있다.

'된소리현상과 관련한 발음'도 큰 차이는 보이지 않는다. 특히 현실적인 발음을 염두에 둔다면, 발음 규칙과 관계없이 의미 구분을 위하여 된소리로 발음하는 '원수'와 '원쑤' 같은 예 이외에는 별다른 차이가 없다고 하겠다.

'닮기현상이 일어날 때의 발음' 즉 음의 동화에서도 차이점을 찾아볼 수 있으니, 표준 발음법 제5장 제19항의 "받침 'ㅁ, ㅇ' 뒤에 연결되는 'ㄹ'은 [ㄴ]으로 발음한다"는 규정이 문화어 발음법에서는 수용되지 않는다는 것이 그것이다.

문화어 발음법의 '사이소리현상과 관련한 발음'은 사이시옷의 표기와 밀접한 관계가 있는 내용이기는 하나 실제 발음과 표기 사이의 거리를 염두에 둔다면 규정들 사이의 내용상의 차이보다는 남북한의 현실적인 발음은 보다 가까운 것으로 이해할 수도 있을 것이다. 그와 관련된 문화어 발음법의 규정들이 모두 "허용한다"는 표현을 취하고 있는 것도 그러한 맥락 속에서 보아야 할 것이다.

5. 문화어

지금까지《조선말 규범집》이《한글 맞춤법》과의 사이에서 드러나는 차이점의 대강을 살펴보았다. 그러한 차이의 상당 부분은 문화어와 표준어 사이의 차이에서 그 원인을 찾아볼 수도 있을 것이다. '문화어'라는 용어가 처음 쓰이게 된 것은 1966년 5월 14일의 "조선어와 민족적 특성을 옳게 살려나갈데 대하여"라는 김일성의 교시에서 비롯한다. 간단히 표현하자면 평양말을 중심으로 하고 방언도 상당 부분 격상한 것이 문화어인 것이다. 그에 따라 문화어가 표준어와는 다른 특징을 보이게 됨은 오히려 당연하다고 하겠다. 맞춤법과 관련되는 내용으로는 [ㅣ]의 원순모음화와 [ㅚ]의 단모음화 [ㅣ]모음 역행동화와 어두에서의 [ㄹ, ㄴ] 발음 등으로 정리될 수 있는 문화어의 발음상의 특징을 들 수 있겠지만, 그 밖에도 접사나 조동사의 생산성의 변화나 '-(으)ㄹ 데 대하여', '-(으)ㄹ 대신에'와 같은 구문의 사용과 기존 어휘의 의미 변화와 새로운 어휘의 생성 및 방언 어휘의 수용 등도 문화어의 특징이라 할 수 있는 것들이다.

지금까지《한글 맞춤법》과《조선말 규범집》의 내용을 그들 사이의 차이점에 주목하여 아주 간단하게 살펴보았다. 설명한 내용이 차이점에 관한 것이기는 하지만 여기 일일이 들지 않은 보다 많은 내용에서 일치하고 있다는 사실과 그들이 뿌리를 같은 곳에 두고 있다는 사실은 이미 전제된 것이었다. 차이 또는 이질화의 극복을 도모하려 한다면 차이에 대한 인식과 함께 동질성의 확인과 강조도 필요한 작업이라는 생각 때문이다. 그러한 점에서 본다면 개정의 과정을 통하여 그 동안 차이를 보이던 내용들이 일치되어 가는 경향을 보인다는 점도 통일을 추구하고 그를 위한 차이 또는 이질화의 극복이라는 점에서는 긍정적인 움직임으로 이해할 수 있을 것이다.

【참고】 1. 고영근(편)(1989), 북한의 말과 글, 을유문화사.
2. 김민수(1985), 북한의 국어 연구, 고려대학교 출판부.
3. 남성우 · 정재영(1990), 북한의 언어 생활, 고려원.
4. 전수태 · 최호철(1989), 남북한 언어 비교 - 분단시대의 민족어 통일을 위하여, 도서출판 녹진.

Ⅱ

표준어 규정

일 러 두 기

1. 이 《표준어 규정》은 문교부 고시 제88-2호(1988. 1. 19.)에 따라 1989년 3월 1일부터 시행하여 온 규정이 2017년 3월 28일 문화체육관광부 고시 제2017-13호로 일부 수정된 《표준어 규정》을 해설한 것이다.
2. 이 규정은 '제1부 표준어 사정 원칙' 3장과 '제2부 표준 발음법' 7장으로 구성되어 있고, 첫머리에 '표준어 규정'이 되기까지를 실어 개정 경위 및 내용을 일목요연하게 파악하게 했다.
3. 예시어에는 접사와 어미도 포함되어 있다. 예시어 가운데 일반독자에게 낯선 어휘가 된 예시어에 대해서는 따로 모아 '어휘 사전'으로 그 의미를 제시하였다.
4. 부와 장 및 항의 첫머리에 필요에 따라 해설을 실었으며, 끝부분에 【참고】 란을 두어 연구 자료를 제시했다.
5. 이 규정의 표기 및 부호의 사용은 《한글 맞춤법》에 따랐다.
6. '다만'은 규정의 본문에 해당되지 않는 예외 사항을 제시할 경우, 〔붙임〕은 규정의 본문에 포함시켜 설명하기 어려운 사항을 보충할 경우에 각각 사용했다.

《표준어 규정》이 되기까지

여기서 살펴보려는 《표준어 규정》은 앞서의 《한글 맞춤법》과 마찬가지로 문교부가 1970년 2월에 국어 심의회의 건의에 따라 개정에 착수하여, 국어 조사 연구 위원회, 학술원 산하의 어문 연구 위원회, 국어 연구소에 차례로 위촉, 표준어에 대한 규정을 만들게 한 후 1987년 국어 심의회의 의결을 거쳐 1988년 1월 19일에 고시하여 1989년 3월 1일부터 시행하게 된 것이다.

이 《표준어 규정》은 《한글 맞춤법》의 개정과는 그 양상이 다르다. 《한글 맞춤법》의 경우는 《한글 맞춤법 통일안》의 개정이기보다는 부분적인 보완이라 할 것이나, 본 《표준어 규정》은 개정이기보다는 새로운 제정이라 할 형편이기 때문이다. 표준어에 대하여도 1936년에 조선어 학회 곧 현재의 한글 학회에서 발표한 《사정한 조선어 표준말 모음》이 있기는 하나 조선어 학회의 《표준말 모음》에는 사정한 단어 9,547개(표준어 6,231개, 약어(준말) 134개, 비표준어 3,082개, 한자어 100개)가 수록되어 있을 뿐, 사정의 기준이 되는 규정은 제시하지 않고 있다. 총체적인 표준말 사정의 조건은 《통일안》의 총론 제2항에서 "표준말은 대체로 현재 중류 사회에서 쓰는 서울 말로 한다"라고 규정하고 있지만, 세부적인 사항에 대한 규정이 없기 때문이다.

그러나 이번에 시행되는 《표준어 규정》은 그러한 규정의 불비에만 제정의 이유가 있는 것은 아니다. 말은 끊임없이 변하는 것이고, 그러한 변화의 모습은 조선어 학회의 《표준말 모음》이 이루어진 50여 년 전의 국어와 요즈음의 국어 사이에서도 찾을 수 있는데, 이번의 《표준어 규정》의 발표와 그 후속 작업으로 이루어지고 있는 표준어의 사정 작업은 바로 표준어의 현대화를 위하여 꼭 필요한 작업인 것이다.

이제 《표준어 규정》의 대강을 살펴보기로 하자. 여기서는 앞서 《한글 맞춤법》에서 보인 것과 같은, 항목마다 행하여진 설명은 지양하려 한다. 그것은 아직도 표준어의 사정 작업이 진행 중이라는 점과 《표준어 규정》의 성격상 각 조항은 개별 단어들에 대한 단순한 선택 기준만을 보여 주는 것으로 이해할 수 있기 때문이다.

제1부 표준어 사정 원칙

《표준어 규정》은 크게 두 부분으로 나뉘어 있다. 제1부의 '표준어 사정 원칙'과 제2부의 '표준 발음법'이 그것이다. 표준어 사정 원칙은 다시 세 부분으로 나뉘고, 표준 발음법은 일곱 부분으로 구성되어 있다.

표준어 사정 원칙의 세 부분은 총칙과 발음 변화에 따른 표준어 규정, 그리고 어휘 선택의 변화에 따른 표준어 규정이 그것이다.

제1장 총　칙

제1항의 규정은 《통일안》의 총론 제2항에 있던 내용을 바꾼 것이다. 그러나 엄밀한 의미에서 본다면, 이 제1항은 내용을 바꾼 것이 아니라 표현만을 바꾼 것이라고 할 수 있다. 《통일안》의 '중류 사회'와 '현재'라는 표현을 각각 '교양 있는 사람들'과 '현대'라고 바꾸었다고 하여 그것이 표준어의 사정과 이번의 규정을 만드는 과정에 영향을 준 것은 아니기 때문이다. 그럼에도 불구하고 제1항과 같이 표현을 고친 것은 '중류 사회'의 기준이 모호하다는 점과, '현재'가 과거의 현재, 현재의 현재, 그리고 미래의 현재 즉 영원한 현재로서 역사 속에서 한 시대의 표준말을 규정짓는 데에는 적절하지 못하다는 인식에 따른 것으로 보인다. 실제로 이번 《표준어 규정》의 개정을 통하여 행하여지는 작업의 내용은 규정 자체의 작성에 있지 않음은 물론이다. 즉 개별 단어의 사정을 위한 작업의 기준을 제시하는 데에 그 의의가 있는 것이다.

지난 50여 년 간의 시간적인 흐름에 따른 언어의 변화를 수용하고, 당시에 사정 대상 어휘의 절대수가 적었다는 점에서 전반적인 사정 작업이 필요하며, 그를 위하여 각 국어 사전들의 검토 및 방언과 신조어의 사정 작업 등이 필요한 것인데, 그러한 작업의 기준을 제시한 것으로 이해할 수 있기 때문이다.

외래어 또한 표준어 사정의 중요한 대상이 되어야 할 것이다. 넓은 의미에서의 국어에는 순 한국말, 곧 고유어 이외에도 외래어가 포함되기 때문이다. 그러나 이번의 《표준어 규정》에서는 외래어를 사정 대상에서 보류함을 제2항을 통해 밝히고 있다. 외래어를 사정 대상에 포함시키는 데에는 시간 제약이 따른다는 점과, 외래어는 그 성격이 고유어와 아주 다른 점이 보류의 큰 이유라고 할 수 있다. 그런데 외래어와 관련하여서는 문교부가 1986년 1월 7일 《외래어 표기법》을 공포한 바 있다. 이에 대하여는 본서의 《외래어 표기법》을 참조하기 바란다.

제1항 표준어는 교양 있는 사람들이 두루 쓰는 현대 서울 말로 정함을 원칙으로 한다.
제2항 외래어는 따로 사정한다.

제2장 발음 변화에 따른 표준어 규정

본장은 언어의 변화 가운데 발음의 변화가 현저하여 종래의 표준어를 따를 수 없어서 개정한 표준어를 규정한 것이다. 제1절의 '자음'에서는 '끄나풀, 칸' 따위의 예에서와 같이 거센소리로 나는 형태를 표준어로 삼은 경우와 '가을갈이, 거시기' 등의 예와 같이 거센소리로 나지 않는 형태를 표준어로 삼은 경우, 그리고 어원은 분명하다고 하더라도 어원에서 멀어진 형태가 굳어져 널리 쓰이면 그것을 표준어로 삼고, 어원 의식이 남아 있어 그 형태가 쓰이고 있는 것들은 그대로 인정하여 표준어로 삼기로 한 경우가 규정되어 있다.

그 밖에 자음과 관련된 예들로는 '돌 : 돐, 둘째 : 두째, 빌리다 : 빌다' 등과 같이 의미에 차이를 두어 구별하여 오던 것을 각각 앞말 하나만을 표준어로 삼아 혼란을 피하고자 도모하였다.

제2절 '모음'에서는 모음 조화 규칙에 벗어나는 예들이 현실적으로 많이 쓰이는 것을 인정하여 표준어로 삼고, 'ㅣ' 역행 동화는 원칙적으로 표준 발음으로 인정하지 않아 그러한 동화가 적용된 형태는 표준어로 인정하지 않으나 '-장이 : -쟁이'의 경우는 둘 다 표준어로 삼되, '-장이'의 경우는 기술자의 경우에만 사용하고 그 밖의 경우에는 '-쟁이'가 붙는 형태를 표준어로 삼는다. 이 '-장이'와 '-쟁이'의 경우는 같은 항(제9항 참조)의 '-내기, 냄비' 등이 보여 주듯이, 또한 〔붙임 1〕의 '아지랑이'가 보여 주듯이 표준어의 사정은 일괄 처리할 만한 성질의 작업이 아니라 개별 단어 하나하나의 검토를 거쳐야만 하는 성질의 일인

것이다.

그 밖에 'ㅑ, ㅕ, ㅠ, ㅖ' 등 이중 모음을 'ㅏ, ㅓ, ㅜ, ㅔ' 등 단모음으로 발음하는 것이 일부 방언의 특징이라고는 하지만, 몇몇 단어의 경우에는 서울 말에서도 널리 발음되고 있는 현실을 수용하기 위하여 제10항의 규정을 두었다. 그러나 모든 단어가 이러한 경향을 띠는 것은 아니므로 개별 단어의 면밀한 검토가 필요한 부분이다. 앞으로 이루어질 사정 작업에서 주목되는 부분이라 할 수 있다. 이렇듯 발음의 변화 현상의 방향을 묶어 정리할 수 있는 경우도 있으나, 어떤 모음의 변화로도 묶기 어려운 모음의 변화에 의한 것들도 있는데, 제11항은 그러한 것들을 모아 정리한 것이다. 이어지는 제12항과 제13항은 '윗 : 웃, 구(句) : 귀'가 그 간 심각한 혼란을 보여 왔다는 점에서 각각 '윗'과 '구'로 통일하기로 한 것이다.

제3절의 준말에서는 준말과 본말과의 관계에서 어느 것이 널리 쓰이는가에 따라 표준어로 삼은 경우를 보여 준다. 준말과 본말의 쓰임에서 상정될 수 있는 관계란, 제14항에 보이는 예처럼 준말이 널리 쓰이고 본말은 이론적으로만 존재하는 경우와, 제15항에 규정한 것과 같이 준말이 있기는 하나 본말이 널리 쓰이는 경우, 그리고 준말과 본말이 다 같이 널리 쓰이는 경우가 그것이다. 이《표준어 규정》에서는 그들 각각의 경우에 대하여 현실을 그대로 수용하여 널리 쓰이는 말을 표준어로 정하기로 한 것이다.

그 밖에 본말과 준말의 관계가 비슷한 발음을 가진 경우에 일률적인 규정은 어렵고 단어마다 개별적으로 정할 수밖에 없다고 하겠다. 준말과 본말을 모두 표준어로 인정하기로 한 제16항의 예에 보이는 '머무르다, 서두르다' 등에는 "모음 어미가 연결될 때에는 준말의 활용형을 인정하지 않음"이라는 단서를 붙이고 있기는 하지만 '머물다, 서둘다' 등 준말도 표준어로 인정하고 있다. 그러나 같은 유형의 단어라고 할 수 있는 '짓무르다'는 다음에 보일 제17항에서 '짓무르다'가 널리 쓰인다는 점을 들어 '짓물다'는 비표준어로 처리하고 있는 것을 볼 수 있기 때문이다.

제4절의 단수 표준어에서는 둘 또는 그 이상의 형태가 같은 의미를 지니고 쓰이기는 하나 발음의 차이가 별로 없는 경우에 더 일반적으로 쓰이는 예 하나만을 잡아 표준어로 인정한 것이다. 단수 표준어를 규정한 항에 보인 예 가운데 주목할 만한 것으로는 '-(으)려고, -(으)려야, 천장(天障)' 및 몇몇 수량 관형사가 있으나, 종래의 맞춤법과 비교하여 주의해야 할 것으로 '-습니다'가 있다. '-읍니

다'와 '-습니다' 두 가지를 같이 사용해 오며 의미 또는 용법상의 구별을 두어 왔으나, 현실적으로는 '-습니다'가 압도적으로 사용되고 있다는 점에서 '-습니다'를 표준어로 삼은 것이다. 따라서 표기상으로도 '-습니다'가 바른 표기인 것이다.

제5절의 복수 표준어 규정은 앞서의 단수 표준어와는 그 양상이 반대의 것이다. 복수 표준어라고 하였으나, 유사한 단어들 사이의 관계에 대하여 모두 동일한 자격을 부여한 것은 아니다. 물론 제19항의 경우처럼 비슷한 단어들을 모두 표준어로 삼는 경우도 있으나, 제18항의 경우처럼 '네, 쇠-, 괴다' 등을 원칙으로 정하고 '예, 소-, 고이다' 등을 허용 사항으로 둔 경우도 있다. 물론 엄밀한 의미에서 본다면 제18항과 제19항 사이에는 실제 사용상의 아무런 차이도 없다고 할 수 있다. 그럼에도 불구하고 이렇듯 다른 규정을 둔 것은 제18항에 원칙으로 보인 어휘들을 권장하고 있는 것으로 이해할 수 있고, 제19항의 단어들에 대해서는 그러한 태도를 나타내지 않은 것으로 이해할 수 있다. 물론 제19항의 예들은 미미한 차이이기는 하지만 어감의 차이를 나타내는 단어들이라는 점에서 제18항의 예들과는 구별될 수 있다.

제1절 자 음

제3항 다음 단어들은 거센소리를 가진 형태를 표준어로 삼는다.(ㄱ을 표준어로 삼고, ㄴ을 버림.)

ㄱ	ㄴ	비 고
끄나풀	끄나불	
나팔-꽃	나발-꽃	
녘	녁	동~, 들~, 새벽~, 동틀~.
부엌	부억	
살-쾡이	삵-괭이	
칸	간	1. ~막이, 빈~, 방 한~. 2. '초가삼간, 윗간'의 경우에는 '간'임.
털어-먹다	떨어-먹다	재물을 다 없애다.

제4항 다음 단어들은 거센소리로 나지 않는 형태를 표준어로 삼는다.(ㄱ을 표준어로 삼고, ㄴ을 버림.)

ㄱ	ㄴ	비 고
가을-갈이	가을-카리	
거시기	거시키	
분침	푼침	

제5항 어원에서 멀어진 형태로 굳어져서 널리 쓰이는 것은, 그것을 표준어로 삼는다.(ㄱ을 표준어로 삼고, ㄴ을 버림.)

ㄱ	ㄴ	비 고
강낭-콩	강남-콩	
고삿	고샅	겉~, 속~.
사글-세	삭월-세	'월세'는 표준어임.
울력-성당	위력-성당	떼를 지어서 으르고 협박하는 일.

다만, 어원적으로 원형에 더 가까운 형태가 아직 쓰이고 있는 경우에는, 그것을 표준어로 삼는다.(ㄱ을 표준어로 삼고, ㄴ을 버림.)

ㄱ	ㄴ	비 고
갈비	가리	~구이, ~찜, 갈빗-대.
갓모	갈모	1. 사기 만드는 물레 밑고리. 2. '갈모'는 갓 위에 쓰는, 유지로 만든 우비.
굴-젓	구-젓	
말-곁	말-겻	
물-수란	물-수랄	
밀-뜨리다	미-뜨리다	
적-이	저으기	적이-나, 적이나-하면.
휴지	수지	

제6항 다음 단어들은 의미를 구별함이 없이, 한 가지 형태만을 표준어로 삼는

다.(ㄱ을 표준어로 삼고, ㄴ을 버림.)

ㄱ	ㄴ	비 고
돌	돐	생일, 주기.
둘-째	두-째	'제2, 두 개째'의 뜻.
셋-째	세-째	'제3, 세 개째'의 뜻.
넷-째	네-째	'제4, 네 개째'의 뜻.
빌리다	빌다	1. 빌려 주다, 빌려 오다. 2. '용서를 빌다'는 '빌다'임.

다만, '둘째'는 십 단위 이상의 서수사에 쓰일 때에 '두째'로 한다.

ㄱ	ㄴ	비 고
열두-째		열두 개째의 뜻은 '열둘째'로.
스물두-째		스물두 개째의 뜻은 '스물둘째'로.

제 7 항 수컷을 이르는 접두사는 '수-'로 통일한다.(ㄱ을 표준어로 삼고, ㄴ을 버림.)

ㄱ	ㄴ	비 고
수-꿩	수-퀑, 숫-꿩	'장끼'도 표준어임.
수-나사	숫-나사	
수-놈	숫-놈	
수-사돈	숫-사돈	
수-소	숫-소	'황소'도 표준어임.
수-은행나무	숫-은행나무	

다만 1. 다음 단어에서는 접두사 다음에서 나는 거센소리를 인정한다. 접두사 '암-'이 결합되는 경우에도 이에 준한다.(ㄱ을 표준어로 삼고, ㄴ을 버림.)

ㄱ	ㄴ	비 고
수-캉아지	숫-강아지	
수-캐	숫-개	
수-컷	숫-것	

수-키와	숫-기와	
수-탉	숫-닭	
수-탕나귀	숫-당나귀	
수-톨쩌귀	숫-돌쩌귀	
수-퇘지	숫-돼지	
수-평아리	숫-병아리	

다만 2. 다음 단어의 접두사는 '숫-'으로 한다.(ㄱ을 표준어로 삼고, ㄴ을 버림.)

ㄱ	ㄴ	비 고
숫-양 숫-염소 숫-쥐	수-양 수-염소 수-쥐	

제2절 모 음

제8항 양성 모음이 음성 모음으로 바뀌어 굳어진 다음 단어는 음성 모음 형태를 표준어로 삼는다.(ㄱ을 표준어로 삼고, ㄴ을 버림.)

ㄱ	ㄴ	비 고
깡충-깡충	깡총-깡총	큰말은 '껑충껑충'임.
-둥이	-동이	←童이. 귀-, 막-, 선-, 쌍-, 검-, 바람-, 흰-.
발가-숭이	발가-송이	센말은 '빨가숭이', 큰말은 '벌거숭이, 뻘거숭이'임.
보퉁이	보통이	
봉죽	봉족	←奉足. ~꾼, ~들다.
뻗정-다리	뻗장-다리	
아서, 아서라	앗아, 앗아라	하지 말라고 금지하는 말.
오뚝-이	오똑-이	부사도 '오뚝-이'임.
주추	주초	←柱礎. 주춧-돌.

다만, 어원 의식이 강하게 작용하는 다음 단어에서는 양성 모음 형태를 그대로 표준어로 삼는다.(ㄱ을 표준어로 삼고, ㄴ을 버림.)

ㄱ	ㄴ	비 고
부조(扶助)	부주	~금, 부좃-술.
사돈(査頓)	사둔	밭~, 안~.
삼촌(三寸)	삼춘	시~, 외~, 처~.

제9항 'ㅣ' 역행 동화 현상에 의한 발음은 원칙적으로 표준 발음으로 인정하지 아니하되, 다만 다음 단어들은 그러한 동화가 적용된 형태를 표준어로 삼는다.(ㄱ을 표준어로 삼고, ㄴ을 버림.)

ㄱ	ㄴ	비 고
-내기	-나기	서울-, 시골-, 신출-, 풋-.
냄비	남비	
동댕이-치다	동당이-치다	

〔붙임 1〕 다음 단어는 'ㅣ' 역행 동화가 일어나지 아니한 형태를 표준어로 삼는다.(ㄱ을 표준어로 삼고, ㄴ을 버림.)

ㄱ	ㄴ	비 고
아지랑이	아지랭이	

〔붙임 2〕 기술자에게는 '-장이', 그 외에는 '-쟁이'가 붙는 형태를 표준어로 삼는다.(ㄱ을 표준어로 삼고, ㄴ을 버림.)

ㄱ	ㄴ	비 고
미장이	미쟁이	
유기장이	유기쟁이	
멋쟁이	멋장이	
소금쟁이	소금장이	
담쟁이-덩굴	담장이-덩굴	
골목쟁이	골목장이	
발목쟁이	발목장이	

제 10 항 다음 단어는 모음이 단순화한 형태를 표준어로 삼는다.(ㄱ을 표준어로 삼고, ㄴ을 버림.)

ㄱ	ㄴ	비 고
괴팍-하다	괴퍅-하다/괴팩-하다	
-구먼	-구면	
미루-나무	미류-나무	←美柳~.
미륵	미력	←彌勒. ~보살, ~불, 돌~.
여느	여늬	
온-달	왼-달	만 한 달.
으레	으례	
케케-묵다	켸켸-묵다	
허우대	허위대	
허우적-허우적	허위적-허위적	허우적-거리다.

제 11 항 다음 단어에서는 모음의 발음 변화를 인정하여, 발음이 바뀌어 굳어진 형태를 표준어로 삼는다.(ㄱ을 표준어로 삼고, ㄴ을 버림.)

ㄱ	ㄴ	비 고
-구려	-구료	
깍쟁이	깍정이	1. 서울~, 알~, 찰~. 2. 도토리, 상수리 등의 받침은 '깍정이'임.
나무라다	나무래다	
미수	미시	미숫-가루.
바라다	바래다	'바램[所望]'은 비표준어임.
상추	상치	~쌈.
시러베-아들	실업의-아들	
주책	주착	←主着. ~망나니, ~없다.
지루-하다	지리-하다	←支離.
튀기	트기	
허드레	허드래	허드렛-물, 허드렛-일.
호루라기	호루루기	

제 12항 '웃-' 및 '윗'은 명사 '위'에 맞추어 '윗-'으로 통일한다.(ㄱ을 표준어로 삼고, ㄴ을 버림.)

ㄱ	ㄴ	비 고
윗-넓이	웃-넓이	
윗-눈썹	웃-눈썹	
윗-니	웃-니	
윗-당줄	웃-당줄	
윗-덧줄	웃-덧줄	
윗-도리	웃-도리	
윗-동아리	웃-동아리	준말은 '윗동'임.
윗-막이	웃-막이	
윗-머리	웃-머리	
윗-목	웃-목	
윗-몸	웃-몸	~운동.
윗-바람	웃-바람	
윗-배	웃-배	
윗-벌	웃-벌	
윗-변	웃-변	수학 용어.
윗-사랑	웃-사랑	
윗-세장	웃-세장	
윗-수염	웃-수염	
윗-입술	웃-입술	
윗-잇몸	웃-잇몸	
윗-자리	웃-자리	
윗-중방	웃-중방	

다만 1. 된소리나 거센소리 앞에서는 '위-'로 한다.(ㄱ을 표준어로 삼고, ㄴ을 버림.)

ㄱ	ㄴ	비 고
위-짝	웃-짝	
위-쪽	웃-쪽	

위-채	웃-채	
위-층	웃-층	
위-치마	웃-치마	
위-턱	웃-턱	~구름〔上層雲〕.
위-통	웃-통	
위-팔	웃-팔	

다만 2. '아래, 위'의 대립이 없는 단어는 '웃-'으로 발음되는 형태를 표준어로 삼는다.(ㄱ을 표준어로 삼고, ㄴ을 버림.)

ㄱ	ㄴ	비 고
웃-국	윗-국	
웃-기	윗-기	
웃-돈	윗-돈	
웃-비	윗-비	~걷다.
웃-어른	윗-어른	
웃-옷	윗-옷	

제 13 항 한자 '구(句)'가 붙어서 이루어진 단어는 '귀'로 읽는 것을 인정하지 아니하고, '구'로 통일한다.(ㄱ을 표준어로 삼고, ㄴ을 버림.)

ㄱ	ㄴ	비 고
구법(句法)	귀법	
구절(句節)	귀절	
구점(句點)	귀점	
결구(結句)	결귀	
경구(警句)	경귀	
경인구(警人句)	경인귀	
난구(難句)	난귀	
단구(短句)	단귀	
단명구(短命句)	단명귀	
대구(對句)	대귀	~법(對句法).
문구(文句)	문귀	

성구(成句)	성귀	~어(成句語).
시구(詩句)	시귀	
어구(語句)	어귀	
연구(聯句)	연귀	
인용구(引用句)	인용귀	
절구(絶句)	절귀	

다만, 다음 단어는 '귀'로 발음되는 형태를 표준어로 삼는다.(ㄱ을 표준어로 삼고, ㄴ을 버림.)

ㄱ	ㄴ	비 고
귀-글	구-글	
글-귀	글-구	

제3절 준 말

제 14항 준말이 널리 쓰이고 본말이 잘 쓰이지 않는 경우에는, 준말만을 표준어로 삼는다.(ㄱ을 표준어로 삼고, ㄴ을 버림.)

ㄱ	ㄴ	비 고
귀찮다	귀치 않다	
김	기음	~매다.
똬리	또아리	
무	무우	~강즙, ~말랭이, ~생채, 가랑~, 갓~, 왜~, 총각~.
미다	무이다	1.털이 빠져 살이 드러나다. 2. 찢어지다.
뱀	배암	
뱀-장어	배암-장어	
빔	비음	설~, 생일~.
샘	새암	~바르다, ~바리.
생-쥐	새앙-쥐	

솔개	소리개	
온-갖	온-가지	
장사-치	장사-아치	

제 15 항 준말이 쓰이고 있더라도, 본말이 널리 쓰이고 있으면 본말을 표준어로 삼는다.(ㄱ을 표준어로 삼고, ㄴ을 버림.)

ㄱ	ㄴ	비 고
경황-없다	경-없다	
궁상-떨다	궁-떨다	
귀이-개	귀-개	
낌새	낌	
낙인-찍다	낙-하다/낙-치다	
내왕-꾼	냉-꾼	
돗-자리	돗	
뒤웅-박	뒝-박	
뒷물-대야	뒷-대야	
마구-잡이	막-잡이	
맵자-하다	맵자다	모양이 제격에 어울리다.
모이	모	
벽-돌	벽	
부스럼	부럼	정월 보름에 쓰는 '부럼'은 표준어임.
살얼음-판	살-판	
수두룩-하다	수둑-하다	
암-죽	암	
어음	엄	
일구다	일다	
죽-살이	죽-살	
퇴박-맞다	퇴-맞다	
한통-치다	통-치다	

〔붙임〕 다음과 같이 명사에 조사가 붙은 경우에도 이 원칙을 적용한다.(ㄱ을

표준어로 삼고, ㄴ을 버림.)

ㄱ	ㄴ	비 고
아래-로	알-로	

제16항 준말과 본말이 다 같이 널리 쓰이면서 준말의 효용이 뚜렷이 인정되는 것은, 두 가지를 다 표준어로 삼는다.(ㄱ은 본말이며, ㄴ은 준말임.)

ㄱ	ㄴ	비 고
거짓-부리	거짓-불	작은말은 '가짓부리, 가짓불'임.
노을	놀	저녁~.
막대기	막대	
망태기	망태	
머무르다	머물다	모음 어미가 연결될 때에는
서두르다	서둘다	준말의 활용형을 인정하지
서투르다	서툴다	않음.
석새-삼베	석새-베	
시-누이	시-뉘/시-누	
오-누이	오-뉘/오-누	
외우다	외다	외우며, 외워 : 외며, 외어.
이기죽-거리다	이죽-거리다	
찌꺼기	찌끼	'찌꺽지'는 비표준어임.

제4절 단수 표준어

제17항 비슷한 발음의 몇 형태가 쓰일 경우, 그 의미에 아무런 차이가 없고, 그 중 하나가 더 널리 쓰이면, 그 한 형태만을 표준어로 삼는다.(ㄱ을 표준어로 삼고, ㄴ을 버림.)

ㄱ	ㄴ	비 고
거든-그리다	거둥-그리다	1. 거든하게 거두어 싸다. 2. 작은말은 '가든-그리다'임.

구어-박다	구워-박다	사람이 한 군데서만 지내다.
귀-고리	귀엣-고리	
귀-띔	귀-틤	
귀-지	귀에-지	
까딱-하면	까땍-하면	
꼭두-각시	꼭둑-각시	
내색	나색	감정이 나타나는 얼굴빛.
내숭-스럽다	내흉-스럽다	
냠냠-거리다	얌냠-거리다	냠냠-하다.
냠냠-이	얌냠-이	
너〔四〕	네	~돈, ~말, ~발, ~푼.
넉〔四〕	너/네	~냥, ~되, ~섬, ~자.
다다르다	다닫다	
댑-싸리	대-싸리	
더부룩-하다	더뿌룩-하다/ 듬뿌룩-하다	
-던	-든	선택, 무관의 뜻을 나타내는 어미는 '-든'임.
-던가	-든가	가-든(지) 말-든(지),
-던걸	-든걸	보-든(가) 말-든(가).
-던고	-든고	
-던데	-든데	
-던지	-든지	
-(으)려고	-(으)ㄹ려고/ -(으)ㄹ라고	
-(으)려야	-(으)ㄹ려야/ -(으)ㄹ래야	
망가-뜨리다	망그-뜨리다	
멸치	며루치/메리치	
반빗-아치	반비-아치	'반빗' 노릇을 하는 사람. 찬비(饌婢). '반비'는 밥 짓는 일을 맡은 계집종.
보습	보십/보섭	
본새	뽄새	

봉숭아	봉숭화	'봉선화'도 표준어임.
뺨-따귀	뺌-따귀/뺨-따구니	'뺨'의 비속어임.
뻐개다〔斫〕	뻐기다	두 조각으로 가르다.
뻐기다〔誇〕	뻐개다	뽐내다.
사자-탈	사지-탈	
상-판대기	쌍-판대기	
서〔三〕	세/석	~돈, ~말, ~발, ~푼.
석〔三〕	세	~냥, ~되, ~섬, ~자.
설령(設令)	서령	
-습니다	-읍니다	먹습니다, 갔습니다, 없습니다, 있습니다, 좋습니다. 모음 뒤에는 '-ㅂ니다'임.
시름-시름	시늠-시늠	
씀벅-씀벅	썸벅-썸벅	
아궁이	아궁지	
아내	안해	
어-중간	어지-중간	
오금-팽이	오금-탱이	
오래-오래	도래-도래	돼지 부르는 소리.
-올시다	-올습니다	
옹골-차다	공골-차다	
우두커니	우두머니	작은말은 '오도카니'임.
잠-투정	잠-투세/잠-주정	
재봉-틀	자봉-틀	발~, 손~.
짓-무르다	짓-물다	
짚-북데기	짚-북세기	'짚북더기'도 비표준어임.
쪽	짝	편(便). 이~, 그~, 저~. 다만, '아무-짝'은 '짝'임.
천장(天障)	천정	'천정부지(天井不知)'는 '천정'임.
코-맹맹이	코-맹녕이	
흉-업다	흉-헙다	

제5절 복수 표준어

제18항 다음 단어는 ㄱ을 원칙으로 하고, ㄴ도 허용한다.

ㄱ	ㄴ	비 고
네	예	
쇠-	소-	-가죽, -고기, -기름, -머리, -뼈.
괴다	고이다	물이~, 밑을~.
꾀다	꼬이다	어린애를~, 벌레가~.
쐬다	쏘이다	바람을 ~.
죄다	조이다	나사를 ~.
쬐다	쪼이다	볕을 ~.

제19항 어감의 차이를 나타내는 단어 또는 발음이 비슷한 단어들이 다 같이 널리 쓰이는 경우에는, 그 모두를 표준어로 삼는다.(ㄱ, ㄴ을 모두 표준어로 삼음.)

ㄱ	ㄴ	비 고
거슴츠레-하다	게슴츠레-하다	
고까	꼬까	~신, ~옷.
고린-내	코린-내	
교기(驕氣)	갸기	교만한 태도.
구린-내	쿠린-내	
꺼림-하다	께름-하다	
나부랭이	너부렁이	

제3장 어휘 선택의 변화에 따른 표준어 규정

언어가 변화한다거나 방언들 사이에 다른 점이 있다거나 할 때, 우선 변화의 영향을 받거나 또는 방언간의 차이를 먼저 드러내는 부분은 어휘부의 요소 즉 개별 단어들이라고 할 수 있다. 시간의 흐름에 따라 새로운 단어가 생성되어 사용되고, 낡은 단어는 마멸되어 결국 소멸되고 만다. 본장에서는 그러한 단어의 일생과 관련된 문제, 즉 전에 쓰이던 단어가 쓰이지 않게 되고, 그에 따라 새로운 단어가 사용되는 현실을 수용하여 표준어로 삼도록 한 규정이다.

개별 단어로 볼 때에는 이와 같은 단어의 생성, 사용, 마멸, 소멸의 과정을 거치는 것으로 그의 일생을 정리할 수 있겠지만, 그 과정에서 단어들 사이에는 동의어, 유의어, 반의어 등의 여러 관계가 형성되기도 한다. 특히 동음, 유의어들 사이에는 경쟁을 벌이게 되고, 그 결과 언중들의 지지 즉 언중들에 의해 선택된 단어가 살아남게 되는 것이다. 방언이라 할지라도 다수의 언중들에 의해 선택되어진 경우에는 표준어로 수용하기로 한 것도 방언이라는 전제를 배제하면 생성과 경쟁이라는 측면으로 이해할 수 있다.

어휘 선택의 변화도 성격에 따라 몇 가지로 나누어 볼 수 있는데, 본장에서는 다섯 가지로 나누어 규정하고 있다.

제1절에서는 고어에 대한 처리 규정을 보여 주고 있다. 관용구나 화석형에 남아 있을 뿐 널리 사용되지 않으면 고어로 처리하고, 그에 대신하는 단어가 널리 쓰이는 경우에는 널리 쓰이는 어휘를 표준어로 삼은 것이다.

제2절에서는 고유어와 한자어의 대응 관계에서 더 널리 쓰이는 쪽을 잡아 표준어로 정한 것이다. 이 기준도 다른 항의 예와 같이 단지 어느 것이 더 널리 쓰이는가에 달려 있다. 고유어에 한자어보다 선정의 우선권을 부여한다든가, 한자어를 기피한다는 측면은 전혀 고려되지 않았다.

제3절에서 방언이던 단어가 그 간 사용되던 표준어와 함께 표준어의 자격을 획득하게 된 경우나, 표준어로 쓰이던 단어가 쓰이지 않게 됨에 따라 방언이던 단어가 표준어로 인정받게 된 것도 비슷한 맥락에서 이해할 수 있다. 일찍이 방언으로만 쓰이던 단어도 현대 서울 말에 널리 쓰이면 기피하지 않고 표준어로 인정하기로 한 것이다.

제4절과 제5절의 단수 표준어와 복수 표준어 규정은 앞서의 제17항과 제18항에 보인 규정과 같은 의도의 것이다. 다른 점이 있다면, 제17, 18항은 발음상으로 유사한 것들 사이의 관계였음에 대하여 여기 제4절과 제5절의 규정은 서로 대응되는 단어들 사이의 관계가 발음상으로나 혹은 어원상으로나 그 기원을 달리하는 것이라는 점이다. 제4절과 제5절에 보인 예들의 선택 기준도 앞서의 다른 선택 기준과 마찬가지로 실제로 서울 말에서 널리 쓰이는 현실의 수용이라는 점에서는 《표준어 규정》 전체의 흐름에 부합되는 것이라고 할 수 있다. 《한

글 맞춤법》에 대해서도 마찬가지의 이야기가 가능하겠으나, 이번의 《표준어 규정》과 표준어 사정 작업은 새로운 창조가 아니라 현실 언어의 반영이자 수용이라는 설명이 가능한 것도 이 때문이다.

제1절 고 어

제20항 사어(死語)가 되어 쓰이지 않게 된 단어는 고어로 처리하고, 현재 널리 사용되는 단어를 표준어로 삼는다.(ㄱ을 표준어로 삼고, ㄴ을 버림.)

ㄱ	ㄴ	비 고
난봉	봉	
낭떠러지	낭	
설거지-하다	설겆다	
애달프다	애닯다	
오동-나무	머귀-나무	
자두	오얏	

제2절 한 자 어

제21항 고유어 계열의 단어가 널리 쓰이고 그에 대응되는 한자어 계열의 단어가 용도를 잃게 된 것은, 고유어 계열의 단어만을 표준어로 삼는다.(ㄱ을 표준어로 삼고, ㄴ을 버림.)

ㄱ	ㄴ	비 고
가루-약	말-약	
구들-장	방-돌	
길품-삯	보행-삯	
까막-눈	맹-눈	
꼭지-미역	총각-미역	
나뭇-갓	시장-갓	
늙-다리	노닥다리	
두껍-닫이	두껍-창	

떡-암죽	병-암죽	
마른-갈이	건-갈이	
마른-빨래	건-빨래	
메-찰떡	반-찰떡	
박달-나무	배달-나무	
밥-소라	식-소라	큰 놋그릇.
사래-논	사래-답	묘지기나 마름이 부쳐 먹는 땅.
사래-밭	사래-전	
삯-말	삯-마	
성냥	화곽	
솟을-무늬	솟을-문	
외-지다	벽-지다	
움-파	동-파	
잎-담배	잎-초	
잔-돈	잔-전	
조-당수	조-당죽	
죽데기	피-죽	'죽더기'도 비표준어임.
지겟-다리	목-발	지게 동발의 양쪽 다리.
짐-꾼	부지-군(負持-)	
푼-돈	분-전/푼-전	
흰-말	백-말/부루-말	'백마'는 표준어임.
흰-죽	백-죽	

제22항 고유어 계열의 단어가 생명력을 잃고 그에 대응되는 한자어 계열의 단어가 널리 쓰이면, 한자어 계열의 단어를 표준어로 삼는다.(ㄱ을 표준어로 삼고, ㄴ을 버림.)

ㄱ	ㄴ	비 고
개다리-소반	개다리-밥상	
겸-상	맞-상	
고봉-밥	높은-밥	

단-벌	홑-벌	
마방-집	마바리-집	馬房~.
민망-스럽다/ 면구-스럽다	민주-스럽다	
방-고래	구들-고래	
부항-단지	뜸-단지	
산-누에	멧-누에	
산-줄기	멧-줄기/멧-발	
수-삼	무-삼	
심-돋우개	불-돋우개	
양-파	둥근-파	
어질-병	어질-머리	
윤-달	군-달	
장력-세다	장성-세다	
제-석	젯-돗	
총각-무	알-무/알타리-무	
칫-솔	잇-솔	
포수	총-댕이	

제3절 방 언

제23항 방언이던 단어가 표준어보다 더 널리 쓰이게 된 것은, 그것을 표준어로 삼는다. 이 경우, 원래의 표준어는 그대로 표준어로 남겨 두는 것을 원칙으로 한다.(ㄱ을 표준어로 삼고, ㄴ도 표준어로 남겨 둠.)

ㄱ	ㄴ	비 고
멍게	우렁쉥이	
물-방개	선두리	
애-순	어린-순	

제24항 방언이던 단어가 널리 쓰이게 됨에 따라 표준어이던 단어가 안 쓰이게

된 것은, 방언이던 단어를 표준어로 삼는다.(ㄱ을 표준어로 삼고, ㄴ을 버림.)

ㄱ	ㄴ	비 고
귀밑-머리	귓-머리	
까-뭉개다	까-무느다	
막상	마기	
빈대-떡	빈자-떡	
생인-손	생안-손	준말은 '생-손'임.
역-겹다	역-스럽다	
코-주부	코-보	

제4절 단수 표준어

제25항 의미가 똑같은 형태가 몇 가지 있을 경우, 그 중 어느 하나가 압도적으로 널리 쓰이면, 그 단어만을 표준어로 삼는다.(ㄱ을 표준어로 삼고, ㄴ을 버림.)

ㄱ	ㄴ	비 고
-게끔	-게시리	
겸사-겸사	겸지-겸지/겸두-겸두	
고구마	참-감자	
고치다	낫우다	병을~.
골목-쟁이	골목-자기	
광주리	광우리	
괴통	호구	자루를 박는 부분.
국-물	멀-국/말-국	
군-표	군용-어음	
길-잡이	길-앞잡이	'길라잡이'도 표준어임.
까다롭다	까닭-스럽다/ 까탈-스럽다	
까치-발	까치-다리	선반 따위를 받치는 물건
꼬창-모	말뚝-모	꼬챙이로 구멍을 뚫으면서 심는 모.

나룻-배	나루	'나루〔津〕'는 표준어임.
납-도리	민-도리	
농-지거리	기롱-지거리	다른 의미의 '기롱지거리'는 표준어임.
다사-스럽다	다사-하다	간섭을 잘 하다.
다오	다구	이리 ~.
담배-꽁초	담배-꼬투리/담배-꽁치/담배-꽁추	
담배-설대	대-설대	
대장-일	성냥-일	
뒤져-내다	뒤어-내다	
뒤통수-치다	뒤꼭지-치다	
등-나무	등-칡	
등-때기	등-떠리	'등'의 낮은 말.
등잔-걸이	등경-걸이	
떡-보	떡-충이	
똑딱-단추	딸꼭-단추	
매-만지다	우미다	
먼-발치	먼-발치기	
며느리-발톱	뒷-발톱	
명주-붙이	주-사니	
목-메다	목-맺히다	
밀짚-모자	보릿짚-모자	
바가지	열-바가지/열-박	
바람-꼭지	바람-고다리	튜브의 바람을 넣는 구멍에 붙은, 쇠로 만든 꼭지.
반-나절	나절-가웃	
반두	독대	그물의 한 가지.
버젓-이	뉘연-히	
본-받다	법-받다	
부각	다시마-자반	
부끄러워-하다	부끄리다	

부스러기	부스럭지	
부지깽이	부지팽이	
부항-단지	부항-항아리	부스럼에서 피고름을 빨아내기 위하여 부항을 붙이는 데 쓰는 자그마한 단지.
붉으락-푸르락	푸르락-붉으락	
비켜-덩이	옆-사리미	김맬 때에 흙덩이를 옆으로 빼내는 일, 또는 그 흙덩이.
빙충-이	빙총-맞이	작은말은 '뱅충이'.
빠-뜨리다	빠-치다	'빠트리다'도 표준어임.
뻣뻣하다	왜긋다	
뽐-내다	느물다	
사로-잠그다	사로-채우다	자물쇠나 빗장 따위를 반 정도만 걸어 놓다.
살-풀이	살-막이	
상투-쟁이	상투-꼬부랑이	상투 튼 이를 놀리는 말.
새앙-손이	생강-손이	
샛-별	새벽-별	
선-머슴	풋-머슴	
섭섭-하다	애운-하다	
속-말	속소리	국악 용어 '속소리'는 표준어임.
손목-시계	팔목-시계/팔뚝-시계	
손-수레	손-구루마	'구루마'는 일본어임.
쇠-고랑	고랑-쇠	
수도-꼭지	수도-고동	
숙성-하다	숙-지다	
순대	골집	
술-고래	술-꾸러기/술-부대/술-보/술-푸대	
식은-땀	찬-땀	
신기-롭다	신기-스럽다	'신기하다'도 표준어임.

쌍동-밤	쪽-밤	
쏜살-같이	쏜살-로	
아주	영판	
안-걸이	안-낚시	씨름 용어.
안다미-씌우다	안다미-시키다	제가 담당할 책임을 남에게 넘기다.
안쓰럽다	안-슬프다	
안절부절-못하다	안절부절-하다	
앉은뱅이-저울	앉은-저울	
알-사탕	구슬-사탕	
암-내	곁땀-내	
앞-지르다	따라-먹다	
애-벌레	어린-벌레	
얕은-꾀	물탄-꾀	
언뜻	펀뜻	
언제나	노다지	
얼룩-말	워라-말	
열심-히	열심-으로	
열어-제치다	열어-젖뜨리다	
입-담	말-담	
자배기	너벅지	
전봇-대	전선-대	
쥐락-펴락	펴락-쥐락	
-지만	-지만서도	←-지마는
짓고-땡	지어-땡/짓고-땡이	
짧은-작	짜른-작	
찹-쌀	이-찹쌀	
청대-콩	푸른-콩	
칡-범	갈-	

제5절 복수 표준어

제26항 한 가지 의미를 나타내는 형태 몇 가지가 널리 쓰이며 표준어 규정에 맞으면, 그 모두를 표준어로 삼는다.

복수 표준어	비 고
가는-허리/잔-허리	
가락-엿/가래-엿	
가뭄/가물	
가엾다/가엽다	가엾어/가여워, 가엾은/가여운.
감감-무소식/감감-소식	
개수-통/설거지-통	'설겆다'는 '설거지-하다'로.
개숫-물/설거지-물	
갱-엿/검은-엿	
-거리다/-대다	가물-, 출렁-.
거위-배/횟-배	
것/해	내~, 네~, 뉘~.
게을러-빠지다/게을러-터지다	
고깃-간/푸줏-간	'고깃-관, 푸줏-관, 다림-방'은 비표준어임.
곰곰/곰곰-이	
관계-없다/상관-없다	
교정-보다/준-보다	
구들-재/구재	
귀퉁-머리/귀퉁-배기	'귀퉁이'의 비어임.
극성-떨다/극성-부리다	
기세-부리다/기세-피우다	
기승-떨다/기승-부리다	
깃-저고리/배내-옷/배냇-저고리	
꼬까/때때/고까	~신, ~옷.
꼬리-별/살-별	
꽃-도미/붉-돔	

나귀/당-나귀	
날-걸/세-뿔	윷판의 쨀밭 다음의 셋째 밭.
내리-글씨/세로-글씨	
넝쿨/덩굴	'덩쿨'은 비표준어임.
녘/쪽	동~, 서~.
눈-대중/눈-어림/눈-짐작	
느리-광이/느림-보/늘-보	
늦-모/마냥-모	←만이앙-모.
다기-지다/다기-차다	
다달-이/매-달	
-다마다/-고말고	
다박-나룻/다박-수염	
닭의-장/닭-장	
댓-돌/툇-돌	
덧-창/겉-창	
독장-치다/독판-치다	
동자-기둥/쪼구미	
돼지-감자/뚱딴지	
되우/된통/되게	
두동-무니/두동-사니	윷놀이에서, 두 동이 한데 어울려 가는 말.
뒷-갈망/뒷-감당	
뒷-말/뒷-소리	
들락-거리다/들랑-거리다	
들락-날락/들랑-날랑	
딴-전/딴-청	
땅-콩/호-콩	
땔-감/땔-거리	
-뜨리다/-트리다	깨-, 떨어-, 쏟-.
뜬-것/뜬-귀신	
마룻-줄/용총-줄	돛대에 매어 놓은 줄, '이어줄'은 비표준어임.
마-파람/앞-바람	

만장-판/만장-중(滿場中)	
만큼/만치	
말-동무/말-벗	
매-갈이/매-조미	
매-통/목-매	
먹-새/먹음-새	'먹음-먹이'는 비표준어임.
멀찌감치/멀찌가니/멀찍이	
멱통/산-멱/산-멱통	
면-치레/외면-치레	
모-내다/모-심다	모-내기/모-심기.
모쪼록/아무쪼록	
목판-되/모-되	
목화-씨/면화-씨	
무심-결/무심-중	
물-봉숭아/물-봉선화	
물-부리/빨-부리	
물-심부름/물-시중	
물추리-나무/물추리-막대	
물-타작/진-타작	
민둥-산/벌거숭이-산	
밑-층/아래-층	
바깥-벽/밭-벽	
바른/오른〔右〕	~손, ~쪽, ~편.
발-모가지/발-목쟁이	'발목'의 비속어임.
버들-강아지/버들-개지	
벌레/버러지	'벌거지, 벌러지'는 비표준어임.
변덕-스럽다/변덕-맞다	
보-조개/볼-우물	
보통-내기/여간-내기/예사-내기	'행-내기'는 비표준어임.
볼-따구니/볼-퉁이/볼-때기	'볼'의 비속어임.
부침개-질/부침-질/지짐-질	'부치개-질'은 비표준어임.
불똥-앉다/등화-지다/등화-앉다	
불-사르다/사르다	

비발/비용(費用)	
뾰두라지/뾰루지	
살-쾡이/삵	삵-피.
삽살-개/삽사리	
상두-꾼/상여-꾼	'상도-꾼, 향도-꾼'은 비표준어임.
상-씨름/소-걸이	
생/새앙/생강	
생-뿔/새앙-뿔/생강-뿔	'쇠뿔'의 형용.
생-철/양-철	1. '서양-철'은 비표준어임. 2. '生鐵'은 '무쇠'임.
서럽다/섧다	'설다'는 비표준어임.
서방-질/화냥-질	
성글다/성기다	
-(으)세요/-(으)셔요	
송이/송이-버섯	
수수-깡/수숫-대	
술-안주/안주	
-스레하다/-스름하다	거무-, 발그-.
시늉-말/흉내-말	
시새/세사(細沙)	
신/신발	
신주-보/독보(櫝褓)	
심술-꾸러기/심술-쟁이	
씁쓰레-하다/씁쓰름-하다	
아귀-세다/아귀-차다	
아래-위/위-아래	
아무튼/어떻든/어쨌든/하여튼/여하튼	
앉음-새/앉음-앉음	
알은-척/알은-체	
애-갈이/애벌-갈이	
애꾸눈-이/외눈-박이	'외대-박이, 외눈-퉁이'는 비표준어임.
양념-감/양념-거리	

어금버금-하다/어그지금-하다	
어기여차/어여차	
어림-잡다/어림-치다	
어이-없다/어처구니-없다	
어저께/어제	
언덕-바지/언덕-배기	
얼렁-뚱땅/엄벙-뗑	
여왕-벌/장수-벌	
여쭈다/여쭙다	
여태/입때	'여직'은 비표준어임.
여태-껏/이제-껏/입때-껏	'여직-껏'은 비표준어임.
역성-들다/역성-하다	'편역-들다'는 비표준어임.
연-달다/잇-달다	
엿-가락/엿-가래	
엿-기름/엿-길금	
엿-반대기/엿-자박	
오사리-잡놈/오색-잡놈	'오합-잡놈'은 비표준어임.
옥수수/강냉이	~떡, ~묵, ~밥, ~튀김.
왕골-기직/왕골-자리	
외겹-실/외올-실/홑-실	'홑겹-실, 올-실'은 비표준어임.
외손-잡이/한손-잡이	
욕심-꾸러기/욕심-쟁이	
우레/천둥	우렛-소리/천둥-소리.
우지/울-보	
을러-대다/을러-메다	
의심-스럽다/의심-쩍다	
-이에요/-이어요	
이틀-거리/당-고금	학질의 일종임.
일일-이/하나-하나	
일찌감치/일찌거니	
입찬-말/입찬-소리	
자리-옷/잠-옷	
자물-쇠/자물-통	

장가-가다/장가-들다	'서방-가다'는 비표준어임.
재롱-떨다/재롱-부리다	
제-가끔/제-각기	
좀-처럼/좀-체	'좀-체로, 좀-해선, 좀-해'는 비표준어임.
줄-꾼/줄-잡이	
중신/중매	
짚-단/짚-뭇	
쪽/편	오른~, 왼~.
차차/차츰	
책-씻이/책-거리	
척/체	모르는~, 잘난~.
천연덕-스럽다/천연-스럽다	
철-따구니/철-딱서니/철-딱지	'철-때기'는 비표준어임.
추어-올리다/추어-주다	'추켜-올리다'는 비표준어임.
축-가다/축-나다	
침-놓다/침-주다	
통-꼭지/통-젖	통에 붙은 손잡이.
파자-쟁이/해자-쟁이	점치는 이.
편지-투/편지-틀	
한턱-내다/한턱-하다	
해웃-값/해웃-돈	'해우-차'는 비표준어임.
혼자-되다/홀로-되다	
흠-가다/흠-나다/흠-지다	

제2부 표준 발음법

여기에 보이는 '표준 발음법'은 종래에 없던 규정을 새로이 마련한 것이다. 모두 7장 30항으로 이루어진 '표준 발음법'은 혼동을 보이는 발음 생활에 한 규범을 제시하기 위하여 제정한 것이다. '표준어 사정 원칙'과 마찬가지로 이 발음법 역시 새로운 것의 제정은 아니다.

제1장 총칙 제1항에 규정한 바와 같이 '표준 발음법'은 표준어의 실제 발음에 따르기로 하였는데, 표준어가 지금 사용하고 있는 언어 현실을 수용하여 정하여진 것과 같은 맥락이다. 다만 우리가 현재 사용하고 있는 말이라고 하더라도 실제 발음에서 여러 가지 모습으로 나타나는 경우에는 국어의 전통성과 합리성을 고려하기로 하였다. 물론 이들 전통성과 합리성 사이에 상충되는 경우도 있을 수 있는데, 그 경우에는 복수 표준어를 허용하던 것과 마찬가지 태도로 어느 한 쪽을 원칙으로 삼고 다른 한 쪽을 허용하는 방법을 취하게 된 것이다.

제1장 총　칙

제1항 표준 발음법은 표준어의 실제 발음을 따르되, 국어의 전통성과 합리성을 고려하여 정함을 원칙으로 한다.

제2장 자음과 모음

본장에는 표준어의 자음과 모음의 수, 모음의 경우에는 단모음과 이중 모음의 수의 규정과 이중 모음이 단모음으로 발음될 경우와 단모음으로의 발음이 허용되는 경우를 단서 조항으로 예를 들어 보이고 있다. 이를테면 [ㅕ]가 [ㅓ]로 발음되는 경우라든가, [ㅖ]에 대하여 [ㅔ]를 허용한다든가, [ㅢ]에 대해서 [ㅣ] 또는 [ㅔ]로의 발음을 허용하기로 한 것 등이 그것이다.

제2항 표준어의 자음은 다음 19개로 한다.

ㄱ ㄲ ㄴ ㄷ ㄸ ㄹ ㅁ ㅂ ㅃ ㅅ ㅆ ㅇ ㅈ ㅉ ㅊ ㅋ ㅌ ㅍ ㅎ

제3항 표준어의 모음은 다음 21개로 한다.

ㅏ ㅐ ㅑ ㅒ ㅓ ㅔ ㅕ ㅖ ㅗ ㅘ ㅙ ㅚ ㅛ ㅜ ㅝ ㅞ ㅟ ㅠ ㅡ ㅢ ㅣ

제4항 'ㅏ ㅐ ㅓ ㅔ ㅗ ㅚ ㅜ ㅟ ㅡ ㅣ'는 단모음(單母音)으로 발음한다.

〔붙임〕 'ㅚ, ㅟ'는 이중 모음으로 발음할 수 있다.

제5항 'ㅑ ㅒ ㅕ ㅖ ㅘ ㅙ ㅛ ㅝ ㅞ ㅠ ㅢ'는 이중 모음으로 발음한다.

다만 1. 용언의 활용형에 나타나는 '져, 쪄, 쳐'는 [저, 쩌, 처]로 발음한다.

가지어 → 가져[가저]　　찌어 → 쪄[쩌]　　다치어 → 다쳐[다처]

다만 2. '예, 례' 이외의 'ㅖ'는 [ㅔ]로도 발음한다.

계집[계:집/게:집]　　계시다[계:시다/게:시다]

시계[시계/시게](時計)　　연계[연계/연게](連繫)

메별[메별/메별](袂別)　　개폐[개폐/개페](開閉)

혜택[혜:택/헤:택](惠澤)　　지혜[지혜/지헤](智慧)

다만 3. 자음을 첫소리로 가지고 있는 음절의 'ㅢ'는 [ㅣ]로 발음한다.

늴리리　　닁큼　　무늬　　띄어쓰기

씌어　　틔어　　희어　　희떱다

희망　　유희

다만 4. 단어의 첫 음절 이외의 '의'는 [ㅣ]로, 조사 '의'는 [ㅔ]로 발음함도 허용한다.

주의[주의/주이]　　협의[혀븨/혀비]　　우리의[우리의/우리에]

강의의[강:의의/강:이에]

제3장 음의 길이

본장은 모음의 장단 구별에 대한 규정이다. 표준 발음으로 나타내는 장단의 대립은 단어의 제1음절에서만 인정하고, 제2음절 이하에서는 모두 짧게 발음하기로 한 것이다. 그러나 이 장단의 문제에서도 일괄된 규정을 적용하기는 매우 어렵다. 합성어와 복합어 또는 반복 구조를 갖는 단어의 경우는 물론이거니와 활용의 경우에도 그러하다. 그리하여 몇 개의 유형으로 나누어 규정하면서, 실제 발음에 따라 예외를 인정하고 있다. 소리의 길이도 개개 단어를 중심으로 파악할 필요가 있는 것이다.

제6항 모음의 장단을 구별하여 발음하되, 단어의 첫 음절에서만 긴소리가 나타나는 것을 원칙으로 한다.

(1) 눈보라[눈ː보라] 말씨[말ː씨] 밤나무[밤ː나무]
많다[만ː타] 멀리[멀ː리] 벌리다[벌ː리다]

(2) 첫눈[천눈] 참말[참말] 쌍동밤[쌍동밤]
수많이[수ː마니] 눈멀다[눈멀다] 떠벌리다[떠벌리다]

다만, 합성어의 경우에는 둘째 음절 이하에서도 분명한 긴소리를 인정한다.

반신반의[반ː신 바ː늬/반ː신 바ː니] 재삼재사[재ː삼 재ː사]

〔붙임〕 용언의 단음절 어간에 어미 '-아/-어'가 결합되어 한 음절로 축약되는 경우에도 긴소리로 발음한다.

보아→봐[봐ː] 기어→겨[겨ː] 되어→돼[돼ː]
두어→둬[둬ː] 하여→해[해ː]

다만, '오아→와, 지어→져, 찌어→쪄, 치어→쳐' 등은 긴소리로 발음하지 않는다.

제7항 긴소리를 가진 음절이라도, 다음과 같은 경우에는 짧게 발음한다.

1. 단음절인 용언 어간에 모음으로 시작된 어미가 결합되는 경우

감다[감ː따]－감으니[가므니] 밟다[밥ː따]－밟으면[발브면]
신다[신ː따]－신어[시너] 알다[알ː다]－알아[아라]

다만, 다음과 같은 경우에는 예외적이다.

끌다[끌ː다]－끌어[끄ː러] 떫다[떨ː따]－떫은[떨ː븐]
벌다[벌ː다]－벌어[버ː러] 썰다[썰ː다]－썰어[써ː러]
없다[업ː따]－없으니[업ː쓰니]

2. 용언 어간에 피동, 사동의 접미사가 결합되는 경우

감다[감ː따]－감기다[감기다] 꼬다[꼬ː다]－꼬이다[꼬이다]
밟다[밥ː따]－밟히다[발피다]

다만, 다음과 같은 경우에는 예외적이다.

끌리다[끌ː리다] 벌리다[벌ː리다] 없애다[업ː쌔다]

〔붙임〕 다음과 같은 복합어에서는 본디의 길이에 관계 없이 짧게 발음한다.

밀-물 썰-물 쏜-살-같이 작은-아버지

제4장 받침의 발음

본장에서는 음절 말 자음에 대하여 규정하여 놓았다. 우리가 사용하고 있는 표준어의 받침 소리로 발음되는 자음은 'ㄱ, ㄴ, ㄷ, ㄹ, ㅁ, ㅂ, ㅇ'의 7개이고, 이들 이외의 받침은 중화되어 이들 중의 하나로 발음된다는 사실을 명문화하여 놓은 것이다. 이렇게 중화되어 발음되는 경우는 겹받침에도 그대로 적용되는데, 제10, 11항은 각각 겹받침의 발음 규칙을 규정하여 놓은 것이다. 또한 받침 'ㅎ'은 뒤에 어떠한 소리가 오느냐에 따라 달리 발음되거나 발음되지 않기도 하는데, 제12항은 그런 'ㅎ'의 발음 양상을 정리한 것이라고 할 수 있다.

그와 함께 받침이 뒤에 오는 모음으로 시작되는 조사나 어미, 접미사 따위와 결합하게 될 경우에는 뒤 음절의 첫소리로 발음하게 되는데, 그에 대해서는 제13, 14, 15항에 규정하여 놓았다. 제16항은 한글 자모의 이름 중 'ㄷ, ㅈ, ㅊ, ㅋ, ㅌ, ㅍ, ㅎ'의 받침 소리가 뒤에 모음으로 시작되는 조사가 오더라도 연음이 되지 않으므로 특별히 따로 규정을 둔 것이다.

제8항 받침 소리로는 'ㄱ, ㄴ, ㄷ, ㄹ, ㅁ, ㅂ, ㅇ'의 7개 자음만 발음한다.

제9항 받침 'ㄲ, ㅋ', 'ㅅ, ㅆ, ㅈ, ㅊ, ㅌ', 'ㅍ'은 어말 또는 자음 앞에서 각각 대표음 [ㄱ, ㄷ, ㅂ]으로 발음한다.

닦다[닥따] 키읔[키윽] 키읔과[키윽꽈] 옷[옫]
웃다[욷:따] 있다[읻따] 젖[젇] 빚다[빋:따]
꽃[꼳] 쫓다[쫃따] 솥[솓] 뱉다[밷:따]
앞[압] 덮다[덥따]

제10항 겹받침 'ㄳ', 'ㄵ', 'ㄼ, ㄽ, ㄾ', 'ㅄ'은 어말 또는 자음 앞에서 각각 [ㄱ, ㄴ, ㄹ, ㅂ]으로 발음한다.

넋[넉] 넋과[넉꽈] 앉다[안따] 여덟[여덜]
넓다[널따] 외곬[외골] 핥다[할따] 값[갑]
없다[업:따]

다만, '밟-'은 자음 앞에서 [밥]으로 발음하고, '넓-'은 다음과 같은 경우에 [넙]으로 발음한다.

(1) 밟다[밥:따] 밟소[밥:쏘] 밟지[밥:찌]
밟는[밥:는→밤:는] 밟게[밥:께] 밟고[밥:꼬]

(2) 넓-죽하다[넙쭈카다] 넓-둥글다[넙뚱글다]

제11항 겹받침 'ㄺ, ㄻ, ㄿ'은 어말 또는 자음 앞에서 각각 [ㄱ, ㅁ, ㅂ]으로 발음한다.

닭[닥] 흙과[흑꽈] 맑다[막따] 늙지[늑찌]
삶[삼:] 젊다[점:따] 읊고[읍꼬] 읊다[읍따]

다만, 용언의 어간 말음 'ㄺ'은 'ㄱ' 앞에서 [ㄹ]로 발음한다.

맑게[말께] 묽고[물꼬] 얽거나[얼꺼나]

제12항 받침 'ㅎ'의 발음은 다음과 같다.

1. 'ㅎ(ㄶ, ㅀ)' 뒤에 'ㄱ, ㄷ, ㅈ'이 결합되는 경우에는, 뒤 음절 첫소리와 합쳐서 [ㅋ, ㅌ, ㅊ]으로 발음한다.

놓고[노코] 좋던[조:턴] 쌓지[싸치] 많고[만:코]
않던[안턴] 닳지[달치]

〔붙임 1〕 받침 'ㄱ(ㄺ), ㄷ, ㅂ(ㄼ), ㅈ(ㄵ)'이 뒤 음절 첫소리 'ㅎ'과 결합되는 경우에도, 역시 두 음을 합쳐서 [ㅋ, ㅌ, ㅍ, ㅊ]으로 발음한다.

각하[가카] 먹히다[머키다] 밝히다[발키다] 맏형[마텽]
좁히다[조피다] 넓히다[널피다] 꽂히다[꼬치다] 앉히다[안치다]

〔붙임 2〕 규정에 따라 'ㄷ'으로 발음되는 'ㅅ, ㅈ, ㅊ, ㅌ'의 경우에는 이에 준한다.

옷 한 벌[오탄벌] 낮 한때[나탄때] 꽃 한 송이[꼬탄송이]
숱하다[수타다]

2. 'ㅎ(ㄶ, ㅀ)' 뒤에 'ㅅ'이 결합되는 경우에는, 'ㅅ'을 [ㅆ]으로 발음한다.

닿소[다쏘] 많소[만:쏘] 싫소[실쏘]

3. 'ㅎ' 뒤에 'ㄴ'이 결합되는 경우에는, [ㄴ]으로 발음한다.

놓는[논는] 쌓네[싼네]

〔붙임〕 'ㄶ, ㅀ' 뒤에 'ㄴ'이 결합되는 경우에는, 'ㅎ'을 발음하지 않는다.

않네[안네] 않는[안는] 뚫네[뚤네→뚤레] 뚫는[뚤는→뚤른]

* '[뚤네→뚤레], 뚫는[뚤는→뚤른]'에 대해서는 제20항 참조.

4. 'ㅎ(ㄶ, ㅀ)' 뒤에 모음으로 시작된 어미나 접미사가 결합되는 경우에는, 'ㅎ'을 발음하지 않는다.

낳은[나은] 놓아[노아] 쌓이다[싸이다] 많아[마:나]

않은[아는] 닳아[다라] 싫어도[시러도]

제13항 홑받침이나 쌍받침이 모음으로 시작된 조사나 어미, 접미사와 결합되는 경우에는, 제 음가대로 뒤 음절 첫소리로 옮겨 발음한다.

깎아[까까] 옷이[오시] 있어[이써] 낮이[나지]

꽂아[꼬자] 꽃을[꼬츨] 쫓아[쪼차] 밭에[바테]

앞으로[아프로] 덮이다[더피다]

제14항 겹받침이 모음으로 시작된 조사나 어미, 접미사와 결합되는 경우에는, 뒤엣것만을 뒤 음절 첫소리로 옮겨 발음한다(이 경우, 'ㅅ'은 된소리로 발음함).

넋이[넉씨] 앉아[안자] 닭을[달글] 젊어[절머]

곬이[골씨] 핥아[할타] 읊어[을퍼] 값을[갑쓸]

없어[업:써]

제15항 받침 뒤에 모음 'ㅏ, ㅓ, ㅗ, ㅜ, ㅟ' 들로 시작되는 실질 형태소가 연결되는 경우에는, 대표음으로 바꾸어서 뒤 음절 첫소리로 옮겨 발음한다.

밭 아래[바다래] 늪 앞[느밥] 젖어미[저더미] 맛없다[마덥다]

겉옷[거돋] 헛웃음[허두슴] 꽃 위[꼬뒤]

다만, '맛있다, 멋있다'는 [마싣따], [머싣따]로도 발음할 수 있다.

〔붙임〕 겹받침의 경우에는 그 중 하나만을 옮겨 발음한다.

넋 없다[너겁따] 닭 앞에[다가페] 값어치[가버치] 값있는[가빈는]

제16항 한글 자모의 이름은 그 받침 소리를 연음하되, 'ㄷ, ㅈ, ㅊ, ㅋ, ㅌ, ㅍ, ㅎ'의 경우에는 특별히 다음과 같이 발음한다.

디귿이[디그시] 디귿을[디그슬] 디귿에[디그세]

지읒이[지으시] 지읒을[지으슬] 지읒에[지으세]

치읓이[치으시] 치읓을[치으슬] 치읓에[치으세]

키읔이[키으기] 키읔을[키으글] 키읔에[키으게]

티읕이[티으시] 티읕을[티으슬] 티읕에[티으세]

피읖이[피으비] 피읖을[피으블] 피읖에[피으베]

히읗이[히으시] 히읗을[히으슬] 히읗에[히으세]

제5장 음의 동화

본장은 소리의 동화에 대한 규정을 보여 준다. 제17항은 받침 'ㄷ, ㅌ(ㄾ)'이 조사나 접미사의 모음 'ㅣ'와 결합하여 구개음 [ㅈ, ㅊ]으로 바뀌는 구개음화에 대한 규정이고, 제18항은 받침 소리 [ㄱ, ㄷ, ㅂ]이 'ㄴ, ㅁ' 앞에서 [ㅇ, ㄴ, ㅁ]으로 발음되는 비음화에 대한 규정이다. 또, 제19항은 받침 'ㅁ, ㅇ' 뒤의 'ㄹ'이 비음화하여 [ㄴ]으로 동화되는 현상을 규정해 놓고, 제20항은 'ㄴ'이 'ㄹ'의 앞이나 뒤에서 [ㄹ]로 동화되는 현상에 대한 규정을 보여 주고 있다. 주의할 것은 이 경우에도 앞서의 다른 규정의 예들에서와 마찬가지로 각각의 단어에 따라 'ㄹ'이 [ㄴ]으로 발음되는 단어들이 있다는 것이다. 이를테면 '의견란[의:견난], 임진난[임:진난], 횡단로[횡단노]' 등의 예가 그것인데, 심지어는 '권력'은 [궐력]으로 발음하지만 '공권력'은 [공꿘녁]으로 발음이 되는 것이다. 제20항의 단서조항은 그러한 현실을 수용하기 위한 것이다.

동화와 관련된 단어에 대한 표준어 사정의 경우에도 규칙의 일괄 적용이 어렵고, 따라서 개별 단어에 대한 검토가 있어야 할 것이다.

그 밖에도 국어의 동화 현상은 여러 가지가 있을 수 있으나, '표준 발음법'에서는 이상의 동화 현상 이외에는 표준 발음으로 인정치 않기로 하여, 그와 같은 내용을 제21항에 규정하여 놓았다. 제22항에서는 모음 충돌을 회피하기 위한 현상으로 발음되는 '되어'와 '피어'에 대해서 [되여]와 [피여]를 허용하기로 하여 현실 발음을 수용한다는 기본 태도를 견지하고 있다.

제17항 받침 'ㄷ, ㅌ(ㄾ)'이 조사나 접미사의 모음 'ㅣ'와 결합되는 경우에는, [ㅈ, ㅊ]으로 바꾸어서 뒤 음절 첫소리로 옮겨 발음한다.

곧이듣다[고지듣따] 굳이[구지] 미닫이[미다지]
땀받이[땀바지] 밭이[바치] 벼훑이[벼훌치]

〔붙임〕 'ㄷ' 뒤에 접미사 '히'가 결합되어 '티'를 이루는 것은 [치]로 발음한다.

굳히다[구치다] 닫히다[다치다] 묻히다[무치다]

제18항 받침 'ㄱ(ㄲ, ㅋ, ㄳ, ㄺ), ㄷ(ㅅ, ㅆ, ㅈ, ㅊ, ㅌ, ㅎ), ㅂ(ㅍ, ㄼ, ㄿ, ㅄ)'은 'ㄴ, ㅁ' 앞에서 [ㅇ, ㄴ, ㅁ]으로 발음한다.

먹는[멍는] 국물[궁물] 깎는[깡는] 키읔만[키응만]
몫몫이[몽목씨] 긁는[긍는] 흙만[흥만] 닫는[단는]
짓는[진:는] 옷맵시[온맵시] 있는[인는] 맞는[만는]
젖멍울[전멍울] 쫓는[쫀는] 꽃망울[꼰망울] 붙는[분는]
놓는[논는] 잡는[잠는] 밥물[밤물] 앞마당[암마당]
밟는[밤:는] 읊는[음는] 없는[엄:는] 값매다[감매다]

〔붙임〕 두 단어를 이어서 한 마디로 발음하는 경우에도 이와 같다.

책 넣는다[챙넌는다] 흙 말리다[흥말리다] 옷 맞추다[온마추다]
밥 먹는다[밤멍는다] 값 매기다[감매기다]

제19항 받침 'ㅁ, ㅇ' 뒤에 연결되는 'ㄹ'은 [ㄴ]으로 발음한다.

담력[담:녁] 침략[침냑] 강릉[강능] 항로[항노]
대통령[대:통녕]

〔붙임〕 받침 'ㄱ, ㅂ' 뒤에 연결되는 'ㄹ'도 [ㄴ]으로 발음한다.

막론[막논→망논] 백리[백니→뱅니] 협력[협녁→혐녁]
십리[십니→심니]

제20항 'ㄴ'은 'ㄹ'의 앞이나 뒤에서 [ㄹ]로 발음한다.

(1) 난로[날:로] 신라[실라] 천리[철리] 광한루[광:할루]
대관령[대:괄령]

(2) 칼날[칼랄] 물난리[물랄리] 줄넘기[줄럼끼] 할는지[할른지]

〔붙임〕 첫소리 'ㄴ'이 'ㅀ', 'ㄾ' 뒤에 연결되는 경우에는 이에 준한다.

닳는[달른] 뚫는[뚤른] 핥네[할레]

다만, 다음과 같은 단어들은 'ㄹ'을 [ㄴ]으로 발음한다.

의견란[의:견난] 임진란[임:진난] 생산량[생산냥]
결단력[결딴녁] 공권력[공꿘녁] 동원령[동:원녕]
상견례[상견녜] 횡단로[횡단노] 이원론[이:원논]
입원료[이붠뇨] 구근류[구근뉴]

제21항 위에서 지적한 이외의 자음 동화는 인정하지 않는다.

감기[감:기](×[강:기]) 옷감[옫깜](×[옥깜])
있고[읻꼬](×[익꼬]) 꽃길[꼳낄](×[꼭낄])
젖먹이[전머기](×[점머기]) 문법[문뻡](×[뭄뻡])
꽃밭[꼳빧](×[꼽빧])

第22항 다음과 같은 용언의 어미는 [어]로 발음함을 원칙으로 하되, [여]로 발음함도 허용한다.

피어[피어/피여] 되어[되어/되여]

〔붙임〕 '이오, 아니오'도 이에 준하여 [이요, 아니요]로 발음함을 허용한다.

第6장 경 음 화

본장에서는 경음화 현상이 일어나는 경우에 대하여 규정해 놓고 있다. 제23항은 'ㄱ, ㄷ, ㅂ' 받침에 연결되는 'ㄱ, ㄷ, ㅂ, ㅅ, ㅈ'이 예외 없이 된소리로 발음된다는 규정이고, 제24, 25항은 용언의 어간 받침 뒤에서 어미의 첫소리가 된소리로 발음되는 예를 보여 주고 있다. 그 경우에도 일률적으로 동일한 환경에서 동일한 현상이 발생하는 것은 아니므로 개별 단어에 대한 검토가 필요한 부분이다. 특히 '안다, 감다'의 피사동 어간과 명사형의 경우는 '안기'와 '감기'로 표기상으로는 동일하지만 실제 발음에서는 '기'가 피사동사의 경우는 예사소리로, 명사형의 경우는 된소리로 발음하여 차이가 있기 때문이다.

제26항은 한자어의 경우로 'ㄹ' 받침 뒤에 연결되는 'ㄷ, ㅅ, ㅈ'이 된소리로 발음되는 것을 규정한 것이다. 그러나 이 경우에도 '허허실실(虛虛實實), 절절하다(切切-)' 등과 같이 같은 한자가 겹쳐서 된 단어인 경우에는 된소리로 발음이 되지 않으므로 현실 발음대로 예사소리로 발음하도록 규정하고 있다.

제27항은 관형사형 '-(으)ㄹ' 뒤에서 된소리로 발음되는 경우를 규정하여 놓은 것이다. 같은 관형사형이라고 하더라도, '-(으)ㄴ' 뒤에서는 된소리로 발음되지 않는다는 점에서 비교가 되는 것이지만, '-(으)ㄹ' 뒤에서는 예외 없이 된소리로 발음된다는 점에서 일률적인 적용이 가능한 규정이라고 할 수 있다.

그 밖에 된소리로 발음되는 경우로는 표기상으로는 사이시옷이 없더라도 관형격의 기능을 가지는 사이시옷이 있어야 할 합성어의 경우에는 뒤 단어의 첫소리가 된소리로 발음될 때가 있다. 제28항에서는 그러한 합성어의 경우에 뒤 단어의 첫소리를 된소리로 발음하도록 단서 조항 없이 규정하여 놓은 것이다. 그러나 합성어의 된소리 발음 실현은 그렇듯 일정한 것은 아니다. 이를테면 '고깃배:고기배, 나뭇집:나무집'과 같이 발음의 실현 차이가 의미의 차이를 수반하는 경우도 있기 때문이다. 이 역시 개별 단어의 사정 작업을 거쳐야 할 대상으로,

일률적인 처리가 불가능한 경우라고 할 수 있다.

제23항 받침 'ㄱ(ㄲ, ㅋ, ㄳ, ㄺ), ㄷ(ㅅ, ㅆ, ㅈ, ㅊ, ㅌ), ㅂ(ㅍ, ㄼ, ㄿ, ㅄ)' 뒤에 연결되는 'ㄱ, ㄷ, ㅂ, ㅅ, ㅈ'은 된소리로 발음한다.

국밥[국빱] 깎다[깍따] 넋받이[넉빠지] 삯돈[삭똔]
닭장[닥짱] 칡범[칙뻠] 뻗대다[뻗때다] 옷고름[옫꼬름]
있던[읻떤] 꽂고[꼳꼬] 꽃다발[꼳따발] 낯설다[낟썰다]
밭갈이[받까리] 솥전[솓쩐] 곱돌[곱똘] 덮개[덥깨]
옆집[엽찝] 넓죽하다[넙쭈카다] 읊조리다[읍쪼리다]
값지다[갑찌다]

제24항 어간 받침 'ㄴ(ㄵ), ㅁ(ㄻ)' 뒤에 결합되는 어미의 첫소리 'ㄱ, ㄷ, ㅅ, ㅈ'은 된소리로 발음한다.

신고[신:꼬] 껴안다[껴안따] 앉고[안꼬] 얹다[언따]
삼고[삼:꼬] 더듬지[더듬찌] 닮고[담:꼬] 젊지[점:찌]

다만, 피동, 사동의 접미사 '-기-'는 된소리로 발음하지 않는다.

안기다 감기다 굶기다 옮기다

제25항 어간 받침 'ㄼ, ㄾ' 뒤에 결합되는 어미의 첫소리 'ㄱ, ㄷ, ㅅ, ㅈ'은 된소리로 발음한다.

넓게[널께] 핥다[할따] 훑소[훌쏘] 떫지[떨:찌]

제26항 한자어에서, 'ㄹ'받침 뒤에 연결되는 'ㄷ, ㅅ, ㅈ'은 된소리로 발음한다.

갈등[갈뜽] 발동[발똥] 절도[절또] 말살[말쌀]
불소[불쏘](弗素) 일시[일씨] 갈증[갈쯩] 물질[물찔]
발전[발쩐] 몰상식[몰쌍식] 불세출[불쎄출]

다만, 같은 한자가 겹쳐진 단어의 경우에는 된소리로 발음하지 않는다.

허허실실[허허실실](虛虛實實) 절절-하다[절절하다](切切-)

제27항 관형사형 '-(으)ㄹ' 뒤에 연결되는 'ㄱ, ㄷ, ㅂ, ㅅ, ㅈ'은 된소리로 발음한다.

할 것을[할꺼슬] 갈 데가[갈떼가] 할 바를[할빠를]
할 수는[할쑤는] 할 적에[할쩌게] 갈 곳[갈꼳]
할 도리[할또리] 만날 사람[만날싸람]

다만, 끊어서 말할 적에는 예사소리로 발음한다.

〔붙임〕 '-(으)ㄹ'로 시작되는 어미의 경우에도 이에 준한다.

할걸[할껄]	할밖에[할빠께]	할세라[할쎄라]
할수록[할쑤록]	할지라도[할찌라도]	할지언정[할찌언정]
할진대[할찐대]		

제28항 표기상으로는 사이시옷이 없더라도, 관형격 기능을 지니는 사이시옷이 있어야 할(휴지가 성립되는) 합성어의 경우에는, 뒤 단어의 첫소리 'ㄱ, ㄷ, ㅂ, ㅅ, ㅈ'을 된소리로 발음한다.

문-고리[문꼬리]	눈-동자[눈똥자]	신-바람[신빠람]
산-새[산쌔]	손-재주[손째주]	길-가[길까]
물-동이[물똥이]	발-바닥[발빠닥]	굴-속[굴-쏙]
술-잔[술짠]	바람-결[바람껼]	그믐-달[그믐딸]
아침-밥[아침빱]	잠-자리[잠짜리]	강-가[강까]
초승-달[초승딸]	등-불[등뿔]	창-살[창쌀]
강-줄기[강쭐기]		

제7장 음의 첨가

본장에서는 합성어와 파생어에서 'ㄴ' 소리가 첨가되어 발음되는 경우를 규정하여 놓았다. 제29항은 합성어와 파생어에서 앞 형태의 끝이 자음이고, 뒤 형태의 첫소리에 'ㄴ'이 첨가되어 발음되는 현상을 규정하였는데, 합성어나 파생어가 아니라고 하더라도, 두 단어가 한 단어처럼 한 마디로 발음될 때에는 역시 이 규정이 적용됨을 붙여 놓았다. 물론 이 경우에도 예외가 있어 제29항에 밝혀 놓은 조건에 부합되는 경우라고 하더라도 개별 단어에 따라 'ㄴ' 소리가 첨가되지 않기도 하므로 일률적인 적용은 어렵다.

제30항은 표기상에 사이시옷이 나타난다는 점에서 앞서의 제28항과는 성격이 다르다. 표기상 사이시옷이 나타나는 경우의 발음은 제30항에 규정하여 놓았는데 다음 단어의 첫소리를 된소리로 발음하거나(그 경우에는 사이시옷을 [ㄷ]으로 발음하는 것도 허용한다), 사이시옷 뒤에 'ㄴ, ㅁ'이 결합할 경우와 '이'가 연결될 때에는 [ㄴ]으로 발음하도록 한 것이다. 사이시옷의 표기에 관해서는 본서의《한글 맞춤법》제30항이 참고가 될 것이다.

第29항 합성어 및 파생어에서, 앞 단어나 접두사의 끝이 자음이고 뒤 단어나 접미사의 첫 음절이 '이, 야, 여, 요, 유'인 경우에는, 'ㄴ' 음을 첨가하여 [니, 냐, 녀, 뇨, 뉴]로 발음한다.

솜-이불[솜니불] 홑-이불[혼니불] 막-일[망닐]
삯-일[상닐] 맨-입[맨닙] 꽃-잎[꼰닙]
내복-약[내봉냑] 한-여름[한녀름] 남존-여비[남존녀비]
신-여성[신녀성] 색-연필[생년필] 직행-열차[지캥녈차]
늑막-염[능망념] 콩-엿[콩녇] 담-요[담뇨]
눈-요기[눈뇨기] 영업-용[영엄뇽] 식용-유[시굥뉴]
국민-윤리[궁민뉼리] 밤-윷[밤뉻]

다만, 다음과 같은 말들은 'ㄴ' 음을 첨가하여 발음하되, 표기대로 발음할 수 있다.

이죽-이죽[이중니죽/이주기죽] 야금-야금[야금냐금/야그먀금]
검열[검:녈/거:멸] 욜랑-욜랑[욜랑뇰랑/욜랑욜랑]
금융[금늉/그뮹]

〔붙임 1〕 'ㄹ' 받침 뒤에 첨가되는 'ㄴ' 음은 [ㄹ]로 발음한다.

들-일[들릴] 솔-잎[솔립] 설-익다[설릭따]
물-약[물략] 불-여우[불려우] 서울-역[서울력]
물-엿[물렫] 휘발-유[휘발류] 유들-유들[유들류들]

〔붙임 2〕 두 단어를 이어서 한 마디로 발음하는 경우에도 이에 준한다.

한 일[한닐] 옷 입다[온닙따] 서른여섯[서른녀섣]
3연대[삼년대] 먹은 엿[머근녇]
할 일[할릴] 잘 입다[잘립따] 스물여섯[스물려섣]
1연대[일련대] 먹을 엿[머글렫]

다만, 다음과 같은 단어에서는 'ㄴ(ㄹ)' 음을 첨가하여 발음하지 않는다.

6 · 25[유기오] 3 · 1절[사밀쩔] 송별-연[송:벼련]
등용-문[등용문]

第30항 사이시옷이 붙은 단어는 다음과 같이 발음한다.

1. 'ㄱ, ㄷ, ㅂ, ㅅ, ㅈ'으로 시작하는 단어 앞에 사이시옷이 올 때에는 이들 자음만을 된소리로 발음하는 것을 원칙으로 하되, 사이시옷을 [ㄷ]으로 발음하는 것도 허용한다.

냇가[내:까/낻:까] 샛길[새:낄/샏:낄] 빨랫돌[빨래똘/빨랟똘]
콧등[코뜽/콛뜽] 깃발[기빨/긷빨] 대팻밥[대:패빱/대:팯빱]
햇살[해쌀/핻쌀] 뱃속[배쏙/밷쏙] 뱃전[배쩐/밷쩐]
고갯짓[고개찓/고갣찓]

2. 사이시옷 뒤에 'ㄴ, ㅁ'이 결합되는 경우에는 [ㄴ]으로 발음한다.

콧날[콛날→콘날] 아랫니[아랟니→아랜니]
툇마루[퇻마루→퇸마루] 뱃머리[밷머리→밴머리]

3. 사이시옷 뒤에 '이' 음이 결합되는 경우에는 [ㄴㄴ]으로 발음한다.

베갯잇[베갣닏→베갠닏] 깻잎[깯닙→깬닙]
나뭇잎[나묻닙→나문닙] 도리깻열[도리깯녈→도리깬녈]
뒷윷[뒫늗→뒨늗]

【참고】 표준어에 대하여는 이희승(1932, 37, 59b), 김민수(1972), 김준배(1977), 김진우(1976), 남광우(1973, 79), 신규철(1967), 우인섭(1969), 이강로(1966), 이극로(1936), 이병근(1978), 이숭녕(1959), 이윤재(1936), 이응백(1967a · b, 78), 이철수(1980), 이현복(1973, 77, 79), 장태진(1960, 72), 최전승(1980), 박갑수(1992) 등이 있어 참고가 된다.

Ⅲ

표준어 모음

일 러 두 기

1. 이 《표준어 모음》은 1990년 9월 14일에 문화부 공고 제36호로 공표되어 시행하게 된 내용을 '일러두기' 부터 본문을 차례로 소개한 것이다.
2. 이 내용은 '제1부 어휘 선택' 과 '제2부 발음' 으로 나뉘어 해당 단어가 수록된 것인데, 해당 단어의 표준 어형과 발음이 정해진 준거는 이미 설명된《표준어 규정》에 따랐으므로 따로 설명하지 않는다.
3. 다만 첫머리에 '《표준어 모음》이 되기까지' 를 실어서 이 표준어 어휘집이 이루어진 경위와 주요한 내용을 파악하도록 했다.
4. '어휘 선택' 의 말미에는 2011년과 2014년, 2015년에 추가작업이 이루어진 표준어 목록을 덧붙였다.

《표준어 모음》이 되기까지

1989년 3월 1일부터 시행된 《표준어 규정》에 의해 표준어를 사정하는 일반 원칙이 정하여지고 예시어가 확정되기는 하였지만 국어 어휘 전반에 걸친 표준어 사정과는 거리가 있는 작업이라 할 수밖에 없는 형편이었다. 물론 국어 어휘 전반을 검토의 대상으로 삼는다는 것은 현실적으로 여러 가지 어려운 문제를 가지고 있는 작업이기는 하지만 그렇다고 해서 그만한 정도로 안주할 수 없는 것도 현실이 되고 만 셈이라 하겠다. 《표준어 규정》에 예시된 예시어는 오히려 국어 사용자들의 표준어에 대한 욕구를 자극하였다고도 할 수 있기 때문이다. 이제 소개할 《표준어 모음》은 그러한 욕구에 대한 일차적인 답이라 할 수 있는 것이다. 국어 어휘 전반과는 거리가 있으나 현실적으로 당장 문제가 됨직한 어휘들을 검토하여 표준 어형과 발음을 확정하여 보인 것이다. 《표준어 모음》을 만들어 내기 위한 작업의 출발점을 기존 사전들 사이에 보이는 불일치에 두고 있다는 것이 그것을 말한다. 현실적으로도 1936년의 《사정한 조선어 표준말 모음》 이후 간행된 국어 사전들 사이에 나타나는 표준어 처리의 차이만이라도 없애는 일은 시급한 과제로 대두되었고, 이에 국어 연구소에서는 사전간에 혼란을 보이는 고유어를 중심으로 표준어 심의 자료를 작성하여 《표준어 규정》에 따라 심의하기로 하였던 것이다.

국어 연구소에서는 1987년 9월부터 가장 널리 이용되는 국어 사전인 《새한글사전》(한글학회 간행)과 《국어 대사전》(민중서림 간행)에서 표제어로 제시한 단어 가운데 서로 어긋나는 고유어를 모두 수집하여 1988년 7월 국어 연구소 안에 표준어 심의 위원회를 구성하여 전반적으로 심의하게 하였다. 세밀한 내용은 1989년 7월부터 심의 대상을 '어휘 선택'과 '발음' 부분으로 나누어 그 위원회의 표준어소위원회에서 축조 심의하게 하는 한편, 일상적으로 널리 쓰이는 동식물 용어는 전문 학자에게 검토를 의뢰하였다. 이러한 심의와 검토 결과를 표준어 심의 위원회에서 보완, 국어 연구소안을 마련하여 이를 1989년 12월에 문교부에 보고하였고, 1990년부터 문화부에서 어문 정책을 주관하게 되면서 위 보고서는 문화부로 이관되었다. 문화부의 요청에 따라 국어 연구소는 표준어 심의 위원회에 위 보고서를 다시 한번 검토하게 하여 1990년 5월 최종 보고서를 제출하였다. 문화부는 1990년 7월에 국어 심의회 한글 분과 위원회에 부의하여 사정하게 하여 1990년 9월 14일에 문화부 공고 제36호로 《표준어 모음》을 공표하게 된 것이다.

먼저 어휘 선택 부분은 《표준어 규정》 제1부 '표준어 사정 원칙'을 적용, 심의한 단어를 모은 것이다. 그들 단어는 《새한글 사전》과 《국어 대사전》에서 표준어의 인정 여부가 일치되지 않는 것이었으나 이들 자료를 대상으로 검토 심의할 때에는 두 사전 외에도 다음과 같은 자료를 참고로 하였다.

《사정한 조선어 표준말 모음》(조선어학회, 1936년, 이하 '표준말 모음'으로 줄임.)
《큰 사전》(조선어학회 한글학회, 1947년~1957년)
《중사전》(한글학회, 1958년)
《새우리말 큰사전》(신기철 · 신용철, 1984년, 삼성출판사)
국민학교 교과서(13과목 70권, 1984년판)
중학교 교과서(국어 · 국사 · 도덕 · 사회 교과서, 1984년판)
《우리말 역순 사전》(유재원 편저, 1984년, 정음사)
《우리말 분류 사전》(남영신 편저, 1987년, 한강문화사)
《표준말안》(문교부 국어심의회, 1979년)
《표준어 개정안》(학술원, 1984년)
《표준어 규정안》(국어연구소, 1987년)

《표준어 모음》 '제1부 어휘 선택'과 관련되는 문제는 복수 표준어와 단수 표준어로 갈라 볼 수 있다. '복수 표준어'는 동일한 지시 대상에 대해서 둘 이상의 말이 대등한 세력으로 널리 쓰일 때에 둘 이상의 말을 인정하는 경우를 이르는 것이다. 이 복수 표준어는 단수 표준어에 상대가 되는 것으로 "몇 가지 형태가 동일한 의미로 널리 쓰이면서 《표준어 규정》에 맞아 함께 인정한" 것(《표준어 규정》 제26항)과 "어감의 차이를 인정한" 것(제19항) 그리고 "비슷한 발음을 가진 두 형태가 같은 의미로 함께 널리 쓰이어 인정한" 것(제18항)으로 나누어 볼 수 있다. 그 밖에도 《표준어 규정》 제26항에 '다달이/매달(每-)', '다박나룻/다박수염(-鬚髥)', '일일이(一一-)/하나하나', '제가끔/제각기(-各其)' 등과 같이 예시어로만 제시되었을 뿐 명시적인 규정이 없으나, 대응되는 고유어와 한자어를 함께 인정한 예도 적지않다. 그리고 준말과 본말을 함께 인정한 것(제16항)도 여기에 속한다. 1936년에 조선어학회에서 공표한《사정한 조선어 표준말 모음》에도 '비슷한 말' 속에 약간의 의미 차를 갖는 말들이 제시되어 있다. 이러한 복수 표준어는 사전적인 처리 과정에서 문제가 되던 것으로 종래의 비표준어가 표준어로 격상되는 예들이 주된 내용을 이루고 있다.

그와 같은 맥락으로 2011년 8월 31일과 2014년 12월 15일에는 표준어 목록의 추가 작업이 이루어졌다. 2011년 8월 31일에는 '현재 표준어와 표기 형태가 다른 경우'와 '현재 표준어와 같은 뜻을 가진 경우' 그리고 '현재 표준어와 뜻과 어감이 다른 경우'의 어휘들을 표준어 어휘 목록에 추가한 것이고, 2014년 12월 15일에는 '현재 표준어와 같은 뜻을 가진 경우'의 어휘를 복수 표준어로 추가하였고, '현재 표준어와 뜻이나 어감이 차이가 나는 경우'의 어휘를 별도의 표준어 목록에 추가한 것이다.

국립국어원에서 언어생활에서 많이 사용되지만 표준어로 인정되지 않은 단어들을 검토하는 일을 꾸준히 해오고 있다. 그 결과 지난 2011년에 '짜장면, 맨날, 눈꼬리' 등 39항목을 표준어로 추가하였으며, 2014년 12월에 다시 '삐지다, 놀잇감, 속앓이, 딴지' 등 13항목을 표준어로 추가하였다. 이번에 추가된 표준어는 2014년 8월 29일 국어심의회를 통과하면서 최종 확정된 것으로서, 그동안 국립국어원이 어문 규범과『표준국어대사전』의 보완을 위해 시행해 온 어휘 사용 실태 조사와 말뭉치 검색 결과 등을 종합적으로 검토하여 실제 언어생활에서 사용 빈도가 높고 표준어로 인정해야 한다는 요구가 높은 것들을 선별한 것이다. 특히 2014년에 새로 표준어로 인정한 항목은 크게 두 가지로 나누어 볼 수 있다.

첫째, 현재 표준어와 같은 뜻으로 널리 쓰이는 말을 복수 표준어로 인정한 경우이다. 그동안 '삐지다'는 비표준어로서 '삐치다'로 써야 했으나 앞으로는 '삐지다'도 '삐치다'와 뜻이 같은 표준어로 인정된다. 이렇게 복수 표준어로 인정된 말은 '삐지다', '눈두덩이', '구안와사', '초장초', '굽신거리다' 등 모두 5항목이다. 둘째, 현재 표준어와는 뜻이나 어감이 달라 이를 별도의 표준어로 인정한 경우이다. 그동안 '놀잇감'은 '장난감'으로 써야 했으나 '놀잇감'과 '장난감'은 쓰임이 다르기 때문에 '놀잇감'을 별도의 표준어로 인정하였다. 이렇게 별도의 표준어로 인정된 말은 '놀잇감', '개기다', '사그라들다', '속앓이', '허접하다', '딴지', '섬찟', '꼬시다' 등 모두 8항목이다.

구체적인 예들은 '표준어 모음 제1부 어휘 선택'의 말미에 표로 덧붙여 제시하기로 한다.

'단수 표준어'는 동일한 대상에 대하여 둘 이상의 말이 쓰일 때, 이 중 하나만을 표준어로 인정할 경우다. 이 단수 표준어는 "의미가 똑같은 형태가 몇 가지 있을 경우, 그 중 어느 하나가 압도적으로 널리 쓰이면, 그 단어만을 표준어로 삼는다"(제25항)라고 한 것을 비롯하여 'ㅣ' 역행 동화에 관련된 것(제9항), 모음조화에 관련된 것(제8항), 본말 · 준말 관계를 지니는 것(제14항, 제15항), 원 말 · 변한 말 관계를 지니는 것(제5항), 발음 형태가 비슷한 것(제17항), 고어에 관련된 것(제20항), 고유어와 한자어가 대응 관계를 이루는 것(제21항, 제22항) 등이 있다.

《표준어 규정》에서는 '제1부 표준어 사정 원칙' 외에 제2부에 '표준 발음법'이 설정되어 있다. '표준 발음법'의 규정들이 각 단어의 표준 발음에 대한 준거를 제공하고 있기는 하지만 그것이 바로 모든 단어의 표준 발음을 정해 주는 것은 아닌 것이다. 어휘 선택에서와 마찬가지로 《표준어 모음》 '제2부 발음'에 제시된 단어들은 《새한글 사전》과 《국어 대사전》에서 그 발음형이 일치하지 않는 단어들이다. 즉 사전에 표시된 음의 장단과 경음에 대한 표시가 일치하지 않는 단어들이 일차적인 검토의 대상이 된 것이다. 먼저 '장단'은 음의 길이가 문제되는 단어들로서 '표준 발음법'의 '음의 길이'와 관련하여 심의한 단어들이고, '경음'은 경음으로의 실현 여부와 음의 첨가('사이시옷'이나 'ㄴ' 첨가가 문제되는 단어 포함)가 문제되는 단어들을 심의한 내용이다.

'장단' 즉 음의 길이에 관한 발음 규정은 '표준 발음법'의 제3장 제6항, 제7항에 명시되어 있다. 제6항에 "모음의 장단을 구별하여 발음하되, 단어의 첫음절에서만 긴소리가 나타나는 것을 원칙으로 한다"라고 되어 있어 제2음절 이하에서의 장단은 문제되지 않는다. 따라서 음의 장단은 제1음절이 그 심의 대상이 된 것이다. 그런데 제6항의 뒷부분에서는 "다만, 합성어의 경우에는 둘째 음절 이하에서도 분명한 긴소리를 인정한다"고 하면서 '반신반의(半信半疑) [반:신바:늬/반:신 바:니], 재삼재사(再三再四) [재:삼 재:사]' 등을 예로 들고 있다. 이 예들은 한자어로서 '반신-반의, 재삼-재사'처럼 어느 정도로는 끊어서 발음할 수 있는 성격을 지니는 경우이다. 따라서 이러한 특성을 가지는 단어가 아니면 장단의 문제는 제1음절에서만 문제된다고 할 수 있다. 그러한 기준에 따라, 대본으로 삼은 두 사전에 제시된 제1음절의 장단이 서로 다를 경우에는 먼저 공표된《표준어 규정》의 '제2부 표준 발음법'의 각 규정과 예시어의 상태를 고려하고, '표준 발음법'에서 그 근거를 찾기 어려울 때에는《새한글 사전》과《국어 대사전》에서 장단이 문제되는 제1음절의 형태가 결합된 다른 단어들에서의 발음이 어떻게 실현되는가를 고려하여 국어 사용자들의 기억 부담을 줄이고자 한 것이다. 한편 의성 · 의태어나 색채어 등에 나타나는 정의적(情意的, emotive)인 장음은 어휘의 필수적인 부분이 아닐뿐더러 강조하기 위하여 말하는 사람이 자신의 주관적인 태도를 반영하는 발음이므로 표준 발음법의 대상에서 제외하였다.

《표준어 모음》의 '경음' 부분에 제시된 자료는 '표준 발음법'의 '제6장 경음화(또는 된소리되기)'와 '제7장 음의 첨가(또는 소리의 첨가)'와 관련되는 단어들이다. 그런데 '표준 발음법'의 '제6장 경음화'의 제23항, 제24항, 제25항, 제27항(제26항은 한자어에 적용되는 규정임)은 경음화가 적용될 수 있는 환경이면 항상 경음화가 일어나는 현상이기 때문에 개별 단어에 따라 문제가 되는 것이 아니다. 이렇게 규칙적으로 일어나는 현상은 사정 표제어 옆에 발음 표시를 하지 않는 것이 일반적인 관례이므로《새한글 사전》과《국어 대사전》의 표제어의 발음 표시를 비교하여, 표준 발음이 서로 다르게 제시된 것을 대상으로 삼은 이번《표준어 모음》에서는 이러한 규정과 관련되는 단어는 없어야 했을 것이다. 그러나 이번 심의에는 이러한 환경에 있는 사전 표제어도 있다. 그것은 사전에서 규칙적인 음운 현상은 특별히 그 정보를 제시하지 않는 일반 원칙이 지켜지지 않았기 때문이라고 할 수 있다. 그러한 규칙적인 경음화의 예들을 제외하면 '표준 발음법'에서 경음과 관련하여 문제되는 조항은 제28항이다. "표기상으로는 사이시옷이 없더라도, 관형격 기능을 지니는 사이시옷이 있어야 할(휴지가 성립되는) 합성어의 경우에는, 뒤 단어의 첫소리, 'ㄱ, ㄷ, ㅂ, ㅅ, ㅈ'을 된소리로 발음한다"라고 한 것이다. 문제는 어떤 단어들이 사이시옷이 있어야 할 합성어이고, 또 동일한 조건에 있는 말들 가운데 어떤 단어들이 사이시옷이 있어야 할 합성어가 아닌가 하는 것이다. 사실 많은 사전에서 경음 표시가 일치하지 않는 단어들은 이러한 조건에 있는 단어들이 주류를 이룬다. 이번 심의에서는 개별 단어들을 하나하나 심의하여 현실 발음을 수용하는 방향으로 그 표준 발음을 인정하였다.

"합성어 및 파생어에서, 앞 단어나 접두사의 끝이 자음이고 뒤 단어나 접미사의 첫음절이 '이, 야, 여, 요, 유'인 경우에는, 'ㄴ' 소리를 첨가하여 [니, 냐, 녀,

뇨, 뉴]로 발음한다"는 제29항도 개별 단어의 검토가 필요한 부분이다. 왜냐하면 "다만, 다음과 같은 단어에서는 'ㄴ(ㄹ)' 소리를 첨가하여 발음하지 않는다"라고 한 '다만'의 규정 때문에 'ㄴ' 첨가가 문제되는 단어의 발음이 제29항의 원칙에 따라서 'ㄴ'이 첨가된 발음이 표준 발음인지 아니면 '다만'에 따라 'ㄴ' 소리를 첨가하지 않은 발음이 표준 발음인지를 판단하는 것이 그리 쉽지 않은 문제가 되기 때문이다. 이번 《표준어 모음》에서도 두 사전에서 발음이 서로 엇갈리게 표시된 단어에 대한 심의 결과 제29항의 원칙에 따라 'ㄴ'을 첨가한 발음을 인정한 경우도 있고, 제29항의 '다만'에 따라 'ㄴ'이 첨가되지 않은 발음을 표준 발음으로 인정한 경우도 있다. 유의할 것은 이번 심의에서 'ㄴ'이 첨가된 발음과 'ㄴ'이 첨가되지 않은 발음을 모두 인정하되 그 의미에 차이를 둔 경우도 있다는 것이다. 즉 '큰일'의 경우, 'ㄴ'이 첨가되지 않은 [크닐]과 'ㄴ'이 첨가된 [큰닐]을 모두 인정하되, 전자는 '다루는데 힘이 많이 들고 범위가 넓은 일'의 뜻으로, 후자는 '큰 예식이나 잔치를 치르는 일'의 뜻으로 구분하기로 한 것이다.

《표준어 규정》을 보완하는 작업의 결과로 나온 《표준어 모음》의 구체적인 내용의 이해를 돕기 위하여 먼저 문화부 공고 제36호인 《표준어 모음》의 일러두기부터 소개하면 다음과 같다.

1. 이 《표준어 모음》은 《새한글 사전》(한글학회 간행, 1965/1986년)과 《국어대사전》(민중서림 간행, 1982년)에서 표제어로 제시한 단어가 일치되지 않는 고유어와, 사전에서 그 고유어에 관련지어 놓은 단어를 심의한 결과이다. 따라서 관련 단어에는 한자어도 일부 포함되어 있다. 신조어, 전문용어, 맞춤법이 문제되는 말은 두 사전에서 상충되더라도 심의되지 않았으나 일상적으로 널리 쓰이는 동식물 용어는 심의하였다. 한자어와 고유어가 결합된 말('-하다'와 결합된 말은 제외함)이나 한자어의 변한 말은 포함되었으나, 한자어와 고유어가 결합된 말이라도 한자어의 발음이 문제되는 경우에는 이 《표준어 모음》에 포함되지 않았다.

2. 《표준어 모음》의 표준어에 대한 심의 기준은 원칙적으로 《표준어 규정》(문교부 고시 제88-2호)에 따랐다.

3. 《표준어 모음》은 심의 내용에 따라 다음과 같이 분류하여 제시하였다.

(1) 어휘 선택

(2) 발음 : ① 장단

② 경음(편의상 'ㄴ' 첨가와 관련되는 단어도 포함하였음)

4. '어휘 선택' 부분에서는 '표제어'란, '관련 단어'란, '비고'란, '관련 규정'란을, '발음'(장단, 경음) 부분에서는 '표제어'란, '비고'란의 형식에 따라 제시하고, 표제어는 '한글 맞춤법'(문교부 고시 제88-1호)의 한글 자모의 순서에 따라 배열하였다. 각 난(欄)의 성격은 다음과 같다.

(1) 어휘 선택

① 표제어

두 사전에서 상충되는 단어, 즉 두 사전에서 서로 다른 형태를 표준어로 인정한 단어나 한 사전에서는 표준어로 인정하고 다른 한 사전에서는 비표준어로 처리한 단어들이다. 심의 결과, 비표준어로 인정된 단어는 그 앞에 ×표를 하였다.

표 제 어	관련 단어	비 고	관련 규정
발짓	발질	'발짓'은 '발을 움직이는 짓'의 뜻으로, '발질'은 '발길질'의 뜻으로 인정함.	26
소낙비	소나기		26
×으시대다	으스대다	으쓱거리며 뽐낸다.	17 11

② 관련 단어

ㄱ. 두 사전에서 서로 다른 형태를 표준어로 인정한 경우에 표제어로 한 형태를 제시하고 다른 한 형태를 관련 단어에 싣되, 표제어와 관련 단어를 바꾸어서도 실었다. 그리고 심의 결과 사전상의 두 형태가 모두 비표준어로 처리되고 새로운 형태가 표준어로 인정된 경우에는 바로 아래 칸의 '관련 단어'란에 표준어로 인정된 형태를 실었다.

표 제 어	관련 단어	비 고	관련 규정
×겉껍더기	겉껍데기		09
겉껍데기	×겉껍더기		09
×가리마꼬창이	×가리마꼬챙이		09
	가르마꼬챙이		09
×가리마꼬챙이	×가리마꼬창이		09
	가르마꼬챙이		09

ㄴ. 비표준어로 처리된 표제어의 경우에는 그 단어의 표준어의 형태를 제시하였다. 따라서 여기에는 한자어도 일부 포함되어 있다.

표 제 어	관련 단어	비 고	관련 규정
×맛대강이	맛		25
×배챗괘기	배추속대		25
×잎전	엽전(葉錢)		22 25

ㄷ. 표제어와 같은 단어로서 이번 심의에서 비표준어로 처리된 단어를 실었다. 이 경우에도 비표준어로 처리된 단어 앞에 ×표를 하였다.

표 제 어	관련 단어	비 고	관련 규정
빨갱이	×빨강이	1. 공산주의자. 2. '빨간 빛의 물건'의 뜻으로는 '빨강이'를 인정함.	09 17
턱받이	×턱받기	어린아이의 턱 아래에 대어주는 헝겊.	25

③ 비고

표제어의 의미, 관련 단어와의 관계, 예문, 고시된 표준어 등 표제어에 관계되는 정보를 제시하였다. 따라서 '비고'란에 제시하는 정보가 표제어에 대한 것인지 관련 단어에 대한 것인지를 언급하지 않은 경우에는 표제어에 대한 것이다.

④ 관련 규정

심의 과정에서 적용한 '표준어 규정 제1부 표준어 사정원칙'의 항을 제시하였다.

⑤ '어휘선택'의 말미에는 2011년과 2014년, 2015년에 추가작업이 이루어진 표준어 목록을 덧붙였다.

(2) 발 음

① 표제어

ㄱ. 장단

두 사전에서 장단음 여부가 엇갈리는 단어를 제시하되 심의 결과를 그대로 표제어에 반영하였다. 즉 제1음절에서 장음으로 실현되는 것으로 심의된 단어는 제1음절과 제2음절 사이에 장음부 '：'표를 하였으며, 단음으로 실현되는 것으로 심의된 단어는 장음부 '：'표를 하지 않았다. 따라서 장음부 '：'표가 있는 단어의 단음형은 비표준 발음으로 처리된 것이며, 단음으로 실현되는 것으로 제시된 단어의 장음형도 비표준 발음으로 처리된 것이다.

표 제 어	비 고
건:넛방	
땔:나무	
지난날	
해	내~, 뉘~.

ㄴ. 경음

경음('ㄴ' 첨가 포함)으로의 실현 여부가 엇갈리는 단어를 제시하되 심의 결과를 그대로 표제어에 반영하였다. 즉 경음으로 실현되는 것으로 심의된 단어는 표제어의 해당 위치에 '사이시옷'을 쓰거나 표제어 뒤에 그 음성형을 제시하였으며, 평음으로 실현되는 것으로 심의된 단어는 그 음성형을 별도로 제시하지 않았다. 따라서 표제어에 '사이시옷'으로 표기되었으나 표제어 뒤의 [ ] 안에 제시된 경음으로 실현되는 단어의 평음형은 비표준 발음으로 처리된 것이고, 표제어에 '사이시옷'이 표기되지 않았거나 표제어 뒤에 그 경음형이 제시되지 않은 단어의 경음형은 비표준 발음으로 처리된 것이다.

'ㄴ' 첨가가 문제되는 단어는 '경음' 부분에 준하였으나, 'ㄴ'이 첨가된 발음과 첨가되지 않은 발음이 모두 표준 발음으로 인정된 경우에는 그 발음형 모두를 [ ] 안에 제시하였다.

표 제 어	비 고
겨울잠[-짬]	
등짐[-찜]	
몸길이	체장(體長).
몸서리	
얄긋얄긋[얄근냘귿/얄그댤귿]	
큰일	다루는 데 힘이 많이 들고 범위가 넓은 일.
큰일[-닐]	큰 예식이나 잔치를 치르는 일.

② 비고

표제어에 관계되는 정보를 제시하였다.

5. 위에서 언급하지 않은 사항은《표준어 규정》에 따랐다.

이제《표준어 모음》의 구체적인 내용을 살펴보기로 하자.

제1부 어휘 선택

표 제 어	관련 단어	비　　고	관 련 규 정
×가귀뜨기	가귀대기	열다섯 끗 뽑기로 내기하는 투전 노름.	17 25
가동질		가동거리는 짓.	08
가래질꾼	가래꾼		16
가려잡다	골라잡다		26
가력되다	개력하다		26
×가리마꼬창이	×가리마꼬챙이		09
	가르마꼬챙이		09
×가리마꼬챙이	×가리마꼬창이		09
	가르마꼬챙이		09
×가리워지다	가리어지다		25
×가스라기	가시랭이		25
×가스랑이	가시랭이		25
가시줄	가시철사(-鐵絲)		26
각시	새색시	'작게 만든 인형'의 뜻으로도 인정함.	26
간단없다(間斷-)	끊임없다		26
간단없이(間斷-)	끊임없이		26
간밤	지난밤		26
×간장족박(-醬-)	간장쪽박(-醬-)		17
간장쪽박(-醬-)	×간장족박(-醬-)		17
×간해	지난해		25
×갈비	솔가리	불쏘시개로 쓰는 솔잎.	25
갈잎나무	떡갈나무	'떡갈나무'는 갈잎나무의 일종임.	26

×갑화(-火)	도깨비불		21
값나다	금나다	1. 물건 값이 정해져서 팔고 사고 할 수 있게 되다. 2. '값나가다'의 준말로는 인정하지 않음.	26
×값높다	값비싸다	'값비싸다'의 뜻으로 '금높다'도 인정함.	25
×강밥	눌은밥	'강다짐으로 먹는 밥'의 뜻으로는 인정함.	25
개소리괴소리	×개소리괴소문		17
×개소리괴소문	개소리괴소리		17
×개지	강아지	'버들치'(물고기 이름)로도 인정하지 않음.	25
갯버들	땅버들	전문용어로는 '갯버들'을 인정함.	26
×갱조개	가막조개	재첩.	25
갱충맞다	갱충쩍다		26
거령맞다	거령스럽다		26
거름발	거름기(-氣)		26
×거상	큰톱		25
거푼거푼		놓인 물체의 한 부분이 바람에 불리어 떠들리었다가 가라앉았다가 하는 모양.	25
×거풀	꺼풀		17
건건이	반찬(飯饌)		26
걷어쥐다	걷어잡다		26
×검은깨	주근깨	'빛깔이 검은 참깨'의 뜻으로는 인정함.	25
검정콩	검은콩		26

×겉껍더기	겉껍데기		09
겉껍데기	×겉껍더기		09
겉잠	수잠		26
×게걸스럽다	게검스럽다	1. 욕심껏 마구 먹어 대는 태도가 있다. 2. '게걸들린 태도가 있다'의 뜻으로는 인정함.	25
×게꼬리	게꽁지	지식이나 재주 등이 극히 적거나 짧음.	25
게꽁지	×게꼬리	지식이나 재주 등이 극히 적거나 짧음.	25
×계오다	지다	못 이기다.	20 25
×고두밥	지에밥	1. 찹쌀 혹은 멥쌀을 시루에 쪄서 만든 밥. 2. '되게 지은 밥'의 뜻으로는 인정함.	25
고로(故-)	그러므로		26
×고물	고미	1. 반자의 한 종류. 2. '우물마루를 놓는 데 귀틀 두 개 사이의 구역'의 뜻으로는 인정함.	25
×고부탕이	고비	1. 중요한 기회. 2. '피륙을 필을 지을 때 꺾여 겹쳐 넘어간 곳'의 뜻으로는 인정함.	25
고운대	곤대	토란 줄거리.	16
골짝	골짜기		16
×곰살곱다	곰살갑다		17
×곰탕	곰팡이		25
×곱수머리	곱슬머리		25
공히(共-)	모두		26

과경에(過頃-)	아까		26
과목밭(果木-)	과수원(果樹園)		26
괘꽝스럽다	망령스럽다(妄靈-)		26
×괴임	굄	(고시)괴다/고이다.	18
	고임		18
×괴임새	굄새	1. 괴어 놓은 모양.	18
	고임새	2. (고시)괴다/고이다.	18
×괸돌	고인돌		17
구기자나무(枸杞子-)	×괴좆나무		22 25
×구럭	망태기	'새끼로 그물 뜨듯 눈을 드물게 떠서 만든 물건'. 의 뜻으로는 인정함.	25
구역나다(嘔逆-)	욕지기나다		26
군기침	헛기침		26
굿복(-服)	굿옷		26
귓속말	귀엣말		26
그물눈	그물코		26
×근두박질	곤두박질		05
글동무	글동접(-同接)		26
글동접(-同接)	글동무		26
금몸(金-)	금색신(金色身)		26
금줄(禁-)	인줄(人-)		26
기겁하다	×기급하다(氣急-)		05 17
기꼭지(旗-)	×기대강이(旗-)		25
기미채다(幾微-, 機微-)	낌새채다		26
기수채다(幾數-)			26
기어코(期於-)	기어이(期於-)		26
기장	길이	'옷 따위의 긴 정도'의 뜻으로 인정함.	26

×기지랑물	지지랑물	17	
까까중		25	
×까스라기	가시랭이	25	
×깐보다	깔보다	'어떤 형편이나 기회에 대하여 마음 속으로 가늠을 보다'의 뜻으로는 인정함.	25
×깔딱	딸꾹	1. 딸꾹질하는 소리. 2. '액체를 조금씩 삼키는 소리' 또는 '얇은 물체가 뒤집히는 소리'의 뜻으로는 인정함.	25
×깔딱거리다	딸꾹거리다	25	
×깔딱깔딱	딸꾹딸꾹	25	
깡총하다	×깡충하다	다리가 길다. 큰말은 '껑충하다'임.	08
×깡충하다	깡총하다	다리가 길다. 큰말은 '껑충하다'임.	08
×깨보숭이	깨소금	'들깨의 꽃송이와 찹쌀가루를 버무려 기름에 튀긴 반찬'의 뜻으로는 인정함.	25
×깨보숭이	깨고물	25	
×깨이다	깨다	1. '(알을)까다'의 피동. 2. '(잠을)깨다'의 피동의 뜻으로는 인정함.	25
×깨이다	깨다	'(알을)까다'의 사동.	25
꺽꺽푸드덕	×꺽꺽푸드득	장끼가 울며 홰치는 소리.	17
×꺽꺽푸드득	꺽꺽푸드덕	장끼가 울며 홰치는 소리.	17
껌벅거리다	끔벅거리다		19 26
×꼬끼댁	꼬꼬댁		17

×꼬창이	꼬챙이		09
꼬챙이	×꼬창이		09
×꼬치	고추		17
×꼬치	고치		17
×꼭두머리	꼭대기	'시간적으로 일의 가장 처음'의 뜻으로는 인정함.	25
꼼짝달싹	×옴쭉달싹		17 25
꼽추	곱사등이		26
꽃자루	꽃꼭지	전문용어로는 '꽃자루'를 인정함.	26
×꽃턱	×꽃받기	꽃받침.	25
×꾀장이	꾀보		26 09
	꾀쟁이		26 09
×꾸다	뀌다	1. 방귀를 ~. 2. '빌려 오다'의 뜻으로는 인정함.	25
끝전(-錢)	끝돈	(고시)×잔전→잔돈.	26
×낄룩	끼룩	(내다보거나 삼키려 할 때)목을 길게 빼어 내미는 모양.	14 25
나방이	나방		16
×나부라기	나부랭이	(고시)나부랭이/너부렁이.	25
난목(-木)	외올베		26
×난봉장이	난봉꾼		09
	난봉쟁이		09
×날물	썰물	'나가는 물'의 뜻으로는 인정함.	25
×날빛	햇빛	'햇빛을 받아서 나는 온 세상의 빛'의 뜻으로는 인정함.	25

남자답다(男子-)	사내답다	26	
×내나	일껏	'결국은'의 뜻으로는 인정함.	25
내숭	×내흉(內凶-)	05 17	
내숭스레	×내흉스레(內凶-)	(고시)×내흉스럽다→내숭스럽다.	05 17
냉국(冷-)	찬국	26	
너울지다	놀지다	16 26	
널판때기	×널판대기	26 17	
널판자(-板子)		26	
×네	네	(고시)네/예.	17 18
×노란묵	노랑묵	치자 물을 타서 쑨 녹말묵.	17
노랑묵	×노란묵	치자 물을 타서 쑨 녹말묵.	17
녹슬다(綠-)	×녹쓸다(綠-)	17	
×녹쓸다(綠-)	녹슬다(綠-)	17	
×누룽지	눌은밥	1. 솥바닥에 눌어붙은 눌은밥에 물을 부어 긁어 푼 것. 2. '솥바닥에 눌어붙은 밥'의 뜻으로는 인정함.	25
눈꼴시다	눈꼴틀리다	26	
눈쌈	눈싸움	눈겨룸.	16
×느루	늘	'대번에 몰아치지 않고 길게 늘여서'의 뜻으로는 인정함.	25
늦장	늑장	'느직하게 보러 가는 장'의 뜻으로도 인정함.	26
×-(으)니까니	-(으)니까	25	
다각도로(多角度-)	여러모로	26	
다릿골독	×대릿골독	09 25	
다슬기	대사리	전문용어로는 '다슬기'	26

		를 인정함.	
다홍(-紅)	진홍(眞紅)		26
단걸음에(單-)	단숨에(單-)		26
단김에	단결에		26
단연코(斷然-)	단연히(斷然-)		26
담쏙	×담쑥	손으로 탐스럽게 쥐거나 팔로 탐스럽게 안는 모양.	08
×담쑥	담쏙	손으로 탐스럽게 쥐거나 팔로 탐스럽게 안는 모양.	08
당달봉사(-奉事)	청맹과니(靑盲-)		26
대감굿(大監-)	대감놀이(大監-)		26
대변보다(大便-)	뒤보다		26
×대접문(-紋)	대접무늬		21
×댓가지	댓개비	1. 대를 쪼개 잘게 깎은 꽂이. 2. '대의 가지'의 뜻으로는 인정함.	25
댓돌(臺-)	섬돌	'집채의 낙숫고랑 안쪽에 돌려가며 놓은 돌'의 뜻으로도 인정함.	26
×더껑이	더께	1. 덖어서 몹시 찌든 물건에 앉은 때. 2. '걸쭉한 액체의 거죽에 엉겨 굳은 꺼풀'의 뜻으로는 인정함.	25
더미씌우다	다미씌우다	(고시)안다미씌우다.	19
×덧구두	덧신		25
덮개	뚜껑	'이불, 처네 등의 총칭' 또는 '착한 마음을 덮어서 가리는 탐욕이나 성내는 마음'의 뜻으로도	26

		인정함.	
도리깻장부	도리깨채		26
도토리나무	떡갈나무	'도토리나무'는 '상수리나무'의 별칭으로 '떡갈나무'와 별개임.	26
돈지갑(-紙匣)	지갑(紙匣)		16 26
돈표(-票)	환(換)		26
돋보기안경(-眼鏡)	돋보기		16 26
돌개바람	구풍(颶風)	'회오리 바람'의 뜻으로도 인정함.	26
돌기와	너새		26
돌림자(-字)	항렬자(行列字)		26
동강이	동강		16
동동걸음	종종걸음		26
동자부처(瞳子-)	눈부처		26
동자부처(童子-)	동자보살(童子菩薩)	사람의 두 어깨에 있다는 신(神).	26
두견새(杜鵑-)	소쩍새		26
두견이(杜鵑-)			26
×두텁단자(-團子)	두텁떡		21
둘러쓰다	뒤집어쓰다		26
둬둬	드레드레	수봉기(受蜂器)를 대고 벌비로 몰아넣을 때 벌을 부르는 소리.	26
×뒷개	설거지	윷놀이 용어로는 인정함.	25
뒷결박(-結縛)	뒷짐결박(-結縛)		26
뒷골	뒤통수		26
뒷마당	뒤뜰		26
뒷전보다	뒷전놀다		26
듣그럽다	시끄럽다		26
×들망(-網)	후릿그물		21

들쑥날쑥	들쭉날쭉		19 26
들오리	물오리	'들오리'는 '집오리'에 대하여 야생의 오리를, '물오리'는 '청둥오리'를 말함.	26
×들치다	들추다	'물건의 한 쪽 머리를 쳐들다'의 뜻으로는 인정하고 '들치이다'의 준말로는 인정하지 않음.	25
등헤엄	송장헤엄		26
×딸각발이	딸깍발이		17
땅강아지	×하늘밥도둑		25
×땅꾼	딴꾼	1. 포도청에 매이어 포교의 심부름으로 도둑 잡는 데 거드는 사람. 2. '뱀을 잡아 파는 사람'의 뜻으로는 인정하고, '몹시 인색하고 이기적인 사람'의 뜻으로는 인정하지 않음.	25
땅덩어리	땅덩이		26
×때까중	중대가리		25
×때깨중이	중대가리		25
떨기나무	×좀나무		25
×똑하다	꼭하다	정직하고 안상(安祥)하다.	25
뚱뚱이	뚱뚱보		26
뜨문뜨문	드문드문		19
×뜸질	찜질	1. 더운 날의 모래밭이나 온천, 또는 뜨거운 물 속에 몸을 묻어서	25

		땀을 흘리어 병을 고치는 법. 2. '뜸을 뜨는 일'의 뜻으로는 인정함.	
-(이)랑		-하고, -과, -와.	26
×마련통이	매련퉁이	미련퉁이.	08 17
마상	마상이		16
×마술장이(魔術-)	×요술장이(妖術-)		09
마술쟁이(魔術-)	요술쟁이(妖術-)		09 26
마짓밥(摩旨-)	마지(摩旨)		16 26
×마치	망치	'(망치보다 작은 것으로서) 못 박는 연장'의 뜻으로는 인정함.	25
막걸다	맞걸다	'막걸다'는 '노름판에서 가진 돈을 모두 걸고 단판하다'의 뜻으로, '맞걸다'는 '노름판에서 돈을 따려고 서로 돈을 걸다'의 뜻으로 인정함.	26
막걸리다	맞걸리다		26
×만양	늦모내기	1. 만이앙(晩移秧).	26
	마냥	2. (고시)×만양모→마냥모.	26
말개미	왕개미	'큰 개미'라는 뜻으로 모두 인정함. 전문용어로는 '왕개미'임.	26
말거미	왕거미	'큰 거미'라는 뜻으로 모두 인정함. 전문용어로는 '왕거미'임.	26
말그스름하다	맑스그레하다		26
×맛대강이	맛		25

망가지다	망그러지다		26
×매기	튀기	'수퇘지와 암소 사이에서 낳는다는 짐승'의 뜻으로는 인정함.	25
매양(每-)	빈번이(番番-)		26
×매줏집(賣酒-)	술집		21
매해(每-)	매년(每年)		26
×맵쌀	멥쌀	'찐 메밀을 약간 말려 찧어 껍질을 벗긴 쌀'의 뜻으로는 인정함.	17
×먀련	매련		17
×먀옥하다	매욱하다	어리석고 둔하다.	17
×머드레콩	그루콩	1. 그루갈이로 심은 콩. 2. '밭가로 둘러 심은 콩'의 뜻으로는 인정함.	25
×멍구럭	구럭	1. 새끼로 눈을 드물게 떠서 그물같이 만든 물건. 2. '썩 성기게 떠서 만든 구럭'의 뜻으로는 인정함.	14 25
멎다	멈추다		26
×메토끼	산토끼(山-)		22
멧돼지	산돼지(山-)		26
멸구	며루	'멸구'는 멸구과에 속하는 곤충의 일종이고 '며루'는 모기의 유충임.	26
×명	목화(木花)	'무명'의 뜻으로는 인정함.	25
명자나무(榠樝-)	모과나무	'모과나무'는 명자나무의 별칭임.	26

모군꾼(募軍-)	모군(募軍)		16 26
모래사장(-沙場)	모래톱		26
×모어리수에	무에리수에	거리로 다니며 점을 치라고 외치는 소리.	17
×모지다	모질다	'성질, 일, 물건이나 모양이 모가 난 데가 있다'의 뜻으로는 인정함.	25
×목실(木-)	무명실		25
몰매	뭇매		26
몸서리나다	몸서리치다		26
×몽깃돌	낚싯봉	'밀물과 썰물에 뱃머리를 곧게 하기 위하여 고물에 다는 돌'의 뜻으로는 인정함.	25
무겁한량	×무겁활량		05 17
×무겁활량	무겁한량		05 17
무식꾼(無識-)	×무식장이(無識-)		26 09
	무식쟁이(無識-)		26 09
×물앵도(-櫻桃)	물앵두		05
물앵두	×물앵도(-櫻桃)		05
뭉그대다	뭉개다	1. 일을 어떻게 할 줄 모르고 짓이기다. 2. '제자리에서 몸을 그냥 비비다'의 뜻으로도 인정함.	
×뭘하다	뭣하다	거북하다, 난처하다.	17
미친놈	미치광이		26
밀삐세장	×밀삐쇠장	지게의 윗세장 아래에 가로 박은 나무.	17
×밀삐쇠장	밀삐세장	지게의 윗세장 아래에 가로 박은 나무.	17

×밉둥스럽다	밉살스럽다		17
바깥양반(-兩班)	사랑양반(舍廊兩班)		26
바늘방석(-方席)	바늘겨레		26
×바람꾼	바람둥이		25
바심	타작(打作)		26
박새	×깨새		25
박첨지놀음(朴僉知-)	×꼭둑각시놀음	(고시)×꼭둑각시→	26
	꼭두각시놀음	꼭두각시.	26
×반대기	반	1. 얇게 펴서 다듬어 만든 조각. 2. '무슨 가루를 반죽한 것이나 삶은 푸성귀를 편편하고 둥글넓적하게 만든 조각'의 뜻으로는 인정함.	14 25
×반대기	소래기	굽 없는 접시와 같은 넓은 질그릇.	25
×반미콩(飯米-)	밥밑콩		21
×발구	걸채	1. 소의 길마 위에 덧얹고 곡식 단을 싣는 제구. 2. '산에서 쓰는 썰매'의 뜻으로는 인정함.	25
발뒤꾸머리	발뒤꿈치		26
발새	발샅		26
발짓	발질	'발짓'은 '발을 움직이는 짓'의 뜻으로, '발질'은 '발길질'의 뜻으로 인정함.	26
배냇니	젖니		26
×배챗괘기	배추속대		25

백곰(白-)	흰곰	전문용어로는 '흰곰'만 인정함.	26
×백하젓(白蝦-)	새우젓		25
밴덕	밴덕		19
번연히	번히		16
벌모	허튼모	'모판 구역 밖에 볍씨가 떨어져 자라난 모'나 '일을 말막음으로 했을 때 쓰는 말'의 뜻으로도 인정함.	26
×벙태기	벙테기		17
벙테기	×벙태기		17
별간장(別-醬)	손님장(-醬)	작은 그릇에 따로 담그는 간장.	26
별맛(別-)	별미(別味)		26
×별미적다(別味-)	별미쩍다(別味-)		17
별미쩍다(別味-)	×별미적다(別味-)		17
×보리풀꺾다	보리풀하다	보리 갈 땅에 거름하기 위하여 풀이나 나뭇잎을 베어 오다.	25
×보사리감투	보살감투(菩薩-)		17
×보쟁기	겨리	'보습을 낀 쟁기'의 뜻으로는 인정함.	25
복부르다(復-)	초혼하다(招魂-)		26
×복생선(-生鮮)	복		14
복어(-魚)	복		16 26
×부레끓다	부레끓다		25
부레끓다	×부레끓다		25
×부시다	부수다	'그릇 같은 것을 깨끗이 씻다'의 뜻으로는 인정함.	25

×부얼부얼	북슬북슬	1. 짐승이 살이 찌고 털이 탐스럽게 많이 난 모양. 2. '살찌고 탐스럽게 생긴 모양'의 뜻으로는 인정함.	25
부엌칼	식칼(食-)		26
×부절다말	부절따말		17
부절따말	×부절다말		17
×북두	부뚜	1. 타작마당에 쓰는 돗자리. 2. '마소에 짐을 싣고 그 짐과 배를 얼려서 매는 줄'의 뜻으로는 인정함.	25
분결(憤-)	분김(忿-, 憤-)		26
분지르다	부러뜨리다		26
불공드리다(佛供-)	공양드리다(供養-)		26
불공밥(佛供-)	퇴식밥(退食-)		26
불룩이	×불룩히		17
불친소	악대소		26
불호령(-號令)	볼호령(-號令)		26
×붙여잡다	붙잡다		14 25
비단개구리(緋緞-)	무당개구리	전문용어로는 '무당개구리'를 인정함.	26
×비사차기	비사치기		25
비사치기	×비사차기		25
×빚거간(-居間)	빚지시	1. 빚을 주고 쓰는 데에 중간에서 소개하는 일. 2. '빚을 내고 주는 데에 중간에서 소개하는	25

		것을 업으로 삼는 일' 의 뜻으로는 인정함.	
빨갱이	×빨강이	1. 공산주의자. 2. '빨간 빛의 물건'의 뜻으로는 '빨강이'를 인정함.	09 17
×빼주	배갈		25
×사갓집(査家-)	사돈집(査頓-)		25
사거리(四-)	네거리		26
사마귀	버마재비	전문용어로는 '사마귀'를 인정함.	26
사향노루(麝香-)	궁노루		26
삯전(-錢)	삯돈	(고시)×잔전→잔돈.	26
산울림(山-)	메아리		26
×산코골다	헛코골다		25
살긋하다	샐긋하다	바르게 된 물건이 한쪽으로 일그러지다.	19
×상량대(上樑-)	마룻대		21 25
×상량도리(上樑-)	마룻대		21 25
×상재(上-)	상좌(上佐)		05
×상청(上-)	상창(上唱)		05
샅바채우다	샅바지르다		26
×새소리	놀소리		25
×새치롬하다	새치름하다	시치미를 떼고 태연하거나 얌전한 기색을 꾸미다.	17
새치름하다	×새치롬하다	시치미를 떼고 태연하거나 얌전한 기색을 꾸미다.	17
색깔(色-)	빛깔		26
×샛까맣다	새까맣다		17

×샛빨갛다	새빨갛다		17
×샛파랗다	새파랗다		17
×생갈이(生-)	애벌갈이	1. 논이나 밭을 첫 번 가는 일. 2. '홍두깨갈이'의 준말로는 '생갈이'를 인정함.	21
×생급스럽다	새삼스럽다	'하는 짓이나 말이 갑작스럽고 뜻밖이다' 또는 '끄집어내는 말이 엉뚱하고 터무니없다'의 뜻으로는 인정함.	25
생김치(生-)	날김치		26
생목(-木)	당목(唐木)		26
생색나다(生色-)	낯나다		26
생재기	생무지	1. 어떤 일에 익숙지 못한 사람. 2. '종이나 피륙 따위의 성한 곳'의 뜻으로는 인정함.	25
×서분하다	서운하다	'좀 서부렁하다'의 뜻으로는 인정함.	25
석이버섯(石耳, 石栮)	석이(石耳, 石栮)		16
×설라믄	설랑은		05
섬마섬마	따로따로따따로	어린아이가 따로 서도록 잡은 손을 놓으며 하는 소리.	26
세로쓰기	내리쓰기	(고시)세로글씨/내리글씨.	26
세탁비누(洗濯-)	빨랫비누		26
소갈딱지	소갈머리		26
×소금적	소금쩍		17

소금쩍	×소금적		17
소낙비	소나기		26
소변보다(小便-)	소마보다		26
소용없다(所用-)	쓸데없다		26
소피보다(所避-)	소피하다(所避-)		26
×속껍더기	속껍데기		09
속껍데기	×속껍더기		09
손때	손끝	1. 손을 대어 건드리거나 만짐으로써 생긴 독한 결과. 2. '오랜 세월 만져서 묻은 때'의 뜻으로도 인정함.	26
손짐작	손어림	(고시)눈짐작/눈어림/눈대중.	26
×솔개미	솔개	(고시)×소리개→솔개.	25
×솔갱이	솔개	(고시)×소리개→솔개.	25
×쇠꼬창이	쇠꼬챙이		09
쇠꼬챙이	×쇠꼬창이		09
×쇠버즘	쇠버짐		17
쇠버짐	×쇠버즘		17
쇠족(-足)	쇠다리		26
쇠죽솥	쇠죽가마		26
×수무(手-)	수모(手母)	신부(新婦)의 보조인.	05
×수이	쉬이		20
×수이보다	쉬이보다		20
×수이여기다	쉬이여기다		20
×숭이	송이		08
시골말	사투리		26
×시초잡다(始初-)	시작하다(始作-)		25
신바람	어깻바람		26

신접살림(新接-)	신접살이(新接-)		26
신찐나무	신대		26
실로(實-)	참으로		26
심보(心-)	마음보		26
심술통이(心術-)	×심술통이(心術-)		08
심심파적(-破寂)	심심풀이		26
×싱경싱경하다	싱둥싱둥하다	'방이 서늘하고 차다'의 뜻으로는 인정함.	25
×싱둥싱둥하다	싱경싱경하다	'기운이 줄어질 만한 일을 겪은 뒤에도 본래의 기운이 있다'의 뜻으로는 인정함.	25
싸느랗다	×싸느렇다		17
×싸느렇다	싸느랗다		17
×싸리문	사립문	'싸리로 만든 문'의 뜻으로는 인정함.	25
쌀긋하다	샐긋하다		19
쌍망이	×쌍맹이		09
×쌍맹이	쌍망이		09
쌍소리	상소리		19
쌍심지서다	쌍심지나다		26
쌍심지오르다			26
×써내다	켜내다	'글씨를 써서 내놓다'의 뜻으로는 인정함.	25
×써다	켜다	'조숫물이 줄거나, 괸 물이 새어서 줄다'의 뜻으로는 인정함.	25
×썩정이	삭정이	1. 산 나무에 붙은 채 말라 죽은 나뭇가지. 2. '썩은 물건'의 뜻으 으로는 인정함.	25

썰다	써리다	1. 논밭을 고르게 하다. 2. '물건을 토막토막 동강치다'의 뜻으로도 인정함.	16
쓰레장판	쓰레받기	유지 장판으로 만든 쓰레받기.	26
씨돼지	종돈(種豚)		26
아래알	×아랫알	수판의 가름대 아래의 알.	17
아랫녘	앞대	1. 어떤 지방에서 그 남쪽의 지방을 일컫는 말. 2. '전라도, 경상도'를 일컫는 말'로도 인정함.	26
×아랫동강이	종아리		25
×아랫알	아래알	수판의 가름대 아래의 알.	17
아랫중방(-中枋)	하인방(下引枋)		26
아련하다	오련하다		19
×아웃	가웃	'말아웃'은 인정함.	17 20
아유	아이고		19
아지직	오지직		19
	아지작		19
안개비	가랑비		26
안집	안채	안쪽의 집채.	26
	주인집(主人-)		26
안해		바로 전 해.	25
알금삼삼	알금솜솜		19 26
×알박이	알배기	알 밴 생선.	09
알반대기	지단(鷄蛋, chitan)		26
×알심	고갱이	1. 초목의 줄기 가운데의 연한 심. 2. '은근한 동정심' 또는 '속에 있는 힘'의	25

		뜻으로는 인정함.	
알약(-藥)	환약(丸藥)		26
암만해도	아무리해도		26
앙구다	곁들이다	1. 한 그릇에 두 가지 이상의 음식을 어울리게 담다. 2. '음식 따위를 식지 않게 불에 놓거나 따뜻한 데에 묻어 두다' 또는 '사람을 안동하여 보내다'의 뜻으로는 인정하고 '앙구다'(교미를 붙이다)의 뜻으로는 인정하지 않음.	26
앞뒤갈이	두벌갈이		26
앞마당	앞뜰		26
×애기	아기		09
애끓다	애타다		26
×애비	아비		09
야	얘	1. 놀라거나 반가울 때 내는 소리. 2. '예'(존대할 자리에 대답하거나 재쳐 묻는 말)의 뜻으로는 인정하지 않음.	26
야발단지	×야발장이		26 09
	야발쟁이		26 09
야밤중(夜-)	한밤중(-中)	'오밤중'도 인정함.	26
약수터(藥水-)	약물터(藥-)		26
약저울(藥-)	분칭(分秤)		26
×양골뼈(陽骨-)	양지머리뼈		21

양그루(兩-)	이모작(二毛作)		26
양편쪽(兩便-)	양편짝(兩便-)	(고시)×짝→쪽.	26
어글어글하다	서글서글하다	1. 마음이 너그럽고 성질이 부드럽다. 2. '얼굴의 각 구멍새가 널찍널찍하다'의 뜻으로도 인정함.	26
어깨동갑(-同甲)	자치동갑(-同甲)	한 살 정도 차이 나서 동갑이나 다름없음.	26
×어리장사	얼렁장사	1. 여러 사람이 밑천을 어울러서 하는 장사. 2. '어리장수의 영업'의 뜻으로는 인정함.	25
×어버리크다	대담하다(大膽-)		22
어스러기		옷 따위의 솔이 어스러진 곳.	25
×어스러기	어스럭송아지	큰 송아지.	25
어유	어이구		19
어화둥둥	어허둥둥		19
어흥이	범		26
×언나	어린아이		25
얼간이	얼간망둥이		26
×얼러방망이	을러방망이		17
얼룩말	얼럭말		26
엄매	음매	소의 울음소리.	26
×엄파	움파	(고시)×동파→움파	05
엉키다	엉기다	'엉클어지다'의 뜻으로 인정함.	26
여린뼈	물렁뼈	전문용어로는 '물렁뼈'를 인정함.	26
여종(女-)	계집종		26

염문꾼(廉問-)	염알이꾼(廉-)		26
×옘집	여염집(閭閻-)		05
오가피나무(五加皮-)	땅두릅나무	'오가피나무'와 '땅두릅나무'는 별개임.	26
오갈피나무			26
오감하다	과감하다(過感-)		26
×오그랑족박	오그랑쪽박		17
×오돌오돌	오들오들	1. 춥거나 무서워서 몸을 떠는 모양. 2. '삶긴 물건이 무르지 아니하여 이리저리 따로 밀리는 모양'의 뜻으로는 인정함.	08
오들오들	×오돌오돌	1. 춥거나 무서워서 몸을 떠는 모양. 2. '삶긴 물건이 무르지 아니하여 이리저리 따로 밀리는 모양'의 뜻으로는 '오돌오돌'을 인정함.	08
오라범댁(-宅)	올케		26
오목면경(-面鏡)	오목거울		26
오삭오삭	오슬오슬	'와삭와삭'(뻣뻣하게 마른 얇고 가벼운 물건이 서로 스치거나 부서질 때 나는 소리)의 뜻으로는 인정하지 않음.	19
×옴살	엄살	'한 몸같이 친밀한 터'의 뜻으로는 인정함.	17
옴짝달싹	×옴쭉달싹		17 25
왕매미	말매미	'큰 매미'의 뜻으로 모	26

		두 인정함. 전문용어로는 '말매미'임.	
왕벌	호박벌 말벌	'큰 벌'의 뜻으로 '왕벌, 말벌'모두 인정함. 전문용어로는 '호박벌'임.	26
왕새우	대하(大蝦)	전문용어로는 '대하'를 인정함.	26
왕파리	쉬파리	'큰 파리'의 뜻으로 모두 인정함. 전문용어로는 '쉬파리'를 인정함.	26
왜난목	내공목(內供木)	옷의 안감으로 쓰는 품질이 낮은 무명.	26
왜먹(倭-)		(재래의 6모형에 대해) 네모난 먹.	25
×외발제기	외알제기	1. 굽 하나를 질질 끌어서 디디어 걷는 걸음, 또는 그러한 말이나 소. 2. '한 발만 가지고 차는 제기'의 뜻으로는 인정함.	17
외상관례(-冠禮)	외자관례(-冠禮)		26
×외통목	외길목	'장기 둘 때에 외통장군이 되는 길목'의 뜻으로는 인정함.	25
×왼	온	'왼쪽'의 뜻으로는 인정함.	10
요뒤	요의(褥衣)		26
용숫바람	회오리바람		26
×우그렁족박	우그렁쪽박		17
×우둘우둘	우들우들	1. 춥거나 무서워서 몸을 떠는 모양.	08

		2. '삶긴 물건이 무르지 아니하여 이리저리 따로 밀리는 모양'의 뜻으로는 인정함.	
×우멍하다	의뭉하다	'물체의 면이 쑥 들어가다'의 뜻으로는 인정함.	17
×우집다	우접다	1. 뛰어나게 되다, 선배를 이기다. 2. '남을 업신여기다'의 뜻으로는 인정함.	17
우표딱지(郵票-)	우표(郵票)		16
움막집(-幕-)	움막(-幕)		16 26
×움파리	움막	'우묵하게 들어가서 물이 괸 곳'의 뜻으로는 인정함.	25
×웃녘	윗녘		12
×웃알	×위알	수판 가름대 위의 알.	12
	윗알		12
×위알	×웃알	수판 가름대 위의 알.	12
	윗알		12
윗집	×웃집	위쪽에서 이웃해 있는 집 또는 높은 지대에 있는 집.	12
으끄러지다	뭉그러지다 으츠러지다	'굳은 물건이 눌려서 부스러지다'의 뜻으로도 인정함.	26
으밀아밀	×으밀으밀	남 모르게 이야기하는 모양.	17
×으밀으밀	으밀아밀	남 모르게 이야기하는 모양.	17
×으시대다	으스대다		17 11

×-을런고	-을런가		17
-을진댄	-을진대		26
음지쪽(陰地-)	×음지짝(陰地-)	1. (고시)×짝→쪽. 2. '응달쪽'도 인정함.	25
이맛전	이마		16 26
이면치레	면치레		16 26
×이몽가몽(-夢-夢)	비몽사몽(非夢似夢)		25
×이엉꼬창이	이엉꼬챙이		09
이엉꼬챙이	×이엉꼬창이		09
×이주걱부리다	×이기죽부리다	(고시)이기죽거리다/이죽거리다.	25
×잇살	잇몸	'잇몸의 틈'의 뜻으로는 인정함.	25
×잎전	엽전(葉錢)		22 25
×자	쟤	저 아이.	17
×자깝스럽다	잡상스럽다	1. 난잡하여 상되다. 2. '젊은 사람이 지나치게 늙은이의 흉내를 내어 깜찍하다'의 뜻으로는 인정함.	25
자두나무	×오얏나무	(고시)×오얏→자두.	20
자욱하다	자옥하다		19
작은집	×적은집	1. 첩 또는 첩의 집. 2. '따로 사는 아들 또는 아우의 집'의 뜻으로도 인정함.	25
×잔생이	지지리	1. 아주 몹시, 지긋지긋하리만큼. 2. '지긋지긋하게 말을 듣지 않거나 애걸복걸하는 모양'의 뜻으로	25

		는 인정함.	
×잔털머리	잔판머리	일의 끝판.	25
×잘량하다	알량하다		17 25
×장족박	장쪽박		17
×재리	손짭손	1. 좀스럽고 얄망궂은 손장난. 2. '나이 어린 땅꾼' 또는 '몹시 인색한 사람을 욕하는 말'의 뜻으로는 인정함.	25
재미중(齋米-)	동냥중	동냥 다니는 중.	26
×저	쉬	1. 닭, 참새 따위를 쫓을 때 내는 소리. 2. '미처 생각이 잘 나지 않을 때 내는 소리'의 뜻으로는 인정함.	25
×저지난달	지지난달	'이삼 개월 전의 달'의 뜻으로는 인정함.	17
×저지난밤	지지난밤	'이삼 일 전의 밤, 엊그제 밤'의 뜻으로는 인정함.	17
×저지난번(-番)	지지난번(-番)	'지난번의 전번'의 뜻으로는 인정함.	17
×저지난해	지지난해	'이삼 년 전의 해'의 뜻으로는 인정함.	17
저편(-便)	저쪽	(고시)편/쪽.	26
전나귀		다리를 저는 나귀.	
×전마춤(廛-)	×전마침(廛-)		17
	전맞춤(廛-)		17
×전마침(廛-)	×전마춤(廛-)		17
	전맞춤(廛-)		17
전전달(前前-)	지지난달		26

제비꽃	오랑캐꽃	전문용어로는 '제비꽃' 을 인정함.	26
×제비추리	제비초리	1. 뒤통수나 앞이마에 뾰족이 내민 머리털. 2. '소의 안심에 붙은 고기의 한 가지'의 뜻으로는 인정함.	17
×조개볼	보조개	1. (고시)볼우물/보조개. 2. '조가비 형상 비슷이 가운데가 도도록하게 생긴 두 볼'의 뜻으로는 인정함.	25
조롱조롱	조랑조랑		19
×조르개	조리개	1. 사진기의~. 2. '물건을 졸라매는 데 쓰는 가는 줄'의 뜻으로는 인정함.	17
조리개	×조르개	1. 사진기의~. 2. '물건을 졸라매는 데 쓰는 가는 줄'의 뜻으로는 인정함.	17
종부돋움	발돋움	'물건을 차곡차곡 쌓아 올리는 일'의 뜻으로도 인정함.	26
종중논(宗中-)	종답(宗畓)		26
종중밭(宗中-)	종전(宗田)		26
주꾸미	꼴뚜기	'주꾸미'는 낙지과에 속하는 연체동물의 일종으로 '꼴뚜기'와는 별개임.	26
×주두라지	주둥아리	'말씨'의 낮은말로는 인정함.	25

×주럽	주접	1. 여러 가지 탓으로 생물체가 쇠하여지는 상태. 2. '피로하여 고단한 증세'의 뜻으로는 인정함.	25
주살나다	뻔질나다		26
죽젓개(粥-)	죽젓광이(粥-)	죽 쑬 때 젓는 방망이.	26
죽지뼈	어깨뼈		26
중바랑	바랑		16 26
쥐좆같다	쥐뿔같다	아주 보잘것없다.	26
×지딱총(紙-銃)	딱총(-銃)		14 25
지렛대	지레		16 26
×지어땡이	짓고땡	(고시)×지어땡→짓고땡	25
지정다지다(地釘-)	터다지다	건축물 등의 지반을 단단하게 하려고 지정을 박아 다지다.	26
×지지콜콜이	시시콜콜히		17
×지천	지청구	1. 까닭 없이 남을 원망하는 것. 2. '꾸지람'의 뜻으로는 인정함.	25
×진대	뱀	'남에게 기대어 떼를 쓰다시피하여 괴로움을 끼치는 짓'의 뜻으로는 인정함.	25
×진신발	진발	1. 진창에서 더러워진 발 2. '진창에 젖은 신'의 뜻으로는 인정함.	14 25
진탁(眞-)	친탁(親-)		26
질근질근	질겅질겅	1. 질긴 것을 씹는 모양. 2. '새끼, 노 따위를 느	19

		릿느릿 꼬는 모양'의 뜻으로도 인정함.	
×짐대	돛대	'당(幢)을 달아 세우는 대'의 뜻으로는 인정함.	25
짓옷	깃옷		26
짤끔거리다	짜뜰름거리다	1. 한목에 주지 않고 조금씩 주다 말다 하다. 2. '연하여 짤끔하다'의 뜻으로도 인정함.	26
쪽빛	남빛(藍-)		26
찌그럭거리다	지그럭거리다		19
찔레	찔레나무		16 26
차인꾼(差人-)	차인(差人)		16 26
×창칼	찬칼	1. 반찬 만드는 칼. 2. '여러 작은 칼의 총칭'의 뜻으로는 인정함.	17
×채변	주변	1. 일을 주선하거나 변통하는 재간. 2. '남이 무엇을 줄 때 사양하는 일'의 뜻으로는 인정함.	25
채삼꾼(採蔘-)	심마니		26
채소밭(菜蔬-)	남새밭		26
×채숭아	채송화(菜松花)		05
×책술(冊-)	책실	1. 책을 매는 데 쓰는 실. 2. '책의 두꺼운 정도'의 뜻으로는 인정함.	17
천덕구니(賤-)	천더기(賤-)		26
천덕꾸러기(賤-)			26
×첨대(籤-)	점대	1. 점을 치는 데 쓰는 대오리.	17

		2. '포개 놓은 틈에 끼워서 무엇을 표하는 데 쓰는 얇은 댓조각'의 뜻으로는 인정함.	
×첩더기(妾-)	×첩데기(妾-)	첩(妾).	25
×첩데기(妾-)	×첩더기(妾-)	첩(妾).	25
×첩어미(妾-)	서모(庶母)	'첩장모(妾丈母)'의 뜻으로는 인정함.	25
×첫물	맏물	1. 맨 처음 난 푸성귀. 2. '옷을 새로 지어 입고 빨 때까지의 동안'의 뜻으로는 인정함.	25
초벌	애벌		26
촉촉이	×촉촉히		17
×촉촉히	촉촉이		17
촌맹이(村氓-)	촌맹(村氓)	시골에 사는 백성.	16 26
총걸다(銃-)	×총견다(銃-)		25
×총견다(銃-)	총걸다(銃-)		25
×추다	추리다	1. 가려내다. 2. '숨은 물건을 찾아내려고 뒤지다'의 뜻으로는 인정함.	25
치리	은어(銀魚)	'치리'와 '은어'는 별개임.	26
	쏘가리	'치리'와 '쏘가리'는 별개임.	26
×콩기름	콩나물	'콩에서 짜낸 기름'의 뜻으로는 인정함.	25
쿵더쿵	×쿵덕쿵		17
×쿵덕쿵	쿵더쿵		17
크낙새	골락새	전문용어로는 '크낙새'	26

		를 인정함.	
×큰어미	큰계집	'윗사람이 아랫사람의 큰어머니를 부르는 말'로는 인정함.	25
×키장다리	키다리		25
탁방나다(坼榜-)	방나다(榜-)	시험에 급제한 사람의 성명이 발표되다.	16
턱받이	×턱받기	어린아이의 턱 아래에 대어 주는 헝겊.	25
톱칼	거도(鋸刀)		26
판수	소경	'점치는 것을 업으로 삼는 소경'의 뜻으로도 인정함.	26
팔모(八-)	여덟모	팔각(八角).	26
×팩성(-性)	퍅성(愎性)	(고시)×괴팩하다, ×괴퍅하다→괴팍하다.	05 10
평화스럽다(平和-)	평화롭다(平和-)		26
폐꾼(弊-)	폐객(弊客)		26
×푸나무	풋나무	1. '새나무, 갈잎나무, 풋장'의 총칭. 2. '풀과 나무'의 뜻으로는 인정함.	17 25
푸시시	부스스		26
푼내기	푼거리	1. 땔나무를 작게 묶어서 몇 푼의 돈으로 매매하는 일. 2. '몇 푼의 돈으로 하는 조그만 내기(노름)'의 뜻으로도 인정함.	26
푿소	×풀소		17 25
푿소가죽	×풀소가죽		17 25

푼소고기	×풀소고기		17 25
×풀소	푼소		17 25
×풀소가죽	푼소가죽		17 25
×풀소고기	푼소고기		17 25
풍구(風-)	풀무	1. 불을 피우는 데 바람을 일으키는 제구. 2. '바람을 일으켜서 곡물로부터 쭉정이 따위를 제거하는 기구'의 뜻으로도 인정함.	26
풍석질(風席-)	부뚜질	돗자리로 바람을 일으켜 곡식에 섞인 티끌 따위를 날리는 일.	26
×핀둥이쏘이다	핀잔먹다		25
×핀둥이주다	핀잔주다		25
×하마하마	하마터면	'무슨 기회가 자꾸 닥쳐오는 모양'의 뜻으로도 인정함.	25
×해망적다	해망쩍다	총명하지 못하고 아둔하다.	17
해망쩍다	×해망적다	총명하지 못하고 아둔하다.	17
해발쪽하다	×해발쭉하다		08
×해발쭉하다	해발쪽하다		08
헌식돌(獻食-)	시식돌(施食-)	잡귀에게 밥을 주며 경문을 읽는 곳.	26
×험집	흠집(欠-)	(고시)흠가다/흠나다/흠지다.	05 17
헛불놓다	헛방놓다		26
혐의스럽다(嫌疑-)	혐의쩍다(嫌疑-)		26
×형제주인어멈(兄	쌍동중매(雙童仲		25

弟主人-)	媒)		
호랑나비	범나비	전문용어로는 '호랑나비'를 인정함.	26
×호래비좆	홀아비좆	쟁기의 한 마루에 가로 꿰어 아래 덧방을 누르는 작은 나무.	09
호래자식(-子息)	호래아들		26
×호로로	호르르	1. 날짐승이 나는 소리, 종이가 타는 모양. 2. '호루라기나 호각 따위를 부는 소리'의 뜻으로는 인정함.	08
×호루루	호로로	호루라기나 호각 따위를 부는 소리.	08
호색꾼(好色-)	색골(色骨)		26
흑대패	뒤대패		26
×홀치다	홅이다	'벗어나거나 풀리지 못하게 조처하거나 동이다'의 뜻으로는 인정함.	25
×홑겁더기	홑겁데기		09
홑겁데기	×홑겁더기		09
×화라지	활대	1. 돛 위에 가로 댄 나무. 2. '옆으로 길게 뻗어 나간 나뭇가지를 땔나무로 이르는 말'로는 인정함.	25
×화숙(火-)	화전(火田)		25
화약심지(火藥心-)	화승(火繩)	'도화선(導火線)'도 인정함.	26
활줌통	줌통	활의 한가운데로, 손으로 잡는 부분.	26

활찐	활짝	1. 다만 '활짝'의 뜻 가운데 '밥 따위가 무르녹게 퍼진 모양'의 뜻으로는 인정하지 않음. 2. '너른 들 등이 매우 시원하게 벌어진 모양'의 뜻으로도 인정함.	26
황철나무	백양(白楊)	전문용어로는 '황철나무'를 인정함.	26
×회춤	골목	'회첨'(처마가 ㄱ자형으로 꺾여 굽어진 곳)의 뜻으로도 인정하지 않음.	25
후레자식(-子息)	후레아들		26
훗날(後-)	뒷날		26
훗일(後-)	뒷일		26
훨찐	훨쩍	1. 다만 '훨쩍'의 뜻 가운데 '밥 따위가 무르녹도록 퍼진 모양'의 뜻으로는 인정하지 않음. 2. '들 따위가 아주 시원스럽게 벌어진 모양'의 뜻으로도 인정함.	26
흙메	토산(土山)		26
×희나리	희아리	1. 조금 상해 말라서 희끗희끗하게 얼룩이 진 고추. 2. '덜 마른 장작'의 뜻으로는 인정함.	17

추가된 표준어 어휘 목록

■ 2011년

● 현재 표준어와 같은 뜻으로 추가로 표준어로 인정한 것(11개)

추가된 표준어	현재 표준어
간지럽히다	간질이다
남사스럽다	남우세스럽다
등물	목물
맨날	만날
묫자리	묏자리
복숭아뼈	복사뼈
세간살이	세간
쌉싸름하다	쌉싸래하다
토란대	고운대
허접쓰레기	허섭스레기
흙담	토담

● 현재 표준어와 별도의 표준어로 추가로 인정한 것(25개)

추가된 표준어	현재 표준어	뜻 차이
~길래	~기에	**~길래**: '~기에'의 구어적 표현.
개발새발	괴발개발	**'괴발개발'**은 '고양이의 발과 개의 발'이라는 뜻이고, **'개발새발'**은 '개의 발과 새의 발'이라는 뜻임.
나래	날개	**'나래'**는 '날개'의 문학적 표현.
내음	냄새	**'내음'**은 향기롭거나 나쁘지 않은 냄새로 제한됨.
눈꼬리	눈초리	· **눈초리**: 어떤 대상을 바라볼 때 눈에 나타나는 표정. 예) '매서운 눈초리' · **눈꼬리**: 눈의 귀 쪽으로 째진 부분.

떨구다	떨어뜨리다	**'떨구다'** 에 '시선을 아래로 향하다' 라는 뜻 있음.
뜨락	뜰	**'뜨락'** 에는 추상적 공간을 비유하는 뜻이 있음.
먹거리	먹을거리	**먹거리**: 사람이 살아가기 위하여 먹는 음식을 통틀어 이름.
메꾸다	메우다	**'메꾸다'** 에 '무료한 시간을 적당히 또는 그럭저럭 흘러가게 하다.' 라는 뜻이 있음
손주	손자(孫子)	· **손자**: 아들의 아들. 또는 딸의 아들. · **손주**: 손자와 손녀를 아울러 이르는 말.
어리숙하다	어수룩하다	**'어수룩하다'** 는 '순박함/순진함' 의 뜻이 강한 반면에, **'어리숙하다'** 는 '어리석음' 의 뜻이 강함.
연신	연방	**'연신'** 이 반복성을 강조한다면, **'연방'** 은 연속성을 강조.
휭하니	휭허케	**휭허케**: '휭하니' 의 예스러운 표현.
걸리적거리다	거치적거리다	자음 또는 모음의 차이로 인한 어감 및 뜻 차이 존재
끄적거리다	끼적거리다	〃
두리뭉실하다	두루뭉술하다	〃
맨숭맨숭/ 맹숭맹숭	맨송맨송	〃
바둥바둥	바동바동	〃
새초롬하다	새치름하다	〃
아웅다웅	아옹다옹	〃
야멸차다	야멸치다	〃
오손도손	오순도순	〃
찌뿌둥하다	찌뿌듯하다	〃
추근거리다	치근거리다	〃

● 두 가지 표기를 모두 표준어로 인정한 것(3개)

추가된 표준어	현재 표준어
택견	태껸
품새	품세
짜장면	자장면

■ 2014년

● 현재 표준어와 같은 뜻을 가진 표준어로 인정한 것(5개)

추가된 표준어	현재 표준어
구안와사	구안괘사
굽신*	굽실
눈두덩이	눈두덩
삐지다	삐치다
초장초	작장초

* '굽신'이 표준어로 인정됨에 따라, '굽신거리다, 굽신대다, 굽신하다, 굽신굽신, 굽신굽신하다' 등도 표준어로 함께 인정됨.

● 현재 표준어와 뜻이나 어감이 차이가 나는 별도의 표준어로 인정한 것(8개)

추가된 표준어	현재 표준어	뜻 차이
개기다	개개다	개기다: (속되게) 명령이나 지시를 따르지 않고 버티거나 반항하다. (※개개다: 성가시게 달라붙어 손해를 끼치다.)

꼬시다	꾀다	꼬시다: '꾀다'를 속되게 이르는 말. (※꾀다: 그럴듯한 말이나 행동으로 남을 속이거나 부추겨서 자기 생각대로 끌다.)
놀잇감	장난감	놀잇감: 놀이 또는 아동 교육 현장 따위에서 활용되는 물건이나 재료. (※장난감: 아이들이 가지고 노는 여러 가지 물건.)
딴지	딴죽	딴지: ((주로 '걸다, 놓다'와 함께 쓰여)) 일이 순순히 진행되지 못하도록 훼방을 놓거나 어기대는 것. (※딴죽: 이미 동의하거나 약속한 일에 대하여 딴전을 부림을 비유적으로 이르는 말.)
사그라들다	사그라지다	사그라들다: 삭아서 없어져 가다. (※사그라지다: 삭아서 없어지다.)
섬찟*	섬뜩	섬찟: 갑자기 소름이 끼치도록 무시무시하고 끔찍한 느낌이 드는 모양. (※섬뜩: 갑자기 소름이 끼치도록 무섭고 끔찍한 느낌이 드는 모양.)
속앓이	속병	속앓이: 「1」속이 아픈 병. 또는 속에 병이 생겨 아파하는 일. 「2」겉으로 드러내지 못하고 속으로 걱정하거나 괴로워하는 일. (※속병: 「1」몸속의 병을 통틀어 이르는 말. 「2」'위장병01'을 일상적으로 이르는 말. 「3」화가 나거나 속이 상하여 생긴 마음의 심한 아픔.
허접하다	허접스럽다	허접하다: 허름하고 잡스럽다. (※허접스럽다: 허름하고 잡스러운 느낌이 있다.)

* '섬찟'이 표준어로 인정됨에 따라, '섬찟하다, 섬찟섬찟, 섬찟섬찟하다' 등도 표준어로 함께 인정됨.

■ 2015년

● 복수 표준어: 현재 표준어와 같은 뜻을 가진 표준어로 인정한 것(4개)

추가 표준어	현재 표준어	비고
마실	마을	○ '이웃에 놀러 다니는 일'의 의미에 한하여 표준어로 인정함. '여러 집이 모여 사는 곳'의 의미로 쓰인 '마실'은 비표준어임. ○ '마실꾼, 마실방, 마실돌이, 밤마실'도 표준어로 인정함. (예문) 나는 아들의 방문을 열고 이모네 **마실** 갔다 오마고 말했다.
이쁘다	예쁘다	○ '이쁘장스럽다, 이쁘장스레, 이쁘장하다, 이쁘디이쁘다'도 표준어로 인정함. (예문) 어이구, 내 새끼 **이쁘기도** 하지.
찰지다	차지다	○사전에서 〈'차지다'의 원말〉로 풀이함. (예문) 화단의 **찰진** 흙에 하얀 꽃잎이 화사하게 떨어져 날리곤 했다.
-고프다	-고 싶다	○사전에서 〈'-고 싶다'가 줄어든 말〉로 풀이함. (예문) 그 아이는 엄마가 **보고파** 앙앙 울었다.

● 별도 표준어: 현재 표준어와 뜻이 다른 표준어로 인정한 것(5개)

추가 표준어	현재 표준어	뜻 차이
꼬리연	가오리연	○ 꼬리연: 긴 꼬리를 단 연. ※ 가오리연: 가오리 모양으로 만들어 꼬

꼬리연	가오리연	리를 길게 단 연. 띄우면 오르면서 머리가 아래위로 흔들린다. (예문) 행사가 끝날 때까지 하늘을 수놓았던 대형 **꼬리연**도 비상을 꿈꾸듯 끊임없이 창공을 향해 날아올랐다.
의론	의논	○의론(議論): 어떤 사안에 대하여 각자의 의견을 제기함. 또는 그런 의견. ※의논(議論): 어떤 일에 대하여 서로 의견을 주고받음. ○ '의론되다, 의론하다' 도 표준어로 인정함. (예문) 이러니저러니 **의론**이 분분하다.
이크	이키	○이크: 당황하거나 놀랐을 때 내는 소리. '이키' 보다 큰 느낌을 준다. ※이키: 당황하거나 놀랐을 때 내는 소리. '이끼' 보다 거센 느낌을 준다. (예문) **이크**, 이거 큰일 났구나 싶어 허겁지겁 뛰어갔다.
잎새	잎사귀	○잎새: 나무의 잎사귀. 주로 문학적 표현에 쓰인다. ※잎사귀: 낱낱의 잎. 주로 넓적한 잎을 이른다. (예문) **잎새**가 몇 개 남지 않은 나무들이 창문 위로 뻗어올라 있었다.
푸르르다	푸르다	○푸르르다: '푸르다' 를 강조할 때 이르는 말. ※ 푸르다: 맑은 가을 하늘이나 깊은 바다, 풀의 빛깔과 같이 밝고 선명하다. ○ '푸르르다' 는 '으불규칙용언' 으로 분류함. (예문) 겨우내 찌푸리고 있던 잿빛 하늘이 **푸르르게** 맑아 오고 어디선지도 모르게 흙냄새가 뭉클하니 풍겨 오는 듯한 순간 벌써 봄이 온 것을 느낀다.

●복수 표준형: 현재 표준적인 활용형과 용법이 같은 활용형으로 인정한 것(2개)

추가 표준형	현재 표준형	비고
말아 말아라 말아요	마 마라 마요	○ '말다'에 명령형어미 '-아', '-아라', '-아요' 등이 결합할 때는 어간 끝의 'ㅎ'이 탈락하기도 하고 탈락하지 않기도 함. (예문) 내가 하는 말 농담으로 듣지 **마/말아**. 얘야, 아무리 바빠도 제사는 잊지 **마라/말아라**. 아유, 말도 **마요/말아요**.
노랗네 동그랗네 조그맣네 …	노라네 동그라네 조그마네 …	○ ㅎ불규칙용언이 어미 '-네'와 결합할 때는 어간 끝의 'ㅎ'이 탈락하기도 하고 탈락하지 않기도 함. ○ '그렇다, 노랗다, 동그랗다, 뿌옇다, 어떻다, 조그맣다, 커다랗다' 등등 모든 ㅎ불규칙용언의 활용형에 적용됨. (예문) 생각보다 훨씬 **노랗네/노라네**. 이 빵은 **동그랗네/동그라네**. 건물이 아주 **조그맣네/조그마네**.

■ 2016년

●추가 표준어(4항목)

추가 표준어	현재 표준어	뜻 차이
걸판지다	거방지다	**걸판지다** 〔형용사〕 ① 매우 푸지다. ¶ 술상이 **걸판지다** / 마침 눈먼 돈이 생긴 것도

<table>
<tr><td rowspan="2"></td><td rowspan="2"></td><td>있으니 오늘 저녁은 내가 걸판지게 사지.
② 동작이나 모양이 크고 어수선하다. ¶ 싸움판은 자못 걸판져서 구경거리였다. / 소리판은 옛날이 걸판지고 소리할 맛이 났었지.</td></tr>
<tr><td>거방지다 〔형용사〕 ① 몸집이 크다.
② 하는 짓이 점잖고 무게가 있다.
③ =걸판지다①.</td></tr>
<tr><td rowspan="2">겉울음</td><td rowspan="2">건울음</td><td>겉울음 〔명사〕 ① 드러내 놓고 우는 울음. ¶ 꾹꾹 참고만 있다 보면 간혹 속울음이 겉울음으로 터질 때가 있다.
② 마음에도 없이 겉으로만 우는 울음. ¶ 눈물도 안 나면서 슬픈 척 겉울음 울지 마.</td></tr>
<tr><td>건울음 〔명사〕 =강울음.
강울음 〔명사〕 눈물 없이 우는 울음, 또는 억지로 우는 울음.</td></tr>
<tr><td>까탈스럽다</td><td>까다롭다</td><td>까탈스럽다 〔형용사〕 ① 조건, 규정 따위가 복잡하고 엄격하여 적응하거나 적용하기에 어려운 데가 있다. '가탈스럽다①' 보다 센 느낌을 준다. ¶ 까탈스러운 공정을 거치다 / 규정을 까탈스럽게 정하다 / 가스레인지에 길들여진 현대인들에게 지루하고 까탈스러운 숯 굽기 작업은 쓸데없는 시간 낭비로 비칠 수도 있겠다.
② 성미나 취향 따위가 원만하지 않고 별스러워 맞춰 주기에 어려운 데가 있다. '가탈스럽다②' 보다 센 느낌을 준다. ¶ 까탈스러운 입맛 / 성격이 까탈스럽다 / 딸아이는 사 준 옷이 맘에 안 든다고 까탈스럽게 굴었다.</td></tr>
</table>

		※같은 계열의 '가탈스럽다' 도 표준어로 인정함. **까다롭다** 〔형용사〕 ① 조건 따위가 복잡하거나 엄격하여 다루기에 순탄하지 않다. ② 성미나 취향 따위가 원만하지 않고 별스럽게 까탈이 많다.
실뭉치	실몽당이	**실뭉치** 〔명사〕 실을 한데 뭉치거나 감은 덩이. ¶ 뒤엉킨 **실뭉치** / **실뭉치**를 풀다 / 그의 머릿속은 엉클어진 **실뭉치같이** 갈피를 못 잡고 있었다. **실몽당이** 〔명사〕 실을 풀기 좋게 공 모양으로 감은 뭉치.

●추가 표준형(2항목)

추가 표준형	현재 표준형	비고
엘랑	에는	○표준어 규정 제25항에서 '에는' 의 비표준형으로 규정해 온 '엘랑' 을 표준형으로 인정함. ○ '엘랑' 외에도 'ㄹ랑' 에 조사 또는 어미가 결합한 '에설랑, 설랑, -고설랑, -어설랑, -질랑' 도 표준형으로 인정함. ○ '엘랑, -고설랑' 등은 단순한 조사/어미 결합형이므로 사전 표제어로는 다루지 않음. (예문) 서울**엘랑** 가지를 마오. 교실**에설랑** 떠들지 마라. 나를 앞에 앉혀놓**고설랑** 자기 아들 자랑만 하더라.

주책이다	주책없다	○표준어 규정 제25항에 따라 '주책없다'의 비표준형으로 규정해 온 '주책이다'를 표준형으로 인정함. ○ '주책이다'는 '일정한 줏대가 없이 되는대로 하는 짓'을 뜻하는 '주책'에 서술격조사 '이다'가 붙은 말로 봄. ○ '주책이다'는 단순한 명사+조사 결합형이므로 사전 표제어로는 다루지 않음. (예문) 이제 와서 오래 전에 헤어진 그녀를 떠올리는 나 자신을 보며 '나도 참 **주책이군**' 하는 생각이 들었다.

제2부 발 음

제1장 장 단

표 제 어	비 고
가:맣다	매우 감다.
가:맣다	하도 멀어서 눈이나 생각이 미치기 어렵다.
가:매지다	
가불가불	
가불거리다	
갈:묻이[-무지]	
감:돌[-똘]	
개:꿀	
개:나리	야생나리도 '개:나리'임.
개:지	버들개지.
개:판	무질서하고 난잡한 상태.
거랑꾼	
거령맞다	
거령스럽다	
거령스레	
거망빛[-삗]	썩 짙게 검붉은 빛깔.
거불거리다	
거불거불	
거붓거붓	
건:너다보다	
건:너대다	
건:넛방(-房)	
건:넛집	

걸	윷놀이 용어.
걸:터앉다	
검:덕귀신(-鬼神)	얼굴이나 옷이 몹시 더러운 사람.
겟:국	
겨:냥내다	
견지	낚시질에 쓰이는 납작한 얼레.
계:면떡	무당이 굿을 끝내고 구경꾼들에게 나누어 주는 떡.
고리	고러하게.
고샅	
고:얀놈	
골:라내다	
골:라잡다	
곱:살끼다	몹시 보채다.
곽:쥐	
관:두다	
관자놀이	
괄:하다	1. 풀기가 너무 세다. 2. 성결이 있고 급하다.
광:뜨다	연의 중앙에 뚫린 방구멍을 오려 내다.
괜찮다	
괜찮이	
괠:다	광맥 노석(露石)이 치밀하지 못해 금분(金分)이 적은 듯하다.
괴:불	1. 괴불주머니. 2. 단청의 주렴에 달린, 술 같은 무늬.
괴:불주머니[-쭈-]	
군:두드러기	장농문의 장식용의 둥그스름한 나무.
굴:개(窟-)	썩은 물이 괸 곳의 바닥에 처진 개흙.
굴:다	못 살게~.
굴:대[-때]	
굴:때장군	키가 크고 몸이 남달리 뚱뚱한 사람.
굴렁대[-때]	

굴렁쇠	
굽갈리다	
귓:것	
그:네뛰다	
그리	그곳으로, 그쪽으로.
기:다랗다	
기:다맣다	
기:닿다	
길	품질의 좋고 낮은 등급.
길:다랗다	
김:내기	증산작용.
까:맣다	
까:매지다	
까칠하다	
까칫하다	
깨:다	알을 까게 하다('까다'의 사동).
깩깩	
깰깰	
꺄룩꺄룩	
꺼:멓다	
꺼지다	불이~.
꺼지다	땅이~.
꺼칫하다	
꼼:바르다	도량이 좁고 인색하여 박하다.
꼼:바리	꼼바른 사람.
꽁숫달	연의 가운데 길이로 붙이는 작은 대.
꾹	
꾹꾹	
꿀꿀	돼지가 우는 소리.
꿍꿍	아픔이나 괴로움을 견디지 못하여 저절로 내는 소리.

꿍꿍거리다	
끌:어당기다	고시(표준 발음법)끌:다.
끌:영창(-映窓)[-령]	고시(표준 발음법)끌:어.
남:다	
내:걸다	
내:달리다	
내:떨다	
내:쌓다	
내:친걸음	
내:친김에	
내:키다	
넉:장거리	
널:판때기	
넣:다	
노랑	
노름	
노름꾼	
노름빚[-삗]	
노름판	
노름패	
노상	1. 언제나, 2. 변함없이.
노:총	기밀을 남에게 통하지 않아야 될 일.
뇌:랗다	
놋보	천하고 더러운 사람.
누:렇다	
누:레지다	
누:르다	힘껏~.
누리	우박.
누리다	행복을~.
누치	물고기 이름.
뉘:렇다	

단:거리	단으로 묶어 말린 잎나무.
단:나무	단으로 묶어 파는 땔나무.
단지	항아리의 한 가지.
단:지럽다	말이나 행동이 더럽다.
달:	풀 이름.
달달	~볶다.
달:라다	
담:배통받침	
대견하다	
대견히	
대뜸	
대:머리	일의 가장 중요한 부분.
대야	
대:장	대장장이.
대:장간[-깐]	
대:장일[-닐]	
대:장장이	
덜덜	추워서 몸을 떠서 떠는 모양.
덜리다	'덜다'의 피동.
덜:먹다	하는 짓이 온당하지 못하고 제멋대로 함부로 나가다.
덤덤하다	
덤덤히	
덩둘하다	매우 둔하다.
뎅뎅	쇠붙이를 두드릴 때 나는 소리.
도:끼	
도:지다	1. 매우 심하고 호되다. 2. 몸의 부분이 단단하다.
돌:개바람	
돌:계집	석녀(石女).
동자아치	밥 짓는 일을 하는 계집 하인.

뒤:꾸머리	
뒤:꿈치	
뒤:넘기치다	뒤로 넘겨뜨리다, 뒤집어 엎다.
뒤:따르다	
뒤:떨어지다	
뒤:받다	반항하다.
뒤:울	가죽신 따위의 뒤축의 신울.
뒤:통수	
뒷:소문(-所聞)	
들들	갈거나 뒤지는 모양.
딱	
땅꾼	
때꾼하다	
땔:감[-깜]	
땔:거리[-꺼-]	
땔:나무	
땔:나무꾼	
떠:들다	
떠죽거리다	
떠죽떠죽	
떫:디떫다[떨:띠떨따]	몹시 떫다.
떫:은맛	
떼꾼하다	
떼:치다	1. 달라붙는 것을 떼어 놓아서 물리치다. 2. 거절해 물리쳐 버리다.
뚜뚜	기적이나 나팔 따위를 연해 부는 소리.
띵하다	
말:	톱질할 때나 먹을 그을 때 그 밑에 받치는 나무.
말:갛다	
말:개지다	
매:	몹시 심한 정도로.

맴:돌다	
먼:물	먹을 수 있는 우물물.
멀거니	정신 없이 보고 있는 모양.
멀:겋다	
멀:게지다	
명:	무명.
모:기	
모:기떼	
모:기발순(-發巡)[-쑨]	어둑어둑할 무렵 모기떼가 소리치면서 왱왱. 도는 일.
모:기장(-帳)	
모:기향(-香)	
모:깃불	
모:든	
모:레	
모:루	대장간에서 쇠를 불릴 때 쓰는 쇳덩이.
모:루채	
모지락스럽다	
모쪼록	
몰:라보다	
못:생기다	
미:닫이[-다지]	
미:립나다	(경험에서 얻은) 묘한 이치나 요령이 생기다.
미투리	
밀가루[-까-]	
밀개떡	밀가루나 밀기울로 반대기를 지어 찐 떡.
밀국수	밀가루로 만든 국수.
밀기울[-끼]	
밀깜부기	밀이 병들어서 새까맣게 된 이삭.
밀떡	밀가루를 꿀물에 반죽하여 익히지 아니한 날떡.
밀뚤레	1. 둥글넓적이 뭉친 밀덩이.

	2. 길들거나 살져 윤택한 물건의 비유.
밀범벅	밀가루에 청둥호박과 청대콩 등을 섞어 만든 범벅.
밀보리	
밀소주(-燒酒)	밀과 누룩으로 곤 소주.
밀수제비	밀가루를 묽게 반죽해 끓는 물에 떼어 놓고 익힌 음식.
밀쌈	밀전병에 나물, 고기, 사탕, 깨소금으로 소를 넣은 음식.
밀전병(-煎餠)	밀가루로 만든 전병.
밀집[-찝]	
밀천신(-薦新)	햇밀가루로 부친 밀전병으로 지내는 고사나 제사.
밀푸러기	국에 밀가루를 풀어 만든 음식.
밀풀	밀가루로 쑨 풀.
바:라춤(啰囉-)	
바:래다	1. 빛이 변하다.
	2. 빨래 같은 것을 볕에 쬐어 희게 하다.
반베	
반:부새	말이 조금 거칠게 닫는 일.
반:비알지다	약간 비탈지다.
반색하다	
반지기	쌀 따위에 잡것이 많이 섞인 상태.
발간	~거짓말.
발강	
발:리다	
방:	윷판의 한가운데의 밭 이름.
방:구	농악기.
방:둥구부렁이	방둥이가 구부러진 짐승.
방:이다	(윷놀이에서) 말을 방에 놓다.
배:꼬다	
배:래기	1. 물고기의 배의 부분, 2. 옷소매의 아래 부분.
배:좁다	

배:틀어지다	
뱀:띠	
뱀:해	
뱅	
뱅뱅	
뱅:충이	
벅벅	
벌겅	
벌:겋다	
벌:게지다	
베갯잇[-닏]	
벼르다	비례에 맞춰서 여러 몫으로 나누다.
보:매	언뜻 보기에.
보:얗다	
보:얘	
보:얘지다	
보조개	
본데	보아서 배운 범절이나 지식 또는 솜씨.
본데없다	보아서 배운 것이 없다.
본데없이	
볼:기짝얼레	
봉	'붕'(방귀 소리, 경적 소리, 날개 떠는 소리 등)의 작은 말.
부라	대장간에서 풀무질을 하는 데 불을 불라는 소리.
부라부라	부라질을 시킬 때 쓰는 말.
부라질	
부리	새나 짐승의 주둥이.
붕	바위 소리, 경적 소리, 날개 떠는 소리 등.
붕붕	
붕:어연적(-硯滴)	
붕:어자물쇠[-쐬]	

붕:어죽(-粥)	
붕:어톱	
비:쌔다	1. 마음에 당기면서도 사양하는 체하다. 2. 어울리기 싫어하다.
비:통	품질이 아주 낮은 백통.
빼:다	내빼다.
뻔:히	
뼘:다	뼘으로 물건의 길이를 재다.
뼘:치	길이가 한 뼘쯤 되는 물건, 또는 그런 물고기.
뽀:얗다	
뽀:얘지다	
뿌:옇다	
뿌:예지다	
뿡	
뿡뿡	방귀를 자꾸 뀌는 소리.
뿡뿡	자동차의 경적 소리.
삐걱삐걱	
사느랗다	
사박스럽다	성질이 독살스럽고 당돌하여 함부로 간섭하기를 좋아하다.
상고대	서리가 나무에 내려 눈처럼 된 것.
상:수리	상수리 나무의 열매.
색색거리다	(숨이 가빠서) 자꾸 가늘게 쉬다.
서느렇다	물체의 온도나 기후가 차가울 만큼 서늘하다.
서:투르다	
석:동	윷놀이에서 세 번째 가는 동.
석:동무니	윷놀이에서 석동을 한데 어울려 가는 말.
석석	거침없이 가볍게 비비거나 쓸거나, 종이 등을 연해 베는 소리.
선:달받이[-바지]	
성냥하다	쇠를 불에 불리다.

성대	물고기 이름.
세:	
세:섯덩이	김맬 때에 흙을 떠서 앞으로 엎는 덩어리.
세:코짚신	
셈:제기	한번에 잇달아 찬 수효로 승부를 정하는 제기놀이.
셋:붙이[-부치]	개피떡 세 개를 붙여 만든 떡.
소:루쟁이	
소박이	
소박이김치	
소태	
속:내다	대패와 끌의 등을 갈아서 새로 날이 서게 하다.
손살[-쌀]	손가락 사이.
솟:대	
쇠:기침	오래 되어 쉰 기침.
쇠:꼬리채	베틀에 딸린 기구.
쇠:죽(-粥)	
쇠:죽가마(-粥-)	
쇠:죽물(-粥-)	
쇠:죽바가지(-粥-)	
쇠:코뚜레	
쇠팥	팥의 일종.
순:되다[-뙤-]	순실하게 되다.
숨:기척[-끼-]	
숨:넘어가다	
숨:소리[-쏘-]	
숭숭	1. 듬성듬성 써는 모양, 2. 구멍이 뚫린 모양
쉬	파리의 알.
쉬슬다	
쉬파리	
시위	활시위.
시장시장	어린아이를 시장할 때 부르는 소리.

시장하다	
신:다	
실망초(-草)	풀 이름.
싸다듬이	몽둥이로 함부로 뚜드리는 짓.
쌩	세찬 바람이 나뭇가지에 부딪혀 나는 소리.
써느렇다	
써:레질	
썩	문을 ~열다.
쒜	아이가 몸을 다쳐 아파할 때 만지며 위로하는 소리.
쓱싹	톱질할 때 나는 소리.
쓱싹거리다	
쓱싹쓱싹	톱질이나 줄질할 때 나는 소리.
아:른스럽다	
아:무래도	
아:무러면	
아:무러하다	
아:무런들	
아:무렇게	
아:무렇다	
아:무려나	
아:무려면	
아:무렴	
악대	불깐 소.
악대말	
악대소	
악대양	
안:채다	1. 앞으로 들이치다, 2. 맡아서 당하게 하다.
알알하다	
암:만	집값이 ~, 논값이 ~이다.
앙앙거리다	앙앙하고 울다.

애:	1. 초조한 마음속, 2. 수고로움.
애:끊다	
애끌	큰 끌.
애:끓다	
애:늙은이	
애달프다	
애당초(-當初)	
애바르다	재물과 이익에 발밭게 덤비다.
애바리	
애:벌레	
애:성이	분나고 성나는 감정.
야릇하다	
얘:기	이야기.
어:르다	아이를 ~.
어:중이	어중되어 쓸모없는 사람.
억:새	풀 이름.
억:새반지기	억새가 많이 섞인 풋장.
언:제나	
언:제든지	
얻:어듣다	
얻:어맞다	
얻:어먹다	
얻:은잠방이	
얼얼하다	
얼입다(孼-)[-립-]	남의 허물로 인하여 해를 받다.
엄:대[-때-]	외상으로 물건을 팔 때 물건 값을 표하는 막대기.
엄:대질[-때-]	
엄발나다	벗나가는 태도가 있다.
엄살떨다	
없:이하다	
엉:덩머리	

엉:덩방아	
엉:덩이	
엉:덩잇바람	
엉:덩잇짓	
잉:덩춤	
엉:덩판	
에루화	노래할 때 즐거움을 나타내는 소리.
엔:담	사방으로 삥 둘러서 쌓은 담.
여:낙낙하다	성미가 온화하고 상냥하다.
여:쭈옵다	
열	총열.
열:기[-끼]	눈동자에 드러나는 정신의 담찬 기운.
영:	이엉.
오:-	올-.
오:갈피	한약재 이름.
오:갈피나무	
오:갈피술	
오:감스럽다	
오:두방정	몹시 방정맞은 행동.
오:라	
오:라지다	죄인이 손을 오라로 묶이어 뒷짐을 지다.
오:랏바람	오라를 치고 나선 포졸의 위풍.
오:로지	
온:갖	
온:공전(-工錢)	전액을 한목에 다 주는 공장(工匠)의 품값.
온:밤	온하룻밤.
온:새미로	가르거나 쪼개지 않고, 전체의 생긴 대로.
온:이로	전체의 것으로.
온:장(-張)	종이나 피륙 등의 온통의 조각.
온:종일(-終日)	
온:채	집채의 전체.

온:챗집	한 채를 전부 쓰는 집.
온:통	
온:폭(-幅)	
온:품	온하룻일의 품.
올:-	열매가 보통 것보다 일찍 익는.
올:곡하다	실이나 줄 같은 것이 너무 꼬여서 비비 틀려 있다.
옴:살	한 몸같이 친밀한 사이.
옹:생원(-生員)	
왕	말이나 소의 걸음을 멈추게 하는 소리.
왝	1. 왜가리 등이 우는 소리, 2. 게워 내는 소리.
왝왝	1. 소리 지르는 모양, 2. 게워 내는 소리, 3. 짐승 등을 쫓는 소리.
왝왝거리다	
왱왱	소리를 높이고 길게 뽑아서 글을 읽는 소리.
외지다	
욍	
욍욍거리다	
용:심	남을 시기하는 심술.
용:심꾸러기	
용:심부리다	
용:심쟁이	
우수	일정한 수 밖에 더 받는 물건.
우수리	
우:습게보다	
우:습다	
우:주다	장사판에서 이를 남겨 주다.
우줄거리다	온몸을 율동적으로 멋있게 움직이다.
우줄우줄	
우:짖다	울어 지저귀다.
웃:다	
원	뜻밖의 일에나 놀라울 때나 마음이 언짢을 때 하

	는 말.
웩웩	기를 쓰며 연해 고함지르는 소리.
웩웩거리다	
웬:	어찌된, 어떠한.
웬:만큼	
웬:만하다	
웽웽	
윙	
윙윙	
윙윙거리다	
유:난히	
유:착하다	매우 투박하고 크다.
윤똑똑이	저만 잘나고 영리한 체하는 사람.
윤:포(-布)	무당들이 쓰는 굵은 베.
응가	(명사) 어린애에게 똥을 누일 때 하는 소리.
응가	(부사) 어린애에게 똥을 누일 때 하는 소리.
응응	연해 '응' 소리로 대답하는 모양.
이듭	마소의 두 살.
이:미	이왕에.
이악하다	이욕에만 정신이 있다.
일:고동[-꼬-]	
잉잉	어린애가 잇달아 우는 소리.
자	주의를 환기시키는 소리.
잔:작하다	나이에 비해 늦되고 용렬하다.
잘:토시	잘을 붙여 만든 토시.
잠:잖다	
장부	이쪽 끝을 저쪽 구멍에 맞추기 위해 다소 가늘게 만든 곳.
장부꾼	가래질할 때 가랫장부를 잡는 사람.
장아찌	
쟁:	재양(載陽).

저기	
저리	저곳으로, 저쪽으로.
전:나귀	다리를 저는 나귀.
점:하다	점직하다.
조금	정도나 분량이 적게.
조:대	대나 진흙 따위로 담배통을 만든 담뱃대.
조:름	물고기 아가미에 있는 호흡기관.
조리	저리.
조:쌀스럽다	조쌀한 데가 있다.
조:쌀하다	노인의 얼굴이 깨끗하고 조촐하다.
졸들다	발육이 부진하고 주접이 들다.
졸졸거리다	
죄어들다	
지나가다	
지나다	
지나치다	
지난가을	
지난겨울	
지난날	
지난달	
지난밤	
지난번(-番)	
지난봄	
지난여름[-녀-]	
지난해	
지날결[-껼]	
지:내보다	
지:치다	얼음을 ~.
진:물	부스럼에서 흐르는 물.
진배없다	
진배없이	

짓:궂다	
짝	1. 활짝 벌어진 모양, 2. 입맛을 다시는 소리.
짝짝	입맛을 다시는 소리.
짝짝	1. 신을 끄는 소리, 2. 획을 함부로 긋거나 종이를 찢는 소리.
짝짝거리다	입맛을 다시다.
짝짝거리다	1. 신을 끌다. 2. 획을 함부로 긋거나 종이를 찢다.
짤짤	이리저리 채신없이 바삐 쏘대는 모양.
쨀쨀	왜 ~울고 있니?
쪽	~ 읽다.
쪽쪽	
쫄쫄	
쫙	
쫙쫙	
쫠쫠	
쫠쫠거리다	
쭉	
쭉쭉	
쭐쭐	
찍	종이 등을 한 번 찢는 소리.
찍	똥, 오줌 등을 내깔기는 모양.
찍찍	종이를 연해 찢는 소리.
찍찍	참새 등이 우는 소리.
찍찍	똥을 연방 내깔기는 모양.
찍찍거리다	
찔찔	
착	물건이 잘 달라붙는 모양.
착착	일을 ~ 해치우다.
찬:찬하다	동작이 급하지 않고 편안하며 느리다.
찬:찬히	편안하며 느리게.

채독	채그릇의 한 가지.
채련	부드럽게 다루어 만든 당나귀 가죽.
척척	일을 질서 있고 익숙하게 하는 모양.
천:천하다	일이나 동작이 급하거나 거칠지 않고 편안하며 느리다.
천:천히	
최활	베를 짜 나가는 데에 가로넓이를 버티는 가는 나무 오리.
추기	추깃물.
추깃물	송장이 썩어 흐르는 물.
탄:하다	1. 참견하다, 2. 시비조로 나서다.
태가다	질그릇이나 놋그릇에 깨진 금이 나다.
퇴마냥	1. 아주 늦게 심은 모, 2. (고시)늦모/마냥모.
파:랗다	
파:래지다	
패다	마구 때리다.
패:다	'파다'의 피, 사동.
퍼:레지다	
품다	모시풀의 껍질을 품칼로 벗기다.
피리	악기 이름.
하	입김 내부는 소리.
하:얗다	
하:얘지다	
한:배	(국악에서) 곡조의 장단, 화살이 미치는 한도.
해	내 ~, 뉘~.
해:	하여.
해:라하다	손아랫사람에게 '해라'의 말씨를 쓰다.
해망쩍다	총명하지 못하고 아둔하다.
해:찰	만물을 사랑하는 마음이 없어 부질없이 물건을 해치는 짓.
해:찰궂다	

해:찰스럽다	
해:찰하다	일에는 정신을 두지 않고 쓸데없는 짓을 하다.
행:짜	심술을 부리어 남을 해치는 행위.
행:티	행짜를 부리는 버릇.
허	희로애락의 감정을 나타내는 소리.
허:닥하다	모아둔 물건이나 금전 등을 헐어서 쓰기 시작하다.
허술하다	
허술히	
허:옇다	
허:예지다	
헤적거리다	활개를 벌리어 가볍게 저으며 걷다.
헤죽거리다	활개를 벌리어 저으며 걷다.
헤죽헤죽	
혀	
혼:솔	홈질로 꿰멘 옷의 솔기.
활활	
후출하다	뱃속이 비어 먹고 싶은 감이 있다.

제2장 경 음

표 제 어	비 고
가슴살[-쌀]	가슴에 붙은 살.
가슴속[-쏙]	
가을보리	
간대[-때]	긴 대로 만든 장대.
갱:생사위(更生-)[-싸-]	죽을 고비를 지나 살아날 운명.
겨울잠[-짬]	
경스승(經-)[-쓰-]	불경의 뜻을 풀이하는 법사.
고:삿고기(告祀-)	
괴:불주머니[-쭈-]	
구둣주걱	
국숫분	국수틀의 한 부분.
국숫분통	
굴:다리[-따-]	
그믐밤[-빰]	
깔유리(-琉璃)[-류-]	
날다람쥐[-따-]	
날단거리	
날담비[-땀-]	
날삯꾼[-싹-]	
날숨[-쑴]	내쉬는 숨.
날장구[-짱-]	일없이 치는 장구.
농:지거리(弄-)[-찌-]	
눈:사람[-싸-]	
단:거리	단으로 묶어 말린 잎나무.
달걀가루[-까-]	
돈:벼락맞다[-뼈-]	
돈:지랄[-찌-]	분수없이 아무데나 돈을 함부로 쓰는 것.

돌:비늘[-삐-]	운모.
동:냥중[-쭝]	
들:국화(-菊花)	
등배운동(-運動)	
등짐[-찜]	
등짐장수[-찜-]	
딱장대[-때]	1. 온순한 맛이 없는 사람. 2. 심성이 사납고 굳센 사람.
땀수건(-手巾)[-쑤-]	
마름자	
말굽	
말굽자석(-磁石)	
말굽추녀	
망:령되다(妄靈-) [-뙤-]	
망:령되이(妄靈-) [-뙤-]	
모삿그릇(茅沙-)	
몸길이	체장(體長).
몸서리	
몸서리나다	
몸서리치다	
물거품	
물벌레	
물수건(-手巾)[-쑤-]	
물시계(-時計)[-씨-]	
미친갯병(-病)	
민물조개[-쪼-]	
바닷말	해조(海藻).
바닷장어(-長魚)	
반:말지거리	

발뒤꿈치[-뛰-]	
밤소일(-消日)	
밤:송이	
밤:송이솔	
밤저녁[-쩌-]	그다지 늦지 않은 밤.
배뱅잇굿	
백횻날(白虎-)	산의 백호로 된 등성이.
보:물섬(寶物-)[-썸-]	
보잘것없다[-껃-]	
보잘것없이[-껃-]	
봄보리	
분잿깃(分財-)	나누어 받은 재산의 몫.
붉은빛	적색.
사삿일(私私-)[-닐]	
사:잣짚신(使者-)	사잣밥과 함께 놓은 짚신.
산돌림(山-)[-똘-]	이리저리 돌아다니면서 오는 소나기.
산박쥐(山-)[-빡-]	
산:영장(-永葬)[-녕-]	병을 낫게 하려고 사람이 죽었다고 헛장사를 할 때 쓰는 제웅.
새침데기[-떼-]	
생되다(生-)[-뙤-]	익지 아니하고 서투르다.
섬:사람[-싸-]	
속:열매껍질[-녈-]	내과피(內果皮).
솎음국[-꾹]	
손사랫짓[-싸-]	
솔새[-쌔]	1. 새 이름, 2. 식물인 '솔새'는 평음임.
쇳소리	
수돗물(水道-)	
수렁배미[-빼-]	수렁으로 된 논배미.
수레바퀴	
술값[-깝]	술을 먹은 값.

시골고라리[-꼬-]	아주 어리석은 시골 사람.
시들병(-病)[-뼝]	
신기다	신게 하다.
신찐줄	신찐나무 끝에 매어 놓은 끈.
실:반대[-빤-]	뽑아낸 고치실을 둥글게 사리어 놓은 것.
안심	소의 갈비 안쪽에 붙은 고기.
야기죽야기죽[야기중냐기죽/야기주갸기죽]	
야물야물[야물랴물/야무랴물]	입을 귀엽게 놀려 야금야금 먹는 모양.
야스락야스락[야스랑냐스락/야스라갸스락]	
야슬야슬[야슬랴슬/야스랴슬]	야스락야스락.
얄긋얄긋[얄근냘귿/얄그댤귿]	
얄기죽얄기죽[얄기중냘기죽/얄기주갈기죽]	
얄랑얄랑[얄랑냘랑/얄랑얄랑]	
얄쭉얄쭉[얄쭝냘쭉/얄쭈갈쭉]	
어둠별[-뼐]	저녁의 금성(金星).
어질병(-病)[-뼝]	
여름방학(-放學)[-빵-]	
여울여울[여울려울/여우려울]	불이 조용하게 타는 모양.
여짓여짓[여진녀짇/여지뎌짇]	말이 나올 듯 나올 듯한 모양.
연:폿국(軟泡-)	
-올시다[-씨-]	

외주물구석[-꾸-]	외주물집만 모여 있는 곳.
외통수	(장기를 둘 때) 외통장군이 되게 두는 수.
요강대가리	대머리를 조롱하여 이르는 말.
용골때질	심술을 부려 남의 부아를 돋우는 것.
용숫바람	회오리 바람.
용총줄[-쭐]	이어줄.
울음소리[-쏘-]	
웃음소리[-쏘-]	
유들유들[유들류들/유드류들]	~한 성미.
인줄(人-)[-쭐]	금줄.
일긋일긋[일근닐근/일그딜근]	
일기죽일기죽[일기중닐기죽/일기주길기죽]	
일더위[-떠-]	첫여름부터 일찍이 드는 더위.
일되다[-뙤-]	1. 초목이 일찍이 익다. 2. 사람이 숙성하게 자라다.
일렁일렁[일렁닐렁/일렁일렁]	
자갈돌[-똘]	
장식일꾼(裝飾-)[-닐-]	기명이나 가구의 장식을 만들거나 박는 사람.
잿물시루[-씨-]	잿물을 내리는 데에 쓰는 시루.
조:방꾸니(助幇-)	1. 오입판에서 조방 보는 사람. 2. 어린애들의 놀이 동무가 되는 사람.
종달새[-쌔]	
주름상자(-箱子)	
주:삿바늘(注射-)	
중쇠(中-)	걸립패에서 상쇠 다음으로 놀이를 지도하는 사람.
진딧물	
진딧물내리다	진딧물이 모여 붙다.

집안사람[-싸-]	
쭈그렁밤송이	
차바퀴(車-)	
철새[-쌔]	
첫인사(-人事)[처딘-]	
첫인상(-印象)[처딘-]	
촌:샌님(村-)[-쌘]	
콧노래	
큰일	다루는 데 힘이 많이 들고 범위가 넓은 일.
큰일[-닐]	큰 예식이나 잔치를 치르는 일.
테실	사려서 테를 지어 놓은 실.
판셈[-쎔]	빚진 사람이 빚 준 사람에게 재산을 모두 맡겨 나눠 갖게 함.
푸짓잇[-닏]	
풀빛[-삗]	
풀줄기[-쭐-]	풀의 줄기.
하늘소[-쏘]	
해골박(骸骨-)[-빡]	
해바라기성(-性)[-썽]	
해:산바라지(解産-)[-빠-]	
행:망쩍다	정신 들이지 아니하다.
허위넘다[-따]	높은 곳을 허위단심으로 넘어가다.
홀소리[-쏘-]	
홀수(-數)[-쑤]	
활시위[-씨-]	
후림비둘기[-삐-]	동무 비둘기를 꾀어 들이는 비둘기.
흠:집(欠-)[-찝]	흠이 진 흔적.

▣ 한글 맞춤법·표준어 규정·표준어 모음 어휘 사전

가귀대기: 투전에서, 열다섯 끗 뽑기로 내기하는 노름. 가귀노름.

가는허리: 잘록 들어간, 허리의 뒷부분. 세요(細腰) · 잔허리.

가동질: 어린아이의 겨드랑이를 치켜들고 올렸다 내렸다 하며 어를 때에, 아이가 다리를 오그렸다 폈다 하는 짓. 가동이.

가락엿: 둥근 모양으로 길고 가늘게 뽑은 엿. 가래엿

가랑니: 서캐에서 깨어 나온 지 얼마 안 되는 새끼 이.

가래질: 가래로 흙을 파헤치거나 퍼 옮기는 일.

가래질꾼: 가래질을 하는 사람.

가려잡다: ① 여럿 가운데서 골라서 가지다. 골라잡다. ② 날짜나 자리 따위를 여럿 가운데서 골라서 정하다. 골라잡다.

가력되다: 산천이 무너지고 변하여 옛 모습이 없어지다. 개력하다.

가르마꼬챙이: 가르마를 타는 데 쓰는 가느다란 꼬챙이.

가리어지다: 무엇이 사이에 가리게 되어 보이지 않게 되거나 드러나지 않게 되다.

가막조개: 가무락조개.

가맣다: ① 밝고 엷게 검다. ② 거리나 시간 따위가 아득하게 멀다. ③ ((주로 '가맣게' 꼴로 쓰여) 기억이나 아는 바가 전혀 없다. ④ ('가맣게' 꼴로 쓰여)) 헤아릴 수 없이 많다. ⑤ (주로 '가맣게' 꼴로 쓰여)) 놀라거나 아파서 살색이 짙어지다.

가매지다: 가맣게 되다.

가불가불: 가볍게 흔들려 자꾸 움직이는 모양.

가불거리다: 가볍게 자꾸 흔들려 움직이다. 또는 그렇게 하다. 가불대다.

가시랭이: 풀이나 나무의 가시 부스러기.

가시줄: 가시철을 끼운 철사. 가시쇠줄 · 가시철사.

가욋일: 필요 밖의 일.

가웃: ((수량을 나타내는 명사 또는 명사구 뒤에 붙어)) 수량을 나타내는 표현에 사용된 단위의 절반 정도 분량의 뜻을 더하는 접미사.

각시: ① 갓 결혼한 여자. 새색시 · 색시. ② 조그맣게 색시 모양으로 만든 여자 인형.

간니: 젖니가 빠진 뒤에 나는 이.

간단없다(間斷—): (('간단없는' 꼴로 쓰여)) 계속하거나 이어져 있던 것이 끊이지 아니하다. 끊임없다.

간단없이: 계속하거나 이어져 있던 것이 끊이지 아니하게. 끊임없이.

간대(竿-): 간짓대.

간밤: 바로 어젯밤. 지난밤 · 거야(去夜).

간장쪽박(-醬--): 장독 안에 늘 띄워 놓고 간장을 떠내는 데 쓰는 쪽박. 장쪽박.
간짓대: 대나무로 된 긴 장대.
갈묻이: 논밭을 갈아서 묵은 끄트러기 따위를 뒤집어 묻히게 하는 일.
감감소식: 소식이나 연락이 전혀 없는 상태. '깜깜소식'보다 여린 느낌을 준다. 감감무소식.
감돌: 유용한 광물이 어느 정도 이상으로 들어 있는 광석.
강밥: 국이나 찬도 없이 맨밥으로 먹는 밥.
강아지: ① 개의 새끼. ② 주로 어린 자식이나 손주를 귀엽게 이르는 말. ③ '자식'을 속되게 이르는 말. ④ 죄수들의 은어로, '담배'를 이르는 말.
개꿀: 벌통에서 떠낸, 벌집에 들어 있는 상태의 꿀.
개다리소반: 상다리 모양이 개의 다리처럼 휜 막치 소반. 개상반 · 개상소반 · 구족반.
개소리괴소리: 개 짖는 소리와 고양이 우는 소리라는 뜻으로, 조리 없이 되는대로 마구 지껄이는 말을 속되게 이르는 말.
개수통: 음식 그릇을 씻을 때 쓰는, 물을 담는 통. 설거지통.
개숫물: 음식 그릇을 씻을 때 쓰는 물. 개수 · 설거지물.
객쩍다: 행동이나 말, 생각이 쓸데없고 싱겁다.
갱엿: 푹 고아 여러 번 켜지 않고 그대로 굳혀 만든 검붉은 빛깔의 엿. 검은엿.
갱충맞다: 행동 따위가 조심성이 없고 아둔하다. 갱충쩍다
거도(鋸刀): 자루를 한쪽에만 박아 혼자 잡아당겨 켜는 톱. 톱칼
거랑: 광산 구덩이의 버력탕 같은 데서 광석이나 사금을 골라내는 일.
거랑꾼: 거랑 일을 하는 사람.
거령맞다: 조촐하지 못하여 격에 어울리지 아니하다. 거령스럽다.
거령스럽다: 조촐하지 못하여 격에 어울리지 아니한 데가 있다.
거령스레: 조촐하지 못하여 격에 어울리지 아니한 데가 있게.
거름발: 식물에 나타난 거름의 효과. 거름기 · 거름 기운.
거불거리다: 거볍게 자꾸 흔들려 움직이다. 또는 그렇게 하다. 거불대다.
거불거불: 거볍게 흔들려 자꾸 움직이는 모양.
거붓거붓: 여럿이 다 조금 거벼운 듯한 느낌.
거위배: 회충으로 인한 배앓이. 충복통 · 회복통 · 회통(蛔痛) · 횟배 · 횟배앓이.
건건이: ① 변변치 않은 반찬. 또는 간략한 반찬. ② 음식이 싱겁지 않도록 짠맛을 내는 간장이나 양념장 같은 것.
걷어잡다: ① 걷어 올려서 잡다. 걷어쥐다. ② 정신을 수습하여 마음을 도사려 먹다.
것: ((사람을 나타내는 명사나 대명사 뒤에 쓰여)) 그 사람의 소유물임을 나타내는 말. 해.
겉껍데기: 겉으로 드러난 껍데기.
겉껍데기: 겉으로 드러난 껍데기. 각피(殼皮) · 외각(外殼).

겉잠: ① 깊이 들지 않은 잠. ② 겉으로만 눈을 감고 자는 체하는 일.

게송(偈頌): 부처의 공덕이나 가르침을 찬탄하는 노래. 외우기 쉽게 게구(偈句)로 지었다.

겟국: ① 생게를 넣고 끓인 국. ② 게의 속을 긁어내어 양념에 버무린 다음 다시 게딱지 속에 넣고 맑은장국에 넣어 끓인 국. ③ 게포를 두드려 물에 담갔다가 건진 다음 달걀 푼 것에 버무려 쇠고기와 함께 끓인 국.

겨냥내다: 실물에 겨누어 치수와 양식을 정하다.

겨리: 소 두 마리가 끄는 쟁기. 양우려.

겨울잠: ① 동면(冬眠). ② 발전이 없는 상태가 오랫동안 지속되는 일을 비유적으로 이르는 말.

결뉴(結紐): ① 끈을 맴. 또는 얽어 맺음. ② 서약(誓約)을 함.

겸사겸사(兼事兼事): 한 번에 여러 가지 일을 하려고, 이 일도 하고 저 일도 할 겸 해서.

겸연쩍다: 쑥스럽거나 미안하여 어색하다.

곗날: 계의 구성원이 모여 결산을 하기로 정한 날.

고갱이: ① 풀이나 나무의 줄기 한가운데에 있는 연한 심. ② 사물의 중심이 되는 부분을 비유적으로 이르는 말.

고까: 어린아이의 말로, 알록달록하게 곱게 만든 아이의 옷이나 신발 따위를 이르는 말. 꼬까 · 때때.

고랫재: 방고래에 모여 쌓인 재.

고러하다: 상태, 모양, 성질 따위가 그와 같다. '그렇다' 보다 익살스러운 느낌이나 낮잡는 느낌을 준다.

고로: ① (('은/는 고로' 구성으로 쓰여)) 문어체에서, '까닭에' 의 뜻을 나타내는 말. ② 그러므로.

고루(高樓): 높이 지은 누각.

고봉밥: 그릇 위로 수북하게 높이 담은 밥.

고삿고기(告祀--): 책임을 혼자 뒤집어쓰고 희생되는 사물이나 사람을 비유적으로 이르는 말.

고샅: ① 시골 마을의 좁은 골목길. 또는 골목 사이. ② 좁은 골짜기의 사이. ③ '사타구니' 를 비유적으로 이르는 말.

고추: 가짓과의 한해살이풀. 높이는 60~90cm이며, 잎은 둥글고 끝이 뾰족하다. 여름에 흰 꽃이 잎겨드랑이에서 하나씩 피고 열매는 장과(漿果)이다. 잎과 열매를 식용한다. 남아메리카가 원산지로 온대, 열대에서 널리 재배된다. 당초(唐椒) · 번초(蕃椒).

고치: ① 벌레가 실을 내어 지은 집. 활동 정지 상태에 있는 곤충의 알, 애벌레, 번데기를 보호한다. ② 누에가 번데기로 변할 때에 실을 토하여 제 몸을 둘러싸서 만든 둥글고 길쭉한 모양의 집. 명주실을 뽑아내는 원료가 된다. 견 · 누에고치 · 잠견 · 잠의.

곤대: '고운대'의 준말.

곤두박질: ① 몸을 번드쳐 갑자기 거꾸로 내리박히는 일. ② 좋지 못한 상태로 급히 떨어짐을 비유적으로 이르는 말.

곧추다: ① 굽은 것을 곧게 바로잡다. ② 혼자 서지 못하는 어린아이를 겨드랑이를 껴붙들어 세우다.

골막하다: 담긴 것이 가득 차지 아니하고 조금 모자란 듯하다.

골목쟁이: 골목에서 좀 더 깊숙이 들어간 좁은 곳.

골짝: '골짜기'의 준말.

곰곰: 여러모로 깊이 생각하는 모양. 곰곰이.

곰배팔이: 팔이 꼬부라져 붙어 펴지 못하거나 팔뚝이 없는 사람을 낮잡아 이르는 말.

곰살갑다: 성질이 보기보다 상냥하고 부드럽다.

곱사등이: '척추 장애인'을 낮잡아 이르는 말.

공히(共-): 모두.

과감하다(果敢--): 과단성이 있고 용감하다.

과경에(過頃-): 조금 전. 조금 전에. 아까.

과목밭(果木-): 과수원.

곽쥐: 예전에 세력을 떨치던 '走' 자 변의 이름을 가진 곽준(郭䞭)의 여덟 형제의 별명. 곽주(郭走)가 변한 것으로, 보채거나 우는 아이를 을러서 달랠 때에 쓰는 말이다.

관수: ① '시각 장애인'을 낮잡아 이르는 말. ② 점치는 일을 직업으로 삼는 소경 (맹인). ③ 박수.

괄괄하다: ① 성질이 세고 급하다. ② 풀 따위가 세다. ③ 목소리 따위가 굵고 거세다.

괄하다: ① 괄괄하다의 준말. ② 불이나 탄(炭) 따위가 거칠고 거세다.

광뜨다: 연(鳶)의 한가운데에 둥근 구멍을 도려내다.

광주리: ① 대, 싸리, 버들 따위를 재료로 하여 바닥은 둥글고 촘촘하게, 전은 성기게 엮어 만든 그릇. 일반적으로 바닥보다 위쪽이 더 벌어졌다. ② ((수량을 나타내는 말 뒤에 쓰여)) 물건을 '①'에 담아 그 분량을 세는 단위.

괘꽝스럽다: 말이나 행동이 엉뚱하고 괴이한 데가 있다.

괴불주머니: 어린아이가 주머니 끈 끝에 차는 세모 모양의 조그만 노리개. 색 헝겊을 귀나게 접어서 그 속에 솜을 통통하게 넣고 수를 놓아 색 끈을 단다. 괴불.

괴통: 괭이, 삽, 쇠스랑, 창 따위의 쇠 부분에 자루를 박도록 만든 통.

굄새: ① 그릇에 떡이나 과실 따위를 높이 쌓아 올리는 솜씨. ② 그릇에 음식을 괴어 놓은 모양.

교정보다: 교정쇄와 원고를 대조하여 오자, 오식, 배열, 색 따위를 바로잡다. 준보다.

구들재: 방고래에 앉은 그을음과 재. 구재.

구럭: ① 새끼를 드물게 떠서 물건을 담을 수 있도록 만든 그릇. ② ((수량을 나타내는 말 뒤에 쓰여)) 물건을 '①'에 담아 그 분량을 세는 단위.

구역나다(嘔逆--): 토할 것처럼 메스꺼운 느낌이 나다.

구풍(颶風): 열대 지방에서 발생하는 열대성 저기압을 통틀어 이르는 말. 발생하는 지역에 따라 그 이름이 다르며, 태풍 · 선풍 · 허리케인 · 사이클론 따위로 불린다. 돌개바람.

국말이: 국에 만 밥이나 국수.

군기침: 헛기침.

군표: 전지(戰地)나 점령지에서 군대에 필요한 물품을 구입할 때 사용하는 긴급 통화(通貨). 군용표 · 엠피시.

굴다: (('게' 대신에 '이/히' 부사 따위가 쓰이기도 한다)) 그러하게 행동하거나 대하다.

굴다리(窟--): 길이 교차하는 곳에서, 밑에 굴을 만들고 차는 그 위로 다니고, 사람은 그 밑으로 다닐 수 있게 만든 다리.

굴대: 수레바퀴의 한가운데에 뚫린 구멍에 끼우는 긴 나무 막대나 쇠막대.

굽갈리다: 나막신의 닳은 굽을 새 것으로 만들어 대다.

굽도리: ① 방 안 벽의 밑부분. ② 굽도리지. 방 안 벽의 아랫도리에 바르는 종이.

굿복(-服): 광부가 갱내에서 일할 때 입는 옷.

굿옷: 굿복.

궁노루: 사향노루.

귀때기: '귀'를 속되게 이르는 말.

귀밑머리: ① 이마 한가운데를 중심으로 좌우로 갈라 귀 뒤로 넘겨 땋은 머리. ② 빰에서 귀의 가까이에 난 머리털.

귀퉁머리: '귀퉁이'를 낮잡아 이르는 말. 귀퉁배기.

귓것: 귀신. ① 사람이 죽은 뒤에 남는다는 넋. 신(神) · 신귀(神鬼). ② 사람에게 화(禍)와 복(福)을 내려 준다는 신령(神靈). 검 · 신귀(神鬼). ③ 어떤 일에 남보다 뛰어난 재주가 있는 사람을 비유적으로 이르는 말.

귓밥: 귓바퀴의 아래쪽에 붙어 있는 살. 귓불.

그리: 그곳으로. 또는 그쪽으로.

그물눈: ① 그물코. ② 레이더에서 포착된 물체의 상태나 위치를 나타내는 망 조직의 한 구획.

그물코: 그물에 뚫려 있는 구멍.

극성떨다: 몹시 드세거나 지나치게 적극적으로 행동하다. 극성부리다.

글동무: 같은 곳에서 함께 공부한 동무.

글동접(-同接): 글동무.

금몸(金-): 금색신.

금색신(金色身): 금빛을 칠하여 만든 부처의 몸.

금줄(禁-): 부정한 것의 침범이나 접근을 막기 위하여 문이나 길 어귀에 건너질러 매거나 신성한 대상물에 매는 새끼줄. 아이를 낳았을 때, 장 담글 때, 잡병을 쫓고자 할 때, 신성 영역을 나타내고자 할 때에 사용한다. 이 줄이 있는 곳은 사람이 함부로 드나들지 못한다.

기겁하다(氣怯--): 숨이 막힐 듯이 갑작스럽게 겁을 내며 놀라다.

기꼭지(旗--): 깃대 꼭대기의 꾸밈새. 장목, 창인, 연봉 따위로 꾸민다.

기다맣다: '기다마하다'의 준말. 꽤 길다.

기닿다: ① '기다랗다'의 준말. ② '기다맣다'의 준말.

기미채다(幾微--/機微--): 낌새채다.

기세부리다: 남에게 영향을 끼칠 기운이나 태도를 드러내 보이다. 기세피우다.

기수채다(幾數--): 낌새채다.

기승부리다: ① 성미가 억척스럽고 굳세어 좀처럼 굽히려고 하지 않다. 기승떨다. ② 기운이나 힘 따위가 성해서 좀처럼 누그러들지 않다. 기승떨다.

기어이(期於-): ① 기어코. ② 기어코.

기어코(期於-): ① 어떠한 일이 있더라도 반드시. ② 결국에 가서는.

길다랗다: →기다랗다.

길품삯: 남이 갈 길을 대신 가 주고 받는 삯. 보행료 · 보행전.

깃옷: 졸곡(卒哭) 때까지 상제가 입는 생무명의 상복.

깃저고리: 깃과 섶을 달지 않은, 갓난아이의 옷. 배냇저고리 · 배내옷.

까까중: 까까머리를 한 중. 또는 그런 머리. 중대가리.

까막눈: ① 글을 읽을 줄 모르는 무식한 사람의 눈. ② 까막눈이. ③ 어떤 일에 대하여 아무것도 모르는 사람의 눈 또는 그런 사람을 비유적으로 이르는 말.

까맣다: ① 불빛이 전혀 없는 밤하늘과 같이 밝고 짙게 검다. '가맣다' 보다 센 느낌을 준다. ② 거리나 시간이 아득하게 멀다. '가맣다' 보다 센 느낌을 준다. ③ ((주로 '까맣게' 꼴로 쓰여))기억이나 아는 바가 전혀 없다. '가맣다' 보다 센 느낌을 준다. ④ ((주로 '까맣게' 꼴로 쓰여))헤아릴 수 없이 많다. '가맣다' 보다 센 느낌을 준다. ⑤ ((주로 '까맣게' 꼴로 쓰여))놀라거나 아파서 살색이 짙어지다. '가맣다' 보다 센 느낌을 준다.

까뭉개다: ① 높은 데를 파서 깎아 내리다. ② 인격이나 문제 따위를 무시해 버리다.

까치발: 선반이나 탁자 따위의 널빤지를 버티어 받치기 위하여 수직면에 대는 직각 삼각형 모양의 나무나 쇠. 빗변이 널빤지에서 누르는 힘을 받도록 되어 있다.

까칫하다: ① 살갗이나 털 따위가 야위거나 메말라 윤기가 없이 조금 거칠다. '가칫하다' 보다 센 느낌을 준다. ② 성미가 조금 거친 듯하다. '가칫하다' 보다 센 느낌을 준다.

깔쭉이: 가장자리를 톱니처럼 파 깔쭉깔쭉하게 만든 주화(鑄貨)를 속되게 이르는 말.

깡총하다: ① 키가 작은 데 비하여 다리가 좀 길다. ② 치마나 바지 따위의 옷이 좀 짧다.

깨고물: 참깨, 특히 검은깨를 볶아 곱게 빻아서 만든 고물. 주로 떡이나 경단 따위에 묻혀 먹는다. 임자말(荏子末).

깨다: '까다' 의 사동사.

깨다: '까다' 의 피동사.

깨다: ① 술기운 따위가 사라지고 온전한 정신 상태로 돌아오다. ② 생각이나 지혜 따위가 사리를 가릴 수 있게 되다. ③ 잠, 꿈 따위에서 벗어나다. 또는 벗어나게 하다.

깨다: 알을 까게 하다.('까다' 의 사동)

깨소금: 볶은 참깨를 빻은 것. 또는 여기에 소금을 약간 넣은 양념. 고소한 맛과 냄새가 난다.

꺅꺅: 몹시 놀라거나 충격을 받아 한껏 새되게 외마디로 자꾸 지르는 소리.

꺌꺌: 웃음을 억지로 참으면서 입 속으로 조금 새되게 웃는 소리. 또는 그 모양.

깻묵: 기름을 짜고 남은 깨의 찌꺼기. 흔히 낚시의 밑밥이나 논밭의 밑거름으로 쓰인다.

꺄룩꺄룩: 무엇을 내다보거나 목구멍에 걸린 것을 삼키려고 목을 조금 길게 빼어 자꾸 앞으로 내미는 모양.

꺼멓다: 물체의 빛깔이 조금 지나치게 검다. '거멓다' 보다 센 느낌을 준다.

꺼지다: ① 물체의 바닥 따위가 내려앉아 빠지다. ② 신체의 일부가 우묵하게 들어가다.

꺼지다: ① 불 따위가 사라져 없어지거나 걸렸던 시동이 도로 죽다. ② 거품 따위가 가라앉아 사라지다. ③ 분노 따위의 심리적 현상이 사라지거나 풀어지다. ④ (비유적으로) 목숨이 끊어지다. ⑤ ((주로 명령형으로 쓰여)) (속되게) 눈앞에서 안 보이게 없어지다.

꺼칫하다: ① 살갗이나 털 따위가 여위거나 메말라 윤기가 없이 거칠다. '거칫하다' 보다 센 느낌을 준다. ② 성미가 거친 듯하다. '거칫하다' 보다 센 느낌을 준다.

꺼풀: ① 여러 겹으로 된 껍질이나 껍데기의 층. 까풀. ② ((수량을 나타내는 말 뒤에 쓰여)) 여러 겹으로 된 껍질이나 껍데기의 층을 세는 단위. 까풀.

꺽꺽푸드덕: 장끼가 울며 홰치는 소리.

꼬락서니: '꼴'을 낮잡아 이르는 말.

꼬리별: 혜성. 가스 상태의 빛나는 긴 꼬리를 끌고 태양을 초점으로 긴 타원이나 포물선에 가까운 궤도를 그리며 운행하는 천체. 핵, 코마, 꼬리 부분으로 이루어져 있다. 꽁지별 · 미성(尾星) · 살별 · 장성(長星) · 추성(箒星) · 혜패(彗孛).

꼬창모: 강모의 하나. 논에 물이 없어 흙이 굳었을 때에 꼬챙이로 구멍을 파고 심는다.

꼭지미역: 한 줌 안에 들어올 만큼을 모아서 잡아맨 미역.

꽃꼭지: '꽃자루' 를 일상적으로 이르는 말.

꾀보: 잔꾀가 많은 사람을 낮잡아 이르는 말. 꾀꾼 · 꾀자기 · 꾀쟁이 · 모보(謀甫).

꾀쟁이: 꾀보.

꾹: ① 여무지게 힘을 주어 누르거나 죄는 모양. ② 아주 힘들여 참거나 견디는 모양. ③ 조

금도 드러나지 않게 단단히 숨거나 들어박히는 모양.
꾹꾹: 비둘기가 자꾸 우는 소리.
뀌다: 방귀 따위를 몸 밖으로 내어보내다.
끄트머리: ① 맨 끝이 되는 부분. ② 일의 실마리.
끌탕: 속을 태우는 걱정.
끝전(-錢): 물건값 따위의 나머지 얼마를 마저 치르는 돈. 끝돈.
끝전: 끝의 가. 또는 그 언저리.
끼룩: 무엇을 내다보거나 목구멍에 걸린 것을 삼키려고 목을 길게 빼어 앞으로 내미는 모양.
낌새채다: 일이 되어 가는 형편을 알아채다.
나뭇갓: 나무를 가꾸는 말림갓. 시장(柴場).
나방이: 나방.
나부랭이: ① 종이나 헝겊 따위의 자질구레한 오라기. 너부렁이. ② 어떤 부류의 사람이나 물건을 낮잡아 이르는 말. 너부렁이.
나붓이: 조금 나부죽하게. 작은 것이 좀 넓고 평평한 듯하게.
난목(-木): 외올베.
난봉: ① 허랑방탕한 짓. ② 난봉꾼.
난봉쟁이: 난봉꾼.
날단거리: 풀이나 나뭇가지를 베는 대로 곧 묶어서 말린 땔나무.
날라리: 〔1〕① 언행이 어설프고 들떠서 미덥지 못한 사람을 낮잡아 이르는 말. ② 아무렇게나 날림으로 하는 일. ③ '기둥서방'을 낮잡아 이르는 말. 〔2〕① 찌날라리. 낚시찌의 찌꼬리에 달린 찌고무 꽂이. ② '태평소'를 달리 이르는 말.
날삯꾼: 날삯을 받고 일하는 사람.
납도리: 모가 나게 만든 도리. 평도리 · 평형(平桁).
낭떠러지: 깎아지른 듯한 언덕.
낮잡다: ① 실제로 지닌 값보다 낮게 치다. ② 사람을 만만히 여기고 함부로 낮추어 대하다.
낯나다: 생색나다.
내나: 결국에 가서는.
내떨다: ① 몸 따위를 심하게 떨다. ② 어떤 행동을 매우 경망스럽게 또는 요란스럽게 자꾸 하거나 어떤 성질을 겉으로 심하게 나타내다.
내숭스레: 겉으로는 순해 보이나 속으로는 엉큼한 데가 있게.
내쌓다: 밖이나 앞으로 내어서 쌓다.
너새: ① 지붕의 합각머리 양쪽으로 마루가 지도록 기와를 덮은 부분. 당마루. ② 지붕을 일 때 기와처럼 쓰는 얇은 돌 조각이나 나뭇조각. 너와.
너울지다: ① 멀리 보이는 바다의 물결 따위가 거칠게 넘실거리다. ② 어떤 표정 따위가 강하

게 나타나다.

넉장거리: 네 활개를 벌리고 뒤로 벌렁 나자빠짐.

넙치: 넙칫과의 바닷물고기.

넝쿨: 길게 뻗어 나가면서 다른 물건을 감기도 하고 땅바닥에 퍼지기도 하는 식물의 줄기. 덩굴.

노랑묵: 치자(梔子)를 물에 타서 쑨 녹말묵.

놀놀하다: 털이나 풀 따위의 빛깔이 노르스름하다. 만만하며 보잘것없다.

놀소리: 젖먹이가 누워 놀면서 입으로 내는 소리.

놀지다: '너울지다'의 준말.

뇌랗다: 생기가 없이 몹시 노랗다.

뇌성(雷聲): 천둥소리.

누리: 우박.

눅눅하다: ① 축축한 기운이 약간 있다. ② 물기나 기름기가 있어 딱딱하지 않고 무르며 부드럽다.

눈꼴시다: 하는 짓이 거슬리어 보기에 아니꼽다. 눈꼴틀리다.

눈부처: 눈동자에 비치어 나타난 사람의 형상. 동인(瞳人)·동자부처.

눌은밥: 솥 바닥에 눌어붙은 밥에 물을 부어 불려서 긁은 밥.

뉘렇다: 생기가 없이 몹시 누렇다.

늙다리: ① 늙은 짐승. ② '늙은이'를 낮잡아 이르는 말.

늙정이: '늙은이'를 속되게 이르는 말.

능묘(陵墓): 능과 묘를 아울러 이르는 말.

늦모: 제철보다 늦게 내는 모. 마냥모·만앙·만이앙모.

늦모내기: 하지가 지난 뒤 늦게 내는 모내기. 마냥·만이·만이앙.

닁큼: 머뭇거리지 않고 단번에 빨리.

다기지다(多氣--): 마음이 굳고 야무지다. 다기있다·다기차다.

다듬이: ① 다듬잇방망이. ② 다듬잇감. ③ 다듬이질.

다리[髢]: 예전에, 여자들의 머리숱이 많아 보이라고 덧넣었던 딴머리.

다릿골독: 배가 불룩한, 상당히 큰 독. 대독.

다미씌우다: 자기의 책임이나 허물 따위를 남에게 가볍게 넘겨 지우다. 더미씌우다.

다박나룻: 다보록하게 난 짧은 수염. 다박수염.

다사스럽다(多事---): ① 보기에 바쁜 데가 있다. ② 보기에 쓸데없는 일에 간섭을 잘하는 데가 있다.

단거리: ① 단으로 묶은 땔나무. ② 큰 단으로 흥정하는 땔나무.

단걸음에(單---): 단숨에.

단김에: ① 열기가 아직 식지 아니하였을 적에. 단결에. ② 좋은 기회가 지나기 전에. 단결에.

단벌: ① 오직 한 벌의 옷. 단거리 · 단건. ② 오직 그것 하나뿐인 물건이나 재료.

단연코(斷然-): 단연(斷然). 결연한 태도로.

단지: 목이 짧고 배가 부른 작은 항아리. 고고학에서는 보통 키가 30cm 이하인 것을 이른다.

달달: ① 콩이나 깨 따위를 휘저으며 볶거나 맷돌에 가는 모양. ② 남을 몹시 못살게 구는 모양. ③ 물건을 마구 들쑤시며 뒤지는 모양.

달라다: '달라고 하다' 가 줄어든 말.

담배설대: 담배통과 물부리 사이에 끼워 맞추는 가느다란 대. 간죽(竿竹) · 설대.

대감놀이(大監--): 열두 거리 굿의 하나. 무당이 집터를 지키는 터줏대감을 모셔 춤추고 풍악을 울리며 즐겁게 노는 굿이다. 열두 거리 굿 가운데 가장 중요하므로 전체 굿을 이르기도 한다. 대감굿.

대견하다: 흐뭇하고 자랑스럽다.

대견히: 흐뭇하고 자랑스럽게.

대담하다(大膽--): 담력이 크고 용감하다.

대뜸: 이것저것 생각할 것 없이 그 자리에서 곧.

대로: 크게 화를 냄.

대사리: '다슬기' 를 일상적으로 이르는 말.

대장일: 수공업적인 방법으로 쇠를 달구어 연장 따위를 만드는 일. 야장일.

대접무늬: 대접만큼 크고 둥글게 놓은 비단의 무늬. 대접문

댑싸리: 명아주과의 한해살이풀. 높이는 1m 정도이며, 한여름에 연한 녹색의 꽃이 피고, 줄기는 비를 만드는 재료로 쓰인다.

댓개비: 대를 쪼개 가늘게 깎은 오리.

댓돌: ① 집채의 낙숫물이 떨어지는 곳 안쪽으로 돌려 가며 놓은 돌. 대석(臺石) · 첨계 · 툇돌. ② 섬돌.

더펄이: ① 성미가 침착하지 못하고 덜렁대는 사람. ② 성미가 스스럼이 없고 붙임성이 있어 꽁하지 않은 사람.

덜다: ① 일정한 수량이나 정도에서 얼마를 떼어 줄이거나 적게 하다. ② ((주로 행위나 상태를 나타내는 명사와 함께 쓰여)) 그러한 행위나 상태를 적게 하다.

덜덜: ① 춥거나 무서워서 몸을 몹시 떠는 모양. ② 큰 바퀴 따위가 단단한 바닥을 구르며 흔들리는 소리. 또는 그 모양.

덜리다: '덜다' 의 피동사.

덜먹다: 하는 짓이 온당하지 못하고 제멋대로 함부로 나가다.

덤덤하다: ① 특별한 감정의 동요 없이 그저 예사롭다. ② 말할 자리에서 어떤 말이나 반응이

없이 조용하고 무표정하다. ③ 음식의 맛이 잘 안 나고 몹시 싱겁다.

덤덤히: ① 특별한 감정의 동요 없이 그저 예사롭게. ② 말할 자리에서 어떤 말이나 반응이 없이 조용하고 무표정한 태도로.

덧창: 창문 겉에 덧달려 있는 문짝. 덧문 · 겉창 · 덧창문.

덩둘하다: ① 매우 둔하고 어리석다. ② 어리둥절하여 멍하다.

뎅뎅: 큰 종(鐘)이나 그릇 따위의 쇠붙이를 잇따라 두드리는 소리.

도깨비불: ① 밤에 무덤이나 축축한 땅 또는 고목이나 낡고 오래된 집에서 인 따위의 작용으로 저절로 번쩍이는 푸른빛의 불꽃. 귀린(鬼燐) · 귀화(鬼火) · 음화(陰火) · 인화(燐火). ② 까닭 없이 저절로 일어나는 불. 신화(神火).

도끼: 나무를 찍거나 패는 연장의 하나. 쐐기 모양의 큰 쇠 날의 머리 부분에 구멍을 뚫어 단단한 나무 자루를 박아 만든다. 부작(斧斫).

도리: 서까래를 받치기 위하여 기둥 위에 건너지르는 나무. 돌보 · 형(桁).

도리깨채: 도리깻장부.

도리깻열: 도리깨의 한 부분. 곧고 가느다란 나뭇가지 두세 개로 만들며, 이 부분을 위아래로 돌리어 곡식을 두드려 낟알을 떤다.

도리깻장부: 도리깨의 자루로 쓰는 긴 막대기. 도리깨채.

독장치다: ① 어떠한 판을 혼자서 휩쓸다. 독판치다 · 외장치다 · 장치다. ② 다른 사람은 무시하듯 혼자서 고래고래 떠들다. 외장치다 · 장치다.

돈표(-票): 현금으로 바꿀 수 있는 표. 수표, 어음 따위가 있다. 환(換).

돌개바람: ① 구풍(颶風). ② 회오리바람.

돌계집: '석녀(石女)'를 낮잡아 이르는 말.

동강: ① '동강이'의 준말. ② ((수량을 나타내는 말 뒤에 쓰여)) 짤막하게 잘라진 것을 세는 단위.

동강이: 일정한 부피를 가진 긴 물건의, 짤막하게 잘라진 부분이나 쓰고 남아 짤막하게 된 부분.

동동걸음: 종종걸음.

동자기둥: 들보 위에 세우는 짧은 기둥. 상량(上樑), 오량(五樑), 칠량(七樑) 따위를 받치고 있다. 동바리 · 동자주 · 쪼구미.

동자부처(瞳子--): 눈부처.

동자아치: 밥 짓는 일을 하는 여자 하인. 찬비(爨婢).

되게: 아주 몹시. 되우 · 된통.

두껍닫이: 미닫이를 열 때, 문짝이 옆벽에 들어가 보이지 아니하도록 만든 것. 두껍집.

두동무니: 윷놀이에서, 두 동이 한데 포개어져 가는 말. 두동사니.

두렛일: 여러 사람이 두레를 짜서 함께하는 농사일.

두텁떡: 시루떡의 하나. 찹쌀가루를 꿀이나 설탕에 반죽한 후에, 귤병과 대추로 소를 박고 꿀팥을 두둑하게 뿌려 가며 켜켜이 안쳐서 찐 것을 네모나게 썬다. 후병.

둥긋이: 둥근 듯하게.

뒤꾸머리: 발뒤꿈치.

뒤넘기치다: ① 뒤로 넘겨뜨리다. ② 엎치락뒤치락하면서 서로 넘어뜨리다.

뒤떨어지다: ① 어떤 것의 뒤에 떨어져 거리를 두다. ② (('…에/에게' 대신에 '에/에게 비하여' 가 쓰이기도 한다)) 발전 속도가 느려 도달하여야 할 수준이나 기준에 이르지 못하다. ③ 시대나 사회 조류에 맞지 않게 뒤지다.

뒤받다: ① 잘못을 지적받거나 꾸중을 듣고 도리어 말대답을 하며 반항하다. ② 남의 의견에 반대가 되는 말로 받다.

뒤울: 가죽신 · 당혜 · 운혜 따위의 신울에서, 발꿈치를 싸는 뒤축의 가죽.

뒤져내다: 샅샅이 뒤져서 들춰내거나 찾아내다.

뒤통수: 머리의 뒷부분. 뇌후(腦後) · 뒷골 · 뒷머리.

뒷갈망: 일의 뒤끝을 맡아서 처리함. 뒷감당 · 뒷담당.

뒷결박(-結縛): 뒷짐결박.

뒷골: 뒤통수.

뒷말: 일이 끝난 뒤에 뒷공론으로 하는 말. 뒷소리.

뒷머리: ① 뒤통수. ② 머리의 뒤쪽에 난 머리털. ③ 물체나 행렬의 뒤쪽.

뒷설거지: ① 설거지. ② 큰일을 치른 다음에 하는 설거지나 뒤처리.

뒷소문(-所聞): ① 일이 끝난 뒤에 그 일에 관하여 들리는 소문. ② 뒤에서 이러니저러니 하는 소문.

뒷윷: 윷판에서 뒷밭의 네 번째 자리.

뒷입맛: ① 음식을 먹고 난 뒤에 입에서 느끼는 맛. ② 일을 끝마친 뒤에 남는 느낌. 뒷맛.

뒷전놀다: ① 무당의 열두 거리의 굿에서 마지막 거리를 놀다. 뒷전보다. ② 뒤로 슬며시 딴짓을 하다. ③ 일의 뒤치다꺼리를 하다. 뒷전보다.

뒷전보다: 뒷전놀다 ①. 뒷전놀다 ③.

뒷짐결박(--結縛): 두 손을 등 뒤로 젖히고 묶는 일. 뒷결박 · 반박(反縛) · 북결(北結).

든그럽다: 시끄럽다.

들들: ① 콩이나 깨 따위를 휘저으며 볶거나 맷돌에 거칠게 가는 모양. ② 남을 몹시 못살게 구는 모양. ③ 물건을 마구 들쑤시며 뒤지는 모양.

등잔걸이(燈盞--): 잔을 걸어 놓는 기구. 등가(燈架) · 등경.

등화(燈花): 등잔불이나 촛불의 심지 끝이 타서 맺힌 불똥을 비유적으로 이르는 말.

딱: ① 계속되던 것이 그치거나 멎는 모양. ② 아주 단호하게 끊거나 과단성 있게 행동하는 모양. ③ 몹시 싫거나 언짢은 모양.

딱: ① 활짝 바라지거나 벌어진 모양. ② 빈틈없이 맞닿거나 들어맞는 모양. ③ 갑자기 마주치는 모양. ④ 굳세게 버티는 모양. ⑤ 단단히 달라붙은 모양. ⑥ 태도가 여유 있고 의젓한 모양.

딱: 단단한 물건이 부러지거나 서로 부딪치는 소리. 또는 그 모양.

딱지: ① 헌데나 상처에서 피, 고름, 진물 따위가 나와 말라붙어 생긴 껍질. ② 게, 소라, 거북 따위의 몸을 싸고 있는 단단한 껍데기. ③ 만들 때부터 종이에 박혀 있는 티. ④ 회중시계나 손목시계 따위의 기계를 싸고 있는 껍데기.

딱히: 〔1〕 ① 사정이나 처지가 애처롭고 가엾게. ② 일을 처리하기가 난처하게. 〔2〕 정확하게 꼭 집어서.

딴꾼: ① 포도청에서 포교의 심부름을 하며 도둑 잡는 일을 거들던 사람을 낮잡아 이르는 말. 딴. ② 말이나 하는 짓이 도리에 어그러지고 사나운 사람.

딴전: 어떤 일을 하는 데 그 일과는 전혀 관계없는 일이나 행동. 딴청.

딸깍발이: ① 일상적으로 신을 신이 없어 맑은 날에도 나막신을 신는다는 뜻으로, 가난한 선비를 낮잡아 이르는 말. ② 일본 사람을 낮잡아 이르는 말.

땀받이: ① 땀을 받아 내려고 입는 속옷. ② 땀을 받아 내려고 옷 속에 받친 헝겊.

땅꾼: 딴꾼.

땅꾼: 뱀을 잡아 파는 것을 직업으로 하는 사람.

때꾼하다: 눈이 쏙 들어가고 생기가 없다.

땔거리: 땔감.

떠죽거리다: ① 잘난 체하고 되지못한 소리로 자꾸 지껄이다. 떠죽대다. ② 싫은 체하며 자꾸 사양하다. 떠죽대다.

떠죽떠죽: ① 잘난 체하고 자꾸 되지못한 소리로 지껄이는 모양. ② 자꾸 싫은 체하며 사양하는 모양.

떡암죽: 말린 흰무리를 빻아 묽게 쑨 죽.

떫디떫다: 매우 떫다.

떼꾼하다: 눈이 쑥 들어가고 생기가 없다.

떼치다: ① 달라붙는 것을 떼어 물리치다. ② 붙잡는 것을 뿌리치다. ③ 요구나 부탁 따위를 딱 잘라 거절하다. ④ 어떤 생각이나 정(情) 따위를 딱 끊어 버리다.

뜨더귀: 조각조각으로 뜯어내거나 가리가리 찢어 내는 짓. 또는 그 조각.

뜨덤뜨덤: ① 글을 자꾸 서투르게 읽는 모양. ② 말을 느리게 한마디씩 던지거나 자꾸 더듬거리며 말하는 모양.

뜬것: 떠돌아다니는 못된 귀신. 등신 · 뜬귀신 · 부귀(浮鬼) · 부행신.

뜯게질: 해지고 낡아서 입지 못하게 된 옷이나 빨래할 옷의 솔기를 뜯어내는 일.

뜯적거리다: ① 손톱이나 칼끝 따위로 자꾸 뜯거나 진집을 내다. ② 괜히 트집을 잡아 짓궂게

자꾸 건드리다.

뜨적뜨적하다: ① 손톱이나 칼끝 따위로 자꾸 뜯거나 진집을 내다. ② 괜히 트집을 잡아 짓궂게 자꾸 건드리다.

마냥, 만이, 만이: 늦모내기.

마되: 말과 되를 아울러 이르는 말.

마룻대: 용마루 밑에 서까래가 걸리게 된 도리. 기축(機軸)·마룻도리·상량(上樑)·용동(龍棟)·종도리·종심도리.

마른갈이: 마른논에 물을 넣지 않고 논을 가는 일.

마른빨래: ① 흙 묻은 옷을 말려서 비벼 깨끗하게 하는 일. ② 휘발유, 벤젠 따위의 약품으로 옷의 때를 지워 빼는 일. ③ 새 옷을 입은 사람 곁에서 잠으로써, 자기 옷의 이를 옮기게 하여 없애는 일. ④ 물에 적시지 않은 빨랫감이나 빨아서 말린 빨래.

마름: 지주를 대리하여 소작권을 관리하는 사람.

마름자: 마름질하는 데 쓰는 자.

마방집: 말을 두고 삯짐 싣는 일을 업으로 하는 집.

마의, 비부: 왕개미.

마지: 마짓밥.

마짓밥: 부처에게 올리는 밥. 마지.

마파람: 뱃사람들의 은어로, '남풍(南風)'을 이르는 말. 경풍(景風)·마풍(麻風)·앞바람·오풍(午風).

막걸리다: '막걸다'의 피동사.

막상: 어떤 일에 실지로 이르러. 막.

만난: 온갖 어려움.

만장판(滿場-): 많은 사람이 모인 곳. 또는 그 많은 사람. 만장중.

만큼: ① ((주로 어미 '은, 는, 을' 뒤에 쓰여)) 앞의 내용에 상당하는 수량이나 정도임을 나타내는 말. 만치. ② ((주로 어미 '은, 는, 던' 뒤에 쓰여)) 뒤에 나오는 내용의 원인이나 근거가 됨을 나타내는 말. 만치.

맏이: ① 여러 형제자매 가운데서 제일 손위인 사람. ② 나이가 남보다 많음. 또는 그런 사람.

말굽추녀: 안쪽 끝을 말굽 모양으로 만들어 양쪽으로 붙이는 서까래.

말그스레하다: 맑스그레하다.

말그스름하다: 맑스그레하다.

말동무: 더불어 이야기할 만한 친구. 말벗.

맑스그레하다: 조금 맑은 듯하다. 말그스레하다·말그스름하다.

맛: ① 음식 따위를 혀에 댈 때에 느끼는 감각. ② 어떤 사물이나 현상에 대하여 느끼는 기

분. ③ 제격으로 느껴지는 만족스러운 기분.

망태기(網--): 물건을 담아 들거나 어깨에 메고 다닐 수 있도록 만든 그릇. 주로 가는 새끼나 노 따위로 엮거나 그물처럼 떠서 성기게 만든다.

맞걸리다: (('…과' 나타나지 않을 때는 여럿임을 뜻하는 말이 주어로 온다)) ① '맞걸다'의 피동사. ② '맞걸다'의 피동사.

맞먹다: ① 거리, 시간, 분량, 키 따위가 엇비슷한 상태에 이르다. ② 힘, 지위, 수준 등에서 상대방과 대등한 상태에 이르다.

매갈이: 벼를 매통에 갈아서 왕겨만 벗기고 속겨는 벗기지 아니한 쌀을 만드는 일. 매조미 · 조미(糙米).

매련: 터무니없는 고집을 부릴 정도로 어리석고 둔함.

매련퉁이: 몹시 매련한 사람을 낮잡아 이르는 말.

매양: 번번이.

매통: 곡물의 껍질을 벗기는 농기구. 주로 겉겨를 벗기는 데 쓴다. 굵은 통나무를 잘라 만든 두 개의 마구리에 요철(凹凸)로 이를 파고, 위짝의 윗마구리는 우긋하게 파서 가운데에 구멍을 뚫어 벼를 담고 위짝 양쪽에 자루를 가로 박아서 그것을 손잡이로 하여 이리저리 돌려 벼의 겉껍질을 벗긴다. 매 · 목년(木碾) · 목마(木磨) · 목매.

머릿기름: 머리털에 바르는 기름.

머릿방: 안방 뒤에 달린 작은 방.

먹새: ① 음식을 먹는 태도. 먹음새. 먹성. ② 음식을 만드는 범절.

멀찌감치: 사이가 꽤 떨어지게. 멀찌가니 · 멀찍이.

메찰떡: 찹쌀과 멥쌀을 섞어서 만든 시루떡. 반나병.

멧나물: 산나물.

며느리발톱: ① 새끼발톱 뒤에 덧달린 작은 발톱. ② 말이나 소 따위 짐승의 뒷발에 달린 발톱. ③ 새 수컷의 다리 뒤쪽에 있는 각질의 돌기물. 거(距).

며루: 각다귀의 애벌레. 자방충.

멱통: 살아 있는 동물의 목구멍. 산멱. 산멱통.

면구스럽다: 낯을 들고 대하기에 부끄러운 데가 있다. 면괴스럽다 · 민망스럽다.

면치레(面--): 체면이 서도록 일부러 어떤 행동을 함. 또는 그 행동. 낯닦음 · 사당치레 · 외면치레 · 이면치레 · 체면치레.

명주붙이(明紬--): 명주실로 짠 여러 가지 피륙. 주속(紬屬).

모가치: 몫으로 돌아오는 물건.

모군꾼(募軍-): 공사판 따위에서 삯을 받고 일하는 사람. 모군(募軍).

모기발순: 어둑어둑할 무렵에 모기가 떼를 지어 왱왱거리고 날아다님.

모깃불: 모기를 쫓기 위하여 풀 따위를 태워 연기를 내는 불.

모두: 일정한 수효나 양을 기준으로 하여 빠짐이나 넘침이 없는 전체. 일정한 수효나 양을 빠짐없이 다.

모루채: 대장간에서, 달군 쇠를 모루 위에 놓고 메어칠 때 쓰는 쇠메. 긴 나무 자루를 끼운다.

모사(茅沙/茅砂): 제사에서, 술을 따르는 그릇에 담은 모래와 거기에 꽂은 띠의 묶음.

모삿그릇(茅沙--): 모사를 담는 그릇. 보시기처럼 생겼으나 굽이 아주 높다.

모지락스럽다: 보기에 억세고 모질다.

목거리: 목이 붓고 아픈 병.

목판되(木版-): 네 모가 반듯하게 된 되. 예전에 쓰던 되가 아니고 근래에 나왔다. 모되.

몰라보다: ① 알 만한 사실이나 사물을 보고도 알아차리지 못하다. ② 예의를 갖추어야 하는 대상에 대하여 무례하게 굴다. ③ 진정한 가치를 제대로 평가하지 못하다.

무겁한량(--閑良): 활터에서, 활이 과녁에 맞았는지 안 맞았는지를 검사하는 한량.

무녀리: ① 한 태에 낳은 여러 마리 새끼 가운데 가장 먼저 나온 새끼. ② 말이나 행동이 좀 모자란 듯이 보이는 사람을 비유적으로 이르는 말.

무심결(無心-): 아무런 생각이 없어 스스로 깨닫지 못하는 사이. 무심중.

무엇하다: 〔1〕 어떤 일 따위에 이용하거나 목적으로 하다. 〔2〕 언짢은 느낌을 알맞게 형용하기 어렵거나 그것을 표현할 말이 생각나지 않을 때 암시적으로 둘러서 쓰는 말. 주로 '거북하다', '곤란하다', '난처하다', '딱하다', '미안하다', '싫다' 따위의 느낌을 나타낼 때 쓴다.

무자위: 물을 높은 곳으로 퍼 올리는 기계.

물부리: 담배를 끼워서 빠는 물건. 빨부리 · 연취.

물심부름: 세숫물이나 숭늉 따위를 떠다 줌. 또는 그런 잔심부름. 물시중.

물앵두: ① 물앵두나무의 열매. ② 무르익은 앵두.

물추리나무: 쟁기의 성에 앞 끝에 가로로 박은 막대기. 두 끝에 봇줄을 매어 끈다. 끌이막대 · 물추리막대.

물타작(-打作): 베어 말릴 사이 없이 물벼 그대로 이삭을 떨어서 낟알을 거둠. 또는 그 타작 방법. 진타작.

뭣하다: 〔1〕 '무엇하다〔1〕' 의 준말. 〔2〕 '무엇하다〔2〕' 의 준말.

미닫이: 문이나 창 따위를 옆으로 밀어서 열고 닫는 방식. 또는 그런 방식의 문이나 창을 통틀어 이르는 말.

미덥다: 믿음성이 있다.

미쁘다: 믿음성이 있다.

미투리: 삼이나 노 따위로 짚신처럼 삼은 신. 흔히 날을 여섯 개로 한다.

민둥산(--山): 나무가 없는 산. 벌거숭이산.

민망스럽다: 면구스럽다.

밀기울: 밀을 빻아 체로 쳐서 남은 찌꺼기.

밋밋하다: ① 생김새가 미끈하게 곧고 길다. ② 경사나 굴곡이 심하지 않고 평평하고 비스듬하다. ③ 생긴 모양 따위가 두드러진 특징이 없이 평범하다.

바랑: ① '배낭(背囊)'의 변한말. ② 승려가 등에 지고 다니는 자루 모양의 큰 주머니. 걸낭.

바심: ① 타작. ② 풋바심.

바심: 마름질한 재목들을 깎거나 파서 다듬는 일.

바투: ① 두 대상이나 물체의 사이가 썩 가깝게. ② 시간이나 길이가 아주 짧게.

반대기: 가루를 반죽한 것이나 삶은 푸성귀 따위를 평평하고 둥글넓적하게 만든 조각.

반두: 양쪽 끝에 가늘고 긴 막대로 손잡이를 만든 그물. 주로 얕은 개울에서 물고기를 몰아 잡는다. 조망(罩網)·족산대.

반베: 반물빛의 실과 흰 실을 섞어 짠 띠나 수건 감의 폭이 좁은 무명.

반지다: 어떤 물건이나 말투 따위에 다른 것이 반 이상 섞였음을 나타내는 말.

반짇고리: 바늘, 실, 골무, 헝겊 따위의 바느질 도구를 담는 그릇.

받내다: 몸을 움직이지 못하는 사람의 대소변 따위를 받아 처리하다.

발돋움: ① 키를 돋우려고 발밑을 괴고 서거나 발끝만 디디고 섬. 종부돋움. ② 키를 돋우려고 발밑에 괴는 물건. 돋움. ③ 어떤 지향(志向)하는 상태나 위치 따위로 나아감.

발뒤꿈치: ① 발의 뒤쪽 발바닥과 발목 사이의 불룩한 부분. ② 어떤 사람이 가진 능력이나 자질의 가장 낮은 수준을 비유적으로 이르는 말.

발리다: 〔1〕 ① 두 물체의 사이를 넓히거나 멀게 하다. ② 껍질 따위를 열어 젖혀서 속의 것을 드러내다. ③ 오므라진 것을 펴서 열다. ④ 작은 일 따위를 일으키거나 진행하다. ⑤ 모아져 있는 것을 헤집어서 흩트리다. 〔2〕 작은 물건들을 늘어놓거나 여기저기 배치하다.

발모가지: '발목'을 속되게 이르는 말. 발목쟁이.

발샅: 발가락과 발가락의 사이. 발새.

발새: 발샅.

밤소일(-消日): 놀이나 장난 따위로 밤을 새움.

밤송이솔: 그릇 따위를 씻는 데 쓰는 밤송이 모양의 솔. 종려의 털을 짤막하게 잘라 두 가닥의 철사 틈에 끼고 꼬아서 둘로 접어 만든다.

밥밑콩: 밥에 넣어 먹는 콩.

밥소라: 밥, 떡국, 국수 따위를 담는 큰 놋그릇. 뚜껑 없이 위가 조금 벌쭉하며 굽이 높다.

방고래: 방의 구들장 밑으로 나 있는, 불길과 연기가 통하여 나가는 길. 갱동·고래.

방이다: ① 윷놀이에서, 말을 방에 놓다. ② 어떤 부분을 힘 있게 후려치다.

밭치다: '밭다(건더기와 액체가 섞인 것을 체나 거르기 장치에 따라서 액체만을 따로 받아 내다)'를 강조하여 이르는 말.

배갈: 고량주.

배꼬다: ① 끈 따위를 배배 틀어서 꼬다. ② 몸을 바르게 가지지 못하고 배배 틀다. ③ 남의 마음이 거슬릴 정도로 조금 빈정거리다.

배냇니: 젖니.

배좁다: 자리가 매우 좁다.

배추속대: 배추 잎 가운데에서 올라오는 잎. 빛깔이 노릇노릇하고 맛이 고소하다.

배틀어지다: ① 물체가 곧바르지 않게 어느 한쪽으로 조금 쏠리거나 꼬이거나 돌려지다. ② 여위거나 물기가 말라서 한쪽으로 조금 쏠리거나 모이거나 돌려지다. ③ 일이 꼬여서 순조롭지 않게 되다. ④ 비위에 맞지 않아 마음이 틀어지다.

밴덕: 요랬다조랬다 변하기를 잘하는 태도나 성질.

뱅: ① 일정한 좁은 범위를 한 바퀴 도는 모양. ② 갑자기 정신이 아찔해지는 모양. ③ 일정한 둘레를 좁게 둘러싸는 모양.

뱅충이: 똘똘하지 못하고 어리석으며 수줍음만 타는 사람.

뱐덕: 요랬다조랬다 잘 변하는 태도나 성질.

버마재비: '사마귀'를 일상적으로 이르는 말.

버젓이: ① 남의 시선을 의식하여 조심하거나 굽히는 데가 없이. ② 남의 축에 빠지지 않을 정도로 번듯하게.

벅벅: ① 여무지게 자꾸 긁거나 문대는 소리. 또는 그 모양. ② 얇고 질긴 종이나 천 따위를 자꾸 찢는 소리. 또는 그 모양. ③ 번들번들해지도록 자꾸 닦는 모양. ④ 머리털이나 수염 따위를 아주 짧게 깎는 모양. ⑤ 억지를 부리며 자꾸 기를 쓰거나 우기는 모양.

벅벅: 얼굴 따위가 몹시 심하게 얽은 모양.

번번이: 매 때마다. 매매(每每) · 매번 · 매양 · 연차(連次).

번연히(幡然-/翻然-): 깨달음이 갑작스럽게.

번히: ① 어두운 가운데 밝은 빛이 비치어 조금 훤하게. ② 어떤 일의 결과나 상태 따위가 훤하게 들여다보이듯이 분명하게. ③ 잠깐 짬이 나서 한가하게. ④ 장마가 잠시 멎고 해가 나서 밝게. ⑤ 병세가 조금 가라앉은 정도로. ⑥ 바라보는 눈매가 뚜렷하게.

벋놓다: ① 다잡아 기르거나 가르치지 아니하고, 제멋대로 올바른 길에서 벗어나게 내버려 두다. ② 잠을 자야 할 때에 자지 아니하고 그대로 지나가다.

벙테기: ① '벙거지'를 낮잡아 이르는 말. ② 군뢰복다기.

베갯잇: 베개의 겉을 덧씌워 시치는 헝겊.

벼르다: 어떤 일을 이루려고 마음속으로 준비를 단단히 하고 기회를 엿보다.

벼훑이: 두 나뭇가지의 한끝을 동여매어 집게처럼 만들고 그 틈에 벼 이삭을 넣고 벼의 알을 훑는 농기구.

별간장(別-醬): 손님장.

별미쩍다(別味--): 말이나 행동이 어울리지 아니하고 멋이 없다.

볏가리: 벼를 베어서 가려 놓거나 볏단을 차곡차곡 쌓은 더미.
보늬: 밤이나 도토리 따위의 속껍질.
보매: 겉으로 보기에. 또는 짐작으로 보기에.
보살감투(菩薩--): ① 돼지 똥집에 붙어 있는 고기 조각의 한 부위. ② 잣의 속껍질 안에 있는 잣 대가리에 씌어 있는 꺼풀의 한 부분.
보얘지다: ① 연기나 안개가 낀 것처럼 선명하지 못하고 조금 하얗게 되다. ② 살갗이나 얼굴 따위가 하얗고 말갛게 되다.
복부르다(復---): 사람이 죽었을 때에, 죽은 사람이 생시에 입던 윗옷을 갖고 지붕에 올라서거나 마당에 서서, 왼손으로는 옷깃을 잡고 오른손으로는 옷의 허리 부분을 잡은 뒤 북쪽을 향하여 '아무 동네 아무개 복(復)' 이라고 세 번 부르다. 초혼하다(招魂--).
볼기짝얼레: 기둥 두 개만으로 된 네모지지 않고 납작한 얼레.
봄보리: 이른 봄에 씨를 뿌려 첫여름에 거두는 보리. 춘맥 · 춘모.
봇둑: 보를 둘러쌓은 둑.
봉: ① 문풍지 따위가 뚫어질 때 나는 가벼운 소리. 또는 그 모양. ② 벌과 같은 작은 곤충 따위가 날 때 나는 소리. ③ 막혀 있던 공기나 가스가 좁은 구멍으로 터져 빠질 때 나는 소리.
봉꾼: 허랑방탕한 짓을 일삼는 사람. 난봉 · 난봉쟁이 · 놀량패 · 유랑(劉郞) · 표객.
부각: 다시마 조각, 깻잎, 고추 따위에 찹쌀 풀을 발라 말렸다가 기름에 튀긴 반찬. 해대자반.
부나비: 불나방.
부라: 대장간에서 풀무질을 하는 데 불을 불라는 뜻으로 내는 소리.
부라부라: 〔1〕 어린아이에게 두 다리를 번갈아 오르내리도록 하라는 뜻으로 내는 소리. 〔2〕 어린아이가 어른들의 부라질에 따라 두 다리를 번갈아 오르내리는 동작.
부라질: ① 젖먹이의 양쪽 겨드랑이를 껴서 붙들거나 두 손을 잡고 좌우로 흔들며 두 다리를 번갈아 오르내리게 하는 짓. ② 몸을 좌우로 흔드는 짓.
부레끓다: (속되게) 몹시 성이 나다.
부로(父老): 한 동네에서 나이가 많은 남자 어른을 높여 이르는 말.
부리: ① 새나 일부 짐승의 주둥이. 길고 뾰족하며 보통 뿔의 재질과 같은 딱딱한 물질로 되어 있다. ② 어떤 물건의 끝이 뾰족한 부분. ③ 병과 같이 속이 비고 한끝이 막혀 있는 물건에서 가느다라며 터진 다른 한끝 부분을 이르는 말.
부리나케: 서둘러서 아주 급하게.
부삽: 아궁이나 화로의 재를 치거나, 숯불이나 불을 담아 옮기는 데 쓰는 조그마한 삽.
부손: 화로에 꽂아 두고 쓰는 작은 부삽. 모양이 숟가락 비슷하나 좀 더 크고 납작하다.
부스러기: ① 잘게 부스러진 물건. ② 쓸 만한 것을 골라내고 남은 물건. ③ 하찮은 사람이나 물건을 비유적으로 이르는 말.

부스스: ① 머리카락이나 털 따위가 몹시 어지럽게 일어나거나 흐트러져 있는 모양. 푸시시. ② 누웠거나 앉았다가 느리게 슬그머니 일어나는 모양. 푸시시. ③ 부스러기 따위가 어지럽게 흩어지는 소리. 또는 그 모양. 푸시시.

부싯돌: 부시로 쳐서 불을 일으키는 데 쓰는 석영(石英)의 하나. 아주 단단하고 회색, 갈색, 검은색 따위를 띤다.

부절따말: 갈기가 검고 털빛이 붉은 말.

부지깽이: 아궁이 따위에 불을 땔 때에, 불을 헤치거나 끌어내거나 거두어 넣거나 하는 데 쓰는 가느스름한 막대기. 화곤(火棍) · 화장(火杖).

부항단지: 부항을 붙이는 데 쓰는 작은 단지. 부항(附缸).

북슬북슬: 살이 찌고 털이 많아서 매우 탐스러운 모양.

분결(憤-): 분한 마음이 왈칵 일어난 바람. 분김 · 분두(憤頭) · 분쟁지두 · 분정지두.

분김(憤-): 분결.

분지르다: 부러뜨리다.

불공밥(佛供-): 부처 앞에 올렸다가 물린 밥. 퇴식밥.

불똥앉다: 심지 끝에 등화가 생기다. 등화지다(燈花--) · 등화앉다.

불룩이: 알처럼 단단하게 맺혀 있거나 불룩하게 두드러진 것.

불친소: 주로 고기를 얻기 위하여 불알을 까서 기른 소. 악대 · 악대소.

붉으락푸르락: 몹시 화가 나거나 흥분하여 얼굴빛 따위가 붉게 또는 푸르게 변하는 모양.

붕: ① 문풍지 따위가 뚫어질 때 나는 다소 둔탁한 소리. 또는 그 모양. ② 벌 같은 큰 곤충 따위가 날 때 나는 소리. ③ 막혀 있던 공기나 가스가 약간 큰 구멍으로 터져 빠질 때 나는 소리. ④ 자동차, 배 따위에서 경적이 한 번 울리는 소리. ⑤ 공중에 들리는 모양. 또는 그 느낌. ⑥ 무엇이 허망하게 없어져 버린 모양.

붕붕: ① 문풍지 따위가 뚫어질 때 잇따라 나는 다소 둔탁한 소리. 또는 그 모양. ② 벌 같은 큰 곤충 따위가 날 때 잇따라 나는 소리. ③ 막혀 있던 공기나 가스가 약간 큰 구멍으로 터져 빠질 때 잇따라 나는 소리. ④ 자동차, 배 따위에서 경적이 잇따라 울리는 소리.

붕어연적: 벼루에 쓸 물을 담아 두는, 붕어 모양으로 만든 그릇.

붕어자물쇠: 자물쇠통의 형태를 붕어 모양으로 만든 'ㄷ' 자형 자물쇠.

붕어죽: 붕어를 재료로 쑨 죽. 붕어를 고아서 체에 거른 뒤에 그 즙에 쌀을 넣고 후춧가루 따위를 쳐서 쑨 음식.

붕어톱: 붕어의 등처럼 등이 둥글게 생긴 톱. 외날과 양날이 있으며 나무 표면에 홈을 만들 때 쓴다.

비단개구리(緋緞---): '무당개구리'를 일상적으로 이르는 말.

비렁뱅이: '거지'를 낮잡아 이르는 말.

비발: 어떤 일을 하는 데 드는 돈. 비용(費用).

비사치기: 아이들 놀이의 하나. 손바닥만 한 납작한 돌을 세워 놓고 얼마쯤 떨어진 곳에서 돌을 던져 맞히거나 발로 돌을 차서 맞혀 넘어뜨린다. 돌치기.

비설거지: 비가 오려고 하거나 올 때, 비에 맞으면 안 되는 물건을 치우거나 덮는 일. 설거지.

비통: 품질이 아주 낮은 백통.

빙충이: 똘똘하지 못하고 어리석으며 수줍음을 잘 타는 사람. 작은말은 '뱅충이'

빚지시: 빚을 주고 쓰고 할 때에 중간에서 소개하는 일.

빠뜨리다: 〔1〕 ① 물이나 허방이나 또는 어떤 깊숙한 곳에 빠지게 하다. ② 어려운 지경에 놓이게 하다. ③ 부주의로 물건을 흘리어 잃어버리다. 〔2〕 빼어 놓아 버리다.

빼다: ① 두렵거나 싫어서 하지 아니하려고 하다. ② 내빼다.

뻔질나다: ((주로 '뻔질나게' 꼴로 쓰여)) 드나드는 것이 매우 잦다. 주살나다.

뻔히: ① 어두운 가운데 밝은 빛이 비치어 조금 훤하게. '번히' 보다 센 느낌을 준다. ② 어떤 일의 결과나 상태 따위가 훤하게 들여다보이듯이 분명하게. '번히' 보다 센 느낌을 준다. ③ 바라보는 눈매가 뚜렷하게. '번히' 보다 센 느낌을 준다.

뻔히: 사물이 끊이지 아니하고 잇대어 있는 모양.

뻣뻣하다: ① 물체가 굳고 꿋꿋하다. ② 풀기가 아주 세거나 팽팽하다. ③ 태도나 성격이 아주 억세다.

뼘다: 뼘으로 물건의 길이를 재다.

뼘치: 길이가 한 뼘쯤 되는 물건이나 물고기.

뽀얗다: ① 연기나 안개가 낀 것처럼 선명하지 못하고 조금 하얗다. '보얗다' 보다 센 느낌을 준다. ② 살갗이나 얼굴 따위가 하얗고 말갛다. '보얗다' 보다 센 느낌을 준다. ③ 빛깔이 보기 좋게 하얗다. '보얗다' 보다 센 느낌을 준다.

뽀얘지다: ① 연기나 안개가 낀 것처럼 선명하지 못하고 조금 하얗게 되다. '보얘지다' 보다 센 느낌을 준다. ② 살갗이나 얼굴 따위가 하얗고 말갛게 되다. '보얘지다' 보다 센 느낌을 준다.

뽐내다: ① 의기가 양양하여 우쭐거리다. ② 자신의 어떠한 능력을 보라는 듯이 자랑하다.

뾰두라지: 뾰족하게 부어오른 작은 부스럼. 뾰루지.

뿌옇다: ① 연기나 안개가 낀 것처럼 선명하지 못하고 좀 허옇다. '부옇다' 보다 센 느낌을 준다. ② 살갗이나 얼굴 따위가 허옇고 멀겋다. '부옇다' 보다 센 느낌을 준다. ③ 심하게 닦아세워지거나 캐어물음을 당하여 매우 열없고 어색하다. '부옇다' 보다 센 느낌을 준다.

뿌예지다: ① 연기나 안개가 낀 것처럼 선명하지 못하고 좀 허옇게 되다. '부예지다' 보다 센 느낌을 준다. ② 살갗이나 얼굴 따위가 허옇고 멀겋게 되다. '부예지다' 보다 센 느낌을 준다.

뿡: ① 문풍지 따위가 뚫어질 때 나는 다소 둔탁한 소리. 또는 그 모양. '붕' 보다 센 느낌을

준다. ② 막혀 있던 공기나 가스가 약간 큰 구멍으로 터져 빠질 때 나는 소리. '붕' 보다 센 느낌을 준다. ③ 자동차, 배 따위에서 경적이 한 번 울리는 소리. '붕' 보다 센 느낌을 준다.

뿡뿡: ① 문풍지 따위가 뚫어질 때 잇따라 나는 다소 둔탁한 소리. 또는 그 모양. '붕붕' 보다 센 느낌을 준다. ② 막혀 있던 공기나 가스가 약간 큰 구멍으로 터져 빠질 때 잇따라 나는 소리. '붕붕' 보다 센 느낌을 준다. ③ 자동차, 배 따위에서 경적이 잇따라 울리는 소리. '붕붕' 보다 센 느낌을 준다.

삐죽이: 사소한 일에 쉽게 토라지는 사람을 놀림조로 이르는 말.

사느랗다: ① 물체의 온도나 기온이 약간 찬 듯하다. ② 갑자기 놀라거나 무서워 약간 찬 기운이 느껴지는 듯하다.

사돈집: 서로 사돈이 되는 집. 사가(查家).

사래밭: 묘지기나 마름이 수고의 대가로 부쳐 먹는 밭. 사경전.

사삿일(私私-): 개인의 사사로운 일. 사사(私事).

사잣밥: 초상난 집에서 죽은 사람의 넋을 부를 때 저승사자에게 대접하는 밥. 밥 세 그릇, 술 석 잔, 벽지 한 권, 명태 세 마리, 짚신 세 켤레, 동전 몇 닢 따위를 차려 담 옆이나 지붕 모퉁이에 놓았다가 발인할 때 치운다.

삯돈: 삯으로 받는 돈. 고금(雇金) · 삯전.

삯말: 삯을 주고 빌려 쓰는 말. 또는 삯을 받고 빌려 주는 말.

삯전: 삯돈.

산박쥐(山--): 멧박쥐.

살긋하다: 〔1〕 물체가 한쪽으로 약간 배뚤어지거나 기울어지다. 또는 그렇게 하다. 〔2〕 물체가 한쪽으로 약간 배뚤어지거나 기울어져 있다.

살풀이(煞--): ① 타고난 살(煞)을 풀기 위하여 하는 굿. 해살(解煞). ② 살풀이춤. ③→살풀이장단.

삼발이: ① 둥근 쇠 테두리에 발이 세 개 달린 기구. 화로(火爐)에 놓고 주전자, 냄비, 작은 솥, 번철 따위를 올려놓고 음식물을 끓이는 데 쓴다. ② 망원경 · 나침반 · 사진기 따위를 올려놓는, 발이 세 개 달린 받침대.

삼짇날: 음력 삼월 초사흗날.

상고대: 나무나 풀에 내려 눈처럼 된 서리. 목가(木稼) · 무송 · 수가(樹稼) · 수개(樹介) · 수괘(樹掛) · 수빙(樹氷) · 수상(樹霜).

상노인(上老人): 상늙은이. 여러 노인 가운데 가장 나이가 많은 사람.

상두꾼(喪--): 상여를 메는 사람. 상여꾼(喪輿-).

상씨름(上--) / 소걸이: 씨름판에서 결승을 다투는 씨름. 소걸이.

상없다: 보통의 이치에서 벗어나 막되고 상스럽다.

상좌: ① 행자(行者). ② 스승의 대를 이을 여러 승려 가운데에서 가장 높은 사람. 상족(上

足).

상창: ① 뛰어난 창(唱). ② 높은 소리로 창을 함.

샅바지르다: 씨름에서, 허리와 다리에 샅바를 둘러서 묶다. 샅바채우다.

샅바채우다: 샅바지르다.

새앙손이: 손가락 모양이 생강처럼 생긴 사람.

샐긋하다: 〔1〕 물체가 한쪽으로 조금 배뚤어지거나 기울어지다. 또는 그렇게 하다. 〔2〕 물체가 한쪽으로 조금 배뚤어지거나 기울어져 있다.

샛별: ① '금성(金星)'을 일상적으로 이르는 말. 계명(啓明) · 계명성(啓明星) · 명성(明星) · 서성(曙星) · 신성(晨星) · 효성(曉星). ② 장래에 큰 발전을 이룩할 만한 사람을 비유적으로 이르는 말.

생: 생강(生薑). 새앙.

생뿔: 두 개가 모두 생강처럼 짧게 난 소의 뿔. 새앙뿔 · 생강뿔(生薑-).

생색나다: 다른 사람 앞에 당당히 나설 수 있거나 자랑할 수 있는 체면이 서다. 낯나다.

생인손: 손가락 끝에 종기가 나서 곪는 병. 대지(代指) · 사두창 · 생손 · 생손앓이.

서모(庶母): 아버지의 첩.

서방질(書房-): 자기 남편이 아닌 남자와 정을 통하는 짓. 화냥질.

서부렁하다: 묶거나 쌓은 물건이 버쩍 다가붙지 않고 조금 느슨하거나 틈이 벌어져 있다.

서분하다: 묶거나 쌓은 물건이 꼭 붙지 않고 느슨한 데가 있다.

서운하다: 마음에 모자라 아쉽거나 섭섭한 느낌이 있다.

서투르다: 〔1〕 ① 일 따위에 익숙하지 못하여 다루기에 설다. ② 전에 만난 적이 없어 어색하다. 〔2〕 ① 생각이나 감정 따위가 어색하고 서먹서먹하다. ② ((주로 '서투르게' 꼴로 쓰여)) 앞뒤를 재어 보는 세심함이 없이 섣부르다.

석녀(石女): ① 아이를 낳지 못하는 여자. 석부(石婦). ② 성욕이나 성적 흥분을 느끼지 못하는 여자.

석이: 석이버섯.

선머슴: 차분하지 못하고 매우 거칠게 덜렁거리는 사내아이.

선짓국: 선지를 넣고 끓인 국.

섣달받이: 음력으로 섣달 초순에 함경도 연안에 몰려드는 명태의 떼.

설거지: ① 먹고 난 뒤의 그릇을 씻어 정리하는 일. 뒷설거지. ② 비설거지.

설랑은: '설랑'에 보조사 '은'이 결합한 말. '설랑'을 강조하는 뜻을 나타낸다.

섭섭하다: 〔1〕 ① 서운하고 아쉽다. ② 없어지는 것이 애틋하고 아깝다. 〔2〕 기대에 어그러져 마음이 서운하거나 불만스럽다.

세: ((일부 단위를 나타내는 말 앞에 쓰여)) 그 수량이 셋임을 나타내는 말.

세코짚신: 발을 편하게 하기 위하여, 앞의 양편에 약간씩의 총을 터서 코를 낸 짚신. 세코신.

소금쩍: 어떤 물건의 거죽에 소금기가 배거나 내솟아서 허옇게 엉긴 조각.
속말: 속마음에서 우러나오는 말.
솎음국: 솎음배춧국.
손샅: 손가락과 손가락의 사이.
손어림: 손으로 만지거나 들어 보아 대강 헤아림. 또는 그런 분량. 손짐작.
손짐작: 손어림.
손짭손: 좀스럽고 얄망궂은 손장난.
솔가리: ① 말라서 땅에 떨어져 쌓인 솔잎. ② 소나무의 가지를 땔감으로 쓰려고 묶어 놓은 것.
솟을무늬: 피륙 따위에 조금 도드라지게 놓은 무늬.
쇠버짐: 피부가 몹시 가렵고 쇠가죽처럼 두껍고 단단하게 번지는 버짐.
쇠죽가마: 쇠죽을 끓이는 데에 쓰이는 아주 크고 우묵한 솥. 소죽가마 · 소죽솥 · 쇠죽솥.
쇠죽솥: 쇠죽가마.
수삼: 말리지 아니한 인삼. 생삼(生蔘).
수잠: 겉잠.
숙덕이다: 남이 알아듣지 못하도록 낮은 목소리로 은밀하게 이야기하다.
숙성하다(夙成--): 나이에 비하여 지각이나 발육이 빠르다.
순되다: 사람의 성품이 온순하고 진실하다.
숭숭: ① 연한 물건을 조금 굵직하게 빨리 써는 모양. 숭숭히. ② 조금 큰 구멍이나 자국이 많이 나 있는 모양. 숭숭히. ③ 살갗에 큰 땀방울이나 소름 따위가 많이 돋아나 있는 모양. 숭숭히. ④ 바느질을 설피게 대강대강 하는 모양. 숭숭히.
쉬슬다: 파리가 알을 여기저기에 낳다.
쉬이: ① 어렵거나 힘들지 아니하게. ② 가능성이 많게. ③ 멀지 아니한 가까운 장래에.
쉬이여기다: 가볍게 또는 쉽게 생각하다.
스레하다: ((빛깔이나 형상을 나타내는 어근 뒤에 붙어)) '빛깔이 옅거나 그 형상과 비슷하다'의 뜻을 더하는 접미사. 스름하다.
시들병(--病): ① 몸이 만성적으로 차차 시들어 쇠약해지는 병. 위병(萎病). ② 토마토, 가지, 감자 따위의 잎과 줄기, 뿌리 따위의 상처에 세균이 들어가 급성으로 푸른 채 시들어 말라 버리는 병. 온도가 높고 배수가 불량한 땅에 많이 발생한다. 청고병.
시방정토: 시방에 있는 여러 부처의 정토.
시새: 가늘고 고운 모래. 세사(細沙).
시왕: 저승에서 죽은 사람을 재판하는 열 명의 대왕.
신기다: '신다'의 사동사.
신대: 베틀신대.

신주보(神主褓): 예전에, 신주를 모셔 두는 나무 궤를 덮던 보. 독보(櫝褓).

신찐나무: 베틀신대.

실로: 참으로.

실없이: 말이나 하는 짓이 실답지 못하게.

실큼하다: 싫은 생각이 있다.

심도두개: 등잔의 심지를 돋우는 가는 쇠꼬챙이.

심심풀이: 심심함을 잊고 시간을 보내기 위하여 어떤 일을 함. 또는 그런 일. 심심파적 · 파적(破寂) · 파한(破閑).

싸느랗다: 〔1〕① 물체의 온도나 기온이 약간 차다. '사느랗다' 보다 센 느낌을 준다. ② 사람의 성격이나 태도 따위가 약간 차가운 듯하다. 〔2〕 갑자기 놀라거나 무서워 약간 찬 기운이 느껴지는 듯하다. '사느랗다' 보다 센 느낌을 준다.

싸라기: 부스러진 쌀알.

싸전: 쌀과 그 밖의 곡식을 파는 가게.

쌀긋하다: 〔1〕 물체가 한쪽으로 약간 배뚤어지거나 기울어지다. 또는 그렇게 하다. '살긋하다' 보다 센 느낌을 준다. 〔2〕 물체가 한쪽으로 약간 배뚤어지거나 기울어져 있다. '살긋하다' 보다 센 느낌을 준다.

쌍동밤(雙童-): 한 껍데기 속에 두 쪽이 들어 있는 밤.

쌍동중매: 짝을 지어 다니며 직업적으로 중매를 하는 일. 또는 그런 사람.

쌍망이: 광산에서 돌에 구멍을 뚫을 때, 정을 치는 약간 길고 둥글게 생긴 쇠망치. 한 사람은 정을 잡고 한 사람은 두 손으로 쌍망이를 휘둘러 정을 친다.

쌍심지나다: 쌍심지서다.

쌍심지서다: 두 눈에 불이 일 것처럼 화가 몹시 나다. 쌍심지나다·쌍심지오르다.

쌍심지오르다: 쌍심지서다.

써느렇다: ① 물체의 온도나 기온이 꽤 찬 듯하다. '서느렇다' 보다 센 느낌을 준다. ② 갑자기 놀라거나 무서워 찬 기운이 느껴지는 듯하다. '서느렇다' 보다 센 느낌을 준다. ③ 사람의 성격이나 태도 따위가 차가운 듯하다.

써다: ① 밀물이나 밀린 물이 물러 나가다. ② 고였던 물이 새어서 줄다.

써레질: 써레로 논바닥을 고르거나 흙덩이를 잘게 부수는 일.

썩: ① 보통의 정도보다 훨씬 뛰어나게. ② 지체 없이 빨리.

썩인: 용례로 소개한 '풀을 썩인 거름' 의 '썩이다' 는 잘못 제시된 것이다. '표준국어대사전' 에 제시된 '썩이다' 는 '걱정이나 근심 따위로 마음이 몹시 괴로운 상태가 되다' 의 의미를 갖는다. 용례에 적합한 단어는 '유기물이 부패 세균에 의하여 분해됨으로써 원래의 성질을 잃어 나쁜 냄새가 나고 형체가 뭉개지는 상태가 되다' 의 의미를 가지는 '썩다' 의 사동사인 '썩히다' 이므로 '풀을 썩힌 거름' 이 되어야 한다.

쏜살같이: 쏜 화살과 같이 매우 빠르게. 살같이.
쏟뜨리다: '쏟다'를 강조하여 이르는 말.
쏟트리다: '쏟다'를 강조하여 이르는 말.
쓰레장판(--壯版): 기름 먹인 장판지로 만든 쓰레받기.
쓱싹: ① 톱질이나 줄질을 할 때 나는 소리. ② 옳지 아니한 일을 슬쩍 얼버무려 해치우는 모양. ③ 셈하여야 할 것을 하지 아니하고 엇셈을 하여 버리는 모양.
씨돼지: 씨를 받으려고 기르는 돼지. 종돈 · 종자돼지.
아귀세다: ① 마음이 굳세어 남에게 잘 꺾이지 아니하다. 아귀차다. ② 남을 휘어잡는 힘이나 수완이 있다. ③ 손으로 잡는 힘이 세다.
아래알: 수판의 가름대 아래쪽의 알.
아래위: 아래와 위를 아울러 이르는 말. 위아래.
아랫중방(--中枋): 하인방.
아련하다: 똑똑히 분간하기 힘들게 아렴풋하다.
아무러면: ((주로 의문문에 쓰여)) 있기 어려운 경우나 상태를 가정하는 뜻을 나타내는 말. 어떤 사실에 대한 확신을 반어적인 의문문으로 나타낼 때 쓴다.
아무러하다: ① 구체적으로 정하지 않은 어떤 상태나 조건에 놓여 있다. ② (('아무러한 … 도 않다/없다/못하다' 구성으로 쓰여)) 어떤 것에 전혀 손대지 않은 상태에 있다는 뜻을 나타낸다. ③ (('아무러하게나' 꼴로 쓰여)) 되는대로 막 하는 상태에 있다.
아유: ① 아프거나 힘들거나 놀라거나 원통하거나 기막힐 때 내는 소리. 아이고. ② 반갑거나 좋을 때 내는 소리. 아이고.
아재비: '아저씨'의 낮춤말.
아주: ① ((형용사 또는 상태의 뜻을 나타내는 일부 동사나 명사, 부사 앞에 쓰여)) 보통 정도보다 훨씬 더 넘어선 상태로. 만만(萬萬). ② ((동사 또는 일부의 명사적인 성분 앞에 쓰여)) 어떤 행동이나 작용 또는 상태가 이미 완전히 이루어져 달리 변경하거나 더 이상 어찌 할 수 없는 상태에 있음을 나타내는 말.
아지직: 조금 단단한 물건이 바스러져 깨지거나 짜그라지는 소리.
악대말: '거세마'를 일상적으로 이르는 말.
악대소: 불친소.
악대양: 불깐 양.
안걸이: 안다리 걸기.
안쓰럽다: ① 손아랫사람이나 약자에게 도움을 받거나 폐를 끼쳤을 때 마음에 미안하고 딱하다. ② 손아랫사람이나 약자의 딱한 형편이 마음이 아프고 가엽다.
안절부절못하다: 마음이 초조하고 불안하여 어찌할 바를 모르다.
앉은뱅이저울: 바닥에 놓은 채 받침판 위에 물건을 올려놓고 위쪽에 있는 저울대에서 저울추

로 무게를 다는 저울. 대칭(臺秤).

앉음새: 자리에 앉아 있는 모양새. 앉음앉음 · 앉음앉이.

알금삼삼: 잘고 얕게 얽은 자국이 드문드문 있는 모양. 알금솜솜.

알량하다: 시시하고 보잘것없다.

알반대기: 달걀의 흰자와 노른자를 갈라서 따로따로 번철이나 프라이팬 따위에 얇게 부쳐 잘게 썬 고명. 알고명.

알심: ① 은근히 동정하는 마음. ② 보기보다 야무진 힘.

알은척: ① 어떤 일에 관심을 가지는 듯한 태도를 보임. 알은체. ② 사람을 보고 인사하는 표정을 지음. 알은체.

암내: 체질적으로 겨드랑이에서 나는 고약한 냄새. 액기(腋氣) · 액취(腋臭) · 호취(狐臭).

암만: 밝혀 말할 필요가 없는 값이나 수량을 대신하여 이르는 말.

앙구다: 〔1〕 ① 음식 따위를 식지 아니하게 불 위에 놓거나 따뜻한 데에 묻어 두다. ② 곁들이다. 〔2〕 사람을 안동하여 보내다. 〔3〕 ① 한곳에 버무리어 쟁이다. ② 이리저리 어울러서 깁거나 고치다. ③ 움키다. ④ 모판 자리 따위에서, 흙을 보드랍게 하여 고르게 깔다.

앞뒤갈이: 두벌갈이.

애갈이: 논이나 밭을 첫 번째 가는 일. 애벌갈이.

애끊다: 몹시 슬퍼서 창자가 끊어질 듯하다.

애끌: 커다란 끌. 큰끌.

애끓다: 몹시 답답하거나 안타까워 속이 끓는 듯하다. 애타다.

애달프다: ① 마음이 안타깝거나 쓰라리다. ② 애처롭고 쓸쓸하다.

애바르다: 이익을 좇아 발밭게 덤비다.

애바리: 애바른 사람을 낮잡아 이르는 말.

애벌: 같은 일을 여러 차례 거듭하여야 할 때에 맨 처음 대강 하여 낸 차례. 초벌.

애벌갈이: 논이나 밭을 첫 번째 가는 일. 애갈이 · 초경(初耕) · 초벌갈이.

애성이: 속이 상하거나 성이 나서 몹시 안달하고 애가 탐. 또는 그런 감정.

애순: 나무나 풀의 새로 돋아나는 어린싹. 어린순.

야기죽야기죽: 계속 밉살스럽게 재깔이며 짓궂게 빈정거리는 모양.

야발단지: 야발쟁이.

야스락야스락: 입담 좋게 잇따라 말을 늘어놓는 모양.

야슬야슬: '야스락야스락'의 준말.

약저울(藥--): 분칭.

얄긋얄긋: 짜인 물건의 사개가 맞지 아니하고 느슨하여 이리저리로 자꾸 배뚤어지는 모양.

얄기죽얄기죽: 입이나 허리 따위를 이리저리 느리게 자꾸 조금씩 움직이는 모양.

얄랑얄랑: 작고 긴 물건 따위가 요리조리 자꾸 흔들리는 모양.

얄쭉얄쭉: 허리를 가볍게 좌우로 자꾸 흔드는 모양.
양그루(兩--): 이모작.
양념감: 양념으로 쓰는 재료. 양념거리.
양칫물: 양치할 때에 쓰는 물.
양편쪽(兩便-): 서로 상대가 되는 두 편짝. 양편짝
얕은꾀: 속이 들여다보이는 꾀. 단계(短計).
어금버금하다: ((‘…과’가 나타나지 않을 때는 여럿임을 뜻하는 말이 주어로 온다)) 서로 엇비슷하여 정도나 수준에 큰 차이가 없다. 어금지금하다.
어기여차: 여럿이 힘을 합할 때 일제히 내는 소리. 어기영차 · 어여차.
어깻바람: 신이 나서 어깨를 으쓱거리며 활발히 움직이는 기운.
어스러기: 옷의 솔기 따위가 비뚤어진 곳.
어스럭송아지: 크기가 중간 정도 될 만큼 자란 큰 송아지. 어석소 · 어석송아지.
-어요: ((끝음절 모음이 ‘ㅏ, ㅗ’가 아닌 용언의 어간 뒤에 붙어)) 해요할 자리에 쓰여, 설명 · 의문 · 명령 · 청유의 뜻을 나타내는 종결 어미. 어미 ‘어’와 보조사 ‘요’가 결합한 말이다.
어이없다: 일이 너무 뜻밖이어서 기가 막히는 듯하다. 어처구니없다.
어제: 〔1〕① 오늘의 바로 하루 전날. 어저께 · 작일(昨日). ② 지나간 때. 〔2〕 오늘의 바로 하루 전에. 어저께.
어질병: 머리가 어지럽고 혼미하여지는 병.
어흥이: 어린아이의 말로, ‘호랑이’를 이르는 말.
언뜻: ① 지나는 결에 잠깐 나타나는 모양. 맥연히 · 얼핏. ② 생각이나 기억 따위가 문득 떠오르는 모양. 얼핏.
언제나: ① 모든 시간 범위에 걸쳐서. 또는 때에 따라 달라짐이 없이 항상. ② 어느 때가 되어야.
얻어듣다: ((‘…에서/에게서’ 대신에 ‘…으로부터’가 쓰이기도 한다)) 남에게서 우연히 들어서 알다.
얻어맞다: ① ((‘…에게’ 대신에 ‘…으로부터’가 쓰이기도 한다)) 비교적 심하게 맞다. ② (비유적으로) 여론이나 언론 따위의 비난을 받다.
얻어먹다: ((‘…에서/에게서’ 대신에 ‘…으로부터’가 쓰이기도 한다)) ① 남에게 음식을 빌어서 먹다. ② 남이 거저 주는 것을 받아먹다. ③ 남에게 좋지 아니한 말을 듣다.
얻은잠방이: 남에게 얻은 것으로 그다지 신통하지 아니한 물건을 이르는 말.
얼간망둥이: ‘얼간이’를 비유적으로 이르는 말.
얼간이: 됨됨이가 변변하지 못하고 덜된 사람.
얼렁뚱땅: 어떤 상황을 얼김에 슬쩍 넘기는 모양. 또는 남을 엉너리로 슬쩍 속여 넘기게 되는

모양. 엄벙뗑.

얼룩말: 털빛이 얼룩얼룩한 말. 월라마.

얽죽얽죽하다: 얼굴에 잘고 굵은 것이 섞이어 깊게 얽은 자국이 많다.

엄대질: 엄대를 긋고 외상으로 물건을 사는 일.

엄매: 음매.

엄발나다: 행동이나 태도가 남들과 다르게 제 마음대로 빗나가다.

엄살: 아픔이나 괴로움 따위를 거짓으로 꾸미거나 실제보다 보태어서 나타냄. 또는 그런 태도나 말.

없이하다: 없어지게 하다.

엇나가다: 〔1〕① 금이나 줄 따위가 비뚜로 나가다. ② 비위가 틀리어 말이나 행동이 이치에 어긋나게 비뚜로 나가다. 〔2〕 일 따위가 계획했던 것과 달리 잘못되어 가다.

엇셈: ① 서로 주고받을 것을 비겨 없애는 셈. ② 제삼자에게 셈을 넘겨 당사자끼리 서로 비겨 없애는 셈.

엉너리: 남의 환심을 사기 위하여 어벌쩡하게 서두르는 짓.

엉덩머리: '엉덩이'를 속되게 이르는 말.

엉키다: 엉클어지다.

엊그저께: 〔1〕 바로 며칠 전. 〔2〕 바로 며칠 전에.

엎누르다: 엎어누르다.

-에요: (('이다'나 '아니다'의 어간 뒤에 붙어)) 해요할 자리에 쓰며, 설명 · 의문의 뜻을 나타내는 종결 어미.

여염집(閭閻-): 일반 백성의 살림집.

여종(女-): 계집종.

여태: 지금까지. 또는 아직까지. 어떤 행동이나 일이 이미 이루어졌어야 함에도 그렇게 되지 않았음을 불만스럽게 여기거나 또는 바람직하지 않은 행동이나 일이 현재까지 계속되어 옴을 나타낼 때 쓰는 말이다. 입때.

여태껏: '여태'를 강조하여 이르는 말. 이제껏 · 입때껏.

역겹다: 역정이 나거나 속에 거슬리게 싫다.

역성들다: 누가 옳고 그른지는 상관하지 아니하고 무조건 한쪽 편만 들다. 역성하다.

연달다: ① 움직이는 물체가 다른 물체의 뒤를 이어 따르다. 뒤닫다 · 잇달다. ② 어떤 사건이나 행동 따위가 이어 발생하다. 뒤닫다 · 이음달다 · 잇달다.

연메(連袂): 나란히 서서 함께 가거나 옴. 행동을 같이함을 뜻한다.

연연불망(戀戀不忘): 그리워서 잊지 못함.

연폿국(軟泡-): 쇠고기, 무, 두부, 다시마 따위를 맑은장국에 넣어 끓인 국. 초상집에서 발인하는 날 흔히 끓인다. 연포탕.

열: 도리깨나 채찍 따위의 끝에 달려 있는 회초리나 끈을 통틀어 이르는 말.
열어젖히다: 문이나 창문 따위를 갑자기 벌컥 열다.
열어제치다: 열어젖히다.
열없다: 〔1〕 좀 겸연쩍고 부끄럽다. 〔2〕 ① 담이 작고 겁이 많다. ② 성질이 다부지지 못하고 묽다. ③ 어설프고 짜임새가 없다.
염문꾼(廉問-): 염탐꾼.
엽전(葉錢): 예전에 사용하던 놋쇠로 만든 돈. 둥글고 납작하며 가운데에 네모진 구멍이 있다. 고려 시대의 삼한중보 · 삼한통보 · 동국중보 · 해동중보 따위와, 조선 시대의 조선통보 · 상평통보 · 당백전 · 당오전 따위를 들 수 있다. 엽.
엿가락: 가래엿의 낱개. 엿가래.
엿기름: 보리에 물을 부어 싹이 트게 한 다음에 말린 것. 녹말을 당분으로 바꾸는 효소를 함유하고 있으며, 식혜나 엿을 만드는 데에 쓰인다. 엿길금.
엿반대기: 둥글넓적하게 반대기처럼 만든 엿. 엿자박.
엽댕이: '옆'을 속되게 이르는 말.
예삿일: 보통 흔히 있는 일.
오: ① 상대편의 말이나 행동을 인정하는 뜻으로 내는 소리. ② 상대편의 말에 대답하는 뜻으로 내는 소리. ③ 감탄할 때 내는 소리.
오감스럽다: 언행이 괴벽하고 경망한 데가 있다.
오감하다: 과감하다.
오그랑쪽박: 시들어서 쪼그라진 작은 박.
오긋오긋: 여럿이 다 안으로 조금 오그라진 듯한 모양.
오늬: 화살의 머리를 활시위에 끼도록 에어 낸 부분.
오돌오돌: ① 작고 여린 뼈나 말린 날밤처럼 깨물기에 조금 단단한 상태. ② 작은 것이 잘 삶아지지 아니한 모양. ③ 오동통하고 보드라운 모양.
오들오들: 춥거나 무서워서 몸을 잇따라 심하게 떠는 모양.
오라: 도둑이나 죄인을 묶을 때에 쓰던, 붉고 굵은 줄. 색등거리 · 오랏줄 · 홍사(紅絲) · 홍줄.
오사리잡놈(---雜-): ① 온갖 못된 짓을 거침없이 하는 잡놈. 오가잡탕 · 오구잡탕 · 오사리잡탕놈 · 오색잡놈(五色雜-). ② 여러 종류의 잡된 무리.
온챗집: 한 채를 전부 쓰는 집.
온통: 〔Ⅰ〕 ① 있는 전부. 실총(實總) · 전통(全統). ② 쪼개거나 나누지 아니한 덩어리. 또는 온전한 것. 전통. 전부 다. 실총 · 전통.
온폭(-幅): 피륙이나 종이 따위의 본디 그대로의 폭. 전폭.
올가미: ① 새끼나 노 따위로 옭아서 고를 내어 짐승을 잡는 장치. ② 사람이 걸려들게 만든

수단이나 술책.

올무: ① 새나 짐승을 잡기 위하여 만든 올가미. ② 사람을 유인하는 잔꾀.

올베: 외올로 성기게 짠 베. 얇고 부드러워서 가제나 붕대 따위로 쓴다. 난목.

-올시다: (('이다', '아니다'의 어간 뒤에 붙어)) 합쇼할 자리에 쓰여, 어떠한 사실을 평범하게 서술하는 종결 어미. 화자가 나이가 꽤 들어야 쓴다.

옴살: 매우 친밀하고 가까운 사이.

옴짝달싹: ((주로 '못하다', '않다', '말다' 따위의 부정어와 함께 쓰여)) 몸을 아주 조금 움직이는 모양.

옹생원(-生員): 성질이 옹졸하고 도량이 좁은 사람을 놀림조로 이르는 말.

와룡(臥龍): ① 누워 있는 용. ② 앞으로 큰일을 할, 초야(草野)에 묻혀 있는 큰 인물을 비유적으로 이르는 말.

왕골기직: 왕골을 굵게 쪼개어 엮어 만든 자리. 왕골자리.

왕골자리: 왕골을 굵게 쪼개어 엮어 만든 자리. 왕골기직.

왜난목(倭木): 내공목.

외겹실: 단 한 올로 된 실. 단사(單絲) · 외올실 · 홑실.

외상관례(--冠禮): 외자관례.

외지다: 외따로 떨어져 있어 으슥하고 후미지다.

욍: ① 작은 벌레나 돌 따위가 아주 빠르고 세차게 날아가는 소리. ② 거센 바람이 가는 전선이나 철사 따위에 매우 빠르고 세차게 부딪치는 소리. ③ 작은 기계의 모터나 바퀴가 세차게 돌아가는 소리.

요뒤: 방의 바닥면에 닿는 쪽의 요 껍데기. 요의(-衣).

요의(-衣): 방의 바닥면에 닿는 쪽의 요 껍데기.

욕지기나다: 구역나다.

욧잇: 요의 몸에 닿는 쪽에 시치는 흰 헝겊.

용숫바람(龍鬚--): 회오리바람.

용심꾸러기: 남을 시기하는 심술을 많이 부리는 사람. 용심쟁이.

용심부리다: 남을 시기하는 심술을 부리다.

용심쟁이: 용심꾸러기.

용총줄: 돛대에 매어 놓은 줄. 돛을 올리거나 내리는 데 쓴다. 마룻줄 · 용총.

우그렁쪽박: ① 시들어서 쭈그러진 박. ② 덜 여문 박으로 만들어서 말라 우그러진 쪽박.

우둘우둘: ① 크고 여린 뼈나 말린 날밤처럼 깨물기에 단단한 상태. ② 잘 삶아지지 아니한 모양. ③ 우둥퉁하고 부드러운 모양.

우렁잇속: ① 내용이 복잡하여 헤아리기 어려운 일을 비유적으로 이르는 말. ② 품은 생각을 모두 털어놓지 아니하는 의뭉스러운 속마음을 비유적으로 이르는 말.

우레: 천둥.

우박: 큰 물방울들이 공중에서 갑자기 찬 기운을 만나 얼어 떨어지는 얼음덩어리. 크기는 지름 5mm쯤 되며, 주로 적란운에서 내린다. 누리 · 백우(白雨).

우습다: 〔1〕 ① 재미가 있어 웃을 만하다. ② 못마땅하여 보기 거북하다. ③ 대단치 아니하거나 하잘것없다. 〔2〕 공교롭고 이상하다.

우줄우줄: ① 몸이 큰 사람이나 짐승이 가볍게 율동적으로 자꾸 움직이는 모양. ② 산맥이나 물줄기 따위가 고르지 않게 뒤섞여 잇닿아 있는 모양. ③ 눈에 보이게 빨리 자라거나 치솟는 모양.

우지: 걸핏하면 우는 아이. 울보.

움파: ① 겨울에 움 속에서 자란, 빛이 누런 파. 동총(冬蔥). ② 베어 낸 줄기에서 다시 줄기가 나온 파.

움파리: 우묵하게 들어가 물이 괸 곳.

유들유들: ① 부끄러운 줄도 모르고 뻔뻔한 데가 있는 모양. ② 살이 많이 찌고 번드르르하게 윤기가 있는 모양.

육손이: 손가락이 여섯 개 달린 사람을 낮잡아 이르는 말.

으끄러지다: 〔1〕 굳은 물건이 눌려서 부스러지다. '으그러지다' 보다 센 느낌을 준다. 〔2〕 뭉그러지다. 〔3〕 높이 쌓인 물건이 무너져서 주저앉다. 으끄러지다. ③ 으츠러지다. 연한 것이 다른 것에 부딪히거나 눌려 부스러지다. 으끄러지다.

을러대다: 위협적인 언동으로 을러서 남을 억누르다. 을러메다.

을러방망이: 때릴 것처럼 자세를 취하며 겁을 주려고 으르는 짓.

-을런가: (예스러운 표현으로) 하게할 자리에 쓰여, 청자가 경험을 통하여 추측하고 있는 동작이나 상태의 가능성을 묻는 종결 어미. '겠던가' 의 뜻을 나타내며, 주로 옛 말투의 글에서 쓴다.

-을진대: (예스러운 표현으로) 앞 절의 일을 인정하면서, 그것을 뒤 절 일의 조건이나 이유, 근거로 삼음을 나타내는 연결 어미. 장중한 어감을 띤다.

-을진댄: '을진대는' 의 준말.

이기죽거리다: 자꾸 밉살스럽게 지껄이며 짓궂게 빈정거리다. 이기죽대다.

-(이)랑: 〔1〕① 어떤 행동을 함께 하거나 상대로 하는 대상임을 나타내는 격 조사. ② 비교의 기준이 되는 대상임을 나타내는 격 조사. 〔2〕 둘 이상의 사물을 같은 자격으로 이어 주는 접속 조사.

이마빼기: '이마' 를 속되게 이르는 말.

이맛전: 이마.

이면치레: 면치레.

이엉꼬챙이: 지붕을 일 때에 이엉 마름을 꿰어 올리는 도구.

이토(泥土): 진흙.

이틀거리: 학질의 하나. 이틀을 걸러서 발작하며, 좀처럼 낫지 않는다. 노학(老瘧) · 당고금(唐--) · 당학(唐瘧) · 삼일열 · 양일학 · 이일학 · 해학(痎瘧).

이파리: 나무나 풀의 살아 있는 낱 잎.

인줄(人-): 금줄.

일고동: 일이 잘되고 못됨이 결정되는 요긴한 대목.

일긋일긋: 짜인 물건의 사개가 맞지 아니하고 느슨하여 이리저리로 자꾸 비뚤어지는 모양.

일기죽일기죽: 입이나 허리 따위를 이리저리 자꾸 느리게 움직이는 모양.

일껏: 모처럼 애써서.

일렁일렁: ① 크고 긴 물건 따위가 자꾸 이리저리로 크게 흔들리는 모양. ② 촛불 따위가 이리저리로 자꾸 흔들리는 모양. ③ 자꾸 마음에 동요가 생기는 모양.

일찌감치: ① 조금 이르다고 할 정도로 얼른. 일찌거니. ② 될 수 있는 한 얼른.

입담: 말하는 솜씨나 힘.

입찬말: 자기의 지위나 능력을 믿고 지나치게 장담하는 말. 입찬소리.

잎담배: 썰지 아니하고 잎사귀 그대로 말린 담배. 엽초 · 초담배.

자: ① 남에게 어떤 행동을 권하거나 재촉할 때 하는 말. ② 말이나 행동을 할 때 남의 주의를 불러일으키기 위하여 하는 말. ③ 좀 안타깝거나 의아스러운 일을 당했을 때 내는 혼잣말.

자갈돌: ① 지표나 물 바닥에 쌓인 자갈이 진흙, 모래 따위와 뭉쳐 이루어진 바윗돌. 자갈암. ② 자갈.

자릿세: 터나 자리를 빌려 쓰는 대가로 주는 돈이나 물품.

자배기: 글넓적하고 아가리가 넓게 벌어진 질그릇.

작히: '어찌 조금만큼만', '얼마나'의 뜻으로 희망이나 추측을 나타내는 말. 주로 혼자 느끼거나 묻는 말에 쓰인다.

잔생이: ① 지긋지긋하게 말을 듣지 아니하는 모양. ② 애걸복걸하는 모양.

잔다듬다: 잘고 곱게 다듬다.

잔다랗다: ① 꽤 잘다. ② 아주 자질구레하다. ③ 볼만한 가치가 없을 정도로 하찮다.

잔주름: 옷 따위에 잡은 잔주름.

잠옷: 잠잘 때 입는 옷. 숙의(宿衣) · 잠옷 · 침의(寢衣).

잡상스럽다: 잡되고 상스러운 데가 있다.

장꾼: 장에서 물건을 사고파는 사람. 또는 그 무리.

장력세다: 씩씩하고 굳세어 무서움을 타지 아니하다.

장쪽박: 간장쪽박.

재롱떨다: 어린아이나 애완동물이 귀여운 짓을 하다. 재롱부리다.

쟁: 명주나 모시 따위를 빤 뒤에, 풀을 먹여 반반하게 펴서 말리거나 다리는 일. 재양틀에 꿰매어 말리거나 재양판에 붙여서 말리기도 한다. 재양(載陽).

전나귀: 다리를 절름거리는 나귀.

전맞춤: 가게에서 팔기 위하여 공장에 주문하여 날림치보다 낫게 만든 물건.

점대(占-): 점을 치는 데에 쓰는 가늘게 쪼갠 댓가지. 점괘의 글이 적혀 있어, 이를 뽑아 길흉을 판단한다. 첨자(籤子).

점직하다: 부끄럽고 미안하다.

점하다: '점직하다'의 준말.

젖뜨리다: 힘을 주어 뒤로 기울이다.

젖몸살: 젖의 분비로 생기는 몸살.

젖트리다: 힘을 주어 뒤로 기울이다.

제비초리: 뒤통수나 앞이마의 한가운데에 골을 따라 아래로 뾰족하게 내민 머리털.

제비추리: 소의 안심에 붙은 고기.

제석: 제사를 지낼 때 까는 돗자리.

조당수: 좁쌀을 물에 불린 다음 갈아서 묽게 쑨 음식. 속탕수(粟湯水).

조랑조랑: ① 작은 열매 따위가 많이 매달려 있는 모양. 조롱조롱. ② 아이가 많이 딸려 있는 모양. 조롱조롱.

조랑조랑: 어린 사람이 계속하여 똑똑하게 글을 외거나 말을 하는 소리.

조롱조롱: ① 조랑조랑. ② 조랑조랑.

조리: 조 곳으로. 또는 조쪽으로.

졸들다: 발육이 부진하고 주접이 들다.

좀처럼: ((주로 부정적인 의미를 가진 단어와 호응하여)) 여간하여서는. 좀체.

종종걸음: 발을 가까이 자주 떼며 급히 걷는 걸음. 동동걸음.

죄어들다: 〔1〕① 안으로 바싹 죄어 오그라들다. 조여들다. ② 마음이 점점 긴장되다. 조여들다. 〔2〕 불안, 초조 따위의 감정이 몸이나 마음에 스며들다. 조여들다. 〔3〕 무엇을 오그라뜨리거나 조금씩 범위를 좁혀 가다. 조여들다.

주근깨: 얼굴의 군데군데에 생기는 잘고 검은 점.

주름상자(--箱子): ① 일부 사진기의 어둠상자를 둘러싼 통. 가죽이나 천으로 만들어, 늘이고 줄일 수 있도록 하여 초점을 조절한다. ② 아코디언에서 자유롭게 늘고 줄 수 있게 만든, 몸통을 이루는 통.

주변: 일을 주선하거나 변통함. 또는 그런 재주. 두름손.

주살나다: ((주로 '주살나게' 꼴로 쓰여)) 뻔질나다.

주책없다: 일정한 줏대가 없이 이랬다저랬다 하여 몹시 실없다.

죽데기: 통나무의 표면에서 잘라 낸 널조각. 주로 땔감으로 쓴다.

죽젓개(粥--): 죽을 쑬 때에 고르게 끓게 하기 위하여 죽을 휘젓는 나무 방망이. 주젓개 · 죽젓광이.

죽젓광이(粥---): 죽젓개.

줄꾼: ① 가래질을 할 때, 줄을 잡아당기는 사람. 줄잡이. ② 줄모를 심을 때, 줄을 대 주는 일꾼. 줄잡이. ③ 줄타기하는 사람.

중대가리: 중처럼 빡빡 깎은 머리 또는 그렇게 머리를 깎은 사람을 놀림조로 이르는 말.

중바랑: '바랑'의 본말.

중신(中-): 결혼이 이루어지도록 중간에서 소개하는 일. 또는 그런 사람. 매자(媒子) · 매작 · 중매(仲媒).

쥐락펴락: 남을 자기 손아귀에 넣고 마음대로 부리는 모양.

쥐뿔같다: 쥐좆같다.

쥐좆같다: 아주 보잘것없다. 쥐뿔같다.

지게꾼: ① 지게를 진 사람. ② 지게로 짐 나르는 일을 업으로 하는 사람.

지그럭거리다: ① (('…과'가 나타나지 않을 때는 여럿임을 뜻하는 말이 주어로 온다)) 대수롭지 않은 일로 옥신각신하며 다투다. 지그럭대다. ② 남이 듣기 싫도록 자꾸 불평하다. 지그럭대다.

지나가다: 〔1〕① 시간이 흘러가서 그 시기에서 벗어나다. ② 일, 위험, 행사 따위가 끝나다. ③ ((주로 '지나가는' 꼴로 쓰여)) 말 따위를 별다른 의미 없이 하다. ④ 어떤 일을 문제 삼지 아니하다. 〔2〕① 어디를 거치거나 통과하여 가다. ② 어떤 사람이나 사물과 같은 대상물의 주위를 지나쳐 가다.

지나다: 〔1〕 시간이 흘러 그 시기에서 벗어나다. 〔2〕 어떤 한도나 정도가 벗어나거나 넘다. 〔3〕① 어디를 거치어 가거나 오거나 하다. ② 어떤 시기나 한도를 넘다. ③ 어떤 일을 그냥 넘겨 버리다. ④ ((주로 '지나' 꼴로 쓰여)) 어떠한 상태나 정도를 넘어서다.

지나치다: 〔1〕① 어떤 곳을 머무르거나 들르지 않고 지나가거나 지나오다. ② 어떤 일이나 현상을 문제 삼거나 관심을 가지지 아니하고 그냥 넘기다. 〔2〕 일정한 한도를 넘어 정도가 심하다.

지날결: 지나가는 길. 또는 그런 편. 과차(過次).

지내보다: 〔1〕(('…과'가 나타나지 않을 때는 여럿임을 뜻하는 말이 주어로 온다)) 서로 사귀어 겪어 보다. 〔2〕① 어떤 일을 겪어 보다. ② 주의하지 아니하고 건성으로 흘려 보다.

지다: ① 내기나 시합, 싸움 따위에서 재주나 힘을 겨루어 상대에게 꺾이다. ② 어떤 요구에 대하여 마지못해 양보하거나 들어주다.

지단(〈중〉chidan〔鷄蛋〕): 알고명.

지레: '지렛대'의 준말.

지마는: (('이다', 용언의 어간 또는 어미 '었', '겠' 뒤에 붙어)) 어떤 사실이나 내용을 시인

하면서 그에 반대되는 내용을 말하거나 조건을 붙여 말할 때에 쓰는 연결 어미.

-지만: '지마는'의 준말.

지에밥: 찹쌀이나 멥쌀을 물에 불려서 시루에 찐 밥. 약밥이나 인절미를 만들거나 술밑으로 쓴다.

지지랑물: 비가 온 뒤에 썩은 초가집 처마에서 떨어지는 검붉은 빛깔의 낙숫물. 지랑물

지지리: '아주 몹시' 또는 '지긋지긋하게'의 뜻을 나타내는 말.

지치다: 얼음 위를 미끄러져 달리다.

진대: ((주로 '붙다', '붙이다'와 함께 쓰여)) 남에게 달라붙어 떼를 쓰며 괴롭히는 짓.

진배없다: 그보다 못하거나 다를 것이 없다.

진배없이: 그보다 못하거나 다를 것이 없이.

진용(陣容): ① 한 단체가 집단을 이루고 있는 구성원의 짜임새. ② 진영(陣營)의 형편 또는 상태.

진탁(眞-): 생김새나 체질, 성질 따위가 친가 쪽을 닮음. 친탁(親-).

짓고땡: ① 화투 노름의 하나. 다섯 장의 패 가운데 석 장으로 열 또는 스물을 만들고, 남은 두 장으로 땡 잡기를 하거나 끗수를 맞추어 많은 쪽이 이긴다. 도리짓고땡. ② 하는 일이 뜻대로 잘되어 가는 것을 속되게 이르는 말.

짓궂다: 장난스럽게 남을 괴롭고 귀찮게 하여 달갑지 아니하다.

짓궂이: 장난스럽게 남을 괴롭고 귀찮게 하여 달갑지 아니하게.

짓옷: 새로 지어서 한 번도 빨지 아니한 진솔옷.

짜개: ① 콩이나 팥 따위를 둘로 쪼갠 것의 한쪽. ② 낚시에서, 들깻묵을 네모꼴로 잘라 실로 묶어 쓰는 미끼.

짜뜰름거리다: 물건이나 돈 따위를 조금씩 자주 쓰거나 여러 번 나누어 주다. '짜들름거리다'보다 센 느낌을 준다. 짜뜰름대다.

짝: ① 혀를 차면서 입맛을 한 번 다시는 소리. 또는 그 모양. ② 대번에 세게 쪼개지거나 벌어지는 소리. 또는 그 모양. ③ 입이나 팔, 다리 따위를 크게 벌리는 모양.

짝짝: [1] ① 줄이나 획을 함부로 긋는 소리. 또는 그 모양. '작작'보다 센 느낌을 준다. ② 종이나 천 따위를 마구 찢는 소리. 또는 그 모양. '작작'보다 센 느낌을 준다. ③ 신 따위를 가볍게 끌며 걷는 소리. 또는 그 모양. '작작'보다 센 느낌을 준다. [2] ① 혀를 차면서 자꾸 입맛을 다시는 소리. 또는 그 모양. ② 자꾸 세게 쪼개지거나 벌어지는 소리. 또는 그 모양. ③ 입이나 팔, 다리 따위를 자꾸 크게 벌리는 모양.

짤끔거리다: 적은 양의 액체 따위가 조금씩 자꾸 새어 흐르거나 나왔다 그쳤다 하다. 또는 그렇게 되게 하다. '잘금거리다'보다 아주 센 느낌을 준다. 짤끔대다.

짧은작: 길이가 짧은 화살. 주로 단궁(短弓)에 쓴다. 단전(短箭)·왜전(矮箭).

쨀쨀: ① 몸에 지닌 물건들을 주책없이 여기저기 자꾸 흘리거나 빠뜨리는 모양. '잴잴'보다

센 느낌을 준다. ② 물이나 침, 땀, 콧물 따위가 자꾸 조금씩 흐르는 모양. '잴잴' 보다 센 느낌을 준다. ③ 자꾸 눈물이나 콧물을 조금씩 흘리면서 우는 모양. '잴잴' 보다 센 느낌을 준다.

쪽: ① 방향을 가리키는 말. 녘 · 편. ② 서로 갈라지거나 맞서는 것 하나를 가리키는 말. 편.

쪽쪽: ① 작은 줄이나 금을 잇따라 곧게 내긋는 모양. '족족' 보다 센 느낌을 준다. ② 작은 것이 잇따라 고르게 늘어서거나 가지런히 벌여 있는 모양. '족족' 보다 센 느낌을 준다. ③ 여럿이 한 줄로 끊어지지 아니하고 이어지는 모양. '족족' 보다 센 느낌을 준다.

쫄쫄: 〔1〕 ① 가는 물줄기가 잇따라 부드럽게 흐르는 소리. 또는 그 모양. '졸졸' 보다 센 느낌을 준다. ② 작은 동물이나 사람이 자꾸 뒤를 따라다니는 모양. '졸졸' 보다 센 느낌을 준다. ③ 가는 줄이나 천 따위가 바닥에 자꾸 끌리는 모양. '졸졸' 보다 센 느낌을 준다. 〔2〕 끼니를 굶어 아무것도 먹지 못한 모양. 〔3〕물건의 끝을 입에 대고 좀 힘 있게 자꾸 빠는 모양.

쫙: ① 넓은 범위나 여러 갈래로 흩어져 퍼지는 모양. '좍' 보다 센 느낌을 준다. ② 비나 물 따위가 갑자기 쏟아지거나 흘러내리는 소리. 또는 그 모양. '좍' 보다 센 느낌을 준다. ③ 어떤 일이나 행동 따위가 한꺼번에 이루어지는 모양. '좍' 보다 센 느낌을 준다.

쫙쫙: ① 넓은 범위나 여러 갈래로 자꾸 흩어져 퍼지는 모양. '좍좍' 보다 센 느낌을 준다. ② 비나 물 따위가 자꾸 쏟아지는 소리. 또는 그 모양. '좍좍' 보다 센 느낌을 준다. ③ 거침없이 계속 읽거나 말하는 모양. '좍좍' 보다 센 느낌을 준다.

쫠쫠: ① 많은 양의 액체가 세차게 흐르는 소리. 또는 그 모양. '좔좔' 보다 센 느낌을 준다. ② 거침없이 읽거나 외거나 말하는 모양. '좔좔' 보다 센 느낌을 준다.

쫠쫠거리다: 많은 양의 액체가 세차게 흐르는 소리가 자꾸 나다. '좔좔거리다' 보다 센 느낌을 준다. 쫠쫠대다.

쭈그렁밤송이: ① 알이 제대로 들지 아니하여 쭈그러진 밤송이. ② 시원찮거나 보잘것없는 사람을 비유적으로 이르는 말.

쭉: ① 줄이나 금 따위를 곧게 내긋는 모양. '죽' 보다 센 느낌을 준다. ② 여럿이 고르게 늘어서거나 가지런히 벌여 있는 모양. '죽' 보다 센 느낌을 준다. ③ 한 줄로 끊어지지 않고 이어지는 모양. '죽' 보다 센 느낌을 준다.

쭉쭉: ① 줄이나 금 따위를 잇따라 곧게 긋는 모양. '죽죽' 보다 센 느낌을 준다. ② 여럿이 잇따라 고르게 늘어서거나 가지런히 벌여 있는 모양. '죽죽' 보다 센 느낌을 준다. ③ 여럿이 한 줄로 끊어지지 않고 이어지는 모양. '죽죽' 보다 센 느낌을 준다.

쭐쭐: ① 굵은 물줄기 따위가 잇따라 부드럽게 흐르는 소리. 또는 그 모양. '줄줄' 보다 센 느낌을 준다. ② 동물이나 사람이 자꾸 뒤를 따라다니는 모양. '줄줄' 보다 센 느낌을 준다. ③ 굵은 줄이나 천 따위가 바닥에 자꾸 끌리는 모양. '줄줄' 보다 센 느낌을 준다.

찌그럭거리다: ① (('…과' 가 나타나지 않을 때는 여럿임을 뜻하는 말이 주어로 온다)) 대수

롭지 않은 일로 옥신각신하며 다투다. '지그럭거리다' 보다 센 느낌을 준다. 찌그럭대다. ② 남이 듣기 싫도록 자꾸 불평하다. '지그럭거리다' 보다 센 느낌을 준다. 찌그럭대다.

찍: 〔1〕 ① 액체가 가는 줄기로 세게 뻗치는 소리. 또는 그 모양. '직' 보다 센 느낌을 준다. ② 물체가 세게 문질리면서 미끄러지는 소리. 또는 그 모양. '직' 보다 센 느낌을 준다. 〔2〕① 줄이나 획을 세게 한 번 긋는 소리. 또는 그 모양. '직' 보다 센 느낌을 준다. ② 종이나 천 따위를 세게 찢는 소리. 또는 그 모양. '직' 보다 센 느낌을 준다.

찍찍: 〔1〕 ① 액체가 가는 줄기로 자꾸 세게 뻗치는 소리. 또는 그 모양. '직직' 보다 센 느낌을 준다. ② 물체가 세게 문질리면서 자꾸 미끄러지는 소리. 또는 그 모양. ③ 말을 자꾸 툭툭 내뱉는 소리. 또는 그 모양. 〔2〕 ① 줄이나 획을 함부로 세게 긋는 소리. 또는 그 모양. '직직' 보다 센 느낌을 준다. ② 종이나 천 따위를 세게 마구 찢는 소리. 또는 그 모양. '직직' 보다 센 느낌을 준다. ③ 신 따위를 끌며 걷는 소리. 또는 그 모양. '직직' 보다 센 느낌을 준다. 〔3〕 자꾸 쥐나 새 따위가 우는 소리.

찍찍거리다: 〔1〕 ① 줄이나 획을 함부로 자꾸 세게 긋다. '직직거리다' 보다 센 느낌을 준다. 찍찍대다. ② 종이나 천 따위를 자꾸 세게 마구 찢다. '직직거리다' 보다 센 느낌을 준다. 찍찍대다. ③ 신 따위를 끌며 걷는 소리를 자꾸 내다. '직직거리다' 보다 센 느낌을 준다. 찍찍대다. 〔2〕 ① 쥐나 새 따위가 자꾸 울다. 찍찍대다. ② 어떤한 물건이 제대로 작동하지 못하여 내는 듣기 싫은 소리가 나다. 찍찍대다.

찔찔: 〔1〕 ① 몸에 지닌 물건들을 주책없이 여기저기 자꾸 흘리거나 빠뜨리는 모양. '질질' 보다 센 느낌을 준다. ② 물이나 침, 땀, 콧물 따위가 잇따라 흐르는 모양. '질질' 보다 센 느낌을 준다. ③ 눈물이나 콧물을 조금씩 흘리면서 잇따라 우는 모양. '질질' 보다 센 느낌을 준다. 〔2〕 ① 바닥에 늘어지거나 닿아서 느리게 끌리는 모양. '질질' 보다 센 느낌을 준다. ② 이끄는 대로 힘없이 끌려가는 모양. '질질' 보다 센 느낌을 준다. ③ 정한 날짜나 기한 따위를 자꾸 뒤로 미루는 모양. '질질' 보다 센 느낌을 준다. 〔3〕 기름이나 윤기가 번드르르 흐르는 모양. '질질' 보다 센 느낌을 준다. 〔4〕 주책없이 자꾸 가볍게 행동하는 모양. '질질' 보다 센 느낌을 준다.

찢뜨리다: 무심결에 찢어지게 하다.

차마: 부끄럽거나 안타까워서 감히.

차인(差人): '차인꾼' 의 준말.

차인꾼(差人-): ① 남의 장사하는 일에 시중드는 사람. ② 임시 심부름꾼으로 부리는 사람.

차차(次次): ① 어떤 사물의 상태가 시간의 흐름에 따라 일정한 방향으로 조금씩 진행하는 모양. 차차로 · 차츰. ② 서두르지 않고 뒤에 천천히. 차차로.

착: ① 물체가 바싹 다가붙거나 끈기 있게 달라붙는 모양. '짝' 보다 거센 느낌을 준다. ② 입맛에 딱 맞는 모양. '짝' 보다 거센 느낌을 준다.

참으로: 사실이나 이치에 조금도 어긋남이 없이 과연.

찹쌀: 찰벼를 찧은 쌀. 나미 · 점갱미 · 점미(粘米).

찻종: 차를 따라 마시는 종지(종발보다 작은 그릇).

책씻이(冊--): 글방 따위에서 학생이 책 한 권을 다 읽어 떼거나 다 베껴 쓰고 난 뒤에 선생과 동료들에게 한턱내는 일. 세책례 · 책거리 · 책례(冊禮).

척: ((어미 '은', '는' 뒤에 쓰여)) 그럴듯하게 꾸미는 거짓 태도나 모양. 체.

천더기(賤--): 천덕꾸러기.

천덕구니(賤---): 천덕꾸러기.

천덕꾸러기(賤----): 남에게 천대를 받는 사람이나 물건. 천더기 · 천덕구니.

천연덕스럽다(天然----): ① 생긴 그대로 조금도 거짓이나 꾸밈이 없고 자연스러운 느낌이 있다. 천연스럽다. ② 시치미를 뚝 떼어 겉으로는 아무렇지 않은 체하는 태도가 있다. 천연스럽다.

철따구니: '철'을 속되게 이르는 말. 철딱서니 · 철딱지.

청대콩(青--): 푸르대콩.

청맹과니(青盲--): ① 겉으로 보기에는 눈이 멀쩡하나 앞을 보지 못하는 눈. 또는 그런 사람. 청맹 · 당달봉사. ② 사리에 밝지 못하여 눈을 뜨고도 사물을 제대로 분간하지 못하는 사람을 비유적으로 이르는 말.

쳇바퀴: 체의 몸이 되는 부분. 얇은 나무나 널빤지를 둥글게 휘어 만든 테로, 이 테에 쳇불(그물 모양의 물건)을 메워 체를 만든다.

초벌(初-): 애벌.

초파일: 음력 4월 8일로 석가모니의 탄생일.

초혼하다(招魂--): 복부르다.

촉촉이(矗矗-): 높이 솟아 삐죽삐죽하게.

촉촉이: 물기가 있어 조금 젖은 듯이.

촌샌님(村--): ① 시골에 살며 벼슬을 하지 못한 늙은 양반. 촌생원. ② 촌스럽고 융통성이 없는 사람을 비유적으로 이르는 말. 촌생원.

촛국: ① 초를 친 냉국. ② 음식이 지나치게 신 것을 비유적으로 이르는 말.

총걸다(銃--): 총을 삼발이 꼴로 걸어 세우다.

추깃물: 송장이 썩어서 흐르는 물. 근장(筋漿) · 시수(屍水) · 시즙(屍汁) · 추기.

추리다: 섞여 있는 것에서 여럿을 뽑아내거나 골라내다.

추어올리다: ① 위로 끌어 올리다. ② 실제보다 높여 칭찬하다. 추어주다.

추어주다: 실제보다 높여 칭찬하다. 추어올리다.

축가다(縮--): ① 일정한 수나 양에서 모자람이 생기다. 축나다. ② 몸이나 얼굴 따위에서 살이 빠지다. 축나다.

칡범: 몸에 칡덩굴 같은 어룽어룽한 줄무늬가 있는 범.

칼싹두기: 메밀가루나 밀가루 반죽 따위를 방망이로 밀어서 굵직굵직하고 조각 지게 썰어서 끓인 음식.

켜내다: 누에고치에서 실을 뽑아내다.

코빼기: '코'를 속되게 이르는 말.

코주부: 코가 큰 사람을 놀림조로 이르는 말.

쿵더쿵: ① 방아확에 공이를 한 번 내리칠 때 나는 소리. 또는 그 모양. ② 춤을 출 때 북으로 좀 느리게 장단을 맞추어 치는 소리.

큰톱: 두 사람이 마주 잡고 켜는 큰 내릴톱. 대톱.

킷값: 키에 알맞게 하는 행동을 낮잡아 이르는 말.

탁방나다: ① 과거에 급제하거나 어떤 시험에 합격한 사람의 성명이 발표되다. 방나다. ② (비유적으로) 일이 되고 안 되는 것이 드러나 끝나다. 방나다.

탯줄: 태아와 태반을 연결하는 관. 이를 통하여 산소와 영양분을 공급하며, 물질대사를 한다.

텃마당: 타작할 때에 공동으로 쓰려고 닦아 놓은 마당.

텃세: ① 터를 빌려 쓰고 내는 세. ② 먼저 자리를 잡은 사람이 뒤에 들어오는 사람에 대하여 가지는 특권 의식. 또는 뒷사람을 업신여기는 행동.

톱칼: 거도(鋸刀).

통꼭지(桶--): 통의 바깥쪽에 달린 손잡이. 통젖.

퇴식밥(退食-): 불공밥.

툇간: 안둘렛간 밖에다 딴 기둥을 세워 만든 칸살.

툇마루: 툇간에 놓은 마루.

튀기: ① 종(種)이 다른 두 동물 사이에서 난 새끼. 탁맥(馲駋). ② 수탕나귀와 암소 사이에서 나는 동물. ③ '혼혈인'을 낮잡아 이르는 말.

파다: 구멍이나 구덩이를 만들다.

파랗다: ① 맑은 가을 하늘이나 깊은 바다, 새싹과 같이 밝고 선명하게 푸르다. ② 춥거나 겁에 질려 얼굴이나 입술 따위가 푸르께하다. ③ (비유적으로) 언짢거나 성이 나서 냉랭하거나 사나운 기색이 있다.

파자쟁이(破字--): 한자의 자획을 나누거나 합하여 길흉을 점치는 사람. 해자쟁이(解字--).

판자때기: '판자(板子)'를 속되게 이르는 말.

팔모: ① 여덟 개의 모. 여덟모·팔각. ② 여러 방면. 또는 여러 측면.

패다: '파다'의 사동사.

팩성: 퍅성.

퍅성: 너그럽지 못하고 까다로워 걸핏하면 화를 내는 성질.

폐객: ① 남에게 늘 폐를 끼치는 사람. 폐꾼. ② 귀찮게 구는 사람. 폐꾼.

폐꾼: ① 남에게 늘 폐를 끼치는 사람. ② 귀찮게 구는 사람.

푸르대콩: 콩의 한 품종. 열매의 껍질과 속살이 다 푸르다. 청대두 · 청대콩 · 청태.

푸석이: ① 거칠고 단단하지 못하여 부스러지기 쉬운 물건. ② 옹골차지 못하고 아주 무르게 생긴 사람을 놀림조로 이르는 말.

푸스스: 불기가 있는 물건이 물 따위에 닿을 때에 나는 소리.

푸줏간: 예전에, 쇠고기나 돼지고기 따위의 고기를 끊어 팔던 가게. 고깃간 · 포사 · 푸주.

푸짓잇: 궁중에서, '이불잇' 을 이르던 말.

푼소: 여름에 생풀만 먹고 사는 소. 힘을 잘 쓰지 못하여 부리기에 부적당하다.

푼소가죽: 여름에 생풀만 먹고 산 소의 가죽. 가죽이 질기지 않다.

푼소고기: 여름에 생풀만 먹고 산 소의 고기. 맛이 덜하다.

핀잔: 맞대어 놓고 언짢게 꾸짖거나 비꼬아 꾸짖는 일. 구두.

핀잔먹다: 핀잔을 당하다. 핀잔맞다.

핀잔주다: 핀잔을 하다.

하늬바람: 서쪽에서 부는 바람. 주로 농촌이나 어촌에서 이르는 말이다.

하마터면: 조금만 잘못하였더라면. 위험한 상황을 겨우 벗어났을 때에 쓰는 말이다. '무슨 기회가 자꾸 닥쳐오는 모양' 의 뜻으로도 인정.

하얗다: ① 깨끗한 눈이나 밀가루와 같이 밝고 선명하게 희다. ② 춥거나 겁에 질리거나 하여 얼굴이 핏기가 없이 희다. ③ ((주로 '하얗게' 꼴로 쓰여))굉장히 많다. ④ ((주로 '하얗게' 꼴로 쓰여)) 사뭇 뜬눈으로 지내다

핥이다: '핥다' 의 피동사 또는 사동사.

핫옷: 솜옷.

해: ((사람을 나타내는 대명사 뒤에 쓰여)) 것.

해: 해체.

해망쩍다: 영리하지 못하고 아둔하다.

해바라기성(----性): 절대 권력에 아부하거나 빌붙어 혜택을 누리고자 하는 속성(屬性)을 비난조로 이르는 말.

해발쪽하다: 〔1〕 이나 구멍 따위가 속이 들여다보일 정도로 조금 넓게 바라지다. 〔2〕 입이나 구멍 따위가 속이 들여다보일 정도로 조금 넓게 바라진 상태이다.

해산바라지(解産---): 해산을 돕는 일. 산바라지 · 해산구완.

해쓱하다: 얼굴에 핏기나 생기가 없어 파리하다.

해웃값: 기생, 창기 따위와 관계를 가지고 그 대가로 주는 돈. 꽃값 · 놀음차 · 해웃돈 · 화대(花代) · 화채(花債).

해죽이: 만족스러운 듯이 귀엽게 살짝 한 번 웃는 모양.

해찰: ① 마음에 썩 내키지 아니하여 물건을 부질없이 이것저것 집적거려 해침. 또는 그런 행동. ② 일에는 마음을 두지 아니하고 쓸데없이 다른 짓을 함.

해찰궂다: ① 마음에 썩 내키지 아니하여 물건을 부질없이 이것저것 집적거려 해치는 버릇이 있다. ② 일에는 마음을 두지 아니하고 쓸데없는 다른 짓을 하는 버릇이 있다.

해찰스럽다: ① 보기에 마음에 썩 내키지 아니하여 물건을 부질없이 이것저것 집적거려 해치려는 데가 있다. ② 보기에 일에는 마음을 두지 아니하고 쓸데없는 다른 짓을 하려는 데가 있다.

해체: 상대 높임법의 하나. 상대편을 높이지 않는 뜻을 나타내는 종결형으로, 격식체인 '해라체'와 '하게체'를 쓸 자리에 두루 쓰는 비격식체이다. '철수야, 이리 와서 먹어' 따위이다. 해.

허술하다: ① 낡고 헐어서 보잘것없다. ② 치밀하지 못하고 엉성하여 빈틈이 있다. ③ 무심하고 소홀하다.

허술히: ① 낡고 헐어서 보잘것없이. ② 치밀하지 못하고 엉성하여 빈틈이 있게. ③ 무심하고 소홀하게.

허옇다: 〔1〕 ① 다소 탁하고 흐릿하게 희다. ② 춥거나 겁에 질려 얼굴이 핏기가 없이 아주 희다. ③ ((흔히 '허옇게' 꼴로 쓰여))셀 수 없이 많다. 〔2〕((주로 '허옇게' 꼴로 쓰여)) (비유적으로) 겸연쩍고 면목이 서지 니하는 상태에 있다.

허튼모: 못줄을 쓰지 아니하고 손짐작대로 이리저리 심는 모. 막심기 · 벌모 · 산식(散植).

헛기침: 인기척을 내거나 목청을 가다듬거나 하기 위하여 일부러 기침함. 또는 그렇게 하는 기침.

헛방놓다: ① 맞히지 못하는 총을 쏘다. 헛불놓다. ② 공포(空砲)를 쏘다. ③ 쓸데없거나 미덥지 아니한 말이나 행동을 하다.

헛코골다: 자는 체하느라고 일부러 코를 골다.

헤죽헤죽: 흐뭇한 태도로 자꾸 은근하게 슬쩍 웃는 모양.

혀: ① 동물의 입 안 아래쪽에 있는 길고 둥근 살덩어리. 맛을 느끼며 소리를 내는 구실을 한다. 설(舌). ② 널빤지의 한옆을 깎아 다른 널빤지의 홈에 끼우거나, 따로 널 홈에 끼우는 널쪽.

혐의쩍다: ① 꺼리고 미워할 만한 데가 있다. 혐의쩍다. ② 범죄를 저질렀을 것으로 의심할 만한 데가 있다. 혐의쩍다.

혓바늘: 혓바닥에 좁쌀알같이 돋아 오르는 붉은 살. 주로 열이 심할 때에 생긴다.

홑지다: ① 복잡하지 아니하고 단순하다. ② 성격이 옹졸한 데가 있다.

환(換): ① 멀리 있는 채권자에게 현금 대신에 어음, 수표, 증서 따위를 보내어 결제하는 방식. 우편환 · 은행환 · 전신환, 내국환 · 외국환 따위가 있다. ② 돈표. ③ 환어음을 매매하거나 할인함. ④ 환전(換錢).

활활: ① 날짐승 따위가 높이 떠서 느릿느릿 날개를 치며 시원스럽게 나는 모양. ② 불길이 세고 시원스럽게 타오르는 모양. ③ 부채 따위로 느릿느릿 시원스럽게 부치는 모양. ④ 옷

따위를 시원스럽게 벗어 버리거나 벗기는 모양. ⑤ 열기가 세게 오르는 모양. ⑥ 시원스럽게 씻는 모양.

횟가루: '산화칼슘'을 일상적으로 이르는 말.

횟배: 회충으로 인한 배앓이. 거위배.

후릿그물: 강이나 바다에 넓게 둘러치고 여러 사람이 두 끝을 끌어당겨 물고기를 잡는 큰 그물. 당망(塘網)·위망(圍網)·지예망·후리·후리기.

훗일: 어떤 일이 있은 뒤에 생기거나 일어날 일. 뒷일.

흠집: 흠이 생긴 자리나 흔적.

Ⅳ

외래어 표기법

일러두기

1. 이《외래어 표기법》은 1958년에 제정된《로마 자의 한글화 표기법》을 근간으로 하고, 표기상의 문제점과 미비점을 보완하여, 1986년 1월 문교부 고시 제85-11호로 시행하게 되었는데 1992년 11월에는 동구의 5개 언어에 대해 표기법을 추가하며 문화부 고시 제1992-31호(1992. 11. 27.)로 시행되었고, 이어 북구의 3개 언어에 대한 문화체육부 고시 제1995-8호(1995. 3. 16.)와 동남아의 3개 언어에 대한 문화관광부 고시 제2004-11호(2004. 12. 20.) 그리고 포르투갈어, 네덜란드어, 러시아어에 대한 문화관광부 고시 제2005-32호(2005. 12. 28.)로 시행된 것을 다시 2017년 3월 28일 문화체육관광부 고시 제2017-13호로 일부 수정한 것이다
2. 이《외래어 표기법》은 총 4장으로 구성되었으며, 첫머리에《외래어 표기법》이 되기까지를 실어 개정 경위 및 내용을 일목 요연하게 파악하게 했다. 필요에 따라 장과 항에 해설을 실었으며, 끝부분에【참고】란을 두어 연구 자료를 제시했다.
3. 제1장은 항으로 나누고, 제2장은 10개의 표로 구성하였으며, 제3장 및 제4장은 각각 절과 항으로 나누었다.
4. '제3장 표기 세칙'은 각 개별 언어의 특수성에 따라 영어, 독일어, 프랑스어, 에스파냐어, 이탈리아어, 일본어, 중국어, 폴란드어, 체코어, 세르보크로아트어, 루마니아어, 헝가리어, 스웨덴어, 노르웨이어, 덴마크어, 말레이인도네시아어, 타이어, 베트남어, 포르투갈어, 네덜란드어, 러시아어로 구별하여 해설하고【보기】를 제시했다.
5. '제4장 인명, 지명 표기 원칙'에서는 '표기 원칙', '동양의 인명, 지명 표기', '바다, 섬, 강, 산 등의 표기 세칙'으로 나누어 규정을 싣고【보기】를 제시했다.

《외래어 표기법》이 되기까지

국어의 외래어 표기에 대한 최초의 규정은, 1933년 조선어 학회에서 공표한 《한글 맞춤법 통일안》의 한 조항으로 외래어의 표기에 있어서는 새 문자나 부호를 쓰지 않고, 한글 자모만으로 표음주의에 따르도록 한 일이다.

이 규정의 정신에 따라서 1940년 조선어 학회에서 《외래어 표기법 통일안》을 공포하고, 이듬해인 1941년 책자로 발간함으로써 외래어 표기의 규범은 성립되었다. 문교부에서 1986년 1월 7일 공포한 이 《외래어 표기법》도 기본적으로는 《한글 맞춤법》이나 《표준어 규정》과 마찬가지로 조선어 학회 곧 한글 학회의 《외래어 표기법 통일안》의 표기 원칙을 이어받은 것이다.

해방 이후 가속화된 국제화의 추세에 따라 외래어가 폭발적으로 증가하여 《외래어 표기법 통일안》만으로는 외래어 표기가 통일성 있게 행하여질 수 없었음이 맞춤법이나 표준어의 규정과 달랐을 뿐이다. 1948년에 문교부의 《외래어 표기법》이 제정된 사실에서도 그 사정을 알 수 있다.

1958년에는 문교부 국어 심의회에서 《로마 자의 한글화 표기법》을 제정, 공포하였는데, 이것이 현재에 이르기까지 약 20여 년 간 사용된 외래어 표기법의 모범이 되었다.

문교부는 이 모범에 따른 표기의 세칙을 정하고, 그 세칙에 따른 각국 언어의 표기 방법과 실례를 제시한 편수 자료 제1~6집(1959~1972)을 발간하여 외래어 표기의 통일을 기하였다.

그러나 모범과 편수 자료의 세칙 사이에 모순점과 미비점이 드러나서 문교부가 다시 검토에 착수하여 1979년 11월에 《외래어 표기법안》을 마련하고, 또 학술원과 국어 연구소에 위촉하여 심의한 결과를 수용하여 이루어진 것이 1986년 1월부터 문교부 고시로 시행된 《외래어 표기법》이다.

그러던 중 1980년대 후반 들어 동구권과의 교류가 활발하여짐에 따라 동구권 언어의 한글 표기에 대한 규정이 필요하게 되었다. 이에 국립 국어 연구원에서는 1991년도의 사업으로 해당 언어의 전문가를 확보할 수 있는 폴란드어, 체코어, 세르보크로아트어(유고슬라비아의 주요 언어), 루마니아어, 헝가리어 등 다섯 언어의 외래어 표기법 시안을 마련하였다. 이 시안은 국어 심의회 표기법분과 위원회의 심의를 거쳐 1992년 11월 27일 문화부 고시 제1992-31호로 고시되었다. 이어 동구어에 대한 외래어 표기법은 물론 1995년 3월 16일 문화체육부 고시 제1995-8호로 고시된 북구의 3개 언어와 2004년 12월 20일 문화관광부 고시 제2004-11호로 고시된 동남아의 3개 언어 그리고 2005년 12월 28일 문화관광부 고시 제2005-32호로 고시된 포르투갈어, 네덜란드어, 러시아어에 대한 외래어 표기법은 기존 외래어 표기법의 기본 정신을 따른 것이지만 개별 언어의 특성도 반영하였다.

맞춤법과 표준어에 대한 규정과는 달리 이 외래어 표기의 규정에 대하여는 의견을 달리하는 사람이 아직도 많다. 그러나 언어 생활의 능률을 위하여는 약간의 문제가 있더라도 국가적인 사업으로 행하여져서 공표된《외래어 표기법》에 따라 외래어를 표기하도록 하여야 할 것이다.

제1장 표기의 기본 원칙

제1항 외래어는 국어의 현용 24자모만으로 적는다.

외래어란 외국어에서 유래한 말이지만 언중 사이에 익히 쓰여 국어화한 말을 가리킨다. 차용어라고도 한다. 국어화라는 뜻은 외래어가 원래 외국어이기는 하지만 그것이 언중 사이에서 사용될 때는 국어의 제반 언어 규칙을 따르고, 언중이 그것을 국어로 인식함을 말한다.

한자어도 엄격하게 따지면 외래어에 속하지만, 외래어라는 느낌조차 없을 정도로 국어화되어 있다. 그에 비하면 서구어나 일본어와 현대 중국에서 들어온 말들은 모두 외국어라는 의식이 많건 적건 남아 있다. 그런데 개별 단어를 하나하나 살펴보면 국어화의 정도도 각기 다른 것임을 쉽게 알 수 있게 된다. 예를 들면 '담배, 남포, 빵, 고무' 등과 같은 말들은 이미 어원을 잊었을 정도로 국어화하였지만, '텔레비전, 핸드백, 넥타이' 등은 아직은 외국에서 들어온 단어라는 의식이 남아 있다. 더욱이 '바캉스, 서머 소시지, 프린트' 등의 단어에 이르면 거의 모든 이들에게 외국어로 인식되고 있다.

이렇듯 외국어에서 유래한 말들이 국어화되는 정도는 각각 다르더라도 이들 단어는 국어식으로 발음되고, 국어의 문법 체계에 맞추어 사용되며, 그 의미도 원래의 뜻과는 상당한 거리가 생기기도 한다는 등의 공통점을 찾을 수 있다.

따라서 국어화의 정도에서 차이를 보이더라도, 모든 외래어는 국어라고 할 수 있고, 그러한 관점에서 본다면 외래어의 표기를 위하여 현재 우리가 사용하는 24자모만을 사용한다는 것은 너무나 당연하다고 할 것이다. 그것은 새로운 기호의 제정에 대한 부담이나 사용상의 불편의 문제 때문이 아니라, 외래어는 이미 우리 국어이기 때문이다.

제2항 외래어의 1음운은 원칙적으로 1기호로 적는다.

본항의 규정은 외래어의 표기도 《한글 맞춤법》과 같이 통일성 있게 표기하자는 취지에 말미암는다. 국어의 표기가 하나의 음운에 대하여 하나의 기호로 나타내고 있는 사실과 같은 것이다. 그러나 외국어의 음운은 외래어로서 국어화하면서 국어의 음운 체계에 동화되어 원래 하나의 음운이던 것이 국어의 여러 소리에 해당되는 경우가 있을 수 있다. 예컨대, 'pulp, shop'이 '펄프, 숍'으로 표기되는 것과 같이 영어에서 유래한 외래어의 음운 'p'는 'ㅍ, 프, ㅂ'으로 소리 난다. 본항에서 "원칙적으로"라는 표현을 사용한 것은 그러한 경우에 대한 대비인 것이다.

제3항 받침에는 'ㄱ, ㄴ, ㄹ, ㅁ, ㅂ, ㅅ, ㅇ'만을 쓴다.

현재 우리가 채택하고 있는 맞춤법의 기본적인 원리는 어휘 형태소인 경우에 기본형의 형태를 고정시켜 적는 일이 있다. 그에 대해서는 앞의 《한글 맞춤법》에서 자세히 다룬 바가 있다. 다시 말하면 국어의 음절말의 자음은 휴지나 자음 앞에서의 중화 현상으로 인하여 'ㄱ, ㄴ, ㄷ, ㄹ, ㅁ, ㅂ, ㅇ' 일곱 개의 자음만이 실현되고 있지만, 모음으로 시작되는 어미 앞에서는 기본형의 모든 음절말 자음이 드러나기 때문에 일곱 개의 받침 이외에도 여러 가지 받침을《한글 맞춤법》에서 채택하고 있다. 그러한 결과로 모든 자음이 받침으로 쓰이게 된 것이다.

그러나 외래어의 경우에는 모음으로 시작되는 어미 앞에서도 형태 음소적인 현상을 보이지 않고, 본항에 제시된 일곱 개의 자음만 실현되므로 외래어 각각의 음소에 해당되는 음운이 위의 국어의 음절말 자음에 속하지 않는 것이 있다고 하더라도 본항의 일곱 개의 자음만으로 표기하기로 한 것이다. 이를테면 제2항의 설명에서 든 'shop'을 '숍'으로 표기하는 것은 '커피숍에 간다.'고 하지 '커피쇼페 간다.'고는 하지 않기 때문이다.

주의할 것은 국어의 음절말 자음과 본항에 제시된 받침에는 다소의 차이가 있다는 점이다. 국어의 음절말 자음으로는 'ㄷ'이 있으나 'ㅅ'은 없다. 그러나 외래어의 표기에서는 받침으로 'ㅅ'은 인정하나 'ㄷ'은 인정하지 않는다. 예컨대 영어에서 유래한 외래어인 '오프셋(offset)'의 받침 'ㅅ'이 그러하다. 여기의 받침 'ㅅ'은 실제 발음이 'ㄷ'인 점으로 보나 영어의 음운이 't'인 점으로 보나 'ㄷ'으로 함이 합리적인 듯이 보인다. 그런데 이 말 뒤에 모음으로 시작되는 조사 '이, 을, 은' 등을 붙여 보면 'ㅅ'으로 실현된다. 국어의 '낫, 빗' 등의 받침 'ㅅ'이 발음으로는 'ㄷ'이나 모음으로 시작되는 조사 앞에서는 'ㅅ'으로 실현되는 현상과 꼭같다. 따라서 외래어의 경우에는 음절말에 'ㄷ'으로 나는 소리는 모두 받침 'ㅅ'으로 적기로 한 것이다. 요컨대 본항의 받침은 표기에 관한 것이고, 발음에 관한 것이 아니다.

제4항 파열음 표기에는 된소리를 쓰지 않는 것을 원칙으로 한다.

본항은 어두에 유성 파열음 'b, d, g' 등을 가진 외국어에서 유래한 외래어의 표기와 주로 관련된 규정이다. 예컨대 영어의 'bag, band, bus'에서 유래한 외래어가 '빽, 빤드, 뻐스'로 표기되는 관행이 있다. 본항의 규정은 이러한 관행을 시정하고 '백, 밴드, 버스'로 표기하도록 한 것이다. 원래 국어에는 음운으로서 유성 파열음은 존재하지 않는다. 다만 특정한 조건에서 유성 파열음이 음성으로 실현될 뿐이다. 평음인 파열음 'ㅂ, ㄷ, ㄱ'과 파찰음 'ㅈ'이 유성음 사이에 놓일 경우에 유성 파열음이나 유성 파찰음으로 발음된다. 즉 '이발, 손발' 등의 'ㅂ'과 같이 모음이나 유성 자음인 'ㄴ, ㄹ, ㅁ, ㅇ' 사이의 평음인 파열음과 파찰음은 유성화하게 되는 것이다. 그러므로 외래어의 유성 파열음은 평음으로 적는 것이 합리적이다.

한편 무기 파열음 'p, t, k'를 가진 외국어, 이를테면 프랑스 말에서 들어온 외래어의 표기에서도 된소리가 나타나는 관행이 있다. 단적인 예로서 'Paris'가 '빠리'로 표기되는 일이 흔히 있는 것이다. 이 경우의 된소리도 본항의 규정에 따라 인정되지 않는다. 영어 등의 유기 파열음 'p, t, k'와 같이 거센소리로 표기하도록 한 것이다. 그러므로 파열음에 음운으로서 유성과 무성의 대립이 있는 외국어에서 유래한 외래어는 원칙적으로 평음과 거센소리의 파열음으로 적도록 한 것이 본항의 취지다.

제5항 이미 굳어진 외래어는 관용을 존중하되, 그 범위와 용례는 따로 정한다.

본서의 앞에서 이미 《한글 맞춤법》이나 《표준어 규정》과 그 용례들을 살펴보면서 우리는 그 규정이나 용례가 새로운 제정이 아니라 변화한 언어 현실의 수용에 지나지 않음을 여러 차례 강조한 바 있다. 이미 굳어져 그것을 고칠 경우에도 언어 생활에 혼란을 줄 우려가 있다고 생각되는 조항이나 용례들은 관용을 존중하여 그대로 두었음을 보았던 것이다.

《외래어 표기법》의 경우에도 그와 같은 맥락에서 실제의 언어 생활에서의 관용을 존중하기로 하여 이 규정을 둔 것이다. 제1항에서도 말한 바 있지만, 외래어는 각 단어마다 극히 개별적인 양상을 보여 준다. 해당 외래어의 기원이 그렇고, 그 단어의 수입 경로가 그렇고, 같은 단어라고 하더라도 사용되는 분야에 따라서 달리 발음이 되기도 하는 것이 그렇다. 이렇듯 다양한 개별 단어에 대하여 하나의 규칙만을 내세워 일관성을 기하기는 그리 쉽지 않다. 본항에서 이미 굳어진 관용어에 대하여 그 관용을 인정하기로 한 것은 개별 단어의 양상을 수용하기 위한 것이다. 그러나 여전히 남는 문제는 관용어의 범위를 어떻게 정하느냐 하는 것이다. 이 역시 개별 단어 하나하나를 검토하는 과정을 거쳐야 할 부분이다.

제2장 표기 일람표

여기서는 외래어를 한글로 표기하는 데에 필요한 대조표를 보인다. 일반적으로는 국제 음성 기호와 한글을 대조하여 보인 '표 1'에 따르도록 하였지만, 에스파냐어, 이탈리아어, 일본어, 중국어 등은 별도의 대조표를 두었다. 중국어의 경우에는 국제 음성 기호를 사용하지 않고 나름대로의 발음 부호를 사용하고 있으며, 에스파냐어나 이탈리아어, 그리고 일본어와 새로 고시된 폴란드어, 체코어, 세르보크로아트어, 루마니아어, 헝가리어의 경우는 그들 언어를 표기하는 문자가 곧 음성 기호의 역할을 하기 때문에 따로 한글과의 대조표를 보인 것이다.

표 1의 국제 음성 기호의 배열은 자음과 모음으로 나누어서 자음은 파열음, 마찰음, 파찰음, 비음, 유음, 후두음의 순서로 배열하였고, 그들은 다시 각각 음성 기관의 바깥쪽에서 발음되는 것으로부터 시작하여 안쪽에서 나는 소리의 순서로 배열하였다. 모음은 모음 사각도의 왼쪽 위로부터 시계 반대 방향으로 돌아 오른쪽 위에 이르는 순서로 배열하였다. 같은 위치에서 나는 모음의 경우에는 평순, 원순의 순서로 하였다. 자음에 대해서는 그들의 출현 위치에 따라 달리 표기될 수 있음도 보여 준다.

그 밖에 국어와 직접적인 언어 접촉이 없는 언어로서 제3국을 거쳐 들어온 경우에는 해당 외래어에 대한 원음의 확인이 어려운 때가 있을 수 있다. 그 경우에는 제3국에서의 변형된 발음을 표기 대상으로 삼아야 할 것이므로, 다음에 보일 대조표에 든 언어 이외의 것들에 대해서는 표 1의 국제 음성 기호의 한글 전사에 따르도록 하고, 별도의 일람표를 작성하여 두지 않은 것이다.

외래어는 표 1~19에 따라 표기한다.[1)]

표 1 국제 음성 기호와 한글 대조표

자음			반모음		모음	
국제 음성 기호	한글		국제 음성 기호	한글	국제 음성 기호	한글
	모음 앞	자음 앞 또는 어말				
p	ㅍ	ㅂ, 프	j	이*	i	이
b	ㅂ	브	ɥ	위	y	위
t	ㅌ	ㅅ, 트	w	오, 우*	e	에
d	ㄷ	드			ø	외
k	ㅋ	ㄱ, 크			ɛ	에
g	ㄱ	그			ɛ̃	앵
f	ㅍ	프			œ	외
v	ㅂ	브			œ̃	욍
θ	ㅅ	스			æ	애
ð	ㄷ	드			a	아
s	ㅅ	스			ɑ	아
z	ㅈ	즈			ɑ̃	앙
ʃ	시	슈, 시			ʌ	어
ʒ	ㅈ	지			ɔ	오
ts	ㅊ	츠			ɔ̃	옹
dz	ㅈ	즈			o	오
tʃ	ㅊ	치			u	우
dʒ	ㅈ	지			ə**	어
m	ㅁ	ㅁ			ɚ	어
n	ㄴ	ㄴ				
ɲ	니*	뉴				
ŋ	ㅇ	ㅇ				
l	ㄹ, ㄹㄹ	ㄹ				
r	ㄹ	르				
h	ㅎ	흐				
ç	ㅎ	히				
x	ㅎ	흐				

* [j], [w]의 '이'와 '오, 우' 그리고 [ɲ]의 '니'는 모음과 결합할 때 제3장 표기 세칙에 따른다.

** 독일어의 경우에는 '에', 프랑스어의 경우에는 '으'로 적는다.

1) 1986년 고시본에는 표가 다섯이 제시되었으나, 1992년, 1995년, 2004년, 2005년에 각각 추가로 고시됨에 따라, 표는 열아홉으로 늘었다.

표 2 에스파냐어 자모와 한글 대조표

	자모	한 글		보 기
		모음앞	자음앞 어말	
자음	b	ㅂ	브	biz 비스, blandon 블란돈, braceo 브라세오
	c	ㅋ, ㅅ	ㄱ, 크	colcren 콜크렌, Cecilia 세실리아, coccion 콕시온, bistec 비스텍, dictado 딕타도
	ch	ㅊ	—	chicharra 치차라
	d	ㄷ	드	felicidad 펠리시다드
	f	ㅍ	프	fuga 푸가, fran 프란
	g	ㄱ, ㅎ	그	ganga 강가, geologia 헤올로히아, yungla 융글라
	h	—	—	hipo 이포, quehacer 케아세르
	j	ㅎ	—	jueves 후에베스, reloj 렐로
	k	ㅋ	크	kapok 카포크
	l	ㄹ, ㄹㄹ	ㄹ	lacrar 라크라르, Lulio 룰리오, ocal 오칼
	ll	이*	—	llama 야마, lluvia 유비아
	m	ㅁ	ㅁ	membrete 멤브레테
	n	ㄴ	ㄴ	noche 노체, flan 플란
	ñ	니*	—	ñoñez 뇨녜스, mañana 마냐나
	p	ㅍ	ㅂ, 프	pepsina 펩시나, plantón 플란톤
	q	ㅋ	—	quisquilla 키스키야
	r	ㄹ	르	rascador 라스카도르
	s	ㅅ	스	sastreria 사스트레리아
	t	ㅌ	트	tetraetro 테트라에트로
	v	ㅂ	—	viudedad 비우데다드
	x	ㅅ, ㄳ	ㄱ스	xenón 세논, laxante 락산테, yuxta 육스타
	z	ㅅ	스	zagal 사갈, liquidez 리키데스
반모음	w	오 · 우*	—	walkirias 왈키리아스
	y	이*	—	yungla 융글라
모음	a	아		braceo 브라세오
	e	에		reloj 렐로
	i	이		Lulio 룰리오
	o	오		ocal 오칼
	u	우		viudedad 비우데다드

*ll, y, ñ, w의 '이, 니, 오, 우'는 다른 모음과 결합할 때 합쳐서 1음절로 적는다.

표 3 이탈리아어 자모와 한글 대조표

	자모	한글		보기
		모음앞	자음앞 어말	
자음	b	ㅂ	브	Bologna 볼로냐, bravo 브라보
	c	ㅋ, ㅊ	크	Como 코모, Sicilia 시칠리아, credo 크레도
	ch	ㅋ	—	Pinocchio 피노키오, cherubino 케루비노
	d	ㄷ	드	Dante 단테, drizza 드리차
	f	ㅍ	프	Firenze 피렌체, freddo 프레도
	g	ㄱ, ㅈ	그	Galileo 갈릴레오, Genova 제노바, gloria 글로리아
	h	—	—	hanno 안노, oh 오
	l	ㄹ, ㄹㄹ	ㄹ	Milano 밀라노, largo 라르고, palco 팔코
	m	ㅁ	ㅁ	Macchiavelli 마키아벨리, mamma 맘마, Campanella 캄파넬라
	n	ㄴ	ㄴ	Nero 네로, Anna 안나, divertimento 디베르티멘토
	p	ㅍ	프	Pisa 피사, prima 프리마
	q	ㅋ	—	quando 콴도, queto 퀘토
	r	ㄹ	르	Roma 로마, Marconi 마르코니
	s	ㅅ	스	Sorrento 소렌토, asma 아스마, sasso 사소
	t	ㅌ	트	Torino 토리노, Tranne 트란네
	v	ㅂ	브	Vivace 비바체, manovra 마노브라
	z	ㅊ	—	nozze 노체, mancanza 만칸차
모음	a	아		abituro 아비투로, capra 카프라
	e	에		erta 에르타, padrone 파드로네
	i	이		infamia 인파미아, manica 마니카
	o	오		oblio 오블리오, poetica 포에티카
	u	우		uva 우바, spuma 스푸마

표 4 일본어의 가나와 한글 대조표

가나					한글									
					어두					어중·어말				
ア	イ	ウ	エ	オ	아	이	우	에	오	아	이	우	에	오
カ	キ	ク	ケ	コ	가	기	구	게	고	카	키	쿠	케	코
サ	シ	ス	セ	ソ	사	시	스	세	소	사	시	스	세	소
タ	チ	ツ	テ	ト	다	지	쓰	데	도	타	치	쓰	테	토
ナ	ニ	ヌ	ネ	ノ	나	니	누	네	노	나	니	누	네	노
ハ	ヒ	フ	ヘ	ホ	하	히	후	헤	호	하	히	후	헤	호
マ	ミ	ム	メ	モ	마	미	무	메	모	마	미	무	메	모
ヤ	イ	ユ	エ	ヨ	야	이	유	에	요	야	이	유	에	요
ラ	リ	ル	レ	ロ	라	리	루	레	로	라	리	루	레	로
ワ	(ヰ)	ウ	(ヱ)	ヲ	와	(이)	우	(에)	오	와	(이)	우	(에)	오
ン										ㄴ				
ガ	ギ	グ	ゲ	ゴ	가	기	구	게	고	가	기	구	게	고
ザ	ジ	ズ	ゼ	ゾ	자	지	즈	제	조	자	지	즈	제	조
ダ	ヂ	ヅ	デ	ド	다	지	즈	데	도	다	지	즈	데	도
バ	ビ	ブ	ベ	ボ	바	비	부	베	보	바	비	부	베	보
パ	ピ	プ	ペ	ポ	파	피	푸	페	포	파	피	푸	페	포
キャ		キュ		キョ	갸		규		교	캬		큐		쿄
ギャ		ギュ		ギョ	갸		규		교	갸		규		교
シャ		シュ		ショ	샤		슈		쇼	샤		슈		쇼
ジャ		ジュ		ジョ	자		주		조	자		주		조
チャ		チュ		チョ	자		주		조	차		추		초
ヒャ		ヒュ		ヒョ	햐		휴		효	햐		휴		효
ビャ		ビュ		ビョ	뱌		뷰		뵤	뱌		뷰		뵤
ピャ		ピュ		ピョ	퍄		퓨		표	퍄		퓨		표
ミャ		ミュ		ミョ	먀		뮤		묘	먀		뮤		묘
リャ		リュ		リョ	랴		류		료	랴		류		료

표 5 중국어의 발음 부호와 한글 대조표

성 모(聲母)

음의 분류	한어 병음 자모	주음 부호	한글
중순성(重脣聲)	b	ㄅ	ㅂ
	p	ㄆ	ㅍ
	m	ㄇ	ㅁ
*순치성	f	ㄈ	ㅍ
설첨성(舌尖聲)	d	ㄉ	ㄷ
	t	ㄊ	ㅌ
	n	ㄋ	ㄴ
	l	ㄌ	ㄹ
설근성(舌根聲)	g	ㄍ	ㄱ
	k	ㄎ	ㅋ
	h	ㄏ	ㅎ
설면성(舌面聲)	j	ㄐ	ㅈ
	q	ㄑ	ㅊ
	x	ㄒ	ㅅ
교설첨성(翹舌尖聲)	zh 〔zhi〕	ㄓ	ㅈ 〔즈〕
	ch 〔chi〕	ㄔ	ㅊ 〔츠〕
	sh 〔shi〕	ㄕ	ㅅ 〔스〕
	r 〔ri〕	ㄖ	ㄹ 〔르〕
설치성(舌齒聲)	z 〔zi〕	ㄗ	ㅉ 〔쯔〕
	c 〔ci〕	ㄘ	ㅊ 〔츠〕
	s 〔si〕	ㄙ	ㅆ 〔쓰〕

운 모(韻母)

음의 분류	주음 부호	한어 병음 자모	웨이드식 로마 자	한글
단운(單韻)	ㄚ	a	a	아
	ㄛ	o	o	오
	ㄜ	e	ê	어
	ㄝ	ê	e	에
	ㄧ	yi (i)	i	이
	ㄨ	wu (u)	wu (u)	우
	ㄩ	yu (u)	yü (ü)	위
복운(復韻)	ㄞ	ai	ai	아이
	ㄟ	ei	ei	에이
	ㄠ	ao	ao	아오
	ㄡ	ou	ou	어우
부성운(附聲韻)	ㄢ	an	an	안
	ㄣ	en	ên	언
	ㄤ	ang	ang	앙
	ㄥ	eng	êng	엉
*권설운	ㄦ	er (r)	êrh	얼
결합운모(結合韻母) 제치류(齊齒類)	ㄧㄚ	ya (ia)	ya (ia)	야
	ㄧㄛ	yo	yo	요
	ㄧㄝ	ye (ie)	yeh (ieh)	예
	ㄧㄞ	yai	yai	야이
		yao (iao)	yao (iao)	야오
		you (iou, iu)	yu (iu)	유

음의 분류	주음 부호	한어 병음 자모	웨이드식 로마 자	한글
결합운모(結合韻母) 제치류(齊齒類)	ㄧㄢ	yan (ian)	yen (ien)	옌
	ㄧㄣ	yin (in)	yin (in)	인
	ㄧㄤ	yang (iang)	yang (iang)	양
	ㄧㄥ	ying (ing)	ying (ing)	잉
합구류(合口類)	ㄨㄚ	wa (ua)	wa (ua)	와
	ㄨㄛ	wo (uo)	wo (uo)	워
	ㄨㄞ	wai (uai)	wai (uai)	와이
	ㄨㄟ	wei (ui)	wei (uei,ui)	웨이 (우이)
	ㄨㄢ	wan (uan)	wan (uan)	완
	ㄨㄣ	wen (un)	wên (un)	원 (운)
	ㄨㄤ	wang (uang)	wang (uang)	왕
	ㄨㄥ	weng (ong)	wêng (ung)	웡 (웅)
촬구류(撮口類)	ㄩㄝ	yue (ue)	yüeh (üeh)	웨
	ㄩㄢ	yuan (uan)	yüan (üan)	위안
	ㄩㄣ	yun (un)	yün (ün)	윈
	ㄩㄥ	yong (iong)	yung (iung)	융

〔 〕는 단독 발음될 경우의 표기임. ( )는 자음이 선행할 경우의 표기임.

*순치성(脣齒聲), 권설운(捲舌韻)

표 6 폴란드어 자모와 한글 대조표

	자모	한 글		보 기
		모음앞	자음앞 어말	
	b	ㅂ	ㅂ, 브, 프	burak 부라크, szybko 십코, dobrze 도브제, chleb 흘레프
	c	ㅊ	츠	cel 첼, Balicki 발리츠키, noc 노츠
	ć	—	치	dać다치
	d	ㄷ	드, 트	dach 다흐, zdrowy 즈드로비, słodki 스워트키, pod 포트
	f	ㅍ	프	fasola 파솔라, befsztyk 베프슈티크
자	g	ㄱ	ㄱ, 그, 크	góra 구라, grad 그라트, targ 타르크
	h	ㅎ	흐	herbata 헤르바타, Hrubieszów 흐루비에슈프
	k	ㅋ	ㄱ, ㅋ	kino 키노, daktyl 닥틸, król 크롤, bank 반크
	l	ㄹ, ㄹㄹ	ㄹ	lis 리스, kolano 콜라노, motyl 모틸
	m	ㅁ	ㅁ, 므	most 모스트, zimno 짐노, sam 삼
	n	ㄴ	ㄴ	nerka 네르카, dokument 도쿠멘트, dywan 디반
	ń	—	ㄴ	Gdańsk 그단스크, Poznań 포즈난
음	p	ㅍ	ㅂ, 프	para 파라, S upsk 스웁스크, chłop 흐워프
	r	ㄹ	르	rower 로베르, garnek 가르네크, sznur 슈누르
	s	ㅅ	스	serce 세르체, srebro 스레브로, pas 파스
	ś	—	시	ślepy 실레피, dziś 지시
	t	ㅌ	트	tam 탐, matka 마트카, but 부트
	w	ㅂ	브, 프	Warszawa 바르샤바, piwnica 피브니차, krew 크레프
	z	ㅈ	즈, 스	zamek 자메크, zbrodnia 즈브로드니아, wywóz 비부스
	ź	—	지, 시	gwoździk 그보지지크, więź 비엥시
	ż	ㅈ, 시	주, 슈, 시	żyto 지토, różny 루주니, łyżka 위슈카, stra 스트라시
	ch	ㅎ	흐	chory 호리, kuchnia 쿠흐니아, dach 다흐
	dz	ㅈ	즈, 츠	dziura 지우라, dzwon 즈본, mosiądz 모시옹츠
	dź	—	치	niedźwiedź 니에치비에치

	자모	한 글		보 기
		모음앞	자음앞 어말	
	dż,drz	ㅈ	치	drzewo 제보, łodż 워치
	cz	ㅊ	치	czysty 치시티, beczka 베치카, klucz 클루치
	sz	시*	슈, 시	szary 샤리, musztarda 무슈타르다, kapelusz 카펠루시
	rz	ㅈ, 시*	주, 슈, 시	rzeka 제카, Przemyśl 프셰미실, kołnierz 코우니에시
반모음	j	이*		jasny 야스니, kraj 크라이
	ł	우		łono 워노, głowa 그워바, bułka 부우카, kanał 카나우
모음	a	아		trawa 트라바
	ą	옹		trąba 트롱바, mąka 몽카, kąt 콩트, tą 통
	e	에		zero 제로
	ę	엥, 에		kepa 켕파, węgorz 벵고시, Częstochowa 쳉스토호바, proszę 프로셰
	i	이		zima 지마
	o	오		udo 우도
	ó	우		próba 프루바
	u	우		kula 쿨라
	y	이		daktyl 닥틸

* ź, sz, rz의 '시'와 j의 '이'는 뒤따르는 모음과 결합할 때 합쳐서 1음절로 적는다.

표 7 체코어 자모와 한글 대조표

	자모	한 글		보 기
		모음앞	자음앞 어말	
자음	b	ㅂ	ㅂ, 브, 프	barva 바르바, obchod 옵호트, dobrý 도브리, jeřab 예르자프
	c	ㅊ	츠	cigareta 치가레타, nemocnice 네모츠니체, nemoc 네모츠
	č	ㅊ	치	čapek 차페크, kulečnik 클레치니크, míč 미치
	d	ㄷ	드, 트	dech 데흐, divadlo 디바들로, led 레트
	d'	디*	디, 티	d'ábel 댜벨, lod'ka 로티카, hrud' 흐루티
	f	ㅍ	프	fík 피크, knoflík 크노플리크

	자모	한 글		보 기
		모음앞	자음앞 어말	
자음	g	ㄱ	ㄱ, 그, 크	gramofon 그라모폰
	h	ㅎ	흐	hadr 하드르, hmyz 흐미스, bůh 부흐
	ch	ㅎ	흐	choditi 호디티, chlapec 흘라페츠, prach 프라흐
	k	ㅋ	ㄱ, 크	kachna 카흐나, nikdy 니크디, padák 파다크
	l	ㄹ, ㄹㄹ	르	lev 레프, šplhati 슈플하티, postel 포스텔
	m	ㅁ	ㅁ, 므	most 모스트, mrak 므라크, podzim 포드짐
	n	ㄴ	ㄴ	noha 노하, podmínka 포드민카
	ň	니*	ㄴ	němý 네미, sáňky 산키, Plzeň 플젠
	p	ㅍ	ㅂ, 프	Praha 프라하, koroptev 코롭테프, strop 스트로프
	qu	크ㅂ	-	quasi 크바시
	r	ㄹ	르	ruka 루카, harmonika 하르모니카, mír 미르
	ř	르ㅈ	르주, 르슈, 르시	řeka 르제카, námořník 나모르주니크, hořký 호르슈키, kouř 코우르시
	s	ㅅ	스	sedlo 세들로, máslo 마슬로, nos 노스
	š	시*	슈, 시	šaty 샤티, Šternberk 슈테른베르크, koš 코시
	t	ㅌ	트	tam 탐, matka 마트카, bolest 볼레스트
	t'	티*	티	tělo 텔로, štěstí 슈테스티, oběť 오베티
	v	ㅂ	브, 프	vysoký 비소키, knihovna 크니호브나, kov 코프
	w	ㅂ	브 프	
	x**	ㄱㅅ, ㅈ	ㄱ, 스	xerox 제록스, saxofón 삭소폰
	z	ㅈ	즈, 스	zámek 자메크, pozdni 포즈다니, bez 베스
	ž	ㅈ	주, 슈, 시	Žižka 지슈카, Žvěřina 주베르지나, Brož 브로시
반모음	j		이*	jaro 야로, pokoj 포코이
모음	a, á		아	balík 발리크, komár 코마르
	e, é		에	dech 데흐, léto 레토
	ě		예	sěst 셰스트, věk 베크
	i, í		이	kino 키노, míra 미라
	o, ó		오	obec 오베츠, nervózni 네르보즈니
	u, ú, ů		우	buben 부베느, úrok 우로크, dům 둠
	y, ý		이	jazýk 야지크, líný 리니

* d', ň, š, t', j의 '디, 니, 시, 티, 이'는 뒤따르는 모음과 결합할 때 합쳐서 1음절로 적는다.

** x는 개별 용례에 따라 한글 표기를 정한다.

표 8 세르보크로아트어 자모와 한글 대조표

	자모	한 글		보 기
		모음앞	자음앞 어말	
자음	b	ㅂ	브	bog 보그, drobnjak 드로브냐크, pogreb 포그레브
	c	ㅊ	cm	cigara 치가라, novac 노바츠
	č	ㅊ	치	čelik 첼리크, točka 토치카, kolač 콜라치
	ć, tj	ㅊ	치	naći 나치, sestrić 세스트리치
	d	ㄷ	드	desno 데스노, drvo 드르보, medved 메드베드
	dž	ㅈ	지	džep 제프, narudžba 나루지바
	đ, d	ㅈ	지	Đurađ 주라지
	f	ㅍ	프	fasada 파사다, kifla 키플라, šaraf 샤라프
	g	ㄱ	그	gost 고스트, dugme 두그메, krug 크루그
	h	ㅎ	흐	hitan 히탄, šah 샤흐
	k	ㅋ	ㄱ, 크	korist 코리스트, krug 크루그, jastuk 야스투크
	l	ㄹ, ㄹㄹ	ㄹ	levo 레보, balkon 발콘, šal 샬
	lj	리*, ㄹ리*	ㄹ	ljeto 레토, pasulj 파술
	m	ㅁ	ㅁ, 므	malo 말로, mnogo 므노고, osam 오삼
	n	ㄴ	ㄴ	nos 노스, banka 반카, loman 로만
	nj	니*	ㄴ	Njegoš 네고시, svibanj 스비반
	p	ㅍ	ㅂ, 프	peta 페타, opština 옵슈티나, lep 레프
	r	ㄹ	르	riba 리바, torba 토르바, mir 미르
	s	ㅅ	스	sedam 세담, posle 포슬레, glas 글라스
	š	시*	슈, 시	šal 샬, vlašnistvo 블라스니슈트보, broš 브로시
	t	ㅌ	트	telo 텔로, ostrvo 오스트르보, put 푸트
	v	ㅂ	브	vatra 바트라, olovka 올로브카, proliv 프롤리브
	z	ㅈ	즈	zavoj 자보이, pozno 포즈노, obraz 오브라즈
	ž	ㅈ	주	žena 제나, izložba 이즐로주바, muž 무주
반모음	j	이*		pojas 포야스, zavoj 자보이, odjelo 오델로
모음	a	아		bakar 바카르
	e	에		cev 체브
	i	이		dim 딤
	o	오		molim 몰림
	u	우		zubar 주바르

*lj, nj, š, j의 '리, 니, 시, 이'는 뒤따르는 모음과 결합할 때 합쳐서 1음절로 적는다.

표 9　　　　　　　루마니아어 자모와 한글 대조표

	자모	한글		보기
		모음앞	자음앞 어말	
자음	b	ㅂ	브	bibliotec 비블리오테커, alb 알브
	c	ㅋ, ㅊ	ㄱ, 크	Cîntec 큰테크, Cine 치네, factură 팍투러
	d	ㄷ	드	Moldova 몰도바, Brad 브라드
	f	ㅍ	프	Focşani 폭샤니, Cartof 카르토프
	g	ㄱ, ㅈ	그	Galaţi 갈라치, Gigel 지젤, hering 헤린그
	h	ㅎ	흐	haţeg 하체그, duh 두흐
	j	ㅈ	지	Jiu 지우, Cluj 클루지
	k	ㅋ	—	kilogram 킬로그람
	l	ㄹ, ㄹㄹ	ㄹ	bibliotecă 비블리오테커, hotel 호텔
	m	ㅁ	ㅁ	Maramureş 마라무레슈, Avram 아브람
	n	ㄴ	ㄴ, 느	Nucet 누체트, Bran 브란, pumn 품느
	p	ㅍ	ㅂ, 프	pianist 피아니스트, septembrie 셉템브리에, cap 카프
	r	ㄹ	르	radio 라디오, dor 도르
	s	ㅅ	스	Sibiu 시비우, pas 파스
	ş	시*	슈	Şag 샤그, Mureş 무레슈
	t	ㅌ	트	telefonist 텔레포니스트, bilet 빌레트
	ţ	ㅊ	츠	ţigară 치가러, braţ 브라츠
	v	ㅂ	브	Victoria 빅토리아, Braşov 브라쇼브
	x**	ㄱㅅ, 그ㅈ	크스, ㄱ스	taxi 탁시, examen 에그자멘
	z	ㅈ	즈	ziar 지아르, autobuz 아우토부즈
	ch	ㅋ	—	Cheia 케이아
	gh	ㄱ	—	Gheorghe 게오르게
모음	a		아	Arad 아라드
	ă		어	Becău 바커우
	e		에	Elena 엘레나
	i		이	pianist 피아니스트
	î, â		으	Cîmpina 큼피나, România 로므니아
	o		오	Oradea 오라데아
	u		우	Nucet 누체트

*ş의 '시'는 뒤따르는 모음과 결합할 때 합쳐서 1음절로 적는다.
**x는 개별 용례에 따라 한글 표기를 정한다.

표 10 헝가리어 자모와 한글 대조표

	자모	한글		보기
		모음앞	자음앞 어말	
자음	b	ㅂ	브	bab 버브, ablak 어블러크
	c	ㅊ	츠	citrom 치트롬, nyolcvan 뇰츠번, arc 어르츠
	cs	ㅊ	치	csavar 처벌, kulcs 쿨치
	d	ㄷ	드	daru 더루, medve 메드베, gond 곤드
	dzs	ㅈ	지	dxsem 젬
	f	ㅍ	프	elfog 엘포그
	g	ㄱ	그	gumi 구미, nyugta 뉴그터, csomag 초머그
	gy	ㅈ	지	gyár 자르, hagyma 허지머, nagy 너지
	h	ㅎ	흐	hal 헐, juh 유흐
	k	ㅋ	ㄱ, 크	béka 베커, keksz 켁스, szék 세크
	l	ㄹ, ㄹㄹ	ㄹ	len 렌, meleg 멜레그, dél 델
	m	ㅁ	ㅁ	málna 말너, bunda 분더, álom 알롬
	n	ㄴ	ㄴ	néma 네머, bunda 분더, pihen 피헨
	ny	니*	니	nyak 너크, hányszor 하니소르, irány 이라니
	p	ㅍ	ㅂ, 프	árpa 아르퍼, csipke 칩케, hónap 호너프
	r	ㄹ	르	róka 로커, barna 버르너, ár 아르
	s	시*	슈, 시	sál 샬, puska 푸슈카, aratás 어러타시
	sz	ㅅ	스	alszik 얼시크, asztal 어스털, húsz 후스
	t	ㅌ	트	ajto 어이토, borotva 보로트버, csont 촌트
	ty	ㅊ	치	atya 어처
	v	ㅂ	브	vesz 베스, évszázad 에브사저드, enyv 에니브
	z	ㅈ	즈	zab 저브, kezd 케즈드, blúz 블루즈
	zs	ㅈ	주	zsák 자크, tőzsde 퇴주데, rozs 로주
반모음	j		이*	ajak 어여크, fej 페이, január 여누아르
	ly		이*	lyun 유크, mélység 메이셰그, király 키라이
모음	a		어	lakat 러커트
	á		아	máj 마이
	e		에	mert 메르트
	é		에	mész 메스
	i		이	isten 이슈텐
	í		이	sí 시
	o		오	torna 토르너
	ó		오	róka 로커
	ö		외	sör 쇠르
	ő		외	nő 뇌
	u		우	bunda 분더
	ú		우	hús 후시
	ü		위	füst 퓌슈트
	ű		위	fű 퓌

*ny, s, j, ly의 '니, 시, 이, 이'는 뒤따르는 모음과 결합할 때 합쳐서 1음절로 적는다.

표 11 스웨덴어 자모와 한글 대조표

	자모	한글		보기
		모음앞	자음앞 어말	
자음	b	ㅂ	ㅂ, 브	bal 발, snabbt 스납트, Jacob 야코브.
	c	ㅋ, ㅅ	ㄱ	Carlsson 칼손, Celsius 셀시우스, Ericson 에릭손.
	ch	시*	크	charm 샤름, och 오크.
	d	ㄷ	드	dag 다그, dricka 드리카, Halmstad 할름스타드.
	dj	이*	—	Djurgården 유르고르덴, adjö 아예.
	ds	—	스	Sundsvall 순스발.
	f	ㅍ	프	Falun 팔룬, luft 루프트.
	g	ㄱ		Gustav 구스타브, helgon 헬곤.
		이*		Göteborg 예테보리, Geijer 예이예르, Gislaved 이슬라베드.
			이(lg, rg)	älg 엘리, Strindberg 스트린드베리, Borg 보리.
			ㅇ (n 앞)	Magnus 망누스, Ragnar 랑나르, Agnes 앙네스.
			ㄱ(무성음 앞)	högst 획스트.
			그	Grönberg 그뢴베리, Ludvig 루드비그.
	gj	이*	—	Gjerstad 예르스타드, Gjörwell 예르벨.
	h	ㅎ	적지 않음.	Hälsingborg 헬싱보리, hyra 휘라, Dahl 달.
	hj	이*	—	Hjälmaren 옐마렌, Hjalmar 얄마르, Hjort 요르트.
	j	이*	—	Jansson 얀손, Jönköping 옌셰핑, Johansson 요한손, börja 뵈리아, fjäril 피에릴, mjuk 미우크, mjöl 미엘.
	k	ㅋ, 시*	ㄱ, 크	Karl 칼, Kock 코크, Kungsholm 쿵스홀름, Kerstin 셰르스틴, Norrköping 노르셰핑, Lysekil 뤼세실, oktober 옥토베르, Fredrik 프레드리크, kniv 크니브.
	ck	ㅋ	ㄱ, 크	vacker 바케르, Stockholm 스톡홀름, bock 보크.
	kj	시*	—	Kjell 셸, Kjula 슐라.
	l	ㄹ, ㄹㄹ	ㄹ	Linköping 린셰핑, tala 탈라, tal 탈.
	lj	이*, ㄹ리	ㄹ리	Ljusnan 유스난, Södertälje 쇠데르텔리에, detalj 데탈리.
	m	ㅁ	ㅁ	Malmö 말뫼, samtal 삼탈, hummer 훔메르.
	n	ㄴ	ㄴ	Norrköping 노르셰핑, Vänern 베네른, land 란드.
			적지 않음.	Karlshamn 칼스함.

	자모	한 글		보 기
		모음앞	자음앞 어말	
자음			(m 다음)	
	ng	ㅇ	ㅇ	Borlänge 볼렝에, kung 쿵, lång 롱.
	nk	ㅇㅋ	ㅇ, ㅇ크	anka 앙카, Sankt 상트, bank 방크.
	p	ㅍ	ㅂ, 프	Piteå 피테오, knappt 크납트, Uppsala 웁살라, kamp 캄프.
	qv	크ㅂ	—	Malmqvist 말름크비스트, Lindqvist 린드크비스트.
	r	ㄹ	르	röd 뢰드, Wilander 빌란데르, Björk 비에르크.
	rl	ㄹㄹ	ㄹ	Erlander 엘란데르, Karlgren 칼그렌, Jarl 얄.
	s	ㅅ	스	sommar 솜마르, Storvik 스토르비크, dans 단스.
	sch	시*	슈	Schack 샤크, Schein 셰인, revansch 레반슈.
	sj	시*	—	Nässjö 네셰, sjukhem 슈크헴, Sjöberg 셰베리.
	sk	스ㅋ, 시*	—	Skoglund 스코글룬드, Skellefteå 셸레프테오, Skövde 셰브데, Skeppsholmen 셉스홀멘.
	skj	시*	—	Hammarskjöld 함마르셸드, Skjöldebrand 셸데브란드.
	stj	시*	—	Stjärneborg 셰르네보리, Oxenstjerna 옥센셰르나.
	t	ㅌ	ㅅ, 트	Göta 예타, Botkyrka 봇쉬르카, Trelleborg 트렐레보리, båt 보트.
	th	ㅌ	트	Luther 루테르, Thunberg 툰베리.
	ti	시*	—	lektion 렉숀, station 스타숀.
	tj	시*	—	tjeck 셰크, Tjåkkå 쇼코, tjäna 셰나, tjugo 슈고.
	v, w	ㅂ	브	Sverige 스베리예, Wasa 바사, Swedenborg 스베덴보리, Eslöv 에슬뢰브.
	x	ㄱㅅ	ㄱ스	Axel 악셀, Alexander 알렉산데르, sex 섹스.
	z	ㅅ	—	Zachris 사크리스, zon 손, Lorenzo 로렌소.
모음	a	아		Kalix 칼릭스, Falun 팔룬, Alvesta 알베스타.
	e	에		Enköping 엔셰핑, Svealand 스베알란드.
	ä	에		Mälaren 멜라렌, Vänern 베네른, Trollhättan 트롤헤탄.
	i	이		Idre 이드레, Kiruna 키루나.
	å	오		Åmål 오몰, Västerås 베스테로스, Småland 스몰란드.
	o	오		Boden 보덴, Stockholm 스톡홀름,

	자모	한글 모음앞	한글 자음앞 어말	보기
모	ö	외, 에		Orebro 외레브로. Östersund 외스테르순드, Björn 비에른, Linköping 린셰핑.
	u	우		Umeå 우메오, Luleå 룰레오, Lund 룬드.
음	y	위		Ystad 위스타드, Nynäshamn 뉘네스함, Visby 비스뷔

*dj, g, gj, hj, j, lj의 '이'와 ch, k, kj, sch, sj, sk, skj, stj, ti, tj의 '시'가 뒤따르는 모음과 결합할 때에는 합쳐서 한 음절로 적는다. 다만, j는 표기 세칙 제4항, 제11항을 따른다.

표 12 노르웨이어 자모와 한글 대조표

	자모	한글 모음앞	한글 자음앞 어말	보기
자	b	ㅂ	ㅂ, 브	Bodø 보되, Ibsen 입센, dobb 도브.
	c	ㅋ, ㅅ	크	Jacob 야코브, Vincent 빈센트.
	ch	ㅋ	크	Joachim 요아킴, Christian 크리스티안.
	d	ㄷ		Bodø 보되, Norden 노르덴.
		적지 않음. (장모음 뒤)		spade 스파에.
			적지 않음. (ld, nd의 d)	Arnold 아르놀, Harald 하랄, Roald 로알, Aasmund 오스문, Vigeland 비겔란, Svendsen 스벤센.
			적지 않음. (장모음+rd)	fjord 피오르, Sigurd 시구르, gård 고르, nord 노르, Halvard 할바르, Edvard 에드바르.
			드 (단모음+rd)	ferd 페르드, Rikard 리카르드.
음			적지 않음. (장모음 뒤)	glad 글라, Sjaastad 쇼스타.
			드	dreng 드렝, bad 바드.
	f	ㅍ	프	Hammerfest 함메르페스트, biff 비프.
	g	ㄱ		gå 고, gave 가베.

	자모	한 글		보 기
		모음앞	자음앞 어말	
		이*		gigla 이글라, gyllen 윌렌.
			적지 않음. (이중 모음 뒤와 ig, lig)	haug 헤우, deig 데이, Solveig 솔베이, farlig 팔리.
			ㅇ (n 앞)	Agnes 앙네스, Magnus 망누스.
			ㄱ (무성음 앞)	sagtang 삭탕.
			그	grov 그로브, berg 베르그, helg 헬그.
자	gj	이*	—	Gjeld 옐, gjenta 옌타.
	h	ㅎ		Johan 요한, Holm 홀름.
			적지 않음.	Hjalmar 얄마르, Hvalter 발테르, Krohg 크로그.
	j	이*	—	Jonas 요나스, Bjørn 비에른, fjord 피오르, Skodje 스코디에, Evje 에비에, Tjeldstø 티엘스퇴.
	k	ㅋ, 시*	ㄱ, 크	Rikard 리카르드, Kirsten 시르스텐, Kyndig 쉰디, Køyra 셰위라, lukt 룩트, Erik 에리크.
	kj	시*	—	Kjerschow 셰르쇼브, Kjerulf 셰룰프, Mikkjel 미셸.
	l	ㄹ, ㄹㄹ	ㄹ	Larvik 라르비크, Ålesund 올레순, sol 솔.
	m	ㅁ	ㅁ	Moss 모스, Trivandrum 트리반드룸.
	n	ㄴ	ㄴ	Namsos 남소스, konto 콘토.
	ng	ㅇ	ㅇ	Lange 랑에, Elling 엘링, tvang 트방.
	nk	ㅇㅋ	ㅇㅋ	ankel 앙켈, punkt 풍트, bank 방크.
	p	ㅍ	ㅂ, 프	pels 펠스, september 셉템베르, sopp 소프.
	qu	크ㅂ	—	Quisling 크비슬링.
	r	ㄹ	르	Ringvassøy 링바쇠위, Lillehammer 릴레함메르.
음	rl	ㄹㄹ	ㄹ	Øverland 외벨란.
	s	ㅅ	스	Namsos 남소스, Svalbard 스발바르.
	sch	시*	슈	Schæferhund 셰페르훈, Frisch 프리슈.
	sj	시*	—	Sjaastad 쇼스타, Sjoa 쇼아.
	sk	스ㅋ,	스크	skatt 스카트, Skienselv 시엔스엘브, skram 스크람, Ekofisk 에코피스크.
	skj	시*	—	Skjeggedalsfoss 셰게달스포스, Skjåk 쇼크.
	t	ㅌ	ㅅ, 트	metal 메탈, husets 후셋스, slet 슬레트, lukt 룩트.

	자모	한글		보 기
		모음앞	자음앞 어말	
자음			적지 않음. (어말 관사 et)	huset 후세, møtet 뫼테, taket 타케.
	th	ㅌ	트	Dorthe 도르테, Matthias 마티아스, Hjorth 요르트.
	tj	시*	—	tjern 셰른, tjue 슈에.
	v, w	ㅂ	브	varm 바름, Kjerschow 셰르쇼브.
모음	a	아		Hamar 하마르, Alta 알타.
	aa, å	오		Aall 올, Aasmund 오스문, Kåre 코레, Vesterålen 베스테롤렌, Vestvågøy 베스트보괴위 Ålesund 올레순.
	au	에우		haug 헤우, lauk 레우크, grauk 그레우크.
	æ	에		være 베레, Svolvær 스볼베르.
	e	에		esel 에셀, fare 파레.
	eg	에이, 에그		regn 레인, tegn 테인, negl 네일, deg 데그, egg 에그.
	ø	외, 에		Løken 뢰켄, Gjøvik 예비크, Bjørn 비에른.
	i	이		Larvik 라르비크, Narvik 나르비크.
	ie	이		Grieg 그리그, Nielsen 닐센, Lie 리.
	o	오		Lonin 로닌, bok 보크, bord 보르, fjorten 피오르텐.
	øg	외위		døgn 되윈, løgn 뢰윈.
	øy	외위		høy 회위, røyk 뢰위크, nøytral 뇌위트랄.
	u	우		Ålesund 올레순, Porsgrunn 포르스그룬.
	y	위		Stjernøy 스티에르뇌위, Vestvågøy 베스트보괴위.

*g, gj, j, lj의 '이'와 k, kj, sch, sj, sk, skj, tj의 '시'가 뒤따르는 모음과 결합할 때에는 합쳐서 한 음절로 적는다. 다만, j는 표기 세칙 제5항, 제12항을 따른다.

표 13 덴마크어 자모와 한글 대조표

	자모	한글 모음앞	한글 자음앞 어말	보기
자음	b	ㅂ	ㅂ, 브	Bornholm 보른홀름, Jacobsen 야콥센, Holstebro 홀스테브로.
	c	ㅋ, ㅅ	크	cafeteria 카페테리아, centrum 센트룸, crosset 크로세트.
	ch	시*	크	Charlotte 샤를로테, Brochmand 브로크만, Grønbechr 그뢴베크.
	d	ㄷ		Odense 오덴세, dansk 단스크, vendisk 벤디스크.
			적지 않음. (ds, dt, ld, nd, rd)	plads 플라스, Grundtvig 그룬트비, kridt 크리트, Lolland 롤란, Öresund 외레순, hård 호르.
			드 (ndr)	andre 안드레, vandre 반드레.
			드	dreng 드렝.
	f	ㅍ	프	Falster 팔스테르, flod 플로드, ruf 루프.
	g	ㄱ		give 기베, general 게네랄, gevær 게베르, hugge 후게.
			적지 않음 (어미 ig)	herlig 헤를리, Grundtvig 그룬트비.
			(u와 l 사이)	fugl 풀, kugle 쿨레,
			(borg, berg)	Nyborg 뉘보르, Frederiksberg 프레데릭스베르.
			그	magt 마그트, dug 두그.
	h	ㅎ	적지 않음	Helsingør 헬싱외르, Dahl 달.
	hj	이*	—	hjem 옘, hjort 요르트, Hjøring 예링.
	j	이*	—	Jensen 옌센, Esbjerg 에스비에르그, Skjern 스키에른.
	k	ㅋ	ㄱ, 크	København 쾨벤하운, køre 쾨레, Skære 스케레, Frederikshavn 프레데릭스하운, Holbæk 홀베크.
	l	ㄹ, ㄹㄹ	ㄹ	Lolland 롤란, Falster 팔스테르.
	m	ㅁ	ㅁ	Møn 묀, Bornholm 보른홀름.
	n	ㄴ	ㄴ	Rønne 뢰네, Fyn 퓐.
	ng	ㅇ	ㅇ	Helsingør 헬싱외르, Hjøring 예링.
	nk	ㅇㅋ	ㅇ크	ankel 앙켈, Munk 뭉크.

	자모	한 글		보 기
		모음앞	자음앞 어말	
자음	p	ㅍ	ㅂ, 프	hoppe 호페, september 셉템베르, spring 스프링, hop 호프.
	qu	크ㅂ	—	Taanquist 톤크비스트.
	r	ㄹ	르	Rønne 뢰네, Helsingør 헬싱외르.
	s, sc	ㅅ	스	Sorø 소뢰, Roskilde 로스킬레, Århus 오르후스, scene 세네.
	sch	시*	슈	Schæfer 셰페르.
	sj	시*	—	Sjælland 셸란, sjal 샬, sjus 슈스.
	t	ㅌ	ㅅ, 트	Tønder 퇴네르, stå 스토, vittig 비티, nattkappe 낫카페, træde 트레데, streng 스트렝, hat 하트, krudt 크루트.
	th	ㅌ	트	Thorshavn 토르스하운, Thisted 티스테드.
	v	ㅂ		Vejle 바일레, dvale 드발레, pulver 풀베르, rive 리베, lyve 뤼베, løve 뢰베.
		우(단모음 뒤)		doven 도우엔, hoven 호우엔, oven 오우엔, sove 소우에.
			적지 않음(lv)	halv 할, gulv 굴.
			우(av, æv, øv, ov, ev)	gravsten 그라우스텐, København 쾨벤하운, Thorshavn 토르스하운, jævn 예운, Støvle 스퇴울레, lov 로우, rov 로우, Hjelmslev 옐름슬레우.
		브		arv 아르브.
	x	ㄱㅅ	ㄱ스	Blixen 블릭센, sex 섹스.
	z	ㅅ	—	zebra 세브라.
모음	a	아		Falster 팔스테르, Randers 라네르스.
	æ	에		Næstved 네스트베드, træ 트레, fæ 페, mæt 메트.
	aa, a	오		Kierkegaard 키르케고르, Arhus 오르후스, las 로스.
	e	에		Horsens 호르센스, Brande 브라네.
	eg	아이		negl 나일, segl 사일, regn 라인.
	ej	아이		Vejle 바일레, Sejerø 사이에뢰.
	ø	외		Rønne 뢰네, Ringkøbing 링쾨빙, Sorø 소뢰.
	øg	오이		nøgle 노일레, øgle 오일레, løgn 로인, døgn 도인.

	자모	한글		보기
		모음앞	자음앞 어말	
모 음	øj	오이		Højer 호이에르, øje 오이에.
	i	이		Ribe 리베, Viborg 비보르.
	ie	이		Niels 닐스, Nielsen 닐센, Nielson 닐손.
	o	오		Odense 오덴세, Svendborg 스벤보르.
	u	우		Århus 오르후스, Toflund 토플룬.
	y	위		Fyn 퓐, Thy 튀.

*hj, j의 '이'와 sch, sj의 '시'가 뒤따르는 모음과 결합할 때에는 합쳐서 한 음절로 적는다. 다만, j는 표기 세칙 제5항을 따른다.

표 14 말레이인도네시아어 자모와 한글 대조표

	자모	한글		보기
		모음앞	자음앞 어말	
자 음	b	ㅂ	ㅂ, 브	Bali 발리, Abdul 압둘, Najib 나집, Bromo 브로모
	c	ㅊ	츠	Ceto 체토, Aceh 아체, Mac 마츠
	d	ㄷ	ㅅ, 드	Denpasar 덴파사르, Ahmad 아맛, Idris 이드리스
	f	ㅍ	ㅂ	Fuji 푸지, Arifin 아리핀, Jusuf 유숩
	g	ㄱ	ㄱ, 그	gamelan 가믈란, gudeg 구득, Nugroho 누그로호
	h	ㅎ	—	Halmahera 할마헤라, Johor 조호르, Ipoh 이포
	j	ㅈ	즈	Jambi 잠비, Majapahit 마자파힛, mikraj 미크라즈
	k	ㅋ	ㄱ, 크	Kalimantan 칼리만탄, batik 바틱, Krakatau 크라카타우
	kh	ㅎ	ㄱ, 크	khas 하스, akhbar 악바르, Fakhrudin 파크루딘
	l	ㄹ, ㄹㄹ	ㄹ	Lombok 롬복, Palembang 팔렘방, Bangsal 방살
	m	ㅁ	ㅁ	Maluku 말루쿠, bemo 베모, Iram 이람
	n	ㄴ	ㄴ	Nias 니아스, Sukarno 수카르노, Prambanan 프람바난
	ng	응	ㅇ	Ngarai 응아라이, bonang 보낭, Bandung 반둥
	p	ㅍ	ㅂ, 프	Padang 파당, Yap 얍, Suprana 수프라나
	q	ㅋ	ㄱ	furqan 푸르칸, Taufiq 타우픽
	r	ㄹ	르	ringgit 링깃, Rendra 렌드라, asar 아사르

	자모	한글		보기
		모음앞	자음앞 어말	
자음	s	ㅅ	스	Sabah 사바, Brastagi 브라스타기, Gemas 게마스
	t	ㅌ	ㅅ, 트	Timor 티모르, Jakarta 자카르타, Rahmat 라맛, Trisno 트리스노
	v	ㅂ	—	Valina 발리나, Eva 에바, Lovina 로비나
	x	ㅅ	—	xenon 세논
	z	ㅈ	즈	zakat 자캇, Azlan 아즐란, Haz 하즈
반모음	w	오, 우		Wamena 와메나, Badawi 바다위
	y	이		Yudhoyono 유도요노, Surabaya 수라바야
모음	a	아		Ambon 암본, sate 사테, Pancasila 판차실라
	e	에, 으		Ende 엔데, Ampenan 암페난, Pane 파네, empat 음팟, besar 브사르, gendang 근당
	i	이		Ibrahim 이브라힘, Biak 비악, trimurti 트리무르티
	o	오		Odalan 오달란, Barong 바롱, komodo 코모도
	u	우		Ubud 우붓, kulit 쿨릿, Dampu 담푸
이중모음	ai	아이		ain 아인, Rais 라이스, Jelai 즐라이
	au	아우		aula 아울라, Maumere 마우메레, Riau 리아우
	oi	오이		Amboina 암보이나, boikot 보이콧

표 15 타이어 자모와 한글 대조표

	로마자	타이어 자모	한글		보기
			모음앞	자음앞 어말	
자음	b	บ	ㅂ	ㅂ	baht 밧, Chonburi 촌부리, Kulab 꿀랍
	c	จ	ㅉ	—	Caolaw 짜올라우
	ch	ฉ	ㅊ	ㅅ	Chiang Mai 치앙마이, buach 부앗
		ช			
		ฌ			
	d	ฎ	ㄷ	ㅅ	Dindaeng 딘댕, Rad Burana 랏부라나, Samed 사멧
		ด			
	f	ฝ	ㅍ	—	Maefaluang 매팔루앙

	로마자	타이어 자모	한글		보기
			모음앞	자음앞 어말	
자음		ฟ			
	h	ห	ㅎ	—	He 헤, Lahu 라후, Mae Hong Son 매홍손
		ฮ			
	k	ก	ㄲ	ㄱ	Kaew 깨우, malako 말라꼬, Rak Mueang 락므앙, phrik 프릭
	kh	ข	ㅋ	ㄱ	Khaosan 카오산, lakhon 라콘, Caroenrachphakh 짜른랏팍
		ฃ			
		ค			
		ฅ			
		ฆ			
	l	ล	ㄹ, ㄹㄹ	ㄴ	lamyai 람야이, Thalang 탈랑, Sichol 시촌
		ฬ			
	m	ม	ㅁ	ㅁ	Maikhao 마이카오, mamuang 마무앙, khanom 카놈, Silom 실롬
	n	ณ	ㄴ	ㄴ	Nan 난, Ranong 라농, Arun 아룬, Huahin 후아힌
		น			
	ng	ง	응	ㅇ	nga 응아, Mongkut 몽꿋, Chang 창
	p	ป	ㅃ	ㅂ	Pimai 삐마이, Paknam 빡남, Nakhaprathip 나카쁘라팁
	ph	ผ	ㅍ	ㅂ	Phuket 푸껫, Phicit 피찟, Saithiph 사이팁
		พ			
		ภ			
	r	ร	ㄹ	ㄴ	ranat 라낫, thurian 투리안
	s	ซ	ㅅ	ㅅ	Siam 시암, Lisu 리수, Saket 사껫
		ศ			
		ษ			
		ส			
	t	ฏ	ㄸ	ㅅ	Tak 딱, Satun 사뚠, natsin 낫신, Phuket 푸껫
		ต			
	th	ฐ	ㅌ	ㅅ	Tham Boya 탐보야, Thon Buri 톤부리, thurian 투리안, song thaew 송태우,
		ฑ			
		ฒ			

	로마자	타이어 자모	한글 모음앞	한글 자음앞 어말	보기
자음		ภ			Pathumthani 빠툼타니, Chaiyawath 차이야왓
		ท			
		ธ			
반모음	y	ญ	이		lamyai 람야이, Ayutthaya 아유타야
		ย			
	w	ว	오, 우		Wan Songkran 완송끄란, Malaiwong 말라이웡, ong thaew 옹태우
모음	a	-ะ	아		Akha 아카, kapi 까삐, lang sad 랑삿, Phanga 팡아
		-า			
	e	เ-ะ	에, 예		Erawan 에라완, Akhane 아카네, Panare 빠나레
		เ-			
	i	-ิ	이		Sire 시레, linci 린찌, Krabi 끄라비, Lumphini 룸피니
		-ี			
	o	โ-ะ	오		khon 콘, Loi 로이, namdokmai 남독마이, Huaito 후아이또
		โ-			
		เ-าะ			
		-อ			
	u	-ุ	우		thurian 투리안, Chonburi 촌부리, Satun 사뚠
		-ู			
	ae	แ-ะ	애		kaeng daeng 깽댕, Maew 매우, Bangsaen 방샌, Kaibae 까이배
		แ-			
	oe	เ-อะ	으		Mai Mueangdoem 마이 므앙듬
		เ-อ			
	ue	-ึ	으		kaeng cued 깽쯧, Maeraphueng 매라픙, Buengkum 븡꿈
		-ื			

표 16 베트남어 자모와 한글 대조표

	자모	한글		보기
		모음앞	자음앞 어말	
자음	b	ㅂ	—	Bao 바오, bo 보
	c, k, q	ㄲ	ㄱ	cao 까오, khac 칵, kiêt 끼엣, lăk 락, quan 꽌
	ch	ㅉ	ㄱ	cha 짜, bach 박
	d, gi	ㅈ	—	duc 죽, Duương 즈엉, gia 자, giây 저이
	đ	ㄷ	—	đan 단, Đinh 딘
	g, gh	ㄱ	—	gai 가이, go 고, ghe 개, ghi 기
	h	ㅎ	—	hai 하이, hoa 호아
	kh	ㅋ	—	Khai 카이, khi 키
	l	ㄹ, ㄹㄹ	—	lâu 러우, long 롱, My Lay 밀라이
	m	ㅁ	ㅁ	minh 민, măm 맘, tôm 똠
	n	ㄴ	ㄴ	Nam 남, non 논, bun 분
	ng, ngh	응	ㅇ	ngo 응오, ang 앙, đông 동, nghi 응이, nghê 응에
	nh	니	ㄴ	nhât 녓, nhơn 년, minh 민, anh 아인
	p	ㅃ	ㅂ	put 뿟, chap 짭
	ph	ㅍ	—	Pham 팜, phơ 퍼
	r	ㄹ	—	rang 랑, rôi 로이
	s	ㅅ	—	sang 상, so 소
	t	ㄸ	ㅅ	tam 땀, têt 뗏, hat 핫
	th	ㅌ	—	thao 타오, thu 투
	tr	ㅉ	—	Trân 쩐, tre 쨰
	v	ㅂ	—	vai 바이, vu 부
	x	ㅆ	—	xanh 싸인, xeo 쌔오
모음	a	아		an 안, nam 남
	ă	아		ăn 안, Đăng 당, măc 막
	â	어		ân 언, cân 껀, lâu 러우
	e	애		em 앰, cheo 째오
	ê	에		êm 엠, chê 쩨, Huê 후에
	i	이		in 인, dai 자이
	y	이		yên 옌, quy 꾸이
	o	오		ong 옹, bo 보
	ô	오		ôm 옴, đông 동

	자모	한 글		보 기
		모음앞	자음앞 어말	
	ơ	어		ơn 언, sơn 선, mơi 머이
	u	우		um 움, cung 꿍
	ư	으		ưn 은, tư 뜨
이중모음	ia	이어		kia 끼어, ria 리어
	iê	이에		chiêng 찌엥, diêm 지엠
	ua	우어		lua 루어, mua 무어
	uô	우오		buôn 부온, quuô 꾸옥
	ưa	으어		cưa 끄어, mưa 므어, sưa 스어
	ươ	으어		rươu 르어우, phương 프엉

표 17 포르투갈어 자모와 한글 대조표

	자모	한 글		보 기
		모음앞	자음앞 어말	
자음	b	ㅂ	브	bossa nova 보사노바, Abreu 아브레우
	c	ㅋ, ㅅ	ㄱ	Cabral 카브랄, Francisco 프란시스쿠, aspecto 아스펙투
	ç	ㅅ	—	saraça 사라사, Eça 에사
	ch	시*	—	Chaves 샤베스, Espichel 이스피셸
	d	ㄷ, ㅈ	드	escudo 이스쿠두, Bernardim 베르나르딩, Dias 지아스(브)
	f	ㅍ	프	fado 파두, Figo 피구
	g	ㄱ, ㅈ	그	Saramago 사라마구, Jorge 조르즈, Portalegre 포르탈레그르, Guerra 게하
	h	—	—	Henrique 엔히크, hostia 오스티아
	j	ㅈ	—	Aljezur 알제주르, panja 판자
	l	ㄹ, ㄹㄹ	ㄹ, 우	Lisboa 리스보아, Manuel 마누엘, Melo 멜루, Salvador 사우바도르(브)
	lh	ㄹ리*	—	Coelho 코엘류, Batalha 바탈랴
	m	ㅁ	ㅁ, ㅇ	Moniz 모니스, Humberto 움베르투, Camocim 카모싱
	n	ㄴ	ㄴ, ㅇ	Natal 나탈, António 안토니우, Angola 앙골라,

	자모	한글		보기
		모음앞	자음앞 어말	
자				Rondon 혼동
	nh	니*	—	Marinha 마리냐, Matosinhos 마토지뉴스
	p	ㅍ	프	Pedroso 페드로주, Lopes 로페스, Prado 프라두
	q	ㅋ	—	Aquilino 아킬리누, Junqueiro 중케이루
	r	ㄹ, ㅎ	르	Freire 프레이르, Rodrigues 호드리게스, Cardoso 카르도주
	s	ㅅ, ㅈ	스, 즈	Salazar 살라자르, Barroso 바호주, Egas 에가스, mesmo 메즈무
	t	ㅌ, ㅊ	트	Tavira 타비라, Garrett 가헤트, Aracati 아라카치(브)
	v	ㅂ	—	Vicente 비센트, Oliveira 올리베이라
	x	시*, ㅈ	스	Xira 시라, exame 이자므, exportar 이스포르타르
	z	ㅈ	스	fazenda 파젠다, Diaz 디아스
	a	아		Almeida 알메이다, Egas 에가스
	e	에, 이, 으		Elvas 엘바스, escudo 이스쿠두, Mangualde 망구알드, Belmonte 베우몬치(브)
음	i	이		Amalia 아말리아, Vitorino 비토리누
	o	오, 우		Odemira 오데미라, Melo 멜루, Passos 파수스
	u	우		Manuel 마누엘, Guterres 구테흐스
	ai	아이		Sampaio 삼파이우, Cascais 카스카이스
	au	아우		Bauru 바우루, São Paulo 상파울루
이	ãe	앙이		Guimarães 기마랑이스, Magalhães 마갈량이스
	ão	앙		Durão 두랑, Fundão 푼당
중	ei	에이		Ribeiro 히베이루, Oliveira 올리베이라
	eu	에우		Abreu 아브레우, Eusebio 에우제비우
모	iu	이우		Aeminium 아에미니웅, Ituiutaba 이투이우타바
	oi	오이		Coimbra 코임브라, Goiás 고이아스
음	ou	오		Lousã 로장, Mogadouro 모가도루
	õe	옹이		Camões 카몽이스, Pilões 필롱이스
	ui	우이		Luis 루이스, Cuiabá 쿠이아바

* ch의 '시', lh의 '리', nh의 '니', x의 '시'가 뒤따르는 모음과 결합할 때에는 합쳐서 한 음절로 적는다.

* k, w, y는 외래어나 외래어에서 파생된 포르투갈식 어휘 또는 국제적으로 통용되는 약자나 기호의 표기에서 사용되는 것으로 포르투갈어 알파벳에 속하지 않으므로 해당 외래어 발음에 가깝게 표기한다.
* (브)는 브라질 포르투갈어에 적용되는 표기이다.

표 18 네덜란드어 자모와 한글 대조표

	자모	한글		보기
		모음앞	자음앞 어말	
자음	b	ㅂ	ㅂ, 브, 프	Borst 보르스트, Bram 브람, Jacob 야코프
	c	ㅋ	ㄱ, 크	Campen 캄펀, Nicolaas 니콜라스, topic 토픽, scrupel 스크뤼펄
		ㅅ		cyaan 시안, Ceelen 세일런
	ch	ㅎ	흐	Volcher 폴허르, Utrecht 위트레흐트
	d	ㄷ	ㅅ, 드, 트	Delft 델프트, Edgar 엣하르, Hendrik 헨드릭, Helmond 헬몬트
	f	ㅍ	프	Flevoland 플레볼란트, Graaf 흐라프
	g	ㅎ	흐	Goes 후스, Limburg 림뷔르흐
	h	ㅎ	—	Heineken 헤이네컨, Hendrik 헨드릭
	j	이*	—	Jongkind 용킨트, Jan 얀, Jeroen 예룬
	k	ㅋ	ㄱ, 크	Kok 콕, Alkmaar 알크마르, Zierikzee 지릭제이
	kw (qu)	크 ㅂ	—	kwaliteit 크발리테이트, kwellen 크벨런, kwitantie 크비탄시
	l	ㄹ, ㄹㄹ	ㄹ	Lasso 라소, Friesland 프리슬란트, sabel 사벌
	m	ㅁ	ㅁ	Meerssen 메이르선, Zalm 잘름
	n	ㄴ	ㄴ	Nijmegen 네이메헌, Jansen 얀선
	ng	ㅇ	ㅇ	Inge 잉어, Groningen 흐로닝언
	p	ㅍ	ㅂ, 프	Peper 페퍼르, Kapteyn 캅테인, Koopmans 코프만스
	r	ㄹ	르	Rotterdam 로테르담, Asser 아서르
	s	ㅅ	스	Spinoza 스피노자, Hals 할스
	sch	ㅅㅎ	스	Schiphol 스히폴, Escher 에스허르, typisch 티피스
	sj	시*	시	sjaal 샬, huisje 하위셔, ramsj 람시, fetisj 페티시
	t	ㅌ	ㅅ, 트	Tinbergen 틴베르헌, Gerrit 헤릿, Petrus 페트뤼스
	ts	ㅊ	츠	Aartsen 아르천, Beets 베이츠
	v	ㅂ, ㅍ	브	Veltman 펠트만, Einthoven 에인트호번,

	자모	한 글		보 기
		모음앞	자음앞 어말	
자음	w	ㅂ	—	Weltevree 벨테브레이 Wim 빔
	y	이	이	cyaan 시안, Lyonnet 리오넷, typisch 티피스, Verwey 페르베이
	z	ㅈ	—	Zeeman 제이만, Huizinga 하위징아
모음	a	아		Asser 아서르, Frans 프란스
	e	에, 어		Egmont 에흐몬트, Frederik 프레데릭, Heineken 헤이네컨, Lubbers 뤼버르스, Campen 캄펀
	i	이		Nicolaas 니콜라스, Tobias 토비아스
	ie	이		Pieter 피터르, Vries 프리스
	o	오		Onnes 오너스, Vondel 폰덜
	oe	우		Boer 부르, Boerhaave 부르하버
	u	위		Utrecht 위트레흐트, Petrus 페트뤼스
	eu	외		Europort 외로포르트, Deurne 되르너
	uw	위		ruw 뤼, duwen 뒤언, Euwen 에위언
이중모음	ou(w), au(w)	아우		Bouts 바우츠, Bouwman 바우만, Paul 파울, Lauwersmeer 라우에르스메이르
	ei, ij	에이		Heike 헤이커, Bolkestein 볼케스테인, Ijssel 에이설
	ui(uy)	아위		Huizinga 하위징아, Zuid-Holland 자위트홀란트, Buys 바위스
	aai	아이		draaien 드라이언, fraai 프라이, zaait 자이트, Maaikes 마이커스
	ooi	오이		Booisman 보이스만, Hooites 호이터스
	oei	우이		Boeijinga 부잉아, moeite 무이터
	eeuw	에이우		Leeuwenhoek 레이우엔훅, Meeuwes 메이우어스
	ieuw	이우		Lieuwma 리우마, Rieuwers 리우어르스

* j의 '이', sj의 '시'가 뒤따르는 모음과 결합할 때에는 합쳐서 한 음절로 적는다.

표 19 러시아어 자모와 한글 대조표

	로마자	러시아어 자모	한글			보기
			모음앞	자음앞	어말	
자음	b	б	ㅂ	ㅂ, 브	프	Bolotov(Болотов) 볼로토프, Bobrov(Бобров) 보브로프, Kurbskii(Курбский)쿠릅스키, Gleb(Глеб) 글레프
	ch	ч	ㅊ	치		Goncharov(Гончаров) 곤차로프, Manechka(Манечка) 마네치카, Yakubovich(Якубович) 야쿠보비치
	d	д	ㄷ	ㅅ, 드	트	Dmitrii(Дмитрий) 드미트리, Benediktov(Бенедиктов) 베네딕토프, Nakhodka(Находка) 나홋카, Voskhod(Восход) 보스호트
	f	ф	ㅍ	ㅂ, 프	프	Fyodor(Фёдор) 표도르, Yefremov(Ефремов) 예프레모프, Iosif(Иосиф) 이오시프
	g	г	ㄱ	ㄱ, 그	크	Gogol' (Гоголв) 고골, Musorgskii(Мусоргский) 무소륵스키, Bogdan(Богдан) 보그단, Andarbag(Андарбаг) 안다르바크
	kh	х	ㅎ	흐		Khabarovsk(Хабаровск) 하바롭스크, Akhmatova(Ахматова) 아흐마토바, Oistrakh(Ойстрах) 오이스트라흐
	k	к	ㅋ	ㄱ, 크	크	Kalmyk(Калмык) 칼미크, Aksakov(Аксаков) 악사코프, Kvas(Квас) 크바스, Vladivostok(Владивосток) 블라디보스토크
	l	л	ㄹ, ㄹㄹ	ㄹ		Lenin(Ленин) 레닌, Nikolai(Николай) 니콜라이, Krylov(Крылов) 크릴로프, Pavel(Павел) 파벨
	m	м	ㅁ	ㅁ, 므	ㅁ	Mikhaiil(Михаийл) 미하일, Maksim(Максим) 막심,

	로마자	러시아어 자모	한글 모음앞	한글 자음앞	한글 어말	보기
						Mtsensk(Мценск) 므첸스크
	n	н	ㄴ	ㄴ		Nadya(Надя) 나댜, Stefan(Стефан) 스테판
	p	п	ㅍ	ㅂ, 프	프	Pyotr(Пётр) 표트르, Rostopchina(Ростопчина) 로스톱치나, Pskov(Псков) 프스코프, Maikop(Майкоп) 마이코프
자	r	р	ㄹ	르		Rybinsk(Рыбинск) 리빈스크, Lermontov(Лермонтов) 레르몬토프, Artyom(Артём) 아르툠
	s	с	ㅅ	스		Vasilii(Василий) 바실리, Stefan(Стефан) 스테판, Boris(Борис) 보리스
	sh	ш	시*	시		Shelgunov(Шелгунов) 셸구노프, Shishkov(Шицков) 시시코프
	shch	щ	시*	시		Shcherbakov(Щербаков) 셰르바코프, Shchirets(Щирец) 시레츠, borshch(борщ) 보르시
	t	т	ㅌ	ㅅ, 트	트	Taťyana(Татьяна) 타티야나, Khvatkov(Хватков) 흐밧코프, Tveŕ(Тверь) 트베리, Buryat(Бурят) 부랴트
	tch	тч	ㅊ	—		Gatchina(Гатчина) 가치나, Tyutchev(Тютчев) 튜체프
음	ts	ц тс	ㅊ	츠		Kapitsa(Капица) 카피차, Tsvetaeva(Цветаева) 츠베타예바, Bryatsk(Брятск) 브랴츠크, Yakutsk(Якутск) 야쿠츠크
	v	в	ㅂ	ㅂ, 브	프	Verevkin(Веревкин) 베렙킨, Dostoevskii(Достоевский) 도스토옙스키, Vladivostok(Влаливосток) 블라디보스토크, Markov(Марков) 마르코프
	z	з	ㅈ	즈, 스	스	Zaichev(Зайчев) 자이체프, Kuznetsov(Кузнецов) 쿠즈네초프,

	로마자	러시아어 자모	한글			보기
			모음앞	자음앞	어말	
자음						Agryz(Агрыз) 아그리스
	zh	ж	ㅈ	즈, 시	시	Zhadovskaya(Жадовская) 자돕스카야, Zhdanov(Жданов) 즈다노프, Luzhkov(Лужков) 루시코프, Kebezh(Кебеж) 케베시
	j/i	й	이	이		Yurii(Юрий)유리, Andrei(Андрей) 안드레이, Belyi(Белый)벨리
모음	a	а	아			Aksakov(Аксаков) 악사코프, Abakan(Абакан) 아바칸
	e	е	에, 예			Petrov(Петров) 페트로프, Evgenii(Евгений) 예브게니,
		э				Alekseev(Алексеев) 알렉세예프, Ertel'(Эртель) 예르텔
	i	и	이			Ivanov(Иванов) 이바노프, Iosif(Иосиф) 이오시프
	o	о	오			Khomyakov(Хомяков) 호먀코프, Oka(Оак) 오카
	u	у	우			Ushakov(Ушаков) 우샤코프, Sarapul(Сарапул) 사라풀
	y	ы	이			Saltykov(Салтыков) 살티코프, Kyra(Кыра) 키라, Belyi(Белый)벨리
	ya	я	야			Yasinskii(Ясинский) 야신스키, Adygeya(Адыгея) 아디게야
	yo	ё	요			Solov'yov(Соловьёв) 솔로비요프, Artyom(Артём) 아르툠
	yu	ю	유			Yurii(Юрий) 유리, Yurga(Юрга) 유르가

* sh(щ), shch(щ)의 '시'가 뒤따르는 모음과 결합할 때에는 합쳐서 한 음절로 적는다.

제3장 표기 세칙

외래어를 한글로 표기하는 데 필요한 기본적인 줄거리는 앞에 보인 대조표들로 정리가 된 셈이다. 그러나 개별 언어에는 그 언어들 나름대로의 특수한 사정들이 있기 때문에 본 《외래어 표기법》에서는 제3장에 각 언어마다의 표기 세칙을 두어 그 특수성들을 표기에 반영하도록 하였다. 앞의 한글과의 대조표와 달리 영어, 독어, 프랑스 어 등의 표기에 관하여 세칙을 둔 것은, 국제 음성 기호가 그들 언어의 한글 표기에 토대가 된다고는 하더라도 각 언어마다의 특수한 발음들이 있기 때문이다.

제1절 영어의 표기

표 1에 따라 적되, 다음 사항에 유의하여 적는다.

제1항 무성 파열음([p], [t], [k])

1. 짧은 모음 다음의 어말 무성 파열음([p], [t], [k])은 받침으로 적는다.

【보기】 gap[gæp] 갭　　cat[kæt] 캣
book[buk] 북

2. 짧은 모음과 유음 · 비음([l], [r], [m], [n]) 이외의 자음 사이에 오는 무성 파열음([p], [t], [k])은 받침으로 적는다.

【보기】 apt[æpt] 앱트　　setback[setbæk] 셋백
act[ækt] 액트

3. 위 경우 이외의 어말과 자음 앞의 [p], [t], [k]는 '으'를 붙여 적는다.

【보기】 stamp[stæmp] 스탬프　　cape[keip] 케이프
nest[nest] 네스트　　part[pa:t] 파트
desk[desk] 데스크　　make[meik] 메이크
apple[æpl] 애플　　mattress[mætris] 매트리스
chipmunk[tʃipmʌŋk] 치프멍크　　sickness[siknis] 시크니스

제2항 유성 파열음([b], [d], [g])

어말과 모든 자음 앞에 오는 유성 파열음은 '으'를 붙여 적는다.

【보기】 bulb[bʌlb] 벌브 land[lænd] 랜드
zigzag[zigzæg] 지그재그 lobster[lɔbstə] 로브스터
kidnap[kidnæp] 키드냅 signal[signəl] 시그널

제3항 마찰음([s], [z], [f], [v], [θ], [ð], [ʃ], [ʒ])

1. 어말 또는 자음 앞의 [s], [z], [f], [v], [θ], [ð]는 '으'를 붙여 적는다.

【보기】 mask[mɑːsk] 마스크 jazz[dʒæz] 재즈
graph[græf] 그래프 olive[ɔliv] 올리브
thrill[θril] 스릴 bathe[beið] 베이드

2. 어말의 [ʃ]는 '시'로 적고, 자음 앞의 [ʃ]는 '슈'로, 모음 앞의 [ʃ]는 뒤따르는 모음에 따라 '샤', '섀', '셔', '셰', '쇼', '슈', '시'로 적는다.

【보기】 flash[flæʃ] 플래시 shrub[ʃrʌb] 슈러브
shark[ʃɑːk] 샤크 shank[ʃæŋk] 섕크
fashion[fæʃən] 패션 sheriff[ʃerif] 셰리프
shopping[ʃɔpiŋ] 쇼핑 shoe[ʃuː] 슈
shim[ʃim] 심

3. 어말 또는 자음 앞의 [ʒ]는 '지'로 적고, 모음 앞의 [ʒ]는 'ㅈ'으로 적는다.

【보기】 mirage[mirɑːʒ] 미라지 vision[viʒən] 비전

제4항 파찰음([ts], [dz], [tʃ], [dʒ])

1. 어말 또는 자음 앞의 [ts], [dz]는 '츠', '즈'로 적고, [tʃ], [dʒ]는 '치', '지'로 적는다.

【보기】 Keats[kiːs] 키츠 odds[ɔdz] 오즈
swich[switʃ] 스위치 bridge[bridʒ] 브리지
Pittsburgh[pitsbəːg] 피츠버그 hitchhike[hitʃhaik] 히치하이크

2. 모음 앞의 [tʃ], [dʒ]는 'ㅊ', 'ㅈ'으로 적는다.

【보기】 chart[tʃaːt] 차트 vigin[vəːdʒin] 버진

제5항 비음([m], [n], [ŋ])

1. 어말 또는 자음 앞의 비음은 모두 받침으로 적는다.

【보기】 steam[stiːm] 스팀 corn[kɔːn] 콘
ring[riŋ] 링 lamp[læmp] 램프

hint[hint] 힌트 ink[iŋk] 잉크

2. 모음과 모음 사이의 [ŋ]은 앞 음절의 받침 'ㅇ'으로 적는다.

【보기】 hanging[hæŋiŋ] 행잉 longing[lɔŋiŋ] 롱잉

제6항 유음([l])

1. 어말 또는 자음 앞의 [l]은 받침으로 적는다.

【보기】 hotel[houtel] 호텔 pulp[pʌlp] 펄프

2. 어중의 [l]이 모음 앞에 오거나, 모음이 따르지 않는 비음([m], [n]) 앞에 올 때에는 'ㄹㄹ'로 적는다. 다만, 비음([m], [n]) 뒤의 [l]은 모음 앞에 오더라도 'ㄹ'로 적는다.

【보기】 slide[slaid] 슬라이드 film[film] 필름
helm[helm] 헬름 swoln[swouln] 스월른
Hamlet[hæmlit] 햄릿 Henley[henli] 헨리

제7항 장모음

장모음의 장음은 따로 표기하지 않는다.

【보기】 team[tiːm] 팀 route[ruːt] 루트

제8항 중모음([ai], [au], [ei], [ɔi], [ou], [auə])

중모음은 각 단모음의 음가를 살려서 적되, [ou]는 '오'로, [auə]는 '아워'로 적는다.

【보기】 time[taim] 타임 house[haus] 하우스
skate[skeit] 스케이트 oil[ɔil] 오일
boat[bout] 보트 tower[tauə] 타워

제9항 반모음([w], [j])

1. [w]는 뒤따르는 모음에 따라 [wə], [wɔ], [wou]는 '워', [wɑ]는 '와', [wæ]는 '왜', [we]는 '웨', [wi]는 '위', [wu]는 '우'로 적는다.

【보기】 word[wəːd] 워드 want[wɔnt] 원트
woe[wou] 워 wander[wɑndə] 완더
wag[wæg] 왜그 west[west] 웨스트
with[witʃ] 위치 wool[wul] 울

2. 자음 뒤에 [w]가 올 때에는 두 음절로 갈라 적되, [gw], [hw], [kw]는 한 음절로 붙여 적는다.

【보기】 swing[swiŋ] 스윙 twist[twist] 트위스트

penguin[peŋgwin] 펭귄 whistle[hwisl] 휘슬
quarter[kwɔːtə] 쿼터

3. 반모음 [j]는 뒤따르는 모음과 합쳐 '야', '얘', '여', '예', '요', '유', '이'로 적는다. 다만, [d], [l], [n] 다음에 [jə]가 올 때에는 각각 '디어', '리어', '니어'로 적는다.

【보기】 yard[jɑːd] 야드 yank[jæŋk] 얭크
yearn[jəːn] 연 yellow[jelou] 옐로
yawn[jɔːn] 욘 you[juː] 유
year[jiə] 이어
Indian[indjən] 인디언 battalion[bətæljən] 버탤리언
union[juːnjən] 유니언

제10항 복합어

1. 따로 설 수 있는 말의 합성으로 이루어진 복합어는 그것을 구성하고 있는 말이 단독으로 쓰일 때의 표기대로 적는다.

【보기】 cuplike[kʌplaik] 컵라이크
bookend[bukend] 북엔드
headlight[hedlait] 헤드라이트
touchwood[tʌtʃwud] 터치우드
sit-in[sitin] 싯인
bookmaker[bukmeikə] 북메이커
flashgun[flæʃgʌn] 플래시건
topknot[tɔpnɔt] 톱놋

2. 원어에서 띄어 쓴 말은 띄어 쓴 대로 한글 표기를 하되 붙여 쓸 수도 있다.

【보기】 Los Alamos[lɔsæləmous] 로스 앨러모스/로스앨러모스
top class[tɔpklæs] 톱 클래스/톱클래스

제 2 절 독일어의 표기

표 1을 따르고 제1절(영어의 표기 세칙)을 준용한다. 다만, 독일어의 독특한 것은 그 특징을 살려서 다음과 같이 적는다.

제1항 [r]

1. 자음 앞의 [r]는 '으'를 붙여 적는다.

【보기】 Hormon [hɔrmoːn] | Hermes [hɛrmɛs] 헤르메스

2. 어말의 [r]와 '-er[ər]'는 '어'로 적는다.

【보기】 Herr [hɛr] 헤어 | Razur [razuːr] 라주어

Tür [tyːr] 튀어 | Ohr [oːr] 오어

Vater [faːtər] 파터 | Schiller [ʃilər] 실러

3. 복합어 및 파생어의 선행 요소가 [r]로 끝나는 경우는 2의 규정을 준용한다.

【보기】 verarbeiten [fɛrarbaitən] 페어아르바이텐

zerknirschen [tsɛrknirʃən] 체어크니르셴

Fürsorge [fyːrzorgə] 퓌어조르게

Vorbild [foːrbilt] 포어빌트

außerhalb [ausərhalp] 아우서할프

Urkunde [uːrkundə] 우어쿤데

Vaterland [faːtərlant] 파터란트

제2항 어말의 파열음은 '으'를 붙여 적는 것을 원칙으로 한다.

【보기】 Rostock [rɔstɔk] 로스토크 | Stadt [ʃtat] 슈타트

제3항 철자 'berg', 'burg'는 '베르크', '부르크'로 통일해서 적는다.

【보기】 Heidelberg [haidəlbɛrk, -bɛrç] 하이델베르크

Hamburg [hamburk, -burç] 함부르크

제4항 [ʃ]

1. 어말 또는 자음 앞에서는 '슈'로 적는다.

【보기】 Mensch [menʃ] 멘슈 | Mischling [miʃliŋ] 미슐링

2. [y], [ø] 앞에서는 'ㅅ'으로 적는다.

【보기】 Schüler [ʃyːlər] 쉴러 | schön [ʃøːn] 쇤

3. 그 밖의 모음 앞에서는 뒤따르는 모음에 따라 '샤, 쇼, 슈' 등으로 적는다.

【보기】 Schatz [ʃats] 샤츠 | schon [ʃoːn] 숀

Schule [ʃuːlə] 슐레 | Schelle [ʃɛlə] 셸레

제5항 [ɔy]로 발음되는 äu, eu는 '오이'로 적는다.

【보기】 läuten [lɔytən] 로이텐 | Fräulein [frɔylain] 프로일라인

Europa[ɔyro:pa] 오이로파　　　Freundin[frɔyndin] 프로인딘

제3절 프랑스어의 표기

표 1에 따르고 제1절(영어의 표기 세칙)을 준용한다. 다만, 프랑스어의 독특한 것은 그 특징을 살려서 다음과 같이 적는다.

제1항 파열음([p], [t], [k]; [b], [d], [g])

1. 어말에서는 '으'를 붙여서 적는다.

【보기】 soup[sup] 수프　　　tête[tɛt] 테트
avec[avɛk] 아베크　　　baobab[baɔbab] 바오바브
ronde[rɔ̃:d] 롱드　　　bague[bag] 바그

2. 구강 모음과 무성 자음 사이에 오는 무성 파열음('구강 모음+무성 파열음+무성 파열음 또는 무성 마찰음'의 경우)은 받침으로 적는다.

【보기】 septembre[sɛptɑ̃:br] 셉탕브르　　　apte[apt] 압트
octobre[ɔktɔbr] 옥토브르　　　action[aksjɔ̃] 악시옹

제2항 마찰음([ʃ], [ʒ])

1. 어말과 자음 앞의 [ʃ], [ʒ]는 '슈', '주'로 적는다.

【보기】 manche[mɑ̃:ʃ] 망슈　　　piège[pjɛ:ʒ] 피에주
acheter[aʃte] 아슈테　　　dégeler[deʒle] 데줄레

2. [ʃ]가 [ə], [w] 앞에 올 때에는 뒤따르는 모음과 합쳐 '슈'로 적는다.

【보기】 chemise[ʃəmi:z] 슈미즈　　　chevalier[ʃəvalje] 슈발리에
choix[ʃwa] 슈아　　　chouette[ʃwɛt] 슈에트

3. [ʃ]가 [y], [œ], [ø] 및 [j], [ɥ], 앞에 올 때에는 'ㅅ'으로 적는다.

【보기】 chute[ʃyt] 쉬트　　　chuchoter[ʃyʃɔte] 쉬쇼테
pêcheur[pɛʃœ:r] 페쇠르　　　shunt[ʃœ̃:t] 쇵트
fâcheux[faʃø] 파쇠　　　chien[ʃjɛ̃] 시앵
chuinter[ʃɥɛ̃te] 쉬앵테

제3항 비자음(ɲ)

1. 어말과 자음 앞의 [ɲ]는 '뉴'로 적는다.

【보기】 campagne[kɑ̃paɲ] 캉파뉴　　　dignement[diɲmɑ̃] 디뉴망

2. [ɲ]가 '아, 에, 오, 우' 앞에 올 때에는 뒤따르는 모음과 합쳐 '냐, 네, 뇨, 뉴'로 적는다.

【보기】 saignant[sɛɲɑ̃] 세냥 peigner[peɲe] 페녜
agneau[aɲo] 아뇨 mignon[miɲɔ̃] 미뇽

3. [ɲ]가 [ə], [w] 앞에 올 때에는 뒤따르는 소리와 합쳐 '뉴'로 적는다.

【보기】 lorgnement[lɔrɲəmɑ̃] 로르뉴망 baignoire[bɛɲwa:r] 베뉴아르

4. 그 밖의 [ɲ]는 'ㄴ'으로 적는다.

【보기】 magnifique[maɲifik] 마니피크 guignier[giɲje] 기니에
gagneur[gaɲœ:r] 가뇌르 montagneux[mɔ̃taɲø] 몽타뇌
peignures[pɛɲy:r] 페뉘르

제4항 반모음 [j]

1. 어말에 올 때에는 '유'로 적는다.

【보기】 Marseille[marsɛj] 마르세유 taille[tɑ:j] 타유

2. 모음 사이의 [j]는 뒤따르는 모음과 합쳐 '예, 옝, 야, 양, 요, 용, 유, 이' 등으로 적는다. 단, 뒷 모음이 [ø], [œ]일 때에는 '이'로 적는다.

【보기】 payer[peje] 페예 billet[bijɛ] 비예
moyen[mwajɛ̃] 무아옝 pleiade[plejad] 플레야드
ayant[ɛjɑ̃] 에양 noyau[nwajo] 누아요
crayon[krɛjɔ̃] 크레용 voyou[vwaju] 부아유
cueillir[kœji:r] 쾨이르 aïeul[ajœl] 아이욀
aïeux[ajø] 아이외

3. 그 밖의 [j]는 '이'로 적는다.

【보기】 hier[jɛ:r] 이에르 Montesquieu[mɔ̃tɛ̃skjø] 몽테스키외
champion[ʃɑ̃pjɔ̃] 샹피옹 diable[djɑ:bl] 디아블

제5항 반모음 [w]

[w]는 '우'로 적는다.

【보기】 alouette[alwɛt] 알루에트 douane[dwan] 두안
quoi[kwa] 쿠아 toi[twa] 투아

제4절 에스파냐어의 표기

표 2에 따라 적되, 다음과 같은 특징을 살려서 적는다.

제1항 gu, qu

gu, qu는 i, e 앞에서는 각각 'ㄱ, ㅋ'으로 적고, o 앞에서는 '구, 쿠'로 적는다. 다만 a 앞에서는 그 a와 합쳐 '과, 콰'로 적는다.

【보기】 guerra 게라 / queso 케소
Guipuzcoa 기푸스코아 / quisquilla 키스키야
antiguo 안티구오 / Quórum 쿠오룸
Nicaragua 니카라과 / Quarai 콰라이

제2항 같은 자음이 겹치는 경우에는 겹치지 않은 경우와 같이 적는다. 단, -cc-는 'ㄱㅅ'으로 적는다.

【보기】 carrera 카레라 / carretera 카레테라
accion 악시온

제3항 c, g

c와 g 다음에 모음 e와 i가 올 때에는 c는 'ㅅ'으로, g는 'ㅎ'으로 적고, 그 외는 'ㅋ'과 'ㄱ'으로 적는다.

【보기】 Cecilia 세실리아 / cifra 시프라
georgico 헤오르히코 / giganta 히간타
coquito 코키토 / gato 가토

제4항 x

x가 모음 앞에 오되, 어두일 때에는 'ㅅ'으로 적고, 어중일 때에는 'ㄱㅅ'으로 적는다.

【보기】 xilofono 실로포노 / laxante 락산테

제5항 l

어말 또는 자음 앞의 l은 받침 'ㄹ'로 적고, 어중의 l이 모음 앞에 올 때에는 'ㄹㄹ'로 적는다.

【보기】 ocal 오칼 / colcren 콜크렌
blandon 블란돈 / Cecilia 세실리아

제6항 nc, ng

c와 g 앞에 오는 n은 받침 'ㅇ'으로 적는다.

【보기】 blanco 블랑코 yungla 융글라

제5절 이탈리아어의 표기

표 3에 따르고, 다음과 같은 특징을 살려서 적는다.

제1항 gl

i 앞에서는 'ㄹㄹ'로 적고, 그 밖의 경우에는 '글ㄹ'로 적는다.

【보기】 paglia 팔리아 egli 엘리
gloria 글로리아 glossa 글로사

제2항 gn

뒤따르는 모음과 합쳐 '냐', '녜', '뇨', '뉴', '니'로 적는다.

【보기】 montagna 몬타냐 gneiss 녜이스
gnocco 뇨코 gnu 뉴
ogni 오니

제3항 sc

sce는 '셰'로, sci는 '시'로 적고, 그 밖의 경우에는 '스ㅋ'으로 적는다.

【보기】 crescendo 크레셴도 scivolo 시볼로
Tosca 토스카 scudo 스쿠도

제4항 같은 자음이 겹쳤을 때에는 겹치지 않은 경우와 같이 적는다. 다만, -mm-, -nn-의 경우는 'ㅁㅁ', 'ㄴㄴ'으로 적는다.

【보기】 Puccini 푸치니 buffa 부파
allegretto 알레그레토 carro 카로
rosso 로소 Abruzzo 아브루초
gomma 곰마 bisnonno 비스논노

제5항 c, g

1. c와 g는 e, i 앞에서는 각각 'ㅊ', 'ㅈ'으로 적는다.

【보기】 cenere 체네레 genere 제네레
cima 치마 gita 지타

2. c와 g 다음에 ia, io, iu가 올 때에는 각각 '차, 초, 추', '자, 조, 주'로 적는다.

【보기】 caccia 카차　　micio 미초
ciuffo 추포　　giardino 자르디노
giorno 조르노　　giubba 주바

제6항 qu

qu는 뒤따르는 모음과 합쳐 '콰, 퀘, 퀴' 등으로 적는다. 다만, o 앞에서는 '쿠'로 적는다.

【보기】 soqquadro 소콰드로　　quello 퀠로
quieto 퀴에토　　quota 쿠오타

제7항 l, ll

어말 또는 자음 앞의 l, ll은 받침으로 적고, 어중의 l, ll이 모음 앞에 올 때에는 'ㄹㄹ'로 적는다.

【보기】 sol 솔　　polca 폴카
Carlo 카를로　　quello 퀠로

제6절 일본어의 표기

표 4에 따르고, 다음 사항에 유의하여 적는다.

제1항 촉음(促音) 〔ッ〕는 'ㅅ'으로 통일해서 적는다.

【보기】 サッポロ 삿포로　　トットリ 돗토리　　ヨッカイチ 욧카이치

제2항 장모음

장모음은 따로 표기하지 않는다.

【보기】 キュウツュウ(九州) 규슈　　ニイガタ(新潟) 니가타
トウキョウ(東京) 도쿄　　オオサカ(大阪) 오사카

제7절 중국어의 표기

표 5에 따르고, 다음 사항에 유의하여 적는다.

제1항 성조는 구별하여 적지 아니한다.

제2항 'ㅈ, ㅉ, ㅊ'으로 표기되는 자음(ㄐ, ㄓ, ㄗ, ㄑ, ㄔ, ㄘ) 뒤의 'ㅑ, ㅖ, ㅛ, ㅠ' 음은 'ㅏ, ㅔ, ㅗ, ㅜ'로 적는다.

【보기】 ㄐㄧㄚ 쟈→자　　　ㄐㄧㄝ 졔→제

제8절 폴란드어의 표기

표 6에 따르고, 다음과 같은 특징을 살려서 적는다.

제1항 k, p

어말과 유성 자음 앞에서는 '으'를 붙여 적고, 무성 자음 앞에서는 받침으로 적는다.

【보기】 zamek 자메크　　　mokry 모크리

Słupsk 스웁스크

제2항 b, d, g

1. 어말에 올 때에는 '프', '트', '크'로 적는다.

【보기】 od 오트

2. 유성 자음 앞에서는 '브', '드', '그'로 적는다.

【보기】 zbrodnia 즈브로드니아

3. 무성 자음 앞에서 b, g는 받침으로 적고, d는 '트'로 적는다.

【보기】 Grabski 그랍스키　　　odpis 오트피스

제3항 w, z, ź, dz, ż, rz, sz

1. w, z, ź, dz 가 무성 자음 앞이나 어말에 올 때에는 '프, 스, 시, 츠'로 적는다.

【보기】 zabawka 자바프카　　　obraz 오브라스

2. ż, rz는 모음 앞에 올 때에는 'ㅈ'으로 적되 앞의 자음이 무성 자음일 때에는 '시'로 적는다. 유성 자음 앞에 올 때에는 '주', 무성 자음 앞에 올 때에는 '슈', 어말에 올 때에는 '시'로 적는다.

【보기】 Rzeszeów 제슈프　　　Przemyśl 프셰미실

grzmot 그주모트　　　łóżko 우슈코

pęcherz 펭헤시

3. sz는 자음 앞에서는 '슈', 어말에서는 '시'로 적는다.

【보기】 koszt 코슈트 kosz 코시

제4항 ł

1. ł는 뒤따르는 모음과 결합할 때 합쳐서 적는다(lo는 '워'로 적는다). 다만 자음 뒤에 올 때에는 두 음절로 갈라 적는다.

【보기】 łono 워노 głowa 그워바

2. ół는 '우'로 적는다.

【보기】 przjyaciół 프시야치우

제5항 l

어중의 l이 모음 앞에 올 때에는 'ㄹㄹ'로 적는다.

【보기】 olej 올레이

제6항 m

어두의 m이 l, r 앞에 올 때에는 '으'를 붙여 적는다.

【보기】 mleko 믈레코 mrowka 므루프카

제7항 ę

ę은 '엥'으로 적는다. 다만 어말의 ę는 '에'로 적는다.

【보기】 ręka 렝카 proszę 프로셰

제8항 'ㅈ', 'ㅊ'으로 표기되는 자음(c, z) 뒤의 이중 모음은 단모음으로 적는다.

【보기】 stacja 스타차 fryzjer 프리제르

제9절 체코어의 표기

표 7에 따르고, 다음과 같은 특징을 살려서 적는다.

제1항 k, p

어말과 유성 자음 앞에서는 '으'를 붙여 적고, 무성 자음 앞에서는 받침으로 적는다.

【보기】 mozek 모제크 koroptev 코롭테프

제2항 b, d, d', g

1. 어말에 올 때에는 '프', '트', '티', '크'로 적는다.

【보기】 led 레트

2. 유성 자음 앞에서는 '브', '드', '디', '그'로 적는다.

【보기】 ledvina 레드비나

3. 무성 자음 앞에서 b, g는 받침으로 적고, d, ď는 '트', '티'로 적는다.

【보기】 obchod 옵호트 odpadky 오트파트키

제3항 v, w, z, ř, ž, š

1. v, w, z가 무성 자음 앞이나 어말에 올 때에는 '프, 프, 스'로 적는다.

【보기】 hmyz 흐미스

2. ř, ž가 유성 자음 앞에 올 때에는 '르주', '주', 무성 자음 앞에 올 때에는 '르슈', '슈', 어말에 올 때에는 '르시', '시'로 적는다.

【보기】 námořník 나모르주니크 hořký 호르슈키
kouř 코우르시

3. š는 자음 앞에서는 '슈', 어말에서는 '시'로 적는다.

【보기】 puška 푸슈카 myš 미시

제4항 l, lj

어중의 l, lj가 모음 앞에 올 때에는 'ㄹㄹ', 'ㄹ리'로 적는다.

【보기】 kolo 콜로

제5항 m

m이 r 앞에 올 때에는 '으'를 붙여 적는다.

【보기】 humr 후므르

제6항

자음에 '예'가 결합되는 경우에는 '예' 대신에 '에'로 적는다. 다만 자음이 'ㅅ'인 경우에는 '셰'로 적는다.

【보기】 věk 베크 šest 셰스트

제 10 절 세르보크로아트어의 표기

표 8에 따르고, 다음과 같은 특징을 살려서 적는다.

제1항 k, p

k, p는 어말과 유성 자음 앞에서는 '으'를 붙여 적고, 무성 자음 앞에서는 받

침으로 적는다.

【보기】 jastuk 야스투크 opština 욥슈티나

제2항 l, lj

어중의 l, lj가 모음 앞에 올 때에는 'ㄹㄹ', 'ㄹ리'로 적는다.

【보기】 kula 쿨라 Ljubljana 류블랴나

제3항 m

어두의 m이 l, r, n 앞에 오거나 어중의 m이 r 앞에 올 때에는 '으'를 붙여 적는다.

【보기】 mlad 믈라드 mnogo 므노고
smrt 스므르트

제4항 š

š는 자음 앞에서는 '슈', 어말에서는 '시'로 적는다.

【보기】 šljivovica 슐리보비차 Niš 니시

제5항

자음에 '예'가 결합되는 경우에는 '예' 대신에 '에'로 적는다. 다만 자음이 'ㅅ'인 경우에는 '셰'로 적는다.

【보기】 bjedro 베드로 sjedlo 셰들로

제 11 절 루마니아어의 표기

표 9에 따르고, 다음과 같은 특징을 살려서 적는다.

제1항 c, p

어말과 유성 자음 앞에서는 '으'를 붙여 적고, 무성 자음 앞에서는 받침으로 적는다.

【보기】 cap 카프 Cîntec 큰테크
factură 팍투러 septembrie 셉템브리에

제2항 c, g

c, g는 e, i 앞에서는 각각 'ㅊ', 'ㅈ'으로, 그 밖의 모음 앞에서는 'ㅋ', 'ㄱ'으로 적는다.

【보기】 cap 카프 centru 첸트루

Galaţi 갈라치 Gigel 지젤

제3항 l

어중의 l이 모음 앞에 올 때에는 'ㄹㄹ'로 적는다.

【보기】 clei 클레이

제4항 n

n이 어말에서 m 뒤에 올 때는 '으'를 붙여 적는다.

【보기】 lemn 렘느 pumn 품느

제5항 e

e는 '에'로 적되, 인칭 대명사 및 동사 este, era 등의 어두 모음 e는 '예'로 적는다.

【보기】 Emil 에밀 eu 예우
el 옐 este 예스테
era 예라

제12절 헝가리어의 표기

표 10에 따르고, 다음과 같은 특징을 살려서 적는다.

제1항 k, p

어말과 유성 자음 앞에서는 '으'를 붙여 적고, 무성 자음 앞에서는 받침으로 적는다.

【보기】 ablak 어블러크 csipke 칩케

제2항 bb, cc, dd, ff, gg, ggy, kk, ll, lly, nn, nny, pp, rr, ss, ssz, tt, tty는 b, c, d, f, g, gy, k, l, ly, n, ny, p, r, s, sz, t, ty와 같이 적는다. 다만, 어중의 nn, nny와 모음 앞의 ll은 'ㄴㄴ', 'ㄴ니', 'ㄹㄹ'로 적는다.

【보기】 között 쾨죄트 dinnye 딘네
nulla 눌러

제3항 l

어중의 l이 모음 앞에 올 때에는 'ㄹㄹ'로 적는다.

【보기】 olaj 올러이

제4항 s

s는 자음 앞에서는 '슈', 어말에서는 '시'로 적는다.

【보기】 Pest 페슈트 lapos 러포시

제5항

자음에 '예'가 결합되는 경우에는 '예' 대신에 '에'로 적는다. 다만 자음이 'ㅅ'인 경우에는 '셰'로 적는다.

【보기】 nyer 네르 selyem 셰옘

제13절 스웨덴어의 표기

표 11에 따르고, 다음과 같은 특징을 살려서 적는다.

제1항

1. b, g가 무성 자음 앞에 올 때에는 받침 'ㅂ, ㄱ'으로 적는다.

【보기】 snabbt 스납트 högst 획스트

2. k, ck, p, t는 무성 자음 앞에서 받침 'ㄱ, ㄱ, ㅂ, ㅅ'으로 적는다.

【보기】 oktober 옥토베르 Stockholm 스톡홀름
Uppsala 웁살라 Botkyrka 봇쉬르카

제2항 c는 'ㅋ'으로 적되, e, i, ä, y, ö 앞에서는 'ㅅ'으로 적는다.

【보기】 campa 캄파 Celsius 셀시우스

제3항 g

1. 모음 앞의 g는 'ㄱ'으로 적되, e, i, ä, y, ö 앞에서는 '이'로 적고 뒤따르는 모음과 합쳐 적는다.

【보기】 Gustav 구스타브 Göteborg 예테보리

2. lg, rg의 g는 '이'로 적는다.

【보기】 älg 엘리 Borg 보리

3. n 앞의 g는 'ㅇ'으로 적는다.

【보기】 Magnus 망누스

4. 무성 자음 앞의 g는 받침 'ㄱ'으로 적는다.

【보기】 högst 획스트

5. 그 밖의 자음 앞과 어말에서는 '그'로 적는다.

【보기】 Ludvig 루드비그 Greta 그레타

제4항 j는 자음과 모음 사이에 올 때에 앞의 자음과 합쳐서 적는다.

【보기】 fjäril 피에릴 mjuk 미우크
kedja 셰디아 Björn 비에른

제5항 k는 'ㅋ'으로 적되, e, i, ä, y, ö 앞에서는 '시'로 적고 뒤따르는 모음과 합쳐 적는다.

【보기】 Kungsholm 쿵스홀름 Norrköping 노르셰핑

제6항 어말 또는 자음 앞의 l은 받침 'ㄹ'로 적고, 어중의 l이 모음 앞에 올 때에는 'ㄹㄹ'로 적는다.

【보기】 folk 폴크 tal 탈
tala 탈라

제7항 어두의 lj는 '이'로 적되 뒤따르는 모음과 합쳐 적고, 어중의 lj는 'ㄹ리'로 적는다.

【보기】 Ljusnan 유스난 Södertälje 쇠데르텔리에

제8항 n은 어말에서 m 다음에 올 때 적지 않는다.

【보기】 Karlshamn 칼스함 namn 남

제9항 nk는 자음 t 앞에서는 'ㅇ'으로, 그 밖의 경우에는 'ㅇ크'로 적는다.

【보기】 anka 앙카 Sankt 상트
punkt 풍트 bank 방크

제10항 sk는 'スㅋ'으로 적되 e, i, ä, y, ö 앞에서는 '시'로 적고, 뒤따르는 모음과 합쳐 적는다.

【보기】 Skoglund 스코글룬드 skuldra 스쿨드라
skål 스콜 skörd 셰르드
skydda 쉬다

제11항 ö는 '외'로 적되 g, j, k, kj, lj, skj 다음에서는 '에'로 적고, 앞의 '이' 또는 '시'와 합쳐서 적는다. 다만, jö 앞에 그 밖의 자음이 올 때에는 j는 앞의 자음과 합쳐 적고, ö는'에'로 적는다.

【보기】 Örebro 외레브로 Göta 예타
Jönköping 옌셰핑 Björn 비에른
Björling 비엘링 mjöl 미엘

제12항 같은 자음이 겹치는 경우에는 겹치지 않은 경우와 같이 적는다.
단, mm, nn은 모음 앞에서 'ㅁㅁ', 'ㄴㄴ'으로 적는다.

【보기】 Kattegatt 카테가트　　Norrköping 노르셰핑
Uppsala 웁살라　　Bromma 브롬마
Dannemora 단네모라

제 14 절 노르웨이어의 표기

표 12에 따르고, 다음과 같은 특징을 살려서 적는다.

제1항

1. b, g가 무성 자음 앞에 올 때에는 받침 'ㅂ, ㄱ'으로 적는다.
【보기】 Ibsen 입센　　sagtang 삭탕

2. k, p, t는 무성 자음 앞에서 받침 'ㄱ, ㅂ, ㅅ'으로 적는다.
【보기】 lukt 룩트　　september 셉템베르
husets 후셋스

제2항 c는 'ㅋ'으로 적되, e, i, y, æ, ø 앞에서는 'ㅅ'으로 적는다.
【보기】 Jacob 야코브　　Vincent 빈센트

제3항 d

1. 모음 앞의 d는 'ㄷ'으로 적되, 장모음 뒤에서는 적지 않는다
【보기】 Bodø 보되　　Norden 노르덴
(장모음 뒤) spade 스파에

2. ld, nd의 d는 적지 않는다.
【보기】 Harald 하랄　　Aasmund 오스문

3. 장모음+rd의 d는 적지 않는다.
【보기】 fjord 피오르　　nord 노르
Halvard 할바르

4. 단모음+rd의 d는 어말에서는 '드'로 적는다.
【보기】 ferd 페르드　　mord 모르드

5. 장모음+d의 d는 적지 않는다.
【보기】 glad 글라　　Sjaastad 쇼스타

6. 그 밖의 경우에는 '드'로 적는다.
【보기】 dreng 드렝　　bad 바드

※ 모음의 장단에 대해서는 노르웨이어의 발음을 보여 주는 사전을 참조하여야 한다.

제4항 g

1. 모음 앞의 g는 'ㄱ'으로 적되 e, i, y, æ, ø 앞에서는 '이'로 적고 뒤따르는 모음과 합쳐 적는다.

【보기】 god 고드　　gyllen 윌렌

2. g는 이중 모음 뒤와 ig, lig에서는 적지 않는다.

【보기】 haug 헤우　　deig 데이
Solveig 솔베이　　fattig 파티
farlig 팔리

3. n 앞의 g는 'ㅇ'으로 적는다.

【보기】 Agnes 앙네스　　Magnus 망누스

4. 무성 자음 앞의 g는 받침 'ㄱ'으로 적는다.

【보기】 sagtang 삭탕

5. 그 밖의 자음 앞과 어말에서는 '그'로 적는다.

【보기】 berg 베르그　　helg 헬그
Grieg 그리그

제5항 j는 자음과 모음 사이에 올 때에 앞의 자음과 합쳐서 적는다.

【보기】 Bjørn 비에른　　fjord 피오르
Skodje 스코디에　　Evje 에비에
Tjeldstø 티엘스퇴

제6항 k는 'ㅋ'으로 적되 e, i, y, æ, ø 앞에서는 '시'로 적고, 뒤따르는 모음과 합쳐 적는다.

【보기】 Rikard 리카르드　　Kirsten 시르스텐

제7항 어말 또는 자음 앞의 l은 받침 'ㄹ'로 적고, 어중의 l이 모음 앞에 올 때에는 'ㄹㄹ'로 적는다.

【보기】 sol 솔　　Quisling 크비슬링

제8항 nk는 자음 t 앞에서는 'ㅇ'으로, 그 밖의 경우에는 'ㅇ크'로 적는다.

【보기】 punkt 풍트　　bank 방크

제9항 sk는 '스ㅋ'로 적되, e, i, y, æ, ø 앞에서는 '시'로 적고 뒤따르는 모음과 합쳐 적는다.

【보기】 skatt 스카트 Skienselv 시엔스엘브

제10항 t

1. 어말 관사 et의 t는 적지 않는다.

【보기】 huset 후세 møtet 뫼테
taket 타케

2. 다만, 어말 관사 et에 s가 첨가되면 받침 'ㅅ'으로 적는다.

【보기】 husets 후셋스

제11항 eg

1. eg는 n, l 앞에서 '에이'로 적는다.

【보기】 regn 레인 tegn 테인
negl 네일

2. 그 밖의 경우에는 '에그'로 적는다.

【보기】 deg 데그 egg 에그

제12항 ø는 '외'로 적되, g, j, k, kj, lj, skj 다음에서는 '에'로 적고 앞의 '이' 또는 '시'와 합쳐서 적는다. 다만, jø 앞에 그 밖의 자음이 올 때에는 j는 앞의 자음과 합쳐 적고 ø는 '에'로 적는다.

【보기】 Bodø 보되 Gjøvik 예비크
Bjørn 비에른

제13항 같은 자음이 겹치는 경우에는 겹치지 않은 경우와 같이 적는다.
단, mm, nn은 모음 앞에서 'ㅁㅁ', 'ㄴㄴ'으로 적는다.

【보기】 Moss 모스 Mikkjel 미셸
Matthias 마티아스 Hammerfest 함메르페스트

제15절 덴마크어의 표기

표 13에 따르고, 다음과 같은 특징을 살려서 적는다.

제1항

1. b는 무성 자음 앞에서 받침 'ㅂ'으로 적는다.

【보기】 Jacobsen 야콥센 Jakobsen 야콥센

2. k, p, t는 무성 자음 앞에서 받침 'ㄱ, ㅂ, ㅅ'으로 적는다.

【보기】 insekt 인섹트 september 셉템베르
nattkappe 낫카페

제2항 c는 'ㅋ'으로 적되, e, i, y, æ, ø 앞에서는 'ㅅ'으로 적는다.

【보기】 campere 캄페레 centrum 센트룸

제3항 d

1. ds, dt, ld, nd, rd의 d는 적지 않는다.

【보기】 plads 플라스 kridt 크리트
fødte 푀테 vold 볼
Kolding 콜링 Öresund 외레순
Jylland 윌란 hård 호르
bord 보르 nord 노르

2. 다만, ndr의 d는 '드'로 적는다.

【보기】 andre 안드레 vandre 반드레

3. 그 밖의 경우에는 '드'로 적는다.

【보기】 dreng 드렝

제4항 g

1. 어미 ig의 g는 적지 않는다.

【보기】 vældig 벨디 mandig 만디
herlig 헤를리 lykkelig 뤼켈리
Grundtvig 그룬트비

2. u와 l 사이의 g는 적지 않는다.

【보기】 fugl 풀 kugle 쿨레

3. borg, berg의 g는 적지 않는다.

【보기】 Nyborg 뉘보르 Esberg 에스베르
Frederiksberg 프레데릭스베르

4. 그 밖의 자음 앞과 어말에서는 '그'로 적는다.

【보기】 magt 마그트 dug 두그

제5항 j는 자음과 모음 사이에 올 때에 앞의 자음과 합쳐서 적는다.

【보기】 Esbjerg 에스비에르 Skjern 스키에른
Kjellerup 키엘레루프 Fjellerup 피엘레루프

제6항 어말 또는 자음 앞의 l은 받침 'ㄹ'로 적고, 어중의 l이 모음 앞에 올 때

에는 'ㄹㄹ'로 적는다.

【보기】 Holstebro 홀스테브로 Lolland 롤란

제7항 v

1. 모음 앞의 v는 'ㅂ'으로 적되, 단모음 뒤에서는 '우'로 적는다.

【보기】 Vejle 바일레 dvale 드발레
pulver 풀베르 rive 리베
lyve 뤼베 løve 뢰베
doven 도우엔 hoven 호우엔
oven 오우엔 sove 소우에

2. lv의 v는 묵음일 때 적지 않는다.

【보기】 halv 할 gulv 굴

3. av, æv, øv, ov, ev에서는 '우'로 적는다.

【보기】 gravsten 그라우스텐 havn 하운
København 쾨벤하운 Thorshavn 토르스하운
jævn 예운 Støvle 스퇴울레
lov 로우 rov 로우
Hjelmslev 옐름슬레우

4. 그 밖의 경우에는 '브'로 적는다.

【보기】 arv 아르브

※ 묵음과 모음의 장단에 대해서는 덴마크어의 발음을 보여 주는 사전을 참조하여야 한다.

제8항 같은 자음이 겹치는 경우에는 겹치지 않은 경우와 같이 적는다.

【보기】 lykkelig 뤼켈리 hoppe 호페
Hjørring 예링 blomme 블로메
Rønne 뢰네

제16절 말레이인도네시아어의 표기

표 14에 따르고, 다음과 같은 특징을 살려서 적는다.

제1항 유음이나 비음 앞에 오는 파열음은 '으'를 붙여 적는다.

【보기】 Prambanan 프람바난　　Trisno 트리스노
Ibrahim 이브라힘　　Fakhrudin 파크루딘
Tasikmalaya 타시크말라야　　Supratman 수프라트만

제2항 sy는 뒤따르는 모음과 합쳐서 '샤, 셰, 시, 쇼, 슈' 등으로 적는다. 구철자 sh는 sy와 마찬가지로 적는다.

【보기】 Syarwan 샤르완　　Syed 셰드
Paramesywara 파라메시와라　　Shah 샤

제3항 인도네시아어의 구철자 dj와 tj는 신철자 j, c와 마찬가지로 적는다.

【보기】 Djakarta 자카르타　　Banda Atjeh 반다아체
Jakarta 자카르타　　Banda Aceh 반다아체

제4항 인도네시아어의 구철자 j와 sj는 신철자 y, sy와 마찬가지로 적는다.

【보기】 Jusuf 유숩　　Sjarifuddin 샤리푸딘
Yusuf 유숩　　Syarifuddin 샤리푸딘

제5항 인도네시아어의 구철자 bh와 dh는 신철자 b, d와 마찬가지로 적는다.

【보기】 Bhinneka 비네카　　Yudhoyono 유도요노
Binneka 비네카　　Yudoyono 유도요노

제6항 인도네시아어의 구철자 ch는 신철자 kh와 마찬가지로 적는다.

【보기】 Chairil 하이릴　　Bacharuddin 바하루딘
Khairil 하이릴　　Bakharuddin 바하루딘

제7항 말레이시아어의 구철자 ch는 신철자 c와 마찬가지로 적는다.

【보기】 Changi 창이　　Kuching 쿠칭
Cangi 창이　　Kucing 쿠칭

제8항 말레이시아어 철자법에 따라 표기한 gh, th는 각각 g, t와 마찬가지로 적는다.

【보기】 Ghazali 가잘리　baligh 발릭　Mahathir 마하티르 (말레이시아 어 철자법)
Gazali 가잘리　balig 발릭　Mahatir 마하티르 (인도네시아 어 철자법)

제9항 어중의 l이 모음 앞에 올 때에는 'ㄹㄹ'로 적는다.

【보기】 Palembang 팔렘방　　Malik 말릭

제10항 같은 자음이 겹쳐 나올 때에는 한 번만 적는다.

【보기】 Hasanuddin 하사누딘　　Mohammad 모하맛
Mappanre 마판레　　Bukittinggi 부키팅기

제11항 반모음 w는 뒤의 모음과 합쳐 '와', '웨' 등으로 적는다. 자음 뒤에 w가 올 때에는 두 음절로 갈라 적되, 앞에 자음 k가 있으면 '콰', '퀘' 등으로 한 음절로 붙여 적는다.

【보기】 Megawati 메가와티　　Anwar 안와르
kwartir 콰르티르　　kweni 퀘니

제12항 반모음 y는 뒤의 모음과 합쳐 '야', '예' 등으로 적으며 앞에 자음이 있을 경우에는 그 자음까지 합쳐 적는다. 다만 g나 k가 y 앞에 올 때에는 합쳐 적지 않고 뒤 모음과만 합쳐 적는다.

【보기】 Yadnya 야드냐　　tanya 타냐
satya 사탸　　Yogyakarta 욕야카르타

제13항 e는 〔e〕와 〔ə〕 두 가지로 소리 나므로 발음을 확인하여 〔e〕는 '에'로 〔ə〕는 '으'로 적는다. 다만, ye의 e가 〔ə〕일 때에는 ye를 '여'로 적는다.

【보기】 Ampenan 암페난　　sate 사테
Cirebon 치르본　　kecapi 크차피
Yeh Sani 예사니　　Nyepi 녀피

제14항 같은 모음이 겹쳐 나올 때에는 한 번만 적는다.

【보기】 Pandaan 판단　　Paramesywara 파라메시와라
saat 삿　　Shah 샤

제15항 인도네시아어의 구철자 중모음 표기 oe, ie는 신철자 u, i와 마찬가지로 '우, 이'로 적는다.

【보기】 Bandoeng 반둥　　Habibie 하비비
Bandung 반둥　　Habibi 하비비

제17절 타이어의 표기

표 15에 따르고, 다음과 같은 특징을 살려서 적는다.

제1항 유음 앞에 오는 파열음은 '으'를 붙여 적는다.

【보기】 Nakhaprathip 나카쁘라팁　　Krung Thep 끄룽텝
Phraya 프라야　　Songkhram 송크람

제2항 모음 사이에서 l은 'ㄹㄹ'로, ll은 'ㄴㄹ'로 적는다.

【보기】 thale 탈레 malako 말라꼬
Sillapaacha 신라빠차 Kallasin 깔라신

제3항 같은 자음이 겹쳐 있을 때에는 겹치지 않은 경우와 같이 적는다. -pph-, -tth- 등 같은 계열의 자음이 겹쳐 나올 때에도 겹치지 않은 경우와 같이 적는다. 다만, -mm-, -nn-의 경우에는 'ㅁㅁ', 'ㄴㄴ'으로 적는다.

【보기】 Suwit Khunkitti 수윗 쿤끼띠 Pattani 빠따니
Ayutthaya 아유타야 Thappharangsi 타파랑시
Thammamongkhon 탐마몽콘 Lanna Thai 란나타이

제4항 관용적 로마자 표기에서 c 대신 쓰이는 j는 c와 마찬가지로 적는다.

【보기】 Janthaphimpha 짠타핌파 Jit Phumisak 찟 푸미삭

제5항 sr와 thr는 모음 앞에서 s와 마찬가지로 'ㅅ'으로 적는다.

【보기】 Intharasuksri 인타라숙시 Sri Chang 시창
Bangthrai 방사이

제6항 반모음 y는 모음 사이, 또는 어두에 있을 때에는 뒤의 모음과 합쳐 '야, 예' 등으로 적으며, 자음과 모음 사이에 있을 때에는 앞의 자음과는 갈라 적고 뒤의 모음과는 합쳐 적는다.

【보기】 khaoniyao 카오니야오 yai 야이
Adunyadet 아둔야뎃 lamyai 람야이

제7항 반모음 w는 뒤의 모음과 합쳐 '와', '웨' 등으로 적는다. 자음 뒤에 w가 올 때에는 두 음절로 갈라 적되, 앞에 자음 k, kh가 있으면 '꽈', '콰', '꿰', '퀘' 등으로 한 음절로 붙여 적는다.

【보기】 Suebwongli 습웡리 Sukhumwit 수쿰윗
Huaikhwang 후아이쾅 Maenamkhwe 매남퀘

제8항 관용적 로마자 표기에서 사용되는 or은 '오'로 적고, oo는 '우'로, ee는 '이'로 적는다.

【보기】 Korn 꼰 Somboon 솜분
Meechai 미차이

제 18절 베트남어의 표기

표 16에 따르고, 다음과 같은 특징을 살려서 적는다.

제1항 nh는 이어지는 모음과 합쳐서 한 음절로 적는다. 어말이나 자음 앞에서는 받침 'ㄴ' 으로 적되, 그 앞의 모음이 a인 경우에는 a와 합쳐 '아인' 으로 적는다.

【보기】 Nha Trang 냐짱 Hô Chi Minh 호찌민
Thanh Hoa 타인호아 Đông khanh 동카인

제2항 qu는 이어지는 모음이 a일 경우에는 합쳐서 '꽈' 로 적는다.

【보기】 Quang 꽝 hat quan ho 핫꽌호
Quôc 꾸옥 Quyên 꾸옌

제3항 y는 뒤따르는 모음과 합쳐서 한 음절로 적는다.

【보기】 yên 옌 Nguyên 응우옌

제4항 어중의 l이 모음 앞에 올 때에는 'ㄹㄹ' 로 적는다.

【보기】 klông put 끌롱쁫 Pleiku 쁠래이꾸
Ha Long 할롱 My Lay 밀라이

다만, 인명의 성과 이름은 별개의 단어로 보아 이 규칙을 적용하지 않는다.

【보기】 Thê Lu 테르 Chê Lan Viên 쩨란비엔

제 19절 포르투갈어의 표기

표 17에 따르고, 다음과 같은 특징을 살려서 적는다. 다만, '브라질 포르투갈어에서' 라는 단서가 붙은 조항은 브라질 지명 · 인명의 표기에만 적용한다.

제1항 c, g

c, g는 a, o, u 앞에서는 각각 'ㅋ, ㄱ' 으로 적고, e, i 앞에서는 'ㅅ, ㅈ' 으로 적는다.

【보기】 Cabral 카브랄 Camocim 카모싱
Egas 에가스 Gil 질

제2항 gu, qu

gu, qu는 a, o, u 앞에서는 각각 '구, 쿠' 로 적고, e, i 앞에서는 'ㄱ, ㅋ' 으로 적

는다.

【보기】 Iguaçú 구아수 Araquari 아라쿠아리
Guerra 게하 Aquilino 아킬리누

제3항 d, t

d, t는 ㄷ, ㅌ으로 적는다. 다만, 브라질 포르투갈어에서 i 앞이나 어말 e 및 어말 -es 앞에서는 'ㅈ, ㅊ'으로 적는다.

【보기】 Amado 아마두 Costa 코스타
Diamantina 디아만티나 Diamantina 지아만치나 (브)
Alegrete 알레그레트 Alegrete 알레그레치 (브)
Montes 몬트스 Montes 몬치스(브)

제4항 어말의 -che는 '시'로 적는다.

【보기】 Angoche 앙고시 Peniche 페니시

제5항 l

1. 어중의 l이 모음 앞에 오거나 모음이 따르지 않는 비음 앞에 오는 경우에는 'ㄹㄹ'로 적는다. 다만, 비음 뒤의 l은 모음 앞에 오더라도 'ㄹ'로 적는다.

【보기】 Carlos 카를루스 Amalia 아말리아

2. 어말 또는 자음 앞의 l은 받침 'ㄹ'로 적는다. 다만, 브라질 포르투갈어에서 자음 앞이나 어말에 오는 경우에는 '우'로 적되, 어말에 -ul이 오는 경우에는 '울'로 적는다.

【보기】 Sul 술 Azul 아줄
Gilberto 질베르투 Gilberto 지우베르투 (브)
Caracol 카라콜 Caracol 카라코우 (브)

제6항 m, n은 각각 ㅁ, ㄴ으로 적고, 어말에서는 모두 받침 'ㅇ'으로 적는다. 어말 -ns의 n도 받침 'ㅇ'으로 적는다.

【보기】 Manuel 마누엘 Moniz 모니스
Campos 캄푸스 Vincente 빈센트
Santarém 산타렝 Rondon 혼동
Lins 링스 Rubens 후벵스

제7항 ng, nc, nq 연쇄에서 'g, c, q'가 'ㄱ'이나 'ㅋ'으로 표기되면 'n'은 받침 'ㅇ'으로 적는다.

【보기】 Angola 앙골라 Angelo 안젤루

Branco 브랑쿠 Francisco 프란시스쿠
Conquista 콩키스타 Junqueiro 중케이루

제8항 r는 어두나 n, l, s 뒤에 오는 경우에는 'ㅎ'으로 적고, 그 밖의 경우에는 'ㄹ, 르'로 적는다.

【보기】 Ribeiro 히베이루 Henrique 엔히크
Bandeira 반데이라 Salazar 살라자르

제9항 s

1. 어두나 모음 앞에서는 'ㅅ'으로 적고, 모음 사이에서는 'ㅈ'으로 적는다.

【보기】 Salazar 살라자르 Afonso 아폰수
Barroso 바호주 Gervasio 제르바지우

2. 무성 자음 앞이나 어말에서는 '스'로 적고, 유성 자음 앞에서는 '즈'로 적는다.

【보기】 Fresco 프레스쿠 Soares 소아르스
mesmo 메즈무 comunismo 코무니즈무

제10항 sc, sç, xc

sc와 xc는 e, i 앞에서 'ㅅ'으로 적는다. sç는 항상 'ㅅ'으로 적는다.

【보기】 Nascimento 나시멘투 piscina 피시나
excelente 이셀렌트 cresça 크레사

제11항 x는 '시'로 적되, 어두 e와 모음 사이에 오는 경우에는 'ㅈ'으로 적는다.

【보기】 Teixeira 테이셰이라 lixo 리슈
exame 이자므 exemplo 이젬플루

제12항 같은 자음이 겹치는 경우에는 겹치지 않은 경우와 같이 적는다. 다만, rr는 'ㅎ, 흐'로, ss는 'ㅅ, 스'로 적는다.

【보기】 Garrett 가헤트 Barroso 바호주
Mattoso 마토주 Toress 토레스

제13항 o는 '오'로 적되, 어말이나 -os의 o는 '우'로 적는다.

【보기】 Nobre 노브르 António 안토니우
Melo 멜루 Saramago 사라마구
Passos 파수스 Lagos 라구스

제14항 e는 '에'로 적되, 어두 무강세 음절에서는 '이'로 적는다. 어말에서는

'으'로 적되, 브라질 포르투갈어에서는 '이'로 적는다.

【보기】 Montemayor 몬테마요르 Estremoz 이스트레모스
Chifre 시프르 Chifre 시프리 (브)
de 드 de 지 (브)

제15항 -es

1. p, b, m, f, v 다음에 오는 어말 -es는 '-에스'로 적는다.

【보기】 Lopes 로페스 Gomes 고메스
Neves 네베스 Chaves 샤베스

2. 그 밖의 어말 -es는 '-으스'로 적는다. 다만, 브라질 포르투갈어에서는 '-이스'로 적는다.

【보기】 Soares 소아르스 Pires 피르스
Dorneles 도르넬리스 (브) Correntes 코헨치스 (브)

※ 포르투갈어 강세 규칙은 다음과 같다.

① 자음 l, r, z, 모음 i, u, 비음 im, um, ã, ão, ões로 끝나는 단어는 마지막 음절에 강세가 온다.
② á, é, ê, ó, ô, í, ú 등과 같이 단어에 강세 표시가 있는 경우는 그곳에 강세가 온다.
③ 그 밖의 경우에는 끝에서 두 번째 음절에 강세가 온다.

제20절 네덜란드어의 표기

표 18에 따르고, 다음과 같은 특징을 살려서 적는다.

제1항 무성 파열음 p, t, k는 자음 앞이나 어말에 올 경우에는 각각 받침 'ㅂ, ㅅ, ㄱ'으로 적는다. 다만, 앞 모음이 이중 모음이거나 장모음(같은 모음을 겹쳐 적는 경우)인 경우와 앞이나 뒤의 자음이 유음이나 비음인 경우에는 '프, 트, 크'로 적는다.

【보기】 Wit 빗 Gennip 헤닙
Kapteyn 캅테인 september 셉템버르

Petrus 페트뤼스　　Arcadelt 아르카덜트
Hoop 호프　　Eijkman 에이크만

제2항　유성 파열음 b, d가 어말에 올 경우에는 각각 '프, 트'로 적고, 어중에 올 경우에는 앞이나 뒤의 자음이 유음이나 비음인 경우와 앞 모음이 이중모음이거나 장모음(같은 모음을 겹쳐 적는 경우)인 경우에는 '브, 드'로 적는다. 그 외에는 모두 받침 'ㅂ, ㅅ'으로 적는다.

【보기】 Bram 브람　　Hendrik 헨드릭
Jakob 야코프　　Edgar 엣하르
Zeeland 제일란트　　Koenraad 쿤라트

제3항　v가 어두에 올 경우에는 'ㅍ, 프'로 적고, 그 외에는 모두 'ㅂ, 브'로 적는다.

【보기】 Veltman 펠트만　　Vries 프리스
Grave 흐라버　　Weltevree 벨테브레이

제4항　c는 차용어에 쓰이므로 해당 언어의 발음에 따라 'ㅋ'이나 'ㅅ'으로 적는다.

【보기】 Nicolaas 니콜라스　　Hendricus 헨드리퀴스
cyaan 시안　　Franciscus 프란시스퀴스

제5항　g, ch는 'ㅎ'으로 적되, 차용어의 경우에는 해당 언어의 발음에 따라 적는다.

【보기】 gulden 휠던　　Haag 하흐
Hooch 호흐　　Volcher 폴허르
Eugene 외젠　　Michael 미카엘

제6항　-tie는 '시'로 적는다.

【보기】 natie 나시　　politie 폴리시

제7항　어중의 l이 모음 앞에 오거나 모음이 따르지 않는 비음 앞에 올 때에는 'ㄹㄹ'로 적는다. 다만, 비음 뒤의 l은 모음 앞에 오더라도 'ㄹ'로 적는다.

【보기】 Tiele 틸러　　Zalm 잘름
Berlage 베를라허　　Venlo 펜로

제8항　nk

k 앞에 오는 n은 받침 'ㅇ'으로 적는다.

【보기】 Frank 프랑크　　Hiddink 히딩크

Benk 벵크 Wolfswinkel 볼프스빙컬

제9항 같은 자음이 겹치는 경우에는 겹치지 않은 경우와 같이 적는다.

【보기】 Hobbema 호베마 Ballot 발롯
Emmen 에먼 Gennip 헤닙

제10항 e는 '에'로 적는다. 다만, 이음절 이상에서 마지막 음절에 오는 e와 어말의 e는 모두 '어'로 적는다.

【보기】 Dennis 데니스 Breda 브레다
Stevin 스테빈 Peter 페터르
Heineken 헤이네컨 Campen 캄펀

제11항 같은 모음이 겹치는 경우에는 겹치지 않은 경우와 같이 적는다. 다만 ee는 '에이'로 적는다. x는 '시'로 적되, 어두 e와 모음 사이에 오는 경우에는 'ㅈ'으로 적는다.

【보기】 Hooch 호흐 Mondriaan 몬드리안
Kees 케이스 Meerssen 메이르선

제12항 -ig는 '어흐'로 적는다. 다만, rr는 'ㅎ, 흐'로, ss는 'ㅅ, 스'로 적는다.

【보기】 tachtig 타흐터흐 hartig 하르터흐

제13항 -berg는 '베르흐'로 적는다.

【보기】 Duisenberg 다위센베르흐 Mengelberg 멩엘베르흐

제14항 over-는 '오버르'로 적는다.

【보기】 Overijssel 오버레이설 overkomst 오버르콤스트

제15항 모음 è, é, ê, ë는 '에'로 적고, ï 는 '이' 로 적는다.

【보기】 carré 카레 casuïst 카수이스트
drieëntwintig 드리엔트빈터흐

제21절 러시아어의 표기

표 19에 따르고, 다음과 같은 특징을 살려서 적는다.

제1항 p(п), t(т), k(к), b(б), d(д), g(г), f(ф), v(в)

파열음과 마찰음 f(ф) v(в)는 무성 자음 앞에서는 앞 음절의 받침으로 적고, 유성 자음 앞에서는 '으'를 붙여 적는다.

【보기】 Sadko(Садко) 삿코
Agryz(Агрыэ) 아그리스
Akbaur(Акбаур) 아크바우르
Rostopchina(Ростопчиня) 로스톱치나
Akmeizm(Акмеизм) 아크메이즘
Rubtsovsk(Рубцовск) 룹촙스크
Bryatsk(Брятск) 브랴츠크
Lopatka(Лопатка) 로팟카
Yefremov(Ефремов) 예프레모프
Dostoevskii(Достоевский) 도스토옙스키

제2항 z(з), zh(ж)

z(з)와 zh(ж)는 유성 자음 앞에서는 '즈'로 적고 무성 자음 앞에서는 각각 '스, 시'로 적는다.

【보기】 Nazran'(Назранъ) 나즈란
Nizhnii Tagil(Нижний Тагил) 니즈니타길
Ostrogozhsk(Острогожск) 오스트로고시스크
Luzhkov(Лужков) 루시코프

제3항 지명의 -grad(град)와 -gorod(город)는 관용을 살려 각각 '-그라드', '-고로드'로 표기한다.

【보기】 Volgograd(Волгоград) 볼고그라드
Kaliningrad(Калининград) 칼리닌그라드
Slavgorod(Славгород) 슬라브고로드

제4항 자음 앞의 -ds(дс)-는 'ㅊ'로 적는다.

【보기】 Petrozavodsk(Петрозаводск) 페트로자보츠크
Vernadskii(Вернадский) 베르나츠키

제5항 어말 또는 자음 앞의 l(л)은 받침 'ㄹ'로 적고, 어중의 l이 모음 앞에 올 때에는 'ㄹㄹ'로 적는다.

【보기】 Pavel(Павел) 파벨
Nikolaevich(Николаевич) 니콜라예비치
Zemlya(Земля) 제믈랴
Tsimlyansk(Цимлянск) 치믈랸스크

제6항 l'(ль), m(м)이 어두 자음 앞에 오는 경우에는 각각 '리', '므'로 적는다.

【보기】 L'bovna(Льбовна) 리보브나 Mtsensk(Мценск) 므첸스크

제7항 같은 자음이 겹치는 경우에는 겹치지 않은 경우와 같이 적는다. 다만, mm(мм), nn(нн)은 모음 앞에서 'ㅁㅁ', 'ㄴㄴ'으로 적는다.

【보기】 Gippius(Гиппиус) 기피우스 Avvakum(Аввакум) 아바쿰
Odessa(Одесса) 오데사 Akkol'(Акколь) 아콜
Sollogub(Соллогуб) 솔로구프 Anna(Анна) 안나
Gamma(Гамма) 감마

제8항 e(e, э)는 자음 뒤에서는 '에'로 적고, 그 외의 경우에는 '예'로 적는다.

【보기】 Aleksei(Адекссей) 알렉세이
Egvekinot(Егвекинот) 예그베키노트

제9항 연음 부호 '(ь)

연음 부호 '(ь)은 '이'로 적는다. 다만 l', m', n'(ль, мь, нь)이 자음 앞이나 어말에 오는 경우에는 적지 않는다.

【보기】 L'bovna(Льбовна) 리보브나
Igor'(Игорь) 이고리 Il'ya(Илья) 일리야
D'yakovo(Дьяково) 디야코보 Ol'ga(Ольга) 올가
Perm'(Пермь) 페름 Ryazan'(Рязань) 랴잔
Gogol'(Гоголь) 고골

제10항 dz(цз), dzh(цж)는 각각 z, zh와 같이 적는다.

【보기】 Dzerzhinskii(Дзержинский) 제르진스키
Tadzhikistan(Таджикистан) 타지키스탄
Tetradze(Тетрадзе) 테트라제

제4장 인명, 지명 표기의 원칙

외국 인명과 지명도 외래어 표기법에 따라야 함은 재론의 여지가 없다고 할 수 있다. 제1절 표기 원칙은 바로 그러한 내용을 담고 있다. 또한 고유 명사라는 점에서 원래의 발음을 표기에 반영하는 것이 원칙이겠으나 그 원래의 발음이 알

기 어려운 것일 때에는 외래어로 우리에게 들어온 언어 즉 매체 언어의 발음에 따라 표기하도록 한 것이다. 그러나 앞의 맞춤법의 경우나 표준어의 경우에서처럼 관용으로 이미 굳어진 것은 그대로 인정하기로 하여 역시 혼동을 줄이고자 하였다.

지명, 인명의 경우 동양의 인명, 지명에 대하여 별도의 표기 원칙을 둔 것은 다른 외래어의 경우와는 달리 그들이 한자 문화권에 속한다는 공통점을 가지고 있기 때문이다. 중국이나 일본의 인명과 지명에 대하여도 관용을 존중하기로 한 것은 앞서의 내용들과 같은 맥락의 것으로 이해된다. 나만, 중국의 인명에 대하여는 1911년의 신해 혁명을 기준으로 하여 과거의 인명에 대해서는 우리의 한자음으로 읽고 그 이후의 인명인 경우에는 중국어의 발음에 충실하도록 한다는 원칙이 있다. 물론 현대인이라고 하더라도 관행으로 익어 있는 경우에는 우리 한자음으로 적는 경우도 있다.

끝으로 바다, 섬, 강, 산 등의 표기 세칙에서는 앞의 지명 표기에서 생길 수 있는 부수적인 것들을 규정하여 놓았다. 주로 혼동의 우려가 있거나 우리말의 관용에 비추어 부적절한 경우가 나타나는 것을 피하기 위한 조항들이다.

본장의 인명, 지명 표기 원칙은 다른 부분과는 달리 일견 매우 자의적인 것인 듯이 보일 수도 있다. 같은 한자 문화권의 인명과 지명임에도 불구하고 일본의 경우에는 아무런 구분이 없으나 중국의 경우에는 과거와 현대를 구분한 것이라든지, 바다는 '해(海)'로 통일하면서 섬은 '도(島)'와 '섬'으로 구분한 것 등이 그러한 예들이다. 그러나 이렇듯 자의적인 규정으로 보일 수 있는 원칙의 뒤에는 크게 전통과 현실의 마찰을 최소한으로 줄이고자 하는 대전제가 있었음을 이해할 필요가 있다.

제 1 절 표기 원칙

제1항 외국의 인명, 지명의 표기는 제1장, 제2장, 제3장의 규정을 따르는 것을 원칙으로 한다.

제2항 제3장에 포함되어 있지 않은 언어권의 인명, 지명은 원지음을 따르는 것을 원칙으로 한다.

【보기】 Ankara 앙카라　　　Gandhi 간디

제3항 원지음이 아닌 제3국의 발음으로 통용되고 있는 것은 관용을 따른다.

【보기】 Hague 헤이그　　Caesar 시저

제4항 고유 명사의 번역명이 통용되는 경우 관용을 따른다.

【보기】 Pacific Ocean 태평양　　Black Sea 흑해

제2절 동양의 인명, 지명 표기

제1항 중국 인명은 과거인과 현대인을 구분하여 과거인은 종전의 한자음대로 표기하고 현대인은 원칙적으로 중국어 표기법에 따라 표기하되, 필요한 경우 한자를 병기한다.

제2항 중국의 역사 지명으로서 현재 쓰이지 않는 것은 우리 한자음대로 하고, 현재 지명과 동일한 것은 중국어 표기법에 따라 표기하되, 필요한 경우 한자를 병기한다.

제3항 일본의 인명과 지명은 과거와 현대의 구분 없이 일본어 표기법에 따라 표기하는 것을 원칙으로 하되, 필요한 경우 한자를 병기한다.

제4항 중국 및 일본의 지명 가운데 한국 한자음으로 읽는 관용이 있는 것은 이를 허용한다.

【보기】 東京 도쿄, 동경　　京都 교토, 경도

上海 상하이, 상해　　臺灣 타이완, 대만

黃河 황허, 황하

제3절 바다, 섬, 강, 산 등의 표기 세칙

제1항 바다는 '해(海)'로 통일한다.

【보기】 홍해, 발트해, 아라비아해

제2항 우리나라를 제외하고 섬은 모두 '섬'으로 통일한다.

【보기】 타이완섬, 코르시카섬 (우리나라: 제주도, 울릉도)

제3항 한자 사용 지역(일본, 중국)의 지명이 하나의 한자로 되어 있을 경우, '강', '산', '호', '섬' 등은 겹쳐 적는다.

【보기】 온타케산(御岳) 주장강(珠江)
도시마섬(利島) 하야카와강(早川)
위산산(玉山)

제4항 지명이 산맥, 산, 강 등의 뜻이 들어 있는 것은 '산맥', '산', '강' 등을 겹쳐 적는다.

【보기】 Rio Grande 리오그란데강 Monte Rosa 몬테로사산
Mont Blanc 몽블랑산 Sierra Madre 시에라마드레산맥

【참고】 외래어 대하여는 금수현(1959, 68), 김경한(1975a · b, 76), 김규선(1973), 김민수(1978), 김용달(1978), 김종석(1969), 김창수(1974), 김철원(1973), 김태종(1936a · b), 김현창(1975), 남광우(1945), 박갑오(1962), 배양서(1975, 79), 백민태(1960), 변동헌(1974), 서병국(1976), 성호주(1967), 유구상(1970), 윤재천(1971), 은무암(1936), 이강수(1936), 이경락(1969), 이극로(1935), 이기문(1976), 이기백(1978), 이용주(1964, 74), 이정임(1960), 이주행(1977, 78), 이준연(1974), 이현복(1979), 조선어 학회(1941), 천숙련(1972), 최영집(1971), 황오정(1964), Daniel Jones(1959) 등이 있어 참고가 된다.

부 록

일 러 두 기

1. 부록은 '《국어의 로마 자 표기법》', '국어의 로마 자 표기 용례', '외래어 표기 용례', '참고 문헌'으로 구성되었다.
2. 《국어의 로마 자 표기법》은 1984년 1월 문교부 고시의 로마 자 표기법을 5년 여의 개정 작업으로 정보화 시대에 맞지 않는 반달표(˘)와 어깻점(')을 없애는 등 크게 수정하여 2000년 7월 7일에 문화관광부에서 고시한 것을 다시 2014년 12월 5일 문화체육관광부 고시 제2014-0042호로 수정한 것이다.
3. '국어의 로마 자 표기 용례'는 새로 고시된 표기법에 따라 문화관광부 · 국립국어연구원의 《로마 자 표기 용례 사전》(2000년 7월 20일 발행)의 '행정 구역, 교통 관련 지명, 일반 용어' 등에서 가려 뽑고, [붙임]으로 '이름에 자주 쓰이는 음절의 로마 자 표기'를 옮겨싣는다.
4. '외래어 표기 용례'는 《외래어 표기법》의 원칙에 따른 용례를 보인 것으로 '일반 외래어', '지명', '인명'으로 구분하여 실었다. '지명'은 다시 '국명 및 수도명', '로마 자 표기 지명', '한자 표기 지명'으로 세분하였으며, 특히 '지명'의 경우 '국명 및 수도명'에서는 최근의 변화 양상이 최대한 반영되도록 하였다.
5. '참고 문헌'은 맞춤법 · 표준어 · 외래어 · 로마 자 표기와 관련된 '참고 논저 목록'과 맞춤법 · 표준어 관련 '논설 · 기사 목록'으로 나누어 수록하였다.

《국어의 로마 자 표기법》

제1장 표기의 기본 원칙

제1항 국어의 로마 자 표기는 국어의 표준 발음법에 따라 적는 것을 원칙으로 한다.

제2항 로마 자 이외의 부호는 되도록 사용하지 않는다.

제2장 표기 일람

제1항 모음을 다음 각호와 같이 적는다.

단모음 :	ㅏ	ㅓ	ㅗ	ㅜ	ㅡ	
	a	eo	o	u	eu	
	ㅣ	ㅐ	ㅔ	ㅚ	ㅟ	
	i	ae	e	oe	wi	
이중모음 :	ㅑ	ㅕ	ㅛ	ㅠ	ㅒ	ㅖ
	ya	yeo	yo	yu	yae	ye
	ㅘ	ㅙ	ㅝ	ㅞ	ㅢ	
	wa	wae	wo	we	ui	

〔붙임 1〕 'ㅢ'는 'ㅣ'로 소리 나더라도 'ui'로 적는다.

【보기】 광희문 Gwanghuimun

〔붙임 2〕 장모음의 표기는 따로 하지 않는다.

제2항 자음은 다음 각호와 같이 적는다.

1. 파열음 :	ㄱ	ㄲ	ㅋ	ㄷ	ㄸ	ㅌ	ㅂ	ㅃ	ㅍ
	g, k	kk	k	d, t	tt	t	b, p	pp	p
2. 파찰음 :	ㅈ	ㅉ	ㅊ						
	j	jj	ch						
3. 마찰음 :	ㅅ	ㅆ	ㅎ						
	s	ss	h						
4. 비 음 :	ㄴ	ㅁ	ㅇ						
	n	m	ng						
5. 유 음 :	ㄹ								
	r, l								

〔붙임 1〕 'ㄱ, ㄷ, ㅂ'은 모음 앞에서는 'g, d, b'로, 자음 앞이나 어말에서는 'k, t, p'로 적는다.([ ] 안의 발음에 따라 표기함.)

【보기】 구미 Gumi　영동 Yeongdong　백암 Baegam
옥천 Okcheon　합덕 Hapdeok　호법 Hobeop
월곶[월곧] Wolgot　벚꽃[벋꼳] beotkkot
한밭[한반] Hanbat

〔붙임 2〕 'ㄹ'은 모음 앞에서는 'r'로, 자음 앞이나 어말에서는 'l'로 적는다. 단, 'ㄹㄹ'은 'll'로 적는다.

【보기】 구리 Guri　설악 Seorak　칠곡 Chilgok
임실 Imsil　울릉 Ulleung
대관령[대괄령] Daegwallyeong

제3장 표기상의 유의점

제1항 음운 변화가 일어날 때는 변화의 결과에 따라 다음 각호와 같이 적는다.

1. 자음 사이에서 동화 작용이 일어나는 경우

【보기】 백마[뱅마] Baengma 신문로[신문노] Sinmunno
종로[종노] Jongno 왕십리[왕심니] Wangsimni
별내[별래] Byeollae 신라[실라] Silla

2. 'ㄴ, ㄹ'이 덧나는 경우

【보기】 학여울[항녀울] Hangnyeoul 알약[알략] allyak

3. 구개음화가 되는 경우

【보기】 해돋이[해도지] haedoji 같이[가치] gachi
굳히다[구치다] guchida

4. 'ㄱ, ㄷ, ㅂ, ㅈ'이 'ㅎ'과 합하여 거센소리로 소리 나는 경우

【보기】 좋고[조코] joko 놓다[노타] nota
잡혀[자펴] japyeo 낳지[나치] nachi

다만, 체언에서 'ㄱ, ㄷ, ㅂ' 뒤에 'ㅎ'이 따를 때에는 'ㅎ'을 밝혀 적는다.

【보기】 묵호 Mukho 집현전 Jiphyeonjeon

〔붙임〕 된소리되기는 표기에 반영하지 않는다.

【보기】 압구정 Apgujeong 낙동강 Nakdonggang
죽변 Jukbyeon 낙성대 Nakseongdae
합정 Hapjeong 팔당 Paldang
샛별 saetbyeol 울산 Ulsan

제2항 발음상 혼동의 우려가 있을 때에는 음절 사이에 붙임표(-)를 쓸 수 있다.

【보기】 중앙 Jung-ang 반구대 Ban-gudae
세운 Se-un 해운대 Hae-undae

제3항 고유 명사는 첫 글자를 대문자로 적는다.

【보기】 부산 Busan 세종 Sejong

제4항 인명은 성과 이름의 순서로 띄어 쓴다. 이름은 붙여 쓰는 것을 원칙으로 하되 음절 사이에 붙임표(-)를 쓰는 것을 허용한다.(( ) 안의 표기를 허용함.)

【보기】 민용하 Min Yongha (Min Yong-ha)
송나리 Song Nari (Song Na-ri)

1. 이름에서 일어나는 음운 변화는 표기에 반영하지 않는다.

【보기】 한복남 Han Boknam (Han Bok-nam)
홍빛나 Hong Bitna (Hong Bit-na)

2. 성의 표기는 따로 정한다.

제5항 '도, 시, 군, 구, 읍, 면, 리, 동'의 행정 구역 단위와 '가'는 각각 'do, si, gun, gu, eup, myeon, ri, dong, ga'로 적고, 그 앞에는 붙임표(-)를 넣는다. 붙임표(-) 앞뒤에서 일어나는 음운 변화는 표기에 반영하지 않는다.

【보기】 충청북도 Chungcheongbuk-do　　제주도 Jeju-do
의정부시 Uijeongbu-si　　양주군 Yangju-gun
도봉구 Dobong-gu　　신창읍 Sinchang-eup
삼죽면 Samjuk-myeon　　인왕리 Inwang-ri
당산동 Dangsan-dong　　봉천 1동 Bongcheon 1(il)-dong
종로 2가 Jongno 2(i)-ga　　퇴계로 3가 Toegyero 3(sam)-ga

〔붙임〕 '시, 군, 읍'의 행정 구역 단위는 생략할 수 있다.

【보기】 청주시 Cheongju　　함평군 Hampyeong
순창읍 Sunchang

제6항 자연 지물명, 문화재명, 인공 축조물명은 붙임표(-) 없이 붙여 쓴다.

【보기】 남산 Namsan　　속리산 Songnisan
금강 Geumgang　　독도 Dokdo
경복궁 Gyeongbokgung　　무량수전 Muryangsujeon
연화교 Yeonhwagyo　　극락전 Geungnakjeon
안압지 Anapji　　남한산성 Namhansanseong
화랑대 Hwarangdae　　불국사 Bulguksa
현충사 Hyeonchungsa　　독립문 Dongnimmun
오죽헌 Ojukheon　　촉석루 Chokseongnu
종묘 Jongmyo　　다보탑 Dabotap

제7항 인명, 회사명, 단체명 등은 그동안 써 온 표기를 쓸 수 있다.

제8항 학술 연구 논문 등 특수 분야에서 한글 복원을 전제로 표기할 경우에는 한글 표기를 대상으로 적는다. 이때 글자 대응은 제2장을 따르되 'ㄱ, ㄷ, ㅂ, ㄹ'은 'g, d, b, l'로만 적는다. 음가 없는 'ㅇ'은 붙임표(-)로 표기하되 어두에서는 생략하는 것을 원칙으로 한다. 기타 분절의 필요가 있을 때에도 붙임표(-)를 쓴다.

【보기】 집 jib　　짚 jip　　밖 bakk
값 gabs　　붓꽃 buskkoch　　먹는 meogneun
독립 doglib　　문리 munli　　물엿 mul-yeos

굳이 gud-i　　좋다 johda　　가곡 gagog
조랑말 jolangmal　　없었습니다 eobs-eoss-seubnida

부 칙

① (시행일) 이 규정은 고시한 날부터 시행한다.
② (표지판 등에 대한 경과 조치) 이 표기법 시행 당시 종전의 표기법에 의하여 설치된 표지판(도로, 광고물, 문화재 등의 안내판)은 2005. 12. 31.까지 이 표기법을 따라야 한다.
③ (출판물 등에 대한 경과 조치) 이 표기법 시행 당시 종전의 표기법에 의하여 발간된 교과서 등 출판물은 2002. 2. 28.까지 이 표기법을 따라야 한다.

국어의 로마 자 표기 용례

1. 본 용례는 국어의 로마 자 표기의 예를 보이는데 그 목적이 있다.
2. 행정 구역별 단위는 시, 구, 군만을 발췌, 수록하였으며, 북한의 지명과 교통 관련 지명 및 주요 일상 용어도 함께 실어 실생활에 이용할 수 있도록 했다.(2000년 7월 7일 문화관광부 고시 제2000-8호)

1. 행정 구역

가. 특별시, 광역시, 도

시 · 도	현 행	종 전
서울특별시	Seoul	Seoul
부산광역시	Busan	Pusan
대구광역시	Daegu	Taegu
광주광역시	Gwangju	Kwangju
인천광역시	Incheon	Inch'ŏn
대전광역시	Daejeon	Taejŏn
울산광역시	Ulsan	Ulsan
경기도	Gyeonggi-do	Kyŏnggi-do
강원도	Gangwon-do	Kang-won-do
충청북도	Chungcheongbuk-do	Ch'ungch'ŏngbuk-do
충청남도	Chungcheongnam-do	Ch'ungch'ŏngnam-do
전라북도	Jeollabuk-do	Chŏllabuk-do
전라남도	Jeollanam-do	Chŏllanam-do
경상북도	Gyeongsangbuk-do	Kyŏngsangbuk-do
경상남도	Gyeongsangnam-do	Kyŏngsangnam-do
제주특별자치도	Jeju Special Self-Governing Province	Cheju-do

〈북 한〉

시 · 도	현 행	종 전
평양	Pyeongyang	P'yŏng-yang
개성	Gaeseong	Kaesŏng
평안북도	Pyeonganbuk-do	P'yŏng-anbuk-do
평안남도	Pyeongannam-do	P'yŏng-annam-do
함경북도	Hamgyeongbuk-do	Hamgyŏngbuk-do
함경남도	Hamgyeongnam-do	Hamgyŏngnam-do
황해북도	Hwanghaebuk-do	Hwanghaebuk-do
황해남도	Hwanghaenam-do	Hwanghaenam-do
양강도	Yanggang-do	Yanggang-do
자강도	Jagang-do	Chagang-do
강원도	Gangwon-do	Kang-won-do

나. 시, 군, 구

시 · 도	시 · 군 · 구	현 행	종 전
서울	강남구	Gangnam-gu	Kangnam-gu
	강동구	Gangdong-gu	Kangdong-gu
	강북구	Gangbuk-gu	Kangbuk-gu
	강서구	Gangseo-gu	Kangsŏ-gu
	관악구	Gwanak-gu	Kwanak-gu
	광진구	Gwangjin-gu	Kwangjin-gu
	구로구	Guro-gu	Kuro-gu
	금천구	Geumcheon-gu	Kŭmch'ŏn-gu
	노원구	Nowon-gu	Nowon-gu
	도봉구	Dobong-gu	Tobong-gu
	동대문구	Dongdaemun-gu	Tongdaemun-gu
	동작구	Dongjak-gu	Tongjak-gu
	마포구	Mapo-gu	Map'o-gu
	서대문구	Seodaemun-gu	Sŏdaemun-gu
	서초구	Seocho-gu	Sŏch'o-gu
	성동구	Seongdong-gu	Sŏngdong-gu
	성북구	Seongbuk-gu	Sŏngbuk-gu
	송파구	Songpa-gu	Songp'a-gu

시 · 도	시 · 군 · 구	현 행	종 전
서울	양천구	Yangcheon-gu	Yangch'ŏn-gu
	영등포구	Yeongdeungpo-gu	Yŏngdŭngp'o-gu
	용산구	Yongsan-gu	Yongsan-gu
	은평구	Eunpyeong-gu	Ŭnp'yŏng-gu
	종로구	Jongno-gu	Chongno-gu
	중구	Jung-gu	Chung-gu
	중랑구	Jungnang-gu	Chungnang-gu
부산	강서구	Gangseo-gu	Kangsŏ-gu
	금정구	Geumjeong-gu	Kŭmjŏng-gu
	남구	Nam-gu	Nam-gu
	동구	Dong-gu	Tong-gu
	동래구	Dongnae-gu	Tongnae-gu
	부산진구	Busanjin-gu	Pusanjin-gu
	북구	Buk-gu	Puk-gu
	사상구	Sasang-gu	Sasang-gu
	사하구	Saha-gu	Saha-gu
	서구	Seo-gu	Sŏ-gu
	수영구	Suyeong-gu	Suyŏng-gu
	연제구	Yeonje-gu	Yŏnje-gu
	영도구	Yeongdo-gu	Yŏngdo-gu
	중구	Jung-gu	Chung-gu
	해운대구	Haeundae-gu	Haeundae-gu
	기장군	Gijang-gun	Kijang-gun
대구	남구	Nam-gu	Nam-gu
	달서구	Dalseo-gu	Talsŏ-gu
	동구	Dong-gu	Tong-gu
	북구	Buk-gu	Puk-gu
	서구	Seo-gu	Sŏ-gu
	수성구	Suseong-gu	Susŏng-gu
	중구	Jung-gu	Chung-gu
	달성군	Dalseong-gun	Talsŏng-gun
광주	광산구	Gwangsan-gu	Kwangsan-gu
	남구	Nam-gu	Nam-gu
	동구	Dong-gu	Tong-gu

시 · 도	시 · 군 · 구	현 행	종 전
광주	북구	Buk-gu	Puk-gu
	서구	Seo-gu	Sŏ-gu
인천	계양구	Gyeyang-gu	Kyeyang-gu
	남구	Nam-gu	Nam-gu
	남동구	Namdong-gu	Namdong-gu
	동구	Dong-gu	Tong-gu
	부평구	Bupyeong-gu	Pup'yŏng-gu
	서구	Seo-gu	Sŏ-gu
	연수구	Yeonsu-gu	Yŏnsu-gu
	중구	Jung-gu	Chung-gu
	강화군	Ganghwa-gun	Kanghwa-gun
	옹진군	Ongjin-gun	Ongjin-gun
대전	대덕구	Daedeok-gu	Taedŏk-gu
	동구	Dong-gu	Tong-gu
	서구	Seo-gu	Sŏ-gu
	유성구	Yuseong-gu	Yusŏng-gu
	중구	Jung-gu	Chung-gu
울산	남구	Nam-gu	Nam-gu
	동구	Dong-gu	Tong-gu
	북구	Buk-gu	Puk-gu
	중구	Jung-gu	Chung-gu
	울주군	Ulju-gun	Ulchu-gun
경기	고양시	Goyang-si	Koyang-shi
	덕양구	Deogyang-gu	Tŏgyang-gu
	일산동구	Ilsandong-gu	
	일산서구	Ilsanseo-gu	
	과천시	Gwacheon-si	Kwach'ŏn-shi
	광명시	Gwangmyeong-si	Kwangmyŏng-shi
	광주시	Gwangju-si	
	구리시	Guri-si	Kuri-shi
	군포시	Gunpo-si	Kunp'o-shi
	김포시	Gimpo-si	Kimp'o-shi
	남양주시	Namyangju-si	Namyangju-shi
	동두천시	Dongducheon-si	Tongduch'ŏn-shi

시 · 도	시 · 군 · 구	현　　행	종　　전
경기	부천시	Bucheon-si	Puch'ŏn-shi
	소사구	Sosa-gu	Sosa-gu
	오정구	Ojeong-gu	Ojŏng-gu
	원미구	Wonmi-gu	Wonmi-gu
	성남시	Seongnam-si	Sŏngnam-shi
	분당구	Bundang-gu	Pundang-gu
	수정구	Sujeong-gu	Sujŏng-gu
	중원구	Jungwon-gu	Chung-won-gu
	수원시	Suwon-si	Suwon-shi
	권선구	Gwonseon-gu	Kwonsŏn-gu
	영통구	Yeongtong-gu	
	장안구	Jangan-gu	Chang-an-gu
	팔달구	Paldal-gu	P'altal-gu
	시흥시	Siheung-si	Shihŭng-shi
	안산시	Ansan-si	Ansan-shi
	단원구	Danwon-gu	
	상록구	Sangnok-gu	
	안성시	Anseong-si	Ansŏng-shi
	안양시	Anyang-si	Anyang-shi
	동안구	Dongan-gu	Tong-an-gu
	만안구	Manan-gu	Manan-gu
	양주시	Yangju-si	
	여주시	Yeoju-si	
	오산시	Osan-si	Osan-shi
	용인시	Yongin-si	Yong-in-shi
	의왕시	Uiwang-si	Ŭiwang-shi
	의정부시	Uijeongbu-si	Ŭijŏngbu-shi
	이천시	Icheon-si	Ich'ŏn-shi
	파주시	Paju-si	P'aju-shi
	평택시	Pyeongtaek-si	P'yŏngt'aek-shi
	포천시	Pocheon-si	
	하남시	Hanam-si	Hanam-shi
	화성시	Hwaseong-si	Hwasŏng-gun
	가평군	Gapyeong-gun	Kap'yŏng-gun
	양평군	Yangpyeong-gun	Yangp'yŏng-gun

시 · 도	시 · 군 · 구	현 행	종 전
경기	연천군	Yeoncheon-gun	Yŏnch'ŏn-gun
강원	강릉시	Gangneung-si	Kangnŭng-shi
	동해시	Donghae-si	Tonghae-shi
	삼척시	Samcheok-si	Samch'ŏk-shi
	속초시	Sokcho-si	Sokch'o-shi
	원주시	Wonju-si	Wonju-shi
	춘천시	Chuncheon-si	Ch'unch'ŏn-shi
	태백시	Taebaek-si	T'aebaek-shi
	고성군	Goseong-gun	Kosŏng-gun
	양구군	Yanggu-gun	Yanggu-gun
	양양군	Yangyang-gun	Yang-yang-gun
	영월군	Yeongwol-gun	Yŏng-wol-gun
	인제군	Inje-gun	Inje-gun
	정선군	Jeongseon-gun	Chŏngsŏn-gun
	철원군	Cheorwon-gun	Ch'ŏrwon-gun
	평창군	Pyeongchang-gun	P'yŏngch'ang-gun
	홍천군	Hongcheon-gun	Hongch'ŏn-gun
	화천군	Hwacheon-gun	Hwach'ŏn-gun
	횡성군	Hoengseong-gun	Hoengsŏng-gun
충북	제천시	Jecheon-si	Chech'ŏn-shi
	청주시	Cheongju-si	Ch'ŏngju-shi
	상당구	Sangdang-gu	Sangdang-gu
	흥덕구	Heungdeok-gu	Hŭngdŏk-gu
	충주시	Chungju-si	Ch'ungju-shi
	괴산군	Goesan-gun	Koesan-gun
	단양군	Danyang-gun	Tanyang-gun
	보은군	Boeun-gun	Poŭn-gun
	영동군	Yeongdong-gun	Yŏngdong-gun
	옥천군	Okcheon-gun	Okch'ŏn-gun
	음성군	Eumseong-gun	Ŭmsŏng-gun
	진천군	Jincheon-gun	Chinch'ŏn-gun
	청원군	Cheongwon-gun	Ch'ŏng-won-gun
충남	계룡시	Gyeryong-si	
	공주시	Gongju-si	Kongju-shi

시 · 도	시 · 군 · 구	현 행	종 전
충남	논산시	Nonsan-si	Nonsan-shi
	보령시	Boryeong-si	Poryŏng-shi
	서산시	Seosan-si	Sŏsan-shi
	아산시	Asan-si	Asan-shi
	천안시	Cheonan-si	Ch'ŏnan-shi
	동남구	Dongnam-gu	
	서북구	Seobuk-gu	
	금산군	Geumsan-gun	Kŭmsan-gun
	당진군	Dangjin-gun	Tangjin-gun
	부여군	Buyeo-gun	Puyŏ-gun
	서천군	Seocheon-gun	Sŏch'ŏn-gun
	연기군	Yeongi-gun	Yŏn-gi-gun
	예산군	Yesan-gun	Yesan-gun
	청양군	Cheongyang-gun	Ch'ŏng-yang-gun
	태안군	Taean-gun	T'aean-gun
	홍성군	Hongseong-gun	Hongsŏng-gun
전북	군산시	Gunsan-si	Kunsan-shi
	김제시	Gimje-si	Kimje-shi
	남원시	Namwon-si	Namwon-shi
	익산시	Iksan-si	Iksan-shi
	전주시	Jeonju-si	Chŏnju-shi
	덕진구	Deokjin-gu	Tŏkchin-gu
	완산구	Wansan-gu	Wansan-gu
	정읍시	Jeongeup-si	Chŏng-ŭp-shi
	고창군	Gochang-gun	Koch'ang-gun
	무주군	Muju-gun	Muju-gun
	부안군	Buan-gun	Puan-gun
	순창군	Sunchang-gun	Sunch'ang-gun
	완주군	Wanju-gun	Wanju-gun
	임실군	Imsil-gun	Imshil-gun
	장수군	Jangsu-gun	Changsu-gun
	진안군	Jinan-gun	Chinan-gun
전남	광양시	Gwangyang-si	Kwang-yang-shi
	나주시	Naju-si	Naju-shi

시 · 도	시 · 군 · 구	현 행	종 전
전남	목포시	Mokpo-si	Mokp'o-shi
	순천시	Suncheon-si	Sunch'ŏn-shi
	여수시	Yeosu-si	Yŏsu-shi
	강진군	Gangjin-gun	Kangjin-gun
	고흥군	Goheung-gun	Kohŭng-gun
	곡성군	Gokseong-gun	Koksŏng-gun
	구례군	Gurye-gun	Kurye-gun
	담양군	Damyang-gun	Tamyang-gun
	무안군	Muan-gun	Muan-gun
	보성군	Boseong-gun	Posŏng-gun
	신안군	Sinan-gun	Shinan-gun
	영광군	Yeonggwang-gun	Yŏnggwang-gun
	영암군	Yeongam-gun	Yŏng-am-gun
	완도군	Wando-gun	Wando-gun
	장성군	Jangseong-gun	Changsŏng-gun
	장흥군	Jangheung-gun	Changhŭng-gun
	진도군	Jindo-gun	Chindo-gun
	함평군	Hampyeong-gun	Hamp'yŏng-gun
	해남군	Haenam-gun	Haenam-gun
	화순군	Hwasun-gun	Hwasun-gun
경북	경산시	Gyeongsan-si	Kyŏngsan-shi
	경주시	Gyeongju-si	Kyŏngju-shi
	구미시	Gumi-si	Kumi-shi
	김천시	Gimcheon-si	Kimch'ŏn-shi
	문경시	Mungyeong-si	Mun-gyŏng-shi
	상주시	Sangju-si	Sangju-shi
	안동시	Andong-si	Andong-shi
	영주시	Yeongju-si	Yŏngju-shi
	영천시	Yeongcheon-si	Yŏngch'ŏn-shi
	포항시	Pohang-si	P'ohang-shi
	남구	Nam-gu	Nam-gu
	북구	Buk-gu	Puk-gu
	고령군	Goryeong-gun	Koryŏng-gun
경북	군위군	Gunwi-gun	Kunwi-gun

시 · 도	시 · 군 · 구	현 행	종 전
경북	봉화군	Bonghwa-gun	Ponghwa-gun
	성주군	Seongju-gun	Sŏngju-gun
	영덕군	Yeongdeok-gun	Yŏngdŏk-gun
	영양군	Yeongyang-gun	Yŏng-yang-gun
	예천군	Yecheon-gun	Yech'ŏn-gun
	울릉군	Ulleung-gun	Ullŭng-gun
	울진군	Uljin-gun	Ulchin-gun
	의성군	Uiseong-gun	Ŭisŏng-gun
	청도군	Cheongdo-gun	Ch'ŏngdo-gun
	청송군	Cheongsong-gun	Ch'ŏngsong-gun
	칠곡군	Chilgok-gun	Ch'ilgok-gun
경남	거제시	Geoje-si	Kŏje-shi
	김해시	Gimhae-si	Kimhae-shi
	마산시	Masan-si	Masan-shi
	밀양시	Miryang-si	Miryang-shi
	사천시	Sacheon-si	Sach'ŏn-shi
	양산시	Yangsan-si	Yangsan-shi
	진주시	Jinju-si	Chinju-shi
	진해시	Jinhae-si	Chinhae-shi
	창원시	Changwon-si	Ch'ang-won-shi
	통영시	Tongyeong-si	T'ong-yŏng-shi
	거창군	Geochang-gun	Kŏch'ang-gun
	고성군	Goseong-gun	Kosŏng-gun
	남해군	Namhae-gun	Namhae-gun
	산청군	Sancheong-gun	Sanch'ŏng-gun
	의령군	Uiryeong-gun	Ŭiryŏng-gun
	창녕군	Changnyeong-gun	Ch'angnyŏng-gun
	하동군	Hadong-gun	Hadong-gun
	함안군	Haman-gun	Haman-gun
	함양군	Hamyang-gun	Hamyang-gun
	합천군	Hapcheon-gun	Hapch'ŏn-gun
제주특별 자치도	서귀포시	Seogwipo-si	Sŏgwip'o-shi
	제주시	Jeju-si	Cheju-shi

2. 교통 관련 지명

가. 지하철

노선	역명	로마 자 표기
서울 1호선	소요산	Soyosan
	동두천	Dongducheon
	보산	Bosan
	동두천중앙	Dongducheon jungang
	지행	Jihaeng
	덕정	Deokjeong
	덕계	Deokgye
	양주	Yangju
	녹양	Nogyang
	가능	Ganeung
	의정부	Uijeongbu
	회룡	Hoeryong
	망월사	Mangwolsa
	도봉산	Dobongsan
	도봉	Dobong
	방학	Banghak
	창동	Chang-dong
	녹천	Nokcheon
	월계	Wolgye
	성북	Seongbuk
	석계	Seokgye
	신이문	Sinimun
	외대앞	Hankuk Univ. of Foreign Studies
	회기 (경희대앞)	Hoegi (Kyunghee Univ.)
	청량리	Cheongnyangni
	제기동	Jegi-dong
	신설동	Sinseol-dong
	동묘앞	Dongmyo

노선	역명	로마 자 표기
서울 1호선	동대문	Dongdaemun
	종로5가	Jongno 5(o)-ga
	종로3가	Jongno 3(sam)-ga
	종각	Jonggak
	시청	City Hall
	서울역	Seoul Station
	남영	Namyeong
	용산	Yongsan
	노량진(1호선)	Noryangjin(line1)
	대방	Daebang
	신길	Singil
	영등포	Yeongdeungpo
	신도림	Sindorim
	구로	Guro
	구일 (동양공전앞)	Guil (Dongyang Technical College)
	개봉	Gaebong
	오류동	Oryu-dong
	온수 (성공회대입구)	Onsu (Sungkonghoe Univ.)
	역곡 (가톨릭대앞)	Yeokgok (Catholic Univ.)
	소사 (서울신대)	Sosa (Seoul Theological Univ.)
	부천 (부천대입구)	Bucheon (Bucheon Univ.)
	중동	Jung-dong
	송내	Songnae
	부개	Bugae

노선	역명	로마 자 표기
서울 1호선	부평	Bupyeong
	백운	Baegun
	동암	Dongam
	간석	Ganseok
	주안 (인하대학교)	Juan (Inha Univ.)
	도화	Dohwa
	제물포 (인천대앞)	Jemulpo (Incheon Univ.)
	도원	Dowon
	동인천	Dongincheon
	인천	Incheon
서울 1호선 (천안 방향)	구로	Guro
	가산 디지털단지	Gasan Digital Complex
	독산 (하안동입구)	Doksan (Haan-dong)
	금천구청	Geumcheon-gu office
	석수	Seoksu
	관악	Gwanak
	안양	Anyang
	명학 (성결대앞)	Myeonghak (Sungkyul Univ.)
	금정	Geumjeong
	군포 (한세대앞)	Gunpo (Hansei Univ.)
	당정	Dangjeong
	의왕 (철도대학)	Uiwang (Korea Railroad College)
	성균관대	Sungkyunkwan Univ.
	화서	Hwaseo
	수원	Suwon
	세류	Seryu
	병점	Byeongjeom

노선	역명	로마 자 표기
서울 1호선 (천안 방향)	세마	Sema
	오산대	Osan College
	오산	Osan
	진위	Jinwi
	송탄	Songtan
	서정리	Seojeong-ri
	지제	Jije
	평택	Pyeongtaek
	성환	Seonghwan
	직산	Jiksan
	두정	Dujeong
	천안	Cheonan
	봉명	Bongmyeong
	쌍용 (나사렛대)	Ssangyong (Nazarene Univ.)
	아산	Asan
	배방	Baebang
	온양온천	Onyang oncheon
	신창 (순천향대)	Sinchang (Soonchunhyang Univ.)
KTX 광명선	광명	Gwangmyeong
서울 2호선	시청	City Hall
	을지로입구	Euljiro 1(il)-ga
	을지로3가	Euljiro 3(sam)-ga
	을지로4가	Euljiro 4(sa)-ga
	동대문역사 문화공원	Dongdaemun History & Culture Park
	신당	Sindang
	상왕십리	Sangwangsimni
	왕십리	Wangsimni
	한양대	Hanyang Univ.
	뚝섬	Ttukseom
	성수	Seongsu

노선	역명	로마 자 표기
서울 2호선	건대입구	Konkuk Univ.
	구의 (광진구청)	Guui (Gwangjin-gu Office)
	강변 (동서울 터미널)	Gangbyeon (Dong-Seoul Bus Terminal)
	성내	Seongnae
	잠실 (송파구청)	Jamsil (Songpa-gu Office)
	신천	Sincheon
	종합운동장	Sports Complex
	삼성 (무역센터)	Samseong (Trade Center)
	선릉	Seolleung
	역삼	Yeoksam
	강남	Gangnam
	교대 (법원 · 검찰청)	Seoul Nat'l Univ. of Education (Court & Public Prosecutors' Office)
	서초	Seocho
	방배	Bangbae
	사당	Sadang
	낙성대	Nakseongdae
	서울대입구 (관악구청)	Seoul Nat'l Univ. (Gwanak-gu Office)
	봉천	Bongcheon
	신림	Sillim
	신대방	Sindaebang
	구로디지털단지	Guro Digital Complex
	대림 (구로구청)	Daerim (Guro-gu Office)
	신도림	Sindorim
	문래	Mullae

노선	역명	로마 자 표기
서울 2호선	영등포구청	Yeongdeungpo-gu Office
	당산	Dangsan
	합정	Hapjeong
	홍대입구	Hongik Univ.
	신촌(지하)	Sinchon
	이대	Ewha Women's Univ.
	아현	Ahyeon
	충정로 (경기대입구)	Chungjeongno (Kyeonggi Univ.)
서울 2호선 (성수-신설동)	성수	Seongsu
	용답	Yongdap
	신답	Sindap
	용두	Yongdu
	신설동	Sinseol-dong
서울 3호선	대화	Daehwa
	주엽	Juyeop
	정발산	Jeongbalsan
	마두	Madu
	백석	Baekseok
	대곡	Daegok
	화정	Hwajeong
	원당	Wondang
	삼송 (농협대입구)	Samsong (Agricultural Cooperative College)
	지축	Jichuk
	구파발	Gupabal
	연신내	Yeonsinnae
	불광	Bulgwang
	녹번	Nokbeon
	홍제	Hongje
	무악재	Muakjae
	독립문	Dongnimmun

노선	역명	로마 자 표기
서울 3호선	경복궁 (정부중앙청사)	Gyeongbokgung (Central Government Complex)
	안국	Anguk
	종로3가	Jongno 3(sam)-ga
	을지로3가	Euljiro 3(sam)-ga
	충무로	Chungmuro
	동대입구	Dongguk Univ.
	약수	Yaksu
	금호	Geumho
	옥수	Oksu
	압구정	Apgujeong
	신사	Sinsa
	잠원	Jamwon
	고속터미널	Express Bus Terminal
	교대 (법원 · 검찰청)	Seoul Nat'l Univ. of Education (Court & Public Prosecutors' Office)
	남부터미널 (예술의전당)	Nambu Bus Terminal (Seoul Arts Center)
	양재 (서초구청)	Yangjae (Seocho-gu Office)
	매봉	Maebong
	도곡	Dogok
	대치	Daechi
	학여울	Hangnyeoul
	대청	Daecheong
	일원	Irwon
	수서	Suseo
	가락시장	Garak Market
	경찰병원	National Police Hospital
	오금	Ogeum

노선	역명	로마 자 표기
서울 4호선	당고개	Danggogae
	상계	Sanggye
	노원	Nowon
	창동	Chang-dong
	쌍문	Ssangmun
	수유	Suyu
	미아 (서울사이버대학)	Mia (Seoul Cyber Univ.)
	미아삼거리	Miasamgeori
	길음	Gireum
	성신여대입구 (돈암)	Sungshin Women's Univ. (Donam)
	한성대입구 (삼선교)	Hansung Univ. (Samseonkyo)
	혜화	Hyehwa
	동대문	Dongdaemun
	동대문역사 문화공원	Dongdaemun History Culture Park
	충무로	Chungmuro
	명동	Myeong-dong
	회현 (남대문시장)	Hoehyeon (Namdaemun Market)
	서울역	Seoul Station
	숙대입구 (갈월)	Sookmyung Women's Univ. (Garwol)
	삼각지	Samgakji
	신용산	Sinyongsan
	이촌 (국립중앙박물관)	Ichon (National Museum)
	동작 (현충원)	Dongjak (Seoul Nat'l Cemetery)
	총신대입구 (이수)	Chongshin Univ. (Isu)

노선	역명	로마 자 표기
서울 4호선	사당	Sadang
	남태령	Namtaeryeong
	선바위	Seonbawi
	경마공원	Seoul Racecourse Park
	대공원 (서울랜드)	Seoul Grand Park (Seoul Land)
	과천	Gwacheon
	정부과천청사	Government Complex Gwacheon
	인덕원	Indeogwon
	평촌	Pyeongchon
	범계	Beomgye
	금정	Geumjeong
	산본	Sanbon
	수리산	Surisan
	대야미	Daeyami
	반월	Banwol
	상록수	Sangnoksu
	한대앞	Hanyang Univ.
	중앙	Jungang
	고잔	Gojan
	공단	Gongdan
	안산	Ansan
	신길온천	Singil oncheon
	정왕 (한국산업기술대)	Jeongwang (Polytechnic Univ.)
	오이도	Oido
서울 5호선	방화	Banghwa
	개화산	Gaehwasan
	김포공항	Gimpo Int'l Airport
	송정	Songjeong
	마곡	Magok
	발산	Balsan
	우장산	Ujangsan

노선	역명	로마 자 표기
서울 5호선	화곡	Hwagok
	까치산	Kkachisan
	신정 (은행정)	Sinjeong (Eunhaengjeong)
	목동	Mok-dong
	오목교 (목동운동장앞)	Omokkyo (Mok-dong Stadium)
	양평	Yangpyeong
	영등포구청	Yeongdeungpo-gu Office
	영등포시장	Yeongdeungpo Market
	신길	Singil
	여의도	Yeouido
	여의나루	Yeouinaru
	마포	Mapo
	공덕	Gongdeok
	애오개	Aeogae
	충정로 (경기대입구)	Chungjeongno (Kyonggi Univ.)
	서대문	Seodaemun
	광화문 (세종문화 회관)	Gwanghwamun (Sejong Center For The Performing Arts)
	종로3가	Jongno 3(sam)-ga
	을지로4가	Euljiro 4(sa)-ga
	동대문역사 문화공원	Dongdaemun History Culture Park
	청구	Cheonggu
	신금호	Singeumho
	행당	Haengdang
	왕십리	Wangsimni
	마장	Majang
	답십리	Dapsimni

노선	역명	로마 자 표기
서울 5호선	장한평	Janghanpyeong
	군자 (능동)	Gunja (Neung-dong)
	아차산	Achasan
	광나루 (장신대)	Gwangnaru (Seoul Jangsin Univ. & Theological)
	천호 (풍납토성)	Cheonho (Pungnaptoseong)
	강동	Gangdong
	길동	Gil-dong
	굽은다리 (강동구민 회관앞)	Gubeundari (Gangdong Community Center)
	명일	Myeongil
	고덕	Godeok
	상일동	Sangil-dong
서울 5호선 (마천 방향)	강동	Gangdong
	둔촌동	Dunchon-dong
	올림픽공원 (한국체대)	Olympic Park (Korean National Univ. of Physical Education)
	방이	Bangi
	오금	Ogeum
	개롱	Gaerong
	거여	Geoyeo
	마천	Macheon
서울 6호선	응암	Eungam
	역촌	Yeokchon
	불광	Bulgwang
	독바위	Dokbawi
	연신내	Yeonsinnae
	구산	Gusan
	새절	Saejeol

노선	역명	로마 자 표기
서울 6호선	증산 (명지대앞)	Jeungsan (Myongji Univ.)
	디지털 미디어시티	Digital Media City
	월드컵경기장 (성산)	World Cup Stadium (Seongsan)
	마포구청	Mapo-gu Office
	망원	Mangwon
	합정	Hapjeong
	상수	Sangsu
	광흥창	Gwangheungchang
	대흥 (서강대앞)	Daeheung (Sogang Univ.)
	공덕	Gongdeok
	효창공원 (용산구청)	Hyochang Park (Yongsan-gu Office)
	삼각지	Samgakji
	녹사평	Noksapyeong
	이태원	Itaewon
	한강진	Hangangjin
	버티고개	Beotigogae
	약수	Yaksu
	청구	Cheonggu
	신당	Sindang
	동묘앞	Dongmyo
	창신	Changsin
	보문	Bomun
	안암 (고대병원앞)	Anam (Korea Univ. Anam Hospital)
	고려대 (종암)	Korea Univ. (Jongam)
	월곡 (동덕여대)	Wolgok (Dongduk Women's

노선	역명	로마 자 표기
서울 6호선		Univ.)
	상월곡 (한국과학기술연구원)	Sangwolgok (Korea Institute of Science and Technology)
	돌곶이	Dolgoji
	석계	Seokgye
	태릉입구	Taereung
	화랑대 (서울여대입구)	Hwarangdae (Seoul Women's Univ.)
	봉화산	Bonghwasan
서울 7호선	장암	Jangam
	도봉산	Dobongsan
	수락산	Suraksan
	마들	Madeul
	노원	Nowon
	중계	Junggye
	하계	Hagye
	공릉 (서울산업대입구)	Gongneung (Seoul National Univ. of Technology)
	태릉입구	Taereung
	먹골	Meokgol
	중화	Junghwa
	상봉 (시외버스터미널)	Sangbong (Cross-country Bus Terminal)
	면목	Myeonmok
	사가정	Sagajeong
	용마산	Yongmasan
	중곡	Junggok
	군자 (능동)	Gunja (Neung-dong)
	어린이대공원	Children's Grand Park

노선	역명	로마 자 표기
서울 7호선	(세종대)	(Sejong Univ.)
	건대입구	Konkuk Univ.
	뚝섬유원지	Ttukseom Resort
	청담	Cheongdam
	강남구청	Gangnam-gu Office
	학동	Hak-dong
	논현	Nonhyeon
	반포	Banpo
	고속터미널	Express Bus Terminal
	내방	Naebang
	총신대입구 (이수)	Chongshin Univ. (Isu)
	남성	Namseong
	숭실대입구 (살피재)	Soongsil Univ. (Salpijae)
	상도	Sangdo
	장승배기	Jangseungbaegi
	신대방삼거리	Sindaebangsamgeori
	보라매	Boramae
	신풍	Sinpung
	대림 (구로구청)	Daerim (Guro-gu Office)
	남구로	Namguro
	가산디지털단지	Gasan Digital Complex
	철산	Cheolsan
	광명사거리	Gwangmyeongsageori
	천왕	Cheonwang
	온수 (성공회대입구)	Onsu (Sungkonghoe Univ.)
	까치울	Kkachiul
	부천종합운동장	Bucheon Stadium
	춘의	Chunui

노선	역명	로마 자 표기
서울 7호선	신중동	Sinjung-dong
	부천시청	Bucheon City Hall
	상동	Sang-dong
	삼산체육관	Samsan Gymnasium
	굴포천	Gulpocheon
	부평구청	Bupyeong-gu Office
서울 8호선	암사	Amsa
	천호 (풍납토성)	Cheonho (Pungnaptoseong)
	강동구청	Gangdong-gu Office
	몽촌토성 (평화의문)	Mongchontoseong (World Peace Gate)
	잠실 (송파구청)	Jamsil (Songpa-gu Office)
	석촌	Seokchon
	송파	Songpa
	가락시장	Garak Market
	문정	Munjeong
	장지	Jangji
	복정	Bokjeong
	산성	Sanseong
	남한산성입구 (성남법원 · 검찰청)	Namhansanseong (Seongnam Court & Public Prosecutors' Office)
	단대오거리	Dandaeogeori
	신흥	Sinheung
	수진	Sujin
	모란	Moran
서울 9호선	개화	Gaehwa
	김포공항	Gimpo Int'l Airport
	공항시장	Airport Market
	신방화	Sinbanghwa
	마곡나루	Magongnaru
	양천향교	Yangcheon Hyanggyo
	가양	Gayang
	증미	Jeungmi
	등촌	Deungchon
	염창	Yeomchang
	신목동	Sinmok-dong
	선유도	Seonydo
	당산	Dangsan
	국회의사당	National Assembly
	여의도	Yeouido
	샛강	Saetgang
	노량진(9호선)	Noryangjin(line9)
	노들	Nodeul
	흑석 (중앙대입구)	Heukseok (Chungang Univ.)
	동작 (현충원)	Dongjak (Seoul National Cemetery)
	구반포	Gubanpo
	신반포	Sinbanpo
	고속터미널	Express Bus Terminal
	사평	Sapyeong
	신논현	Sinnonhyeon
인천 1호선	계양	Gyeyang
	귤현	Gyulhyeon
	박촌	Bakchon
	임학	Imhak
	계산	Gyesan
	경인교대 입구	Gyeongin Nat'l Univ. of Education
	작전	Jakjeon
	갈산	Galsan
	부평구청	Bupyeong-gu Office
	부평시장	BuPyeong Market

노선	역명	로마 자 표기
인천 1호선	부평	Bupyeong
	동수	Dongsu
	부평삼거리	Bupyeongsamgeori
	간석오거리	Ganseokogeori
	인천시청	Incheon City Hall
	예술회관	Arts Center
	인천터미널	Incheon Bus Terminal
	문학경기장	Munhak Sports Complex
	선학	Seonhak
	신연수	Sinyeonsu
	원인재	Woninjae
	동춘	Dongchun
	동막	Dongmak
	캠퍼스타운	Campus Town
	테크노파크	Technopark
	지식정보단지	BIT Zone
	인천대입구	Univ. of Incheon
	센트럴파크	Central Park
	국제업무지구	Int'l Business District
분당선	왕십리	Wangsimni
	서울숲	Seoul forest
	압구정로데오	Apgujeong rodeo
	강남구청	Gangnam-gu Office
	선정릉	Seonjeongneung
	선릉	Seolleung
	한티	Hanti
	도곡	Dogok
	구룡	Guryong
	개포동	Gaepo-dong
	대모산입구	Daemosan
	수서	Suseo
	복정	Bokjeong
	가천대	Gachon Univ.

노선	역명	로마 자 표기
분당선	태평	Taepyeong
	모란	Moran
	야탑	Yatap
	이매	Imae
	서현	Seohyeon
	수내	Sunae
	정자	Jeongja
	미금	Migeum
	오리	Ori
	죽전	Jukjeon
	보정	Bojeong
	구성	Gusung
	신갈	Singal
	기흥	Giheung
	상갈	Sanggal
	청명	Cheongmyeong
	영통	Yeongtong
	망포	Mangpo
	매탄권선	Maetan Gwonseon
	수원시청	Suwon City Hall
	매교	Maegyo
	수원	Suwon
신분당선	강남	Gangnam
	양재	Yangjae
	양재	Yangjae
	시민의숲	Citizen's Forest
	청계산입구	Cheonggyesan
	판교	Pangyo
	정자	Jeongja
	동천	Dongcheon
	수지구청	Suji-gu office
	성복	Seongbok
	상현	Sanghyeon
	광교중앙	Gwanggyo Jungang

노선	역명	로마 자 표기
신분당선	광교	Gwanggyo
중앙선	가좌	Gajwa
	홍대입구	Hongik Univ.
	서강대	Sogang Univ.
	공덕	Gongdeok
	효창공원앞	Hyochang Park
	용산	Yongsan
	이촌	Ichon
	서빙고	Seobinggo
	한남	Hannam
	옥수	Oksu
	응봉	Eunbong
	왕십리	Wangsimni
	청량리	Cheongnyangni
	회기	Hoegi
	중랑	Jungnang
	상봉	Sangbong
	망우	Mangu
	양원	Yangwon
	구리	Guri
	도농	Donong
	양정	Yangjeong
	덕소	Deokso
	도심	Dosim
	팔당	Paldang
	운길산	Ungilsan
	양수	Yangsu
	신원	Sinwon
	국수	Guksu
	아신	Asin
	오빈	Obin
	양평	Yangpyeong
	원덕	Wondeok
	용문	Yongmun

노선	역명	로마 자 표기
중앙선	지평	Jipyeong
경춘선	청량리	Cheongnyangni
	회기	Hoegi
	중랑	Jungang
	상봉	Sangbong
	망우	Mangu
	신내	Sinnae
	갈매	Galmae
	별내	Bulnae
	퇴계원	Toegyewon
	사릉	Sareung
	금곡	Geumgok
	평내호평	Pyongnae Hopyong
	천마산	Cheonmasan
	마석	Maseok
	대성리	Daesung-ri
	청평	Cheongpyeong
	상천	Sangcheon
	가평	Gapyeong
	굴봉산	Gulbongsan
	백양리	Baekyang-ri
	강촌	Gangchon
	김유정	Gimyujeong
	남춘천	Namchuncheon
	춘천	Chuncheon
수인선	인천	Incheon
	신포	Sinpo
	숭의	Sungui
	인하대	Inha Univ.
	송도	Songdo
	연수	Yeonsu
	원인재	Woninjae
	남동 인더스파크	Namdong Induspark

노선	역명	로마 자 표기
수인선	호구포	Hogupo
	인천논현	Incheon Nonhyeon
	소래포구	Soraepogu
	월곶	Wolgot
	달월	Dalwol
	오이도	Oido
에버라인	기흥	Giheung
	강남대	Kangnam Univ.
	지석	Jiseok
	어정	Eojeong
	동백	Dongbaek
	초당	Chodang
	삼가	Samga
	시청 · 용인대	City Hall · Yongin Univ.
	명지대	Myongji Univ.
	김량장	Gimmyangjang
	운동장 · 송담대	Stadium · Songdam College
	고진	Gojin
	보평	Bopyeong
	둔전	Dunjeon
	전대 · 에버랜드	Jeondae · Everland
공항철도	인천국제공항	Incheon Int'l Airport
	공항화물청사	Incheon Int'l Airport Cargo Terminal
	운서	Unseo
	영종	Youngjong
	청라국제도시	Cheongna Int'l City
	검암	Geomam
	계양	Gyeyang
	김포공항	Gimpo Int'l Airport
	디지털미디어시티	Digital Media City
	홍대입구	Hongik Univ.
	공덕	Gongdeok
	서울역	Seoul Station

노선	역명	로마 자 표기
의정부	탑석	Tapseok
	송산	Songsan
	어룡	Eoryong
	곤제	Gonjae
	효자	Hyoja
	경기도청 북부청사	Northern Gyeonggi do Government
	새말	Saemal
	동오	Dongo
	의정부중앙	Uijeongbu Jungang
	흥선	Heungseon
	의정부시청	Uijeongbu City Hall
	경전철의정부	Lrt Uijeongbu
	범골	Beomgol
	회룡	Hoeryong
	발곡	Balgok
경의선	서울역(경의선)	Seoul Station
	신촌(경의선)	Sinchon
	가좌	Gajwa
	디지털미디어시티	Digital Media City
	수색	Susaek
	화전	Hwajeon
	강매	Gangmae
	행신	Haengsin
	능곡	Neunggok
	대곡	Daegok
	곡산	Goksan
	백마	Baengma
	풍산	Pungsan
	일산	Ilsan

노선	역명	로마 자 표기
경의선	탄현	Tanhyeon
	야당	Yadang
	운정	Unjeong
	금릉	Geumneung
	금촌	Geumchon
	월롱	Wollong
	파주	Paju
	문산	Munsan
부산 1호선	다대포 해수욕장	Dadaepo Beach
	다대포항	Dadaepo Harbor
	낫개	Natgae
	신장림	Sinjangnim
	장림	Jangnim
	동매	Dongmae
	신평	Sinpyeong
	하단	Hadan
	당리	Dangni
	사하	Saha
	괴정	Goejeong
	대티	Daeti
	서대신	Seodaesin
	동대신	Dongdaesin
	토성	Toseong
	자갈치	Jagalchi
	남포	Nampo
	중앙	Jungang
	부산역	Busan Station
	초량	Choryang
	부산진	Busanjin
	좌천	Jwacheon
	범일	Beomil
	범내골	Beomnaegol
	서면	Seomyeon

노선	역명	로마 자 표기
	부전	Bujeon
	양정	Yangjeong
	시청	City Hall
	연산	Yeonsan
	교대	Busan Nat'l Univ. of Education
	동래	Dongnae
	명륜	Myeongnyun
	온천장	Oncheonjang
	부산대	Pusan Nat'l Univ.
	장전	Jangjeon
	구서	Guseo
	두실	Dusil
	남산	Namsan
	범어사	Beomeosa
	노포	Nopo
부산 2호선	장산	Jangsan
	중동	Jung-dong
	해운대	Haeundae
	동백	Dongbaek
	벡스코	Bexco
	시립미술관	Busan Museum of Modern Art
	센텀시티	Centum City
	민락	Millak
	수영	Suyeong
	광안	Gwangan
	금련산	Geumnyeonsan
	남천	Namcheon
	경성대 · 부경대	Kyungsung Univ. · Pukyung Nat'l Univ.
	대연	Daeyeon
	못골	Motgol
	지게골	Jigegol

노선	역명	로마 자 표기
부산 2호선	문현	Munhyeon
	국제금융센터·부산은행	Busan Int'l Finance Center · Busan Bank
	전포	Jeonpo
	서면	Seomyeon
	부암	Buam
	가야	Gaya
	동의대	Dongeui Univ.
	개금	Gaegeum
	냉정	Naengjeong
	주례	Jurye
	감전	Gamjeon
	사상	Sasang
	덕포	Deokpo
	모덕	Modeok
	모라	Mora
	구남	Gunam
	구명	Gumyeong
	덕천	Deokcheon
	수정	Sujeong
	화명	Hwamyeong
	율리	Yulli
	동원	Dongwon
	금곡	Geumgok
	호포	Hopo
	증산	Jeungsan
	부산대 양산캠퍼스	Pusan Nat'l Univ. Yangsan Campus
	남양산	Namyangsan
	양산	Yangsan
부산 3호선	수영	Suyeong
	망미	Mangmi
	배산	Baesan
	물만골	Mulmangol

노선	역명	로마 자 표기
부산 3호선	연산	Yeonsan
	거제	Geoje
	종합운동장	Sports Complex
	사직	Sajik
	미남	Minam
	만덕	Mandeok
	남산정	Namsanjeong
	숙등	Sukdeung
	덕천	Deokcheon
	구포	Gupo
	강서구청	Gangseo-gu Office
	체육공원	Sports Park
	대저	Daejeo
부산 4호선	안평	Anpyeong
	고촌	Gochon
	동부산대학	Dong-Pusan College
	영산대	Youngsan Univ.
	석대	Seokdae
	반여농산물시장	Banyeo Agricultural Market
	금사	Geumsa
	서동	Seo-dong
	명장	Myeongjang
	충렬사	Chungnyeolsa
	낙민	Nangmin
	수안	Suan
	동래	Dongnae
	미남	Minam
부산 김해 경전철	사상	Sasang
	괘법르네시떼	Gwaebeop Renecite
	서부산유통지구	Seobusan Yutongjigu
	공항	Gimhae Int' l Airport
	덕두	Deokdu

노선	역명	로마 자 표기
부산 김해 경전철	등구	Deunggu
	대저	Daejeo
	평강	Pyeonggang
	대사	Daesa
	불암	Buram
	지내	Jinae
	김해대학	Gimhae College
	인세내	Inje Univ.
	김해시청	Gimhae City Hall
	부원	Buwon
	봉황	Bonghwang
	수로왕릉	Royal Tomb of King Suro
	박물관	Gimhae Nat'l Museum
	연지공원	Yeonji Park
	장신대	Presbyterian Univ.
	가야대	Kaya Univ.
대구 1호선	설화명곡	Seolhwa Myeonggok
	화원	Hwawon
	대곡	Daegok
	진천	Jincheon
	월배	Wolbae
	상인	Sangin
	월촌	Wolchon
	송현	Songhyeon
	성당못	Seongdangmot
	대명	Daemyeong
	안지랑	Anjirang
	현충로	Hyeonchungno
	영대병원	Yeongnam Univ. Hospital
	교대	Univ. of Education
	명덕	Myeongdeok

노선	역명	로마 자 표기
대구 1호선	반월당	Banwoldang
	중앙로	Jungangno
	대구역	Daegu Station
	칠성시장	Chilseong Market
	신천 (경북대입구)	Sincheon (Kyungpook Nat'l Univ.)
	동대구역	Dongdaegu Station
	동구청	Dong-gu Office
	아양교	Ayanggyo
	동촌	Dongchon
	해안	Haean
	방촌	Banchon
	용계	Yonggye
	율하	Yulha
	신기	Singi
	반야월	Banyawol
	각산	Gaksan
	안심	Ansim
대구 2호선	문양	Munyang
	다사	Dasa
	대실	Daesil
	강창	Gangchang
	계명대	Keimyung Univ.
	성서산업단지	Seongseo Industrial Complex
	이곡	Igok
	용산	Yongsan
	죽전	Jukjeon
	감삼	Gamsam
	두류	Duryu
	내당	Nae-dang
	반고개	Bangogae
	신남	Sinnam

노선	역명	로마 자 표기
	반월당	Banwoldang
	경대병원	Kyung-dae Hospital
	대구은행	Daegu Bank
	범어	Beomeo
	수성구청	Suseong-gu Office
	만촌	Manchon
	담티	Damti
	연호	Yeonho
	대공원	Daegongwon
	고산	Gosan
	신매	Sinmae
	사월	Sawol
	정평	Jeongpyeong
	임당	Imdang
	영남대	Yeungnam Univ.
대구 3호선	칠곡경대병원	Chilgok Kyungpook Nat'l Univ.
	학정	Hakjeong
	팔거	Palgeo
	동천	Dongcheon
	칠곡운암	Chilgok · Unam
	구암	Guam
	태전	Taejeon
	매천	Maecheon
	매천시장	Maecheon Market
	팔달	Paldal
	공단	Gongdan
	만평	Manpyeong
	팔달시장	Paldal Market
	원대	Wondae
	북구청	Buk-gu Office
	달성공원	Dalseong Park
	서문시장	Seomun Market
	신남	Sinnam

노선	역명	로마 자 표기
대구 3호선	남산	Namsan
	명덕	Myeongdeok
	건들바위	Geondeulbawi
	대봉교	Daebonggyo
	수성시장	Suseong Market
	수성구민운동장	Suseong District Stadium
	어린이회관	Children's Hall
	황금	Hwanggeum
	수성못	Suseongmot
	지산	Jisan
	범물	Beommul
	용지	Yongji
광주 1호선	녹동	Nokdong
	소태	Sotae
	학동 · 증심사입구	Hakdong · Jeungsimsa
	남광주	Nam Gwangju
	문화전당 (구도청)	Culture Complex (Fomerty Provincial Office)
	금남로4가	Geumnamno 4(sa)-ga
	금남로5가	Geumnamno 5(o)-ga
	양동시장	Yangdong Market
	돌고개	Dolgogae
	농성	Nongseong
	화정	Hwajeong
	쌍촌	Ssangchon
	운천 (호남대입구)	Uncheon (Honam Univ.)
	상무	Sangmu
	김대중컨벤션센터	Kim Daejung Convention Center(Mareuk)

노선	역명	로마 자 표기
광주 1호선	공항	Airport
	송정공원	Songjeong Park
	광주송정역	Gwanju Songjeong Station
	도산	Dosan
	평동	Pyeongdong
대전 1호선	반석	Banseok(Chilsungdae)
	지족 (침신대)	Jijok (Chimsin Univ.)
	노은	Noeun
	월드컵경기장	World Cup Stadium
	현충원 (한밭대)	National Cemetery (Hanbat Nat'l Univ.)
	구암	Guam
	유성온천	Yuseong Spa
	갑천	Gapcheon

노선	역명	로마 자 표기
대전 1호선	월평 (카이스트)	Wolpyeong (KAIST)
	갈마	Galma
	정부청사	Government Complex Daejeon
	시청	City Hall
	탄방	Tanbang
	용문	Yongmun
	오룡	Oryong
	서대전네거리	Seodaejeonnegeori
	중구청	Jung-gu Office
	중앙로	Jungangno
	대전역	Daejeon Station
	대동	Daedong
	신흥	Sinheung
	판암	Panam

나. 공항

시 · 도	공항명	로마 자 표기
서울	김포국제공항	Gimpo Int'l Airport
인천	인천국제공항	Incheon Int'l Airport
대구	대구국제공항	Daegu Int'l Airport
광주	광주국제공항	Gwangju Int'l Airport
울산	울산공항	Ulsan Airport
강원	양양국제공항	Yangyang Int'l Airport
	원주공항	Wonju Airport
충북	청주국제공항	Cheongju Int'l Airport
전북	군산공항	Gunsan Airport
전남	무안국제공항	Muan Int'l Airport
	여수공항	Yeosu Airport
경북	포항공항	Pohang Airport
경남	김해국제공항	Gimhae Int'l Airport
	사천공항	Sacheon Airport
제주	제주국제공항	Jeju Int'l Airport

3. 일반 용어

가. 식생활 용어

명 칭	로마자 표기
갈비	galbi
김치	gimchi
된장	doenjang
떡	tteok
떡국	tteokguk
막걸리	makgeolli
소주	soju
볶음밥	bokkeumbap
불고기	bulgogi
비빔밥	bibimbap
삼계탕	samgyetang
설렁탕	seolleongtang
송편	songpyeon
식혜	sikhye
약식	yaksik
한식	hansik

나. 의생활 용어

명 칭	로마자 표기
갓	gat
댕기	daenggi
두루마기	durumagi
마고자	magoja
버선	beoseon
비녀	binyeo
상투	sangtu
저고리	jeogori
한복	hanbok

다. 주생활 용어

명 칭	로마자 표기
기와집	giwajip
병풍	byeongpung
안방	anbang
안채	anchae
온돌	ondol
장독대	jangdokdae
장지문	jangjimun
정자	jeongja
초가	choga
한옥	hanok

라. 명절과 풍습

명 칭	로마자 표기
김장	gimjang
단오	dano
대보름	daeboreum
돌	dol
무당	mudang
백일	baegil
사주	saju
삼신각	samsingak
설날	seollal
솟대	sotdae
장승	jangseung
제사	jesa
족보	jokbo
차례	charye
추석	chuseok
한가위	hangawi

〔붙임〕

이름에서 자주 쓰이는

음절의 로마자 표기

| ㄱ |

가 ga
각 gak
간 gan
갈 gal
감 gam
갑 gap
갓 gat
강 gang
개 gae
객 gaek
거 geo
건 geon
걸 geol
검 geom
겁 geop
게 ge
겨 gyeo
격 gyeok
견 gyeon
결 gyeol
겸 gyeom
겹 gyeop
경 gyeong
계 gye
고 go
곡 gok
곤 gon
골 gol
곳 got
공 gong
곶 got
과 gwa
곽 gwak
관 gwan
괄 gwal
광 gwang
괘 gwae
괴 goe
굉 goeng
교 gyo
구 gu
국 guk
군 gun
굴 gul
굿 gut
궁 gung
권 gwon
궐 gwol
귀 gwi
규 gyu
균 gyun
귤 gyul
그 geu
극 geuk
근 geun
글 geul
금 geum
급 geup
긍 geung
기 gi
긴 gin
길 gil
김 gim

| ㄲ |

까 kka
깨 kkae
꼬 kko
꼭 kkok
꽃 kkot
꾀 kkoe
꾸 kku
꿈 kkum
끝 kkeut
끼 kki

| ㄴ |

나 na
낙 nak
난 nan
날 nal
남 nam
납 nap
낭 nang
내 nae
냉 naeng
너 neo
널 neol
네 ne
녀 nyeo
녁 nyeok
년 nyeon
념 nyeom
녕 nyeong
노 no
녹 nok
논 non
놀 nol
농 nong
놰 nwae
뇌 noe
누 nu
눈 nun
눌 nul
느 neu
늑 neuk
늠 neum
능 neung
늬 nui
니 ni
닉 nik
닌 nin
닐 nil
님 nim

| ㄷ |

다 da
단 dan
달 dal
담 dam
답 dap
당 dang
대 dae
댁 daek
더 deo
덕 deok
도 do
독 dok
돈 don
돌 dol
동 dong
돼 dwae
되 doe
된 doen
두 du
둑 duk
둔 dun
뒤 dwi

드 deu
득 deuk
들 deul
등 deung
디 di

| ㄸ |

따 tta
땅 ttang
때 ttae
또 tto
뚜 ttu
뚝 ttuk
뜨 tteu
띠 tti

| ㄹ |

라 ra
락 rak
란 ran
람 ram
랑 rang
래 rae
랭 raeng
량 ryang
렁 reong
레 re
려 ryeo
력 ryeok
련 ryeon
렬 ryeol
렴 ryeom
렵 ryeop
령 ryeong
례 rye
로 ro
록 rok
론 ron
롱 rong
뢰 roe
료 ryo
룡 ryong
루 ru
류 ryu
륙 ryuk
륜 ryun
률 ryul
륭 ryung
르 reu
륵 reuk
른 reun
름 reum
릉 reung
리 ri
린 rin
림 rim
립 rip

| ㅁ |

마 ma
막 mak
만 man
말 mal
망 mang
매 mae
맥 maek
맨 maen
맹 maeng
머 meo
먹 meok
메 me
며 myeo
멱 myeok
면 myeon
멸 myeol
명 myeong
모 mo
목 mok
몰 mol
못 mot
몽 mong
뫼 moe
묘 myo
무 mu
묵 muk
문 mun
물 mul
므 meu
미 mi
민 min
밀 mil

| ㅂ |

바 ba
박 bak
반 ban
발 bal
밥 bap
방 bang
배 bae
백 baek
뱀 baem
버 beo
번 beon
벌 beol
범 beom
법 beop
벼 byeo
벽 byeok
변 byeon
별 byeol
병 byeong
보 bo
복 bok
본 bon
봉 bong
부 bu
북 buk
분 bun
불 bul
붕 bung
비 bi
빈 bin
빌 bil
빔 bim
빙 bing

| ㅃ |

빠 ppa
빼 ppae
뻐 ppeo
뽀 ppo
뿌 ppu
쁘 ppeu
삐 ppi

| ㅅ |

사 sa
삭 sak
산 san
살 sal
삼 sam
삽 sap
상 sang
샅 sat
새 sae
색 saek
생 saeng
서 seo
석 seok
선 seon
설 seol
섬 seom
섭 seop
성 seong
세 se
셔 syeo
소 so
속 sok
손 son
솔 sol
솟 sot
송 song
쇄 swae
쇠 soe

수 su
숙 suk
순 sun
술 sul
숨 sum
숭 sung
쉬 swi
스 seu
슬 seul
슴 seum
습 seup
승 seung
시 si
식 sik
신 sin
실 sil
심 sim
십 sip
싱 sing

| ㅆ |

싸 ssa
쌍 ssang
쌔 ssae
쏘 sso
쑥 ssuk
씨 ssi

| ㅇ |

아 a
악 ak
안 an
알 al
암 am
압 ap
앙 ang
앞 ap
애 ae
액 aek
앵 aeng
야 ya
얀 yan
약 yak
양 yang
어 eo
억 eok
언 eon
얼 eol
엄 eom
업 eop
에 e
여 yeo
역 yeok
연 yeon
열 yeol
염 yeom
엽 yeop
영 yeong
예 ye
오 o
옥 ok
온 on
올 ol
옴 om
옹 ong
와 wa
완 wan
왈 wal
왕 wang
왜 wae
외 oe
왼 oen
요 yo
욕 yok
용 yong
우 u
욱 uk
운 un
울 ul
움 um
웅 ung
워 wo
원 won
월 wol
위 wi
유 yu
육 yuk
윤 yun
율 yul
융 yung
윷 yut
으 eu
은 eun
을 eul
음 eum
읍 eup
응 eung
의 ui
이 i
익 ik
인 in
일 il
임 im
입 ip
잉 ing

| ㅈ |

자 ja
작 jak
잔 jan
잠 jam
잡 jap
장 jang
재 jae
쟁 jaeng
저 jeo
적 jeok
전 jeon
절 jeol
점 jeom
접 jeop
정 jeong
제 je
조 jo
족 jok
존 jon
졸 jol
종 jong
좌 jwa
죄 joe
주 ju
죽 juk
준 jun
줄 jul
중 jung
쥐 jwi
즈 jeu
즉 jeuk
즐 jeul
즘 jeum
즙 jeup
증 jeung
지 ji
직 jik
진 jin
질 jil
짐 jim
집 jip
징 jing

| ㅉ |

짜 jja
째 jjae
쪼 jjo
찌 jji

| ㅊ |

차 cha
착 chak
찬 chan
찰 chal
참 cham
창 chang
채 chae
책 chaek

처 cheo
척 cheok
천 cheon
철 cheol
첨 cheom
첩 cheop
청 cheong
체 che
초 cho
촉 chok
촌 chon
총 chong
최 choe
추 chu
축 chuk
춘 chun
출 chul
춤 chum
충 chung
측 cheuk
층 cheung
치 chi
칙 chik
친 chin
칠 chil
침 chim
칩 chip
칭 ching

| ㅋ |

코 ko
쾌 kwae
크 keu
큰 keun
키 ki

| ㅌ |

타 ta
탁 tak
탄 tan
탈 tal
탐 tam
탑 tap
탕 tang
태 tae
택 taek
탱 taeng
터 teo
테 te
토 to
톤 ton
톨 tol
통 tong
퇴 toe
투 tu
퉁 tung
튀 twi
트 teu
특 teuk
틈 teum
티 ti

| ㅍ |

파 pa
판 pan
팔 pal
패 pae
팽 paeng
퍼 peo
페 pe
펴 pyeo
편 pyeon
폄 pyeom
평 pyeong
폐 pye
포 po
폭 pok
표 pyo
푸 pu
품 pum
풍 pung
프 peu
피 pi
픽 pik
필 pil
핍 pip

| ㅎ |

하 ha
학 hak
한 han
할 hal
함 ham
합 hap
항 hang
해 hae
핵 haek
행 haeng
향 hyang
허 heo
헌 heon
험 heom
헤 he
혀 hyeo
혁 hyeok
현 hyeon
혈 hyeol
혐 hyeom
협 hyeop
형 hyeong
혜 hye
호 ho
혹 hok
혼 hon
홀 hol
홉 hop
홍 hong
화 hwa
확 hwak
환 hwan
활 hwal
황 hwang
홰 hwae
횃 hwaet
회 hoe
획 hoek
횡 hoeng
효 hyo
후 hu
훈 hun
훤 hwon
훼 hwe
휘 hwi
휴 hyu
휼 hyul
흉 hyung
흐 heu
흑 heuk
흔 heun
흘 heul
흠 heum
흡 heup
흥 heung
희 hui
흰 huin
히 hi
힘 him

외래어 표기 용례

1. '일반 외래어'에서는 일상적으로 많이 쓰이는 것들을 망라하였으며, 전문성을 띤 용어들 중 교과서에서 쓰이는 것들은 최대한 수용토록 하였다.
2. '지명'에서는 ① 국명과 수도명을 따로 모아 실었다. 구 소련과 동구 지역은 물론 그 밖의 지역에서의 변화도 최대한 수용하고자 하였다. 그렇지만 정치적인 변화의 내용과 거리가 있는 일반 지명에 대해서는 변화 이전의 지명으로 소재를 나타내기로 한다. ② 현대 지명뿐 아니라 역사 지명도 포함시켰다. ③ 관용적 표기가 특히 많은 영어권의 지명을 많이 실었다. ④ 중국, 일본의 경우에는 표기법의 원칙을 그대로 따르기 때문에 주요한 것들을 예시하는 데에 그쳤다.
3. '인명'에서는 ① 현대 인물, 역사적 인물을 두루 싣도록 하였다. ② 관용적 표기가 특히 많은 영어권의 인명을 많이 실었다.

1. 일반 외래어

| A |

acacia 아카시아
academy 아카데미
accelerator 액셀러레이터
accent 악센트
accepter 억셉터
accessory 액세서리
accordion 아코디언
ace 에이스
acetone 아세톤
acetylene 아세틸렌
action 액션
adagio 아다지오
adapter 어댑터
adrenaline 아드레날린
advantage 어드밴티지
aerobic dance 에어로빅 댄스
after service 애프터 서비스
Ainu 아이누
air compressor 에어 컴프레서
air conditioner 에어컨(디셔너)
airspray 에어스프레이
album 앨범
alcohol 알코올
algorism 알고리즘
alibi 알리바이
alkali 알칼리
allegretto 알레그레토
allegro 알레그로
Allergie 알레르기
all-in-one 올인원
almond 아몬드
alpha(α) 알파
alphabet 알파벳
alpine 알파인
Altai 알타이
alto 알토
alumina 알루미나
aluminium 알루미늄
amalgam 아말감
amateur 아마추어
amateurism

아마추어리즘
ambulance 앰뷸런스
amino acid 아미노(산)
ammonia 암모니아
ammonite 암모나이트
ammonium 암모늄
amoeba 아메바
ampere(A) 암페어
amplifier
앰프(앰플리파이어)
amylase 아밀라아제
analog 아날로그
anchor 앵커
andante 안단테
andantino 안단티노
Andromeda 안드로메다
anemone 아네모네
angle 앵글
Anglo-Saxon
앵글로색슨
Angora 앙고라
angstrom(Å, A)
옹스트롬
animation 애니메이션
animism 애니미즘
announcer 아나운서
antenna 안테나
ANZUS 앤저스
Apache 아파치
apartment 아파트
Apollo 아폴로
apostrophe 아포스트로피
appliqué 아플리케

apron 에이프런
Arab 아랍
arabesque 아라베스크
Arbeit 아르바이트
arc 아크
arcade 아케이드
arch 아치
are 아르
area 에이리어
argon 아르곤
arpeggio 아르페지오
art nouveau 아르 누보
art paper 아트(지)
Arya 아리아(족)
ASEAN 아세안
ASPAC 아스팍
asparagus 아스파라거스
asphalt 아스팔트
aspirin 아스피린
assembly 어셈블리
atelier 아틀리에
atropine 아트로핀
audio 오디오
Aureomycin
오레오마이신
aurora 오로라
autobicycle 오토바이
automation 오토메이션
avocado 아보카도

| B |

Babel 바벨(탑)
baby powder
베이비 파우더
back 백
backhand 백핸드
back mirror 백미러
back net 백네트
backup 백업
bacon 베이컨
bacteria 박테리아
bacteriophage
박테리오파지
badge 배지
badminton 배드민턴
bag 백
baking powder
베이킹 파우더
balance 밸런스
balcony 발코니
balk 보크
ball 볼
ballad 발라드
ball bearing 볼 베어링
ballerina 발레리나
ballet 발레
ball point pen 볼펜
balsam 발삼
Balt 발트(족)
banana 바나나
band 밴드
banjo 밴조
bantam 밴텀
Bantu 반투(족)
bar 바

baraque 바라크
barbecue 바비큐
barbell 바벨
bargain sale 바겐 세일
bariquant 바리캉
baritone 바리톤
barium 바륨
barometer 바로미터
baroque 바로크
barrel 배럴
barricade 바리케이드
bartender 바텐더
base 베이스
BASIC 베이식
basilica 바실리카
basket 바스켓
Basque 바스크(족)
bass 베이스
bassoon 바순
bat 배트
baton 배턴
baton touch 배턴 터치
battery 배터리
batting 배팅
baud 보
bauxite 보크사이트
bazar 바자
bazooka 바주카
BCG 비시지
beach parasol 비치 파라솔
beaker 비커
beam 빔
bearing 베어링
beat 비트
beaver 비버
Bedouin 베두인(족)
beef cutlet 비프 커틀릿
beefsteak 비프스테이크
begonia 베고니아
beige 베이지
bel canto 벨 칸토
bell 벨
belt 벨트
beltline 벨트라인
bench 벤치
benzene 벤젠
benzol 벤졸
beret 베레
Berkshire 버크셔
best seller 베스트 셀러
beta(β) 베타
bias 바이어스
bidet 비데
bikini 비키니
bill 삐라
billboard 빌보드
bimetal 바이메탈
binder 바인더
bingo 빙고
biscuit 비스킷
bit 비트
bite 바이트
black box 블랙 박스
black hole 블랙 홀
blacklist 블랙리스트
blend 블렌드
blind 블라인드
bloc 블록
block 블록
blocker 블로커
blocking 블로킹
blouse 블라우스
blue jeans 블루진
blues 블루스
board 보드
boat 보트
bobsleigh 봅슬레이
body building 보디 빌딩
boiler 보일러
bolero 볼레로
Bolsheviki 볼셰비키
bolt 볼트
bond 본드
bongo 봉고
bonnet 보닛
bonus 보너스
boom 붐
boomerang 부메랑
booster 부스터
boots 부츠
Bordeaux 보르도
boring 보링
boss 보스
bound 바운드
bourgeois 부르주아
bourgeoisie 부르주아지
bowl 볼
bowling 볼링

box 박스
boxing 복싱
boycott 보이콧
boy scout 보이 스카우트
bra 브라
brace 브레이스
bracket 브래킷
Brahman 브라만
brain 브레인
brake 브레이크
brandy 브랜디
brass band 브라스 밴드
brassiere 브래지어
bridge 브리지
broker 브로커
bromide 브로마이드
brooch 브로치
brush 브러시
buckle 버클
buffet 뷔페
building 빌딩
bulb 벌브
bulldozer 불도저
bumper 범퍼
bungalow 방갈로
bunker 벙커
bunt 번트
Burberry 바바리
burner 버너
bus 버스
Bushman 부시먼(족)
business 비즈니스
butane 부탄
butter 버터
button 버튼
buyer 바이어
buzzer 버저
Byzantine 비잔틴

| C |

cabaret 카바레
cabbage 캐비지
cabinet 캐비닛
cable 케이블
cable car 케이블카
cacao 카카오
caddie 캐디
cadmium 카드뮴
café 카페
caffeine 카페인
cake 케이크
calcium 칼슘
caldera 칼데라
caliph 칼리프
call money 콜머니
call taxi 콜택시
calorie 칼로리
calpis 칼피스
calypso 칼립소
cam 캠
Cambrian Period 캄브리아(기)
camera 카메라
cameraman 카메라맨
camisole 캐미솔
camp 캠프
campaign 캠페인
campfire 캠프파이어
camping 캠핑
campus 캠퍼스
canaria 카나리아
candela 칸델라
candle 캔들
candy 캔디
canna 칸나
canoe 카누
cantabile 칸타빌레
cantata 칸타타
canvas 캔버스
canzone 칸초네
cap 캡
caprolactam 카프로락탐
capsule 캡슐
caramel 캐러멜
carat 캐럿
carbide 카바이드
carbine 카빈
carbon 카본
carburetor 카뷰레터
card 카드
card section 카드 섹션
car ferry 카 페리
carnation 카네이션
carnival 카니발
carol 캐럴
carpet 카펫
carton 카턴
cartridge 카트리지

case 케이스
casein 카세인
cashmere 캐시미어
casing 케이싱
casino 카지노
cassette 카세트
castanets 캐스터네츠
caste 카스트
castella 카스텔라
caster 캐스터
casual 캐주얼
catalog 카탈로그
catcher 캐처
catchphrase 캐치프레이즈
catharsis 카타르시스
Catholic 가톨릭
catsup 케첩
ceiling 실링
celery 셀러리
cell 셀
cello 첼로
cellophane 셀로판
celluloid 셀룰로이드
cellulose 셀룰로오스
Celt 켈트(족)
cement 시멘트
census 센서스
cent 센트
center 센터
centering 센터링
centigram 센티그램
centimeter 센티미터
ceramic 세라믹
chain 체인
chalk 초크
chameleon 카멜레온
champagne 샴페인
champion 챔피언
chance 찬스
chandelier 샹들리에
channel 채널
chanson 샹송
chapel 채플
chaos 카오스
chart 차트
chassis 섀시
chauvinism 쇼비니즘
check 체크
checklist 체크리스트
cheese 치즈
cheetah 치타
chemise 슈미즈
chicle 치클
chime 차임
chimpanzee 침팬지
china 차이나
chinchilla 친칠라
chip 칩
chlorella 클로렐라
chocolate 초콜릿
cholera 콜레라
cholesterol 콜레스테롤
chord 코드
chorus 코러스
chou a la créme 슈크림
Christmas 크리스마스
Chrom 크롬
cider 사이다
cigar 시가
cinemascope 시네마스코프
circle 서클
circuit 서킷
circus 서커스
claim 클레임
clarinet 클라리넷
classic 클래식
clay 클레이
clay court 클레이 코트
climax 클라이맥스
clinch 클린치
clip 클립
clipper 클리퍼
close-up 클로즈업
clover 클로버
club 클럽
clutch 클러치
coach 코치
coaltar 콜타르
coat 코트
coating 코팅
cobalt 코발트
cobra 코브라
cocaine 코카인
cock 콕
cocktail 칵테일
cocoa 코코아
coconut 코코넛

code 코드
coffee 커피
coffeepot 커피포트
coffee shop 커피숍
cognac 코냑
coil 코일
cola 콜라
cold cream 콜드 크림
collar 칼라
colloid 콜로이드
colon 콜론
color television
컬러 텔레비전
colosseum 콜로세움
column 칼럼
columnist 칼럼니스트
combination
콤비(네이션)
combine 콤바인
comedian 코미디언
comedy 코미디
comic 코믹
Cominform 코민포름
Comintern 코민테른
comma 콤마
commission 커미션
communication
커뮤니케이션
compact 콤팩트
compass 컴퍼스
complex 콤플렉스
component system
컴포넌트 시스템

computer 컴퓨터
concert 콘서트
concours 콩쿠르
concrete 콘크리트
condenser 콘덴서
condition 컨디션
condom 콘돔
condominium
콘도(미니엄)
condor 콘도르
cone 콘
contact lens 콘택트 렌즈
container 컨테이너
conte 콩트
contrabass 콘트라베이스
control 컨트롤
conveyor 컨베이어
cookie 쿠키
cooking foil 쿠킹 포일
cord 코드
cork 코르크
corn chip 콘칩
corner kick 코너킥
corset 코르셋
cosecant 코시컨트
cosine 코사인
cosmos 코스모스
cotangent 코탄젠트
coulomb 쿨롬
counselor 카운슬러
counter 카운터
coup d'état 쿠데타
coupon 쿠폰

course 코스
court 코트
cover 커버
covering 커버링
cowboy 카우보이
cracker 크래커
crane 크레인
crank 크랭크
crayon 크레용
craypas 크레파스
cream 크림
cream soup 크림 수프
credit card
크레디트 카드
cresol 크레졸
croquis 크로키
crossbar 크로스바
cross-country
크로스컨트리
crystal 크리스털
cuffs 커프스
cup 컵
curl 컬
curried rice 카레 라이스
curry 카레
cursor 커서
curtain 커튼
curve 커브
cushion 쿠션
cut 컷
cut 커트(탁구)
cycle 사이클
cyclone 사이클론

cylinder 실린더
cymbals 심벌즈

| D |

dadaism 다다이즘
dahlia 달리아
dam 댐
dance 댄스
dancer 댄서
dash 대시
data 데이터
data base 데이터 베이스
date 데이트
death mask 데스 마스크
début 데뷔
décadence 데카당스
decameron 데카메론
decibel(db) 데시벨
deciliter 데시리터
deck 덱
deflation 디플레이션
delta(δ) 델타
design 디자인
designer 디자이너
desk 데스크
dessert 디저트
dessin 데생
détente 데탕트
deuce 듀스
Devonian Period
데본(기)
dial 다이얼
diamond 다이아몬드
diastase 디아스타아제
die 다이
diesel 디젤
diesel engine 디젤 엔진
digital 디지털
dilemma 딜레마
diopter 디옵터
diphtheria 디프테리아
disco 디스코
disk 디스크
distoma 디스토마
diving 다이빙
DNA 디엔에이
dock 독
docking 도킹
documentary
다큐멘터리
Dolby system
돌비 시스템
dollar 달러
dome 돔
domino 도미노
door 도어
doping 도핑
dot print 도트 프린트
double bass 더블 베이스
double bassoon
더블 바순
double play 더블 플레이
doughnut 도넛
down 다운
dozen 다스
dozer 도저
draft 드래프트
drama 드라마
dress 드레스
dressing 드레싱
dribble 드리블
drill 드릴
drive 드라이브
driver 드라이버
drop 드롭
drops 드롭스
drum 드럼
dry cleaning
드라이 클리닝
dry ice 드라이 아이스
dual 듀얼
ducking 더킹
duet 듀엣
dugout 더그아웃
dumping 덤핑
dump truck 덤프 트럭
Duralumin 두랄루민
dynamite 다이너마이트

| E |

earphone 이어폰
easel 이젤
echo 에코
Edelweiss 에델바이스
edge 에지
eight 에이트
elbow 엘보

elevator 엘리베이터
élite 엘리트
embossing 엠보싱
emerald 에메랄드
enamel 에나멜
encore 앙코르
energy 에너지
engagement 앙가주망
engine 엔진
engineer 엔지니어
English horn 잉글리시 호른
enquête 앙케트
ensemble 앙상블
enthalpy 엔탈피
entropy 엔트로피
épée 에페
epilogue 에필로그
episode 에피소드
erg 에르그
error 에러
escalator 에스컬레이터
Eskimo 에스키모
Esperanto 에스페란토
essay 에세이
essence 에센스
etching 에칭
ethyl 에틸
étiquette 에티켓
euphony 유포니
extra 엑스트라
eyeshadow 아이섀도

| F |

facsimile 팩시밀리
factorial 팩토리얼
fade-in 페이드인
fade-out 페이드아웃
fair ball 페어 볼
fan 팬
fanfare 팡파르
farad 패럿
fascio 파쇼
fascism 파시즘
fascist 파시스트
fashion 패션
fault 폴트
feather 페더
feet 피트
feint 페인트
fencing 펜싱
fiber glass 파이버 글라스
fiction 픽션
field 필드
fieldwork 필드워크
figure skating 피겨 스케이팅
filament 필라멘트
file 파일
film 필름
finale 피날레
fjord 피오르드
flamenco 플라멩코
flamingo 플라밍고
flannel 플란넬
flash 플래시
flask 플라스크
flat 플랫
fleuret 플뢰레
floor 플로어
floppy disk 플로피 디스크
fly 플라이
Föhn 푄
folk dance 포크 댄스
folk song 포크 송
font 폰트
footwork 풋워크
forehand 포어핸드
fork 포크
format 포맷
forword 포워드
foul 파울
foundation 파운데이션
fraktsiya 프락치
free kick 프리킥
Freon 프레온
front 프런트
front court 프런트 코트
frontier 프런티어
frypan 프라이팬
fullback 풀백
fuse 퓨즈

| G |

gabardine 개버딘

gag 개그
gagman 개그맨
gallery 갤러리
gallon 갤런
game 게임
gamma(γ) 감마
gang 갱
gap 갭
gas 가스
gasoline 가솔린
gas range 가스 레인지
GATT 가트
gauge 게이지
gauze 거즈
gear 기어
Gel 겔
gelatin 젤라틴
Gemeinschaft 게마인샤프트
genre 장르
geoid 지오이드
geranium 제라늄
germanium 게르마늄
Gesellschaft 게젤샤프트
gin 진
Gipsy 집시
girdle 거들
girl scout 걸 스카우트
giro 지로
gladiolus 글라디올러스
glamour 글래머
glass 글라스
glider 글라이더
glove 글러브
glycerine 글리세린
glycogen 글리코겐
goal 골
goal in 골인
goalkeeper 골키퍼
goal kick 골킥
golf 골프
gondola 곤돌라
gong 공
gorilla 고릴라
Gothic 고딕
gown 가운
gram 그램
grand piano 그랜드 피아노
grand prix 그랑 프리
graph 그래프
graphic design 그래픽 디자인
grease 그리스
Greco-Roman 그레코로만
greenbelt 그린벨트
grill 그릴
grinder 그라인더
ground 그라운드
group 그룹
guano 구아노
guard 가드
guerilla 게릴라
guide 가이드
guild 길드
guillotine 기요틴
Guinness Book 기네스 북
guitar 기타
gum 껌

| H |

hair drier 헤어 드라이어
hairstyle 헤어스타일
haken 하켄
halfback 하프백
hall 홀
halogen 할로겐
ham 햄
hamburger 햄버거
hammer 해머
handbag 핸드백
handball 핸드볼
handicap 핸디캡
handle 핸들
handing 핸들링
hardware 하드웨어
harmonica 하모니카
harmony 하모니
harp 하프
hat 해트
hatch 해치
headgear 헤드기어
headlight 헤드라이트
headphone 헤드폰
heater 히터

heavy 헤비
Hegira 헤지라
held ball 헬드 볼
helicopter 헬리콥터
helium 헬륨
Hellenism 헬레니즘
helmet 헬멧
hemoglobin 헤모글로빈
heroin 헤로인
hertz 헤르츠
hi-fi 하이파이
highlight 하이라이트
hiking 하이킹
hint 힌트
hippie 히피
hit 히트
hockey 하키
hoist 호이스트
holder 홀더
holding 홀딩
hole 홀
Holstein 홀스타인
home 홈
homeroom 홈룸
home run 홈런
homespun 홈스펀
hood 후드
hook 훅
hormone 호르몬
Horn 호른
hose 호스
hostel 호스텔
hot cake 핫케이크
hot dog 핫도그
hotel 호텔
hot line 핫라인
house 하우스
hula 훌라
hula-hoop 훌라후프
humanism 휴머니즘
humming 허밍
humor 유머
humorous 유머러스
hurdle 허들
hurricane 허리케인
hyacinth 히아신스
hyphen 하이픈
Hysterie 히스테리

| I |

icebox 아이스박스
ice cream 아이스크림
ice dancing 아이스 댄싱
ice hockey 아이스 하키
idea 아이디어
Ideologie 이데올로기
igloo 이글루
image 이미지
imitation 이미테이션
inch 인치
incourse 인코스
incubator 인큐베이터
index 인덱스
Indian 인디언
inflation 인플레(이션)
influenza 인플루엔자
ink 잉크
inkstand 잉크스탠드
instant 인스턴트
insulin 인슐린
interchange 인터체인지
interferon 인터페론
intern 인턴
interior 인테리어
interphone 인터폰
interpol 인터폴
interview 인터뷰
ion 이온
irony 아이러니
Islam 이슬람
italic 이탤릭
ivory 아이보리

| J |

jab 잽
jack 잭
jacket 재킷
jackknife 잭나이프
jam 잼
jamboree 잼버리
jazz 재즈
jean 진
jeep 지프
jelly 젤리
jet 제트
jinx 징크스
jitterbug

지터버그/지르박
Jod 요오드
jogging 조깅
joule(J) 줄
journal 저널
journalist 저널리스트
judge 저지
juice 주스
jumbo 점보
jump 점프
jumper 잠바/점퍼
jungle 정글
junior 주니어

| K |

kalium 칼륨
kangaroo 캥거루
Kapsel 캅셀
Karst 카르스트
Kartell 카르텔
keeper 키퍼
kent 켄트(지)
ketchup 케첩
key 키
khaki 카키
Khmer 크메르(족)
kick 킥
kilogram 킬로그램
kilometer 킬로미터
kilowatt 킬로와트
kinine 키니네
kiss 키스
knife 나이프
knit 니트
knock 노크
knockdown 녹다운
knockout 녹아웃
knot 노트
know-how 노하우
KO 케이오
koala 코알라
Kocher 코펠
kolkhoz 콜호스
kombinat 콤비나트
Konzern 콘체른
Koran 코란
krill 크릴

| L |

label 라벨/레이블
lace 레이스
lacquer 래커
lambda(λ) 람다
lamp 램프
lane 레인
lantern 랜턴
lap 랩
lap time 랩 타임
largo 라르고
laser 레이저
last spurt 라스트 스퍼트
latifundium 라티푼디움
Latin 라틴
lauan 나왕
lay-up shoot 레이업 슛
leader 리더
leadership 리더십
league 리그
leghorn 레그혼
leisure 레저
lemon 레몬
lemonade 레모네이드
lens 렌즈
lesson 레슨
level 레벨
license 라이선스
light 라이트
lighter 라이터
lilac 라일락
limiter 리미터
line 라인
linen 리넨
liner 라이너
lingerie 랑제리
lining 라이닝
linker 링커
lipstick 립스틱
list 리스트
liter 리터
litmus 리트머스
lobby 로비
lobbyist 로비스트
locker room 라커룸
log 로그
loop 루프
lot 로트
lounge 라운지

love 러브
lux 럭스
lymph 림프
lyra 리라

| M |

macaroni 마카로니
Mach 마하
Machiavellism 마키아벨리즘
magic ink 매직 잉크
magma 마그마
magnesite 마그네사이트
magnesium 마그네슘
mahogany 마호가니
malaria 말라리아
mammoth 매머드
manager 매니저
mandolin 만돌린
Mangan 망간
mango 망고
manhole 맨홀
manicure 매니큐어
mannequin 마네킹
manner 매너
mannerism 매너리즘
manteau 망토
marathon 마라톤
margarine 마가린
margin 마진
marihuana 마리화나
mark 마크
marketing 마케팅
marmalade 마멀레이드
marronnier 마로니에
mascot 마스코트
maser 메이저
mask 마스크
massage 마사지
masscommunication 매스컴(매스커뮤니케이션)
mass game 매스 게임
mass media 매스 미디어
master 마스터
mat 매트
matrix 매트릭스
mattress 매트리스
mayonnaise 마요네즈
mazurka 마주르카
mechanism 메커니즘
medal 메달
medias 메리야스
medley 메들리
megaphone 메가폰
melanim 멜라닌
melodion 멜로디언
melodrama 멜로드라마
melody 멜로디
melon 멜론
memo 메모
Mensheviki 멘셰비키
menu 메뉴
Mercurochrome 머큐로크롬
mess 메스
message 메시지
meter 미터
methane 메탄
methyl 메틸
mezzo soprano 메조 소프라노
microcomputer 마이크로컴퓨터
microfilm 마이크로필름
micron 미크론
microphone 마이크(로폰)
middle 미들
mile 마일
milk shake 밀크 셰이크
millibar 밀리바
millimeter 밀리미터
mimosa 미모사
mineral 미네랄
miniature 미니어처
miniskirt 미니스커트
mink 밍크
mint 민트
minuet 미뉴에트
minus 마이너스
missa 미사
missile 미사일
mitt 미트
mixer 믹서
model 모델
moderato 모데라토
modernism 모더니즘
mol 몰

mold 몰드
moniter 모니터
monkey spanner
멍키 스패너
monodrama 모노드라마
monogram 모노그램
monorail 모노레일
monsoon 몬순
montage 몽타주
mook 무크
morphine 모르핀
mosaic 모자이크
motive 모티브
motor 모터
motto 모토
mound 마운드
mouthpiece 마우스피스
mu(μ) 뮤
muffler 머플러
musical 뮤지컬

| N |

naphtha 나프타
naphthalene 나프탈렌
napkin 냅킨
narration 내레이션
NATO 나토
Natrium 나트륨
Nazis 나치스
Nazism 나치즘
necktie 넥타이
nectar 넥타
Negro 니그로
neon 네온
neon sign 네온사인
net 네트
network 네트워크
neuron 뉴런
Neurose 노이로제
news 뉴스
nichrome 니크롬
nickel 니켈
nicotine 니코틴
nightclub 나이트클럽
nipper 니퍼
nonfiction 논픽션
nonsense 난센스
nordic 노르딕
note 노트
nozzle 노즐
nuance 뉘앙스
nu(ν) 뉴
nude 누드
number 넘버
nut 너트
nylon 나일론

| O |

Oasis 오아시스
oboe 오보에
octane 옥탄
octave 옥타브
offer 오퍼
offset 오프셋
offside 오프사이드
ohm(Ω) 옴
oil 오일
olive 올리브
Olympic 올림픽
omega(ω) 오메가
omelet 오믈렛
one-piece 원피스
on-line 온라인
opal 오팔
opera 오페라
operator 오퍼레이터
operetta 오페레타
orange 오렌지
orang-utan 오랑우탄
oratorio 오라토리오
orchestra 오케스트라
organ 오르간
orientation
오리엔테이션
ounce 온스
out 아웃
oven 오븐
overcoat 오버코트
overlap 오버랩
overthrow 오버스로
overtime 오버타임
Oxyful 옥시풀
ozone 오존

| P |

pace 페이스

pack 팩
package 패키지
packing 패킹
pad 패드
page 페이지
Pagoda 파고다
paint 페인트
pajamas 파자마
palette 팔레트
pamphlet 팜플렛
pan 팬
pancake 팬케이크
panda 판다
panel 패널
panorama 파노라마
pansy 팬지
pantalon 판탈롱
panties 팬티
pão 빵
papyrus 파피루스
parade 퍼레이드
paradox 패러독스
paraffin 파라핀
parameter 파라미터
parasol 파라솔
parathion 파라티온
Paratyphus 파라티푸스
parka 파카
parsley 파슬리
partizan
빨치산/파르티잔
partner 파트너
party 파티

pass 패스
pastel 파스텔
pathos 파토스/페이소스
pattern 패턴
payloader 페이로더
pechka 페치카
pedal 페달
pen 펜
penalty kick 패널티 킥
pence 펜스
PEN club 펜 클럽
penguin 펭귄
penicillin 페니실린
pendant 펜던트
pennant 페넌트
penny 페니
pen pal 펜팔
percent 퍼센트
period 피리어드
personal computer
퍼스널 컴퓨터
pessary 페서리
pest 페스트
Pharaoh 파라오
phi(φ) 피
pi(π) 파이
pianist 피아니스트
piano 피아노
piccolo 피콜로
pick 픽
pickup 픽업
picnic 피크닉
pie 파이

pile 파일
pilot 파일럿
piment 피망
pin 핀
pincette 핀셋
pinchers 펜치
pineapple 파인애플
pink 핑크
pipe 파이프
pipeline 파이프라인
pipet 피펫
piston 피스톤
pitcher 피처
pizza 피자
placard 플래카드
plankton 플랑크톤
plant 플랜트
plastic 플라스틱
platanus 플라타너스
plate 플레이트
platform 플랫폼
pliers 플라이어
plot 플롯
plug 플러그
pocket 포켓
poclain 포클레인
poinsettia 포인세티아
pointer 포인터
polaroid 폴라로이드
pole 폴
polka 폴카
polonaise 폴로네즈
pomade 포마드

pool 풀
popcorn 팝콘
poplar 포플러
poplin 포플린
pop song 팝송
pose 포즈
post 포스트
poster 포스터
pound 파운드
powder 파우더
power 파워
prairie 프레리
premium 프리미엄
pride 프라이드
printer 프린터
prism 프리즘
privacy 프라이버시
processor 프로세서
producer 프로듀서
professional 프로(페셔널)
profile 프로필
program 프로그램
project 프로젝트
prolétariat 프롤레타리아
promotor 프로모터
propane 프로판
propeller 프로펠러
protector 프로텍터
protestant 프로테스탄트
puck 퍽
pudding 푸딩
pulp 펄프
pulse 펄스
puma 퓨마
pump 펌프
punch 펀치
PVC 피브이시
Pygmy 피그미
pyramid 피라미드

| Q |

quarterback 쿼터백
quiz 퀴즈
quota 쿼터

| R |

race 레이스
racket 라켓
radar 레이더
radial 레이디얼
radiator 라디에이터
radio 라디오
radium 라듐
rail 레일
range 레인지
rayon 레이온
reader 리더
realism 리얼리즘
reality 리얼리티
rear car 리어카
rebound 리바운드
receive 리시브
receiver 리시버
reception 리셉션
recital 리사이틀
record 레코드
recreation 레크리에이션
reed 리드
reel 릴
referee 레퍼리
register 레지스터
rehearsal 리허설
relay 릴레이
relief 릴리프
remicon 레미콘
Renaissance 르네상스
rendez-vous 랑데부
rent-a-car 렌터카
repertory 레퍼토리
report 리포트
reportage 르포(르타주)
resident 레지던트
résistance 레지스탕스
restaurant 레스토랑
rheumatism 류머티즘
rho(ρ) 로
rhythm 리듬
rhythmical 리드미컬
rias 리아스(식)
ribbon 리본
Rickettsia 리케차
rifle 라이플
rigida 리기다
rim 림

ring 링
Ringer 링거(액)
rink 링크
rinse 린스
rival 라이벌
rivet 리벳
roaster 로스터
robot 로봇
rock 록
rocket 로켓
rock'n'roll 로큰롤
rococo 로코코
roll 롤
roman 로망
romance 로맨스
Romanesque 로마네스크
romantic 로맨틱
root 루트
rope 로프
rotary 로터리
rotation 로테이션
round 라운드
route 루트
royal jelly 로열 젤리
royalty 로열티
ruby 루비
rucksack 륙색
rugby 럭비
rum 럼
running shirts 러닝 셔츠/~샤쓰
rush 러시

| S |

Sabotage 사보타주
Sabre 사브르
saccharin 사카린
sadism 사디즘
sadist 사디스트
safe 세이프
sailor 세일러
salad 샐러드
sale 세일
salesman 세일즈맨
salon 살롱
salvia 샐비어
sample 샘플
sandal 샌들
sandbag 샌드백
sandpaper 샌드페이퍼
sandwich 샌드위치
Sanskrit 산스크리트
Santa Claus 산타 클로스
santonin 산토닌
sapphire 사파이어
sash 새시
sauce 소스
sausage 소시지
savanna 사바나
save 세이브
saxophone 색소폰
scalar 스칼라
scale 스케일
scaling 스케일링
scarf 스카프
scenario 시나리오
scene 신
schedule 스케줄
score 스코어
Scotch tape 스카치 테이프
scout 스카우트
scrapbook 스크랩북
screen 스크린
screw 스크루
scuba 스쿠버
seal 실
searchlight 서치라이트
season 시즌
seat 시트
secant 시컨트
second 세컨드
seed 시드
seesaw 시소
segment 세그먼트
Seil 자일
self-service 셀프서비스
semicolon 세미콜론
seminar 세미나
sense 센스
sensor 센서
serenade 세레나데
series 시리즈
serve 서브
service 서비스
set 세트
setter 세터

shadow 섀도
shaft 샤프트
shamanism 샤머니즘
shampoo 샴푸
sharp 샤프
sharp pencil 샤프 펜슬
shawl 숄
shepherd 셰퍼드
Shia 시아
shilling 실링
shirts 셔츠/샤쓰
shock 쇼크
shoot 숏
shoot 슈트(야구)
shopping 쇼핑
shortening 쇼트닝
show 쇼
shower 샤워
showmanship 쇼맨십
show window 쇼윈도
shutter 셔터
shuttlecock 셔틀콕
sidecar 사이드카
sigma(σ) 시그마
sign 사인
signal 시그널
Sikh 시크
silhouette 실루엣
silicon 실리콘
silk 실크
Silk Road 실크 로드
silo 사일로
Silurian Period 실루리아(기)
simulator 시뮬레이터
sine 사인
single 싱글
sink 싱크
siphon 사이펀
siren 사이렌
situation 시추에이션
size 사이즈
skate 스케이트
sketch 스케치
ski 스키
skirt 스커트
skunk 스컹크
slab 슬래브
slacks 슬랙스
slate 슬레이트
slice 슬라이스
slide 슬라이드
slider 슬라이더
sliding 슬라이딩
slipper 슬리퍼
slit 슬릿
slogan 슬로건
slot 슬롯
slump 슬럼프
smog 스모그
snack 스낵
snap 스냅
snow tire 스노 타이어
socket 소켓
soda 소다
sofa 소파
softball 소프트볼
software 소프트웨어
Sol 졸
solo 솔로
solvent 솔벤트
sonata 소나타
soprano 소프라노
soup 수프
sour cream 사워 크림
sousaphone 수자폰
sovkhoz 소프호스
space 스페이스
spaghetti 스파게티
span 스팬
spanner 스패너
spark 스파크
sparring 스파링
speaker 스피커
spectrum 스펙트럼
speed 스피드
sphinx 스핑크스
spike 스파이크
spin 스핀
spirochaeta 스피로헤타
sponge 스펀지
spoon 스푼
sports 스포츠
spotlight 스포트라이트
spot news 스폿 뉴스
sprayer 스프레이어
spring 스프링
sprinkler 스프링클러
sprinter 스프린터

spy 스파이
squall 스콜
squeeze 스퀴즈
staccato 스타카토
stadium 스타디움
staff 스태프
stamp 스탬프
stand 스탠드
standard 스탠더드
star 스타
start 스타트
steak 스테이크
steal 스틸
steam 스팀
stencil 스텐실
step 스텝
stereo 스테레오
stew 스튜
stewardess 스튜어디스
stick 스틱
stitch 스티치
stoa 스토아
stop 스톱
story 스토리
stove 스토브
straight 스트레이트
stress 스트레스
strike 스트라이크
stoke 스트로크
studio 스튜디오
style 스타일
Styrofoam 스티로폼
subtitle 서브타이틀
sunglass 선글라스
Sunni 수니
supermarket 슈퍼마켓
surfing 서핑
surrealism 쉬르리얼리즘
suspense 서스펜스
sweater 스웨터
sweeper 스위퍼
swing 스윙
switch 스위치
symbol 심벌
symphony 심포니
symposium 심포지엄
syrup 시럽
system 시스템

| T |

table 테이블
tabloid 타블로이드
taboo 터부
tachometer 태코미터
tackle 태클
tag 태그
talent 탤런트
Talmud 탈무드
tambourine 탬버린
tangent 탄젠트
tango 탱고
tank 탱크
tannin 타닌
tap 탭
tape 테이프
tar 타르
target 타깃
taxi 택시
team 팀
teamwork 팀워크
technique 테크닉
telepathy 텔레파시
Teletype 텔레타이프
television 텔레비전
telex 텔렉스
tempo 템포
tennis 테니스
tenor 테너
tent 텐트
terminal 터미널
terrace 테라스
Terramycin 테라마이신
terra rossa 테라 로사
terror 테러
terrorist 테러리스트
tester 테스터
text 텍스트
Thema 테마
These 테제
theta(θ) 세타
thinner 시너
three-quarter 스리쿼터
thrill 스릴
throw 스로
ticket 티켓
tie 타이
tights 타이츠

tile 타일
timer 타이머
timpani 팀파니
tip 팁
tire 타이어
title 타이틀
TNT 티엔티
toast 토스트
tocopherol 토코페롤
toe kick 토 킥
token 토큰
tollgate 톨게이트
tomato 토마토
ton 톤
tone 톤
top spin 톱스핀
toss 토스
total 토털
totem 토템
totemism 토테미즘
touch 터치
touchline 터치라인
tournament 토너먼트
towel 타월
tower 타워
tracing paper 트레이싱 페이퍼
track 트랙
tractor 트랙터
trailer 트레일러
trainer 트레이너
training 트레이닝
transistor 트랜지스터
trap 트랩
trapping 트래핑
tree 트리
triangle 트라이앵글
trick 트릭
trio 트리오
troika 트로이카
trombone 트롬본
trophy 트로피
truck 트럭
trump 트럼프
trumpet 트럼펫
trunk 트렁크
try 트라이
tuba 튜바
tube 튜브
tulip 튤립
tumbling 텀블링
tundra 툰드라
tuner 튜너
tungsten 텅스텐
Tungus 퉁구스
tunnel 터널
turban 터번
turbine 터빈
turbojet 터보제트
turn 턴
twist 트위스트
two-piece 투피스
type 타입
type 타이프(타자)
typhus 티푸스
typist 타이피스트

| U |

Umlaut 움라우트
UN 유엔
underhand 언더핸드
UNESCO 유네스코
uniform 유니폼
union 유니언
unit 유닛
Universiade 유니버시아드
uppercut 어퍼컷
uranium 우라늄
usance 유전스
utility 유틸리티
utopia 유토피아

| V |

vacance 바캉스
vaccine 백신
valve 밸브
vanilla 바닐라
varicon 바리콘
varnish 니스/바니시
vaseline 바셀린
vector 벡터
veil 베일
veludo 비로드
velvet 벨벳
veneer 베니어
Venus 비너스
veranda 베란다

vibrio 비브리오
vice 바이스
video 비디오
Vietcong 베트콩
vinyl 비닐
vinyl house 비닐 하우스
vinylon 비닐론
viola 비올라
violin 바이올린
violinist 바이올리니스트
virus 바이러스
visa 비자
viscose 비스코스
vision 비전
vitamin 비타민
vivace 비바체
vodka 보드카
volley 발리
volt 볼트
volume 볼륨

| W |

wafer 웨이퍼
wagon 왜건
waiter 웨이터
waitress 웨이트리스
walkie-talkie 워키토키
walking 워킹
waltz 왈츠
warming up 워밍업
watt(ω) 와트
wax 왁스
weaving 위빙
wedding dress 웨딩드레스
weight training 웨이트 트레이닝
welter 웰터
wheelchair 휠체어
whiskey 위스키
whistle 휘슬
white-collar 화이트칼라
white shirts 와이셔츠/~샤쓰
windup 와인드업
wing 윙
wink 윙크
wiper 와이퍼
wire 와이어
wit 위트
wool 울
word processor 워드 프로세서
world cup 월드컵
wrench 렌치
wrestling 레슬링

| X |

Xerox 제록스
x-ray 엑스레이
xylophone 실로폰

| Y |

yacht 요트
yard 야드
yeast 이스트
yellow card 옐로 카드
yodel 요들
yoga 요가
yogurt 요구르트
Yorkshire 요크셔
youth hostel 유스 호스텔

| Z |

zero 제로
zigzag 지그재그
Zionism 시오니즘
zipper 지퍼
zone 존
zoom lens 줌 렌즈

2. 지 명

가. 국명 및 수도명

원 어		한 글 표 기	
국 명	수 도 명	국 명	수 도 명
〈아시아 주 · 오세아니아 주〉			
Afghanistan	Kabul	아프가니스탄	카불
Armenia	Erevan	아르메니아	예레반
Australia	Canberra	오스트레일리아	캔버라
Azerbaidzhan	Baku	아제르바이잔	바쿠
Bahrain	Manama	바레인	마나마
Banggladesh	Dacca	방글라데시	다카
Bhutan	Thimbu	부탄	팀부
Brunei	Bandar Seri Be-gawan	브루나이	반다르세리베가완
Cambodia	Pnompenh	캄푸치아	프놈펜
China(People's Re-public of China	北京(Beijing)	중국/중화 인민 공화국	북경/베이징
China(Republic of China)	臺北(Taipei)	자유 중국/중화 민국	대북/타이베이
Fiji	Suva	피지	수바
Gruziya	Tbilisi	그루지야	트빌리시
India	New Delhi	인도	뉴델리
Indonesia	Jakarta	인도네시아	자카르타
Iran	Teheran	이란	테헤란
Iraq	Baghdad	이라크	바그다드
Israel	Jerusalem	이스라엘	예루살렘
Japan	東京(Tokyo)	일본	동경/도쿄
Jordan	Amman	요르단	암만
Kazakhstan	Alma Ata	카자흐스탄	알마아타

원어		한글 표기	
국명	수도명	국명	수도명
Kirghizstan	Bishkek	키르기즈스탄	비슈케크
Kiribati	Tarawa	키리바시	타라와
Kuwait	Kuwait	쿠웨이트	쿠웨이트
Kypros	Nicosia	키프로스	니코시아
Laos	Vientiane	라오스	비엔티안
Lebanon	Beirut	레바논	베이루트
Malaysia	Kuala Lumpur	말레이시아	콸라룸푸르
Maldives	Malé	몰디브	말레
Marshall Is.	Uliga	마셜 제도	울리가
Micronesia	Kolonia	미크로네시아	콜로니아
Mongolia	Ulan Bator	몽골	울란바토르
Myanmar	Yangon	미얀마	양곤
Nauru	Nauru	나우루	나우루
Nepal	Kathmandu	네팔	카트만두
New Zealand	Wellington	뉴질랜드	웰링턴
Oman	Muscat	오만	무스카트
Pakistan	Islamabad	파키스탄	이슬라마바드
Papua New Guinea	Port Moresby	파푸아뉴기니	포트모르즈비
Philippines	Manila	필리핀	마닐라
Qatar	Doha	카타르	도하
Saudi Arabia	Riyadh	사우디아라비아	리야드
Singapore	Singapore	싱가포르	싱가포르
Solomon	Honiara	솔로몬	호니아라
Sri Lanka	Colombo	스리랑카	콜롬보
Syria	Damascus	시리아	다마스쿠스
Tadzhikistan	Dushanbe	타지키스탄	두샨베
Thailand	Bangkok	타이	방콕
Tonga	Nukuálofa	통가	누쿠알로파
Turkey	Ankara	터키	앙카라
Turkmenistan	Ashhabad	투르크메니스탄	아슈하바트
Tuvalu	Funafuti	투발루	푸나푸티

원 어		한 글 표 기	
국 명	수 도 명	국 명	수 도 명
United Arab Emirates	Abu Dhabi	아랍에미리트	아부다비
Uzbekistan	Tashkent	우즈베키스탄	타슈켄트
Vanuatu	Vila	바누아투	빌라
Vietnam	Hanoi	베트남	하노이
Western Samoa	Apia	서사모아	아피아
Yemen	Sanaa	예멘	사나

〈아메리카 주〉

국 명	수 도 명	국 명	수 도 명
Antigua and Barbuda	St. John's	앤티가 바부다	세인트존스
Argentina	Buenos Aires	아르헨티나	부에노스아이레스
Bahamas	Nassau	바하마	나소
Barbados	Bridgetown	바베이도스	브리지타운
Belize	Belmopan	벨리즈	벨모판
Bolivia	La Paz	볼리비아	라파스
Brazil	Brasília	브라질	브라질리아
Canada	Ottawa	캐나다	오타와
Chile	Santiago	칠레	산티아고
Colombia	Bogota	콜롬비아	보고타
Costa Rica	San José	코스타리카	산호세
Cuba	Habana	쿠바	아바나
Dominica(Commonwealth of Dominica)	Roseau	도미니카 연방	로조
Dominica(Dominican Republic)	Santo Domingo	도미니카 공화국	산토도밍고
Ecuador	Quito	에콰도르	키토
El Salvador	San Salvador	엘살바도르	산살바도르
Grenada	St. George's	그레나다	세인트조지스
Guatemala	Guatemala	과테말라	과테말라
Guyana	Georgetown	가이아나	조지타운
Haiti	Port-au-Prince	아이티	포르토프랭스

원 어		한 글 표 기	
국 명	수 도 명	국 명	수 도 명
Hondura	Tegucigalpa	온두라스	테구시갈파
Jamaica	Kingston	자메이카	킹스턴
Mexico	Mexico	멕시코	멕시코(시)
Nicaragua	Managua	니카라과	마나과
Panama	Panama	파나마	파나마
Paraguay	Asunción	파라과이	아순시온
Peru	Lima	페루	리마
St. Christopher and Nevis	Basseterre	세인트크리스토퍼 네비스	바스테르
St. Lucia	Castries	세인트루시아	캐스트리스
St. Vincent and the Grenadines	Kingstown	세인트빈센트 그레나딘	킹스타운
Surinam	Paramaribo	수리남	파라마리보
Trinidad and Tobago	Port of Spain	트리니다드 토바고	포트오브스페인
United States of America	Washington D. C	미국/미합중국	워싱턴 DC
Uruguay	Montevideo	우루과이	몬테비데오
Venezuela	Caracas	베네수엘라	카라카스
〈유럽 주〉			
Albania	Tirana	알바니아	티라나
Andorra	Andorra	안도라	안도라
Austria	Wien	오스트리아	빈
België	Brussel	벨기에	브뤼셀
Belorus'	Minsk	벨로루시	민스크
Bosnia and Herze-govina	Sarajevo	보스니아헤르체고비나	사라예보
Bulgaria	Sofia	불가리아	소피아
Croatia	Zagreb	크로아티아	자그레브
Czech Republic	Praha	체코	프라하
Denmark	Copenhagen	덴마크	코펜하겐
Deutschland	Bonn	독일	본

원 어		한 글 표 기	
국 명	수 도 명	국 명	수 도 명
España / Spain	Madrid	에스파냐/스페인	마드리드
Estonia	Tallin	에스토니아	탈린
Finland	Helsinki	핀란드	헬싱키
France	Paris	프랑스	파리
Greece	Athine	그리스	아테네
Hungary	Budapest	헝가리	부다페스트
Iceland	Reykjavik	아이슬란드	레이캬비크
Ireland	Dublin	아일랜드	더블린
Italia	Roma	이탈리아	로마
Latvia	Riga	라트비아	리가
Liechtenstein	Vaduz	리히텐슈타인	파두츠
Lithuania	Vilnius	리투아니아	빌니우스
Luxemburg	Luxemburg	룩셈부르크	룩셈부르크
Macedonia	Skopje	마케도니아	스코페
Malta	Valleta	몰타	발레타
Moldova	Kishinev	몰도바	키시네프
Monaco	Monaco	모나코	모나코
Netherlands	Amsterdam	네덜란드	암스테르담
Norway	Oslo	노르웨이	오슬로
Poland	Warszawa	폴란드	바르샤바
Portugal	Lisbon	포르투갈	리스본
Rumania	Bucureşti	루마니아	부쿠레슈티
Russian Republic	Moskva	러시아 연방	모스크바
San Marino	San Marino	산마리노	산마리노
Slovakia	Bratislava	슬로바키아	브라티슬라바
Slovenia	Ljubljana	슬로베니아	류블랴나
Sweden	Stockholm	스웨덴	스톡홀름
Switzerland (Swiss Confederation)	Bern	스위스	베른
United Kingdom of Great Britain and Northern Ireland	London	영국	런던

원 어		한 글 표 기	
국 명	수 도 명	국 명	수 도 명
Ukraina	Kiev	우크라이나	키예프
Vatican	Vatican	바티칸	바티칸
Yugoslavia	Beograd	유고슬라비아	베오그라드
〈아프리카 주〉			
Algérie	Alger	알제리	알제
Angola	Luanda	앙골라	루안다
Benin	Porto Novo	베냉	포르토노보
Botswana	Gaborone	보츠와나	가보로네
Burkina Faso	Ouagadougou	부르키나파소	와가두구
Burundi	Bujumbura	부룬디	부줌부라
Cabo Verde	Praia	카보베르데	프라이아
Cameroon	Yaoundé	카메룬	야운데
Central African Republic	Bangui	중앙 아프리카 공화국	방기
Chad	N'Djamena	차드	은자메나
Comoros	Moroni	코모로	모로니
Congo	Brazzaville	콩고	브라자빌
Côte d'Ivoire	Abidjan	코트디부아르	아비장
Djibouti	Djibouti	지부티	지부티
Egypt	Cairo	이집트	카이로
Equatorial Guinea	Malabo	적도 기니	말라보
Ethiopia	Addis Ababa	에티오피아	아디스아바바
Gabon	Libreville	가봉	리브르빌
Gambia	Banjul	감비아	반줄
Ghana	Accra	가나	아크라
Guinea	Conakry	기니	코나크리
Guinea-Bissau	Bissau	기니비사우	비사우
Kenya	Nairobi	케냐	나이로비
Lesotho	Maseru	레소토	마세루
Liberia	Monrovia	라이베리아	몬로비아

원 어		한 글 표 기	
국 명	수 도 명	국 명	수 도 명
Libya	Tripoli	리비아	트리폴리
Madagascar	Antananarivo	마다가스카르	안타나나리보
Malawi	Lilongwe	말라위	릴롱궤
Mali	Bamako	말리	바마코
Mauritanie	Nouakchott	모리타니	누악쇼트
Mauritius	Port Louis	모리셔스	포트루이스
Morocco	Rabat	모로코	라바트
Mozambique	Maputo	모잠비크	마푸토
Namibia	Windhoek	나미비아	빈트후크
Niger	Niamey	니제르	니아메
Nigeria	Lagos	나이지리아	라고스
Rwanda	Kigali	르완다	키갈리
São Tomé and Principe	São Tomé	상투메 프린시페	상투메
Senegal	Dakar	세네갈	다카르
Seychelles	Victoria	세이셸	빅토리아
Sierra Leone	Freetown	시에라리온	프리타운
Somalia	Mogadishu	소말리아	모가디슈
South Africa, Republic of	Pretoria	남아프리카 공화국	프리토리아
Sudan	Khartoum	수단	하르툼
Swaziland	Mbabane	스와질란드	음바바네
Tanzania	Dar es Salaam	탄자니아	다르에스살람
Togo	Lomé	토고	로메
Tunisie	Tunis	튀니지	튀니스
Uganda	Kampala	우간다	캄팔라
Zaïre	Kinshasa	자이르	킨샤사
Zambia	Lusaka	잠비아	루사카
Zimbabwe	Harare	짐바브웨	하라레

나. 로마 자 표기 지명

| A |

Aachen 아헨(독일)
Abruzzi 아브루치(이탈리아)
Abyssinia Plat.
아비시니아고원(에티오피아)
Aconcagua Mt. 아콩카과산
Acropolis 아크로폴리스(그리스)
Adam's Peak 애덤스산(인도)
Adriatic Sea 아드리아해(지중해)
Aegean Sea 에게해(지중해)
Aeolis 아이올리스(터키반도)
Ain 앵(프랑스)
Aisne 엔(프랑스)
Akkad 아카드(메소포타미아)
Alabama 앨라배마(미국)
Alaska 알래스카(미국)
Albany 올버니(미국)
Ålborg 올보르그(덴마크)
Alexandria 알렉산드리아(이집트)
Aleutian Is. 알류샨열도(북태평양)
Alhambra 알람브라(에스파냐)
Alma Ata 알마아타(소련)
Alps Mts. 알프스산맥
Alsace 알자스(프랑스)
Altai Mts. 알타이산맥(중앙 아시아)
Altamira 알타미라(에스파냐)
Amazon R. 아마존강(브라질)
America 아메리카
Amiens 아미앵(프랑스)
Amsterdam 암스테르담(네덜란드)
Amundsen G. 아문센만(캐나다)
Amur R. 아무르강(동북 아시아)
Anchorage 앵커리지(미국)
Andalusia 안달루시아(에스파냐)
Andaman Is. 안다만제도(인도)
Andes Mts. 안데스산맥(남미)
Annam 안남(인도차이나)
Annapolis 아나폴리스(미국)
Antwerpen 안트베르펜(벨기에)
Apennino Mts.
아펜니노산맥(이탈리아)
Appalachian Mts.
애팔래치아산맥(미국)
Arad 아라드(루마니아)
Aragua 아라과(베네수엘라)
Ardennes 아르덴(프랑스)
Arizona 애리조나(미국)
Arkansas 아칸소(미국)
Arles 아를(프랑스)
Armenia 아르메니아
Arno R. 아르노강(이탈리아)
Asia 아시아
Assam 아삼(인도)
Assisi 아시시(이탈리아)
Assyria 아시리아(서남 아시아)
Aswan 아스완(이집트)
Atacama 아타카마(칠레)
Athenae 아테네(그리스)
Atlanta 애틀랜타(미국)
Atlas Mts. 아틀라스산맥
Augsburg 아우크스부르크(독일)

Avellaneda 아베야네다(아르헨티나)
Avignon 아비뇽(프랑스)
Azerbaidzhan 아제르바이잔(소련)
Azerbaijan 아제르바이잔(이란)

| B |

Babylon 바빌론(바빌로니아)
Babylonia 바빌로니아(서남 아시아)
Baden-Baden 바덴바덴(독일)
Bahia 바이아(온두라스)
Baikal L. 바이칼호(소련)
Bali I. 발리섬(인도네시아)
Balkan 발칸(남부 유럽)
Baltimore 볼티모어(미국)
Bandung 반둥(인도네시아)
Barcelona
바르셀로나(① 에스파냐 ② 베네수엘라)
Bayern 바이에른(독일)
Bengal B. 벵골만
Bengasi 벵가지(리비아)
Bering Sea 베링해(북태평양)
Berkshire 버크셔(영국)
Berlin 베를린(독일)
Bermuda Is. 버뮤다제도(대서양)
Bhopal 보팔(인도)
Birmingham 버밍엄(영국)
Bismarck Is.
비스마르크제도(남태평양)
Bochum 보훔(독일)
Bogota 보고타(콜롬비아)
Bohemia 보헤미아(체코)
Bologna 볼로냐(이탈리아)
Bolzano 볼차노(이탈리아)
Bombay 봄베이(인도)
Bordeaux 보르도(프랑스)
Borneo I. 보르네오섬(동남 아시아)
Boston 보스턴(미국)
Braşov 브라쇼브(루마니아)
Bratislava 브라티슬라바(슬로바키아)
Bremen 브레멘(독일)
Bretagne 브르타뉴(프랑스)
Bristol 브리스틀(영국)
Britain 브리튼(영국)
Brno 브르노(체코)
Buenos Aires
부에노스 아이레스(아르헨티나)
Buffalo 버펄로(미국)

| C |

Cagliari 칼리아리(이탈리아)
Calcutta 캘커타(인도)
Calgary 캘거리(캐나다)
California 캘리포니아(미국)
Calvados 칼바도스(프랑스)
Cambridge 케임브리지(영국)
Canarias Is. 카나리아제도(대서양)
Cannes 칸(프랑스)
Canossa 카노사(이탈리아)
Cantábrica Cordillera
칸타브리아산맥(에스파냐)
Cape Town
케이프 타운(남아프리카 공화국)

Cape Kennedy 케이프케네디(미국)
Caralis 카랄리스(이탈리아)
Caribbean Sea 카리브해(대서양)
Caroline Is. 캐롤라인제도(태평양)
Carthago 카르타고(북아프리카)
Casablanca 카사블랑카(모로코)
Caspian Sea 카스피해(중앙 아시아)
Castilla 카스티야(에스파냐)
Celebes I. 셀레베스섬(인도네시아)
Champagne 샹파뉴(프랑스)
Chao Phraya R. 차오프라야강(타이)
Chicago 시카고(미국)
Chihuahua 치와와(멕시코)
Chubut 추부트(아르헨티나)
Chuvash 추바슈(소련)
Cincinnati 신시내티(미국)
Cleveland 클리블랜드(미국)
Coast Ranges 코스트산맥(북미)
Columbia 컬럼비아(미국)
Colorado 콜로라도(미국)
Connecticut 코네티컷(미국)
Constanţa 콘스탄차(루마니아)
Constantinople 콘스탄티노플(터키)
Córdoba 코르도바(① 아르헨티나 ② 콜롬비아 ③ 에스파냐)
Corinthos 코린트(그리스)
Corwall Pen. 콘월반도(영국)
Corsica I. 코르시카섬(지중해)
Craiova 크라이오바(루마니아)
Creta 크레타(그리스)
Cuenca
쿠엥카(① 에콰도르 ② 에스파냐)

| D |

Dallas 댈러스(미국)
Danube R. 다뉴브강(유럽)
Debrecen 데브레첸(헝가리)
Deccan Plat. 데칸고원(인도)
Delaware 델라웨어(미국)
Delhi 델리(인도)
Delphoe 델포이(그리스)
Denver 덴버(미국)
Detroit 디트로이트(미국)
Devon 데번(영국)
Dnepr R. 드네프르강(소련)
Don R. 돈강(소련)
Donau R. 도나우강(유럽)
Donets R. 도네츠강(소련)
Donetsk 도네츠크(소련)
Dortmund 도르트문트(독일)
Dover St. 도버해협
Dubai 두바이(아랍에미리트)
Duero R. 두에로강(에스파냐)
Durban 더반(남아프리카 공화국)
Düsseldorf 뒤셀도르프(독일)
Dvina R. 드비나강(소련)

| E |

Edessa 에데사(그리스)
Edinburgh 에든버러(영국)
Eire 에이레
Elba I. 엘바섬(이탈리아)

El Cesar 엘세사르(콜롬비아)
El Paso 엘패소(미국)
England 잉글랜드(영국)
Erfurt 에르푸르트(독일)
Erie L. 이리호(미국)
Essen 에센(독일)
Estonia 에스토니아(소련)
Etna Mt. 에트나산(이탈리아)
Euphrates R. 유프라테스강
Everest Mt. 에베레스트산

| F |

Falkland Is. 포클랜드제도(남대서양)
Fiji Is. 피지제도(남태평양)
Firenze 피렌체(이탈리아)
Flandre 플랑드르(유럽)
Florencia 플로렌시아(콜롬비아)
Florida 플로리다(미국)
Frankfurt 프랑크푸르트(독일)

| G |

Galaţi 갈라치(루마니아)
Gallegos 가예고스(아르헨티나)
Ganges R. 갠지스강(인도)
Garonne R. 가론강(프랑스)
Gaza 가자(서아시아)
Gdańsk 그단스크(폴란드)
Genva 제네바(스위스)
Georgetown 조지타운(가이아나)
Georgia 조지아(미국)
Gettysburg 게티즈버그(미국)
Gibraltar 지브롤터(영국)
Gironde 지롱드(프랑스)
Gizeh 기제(이집트)
Glasgow 글래스고(영국)
Gobi Des. 고비사막(몽고)
Gor'kii 고리키(소련)
Göteborg 예테보리(스웨덴)
Granada
그라나다(① 니카라과 ② 에스파냐)
Great Britain 그레이트브리튼
Greater Sunda Is.
대순다열도(인도네시아)
Greenland 그린란드
Greenwich 그리니치(영국)
Gruziya 그루지야(소련)
Guam 괌(태평양)
Guárico 과리코(베네수엘라)
Gyöngyös 죈죄시(헝가리)

| H |

Hague, The 헤이그(네덜란드)
Haiphong 하이퐁(베트남)
Hamburg 함부르크(독일)
Hamilton
해밀턴(① 버뮤다 ② 뉴질랜드)
Hammerfest 함메르페스트(노르웨이)
Hampshire 햄프셔(영국)
Hannover 하노버(독일)
Hanoi 하노이(베트남)

Hawaii 하와이(미국)
Heidelberg 하이델베르크(독일)
Hidalgo 이달고(멕시코)
Himalaya Mts. 히말라야산맥
Hindu Kush Mts.
힌두쿠시산맥(중앙 아시아)
Hindustan 힌두스탄(인도)
Ho Chi Minh 호치민(베트남)
Hollywood 할리우드(미국)
Holstein 홀슈타인(독일)
Honolulu 호놀룰루(하와이)
Hormuz 호르무즈(페르시아만)
Houston 휴스턴(미국)
Hudson R. 허드슨강(미국)
Huron L. 휴런호(미국)

| I |

Iaşi 이아시(루마니아)
Iberia Pen. 이베리아반도
Idaho 아이다호(미국)
Il-khānate 일 한국
Illinois 일리노이(미국)
Indiana 인디애나(미국)
Indianapolis 인디애나폴리스(미국)
Indus R. 인더스강(인도)
Iowa 아이오와(미국)
Irrawaddy R. 이라와디강(버마)
Issus 이수스(터키반도)
Istanbul 이스탄불(터키)
Istria Pen.
이스트리아반도(슬로베니아)

| J |

Jalisco 할리스코(멕시코)
Java I. 자바섬(인도네시아)
Jerusalem 예루살렘(이스라엘)
Johannesburg
요하네스버그(남아프리카 공화국)
Jura Mts. 쥐라산맥(스위스)
Jutland Pen. 유틀란트반도(덴마크)

| K |

Kamchatka Pen. 캄차카반도(소련)
Kansas 캔자스(미국)
Kansas City 캔자스시티(미국)
Karachi 카라치(파키스탄)
Karlovac 카를로바츠(크로아티아)
Karlovy Vary 카를로비바리(체코)
Kashmir 카슈미르(중앙 아시아)
Kavkaz 카프카스(소련)
Kazakh 카자흐(소련)
Kentucky 켄터키(미국)
Khabarovsk 하바로프스크(소련)
Khaibar Pass. 카이바르고개
Kiev 키예프(우크라이나)
Kilimanjaro Mt. 킬리만자로산
Kimberly 킴벌리(남아프리카 공화국)
Kipchak Khan 킵차크 한국
Kirgiz 키르기스(소련)
Köln 쾰른(독일)

Košice 코시체(슬로바키아)
Koryak 코랴크(소련)
Kraków 크라쿠프(폴란드)
Krym Pen. 크림반도(소련)
Kuril Is. 쿠릴열도(소련)

| L |

Labrador Pen. 래브라도반도(캐나다)
Laconia 라코니아(그리스)
Landes 랑드(프랑스)
Lapland 라플란드(북유럽)
La Plata 라플라타(아르헨티나)
Las Palmas
라스팔마스(카나리아제도)
Latvia 라트비아(소련)
Lausanne 로잔(스위스)
Lazio 라치오(이탈리아)
Leipzig 라이프치히(독일)
Lena R. 레나강(소련)
Leningard 레닌그라드(소련)
Lesser Sunda Is.
소순다열도(인도네시아)
Lincoln 링컨(미국)
Lithuania 리투아니아(소련)
Liverpool 리버풀(영국)
Livingstone 리빙스턴(잠비아)
Ljubljana 류블랴나(슬로베니아)
Loa R. 로아강(칠레)
Lódź 우치(폴란드)
Lombardia 롬바르디아(이탈리아)
Lorelei 로렐라이(독일)
Lorraine 로렌(프랑스)
Los Angeles 로스엔젤레스(미국)
Los Angeles 로스앙헬레스(칠레)
Louisiana 루이지애나(미국)
Louisville 루이빌(미국)
Luxemburg 룩셈부르크(룩셈부르크)
Luzon I. 루손섬(필리핀)
L'vov 리보프(소련)
Lydia 리디아(터키)
Lyon 리옹(프랑스)

| M |

Macao 마카오
Macedonia 마케도니아
Madura I. 마두라섬(인도네시아)
Magdeburg 마그데부르크(독일)
Magellan St. 마젤란해협
Main 마인(독일)
Maine 메인(미국)
Málaga 말라가(에스파냐)
Malay Pen. 말레이반도(말레이시아)
Mallorca I. 마요르카섬(에스파냐)
Manchester 맨체스터(영국)
Marathon 마라톤(그리스)
Mariana Is. 마리아나제도(서태평양)
Maribor 마리보르(슬로베니아)
Marseille 마르세유(프랑스)
Maryland 메릴랜드(미국)
Massachusetts 매사추세츠(미국)
Mayon Mt. 마욘산(필리핀)
Mecca 메카(사우디아라비아)

Medina 메디나(사우디아라비아)
Mekong R. 메콩강(동남 아시아)
Melbourne 멜버른(오스트레일리아)
Menam R. 메남강(타이)
Menorca I. 메노르카섬(에스파냐)
Mesopotamia 메소포타미아
Miami 마이애미(미국)
Michigan 미시간(미국)
Micronesia 미크로네시아(태평양)
Milano 밀라노(이탈리아)
Milwaukee 밀워키(미국)
Mindanao I. 민다나오섬(필리핀)
Minneapolis 미니애폴리스(미국)
Minnesota 미네소타(미국)
Minsk 민스크(벨로루시)
Miskolc 미슈콜츠(헝가리)
Mississippi 미시시피(미국)
Missouri 미주리(미국)
Moca 모카(도미니카)
Mohenjo Daro 모헨조다로
Moldavia 몰다비아(소련)
Molise 몰리세(이탈리아)
Montana 몬태나(미국)
Montenegro
몬테네그로(유고슬라비아)
Monterrey 몬테레이(멕시코)
Montgomery 몽고메리(미국)
Montreal 몬트리올(캐나다)
Moselle 모젤(프랑스)
München 뮌헨(독일)
Munda 문다(에스파냐)
Murcia 무르시아(에스파냐)
Murmansk 무르만스크(소련)
Mycenae 미케네(그리스)

| N |

Nantes 낭트(프랑스)
Napoli 나폴리(이탈리아)
Nebraska 네브래스카(미국)
Negro R. 네그로강(아르헨티나)
Negro R. 네그루강(브라질)
Neman R. 네만강(소련)
Nevada 네바다(미국)
New England 뉴잉글랜드(미국)
Newfoundland 뉴펀들랜드(캐나다)
New Guinea 뉴기니
New Hampshire 뉴햄프셔(미국)
New Jersey 뉴저지(미국)
New Mexico 뉴멕시코(미국)
New York 뉴욕(미국)
Nicaea 니케아(터키)
Nice 니스(프랑스)
Nile R. 나일강
Nineveh 니네베
Niš 니시(유고슬라비아)
North Carolina 노스캐롤라이나(미국)
North Dakota 노스다코타(미국)
Novi-Sad 노비사드(유고슬라비아)
Ñuble 뉴블레(칠레)

| O |

Oakland 오클랜드(미국)

Ob' R. 오브강(소련)
Oder R. 오데르강(유럽)
Ohio 오하이오(미국)
Okhotsk 오호츠크(소련)
Oklahoma 오클라호마(미국)
Olomouc 올로모우츠(체코)
Olympia 올림피아(미국)
Olympos Mt. 올림포스산(그리스)
Ontario L. 온타리오호(캐나다)
Oradea 오라데아(루마니아)
Oregon 오리건(미국)
Orinoco R. 오리노코강(남미)
Orizaba Mt. 오리사바산(멕시코)
Orléans 오를레앙(프랑스)
Osijek 오시예크(크로아티아)
Ostrava 오스트라바(체코)
Oxford 옥스퍼드(영국)

| P |

Palermo 팔레르모(이탈리아)
Pamir 파미르(중앙 아시아)
Pampas 팜파스(남미)
Paraná R. 파라나강(남미)
Parima Mts. 파리마산맥(남미)
Pariñas, Point. 파리냐스곶(남미)
Pécs 페치(헝가리)
Pelopponnesos 펠로폰네소스(그리스)
Pennsylvania 펜실베이니아(미국)
Pergamon 페르가몬(터키)
Persepolis 페르세폴리스(페르시아)
Persia B 페르시아만
Perugia 페루자(이탈리아)
Philadelphia 필라델피아(미국)
Phoenicia 페니키아
Phoenix 피닉스(미국)
Phrygia 프리지아
Pireefs 피레에프스(그리스)
Pisa 피사(이탈리아)
Pittsburg 피츠버그(미국)
Plymouth 플리머스(영국)
Plzeň 플젠(체코)
Po R. 포강(이탈리아)
Polynesia 폴리네시아(태평양)
Pompei 폼페이(이탈리아)
Portsmouth 포츠머스(영국)
Potsdam 포츠담(독일)
Poznań 포즈난(폴란드)
Preussen 프로이센(독일)
Priština 프리슈티나(유고슬라비아)
Provence 프로방스(프랑스)
Puebla 푸에블라(멕시코)
Puerto Colombia
푸에르토콜롬비아(콜롬비아)
Pula 풀라(크로아티아)
Punjab 펀자브(인도)
Pyrénées 피레네산맥

| Q |

Quebec 퀘벡(캐나다)
Queensland
퀸즐랜드(오스트레일리아)
Queenstown

퀸스타운(남아프리카 공화국)
Quiché 키체(과테말라)

| R |

Ragusa 라구사(이탈리아)
Rhein R. 라인강(유럽)
Rhode Island. 로드아일랜드(미국)
Rhodesia 로디지아
Rhône R. 론강(프랑스)
Richmond 리치먼드(미국)
Rijeka 리예카(크로아티아)
Rio de Janeiro
 리우데자네이루(브라질)
Rio Grande R. 리오그란데강(남미)
Rio Negro
 리오네그로(① 아르헨티나 ② 우루과이)
Riviera 리비에라(유럽)
Rocky Mts. 로키산맥(북미)
Rosetta 로제타(이집트)
Rubicon R. 루비콘강(이탈리아)
Ruhr 루르(독일)

| S |

Saarland 자를란트(독일)
Sachsen 작센(독일)
Sahara Des. 사하라사막
Saint Louis 세인트루이스(미국)
Sakhalin 사할린(소련)
Salzburg 잘츠부르크(오스트리아)
Samarkand 사마르칸트(소련)
Samoa Is. 사모아제도(남태평양)
San Carlos 산카를로스(베네수엘라)
San Francisco 샌프란시스코(미국)
San Francisco
 산프란시스코(엘살바도르)
San Juan 산후안(① 아르헨티나
 ② 도미니카 ③ 베네수엘라)
San Luis 산루이스(아르헨티나)
San Salvador
 산살바도르(엘살바도르)
San Salvador I. 산살바도르섬
Santa Clara 산타클라라(쿠바)
Santos 산투스(브라질)
São Paulo 상파울루(브라질)
Sarajevo
 사라예보(보스니아헤르체고비나)
Sardegna 사르데냐(이탈리아)
Savoie 사부아(프랑스)
Scotland 스코틀랜드(영국)
Seattle 시애틀(미국)
Segovia 세고비아(에스파냐)
Seine R. 센강(프랑스)
Serbia 세르비아(유고슬라비아)
Sevilla 세비야(에스파냐)
Sheffield 셰필드(영국)
Siberia 시베리아(소련)
Sicilia 시칠리아(이탈리아)
Siena 시에나(이탈리아)
Sierra Madre Mts.
 시에라마드레산맥(멕시코)
Sierra Nevada Mts. 시에라네바다산맥
 (① 에스파냐 ② 미국)

Sinai Pen. 시나이반도(이집트)
Slovakia 슬로바키아(체코슬로바키아)
Solomon Is. 솔로몬제도(남태평양)
Sorata Mt. 소라타산(볼리비아)
Sorbonne 소르본(프랑스)
South Carolina
사우스캐롤라이나(미국)
South Dakota 사우스다코타(미국)
Sparta 스파르타(그리스)
Strasbourg 스트라스부르(프랑스)
Stuttgart 슈투트가르트(독일)
Subotica 수보티차(유고슬라비아)
Suez 수에즈(이집트)
Sumatra I. 수마트라섬(인도네시아)
Sumer 수메르(서남 아시아)
Superior L. 슈피리어호(미국)
Sydney 시드니(오스트레일리아)
Szczecin 슈체친(폴란드)
Szeged 세게드(헝가리)
Szombathely 솜버트헤이(헝가리)

| T |

Tabasco 타바스코(멕시코)
Tadzhik 타지크(소련)
Tahiti I. 타히티섬(남태평양)
Tajo R. 타호강(이베리아 반도)
Tarim 타림(분지)(중국)
Tashkent 타슈켄트(우즈베키스탄)
Tbilisi 트빌리시(그루지아)
Tenerife I. 테네리페섬(에스파냐)
Tennessee 테네시(미국)
Teruel 테루엘(에스파냐)
Texas 텍사스(미국)
Thames R. 템스강(영국)
Thanh Hoa 타니호아(베트남)
Thebae 테베(그리스)
Thessalia 테살리아(그리스)
Thracia 트라키아
Tibet Plat. 티베트고원
Ticino 티치노(스위스)
Tigris R. 티그리스강
Timişoara 티미쇼아라(루마니아)
Toledo 톨레도(에스파냐)
Tongking 통킹(인도차이나)
Toronto 토론토(캐나다)
Toscana 토스카나(이탈리아)
Toulon 툴롱(프랑스)
Transvaal
트란스발(남아프리카 공화국)
Trenčín 트렌친(슬로바키아)
Trento 트렌토(이탈리아)
Trinidad 트리니다드(① 볼리비아 ② 우루과이)
Trujillo 트루히요(① 베네수엘라 ② 온두라스 ③ 페루 ④ 도미니카)
Tübingen 튀빙겐(독일)
Turkmen 투르크맨(소련)

| U |

Ukraina 우크라이나(소련)
Umbria 움브리아(이탈리아)
Ural Mts. 우랄산맥(소련)

Ussuri R. 우수리강(동북 아시아)
Utah 유타(미국)
Uzbek 우즈베크(소련)

| V |

Valencia 발렌시아(에스파냐)
Vancouver 밴쿠버(캐나다)
Venezia 베네치아(이탈리아)
Vermont 버몬트(미국)
Versailles 베르사유(프랑스)
Vesuvio Mt. 베수비오산(이탈리아)
Victoria 빅토리아(① 세이셸 ② 오스트레일리아 ③ 캐나다)
Virginia 버지니아(미국)
Virgin Islands. 버진아일랜드
Vladivostok 블라디보스토크(소련)
Volga R. 볼가강(소련)
Volgograd 볼고그라드(소련)

| W |

Wadi Halfa 와디할파(수단)
Waikiki 와이키키(하와이)
Wales 웨일스(영국)
Wartburg 바르트부르크(독일)
Washington 워싱턴(미국)
Weimar 바이마르(독일)
West Virginia 웨스트버지니아(미국)
Wiesbaden 비스바덴(독일)
Winchester 윈체스터(영국)
Windsor 윈저(캐나다)
Wisconsin 위스콘신(미국)
Wyoming 와이오밍(미국)

| Y |

Yakutsk 야쿠츠크(소련)
Yalta 얄타(소련)
Yellowstone 옐로스톤(미국)
Yucatán Pen. 유카탄반도(멕시코)
Yukon R. 유콘강(캐나다)

| Z |

Zagreb 자그레브(크로아티아)
Zamora 사모라(① 에콰도르 ② 에스파냐)
Zaragoza 사라고사(에스파냐)
Zenica 제니차(보스니아헤르체고비나)
Zürich 취리히(스위스)

다. 한자 표기 지명

〈중 국〉

間島 젠다오/간도
甘肅(省) 간쑤(성)
江西(省) 장시(성)
江蘇(省) 장쑤(성)
喀什 카스
建陽 젠양
高雄 가오슝
崑崙(山脈) 쿤룬(산맥)
關東州 관둥저우/관동주
廣東(省) 광둥(성)
廣西(省) 광시(성)
廣西壯族(自治區) 광시좡족(자치구)
廣州 광저우
九連(山脈) 주롄(산맥)
九嶺(山脈) 주링(산맥)
九龍 주룽
貴州(省) 구이저우(성)
金沙(江) 진사(강)
吉林 지린/길림
南嶺(山脈) 난링(산맥)
內蒙古(自治區) 내몽고(자치구)
寧夏(省) 닝샤(성)
寧夏回族(自治區) 닝샤후이족(자치구)
唐山 탕산
大屯(山) 다툰(산)
大別(山脈) 다베(산맥)
大庾嶺(山脈) 다위링(산맥)
臺南 타이난
臺東(山脈) 타이둥(산맥)
臺灣 타이완/대만
臺中 타이중
東江 둥장(강)
東北 둥베이
東山 둥산(산)
洞庭(湖) 둥팅(호)
羅布泊 뤄부포(호)
洛陽 뤄양
凉山彝族(自治州) 량산이족(자치주)
梁山泊 량산포
旅順 뤼순
嶺南 링난
老頭溝 라오터우거우
遼寧(省) 랴오닝(성)
遼東(半島) 랴오둥(반도)
遼西 랴오시
遼陽 랴오양
遼河 랴오허(강)
龍門(石窟) 룽먼(석굴)
龍井村 룽징춘/용정촌
樓山(山脈) 러우산(산맥)
琉球(嶼) 류추(섬)
林西 린시
臨夏回族(自治州) 린샤후이족(자치주)
滿洲里 만저우리

牧丹(江) 목단(강)/무단(강)
武夷(山脈) 우이(산맥)
撫順 푸순
渤海(灣) 보하이(만)
白河 바이허(강)
碧山(山脈) 비산(산맥)
福建(省) 푸젠(성)
北江 베이장(강)
北京 베이징/북경
淝水 페이수이(강)
四川(省) 쓰촨(성)
山東(省) 산둥(성)
山西(省) 산시(성)
山海關 산하이관
上海 상하이
常州 창저우
西江 시장(강)
西康(省) 시캉(성)
西遼(河) 시랴오(강)
西藏(自治區) 시짱(자치구)
仙霞嶺(山脈) 셴샤링(산맥)
陝西(省) 산시(성)
蘇州 쑤저우
松江(省) 쑹장(성)
松江 쑹장(강)
松嶺(山脈) 쑹링(산맥)
松花(江) 쑹화(강)
水口(山) 수이커우(산)
首陽(山) 서우양(산)
綏遠(省) 쑤이위안(성)
崇明(島) 충밍(섬)
嵩山 쑹산(산)

新疆(省) 신장(성)
新疆維吾爾(自治區)
신장웨이우얼(자치구)
新高(山脈) 신가오(산맥)
瀋陽 선양
峨眉(山) 어메이(산)
安西 안시
安徽(省) 안후이(성)
璦琿 아이훈
揚子(江) 양쯔(강)
揚州 양저우
延吉 옌지/연길
延邊 옌볜/연변
延安 옌안
熱河(省) 러허(성)
五臺(山) 우타이(산)
玉山 위산(산)
雲貴(高原) 윈구이(고원)
雲南(省) 윈난(성)
渭水 웨이수이(강)
陰山(山脈) 인산(산맥)
伊犁(江) 이리(강)
紫金(山) 쯔진(산)
長白(山脈) 창바이/장백(산맥)
長春 창춘
浙江(省) 저장(성)
鄭州 정저우
洮江 타오장(강)
朝陽 차오양
潮州 차오저우
珠江 주장(강)
準噶爾(盆地) 준가얼(분지)

重慶 충칭
秦嶺(山脈) 친링(산맥)
鎭西 전시
千山(山脈) 첸산(산맥)
天臺(山脈) 톈타이(산맥)
天山(山脈) 톈산(산맥)
天津 톈진
青島 칭다오
青藏(高原) 칭짱(고원)
青海(省) 칭하이(성)
太白(山) 타이바이(산)
太原 타이위안
太行(山脈) 타이항(산맥)
通州 퉁저우
平定 핑딩
河南(省) 허난(성)
河北(省) 허베이(성)
賀江 허장(강)
廈門 샤먼
哈爾濱 하얼빈
杭州 항저우
海南(島) 하이난(섬)
荊江 징장(강)
湖南(省) 후난(성)
湖北(省) 후베이(성)
華南 화난/화남
華北 화베이/화북
黃河 황허(강)/황하
淮南 화이난
黑龍(江) 헤이룽(강)
黑龍江(省) 헤이룽장(성)
興安 싱안

〈일 본〉

江戶 에도
京都 교토/경도
高見(山地) 다카미(산지)
關東 간토/관동
廣島 히로시마
九州 규슈/구주
宮崎 미야자키
近畿 긴키
岐阜 기후
奈良 나라
大阪 오사카/대판
對馬(島) 쓰시마(섬)/대마도
東京 도쿄/동경
鹿兒島 가고시마
名古屋 나고야
武藏野 무사시노
兵庫 효고
福岡 후쿠오카
福島 후쿠시마
福井 후쿠이
本州 혼슈
富士(山) 후지(산)
富山 도야마
北九州 기타큐슈
北彎(山系) 호쿠완(산계)
北海道 홋카이도/북해도
飛鳥 아스카
四國 시코쿠
山口 야마구치
山梨 야마나시

山形 야마가타
三重 미에
石川 이시카와
成田 나리타
小笠原(諸島) 오가사와라(제도)
水俣 미나마타
神奈川 가나가와
神戶 고베
新宿 신주쿠
岩手 이와테
愛媛 에히메
愛知 아이치
羽田 하네다
熊本 구마모토
銀座 긴자
日高 히다카
茨城 이바라키
長崎 나가사키
長野 나가노
鳥取 돗토리
中國(山脈) 주고쿠(산맥)
千葉 지바
天里 덴리
青森 아오모리
秋田 아키타
沖繩(縣) 오키나와(현)
阪神 한신
平安 헤이안
豊田 도요타
下關 시모노세키
香川 가가와
玄海灘 겐카이나다/현해탄
橫濱 요코하마

3. 인 명

가. 로마 자 표기 인명

| A |

Agrippa 아그리파(로마)
Aleksandr 알렉산드르(러시아)
Alexandros 알렉산드로스
Alfonsin, Raul
알폰신, 라울(아르헨티나)
Amerigo, Vespucci
아메리고, 베스푸치(이탈리아)
Ampére 앙페르(프랑스)
Amundsen 아문센(노르웨이)
Anne 앤(영국)
Anselmus 안셀무스(영국)
Antoninus Pius
안토니누스 피우스(로마)
Apollonios 아폴로니오스(그리스)

Aquinas, Thomas
아퀴나스, 토마스(이탈리아)
Archimedes 아르키메데스(그리스)
Aristophanes 아리스토파네스(그리스)
Aristoteles 아리스토텔레스(그리스)
Arthur 아서(영국)
Asoka 아소카(인도)
Augustinus, Aurelius
아우구스티누스, 아우렐리우스
Augustus 아우구스투스(로마)
Aurelius 아우렐리우스(로마)
Avogadro 아보가드로(이탈리아)
Ayub Khan 아유브 칸(파키스탄)

| B |

Bach, Johann Sebastian
바흐, 요한 제바스티안(독일)
Bacon, Francis
베이컨, 프랜시스(영국)
Balzac, Honoré de
발자크, 오노레 드(프랑스)
Baudelaire Charles Pierre
보들레르, 샤를 피에르(프랑스)
Beauvoir 보부아르(프랑스)
Beethoven, Ludwig van
베토벤, 루트비히 판(독일)
Begin 베긴(이스라엘)
Benjamin 벤저민
Bentham, Jeremy 벤담, 제러미(영국)
Bismarck 비스마르크(독일)
Bizet 비제(프랑스)
Boccaccio, Giovanni
보카치오, 조반니(이탈리아)
Boltzmann 볼츠만(오스트리아)
Botticelli, Sandro
보티첼리, 산드로(이탈리아)
Brahms, Johannes
브람스, 요하네스(독일)
Brutus 브루투스(로마)
Bunsen 분젠(독일)
Bunyan, John 버니언, 존(영국)
Bush, George 부시, 조지(미국)
Byron, George Gordon
바이런, 조지 고든(영국)

| C |

Caesar 카이사르/시저(로마)
Calvin, Jean 칼뱅, 장(프랑스)
Campbell 캠블(영국)
Camus, Albert 카뮈, 알베르(프랑스)
Cantor 칸토어(독일)
Carlyle, Thomas 칼라일, 토머스(영국)
Carolus Magnus
카롤루스 대제(프랑스 왕국)
Carolus Martel 카롤루스 마르텔
Carter, James Earl
카터, 제임스 얼(미국)
Cassirer 카시러(독일)
Castro-Ruz, Fidel
카스트로 루스, 피델(쿠바)

Catherine 캐서린
Cavalieri 카발리에리(이탈리아)
Cervantes Saavedra, Miguel de
세르반테스 사아베드라, 미겔 데(에스파냐)
Cézanne, Paul 세잔, 폴(프랑스)
Chagall 샤갈(프랑스)
Chaikovskii Pyotr Il'ich
차이코프스키 표트르 일리치(러시아)
Chandragupta 찬드라굽타(인도)
Chaplin 채플린(영국)
Chaucer, Geoffrey 초서, 제프리(영국)
Chekhov, Anton
체호프, 안톤(러시아)
Cherenkov 체렌코프(소련)
Cherubini 케루비니(이탈리아)
Chingiz Khan 칭기즈 칸(몽고)
Chopin, Frédéric François
쇼팽, 프레데리크 프랑수아(프랑스)
Chrysler 크라이슬러(미국)
Churchill, Winston Leonard Spencer
처칠, 윈스턴 레너드 스펜서(영국)
Cicero 키케로(로마)
Cleopatra 클레오파트라(이집트)
Colombo, Cristoforo
콜롬보, 크리스토포로(이탈리아)
Comăneci 코마네치(루마니아)
Comte, Auguste
콩트, 오귀스트(프랑스)
Conrad 콘래드(영국)
Constantinus 콘스탄티누스(로마)
Copernicus, Nicolaus
코페르니쿠스 니콜라우스(폴란드)
Coubertin, Pierre
쿠베르탱, 피에르(프랑스)
Coulomb 쿨롱(프랑스)
Cromwell, Oliver
크롬웰, 올리버(영국)
Curie, Pierre 퀴리, 피에르(프랑스)

| D |

Dalton, John 돌턴, 존(영국)
Dante, Alighieri
단테, 알리기에리(이탈리아)
Darwin, Charles Robert
다윈, 찰스 로버트(영국)
Daudet, Alponse
도데, 알퐁스(프랑스)
Debussy 드뷔시(프랑스)
Degas 드가(프랑스)
de Gaulle, Charies André Joseph Marie
드골, 샤를 앙드레 조제프 마리(프랑스)
Demoivre 드무아브르(프랑스)
De Morgan 드 모르간(영국)
Descartes, René
데카르트, 르네(프랑스)
Dewey, John 듀이, 존(미국)
Dickens, Charles 디킨스, 찰스(영국)
Đilas 질라스(유고슬라비아)
Dostoevskii 토스토예프스키(러시아)
Dreyfus 드레퓌스(프랑스)
Dubček 둡체크(슬로바키아)

Dumas, Alexandre
뒤마, 알렉상드르(프랑스)
Dunant, Henri 뒤낭, 앙리(스위스)
Duncun, Isadora
덩컨, 이사도라(미국)
Dvořák 드보르자크(체코)

| E |

Edison, Thomas Alva
에디슨, 토머스 앨바(미국)
Edward III 에드워드 3세(영국)
Egmont 애흐몬트(네덜란드)
Ehrlich 에를리히(독일)
Eisenhower, Dwight David
아이젠하워, 드와이트 데이비드(미국)
Eliot 엘리엇(영국)
Elizabeth I 엘리자베스 1세(영국)
Engel 엥겔(독일)
Engels, Friedrich
엥겔스, 프리드리히(독일)
Epicouros 에피쿠로스(그리스)
Erasmus 에라스무스(네덜란드)
Erhard 에르하르트(독일)
Euclid 유클리드(그리스)

| F |

Fabre 파브르(프랑스)
Faulkner 포크너(미국)
Fermi 페르미(이탈리아)
Feuerbach, Paul Johann Anselm
포이어바흐, 파울 요한 안젤름(독일)
Fichte, Johann Gottlieb
피히테, 요한 고틀리프(독일)
Flaubert, Gustave
플로베르, 귀스타브(프랑스)
Ford, Gerald Rudolph
포드, 제럴드 루돌프(미국)
Foster 포스터(미국)
Francesco 프란체스코(이탈리아)
Fraser, Malcolm
프레이저, 맬컴(오스트레일리아)
Freud, Sigmund
프로이트, 지크문트(오스트리아)

| G |

Galilei, Galileo
갈릴레이, 갈릴레오(이탈리아)
Galvani, Luigi Aloisio
갈바니, 루이지 알로이시오(이탈리아)
Gama, Vasco da
가마, 바스코 다(포르투갈)
Gandhi 간디(인도)
Garibaldi, Giuseppe
가리발디, 주세페(이탈리아)
Gay-Lussac 게이 뤼삭(프랑스)
George I 조지 1세(영국)
Gheorghiu 게오르규(루마니아)
Gide, André 지드, 앙드레(프랑스)

Giovanni, Don 조반니, 돈(이탈리아)
Goethe, Johann Wolfgang von
괴테, 요한 볼프강 폰(독일)
Gogh 고흐(네덜란드)
Gogol' 고골리(러시아)
Gomułka 고무우카(폴란드)
González, Felipe
곤살레스 펠리페(에스파냐)
Gorbachyov, Mikhail
고르바초프, 미하일(소련)
Gor'kii 고리키(러시아)
Goya 고야(에스파냐)
Graham 그레이엄(영국)
Gresham 그레섬

| H |

Hamilton 해밀턴(미국)
Hammurabi 함무라비(바빌로니아)
Handel, Friedrich
헨델, 프리드리히(독일)
Hannibal 한니발(카르타고)
Hardy 하디(영국)
Havel 하벨(체코)
Haydn, Franz Joseph
하이든, 프란츠 요제프(독일)
Hegel, Friedrich
헤겔, 프리드리히(독일)
Heine, Heinrich
하이네, 하인리히(독일)
Heinrich 하인리히(독일)
Hemingway, Ernest
헤밍웨이, 어니스트(미국)
Henry 헨리
Herder 헤르더(독일)
Herodotos 헤로도토스(그리스)
Hertz, Heinrich Rudolf
헤르츠, 하인리히 루돌프(독일)
Hesse 헤세(독일)
Hippocrates 히포크라테스(그리스)
Hitler 히틀러(독일)
Hobbes, Thomas 홉스, 토머스(영국)
Homeros 호메로스(그리스)
Hudson, Henry 허드슨, 헨리(영국)
Hugo, Victor 위고, 빅토르(프랑스)
Humboldt, Alexander von
훔볼트, 알렉산더 폰(독일)
Husserl 후설(독일)
Huxley, Aldous 헉슬리, 올더스(영국)
Huxely, Thomas Henry
헉슬리, 토머스 헨리(영국)

| I |

Ibsen 입센(노르웨이)
Ivanovich 이바노비치

| J |

James, William 제임스, 윌리엄(미국)
Jaspers, Karl 야스퍼스, 카를(독일)

Jeanne d'Arc 잔 다르크(프랑스)
Jensen 옌센(덴마크)
Jesus Christ 예수 그리스도
Johann 요한(독일)
John 존
Johnson, Andrew 존슨, 앤드루(미국)
Joule 줄(영국)
Joyce, James 조이스, 제임스(영국)
Juan Carlos I. Don
후안 카를로스 1세(에스파냐)
Justinianus 유스티니아누스(동로마)

| K |

Kafka 카프카(체코슬로바키아)
Kant, Immanuel
칸트, 이마누엘(독일)
Karadžić
카라지치(보스니아헤르체고비나)
Karl der Grosse 카를 대제(독일)
Keats 키츠(영국)
Kemal Pasha 케말 파샤(터키)
Kennedy, John Fitzgerald
케네디, 존 피츠제럴드(미국)
Keynes 케인스(영국)
Khrushchyov 흐루시초프(소련)
Kierkegaard 키에르케고르(덴마크)
Kodály 코다이(헝가리)

| L |

Lamb, Charles 램, 찰스(영국)
Lawrence 로렌스(미국)
Leibniz, Gottfried Wilhelm von
라이프니츠, 곳프리트 빌헬름 폰(독일)
Lendl 렌들(체코)
Lenin, Nikolai 레닌 니콜라이(소련)
Leonardo da Vinci
레오나르도 다 빈치(이탈리아)
Lincoln, Abraham
링컨, 에이브러햄(미국)
Liszt 리스트(헝가리)
Longfellow 롱펠로(미국)
Louis 루이스
Luther, Martin 루터, 마르틴(독일)

| M |

MacArthur, Douglas
맥아더, 더글라스(미국)
Machiavelli 마키아벨리(이탈리아)
Magellan, Ferdinand
마젤란 페르디난드(포르투갈)
Mahomet 마호메트
Malenkov 말렌코프(소련)
Malpighi 말피기(이탈리아)
Manet, Edouard
마네, 에두아르(프랑스)
Mann, Thomas 만, 토마스(독일)
Marconi, Marchese Guglielmo
마르코니, 마르케세 굴리엘모(이탈리아)
Marcus Aurelius

마르쿠스 아우렐리우스(로마)
Mark Twain 마크 트웨인(미국)
Marx, Karl 마르크스, 카를(독일)
Maugham 몸(영국)
Maupassant, Guy de
모파상, 기 드(프랑스)
Mauriac 모리아크(프랑스)
McCarthy, Joseph Raymond
매카시, 조지프 레이먼드(미국)
McMahon 맥마흔(영국)
Medici 메디치(이탈리아)
Michelangelo 미켈란젤로(이탈리아)
Mikhail Romanov
미하일 로마노프(러시아)
Mill, John Stuart
밀, 존 스튜어트(영국)
Millet, Jean François
밀레, 장 프랑수아(프랑스)
Milošević 밀로셰비치(유고슬라비아)
Milton, John 밀턴, 존(영국)
Mitscherlich 미처리히(독일)
Mitterrand, François
미테랑, 프랑수아(프랑스)
Molière 몰리에르(프랑스)
Montaigne, Michel Eyquem de
몽테뉴, 미셸 에켐 드(프랑스)
Montesquieu 몽테스키외(프랑스)
Montgolfier 몽골피에(프랑스)
Montgomery 몽고메리(영국)
More, Thomas 모어, 토머스(영국)
Mozart, Wolfgang Amadeus
모차르트, 볼프강 아마데우스(오스트리아)
Mussolini, Benito
무솔리니, 베니토(이탈리아)

| N |

Napoléon Bonaparte
나폴레옹 보나파르트(프랑스)
Navrátilová 나브라틸로바(체코)
Nero 네로(로마)
Newton, Isaac 뉴턴, 아이작(영국)
Nietzsche 니체(독일)
Nixon, Richard Milhous
닉슨, 리처드 밀하우스(미국)
Nobel 노벨(스웨덴)
Nurhaci 누르하치(금나라)

| O |

Orwell, George 오웰, 조지(영국)
Osman 오스만(터키)
Owen, Robert 오언, 로버트(영국)

| P |

Pascal, Blaise 파스칼, 블레즈(프랑스)
Pasternak 파스테르나크(러시아)
Pasteur, Louis
파스퇴르, 루이(프랑스)

Pestalozzi, Johann Heinrich
　페스탈로치, 요한 하인리히(스위스)
Peter　피터
Piaget　피아제(스위스)
Picasso, Pablo
　피카소, 파블로(에스파냐)
Platon　플라톤(그리스)
Plutarch　플루타르크(그리스)
Poe, Edgar Allan
　포, 에드거 앨런(미국)
Polo, Marco　폴로, 마르코(이탈리아)
Pozgay　포즈거이(헝가리)
Proust, Marcel
　프루스트, 마르셀(프랑스)
Ptolemaeos
　프톨레마이오스(① 이집트 ② 그리스)
Pushkin　푸슈킨(러시아)
Pyotr　표트르(러시아)
Pythagoras　피타고라스(그리스)

| Q |

Quesnay　케네(프랑스)
Quiles　킬(프랑스)

| R |

Racine, Jean Baptiste
　라신, 장 밥티스트(프랑스)
Raffaello, Sanzio di Urbino
　라파엘로, 산치오 디 우르비노(이탈리아)
Rankine　랭킨(영국)
Reagan, Ronald　레이건, 로널드(미국)
Remarque　레마르크(독일)
Renoir　르누아르(프랑스)
Reynolds　레이놀즈(영국)
Ricci, Matteo　리치, 마테오(이탈리아)
Richard Ⅲ　리처드 3세(영국)
Richards　리처즈(영국)
Rilke, Rainer Maria
　릴케, 라이너 마리아(독일)
Ringer　링거(영국)
Rodin, François René
　로댕, 프랑수아 르네(프랑스)
Rolland, Romain　롤랑, 로맹(프랑스)
Romanov　로마노프(러시아)
Roosevelt, Franklin Delano
　루스벨트, 프랭클린 델러노(미국)
Rossini　로시니(이탈리아)
Rouault　루오(프랑스)
Rousseau, Jean Jacques
　루소, 장 자크(프랑스)
Rubens　루벤스(벨기에)
Russell, Bertrand
　러셀, 버트런드(영국)

| S |

Sadat　사다트(이집트)
Saint-Exupéry　생텍쥐페리(프랑스)
Saint-Saëns　생상스(프랑스)

Saint-Simon 생시몽(프랑스)
Sakharov 사하로프(소련)
Salcher 잘허(오스트리아)
Salietai 살리타(몽고)
Sartre 사르트르(프랑스)
Saussure 소쉬르(스위스)
Schiller, Johann Cristoph Friedrich von
실러, 요한 크리스토프 프리드리히 폰(독일)
Schlegel 슐레겔(독일)
Schopenhauer 쇼펜하우어(독일)
Schubert, Franz Peter
슈베르트, 프란츠 페터(오스트리아)
Schultz, George 슐츠, 조지(미국)
Schumann, Robert
슈만, 로베르트(독일)
Schwann 슈반(독일)
Schweitzer, Albert
슈바이처, 알베르트(프랑스)
Shakespeare, William
셰익스피어, 윌리엄(영국)
Shaw, George Bernard
쇼, 조지 버나드(미국)
Shaw, Irwin 쇼, 어윈(미국)
Sienkiewicz 솅키에비치(폴란드)
Smetana 스메타나(체코)
Smith, Adam 스미스, 애덤(영국)
Socrates 소크라테스(그리스)
Solzhenitsyn 솔제니친(소련)
Spencer, Herbert
스펜서, 허버트(영국)
Spengler 슈펭글러(독일)
Spinoza 스피노자(네덜란드)
Stalin 스탈린(소련)
Stendhal 스탕달(프랑스)
Stephenson, George
스티븐슨, 조지(영국)
Strauss, Johann
슈트라우스, 요한(오스트리아)
Strauss, Richard Georg
슈트라우스, 리하르트 게오르크(독일)
Stravinskii 스트라빈스키(러시아)
Stuart 스튜어트
Suharto 수하르토(인도네시아)
Szabó 서보(헝가리)

| T |

Tagore 타고르(인도)
Tennyson, Alfred
테니슨, 앨프레드(영국)
Thales 탈레스(그리스)
Thatcher, Margaret
대처, 마거릿(영국)
Tito 티토(유고슬라비아)
Tolstoi 톨스토이(러시아)
Torricelli 토리첼리(이탈리아)
Toynbee, Arnold
토인비, 아널드(영국)
Trotskii 트로츠키(러시아)
Truman, Harry 트루먼, 해리(미국)
Tudor 튜더(영국)
Turgenev 투르게네프(러시아)
Tutankhamen 투탕카멘(이집트)

| U |

Ugarte, Augusto Pinochet
우가르테, 아우구스토 피노체트(칠레)
Ulpianus 울피아누스(로마)
Underwood 언더우드
U Thant 우 탄트(버마)

| V |

Van Dyck 반 다이크(벨기에)
Velazquez, Diego R. de Silva y
벨라스케스, 디에고 데 실바 이
(에스파냐)
Venturi 벤투리(이탈리아)
Verdi 베르디(이탈리아)
Victoria 빅토리아(영국)
Volta, Alessandro
볼타, 알렉산드로(이탈리아)
Voltaire 볼테르(프랑스)
von Braun 폰 브라운(독일)

| W |

Waals, van der
발스 반 데르(네덜란드)
Wagner, Wilhelm Richard
바그너, 빌헬름 리하르트(독일)
Wałesa 바웬사(폴란드)
Watt, James 와트, 제임스(영국)
Wilde, Oscar 와일드, 오스카(영국)
William 윌리엄
Wilson, Harold 윌슨, 해럴드(영국)
Wordsworth, William
워즈워스, 윌리엄(영국)

| X |

Xavier, Francis
사비에르, 프란시스(에스파냐)
Xenophon 크세노폰(그리스)

| Y |

Yeats 예이츠(아일랜드)
York 요크(영국)
Young 영

| Z |

Zamora, Jaime Paz
사모라, 하이메 파스(볼리비아)
Zátopek 자토페크(체코)
Zola, Emile 졸라, 에밀(프랑스)
Zoroaster 조로아스터(페르시아)

나. 한자 표기 인명

〈중 국〉

江青 장 칭
康有爲 캉 유웨이
鄧小平 덩 샤오핑
梁啓超 량 치차오/양 계초
魯迅 루 쉰/노 신
劉少奇 류 사오치
李鵬 리 펑
林語堂 린 위탕
毛澤東 마오 쩌둥
孫文 쑨 원/손 문
宋美齡 쑹 메이링
袁世凱 위안 스카이
蔣介石 장 제스
蔣經國 장 징궈
趙紫陽 자오 쯔양
周恩來 저우 언라이
陳獨秀 천 두슈
胡耀邦 후 야오방
胡滴 후 스
華國鋒 화 궈펑

〈일 본〉

加藤淸正 가토 기요사마
江戶川亂步 에도가와 란포
宮本武藏 미야모토 무사시
吉田光邦 요시다 미쓰쿠니
德川家康 도쿠가와 이에야스
東條英機 도조 히데키
藤原道長 후지와라(노) 미치나가
明仁 아키히토
武谷三男 다케타니 미쓰오
武田信玄 다케다 신겐
福田赳夫 후쿠다 다케오
福井謙一 후쿠이 겐이치
福澤諭吉 후쿠자와 유키치
本多光太郎 혼다 고타로
寺內正毅 데라우치 마사타케
三島由紀夫 미시마 유키오
三木武夫 미키 다케오
三浦綾子 미우라 아야코
上杉謙信 우에스기 겐신
石原純 이시하라 준
小林一茶 고바야시 잇사
小西行長 고니시 유키나가
小倉進平 오구라 신페이
松下幸之助 마쓰시타 고노스케
柴田鍊三郎 시바타 렌자부로
野口英世 노구치 히데요
五味川純平 고미카와 준페이
源頼朝 미나모토(노) 요리토모
裕仁 히로히토
伊藤博文 이토 히로부미
齋藤實 사이토 마코토
田中角榮 다나카 가쿠에이
中曾根康弘 나카소네 야스히로
織田信長 오다 노부나가
川端康成 가와바타 야스나리
湯川秀樹 유카와 히데키
豊臣秀吉 도요토미 히데요시

참고 문헌

1. 참고논저 목록

고영근(1965), 현대국어의 서법체계에 대한 연구, 국어연구 15.
고영근(1967), 현대국어의 선어말어미에 대한 구조적 연구, 어학연구 3.1.
고영근(1970), 현대국어의 준자립형식에 대한 연구, 어학연구 6.1.
고영근(1973), 현대국어의 종결어미에 대한 구조적 연구, 어학연구 10.1.
고영근(1974a), 국어접미사의 연구, 백합출판사.
고영근(1974b), 현대국어의 종결어미에 대한 구조적 연구, 어학연구 10.1.
고영근(1974c), 현대국어의 존비법에 대한 연구, 어학연구 10.2.
고영근(1975), 현대국어의 어말어미에 대한 구조적 연구, 응용언어학 7.1.
고영근(1978), 형태소의 분석한계, 언어학 3.
국어국문학회(1971), 국어 정서법안, 국어국문학회.
국어심의위원회 외래어 표기 분과 위원회(1957), 한글의 로마 자식 표기 방법, 로마 자의 한글식 표기 방법, 국어국문학 17.
국어연구소(1988a), 표준어 규정 해설, 서울: 국어연구소.
국어연구소(1988b), 한글 맞춤법 해설, 서울: 국어연구소.
국립국어원(2007), 한국 어문 규정집, 서울: 국립국어원.
금수현(1959), 외래어 표기의 바른 지식, 새교육 11.9.
금수현(1968), 외래어 표기에 있어서 장음 생략의 한계—문교부와 신문사에 제안 권유하는—, 한글 141.
김경한(1975), 외래어 문제에 대한 조사 결과 분석, 새국어교육 21.
김경한(1975), 외래어 사용 문제에 대한 일고찰, 국어국문학 67.
김경한(1976), 외래어 표기 문제에 대한 통시적 고찰, 국어국문학 72 · 73.
김계곤(1968), 현대국어의 조어법 연구: 앞가지에 의한 파생법, 인천교대논문집 3.
김계곤(1969), 현대국어의 조어법 연구: 뒷가지에 의한 파생법, 인천교대논문집 4.
김계곤(1970), 현대국어의 풀이씨의 합성법, 인천교대논문집 5.
김규선(1973), 한국 외래어의 연구—그 학습지도상의 문제점을 중심으로—, 국어교육연구 2(전국 교육대 국어교육연구회).
김민수(1971), 국어의 격에 대하여, 국어국문학 49 · 50.

김민수(1972), 표준어 문제사, 국어국문학 58 · 59 · 60.
김민수(1978), 외래어 표기에 대한 반성과 문제점, 어문연구 20.
김석득(1978), 구개음화와 기저 모음 및 어휘소, 논뫼허웅박사환갑기념논문집, 과학사.
김석득(1979), 국어의 피사동, 언어 4.2.
김세중(1991), 국어의 로마 자 표기 문제, 주시경학보 8.
김수곤(1976a), Palatalization in Korean, Ph. D. dissertation, Univ. of Taxas at Austin.
김수곤(1976b), /ㄴ/의 구개음화 규칙, 어학연구 12.2.
김수곤(1978), 현대국어의 움라우트현상, 국어학 6.
김영희(1974), 한국어 조사류어의 연구, 문법연구 1.
김완진(1964), 중세국어 이중모음의 음운론적 해석에 대하여, 학술원논문집 4.
김완진(1971), 국어모음체계의 연구, 일조각.
김완진(1978), 모음체계와 모음조화에 대한 반성, 어학연구 14.2.
김완진(1991), 한국에서의 외래어 문제, 새국어생활 1.4.
김용달(1978), 외래어 표기 및 그 교육상의 문제, 연세대 교육학 석사논문.
김종석(1969), 우리나라 외래어 수용에 대한 나의 제언, 논문집 4(전주교대).
김종훈(1971), 한글 맞춤법과 받침문제, 어문집 6(중앙대 국문과).
김준배(1977), 국어의 경음화 현상 연구(Ⅰ), 새교육 25 · 26.
김진우(1968), The vowel system of Korean, Language 44.
김진우(1976), 국어 음운론에 있어서의 모음 음장의 기능, 어문연구 9.
김차균(1971), 변칙용언의 연구, 한글 147.
김차균(1976), 국어의 자음접변, 언어학 1.
김창섭(1981), 현대국어의 복합동사 연구, 국어연구 47.
김창수(1974), 한국어에 있어서 외래어의 효율적 사용에 관한 연구, 연세대 교육학 석사논문.
김철원(1973), 한국 외래어와 그 표기에 관한 연구, 연세대 교육학 석사논문.
김충배(1978), 우리말 로마 자 표기문, 언어 3.2.
김태종(1936), 신어 외래어에 대하여, 한글 4.1.
김태종(1936), 신어 외래어에 대하여 다시 한 번 논함, 한글 4.6.
김현창(1975), 외국어 침투의 문제점 및 외래어의 연구-특히 한국에서의 로만스어를 중심으로-, 논문집 8(외국어대).
김형규(1975), 국어경어법연구, 동양학 5.
김형규(1991), '우리어문학회' 그리고 개정된 '한글맞춤법'에 대하여, 국어학 21.
김희보(1980), 한글 바로 띄어쓰기, 종로서적출판주식회사.
김희보(1988), 한글 바로 쓰기, 종로서적출판주식회사.
나유기(1959), 국문철자법, 풍문사.

나진석(1972), 우리말의 때매김 연구, 과학사.
남광우(1945), 외래어 표기법의 문제점, 국어국문학 68 · 69.
남광우(1970), 현대 국어국자의 제문제, 서울: 일조각.
남광우(1973), 표준 발음 확립을 위한 준비 작업—기초 한자의 긴소리, 된소리 연구—, 문교부 연구 보고서.
남광우(1976), 현대 국어국자의 제문제, 일조각.
남광우(1979), 서울말의 발음 경향과 표준말 재사정 시안의 문제점, 국어순화와 교육, 한국정신문화연구원.
남기심(1968), 구조언어학의 형태소분석 방법론에 대하여, 행정이상헌선생회갑기념논문집.
남기심(1978), 국어문법의 시제문제에 관한 연구, 탑출판사.
남기심(1983), 국어의 공시적 기술과 형태소의 분석, 배달말 7.
남기심(1988), 국어사전의 자모의 차례와 표제어의 배열순에 관하여, 사전편찬학연구 제2집.
남기심 · 고영근(1985), 표준 국어문법론, 탑출판사.
남풍현(1964), 15세기국어의 음성상징연구: 음운론적 유연성을 중심으로, 국어연구 13.
도수희(1972), 한글 맞춤법의 개정 문제, 어문연구 8(충남대 어문연구회).
문교부(1987), 편수 자료 Ⅱ-1: 외래어 표기 용례(일반 외래어), 대한교과서주식회사.
문교부(1988), 편수 자료 Ⅱ-4: 한글 맞춤법 · 표준어 규정 · 국어의 로마 자 표기법(표기용례), 대한교과서주식회사.
미승우(1988), 새 맞춤법과 표준어 해설, 지학사.
박갑수(1978), 한글 맞춤법의 문제점에 대하여, 어문연구 18 · 19(한국어문교육연구회).
박갑수(1992), 표준어 써야 교양있는 사람, 어문연구 76.
박갑오(1962), 외래어 표기의 원칙, 교육평론 44.
박술음(1957), 한글의 로마 자화, 외국어대학보(창립 3주년 기념).
박술음(1959), 로마 자의 한글화와 한글의 로마 자화 결정안, 외대학보 2.
배양서(1975), 한국 외래어의 원어 판정과 표기, 응용언어학 7.2.
배양서(1979), 외래어의 한글화 및 국어의 로마 자화 시안 비판, 영어교육 17.
백민태(1960), 외래어에 대하여, 국어국문학 1(서울사대).
변동헌(1974), 외래어 표기법에 관한 자료 연구와 표기 혼란에 대한 시정책, 계명대 석사논문.
서병국(1976), 한국 외래어고, 국어교육연구 8.
서상덕(1968), 국문철자법, 청구출판사.
서정수(1969), 국어의존명사의 변형생성문법적 분석, 국어국문학 42, 43(합병호).
서정수(1971), 현대국어 대우법 연구, 어학연구 8.2.
서정수(1976), 국어 시상형태의 의미분석 연구, 문법연구 3.
서정수(1978), 국어의 보조동사, 언어 3.2.

서정수(1980), 보조용언에 관한 연구, 한양어문연구(조연현박사회갑기념특집호).
서정수(1991), 우리말 이름의 로마 자 표기에 관하여, 새국어생활 1.1.
성호주(1967), 한국 외래어의 실태, 연구논문집 15(부산교련).
신규철(1967), 표준어 사용과 언어 순화 지도, 새교육 19.7.
신창순(1977), 한글 맞춤법의 근거, 문리대 논문집 16(부산대 문리대).
송철의(1977), 파생어형성과 음운현상, 국어연구 38.
안병희(1957), 중간두시언해의 t구개음화에 대하여, 일석이희승선생송수기념논총.
안병희(1965a), 문법론, 국어학개론, 수도출판사.
안병희(1965b), 15세기국어 공손법의 한 문제, 국어국문학 28.
안병희(1968), 중세국어의 속격어미 'ㅅ'에 대하여, 이숭녕박사송수기념논총.
안병희(1982), 중세국어의 겸양법 연구에 대한 반성, 국어학 11.
안병희(1985), 훈민정음 사용에 관한 역사적 연구: 창제로부터 19세기까지, 동방학지 46·47·48 합집.
안병희(1988), 한글 맞춤법의 역사, 국어생활 13.
안병희(2007), 훈민정음연구, 서울대학교출판부.
염선모(1979), 불완전명사에 대하여, 여천서병국박사회갑기념논문집, 형설출판사.
우인섭(1969), 표준어와 국어 교육, 국어교육 15.
유구상(1970), 외래어에 대하여－주로 대중 전달의 내용을 중심으로－, 한글 146.
윤재천(1971), 외래어 표기법에 관한 자료수집 연구, 논문집(상명여사대).
은무암(1936), 외래어 처리 문제, 한글 4.8.
이강로(1966), 표준어와 발음의 시급한 정상화, 새교실 11.3.
이강수(1936), 외래어 처리에 대하여, 한글 4.5.
이강훈(1975), 한글의 로마 자 표기, 논문집(서울여대).
이경락(1969), 외래어의 침투 경향 및 어형변화, 새교육 21.11.
이광호·한재영·장소원(1998), 국어정서법, 한국방송대학교출판부.
이극로(1935), 외래어 표기법에 대하여, 한글 3.6.
이극로(1936), 표준어 발표에 대하여, 한글 4.11.
이기동(1976), 조동사의 의미분석, 문법연구 3.
이기문(1955), 어두자음군의 생성 및 발달에 대하여, 진단학보 17.
이기문(1962), 중세국어의 특수어간교체에 대하여, 진단학보 23.
이기문(1963), 국어표기법의 역사적 연구, 한국연구원.
이기문(1968), 모음조화와 모음체계, 이숭녕박사송수기념논총.
이기문(1970), 국어의 현실과 이상, 신동아 제70호.
이기문(1971), 모음조화의 이론, 어학연구 7.2.

이기문(1972a), 개정 국어사개설, 민중서관.
이기문(1972b), 국어음운사연구, 한국문화연구소.
이기문(1976), 국어순화와 외래어 문제, 어문연구 4.2.
이기문(1979), 중세국어 모음론의 현황과 과제, 동양학 9.
이기문(1980), 맞춤법의 역사적 고찰, 한국어 발전연구, 유네스코 한국위원회.
이기백(1978), 외래어 표기법의 문제점, 어문연구 18, 19.
이남순(1981), 현대국어의 시제와 상에 대한 연구, 국어연구 46.
이명규(1976), 구개음화에 대한 문헌적 고찰, 국어연구 31.
이민우(1988), 새 맞춤법 · 표준어에 따른 바른말 사전, 탑출판사.
이병건(1977), 현대한국어의 구개음화 규칙, 언어 2.1.
이병근(1976), 파생어형성과 i역행동화규칙들, 진단학보 42.
이병근(1978), 국어의 장모음화와 보상성, 국어학 6.
이병근(1979), 음운현상에 있어서의 제약, 탑출판사.
이병근(1988), 훈민정음의 초 · 종성체계, 훈민정음의 이해(신창순, 이돈주, 이환묵 편), 한신문화사.
이상억(1970), 국어의 사동 · 피동 구문 연구, 국어연구 26.
이숭녕(1947), 모음조화연구, 진단학보 16.
이숭녕(1949), '애, 에, 외'의 음가변이론, 한글 106.
이숭녕(1954), 철자법 개정 주장의 총검토, 새벽 1.
이숭녕(1959), 현대 서울말의 액센트의 고찰, 논문집 9(서울대).
이숭녕(1962), 겸양법 연구, 아세아연구 5.2.
이숭녕(1964), 경어법 연구, 진단학보 25 · 26 · 27.
이승구(1969), 국어 정서법 자료, 대한교과서주식회사.
이승구(1987), 정서법자료, 대한교과서주식회사.
이용주(1964), 한국 외래어의 특징과 고유어와의 상호 작용, 국어교육 9.
이용주(1974), 한국어에 있어서 외래어의 영향, 이하윤선생환갑기념논문집.
이은정(1988), 한글 맞춤법 · 표준어 해설, 서울: 대제각.
이응백(1967a), 표준어와 정서법에 대하여, 국어국문학 34 · 35.
이응백(1967b), 표준어와 정서법의 문제, 새교육 19.1.
이응백(1978), 표준어에 대하여, 어문연구 18 · 19.
이익섭(1963), 15세기 국어의 표기법 연구, 국어연구 10.
이익섭(1968), 한자어조어법의 유형, 이숭녕박사송수기념논총.
이익섭(1971), 문자의 기능과 표기법의 이상, 김형규박사송수기념논총.
이익섭(1974), 국어경어법의 체계화 문제, 국어학 2.

이익섭(1978), 상대시제에 대하여, 관악어문연구 3.
이익섭(1982), 현대국어의 반복복합어의 구조, 백영정병욱선생환갑기념논총.
이익섭(1985), 근대한국어 문헌의 표기법 연구, 조선학보 114.
이익섭(1987), 음절말 표기 'ㅅ'과 'ㄷ'의 사적 고찰, 성곡논총 제18집.
이익섭(1992), 국어 표기법 연구, 서울대 출판부.
이정민 · 배영남 공저(1987), 개정증보판 언어학사전, 박영사.
이정임(1960), 외래어 문제–특히 영어를 중심으로–, 국어국문학연구 4(청구대).
이주행(1977), 외래어 연구(Ⅰ), 연구년보 19(서울사대부고).
이주행(1978), 외래어 연구(Ⅱ), 연구년보 20(서울사대부고).
이준연(1974), 우리나라에 차입된 영어 외래어 연구, 계명대 교육학 석사논문.
이철수(1980), 표준말의 발음 표시, 어문연구 27.
이현복(1971a), 서울말의 모음체계, 어학연구 7.2.
이현복(1971b), 한글 맞춤법 개정안, 말글 6.
이현복(1973), 현대 한국어의 액센트, 문리대학보 19(서울대).
이현복(1977), 서울말과 표준말의 음성학적 연구, 언어학 2.
이현복(1979), 로마 자 표기법 개정 시안의 문제점, 말 4.
이현복(1979), 외래어 표기법 개정 시안의 문제점, 어학연구 15.1.
이현복(1979), 표준말의 재사정에 따른 문제점, 한글 163.
이현복(1979), 한글 맞춤법 개정시안의 문제점, 한글 165.
이희승(1932), 표준어에 대하여, 조선어문학회보 2.1.
이희승(1937), 표준어 이야기, 한글 5.7.
이희승(1955), 국어학개설, 민중서관.
이희승(1959a), 한글 맞춤법 통일안 강의, 신구문화사.
이희승(1959b), 국어학 논고, 재판, 을유문화사.
이희승(1975), 단어의 정의와 조사 · 어미의 처리문제, 남기심 외 공편, 현대국어문법(논문선), 계명대 출판부.
임홍빈(1976), 존대 · 겸양의 통사절차에 대하여, 문법연구 3.
임홍빈(1978), 국어 피동화의 의미, 진단학보 45.
임홍빈(1981), 사이시옷 문제의 해결을 위하여, 국어학 10.
장지영(1953), 철자법 문제에 대한 시비, 새교육 5.4.
장태진(1960), 모음장단의 대립에 관하여–표준어를 중심으로–, 국어국문학 22.
장태진(1972), 표준어에 대한 언어 사회학적 고찰, 성산이재수박사환력기념논문집.
전상범(1976), 현대국어에 있어서의 된소리현상, 언어 1.1.
정경해(1952), 철자법 개정의 3대 단서, 문예 3.2.

정경혜(1954), 철자법 개정론 비판에 답함, 사상계 2.7.

정경해(1969), 한글 맞춤법의 평이화를 위하여, 새교육 21.2.

조선어학회(1940), 개정한 한글 맞춤법 통일안, 조선어학회.

조선어학회(1941), 외래어 표기법 통일안, 조선어학회.

조성환(1971), 한글 맞춤범 수정 찬반론, 연구월보 8.7(전주 교육 연구원).

천숙련(1972), 외래어 연구－초, 중, 고등학교 국정교과서를 중심으로－, 고려대 교육학 석사논문.

최명옥(1985), 변칙동사의 음운현상에 대하여, 국어학 14.

최영집(1971), 한국 외래어의 연구, 논문집 3(강릉교대).

최전승(1980), 단모음화와 i-umlaut, 김준영선생화갑기념논총.

최현배(1953), 한글 맞춤법은 과연 어려운가, 수도평론 2.

최현배(1954), 한글 맞춤법 통일안의 간이성, 새교육 6.1.

최현배(1959), 한글의 차례잡기에 관하여, 한글 124.

최현배(1970), 한글만 쓰기의 주장, 정음사.

최현배(1971), 우리말본, 정음문화사.

한국정신문화연구원(1990), 국어 정서법의 종합적 검토, 제5회 학술세미나, 한국정신문화연구원.

한글학회(1984), 한글 맞춤법, 한글학회.

허　웅(1952), '애 · 에 · 외 · 위' 의 음가, 국어국문학 1.

허　웅(1954), 존대법사, 성균학보 1.

허　웅(1969), 한자는 폐지되어야 한다, 한글 43.

허　웅(1974), 한글과 민족 문화, 세종대왕기념사업회.

허　웅(1976), 우리말과 글의 내일을 위하여, 과학사.

허　웅(1980), 언어학, 샘문화사.

허　웅(1982), 한국말 때매김법의 걸어온 발자취, 한글 178.

황오정(1964), 외래어의 표기 통일을 위한 편수 자료 제4집에 대한 시비, 새교육 16.2.

홍윤표(1977), 불구동사에 대하여, 이숭녕선생고희기념국어국문학논총.

홍윤표(1979), 국어의 조사, 언어 4.2.

홍윤표(1986), 근대국어의 표기법 연구, 민족문화연구 19.

Aronoff, M.(1986), Word Formation in Generative Grammar, MIT Press.

Daniel Jones(1959)(김진우 역), 외래어의 한글화, 한글 124.

Gelb I. J.(1952), A Study of Writing, The University of Chicago Press.

Langacker, R. W.(1968), Language and Its Structure, Harcourt Brace Jovanovich, Inc.

2. 한글 맞춤법과 표준어 관련 참고논저 목록

강민정(2008), 초등학생 맞춤법 오류 분석과 지도 방안, 부산교육대학교 대학원 석사학위논문.

강민정(2009), 초등학생 맞춤법 오류 분석과 지도 방안, 어문학교육 38, 한국어문교육학회.

강보선(2013), 한글 맞춤법 교육 내용 연구, 국어교육연구 31, 서울대학교 국어교육연구소.

강보선(2014), 표준 발음법 교육 방향, 국어교육학연구 49, 국어교육학회.

강슬기(2010), 혼동하기 쉬운 우리말 맞춤법 알아두세요, 기계산업 392, 한국기계산업진흥회(KOREA ASSOCIATION OF MACHINERY INDUSTRY).

강희숙(2009), 중국인 한국어 학습자의 맞춤법 오류 연구, 한민족어문학 54, 한민족어문학회.

곽세영(2009), '낱말카드' 만들기를 활용한 단계별 띄어쓰기 지도 방안 연구, 어문학교육 39, 한국어문교육학회.

곽세영(2009), '낱말카드' 만들기를 활용한 단계별 띄어쓰기 지도 방안 연구, 부산교육대학교 교육대학원 석사학위논문.

곽자범(2014), 중국인 한국어 학습자를 위한 띄어쓰기 학습 방안 연구, 부산대학교 대학원 석사학위논문.

구본관(2008), 맞춤법 교육 내용 연구: 한글 맞춤법의 원리를 중심으로, 국어교육 127, 한국어교육학회.

권아영(2014), 방송 언어를 활용한 맞춤법 교육 연구, 전남대학교 교육대학원 석사학위논문.

권운정(2007), 중학생 작문에 나타난 맞춤법과 띄어쓰기 오류 실태 및 지도 방안, 성신여자대학교 대학원 석사학위논문.

권종성(2012), 조선어맞춤법에서 나서는 몇 가지 문제: 어두음《ㄴ, ㄹ》와 사이《ㅅ》문제를 중심으로, 중국조선어문 180, 길림성민족사무위원회.

김경덕(2012), 한글 맞춤법의 문제점과 개선 방안 연구, 공주대학교 대학원 석사학위논문.

김경희(2009), 억양에 중점을 둔 표준 발음 교육 방안 연구, 부산대학교 대학원 석사학위논문.

김남미(2010), 대학생을 위한 '표준발음법' 교육원칙, 서강인문논총 29, 서강대학교 인문과학연구소.

김도경(2012), 표준어의 이념과 '사투리'의 탄생, 어문학 117, 한국어문학회.

김도영(2012), 재미동포를 위한 웹기반 한글 맞춤법 교육 프로그램 연구, 고려대학교 교육대학원 석사학위논문.

김두식(2010), 고등학생의 표준어 · 한글 맞춤법 인지 실태 분석 연구, 충남대학교 교육대학원 석사학위논문.

김륜희(2008), 국어지식 영역 학습활동의 개선을 통한 한글 맞춤법 지도 방안, 부경대학교 교육대학원 석사학위논문.

김미미(2012), 한글 子音字 배열의 역사적 변천과 그 수정의 필요성, 국어사연구 14, 국어사학회.

김민희(2013), 교수 유형과 형태 · 의미적 특성에 따른 한국어 띄어쓰기 지도 효과 연구, 이화여자대학교 국제대학원 석사학위논문.

김병운(2008), 표준발음법에서 인정하지 않는 첨가음 발음교육연구, 겨레어문학 40, 겨레어문학회.

김보현(2010), 학습자의 언어인식 고양을 통한 한글 맞춤법 교육 방안, 이화여자대학교 교육대학원 석사학위논문.

김봉국(2008), 음운론적 관점에서 본 「표준어 규정(제2부 표준 발음법)」의 문제점, 열린정신 인문학연구 9, 원광대학교 인문학연구소.

김봉국(2013), 국어사 지식을 고려한 표준어 선정, 영주어문 25, 영주어문학회.

김상태(2006), 국어의 띄어쓰기 오류 분석, 인문과학논집 34, 청주대학교 인문과학연구소.

김상태(2006), 음운적 단어 설정에 대한 연구-띄어쓰기 오류 분석을 통하여-, 한국어학 32, 한국어학회.

김선희 · 원순옥(2008), 띄어쓰기의 규정과 실제, 한국말글학 25, 한국말글학회.

김성광(2008), 고등학생의 「한글 맞춤법」 인식에 대한 연구, 충남대학교 교육대학원 석사학위논문.

김성규 · 한재영 · 강재형 · 한성우 · 김현 · 이진호 · 김한샘(2012), 표준발음법 영향 평가, 국립국어원, 국립국어원.

김성아(2013), 표준어 규정의 문제점 연구: 제1부 표준어 사정 원칙을 중심으로, 부산교육대학교 교육대학원 석사학위논문.

김수진(2008), 띄어쓰기 오류 실태 연구, 창원대학교 대학원 석사학위논문.

김슬옹(2008), 혼동 맞춤법 문제 연구: 원형 밝히기를 중심으로, 겨레어문학 40, 겨레어문학회.

김양규(2007), 한글 맞춤법 규정의 문제점과 개선 방안 연구, 순천대학교 대학원 석사학위논문.

김연정(2010), 띄어쓰기 교수-학습 방안 연구: 초등학교 6학년을 대상으로, 안동대학교 대학원 석사학위논문.

김연희(2011), 형태적 구성에 나타나는 겹받침 발음 연구 1-표준 발음을 중심으로-, 겨레어문학 46, 겨레어문학회.

김옥영(2009), 국어 표준발음법과 음운제약, 언어와 정보 사회 11, 서강대학교 언어정보연구소.

김은미(2014), 국어 맞춤법 교육의 실태와 지도방안 연구, 경희대학교 교육대학원 석사학위논문.

김인경(2009), 남북한 교과서의 띄어쓰기 교수 학습에 대한 연구, 고려대학교 교육대학원 석사학위논문.
김인국(2011), 표준어로 인상된 방언어휘와 TV보도에서의 사용, 중국조선어문 175, 길림성민족사무위원회.
김인혜(2011), 띄어쓰기의 사용실태와 지도방안 연구, 아주대학교 대학원 석사학위논문.
김정남(2008), 한글맞춤법의 원리: 총칙 제1항의 의미 해석을 중심으로, 한국어 의미학 27, 한국어의미학회.
김정수(2008), 한글 맞춤법의 역사와 개선안, 한국언어문화 37, 한국언어문화학회.
김지연(2006), 신문에서의 띄어쓰기 실태 분석 고찰, 충남대학교 대학원 석사학위논문.
김지연(2010), ARCS 동기전략을 적용한 한글 맞춤법의 웹 코스웨어 개발 및 적용, 대구교육대학교 대학원 석사학위논문.
김지영(2012), 고등학생의 어문규정 인지 실태 연구, 충남대학교 교육대학원 석사학위논문.
김지예(2006), 초등학교 한글맞춤법 교육을 위한 탐구학습 설계 및 적용, 부산대학교 대학원 석사학위논문.
김지원(2012), 고등학교 표준발음 교육의 효과적 지도방안 연구, 경희대학교 교육대학원 석사학위논문.
김지은(2006), 음운 단원을 통한 표준 발음 지도 방안 연구, 성신여자대학교 대학원 석사학위논문.
김지은(2009), 국어지식 교육의 구성주의 교수법 연구, 경희대학교 교육대학원 석사학위논문.
김진규(2010), 국어정서법에 나타난 몇 가지 문제: 형태 밝혀 적기의 수월성을 중심으로, 한어문교육 23, 한국언어문학교육학회.
김진화(2011), 국어 어문 규정에 어긋난 표기의 실태: 2010년 개정 중학교 1-1 국어 교과서를 중심으로, 계명대학교 교육대학원 석사학위논문.
김철순(2006), 한글 맞춤법 · 표준어의 사용 방안 연구: 서울 지역 20대들의 언어 사용 실태를 중심으로, 동국대학교 대학원 석사학위논문.
김철준(2013), 중국조선어와 한국어표준어 단어악센트에 대한 실험음성학적 연구, 중국조선어문 184, 길림성민족사무위원회.
김현숙(2006), 표준 발음법의 비판적 검토, 충북대학교 교육대학원 석사학위논문.
김형배(2007), 현행 한국어 어문규정의 문제점-국어 상담 사례를 중심으로-, 한민족문화연구 22, 한민족문화학회.
김홍석(2006), 현행 정서법에 어긋난 몇 가지 상항에 대하여, 새국어교육 72, 한국국어교육학회.
김희선(2006), 탐구학습과 협동학습의 혼합모형에 의한 맞춤법 지도 방안 연구, 성신여자대학교 교육대학원 석사학위논문.
남경완(2008), 대학 글쓰기 교육 속에서 이루어지는 어문 규정 교육의 현황 분석과 방향 모색, 우리어문연구 31, 우리어문학회.
남경완(2010), 표준어 규정과 표준어 정책에 대하여, 한국학연구 33, 고려대학교 한국학연구소.
남지애(2008), 문법 인식을 통한 띄어쓰기 교육 연구, 서울대학교 대학원 석사학위논문.
도명학(2009), 서울 표준어와 함경도 사투리 비교?, 통일한국 311, 평화문제연구소.
묘로(2010), 외국인 학습자 맞춤법 사용 실태 연구, 충남대학교 대학원 석사학위논문.
민현식(2008), 한글 맞춤법 교육의 체계화 방안-문법 교육과 맞춤법 교육의 관계 정립을 위한 시론(試論)-, 국어교육연구 21, 서울대학교 국어교육연구소.
박강우(2012), 맞춤법 사전 외 1편, 서정시학 22.4, 서정시학.
박기순(2006), 웹 기반 원고지 사용법 및 맞춤법 학습 프로그램의 개발 및 적용, 청주교육대학교 교육대학원 석사학위논문.
박대아(2010), 대학생 글쓰기의 띄어쓰기 오류 유형과 지도 방안, 우리어문연구 38, 우리어문학회.
박덕유(2011), 국어 어문 규정의 두음 법칙 위계화 연구, 새국어교육 88, 한국국어교육학회.
박동근(2006), 남북한 맞춤법 통일 방안에 대한 비판적 검토, 겨레어문학 37, 겨레어문학회.
박동근(2013), 〈표준어 규정〉 무용론에 대한 비판적 접근, 한말연구 32, 한말연구학회.
박미자(2006), 초등학생의 맞춤법 오류실태분석과 지도방안, 세명대학교 교육대학원 석사학위논문.
박은행(2010), 고등학교 맞춤법 교육 개선 방안 연구, 경희대학교 교육대학원 석사학위논문.
박정규(2006), 국어 띄어쓰기 규정의 개선안 연구, 어문연구 34, 한국어문교육연구회.
박정규(2008), 띄어쓰기 문제의 궁극적인 해결을 위하여, 시학과 언어학 15, 시학과 언어학회.
박정규(2011), 국어 띄어쓰기 규정의 검토와 개선안 연구, 어문연구 39, 한국어문교육연구회.
박정아(2007), 중학생의 한글 맞춤법 인지 실태 분석 및 교수 · 학습 방안 연구, 충남대학교 교육대학원 석사학위논문.
박정은(2009), 한어병음방안 띄어쓰기 연구, 부산대학교 대학원 석사학위논문.
박종덕(2008), 표준어의 탈표준성에 관한 연구-한민족문화의 통합을 전체로-, 한민족문화연구 25, 한민족문화학회.
박종덕(2010), 국어 교사의 표준어 인식과 사용 실태 연구, 연세대학교 정경대학원 석사학위논문.
박종호(2006), 어문규정 바로 알기, 언어학연구 10, 한국중원언어학회.
박종호 · 김보은(2014), 대학생들의 띄어쓰기 사용 실태 분석과 그 교육 방안 연구, 교양교육연구 8, 한국교양교육학회.
박주희(2009), 방송 매체를 활용한 맞춤법 교육이 학습자의 문법 학습 효과에 미치는 영향 연구, 고려대학교 교육대학원 석사학위논문.

박준범(2012), 부사파생접미사 “-이”, “-히” 관련 몇 가지 문제-한글 맞춤법 제25항과 제51항을 중심으로-, 人文硏究 65, 영남대학교 인문과학연구소.

박중휘(2011), 한글 점자 받아쓰기 학습 시스템이 시각장애학생의 맞춤법 능력 향상에 미치는 효과, 시각장애연구 27.4, 한국시각장애교육재활학회(한국시각장애연구회).

박지언(2006), 중학생의 띄어쓰기 사용 실태 연구, 한국교원대학교 대학원 석사학위논문.

박진홍(2011), 초등학교에서 띄어쓰기의 교육과정 수용 방안, 부산교육대학교 교육대학원 석사학위논문.

박진홍(2011), 초등학교에서 띄어쓰기의 교육과정 수용 방안, 어문학교육 42, 한국어문교육학회.

반정록(2007), 형태 오류 분석을 활용한 맞춤법 지도 방안 연구, 서울교육대학교 교육대학원 석사학위논문.

방실이(2011), 중 · 고등 학교 띄어쓰기 교육의 개선 방안 연구, 인하대학교 교육대학원 석사학위논문.

방효수(2008), 중학생 띄어쓰기 능력 향상을 위한 인터넷 국어사전의 활용 방안, 성신여자대학교 교육대학원 석사학위논문.

배주채(2006), 표준발음법의 이상, 어문연구 34, 한국어문교육연구회.

백미애(2009), 남 · 북한 맞춤법의 차이점과 그 원인 연구, 영남대학교 교육대학원 석사학위논문.

백지은(2012), 학교 문법의 띄어쓰기 교육 방안 연구, 영남대학교 교육대학원 석사학위논문.

부이티웅옥빗(2011), 한국어와 베트남어의 어문 규정 대조 연구, 영남대학교 대학원 석사학위논문.

서종훈(2012), 학습자의 띄어쓰기 인식 양상 연구-의존명사와 어미, 의존명사와 조사의 관계를 중심으로-, 언어과학연구 62, 언어과학회.

석춘녀(2011), 한글맞춤법과 조선말맞춤법의 비교 연구, 충남대학교 대학원 석사학위논문.

성낙수(2008), 불규칙 용언의 학교 문법, “한글 맞춤법”에 수용된 양상과 기본형태 분석, 청람어문교육 38, 청람어문교육학회(구 청람어문학회).

성원연(2014), 고등학교 맞춤법 지도방안 연구, 경희대학교 교육대학원 석사학위논문.

소신애(2007), 방언 음운론과 표준 발음 교육, 시학과 언어학 14, 시학과 언어학회.

송경옥(2012), 여성결혼이민자를 위한 띄어쓰기 지도 방안 연구, 인하대학교 교육대학원 석사학위논문.

송대헌(2012), 한글 맞춤법 고찰: 한글 맞춤법의 예외 규정을 중심으로, 우암논총 34, 청주대학.

송영길(2010), 모바일 기기에 적합한 한글 자동 띄어쓰기 모델, 강원대학교 대학원 석사학위논문.

송정애(2008), 다양한 활동을 통한 표준 발음 지도 방안 연구, 한국교원대학교 교육대학원 석사학위논문.

송창선(2008), 현행 한글 맞춤법의 몇 가지 문제점: '아니요' 와 부사화 접미사 '-이', '-히'를 대상으로, 어문학 100, 한국어문학회.

송철의(2011), 일석 이희승 선생의 어문관과 한글 맞춤법, 애산학보 37, 애산학회.

송홍규(2013), 유기음화와 어문 규정, 우리어문연구 46, 우리어문학회.

신미경(2006), 7차 〈문법〉 교과서와 〈국어생활〉 교과서의 비교 연구: 표준어와 맞춤법 교육을 중심으로, 아주대학교 대학원 석사학위논문.

신상철(2007), 정서법 지도 방안 연구: 문법 지식의 확충을 통한, 경상대학교 교육대학원 석사학위논문.

신설화(2012), 다문화가정 학습장애 중학생의 국어 맞춤법 오류 유형 및 작문 오류 유형 분석, 단국대학교 특수교육대학원 석사학위논문.

신승용(2009), 사전을 통해 본 표준어의 문제점과 표준어 정책의 방향성에 대한 제언, 언어와 정보 사회 11, 서강대학교 언어정보연구소.

신승용(2014), 표준어 정책의 문제점과 대안, 語文學 123, 한국어문학회.

신준수(2011), 띄어쓰기 및 철자 오류에 강건한 한국어 상품평의 감정 분류, 강원대학교 대학원 석사학위논문.

신지영(2006), 표준 발음법에 대한 비판적 검토, 한국어학 30, 한국어학회.

안병섭(2010), 표준 발음법과 언어 현실, 한국학연구 33, 고려대학교 한국학연구소.

안예리 · 이주현(2014), 20세기 문어 말뭉치 구축을 위한 기초 연구: 띄어쓰기와 표본 선정 및 추출, 한국어학 63, 한국어학회.

안주호(2007), 한국어 교육에서의 표준어와 지역방언, 한말연구 21, 한말연구학회.

양명희(2013), 띄어쓰기 변천을 통해 본 의식 연구, 국어국문학 163, 국어국문학회.

엄태수(2007), 사이시옷 현상과 한글 맞춤법, 시학과 언어학 13, 시학과 언어학회.

엄태수(2007), 표준어 규정에 대한 연구, 한중인문학연구 22, 중한인문과학연구회.

엄태수(2009), 표준어의 음운론적 기술과 표기법에 대한 연구, 새국어교육 83, 한국국어교육학회.

엄태수(2010), ㄴ 첨가에 대한 표준어 규정의 연구, 국제어문 50, 국제어문학회.

여은지(2013), 대학 글쓰기 수업에서의 어문 규정 교육–한글 맞춤법을 중심으로-, 건지인문학 9, 전북대학교 인문학연구소.

오새내(2008), 일제 강점기 서울 지역어의 성격과 표준어와의 관계, 한국어학 40, 한국어학회.

오윤영(2008), 대전 지역 고등학생의 표준어 사용 실태 연구, 충남대학교 교육대학원 석사학위논문.

오현진(2008), 고등학생의 띄어쓰기에 대한 인식 변화 연구, 우리어문연구 30, 우리어문학회.

완자미(2012), 중국인 한국어 학습자의 띄어쓰기 실태와 지도 방안, 전남대학교 대학원 석사학위논문.

우순조(2010), 띄어쓰기 규정 모호성 개선 방안 연구, 언어학 58, 한국언어학회.

유정(2013), 중국인 한국어 학습자를 위한 띄어쓰기 교육 방안 연구, 인하대학교 대학원 석사학위논문.

유형선(2010), 구성주의 관점으로 본 한글 맞춤법, 한국학연구 33, 고려대학교 한국학연구소.

윤근수(2010), 한국어 맞춤법교정기의 문제점, 한국전자통신학회 학술대회지 4.2, 한국전자통신학회.

윤근수(2011), 유전 알고리즘을 이용한 한국어 맞춤법오류교정, 정보과학회논문지: 컴퓨팅의 실제 및 레터 17.2, 한국정보과학회.

윤근수(2012), 등산법을 이용한 한국어 맞춤법 교정기의 분석, 한국전자통신학회 논문지 7.4, 한국전자통신학회.

윤미영 · 박덕유(2011), 태국 교포 아동의 맞춤법 오류 분석과 교육 방안-푸껫 거주 교포 아동의 맞춤법 오류를 중심으로, 새국어교육 88, 한국국어교육학회.

이관규(2011), 표준어 교육의 실태와 방향, 새국어생활 제21권 제4호, 국립국어원.

이관규(2012), 한글 맞춤법의 성격과 원리, 한말연구 30, 한말연구학회.

이광오(2008), 인지심리학과 사회문제: 남북 어문 규정의 통일과 인지심리학, 연차학술발표대회 논문집 2008, 한국심리학회.

이규범(2011), "표준 발음법"의 구성 체계 검토-[붙임]과 "다만"을 중심으로-, 한국어문교육 9, 고려대학교 한국어문교육연구소.

이규범(2011), 국어 규범 교육을 위한 '표준 발음법' 연구, 고려대학교 대학원 석사학위논문.

이근영(2009), 중학생의 맞춤법 지도 방안 연구, 동아대학교 교육대학원 석사학위논문.

이동훈(2012), 표준어는 남한 생활의 도구일 뿐입니다, 통일한국 342, 평화문제연구소.

이미란(2014), 격음 'ㅋ', 'ㅊ', 'ㅌ' 종성의 표준 발음 실현 양상에 관한 연구, 충남대학교 대학원 석사학위논문.

이미숙(2012), 그림책을 활용한 동화구연 활동이 유아의 표준발음과 말하기 표현태도에 미치는 효과, 계명대학교 대학원 석사학위논문.

이민정(2007), 중학생 작문에 나타난 띄어쓰기 오용 분석과 지도 방안 연구, 부산외국어대학교 교육대학원 석사학위논문.

이상신(2009), 학교 문법의 '축약(縮約)' 및 관련 어문 규정에 대하여, 국어국문학 153, 국어국문학회.

이상신(2013), 'ㅎ'과 관련되어 있는 어문규정의 몇 문제, 열린정신 인문학연구 13, 원광대학교 인문학연구소.

이상혁(2012), 〈훈민정음〉(1446)과 어문규정(1988)의 역사적 상관성 연구-〈해례〉의 규정과 〈한글 맞춤법〉을 중심으로-, 한성어문학 31, 한성대학교 한성어문학회.
이승완 · 이병윤(2010), 초등학교 국어과 맞춤법 교육의 체계화, 한국초등국어교육 42, 한국초등국어교육학회.
이아려(2010), 띄어쓰기와 문장부호 규정의 개선방안, 충북대학교 대학원 석사학위논문.
이영미(2008), 교사들의 표준 발음 지도 실태 연구, 대진대학교 교육대학원 석사학위논문.
이영호(2011), 맞춤법 교육 내용에 대한 비판적 검토-초등 국어 교과서를 중심으로-, 문법교육 15, 한국문법교육학회.
이옥인(2012), 쓰기 저성취 아동의 띄어쓰기 오류 실태 분석, 특수아동교육연구 14, 한국특수아동학회.
이유진(2008), 이주민 자녀들의 국어 정서법 오류 분석 및 교수 방안, 이화여자대학교 교육대학원 석사학위논문.
이윤희(2006), 간판 언어 분석을 통한 국어사용 실태 조사: 전주시내 간판을 중심으로, 전북대학교 대학원 석사학위논문.
이은정(2006), IPA를 이용한 한국어 표준발음 기호열 생성, 부산대학교 대학원 석사학위논문.
이정훈(2009), 사용자 띄어쓰기 정보를 고려한 띄어쓰기 모형의 베이지언 파라미터 추정, 고려대학교 대학원 석사학위논문.
이진호(2008), 국어 표준 발음법의 제정 과정, 어문학 100, 한국어문학회.
이태영(2006), 지역언어의 중요성과 표준어 정책의 문제점, 한국지방정부학회 학술대회 논문집 2006, 한국지방정부학회.
이혜경(2013), 이주노동자를 위한 한국어 띄어쓰기 지도 방안 연구, 인하대학교 교육대학원 석사학위논문.
이화진(2014), 품사교육을 통한 띄어쓰기 지도 방안, 한말연구학회 학회발표집 2014, 한말연구학회.
이희진(2009), 이중방언 관점에서의 표준어와 방언 교육 내용 연구, 서울대학교 대학원 석사학위논문.
임동희(2007), 음성 인식 후처리를 위한 띄어쓰기 오류 교정 및 수사열 정규화, 국민대학교 대학원 석사학위논문.
임용빈(2009), 남한과 북한의 띄어쓰기 규정 통일 방안 연구, 공주대학교 대학원 석사학위논문.
장소원(2011), 표준어 규범 영향 평가의 결과, 새국어생활 제21권 제4호, 국립국어원.
장충덕(2014), 청주 지역 대학생의 표준 발음 사용 실태 고찰, 어문논집 59, 중앙어문학회.
장혜진 · 신지영(2007), 대구 방언 20대 화자의 단모음 실현 양상에 나타난 표준어 지향성의 성별적 차이, 한국어학 36, 한국어학회.
전경숙(2011), 한국어 중급 학습자의 한글 맞춤법 교육 방안 연구, 인하대학교 교육대학원 석사학위논문.

전소연(2013), 표준중국어 음절경계 음운현상에 대한 한국인의 발음 양상 연구, 이화여자대학교 대학원 석사학위논문.

전영신(2006), 탐구학습 모형을 활용한 띄어쓰기 지도방안, 경성대학교 교육대학원 석사학위논문.

전자영(2007), ㅂ불규칙 활용의 표준 발음에 대한 오류 실태 조사, 부산교육대학교 교육대학원 석사학위논문.

전효진(2012), 표준어 규정의 문제점과 개선 방안 연구, 인하대학교 교육대학원 석사학위논문.

정로(2012), 중국인 초 · 중급 학습자의 한국어 띄어쓰기 오류 양상 연구, 계명대학교 대학원 석사학위논문.

정송이(2010), 시각장애 중 · 고등학생의 한글 맞춤법 오류 양상 및 지도 방안, 조선대학교 교육대학원 석사학위논문.

정송이 · 김영일(2010), 시각장애 중 · 고등학생의 한글 맞춤법 오류 양상 및 지도 방안, 시각장애연구 26.3, 한국시각장애교육재활학회.

정승철(2009), 어문민족주의와 표준어의 정립, 인문논총 23, 경남대학교 인문과학연구소.

정은혜(2007), 시각장애초등학생과 정안초등학생의 한글맞춤법 수행수준 및 오류양상 비교, 조선대학교 교육대학원 석사학위논문.

정은혜 · 김영일(2007), 시각장애초등학생과 정안초등학생의 한글맞춤법 수행수준 및 오류양상 비교, 시각장애연구 23.2, 한국시각장애교육재활학회.

정재설(2008), 국어 겹받침 표준발음의 오류에 대한 연구, 군산대학교 대학원 석사학위논문.

정철(2010), 국어교육과 디지털 리터러시: 웹사전과 맞춤법 자동교정기의 논리와 개선, 국어교육학연구 39, 국어교육학회.

정혜리(2011), 텔레비전 오락 프로그램의 비표준어 방송자막에 대한 연구: 제3자 효과를 중심으로, 중앙대학교 대학원 석사학위논문.

정혜진(2010), 중등학교 띄어쓰기 교육 개선 방안 연구, 경희대학교 교육대학원 석사학위논문.

정화영(2008), 개화기 띄어쓰기의 양상과 역사적 의미, 국민대학교 교육대학원 석사학위논문.

정효민(2012), 한국어 교육에서 띄어쓰기의 오류 원인과 오류 분석-중국인 학습자를 대상으로, 새국어교육 90, 한국국어교육학회.

정희창(2011), 한글 맞춤법의 "역사적 표기법"과 교육 내용 구성, 문법 교육 14, 한국문법교육학회.

정희창(2013), 문장 부호의 띄어쓰기, 한국어학 61, 한국어학회.

조민하(2013), 방송 언어의 비표준어 사용 실태 조사를 통한 정책적 제안, 사회언어학 21, 한국사회언어학회.

조선화(2013), 텍스트 중심의 영역 통합적 표준어 교육 방안, 동국대학교 대학원 석사학위논문.
조성민(2010), 외국어로서의 한국어 맞춤법 요류 분석 및 교수 방안, 군산대학교 교육대학원 석사학위논문.
조은영(2009), 중 · 고등 국어 교과서의 띄어쓰기 실태 분석, 계명대학교 대학원 석사학위논문.
조인정 · 김단비(2012), 한국어 교재의 행 바꾸기-띄어쓰기와 읽기 능력의 계발-, 한국어 교육 23, 국제한국어교육학회.
조재윤(2006), 문자의 기능에 비추어 본 맞춤법의 몇 가지 문제, 인문논총 23, 배재대학교인문과학연구소.
조태린(2007), 표준어 정책의 문제점과 대안 모색, 한말연구 20, 한말연구학회.
조한철(2006), 입력 문장의 띄어쓰기 정보를 고려한 음절 바이그램 기반 띄어쓰기 모델, 고려대학교 대학원 석사학위논문.
조희령(2007), 음운의 변동 규칙과 한글 맞춤법 교육, 연세대학교 교육대학원 석사학위논문.
주경희(2007), 국어 교사와 표준어 교육, 국어교육학연구 28, 국어교육학회.
주로(2011), 중국인 학습자를 위한 한글 맞춤법 지도 방안 연구, 호서대학교 일반대학원 석사학위논문.
진달래(2007), 쓰기 공간에 따른 맞춤법 오류 양상 분석, 한국교원대학교 교육대학원 석사학위논문.
차재은(2007), 외래어 표준 발음 문제에 대한 고찰, 한국어학 35, 한국어학회.
채서영(2008), 한국어 사이시옷 표기 혼란과 표준어 정책의 방향, 언어학 52, 한국언어학회.
채희락(2007), 접어와 한국어 품사 분류: 품사 재정립 및 띄어쓰기 재고, 언어 32, 한국언어학회.
최경봉(2006), 표준어 정책과 교육의 현재적 의미, 한국어학 31, 한국어학회.
최경봉(2011), 현대 사회에서 표준어의 개념과 기능, 새국어생활 제21권 제4호, 국립국어원.
최규홍(2011), 초등학생의 맞춤법 지도 방법 연구, 청람어문교육 43, 청람어문교육학회(구 청람어문학회).
최나야 · 한유진(2010), 초, 중, 고생의 인터넷 매체언어 태도와 맞춤법 지식이 인터넷 매체언어 사용에 미치는 영향, 아동학회지 31.5, 한국아동학회.
최성진(2008), 중학생들의 띄어쓰기 실태와 지도 방안 연구, 세명대학교 교육대학원 석사학위논문.
최안나(2008), 표준어와 제주 방언의 시간 부사 유의어 연구, 제주대학교 교육대학원 석사학위논문.
최인실(2006), 해외 교포 소년기 아동들의 한국어 맞춤법 지도 방안, 국제한국어교육학회 학술대회논문집 2006, 국제한국어교육학회.
최인실(2007), 영어권 동포아동의 효율적 한글 맞춤법 학습을 위한 기초 연구-뉴질랜드에서의 조사를 중심으로-, 한국어 교육 18.2, 국제한국어교육학회.
최정희(2007), 한글 맞춤법 · 표준어 사용 실태 및 지도 방안에 관한 연구: 인천지역 중 · 고등학생을 대상으로, 인하대학교 교육대학원 석사학위논문.
최형용(2009), 〈한글 맞춤법〉 총칙 제1항과 표기의 원리, 한중인문학연구 26, 한중인문학회.
최혜원(2011), 표준어 정책의 새로운 방향-복수 표준어 발표의 경과와 의의-, 새국어생활 제21권 제4호, 국립국어원.
태려령(2006), 표준어규정에 반영된 음운현상 연구, 충남대학교 대학원 석사학위논문.
태윤식(2007), 자기 조직화 n-gram 모델을 이용한 자동 띄어쓰기, 경북대학교 대학원 석사학위논문.
편집부(2013), 후치사적 명사들이 단위명사 뒤에 쓰일 때는 띄어쓰기를 어떻게 하는가?, 중국조선어문 188, 길림성민족사무위원회.
하성욱(2011), 고등학생용 어문 규범 지식 측정 도구 개발 연구-한글 맞춤법 규정을 중심으로-, 한국문법교육학회 학술발표논문집 2011.1, 한국문법교육학회.
한성우 · 한재영 · 장소원 · 김성규 · 채숙희 · 원성훈 · 구지연(2011), 표준어 규범 영향 평가, 국립국어원 2011-01-32, 국립국어원.
한재영(2011), 외국의 표준어 정책, 새국어생활 제21권 제4호, 국립국어원.
허철구(2007), "한글 맞춤법"의 원리에 대한 일고, 사림어문연구 17, 사림어문학회.
홍성익(2006), 초등학교 한글 맞춤법 학습시스템 설계 및 구현, 청주교육대학교 교육대학원 석사학위논문.
홍연정(2012), 원리 중심의 한글 맞춤법 교육 방안 연구, 경북대학교 교육대학원 석사학위논문.
황경수(2006), 우리말글 어문규정 바로 알고 쓰기, 인문과학논집 34, 청주대학교 인문과학연구소.
황경수(2007), 공무에서 사용하는 법령문 띄어쓰기를 위한 소고, 인문과학논집 36, 청주대학교 인문과학연구소.
황경수(2007), 대학생들의 표준 발음 실태에 대한 고찰, 한말연구 20, 한말연구학회.
황경수(2007), 충북지역 대학생들의 표준발음에 대한 실태 분석, 새국어교육 78, 한국국어교육학회.
황경수(2007), 효과적인 띄어쓰기에 대하여, 새국어교육 75, 한국국어교육학회.
황경수(2008), 법령 제명 띄어쓰기의 오류 실태, 새국어교육 80, 한국국어교육학회.
황경수(2009), 공문서의 띄어쓰기와 문장 부호 오류 양상-표준국어대사전을 중심으로-, 새국어교육 81, 한국국어교육학회.
황경수(2009), 한국어 발음 표기의 오류 실태-표준발음법을 중심으로, 새국어교육 82, 한국국어교육학회.

황경수(2010), 띄어쓰기의 실제, 새국어교육 86, 한국국어교육학회.
황경수(2011), 어문 규정 실태에 대한 고찰, 한국중원언어학회 학술발표회 자료집 2011, 한국중원언어학회.
황경수 · 박종호(2012), 표준어 규정을 통한 현실 언어 사용 실태에 관한 소고, 한국중원언어학회 학술발표회 자료집 2012, 한국중원언어학회.
황경수 · 송대헌(2013), 표준발음법 규정 인식 실태와 오류 양상, 인문과학논집 47, 청주대학교 인문과학연구소.
황경수 · 윤정아(2012), 띄어쓰기 오류 실태 고찰, 인문과학논집 45, 청주대학교 인문과학연구소.
황성현(2006), 중학생의 작문에 나타난 한글 맞춤법 오류 분석 및 지도 방안 연구, 한양대학교 교육대학원 석사학위논문.
Du Xin(2013), 입력강화를 활용한 한국어 띄어쓰기 교수의 효과, 한국학연구 31, 인하대학교 한국학연구소.

3. 외래어표기법 관련 참고논저 목록

강나탈리야(2008), 외래어 요소가 참여한 한국어 단어형성법 연구, 서울대학교 대학원 석사학위논문.
강성애(2007), 한중 외래어 대조 연구, 부산외국어대학교 통역번역대학원 석사학위논문.
강연임(2009), 광고문구에 나타난 외래어의 양상과 언어의식, 한국언어문학 71, 한국언어문학회.
강연임(2011), 대중가요의 외래어 사용양상과 국어교육적 개선방안, 인문학연구 85, 충남대학교 인문과학연구소.
강현화(2010), 전문용어의 외래어표기법(초), 초록집 48, 대한피부과학회.
고동균(2014), 국어 외래어의 형태적 특성과 의미적 특성, 홍익대학교 대학원 석사학위논문.
고석주(2011), 중국어 고유명사 외래어 표기법에 대하여, 한글 293, 한글학회.
고인경(2008), 중국 대중문화 속 중국어 외래어의 효율적 지도 방안, 상명대학교 교육대학원 석사학위논문.
곽소천(2014), 중국인 학습자를 위한 한국어 외래어 교육 방안 연구, 광주여자대학교 사회개발대학원 석사학위논문.
관적(2013), 한 · 중 외래어의 음운론적 대조 연구, 문창어문논집 50, 문창어문학회.
관적(2014), 한 · 중 외래어의 음운론적 대조 연구, 부산대학교 대학원 석사학위논문.
구본관 · 오현아(2011), 외래어 표기 규범에 대한 국어교육적 고찰, 문법 교육 14, 한국문법

교육학회.

김창진(2011), 일본어 · 중국어 외래어표기법의 폐기 필요성, 어문연구 39, 한국어문교육연구회.

김나연(2008), 한국인 일본어 학습자의 외래어 표기에 관한 오류분석, 동의대학교 대학원 석사학위논문.

김나연(2012), 영어 외래어의 어두경음화 현상 연구, 문창어문논집 49, 문창어문학회.

김나연(2012), 영어 외래어의 어두경음화 현상 연구, 부산대학교 대학원 석사학위논문.

김낭예(2010), 학문 목적 외래어 목록 선정 연구, 한국어 교육 21, 국제한국어교육학회.

김명선(2006), 한국어 및 외래어 미등록어를 포함한 복합명사 분석, 연세대학교 대학원 석사학위논문.

김미나(2011), 한국어 학습용 외래어 연구, 연세대학교 대학원 석사학위논문.

김병운(2009), 중국에서의 한글 외래어표기의 현황과 문제점-한국 현행 외래어 표기법 중 중국의 인명, 지명 표기를 중심으로-, 겨레어문학 42, 겨레어문학회.

김선철(2008), 외래어 표기법의 한계와 극복 방안, 언어학 16, 대한언어학회.

김수진 · 임은해(2011), 다문화가정 아동과 일반가정 아동의 고유어, 한자어, 외래어 어휘 표현 능력 비교, 지성과 창조 14, 나사렛대학교출판사.

김수현(2009), 외래어의 관용 표기에 관한 고찰, 이중언어학 39, 이중언어학회.

김슬옹(2008), 외래어표기법의 된소리 표기 허용에 대한 맥락 잡기, 새국어생활 제18권 제4호.

김순미(2011), 번역 텍스트와 한국어 원문 텍스트 속의 외래어 사용 비교연구, 번역학연구 12, 한국번역학회.

김영(2008), 효과적인 외래어 교육 방안, 중앙대학교 교육대학원 석사학위논문.

김영희(2009), 한, 중 외래어 표기 대조 연구, 부산외국어대학교 대학원 석사학위논문.

김영희 · 한용수(2008), 한국어중적외래어사, 한중인문학연구 24, 중한인문과학연구회.

김원식(2006), 미디어에 나타난 외래어, 언어와 언어학 37, 한국외국어대학교 외국어 종합연구센터 언어연구소.

김은영(2011), 韓·日外来語の使用実態に関する研究, 경북대학교 교육대학원 석사학위논문.

김은정(2010), 개화기부터 광복이전까지 신문, 잡지에 기록된 외래어 복식명칭에 관한 연구, 복식 60, 한국복식학회.

김정민(2011), 정보통신기술 관련 표준 작성시의 외래어 표기에 관한 연구, 한국통신학회 학술대회논문집 2011, 한국통신학회.

김정우(2008), 번역의 관점에서 본 외래어 표기법과 로마자 표기법, 번역학연구 9, 한국번역학회.

김정희(2014), 일본인 한국어 학습자를 위한 외래어 발음 교육 방안, 숭실대학교 교육대학원 석사학위논문.

김주희(2011), 한국어교육에서 외래어 교육의 위상, 우리말교육현장연구 5, 우리말교육현장학회.

김지애(2009), 일본인 한국어 학습자의 외래어 인지도 연구, 경희대학교 교육대학원 석사학위논문.

김지영(2010), 중국 진출 기업 브랜드 네이밍을 통한 현대 중국어 외래어 고찰, 강릉원주대학교 대학원 석사학위논문.

김지희(2006), 현대 한어의 외래어 표기 연구, 충남대학교 대학원 석사학위논문.

김창진(2008), 잘못된 '외래어 표기법'을 고쳐야 한다, 중국인문학회 정기학술대회 발표논문집 2008, 중국인문학회.

김창진 · 전광진(2009), 한국어 전통을 파괴하는 '외래어 표기법'을 개정해야 한다, 세계한국어문학회 학술대회 2009, 세계한국어문학회.

김혜경(2007), 국어의 외래어 표기법 지도 방안, 경성대학교 교육대학원 석사학위논문.

나경민(2012), 중국어 외래어 한글표기법 언론 사용 실태 조사분석, 한양대학교 대학원 석사학위논문.

나혜선(2010), 한국어 학습자의 외래어 표기 실태와 교육 방안, 광주여자대학교 대학원 석사학위논문.

남신혜 · 원미진(2011), 한국어 교육을 위한 외래어 조어소 선정에 관한 연구, 이중언어학 46, 이중언어학회.

남택승(2011), 국어의식 향상 방안 연구, 경북대학교 교육대학원 석사학위논문.

노명희(2009), 외래어 단어형성, 국어국문학 153, 국어국문학회.

노명희(2012), 외래어 차용의 형태론적 양상, 반교어문연구 33, 반교어문학회.

노명희(2012), 외래어의 수용과 품사적 변용, 국어학 63, 국어학회.

노명희(2013), 외래어의 의미전이, 대동문화연구 82, 성균관대학교 대동문화연구원.

노종숙(2010), 중국어 외래어의 수용 방식 및 유형 분석, 단국대학교 대학원 석사학위논문.

담려려(2010), 한중 외래어의 형태 · 의미적 대조연구, 서울시립대학교 대학원 박사학위논문.

리영화(2011), 방송에서의 외래어사용과 기본원칙, 중국조선어문 174, 길림성민족사무위원회.

맹타오(2014), 외래어 영어 병기가 중국인 학습자의 한국어 읽기 이해에 미치는 영향, 전남대학교 대학원 석사학위논문.

문경숙(2006), 일본의 주요신문에 나타난 외래어의 변화, 단국대학교 대학원 석사학위논문.

미나토 다츠오키(2011), 한국인의 일본어 외래어의 이해도에 관한 고찰, 계명대학교 대학원 석사학위논문.

미키 다카시(2010), 일본어권 학습자를 위한 학문목적 외래어 제시 방안 연구, 경희대학교 대학원 석사학위논문.

민광준 · 고은숙 · 이호숙(2011), 일본어 외래어의 한글 표기 규범에 대한 의식 조사 · 실태 조사 및 개정 방안, 일본어학연구 31, 한국일본어학회.

박금숙(2012), 외래어표기 및 발음 오류분석과 교육방안 연구, 군산대학교 교육대학원 석사학위논문.

박남득(2008), 일본어 학습자의 외래어 표기 오용에 관한 고찰, 계명대학교 교육대학원 석사학위논문.

박동근(2007), 국어사전의 외래어 발음 표시 방안, 겨레어문학 39, 겨레어문학회.

박명수(2013), 북한이탈주민을 위한 남북한 외래어 대조 연구, 연세대학교 교육대학원 석사학위논문.

박미선 · 김종미(2008), 한국어 음운체계에 따른 외래어 차용 · 학습 현상-모음 삽입현상의 발달추이-, 한국어정보학 10, 한국어정보학회.

박수영(2008), 한 · 일 외래어의 표기체계의 비교를 통한일본어계 간접차용어에 대한 고찰, 동국대학교 교육대학원 석사학위논문.

박수정(2011), 신문 텍스트에 나타난 주제별 외래어 분석, 연세대학교 교육대학원 석사학위논문.

박시현(2012), 중학교 정신지체 학생의 영어교육을 위한 외래어 중요도 조사, 가톨릭대학교 교육대학원 석사학위논문.

박신영(2008), 일본어 외래어에 관한 硏究, 경희대학교 대학원 석사학위논문.

박신향(2008), 부산 화자의 영어 외래어 강세에 대한 분석, 성균관대학교 번역 테솔대학원 석사학위논문.

박영선(2012), 외래어 표기법의 문제점 및 지도 방안 연구, 계명대학교 교육대학원 석사학위논문.

박영준(2006), 한국어 · 중국어 · 일본어의 외래어 연구, 한국학연구 24, 고려대학교 한국학연구소.

박용찬(2007), 새로운 방식의 외래어 순화, 어문연구 35, 한국어문교육연구회.

박용찬(2011), 외래어 표기법 해설, 나랏말쌈 26, 대구대학교 국어교육과.

박은하(2009), 한국 영화 제목의 외래어 사용 실태, 사회언어학 17, 한국사회언어학회.

박정진(2008), 외래어에 대한 된소리 표기 금지 원칙의 문제점과 대안 탐색, 문법 교육 9, 한국문법교육학회.

박종덕(2007), 외래어 및 그 표기법에 관련된 몇 가지 문제, 한민족문화연구 23, 한민족문화학회.

박종후 · 하지경(2012), 한국어 학습자용 외래어 사전 편찬을 위한 기초 연구, 한국사전학 20, 한국사전학회.

박지영(2010), 한국어 학습자를 위한 외래어 어휘 연구, 한국어와 문화 8, 숙명여자대학교 한국어문화연구소.
박지영(2011), 한국어 학습자를 위한 외래어 교육 방안, 숙명여자대학교 대학원 석사학위논문.
박지윤 · 김상수(2013), 외래어 발음의 어두 경음화 원인 고찰, 한국언어문화교육학회 학술대회 2013, 한국언어문화교육학회.
박창원(2008), 외래어표기법의 된소리 표기에 대하여, 새국어생활 제18권 제4호.
박향단(2012), 재중동포를 위한 한국어 외래어 교육 방안 연구, 세종대학교 대학원 석사학위논문.
베번, 크리스(2014), 외래어를 활용한 발음 교육 연구, 경희대학교 대학원 석사학위논문.
변상숙(2010), 일본어 외래어와 이에 대응하는 한국어 표현에 관한 연구, 동의대학교 대학원 석사학위논문.
사와이료스케(2008), 외래어의 사용경향에 관한 일한 대조연구, 부산외국어대학교 대학원 석사학위논문.
山口美佳(야마구치 미카)(2009), 韓國人學習者による日本語外來語の表記と發音, 일본어학연구 26, 한국일본어학회.
山口美佳(야마구치 미카)(2011), 한국인 학습자를 위한 일본어 외래어의 발음과 악센트 연구, 건국대학교 대학원 박사학위논문.
서형요(2014), 한 · 중 방송 자막의 외래어 사용 비교 분석, 대구대학교 대학원 석사학위논문.
성원(2014), 한 · 중 외래어 수용방식 대조 분석, 한양대학교 대학원 석사학위논문.
손정정(2010), 외래어 사용 오류 분석 및 교육방안 연구, 인천대학교 대학원 석사학위논문.
손초(2013), 한 · 중 영어 외래어 표기법 실태 연구, 한양대학교 대학원 석사학위논문.
송미숙(2007), 한일 외래어 표기법 비교 연구, 인천대학교 교육대학원 석사학위논문.
송연화(2011), 중국인 학습자를 위한 외래어 교육 연구, 중앙대학교 대학원석사학위논문.
송인성(2010), 영어 외래어에 나타나는 'ㅅ'의 실현 양상 연구, 고려대학교 대학원 석사학위논문.
송혜정(2007), 의미 변이 유형에 따른 한국어 외래어 교육 연구-일상생활 관련 어휘를 중심으로-, 한국언어문화교육학회 학술대회 2007, 한국언어문화교육학회.
송혜정(2007), 한국어 외래어의 의미 변이 연구, 한국외국어대학교 교육대학원 석사학위논문.
숙산산(2011), 한 · 중 양국의 외래어 비교 분석, 안동대대학원 석사학위논문.
신경민 · 하예림(2011), 대중가요의 외래어 사용 양상 분석, 나랏말쌈 26, 대구대학교 국어교육과.
신옥순(2007), 한일 외래어 사용 실태에 관한 연구, 세종대학교 대학원 석사학위논문.
신혜진(2013), 북한이탈주민의 외래어 지식과 개별 변인 간의 상관관계 연구, 한국어 의미학 42, 한국어의미학회.
신혜진(2014), 북한이탈주민의 외래어 지식 측정과 학습 효과 연구, 경희대학교 대학원 석사학위논문.
신혜진 · 김영주(2014), 어휘 학습 전략이 북한이탈주민의 외래어 습득에 미치는 효과, 한국어 의미학 43, 한국어의미학회.
심재기(2008), 외래어표기법의 문제점과 그 해결책, 새국어생활 제18권 제4호.
심재기(2009), 외래어표기법의 문제점과 그 해결책(1), 한글한자문화 118, 전국한자교육추진총연합회.
심재기(2009), 외래어표기법의 문제점과 그 해결책(2), 한글한자문화 119, 전국한자교육추진총연합회.
안세영(2010), 은어, 외래어, 비속어의 교수 · 학습 방안 연구, 인제대학교 대학원 석사학위논문.
양민호(2011), 한국 외래어의 사용과 위상에 관한 연구, 일본어교육 55, 한국일본어교육학회.
양민호(2013), 언어경관으로 본 외래어의 개념과 범위에 대한 일고찰, 한국일본어문학회 학술발표대회논문집 2013, 한국일본어문학회.
양민호(2014), 시대구분을 통해서 살펴본 일본어 외래어 수용에 관한 연구, 인문과학연구논총 39, 명지대학교 인문과학연구소.
양세희(2013), 텔레비전 방송 프로그램명의 외래어 사용 실태 연구, 한국어문교육 13, 고려대학교 한국어문교육연구소.
양예희(2013), 한국의 중국어 외래어 표기법에 관한 분석, 한양대학교 대학원 석사학위논문.
엄익상(2008), 중국어 외래어표기법 반성-원칙과 세칙의 문제-, 새국어생활 제18권 제4호.
엄익상(2009), 중국어 외래어 표기법 발음 괴리의 문제, 중국어문학논집 54, 중국어문학연구회.
엄익상(2009), 중국어 외래어를 원지음으로 표기해야할 이유, 중국어문학논집 39, 중국어문학연구회.
엄홍준(2014), 외래어 표기법에 대한 한 제언: 영어 표기법을 중심으로, 어문논집 58, 중앙어문학회.
여준기(2006), 한일양국의 외래어 사용에 관한 연구, 경상대학교 교육대학원 석사학위논문.
오미정(2007), 한국어 외래어 교육과 교재 개발, 한국어 의미학 23, 한국어의미학회.
오카와 다이스케(2006), 일본 외래어 수용에 관한 고찰, 담화 · 인지언어학회 학술대회 발표논문집 2006, 담화 · 인지언어학회.
오카와 다이스케(2009), 한국어와 일본어 외래어 표기법의 변천과 문제점, 수행인문학 39, 한양대학교 수행인문학연구소.
오카와 다이스케(2010), 한국어와 일본어의 영어 외래어 수용 양상과 변천에 관한 연구, 한양대학교 대학원 박사학위논문.
오카와 다이스케(2010), 한국어와 일본어의 영어 외래어 수용에 관한 대조 분석, 동북아시아문화학회 국제학술대회 발표자료집 2010, 동북아시아문화학회.
왕함(2013), 중국인 학습자를 위한 공학계열 외래어 선정 및 지도 방안 연구, 인하대학교 대학원 석사학위논문.
요네자와 아유미(2012), 일본인 학습자를 위한 한국어 외래어 교육 내용 연구, 서울대학교 대학원 석사학위논문.
원경희(2006), 영어 외래어의 음운 · 형태 · 의미변화에 관한 연구, 금오공과대학교 교육대학원 석사학위논문.
원홍연(2009), 국어 외래어 표기의 변천과 형태적 의미적 특성 연구, 건국대학교 대학원 박사학위논문.
유미진(2009), 초등학교 교사의 외래어에 관한 인식 연구, 부경대학교 대학원 석사학위논문.
유성희(2009), 한국어에 차용된 영어 외래어에 관한 연구, 부경대학교 대학원 석사학위논문.
유약남(2012), 한 · 중 외래어에 대한 비교 연구, 한국교원대학교 대학원 석사학위논문.
유연(2013), 한국어 외래어 교육 연구, 동국대학교 대학원 석사학위논문.
유정아(2006), 영어 외래어의 형태, 의미론적 특성 연구, 영남대학교 교육대학원 석사학위논문.
유정정(2011), 한 · 중 외래어 차용 방식 양상의 대조 연구, 연세대학교 대학원 석사학위논문.
윤병태(2012), 외래어 표기의 정신, 헤겔연구 31, 한국헤겔학회.
윤양화(2006), 영어 외래어 발음 분석과 발음지도에 관한 연구, 충남대학교 대학원 석사학위논문.
윤지원(2013), 중국인 한국어 학습자를 위한 외래어 학습 교재 개발, 이화여자대학교 외국어교육특수대학원 석사학위논문.
이경민(2009), 독일의 언어순화운동과 외래어표기법에 관한 문제, 고려대학교 대학원 석사학위논문.
이기영(2013), 외래어 의미 변형과 한국어 학습자들의 외래어 의미에 대한 인식, 한국언어문화학 10, 국제한국언어문화학회.
이노마타 아야코(2014), 외래어 차용과정에 있어서 형태적 정보 및 음성 정보가 미치는 영향, 전남대학교 대학원 석사학위논문.
이다경(2010), 일본 외래어의 대역어 고찰, 계명대학교 교육대학원 석사학위논문.
이미향(2006), 영어계 외래어 수용으로 본 한국어 음절구조 고찰, 언어과학연구 36, 언어과학회.
이상규(2011), 『국어기본법』에 근거한 『외래어 표기법』의 문제, 국어국문학 158, 국어국문학회.
이상연(2006), 한 · 일 양국의 외래어 비교 분석, 경희대학교 대학원 석사학위논문.
이소영(2011), 한국어교육에서 외래어 교육의 위상, 우리말교육현장연구 5, 우리말교육현장학회.

이소영(2012), 한국어 교육에서의 외래어 수용 양상과 변천과정, 건국대학교 대학원 박사학위논문.

이소영(2013), 학문목적 외국인 학습자를 대상으로 한 외래어 표기법 교육 방안, 우리말교육현장연구 7, 우리말교육현장학회.

이신형(2009), 외래어의 자생적 기능에 관한 고찰, 새국어교육 82, 한국국어교육학회.

이영은(2010), 방송언어의 외래어 사용 실태 조사와 순화 방안 연구, 인하대학교 교육대학원 석사학위논문.

이윤주(2011), 현대중국어 영어외래어에 대한 고찰, 경희대학교 대학원 석사학위논문.

이정(2013), 소설에 나타난 외래어와 그 중국어 대역어의 대응관계 연구, 중앙대학교 대학원 석사학위논문.

이정복(2008), 외래어 순화 정책의 방향, 어문학 99, 한국어문학회.

이정희(2007), 한국어 외래어 교육 목록 선정에 관한 연구, 한국어 교육 18, 국제한국어교육학회.

이주희(2013), 치간 마찰음의 외래어 표기와 차용의 문제, 음성 · 음운 · 형태론 연구 19, 한국음운론학회.

이주희 · 변군혁 · 안상철(2014), 러시아 외래어의 파열음 차용, 언어연구 30, 한국현대언어학회.

이지용(2011), 한국어 외래어 사전 편찬의 실제에 대한 토론문, 한국문법교육학회 학술발표논문집 2011, 한국문법교육학회.

이학경(2012), 여성결혼이민자를 위한 한국어 학습용 외래어 목록 선정 연구, 한양대학교 교육대학원 석사학위논문.

이현정(2014), 한국어교육용 외래어 선정을 위한 기초 연구-중복도 빈도의 객관적 지표와 전문가 평정을 바탕으로-, 시학과 언어학 27, 시학과 언어학회.

임은해(2011), 다문화가정 아동과 일반가정 아동의 고유어, 한자어, 외래어 어휘 표현 능력 비교, 나사렛대학교 재활복지대학원 석사학위논문.

임홍빈(2008), 외래어의 개념과 범위의 문제, 새국어생활 제18권 제4호.

장러(2012), 한 · 중 외래어 수용 방식에 따른 한국어 외래어 교육 방안 연구, 부산대학교 대학원 석사학위논문.

장성희(2007), 중국인 학습자를 위한 한국어 외래어 교육 방안, 경희대학교 교육대학원 석사학위논문.

장준익(2013), 중국인 학습자를 위한 한국어 외래어 음운 분석, 건국대학교 대학원 석사학위논문.

장호종(2006), '러시아어 외래어 표기법'의 비판적 이해, 한중인문학연구 18, 한중인문학회.

장홍권(2014), 우리말 외래어연구에서 외래어와 혼종어를 갈라볼데 대하여, 중국조선어문 193, 길림성민족사무위원회.

전우정(2009), 한국인 일본어 학습자의 외래어 학습에 관한 고찰, 단국대학교 교육대학원 석사학위논문.

정소(2013), 중국인 학습자에 대한 한국어 외래어 교육방안, 인문과학논집 46, 청주대학교 인문과학연구소.

정수희(2007), 방송언어의 규범과 언어 변화–발음과 어휘(외래어)를 중심으로-, 이화어문논집 24 · 25, 이화어문학회.

정약남(2013), 중국어 신조어, 외래어 사용 현황과 수용에 관한 연구, 건국대학교 대학원 석사학위논문.

정연선(2014), 새터민을 위한 외래어 교육 방안 연구, 충남대학교 대학원 석사학위논문.

정위연(2013), 중국인 학습자를 위한 한국어 외래어 교육 방안, 부산외국어대학교 일반대학원 석사학위논문.

정정정(2012), 한국어 외래어의 교육 방안에 관한 연구, 중앙대학교 대학원 석사학위논문.

정지예(2011), 한 · 중 외래어 표기 대조 연구, 부산외국어대학교 대학원 석사학위논문.

정지혜(2013), 국어의 외래어 조어법과 의미변이 연구, 조선대학교 대학원 석사학위논문.

정혜진(2007), 한 · 중 외래어 대조 연구, 국민대학교 대학원 석사학위논문.

조남민(2014), 한국어 어두 유음의 변이음에 관한 연구–외래어의 고유어 의식과 유음의 발음 변화, 언어과학연구 70, 언어과학회.

조남호(2014), 한국어의 외래어 수용과 대응, 인문과학연구논총 39, 명지대학교 인문과학연구소.

조은호(2006), 한국어 외래어 교육 연구, 경희대학교 교육대학원 석사학위논문.

조현용(2010), 재미동포 학생을 위한 외래어 교육 연구, 한국어 교육 21, 국제한국어교육학회.

조형일(2013), 교육용 외래어 · 외국어 표현 선정과 표기 방안 연구, 한국언어문화학 10, 국제한국언어문화학회.

주성연(2010), 영어 외래어에 관한 연구, 계명대학교 대학원 석사학위논문.

주천문(2011), 중국 학습자를 위한 한국어 외래어 교육 방안 연구, 경희대학교 대학원 석사학위논문.

진서기(2013), 한 · 중 외래어 차용의 비교, 한양대학교 대학원 석사학위논문.

차재은(2007), 외래어 표준 발음 문제에 대한 고찰, 한국어학 35, 한국어학회.

천승미(2006), 외래어전자사전구축을 위한 데이터베이스 구축 및 활용방안, Multimedia Assisted Language Learning 9, 한국멀티미디어언어교육학회.

천신신(2011), 중국인 학습자를 위한 한국어 외래어 교육과 교재 개발 연구, 세종대학교 대학원 석사학위논문.

최경봉(2007), 외래어 사용의 긍정적 · 부정적 측면과 그 수용 방안, 어문연구 35, 한국어문교육연구회.

최경봉(2008), 언어 관습을 바탕으로 한 규범 정하기-외래어표기, 특히 한자음 표기 규정과 관련하여-, 새국어생활 제18권 제4호.

최문정(2006), 일본어 외래어 표기의 분석 및 지도법, 부경대학교 교육대학원 석사학위논문.

최승남(2010), 한국어 속의 일본어계 외래어에 관한 고찰: 마 · 창지역의 기계공업분야를 중심으로, 경남대학교 교육대학원 석사학위논문.

최정일(2014), 한국어 외래어 표기 오류 분석 및 활용 방안, 부산외국어대학교 대학원 석사학위논문.

최형강(2007), 신문의 어휘와 문자 사용 양상-외래어, 외국어와 로마자, 한자의 사용 양상을 중심으로, 사회언어학 15, 한국사회언어학회.

췌이가오양(2012), 한국어 외래어 교육방안 연구, 청주대학교 대학원 석사학위논문.

平田麻莉子(2014), 일제 강점기의 조선 외래어 연구, 고려대학교 대학원 석사학위논문.

하지경(2011), 한국어 외래어 사전 편찬의 실제, 한국문법교육학회 학술발표논문집 2011, 한국문법교육학회.

한성우(2007), 개화기 신문의 외래어 표기에 대한 음운론적 연구, 어문학 95, 한국어문학회.

한성우(2010), 개화기 외래어 표기의 음운론, 우리말 글 49, 우리말글학회.

함성희(2010), 일 · 한 외래어 비교 고찰, 명지대학교 교육대학원 석사학위논문.

허문희(2006), 일본어 외래어에 관한 고찰, 경희대학교 교육대학원 석사학위논문.

허위(2010), 한 · 중 외래어 차용에 관한 비교 연구, 전남대학교 대학원 석사학위논문.

허윤희(2008), 외래어 표기의 실태 분석 연구, 아주대학교 대학원 석사학위논문.

현완송(2007), 광고언어에 나타난 외래어 사용에 대한 언어학적 접근, 영어영문학연구 49, 한국중앙영어영문학회.

형림(2010), 한중『음식 · 스포츠』외래어의 대비 연구, 충남대학교 대학원 석사학위논문.

형육(2012), 한 · 중 외래어 대비 연구, 경남대학교 대학원 석사학위논문.

홍지혜(2012), 패션 · 의류 분야의 외래어 사용 실태 분석, 국민대학교 교육대학원 석사학위논문.

황재성(2006), 외래어 표기법 연구, 단국대학교 대학원 석사학위논문.

히라타 마리코(2014), 일제 강점기의 조선 외래어 연구-이종극의「鮮和兩引 모던 朝鮮辭典」에 나타난 일본식 외래어음운, 고려대학교 대학원 석사학위논문.

Yan, Wang(2011), 한 · 중 신어에 사용된 명사 파생 접미사의 비교 연구, 아주대학교 대학원 석사학위논문.

4. 로마 자 표기법 관련 참고논저 목록

김광수(2014), 조선어로마자표기법에 대한 기초연구, 중국조선어문 191, 길림성민족사무위원회.

김기종(2006), 조선어로마자표기법의 변천과 당면한 문제점(1), 중국조선어문 142, 길림성민족사무위원회.

김기종(2006), 조선어로마자표기법의 변천과 당면한 문제점(2), 중국조선어문 143, 길림성민족사무위원회.

김상원(2007), 전현동(錢玄同)의 한자폐지론과, 국어로마자, 방안, 중국문학연구 35, 한국중문학회.

김선철(2012), 국어의 로마자 표기법과 관련된 몇 가지 쟁점, 한국어학 56, 한국어학회.

김정우(2008), 번역의 관점에서 본 외래어 표기법과 로마자 표기법, 번역학연구 9, 한국번역학회.

김지회(2007), 국어의 로마자 표기법 지도 방안, 경성대학교 교육대학원 석사학위논문.

김희숙(2010), 성(姓)씨로 본 한국어로마자표기 반성: 환원주의(reductionism)적 규정 대 전체론(holism)적 현실, 이중언어학 44, 이중언어학회.

배재덕(2009), 국어 로마자 표기법에 나타난 문제점과 개선 방안, 동북아 문화연구 21, 동북아시아문화학회.

배재덕(2010), 한국 대학생들의 국어 로마자 표기 산출 능력과 인식에 관한 연구, 동북아 문화연구 25, 동북아시아문화학회.

송현제(2010), 확률 모델과 웹 검색을 결합한 로마자-한글 음차표기, 경북대학교 대학원 석사학위논문.

양병선(2006), 한글이름 로마자 표기에 관한 제언, 현대문법연구 43, 현대문법학회.

양병선(2008), 인명 영문 로마자표기법: 새전자주민증 사용에 대비하여, 언어학 16, 대한언어학회.

양병선(2009), 제2차, 성씨 로마자표기 시안에 대한 제언, 현대문법연구 57, 현대문법학회.

양병선(2010), 한글 성씨 로마자표기 체계 비교, 검토, 언어학 18, 대한언어학회.

오경묵(2007), 한글 로마자 표기에 대한 국제 기관의 규정과 표기의 실제에 관한 연구, 정보관리학회지 24, 한국정보관리학회.

우완재(2013), 로마자와 음성 기호를 이용한 일본어 가나의 발음표기의 유효성, 건국대학교 교육대학원 석사학위논문.

이민호(2010), '국어의 로마자 표기법'의 전사적 표기방식 연구, 공주대학교 교육대학원 석사학위논문.

이상임(2012), 국어 로마자 표기 사례별 조사 연구, 부경대학교 교육대학원 석사학위논문.
이진희(2007), 국어 로마자 표기의 규정화 문제, 독어학 16, 한국독어학회.
이홍식(2011), 로마자 표기법에 대하여, 어문연구 39, 한국어문교육연구회.
이효이(2007), 국어 로마자 표기법 실태와 학교교육의 필요성, 전북대학교 교육대학원 석사학위논문.
임형욱(2012), 영어와 관련한 국어 로마자 표기 실태, 부경대학교 대학원 석사학위논문.
전홍식(2012), 국어 로마자 표기의 사용상 혼란 원인에 관한 고찰, 언어과학 19, 한국언어과학회.
정경일(2006), 지명과 도로명의 로마자표기에 관한 제언, 한국어학 33, 한국어학회.
정경일(2011), 번역표기의 일관성과 로마자표기, 어문논집 63, 민족어문학회.
조태영(2006), 말레이시아어와 인도네시아어의 로마자 표기법 차이에 관한 고찰, 한국외국어대학교 대학원 석사학위논문.
최형강(2007), 신문의 어휘와 문자 사용 양상-외래어, 외국어와 로마자, 한자의 사용 양상을 중심으로, 사회언어학 15, 한국사회언어학회.
최희자(2013), 한국어의 로마자 표기법에 관한 연구, 목원대학교 대학원 석사학위논문.
허진영(2011), 유럽과 한국에서 〈독도〉명칭 변천에 관한 역사적 고찰과 새 한글 로마자 표기법에 따른 독도의 표기 문제, 한국지도학회지 11, 한국지도학회.

5. 논설 · 기사 목록

강재형(2011), 시들음병/시듦병, 한겨레 2011. 9. 30.
강재형(2013), 각출-갹출, 한겨레 2013. 6. 16.
강재형(2013), 담다-담그다, 한겨레 2012. 2. 16.
강재형(2013), 배뱅잇굿, 한겨레 2013. 5. 9.
강재형(2013), 외래어 심의 공동위원회, 한겨레 2011. 12. 2.
강재형(2013), 표준발음, 한겨레 2013. 7. 7.
강종훈(2006), 게네? 걔네? '상플' "국어원에 공식 질의", 한겨레 2006. 12. 28.
강주화(2013), 법원 판결문 쉬워진다… 맞춤법 자료집 7년만에 개정, 국민일보 2013. 3. 3.
강철구(2010), 맞춤법의 사이시옷 사용 최소화로 정비를, 경향신문 2010. 10. 7.
경향신문(2014), '3.1운동'으로 써도 된다 … 용법 일부 개정 내년 시행, 경향신문 2014. 10. 28.
경향신문(2014), 세종대왕이 울고 갈 맞춤법 '감기 빨리 낳으세요', 경향신문 2014. 10. 10.
고두현(2014), 한글에 딴죽걸기, 한국경제 2014. 10. 9.

고종석(2007), 눈에 거슬려도 따라야 할 '국어의 로마자 표기법', 한국일보 2007. 1. 24.

곽경(2010), 'F, V, L' 발음의 새로운 한글표기법을 제안하며, 한국일보 2010. 7. 9.

곽경(2010), 글자위에 점 찍어 외래어 발음 구분하자, 동아일보 2010. 7. 10.

곽아람(2010), 대한민국 제1호: 국어사전, 조선일보 2010. 11. 16.

구세라(2013), '섭하지'는 잘못된 표현, 한겨레 2013. 08. 30.

권영민(2010), 제국의 황혼 '100년전 우리는' 95: 국어 표기법을 정리한 '국문연구소', 조선일보 2010. 1. 9.

권인섭(2008), 우리말 바루기: 피마길/피마골(?), 중앙일보 2008. 3. 10.

김경은(2011), "한국어, 집에서만 쓰는 언어로 전락할 수도", 조선일보 2011. 1. 21.

김도한(2007), 내생각은…: 수학 용어를 또 바꾼다고?, 중앙일보 2007. 3. 12.

김미정(2014), '심쿵 · 앵까네'가 무슨 뜻? … 한글 파괴 심각, 중부매일 2014. 10. 10.

김상우(2009), 도로 영문표기 'Blvd · St · Rd'도 쓴다, 중앙일보 2009. 1. 2.

김선경(2012), 알고 쓰는 말글: 본말과 준말의 활용, 경향신문 2012. 12. 19.

김선경(2012), 알고 쓰는 말글: 유성룡의 후손, 류시원?, 경향신문 2012. 1. 18.

김선경(2012), 알고 쓰는 말글: '띄다'와 '띠다', 경향신문 2012. 10. 10.

김선경(2013), 알고 쓰는 말글: 단언컨대, 경향신문 2013. 11. 6.

김선경(2013), 알고 쓰는 말글: '되'와 '돼', 경향신문 2013. 7. 17.

김선경(2014), 알고 쓰는 말글: 게 섰거라, 물렀거라, 경향신문 2014. 5. 7.

김선경(2014), 알고 쓰는 말글: '띄어쓰기'가 헷갈려, 경향신문 2014. 8. 26.

김선철(2008), 빵꾸, 한겨레 2008. 9. 23.

김선철(2010), 미셸, 섀도, 한겨레 2010. 2. 23.

김성환(2011), 아따, 서울말도 사투리 아니요잉, 한겨레 2011. 12. 1.

김여란(2012), 공공시설물 표기, 외국인 알기 쉽게 바꾼다, 경향신문 2012. 12. 7.

김영록(2014), 맞춤법 · 문법 오류 콕콕 집어내…하루 3만 명 접속 '한글 지킴이', 국제신문 2014. 10. 9.

김원태(2009), '장맛비'는 장맛 나는 비?, 한겨레 2009. 8. 5.

김정남 · 신지영(2011), 먹을 땐 북어국 글쓸 땐 북엇국?, 조선일보 2011. 7. 18.

김종목(2013), 한글 문헌에서 처음 띄어쓰기를 한 사람은 영국인이다… 우리가 몰랐던 한글 이야기, 책으로 만난다, 경향신문 2013. 10. 6.

김준광(2008), 우리말 바루기: 기러기 행렬, 중앙일보 2008. 11. 6.

김준광(2009), 우리말 바루기: '-습니다', 중앙일보 2009. 6. 4.

김준엽(2009), '서울에 서울말 없다' … 표준어와 미묘하게 다른 토박이말 지방 인구 유입되면서 사라져, 국민일보 2009. 11. 11.

김지윤(2014), 한글맞춤법 부호 개정 "뭐가 달라졌을까?", 헤럴드경제 2014. 10. 27.

김지윤(2014), 한글맞춤법 부호 개정 "어떻게 달라지나?", 헤럴드경제 2014. 10. 27.
김진규(2010), 원래 한글은 이렇게 어렵지 않았다, 조선일보 2010. 10. 8.
김철호(2007), 띄어쓰기는 의미 전달이 목적, 한겨레 2007. 11. 04.
김철호(2007), 외래어 표기, 유용한 5원칙, 한겨레 2007. 11. 18.
김철호(2007), 표준어는 규범 속에만 있지 않아, 한겨레 2007. 10. 21.
김철호(2007), 한 '단어'는 한 덩어리 '의미'다, 한겨레 2007. 10. 28.
김철호(2008), 떨어진 어구 이어주는 '반점', 한겨레 2008. 10. 19.
김태훈(2007), 기윽 디읃 시읏, 한겨레 2007. 10. 7.
김현정(2008), 우리말 바루기: 귀때기(?), 중앙일보 2008. 1. 16.
김현정(2008), 우리말 바루기: 냉랭(冷冷), 중앙일보 2008. 11. 12.
김현정(2008), 우리말 바루기: '반짓고리'(?), 중앙일보 2008. 10. 8.
김형식(2006), 우리말 바루기: 687. 하지 말아라(?), 중앙일보 2006. 3. 28.
김형식(2006), 우리말 바루기: 밧다리(?), 중앙일보 2006. 9. 27.
김형식(2008), 우리말 바루기: 마라/말아라, 중앙일보 2008. 3. 14.
김형식(2008), 우리말 바루기: '렬'과 '률', 중앙일보 2008. 1. 2.
김형식(2008), 우리말 바루기: '표식(標識)'(?), 중앙일보 2008. 2. 13.
김형식(2009), 우리말 바루기: '자랑스런○○○인' 상(賞), 중앙일보 2009. 12. 9.
김형식(2010), 우리말 바루기: 구비구비(?) 흐르는 강물, 중앙일보 2010. 9. 8.
김형식(2011), 우리말 바루기: 꿀꿀이와 개구리, 중앙일보 2011. 3. 9.
김형식(2012), 우리말 바루기: 하야니? 하얗니?, 중앙일보 2012. 6. 8.
김형식(2013), 우리말 바루기: 산 너머 하늘이 정말 파라네, 중앙일보 2013. 11. 1.
남영신(2011), 국어에 '통 큰' 투자를!, 한겨레 2011. 6. 17.
남윤서(2011), "아빠, 맞춤법 공부 좀 하세요", 동아일보 2011. 10. 13.
도재기(2009), '대로', '로', '길' 차이 아시나요… 영문 약어 표준안 마련, 경향신문 2009. 1. 1.
매일경제(2014), 충격적인 맞춤법 실수 1위 공개 '대공감', 매일경제 2014. 10. 9.
매일경제(2014), 충격적인 맞춤법 실수 1위는… "감기 낳으세요", 매일경제 2014. 10. 9.
매일경제(2014), 한글맞춤법 부호 개정 … 일부 개정안 고시, 2015년부터 시행, 매일경제 2014. 10. 27.
매일경제(2014), 한글맞춤법 부호 개정, 문장 부호 용법 보완…내년 1월 1일 시행, 매일경제 2014. 10. 28.
멀티미디어부(2014), 한글맞춤법 부호 개정, 2015년부터 시행 "무엇이 달라지는지 살펴보니…", 부산일보 2014. 10. 27.
박석진(2014), 구법회 한글학회 평의원이 말하는 '우리 글의 우수성', 경인일보 2014. 10. 9.

박성렬(2011), 맞춤법은 '학굣길', 새 주소엔 '학교길', 조선일보 2011. 7. 28.

박성우(2007), 오늘부터 성씨 호적 표기 두음법칙 예외 인정 "성씨 결정은 인격권", 중앙일보 2007. 8. 1.

박성준 · 김수미 · 오현태(2014), 사람들이 가장 많이 뜻을 궁금해 하는 말은?, 세계일보 2014. 7. 2.

박승렬(2007), 표준어를 사용하는 세 가지 기준은..., 조선일보 2006. 12. 27.

박용하(2013), 北 리설주와 南 이설주… 우리말도 여전히 '분단 중', 경향신문 2013. 10. 8.

박은하(2013), '어이없다', '낫다' 이 정도는 틀리지 마세요… 잘 틀리는 표현 10개, 2013. 5. 30.

배노필(2009), Park Bak, Lee Yi … 성씨 로마자 표기 바꾸라면?, 중앙일보 2009. 6. 25.

배상복(2007), 우리말바루기: 외래어 받침 표기, 중앙일보 2007. 7. 2.

번정용(2013), 한글맞춤법에 '훈민정음' 창제 원리 반영하라, 조선일보 2013. 10. 9.

사정원(2011), 국립국어원, 가나다전화 1주년 조사/ "국어 맞춤법 · 띄어쓰기 상담 가장 많아", 한국일보 2011. 5. 24.

사정원(2011), 국어 맞춤법과 띄어쓰기가 제일 궁금해, 한국일보 2011. 5. 10.

서동일(2012), 연인 뜻풀이, 사랑하는 '남녀'서 '두사람'으로, 동아일보 2012. 12. 6.

서울경제(2014), 표준어 13개 추가 인정, '늘 썼지만 맞춤법 틀렸던 단어' 보니 "이것도?", 서울경제 2014. 12. 15.

서정보(2014), 컴퓨터로 글쓰는 시대에 맞춰… 한글맞춤법 문장부호 26년만에 개정, 동아일보 2014. 10. 28.

서화숙 · 왕태석(2011), 서화숙의 만남: 우리말 바르게 하기 운동 펴는 성우 이종구, 한국일보 2011. 10. 9.

성혜미(2009), 헌재 '서울말만 표준어' 합헌 결정, 한겨레 2009. 5. 28.

세계일보(2014), 한글맞춤법 부호 개정, '내용은?', 세계일보 2014. 10. 27.

손봉석(2012), 연인의 애정을 식게 만드는 맞춤법 실수 1위는?, 경향신문 2012. 10. 5.

손진호(2014), '억수르'와 '아웅산 수지', 동아일보 2014. 10. 30.

손진호(2014), 바라지와 치다꺼리, 동아일보 2014. 12. 4.

손진호(2014), 진도개와 진돗개는 다른가, 동아일보 2014. 3. 13.

송병형(2014), 광복 70년 앞둔 한글날…넘치는 일본식 법률용어, 아시아투데이 2014. 10. 9.

송보명(2010), 아름다운 우리말 사용법?, 중앙일보 2010. 10. 7.

신동진(2014), '불러도 대답못한 이름' 改名으로 새삶, 동아일보 2014. 3. 10.

신승근(2014), 문장부호, 원고지에서 디지털 중심으로, 한겨레 2014. 10. 27.

신영규(2014), 맞춤법도 법이다, 부산일보 2014. 10. 9.

신은진(2007), 류 · 라 · 리 '호적 성씨'로 쓸수 있다, 조선일보 2007. 7. 30.

신준봉(2012), 중학생 받아쓰기 10점 만점에 2점 …, 중앙일보 2012. 5. 23.
신해욱(2012), 길 위의 이야기/12월 12일: '짜장면'들의 세계, 2012. 12. 11.
심재기 · 김진규(2012), 한글 전용 정책 폐기돼야 하나, 중앙일보 2012. 11. 03.
양병선(2006), 내생각은: 영문이름 표기 통일안 마련을, 중앙일보 2006. 4. 24.
엄동호(2009), 자장면, 짜장면 그리고 옛날신문, 경향신문 2009. 5. 19.
엄보운(2013), 진돗개? 진도개? 제 이름은 뭘까요?, 조선일보 2013. 7. 13.
연수중(2007), '두음법칙 성씨 표기'의 또 다른 문제, 조선일보 2007. 8. 31.
온라인 뉴스팀 기자(2014), 한글맞춤법 부호 개정 … 마침표와 쉼표 쓰임새 많아졌네, 이투데이 2014. 10. 27.
우재욱(2010), 물사마귀, 한겨레 2010. 6. 3.
유석재(2008), 나라는 잃어도 한글은 잃지 않았다, 조선일보 2008. 8. 19.
유석재(2014), 한자 문맹(漢字文盲) 벗어나자: '유래' 없이 '상막' 하다? 소리대로 쓰는 엉뚱한 단어, 조선일보 2014. 4. 21.
유성운(2012), 외국인 알기 쉽게 콩글리시 표지판 바꾼다, 중앙일보 2012. 10. 27.
유재혁(2009), 로마자 한글표기법 또 바뀌나, 한국경제 2009. 6. 24.
유태종(2007), "柳씨, '유' 아닌 '류'로 쓸 수 있다", 조선일보 2007. 5. 1.
윤기윤(2014), '온점?' 이젠 '마침표'로 불러요, 충북일보 2014. 10. 27.
윤석민 · 강희숙(2011), 국어정책토론회: 표준어만 최고인감유, 조선일보 2011. 8. 8.
윤주헌(2013), "외포된 · 불상의 방법 · 소훼한…" 법원 '외계어 판결문' 바꾼다, 조선일보 2013. 3. 3.
이건범(2014), 커피 나오셨습니다, 경향신문 2014. 1. 17.
이기창(2014), 문체부, 문장부호 개정안 고시, 매일경제 2014. 10. 27.
이병갑(2009), '뗄래야'와 '떼려야', 국민일보 2009. 11. 6.
이병갑(2009), '바라'와 '바래', 국민일보 2009. 9. 4.
이병갑(2009), 쉴 수 없는 쉼표, 국민일보 2009. 2. 13.
이상화(2013), 한글날 87주년 … 어이없이 틀리는 우리말, 중앙일보 2013. 10. 6.
이서희(2014), "한글 오남용" vs "새로운 언어 문화", 한국일보 2014. 9. 18.
이성택(2013), 판결문 속 '외계어' 순화한다, 한국일보 2013. 3. 3.
이승우(2014), 고리점 · 모점 없애고 마침표 · 쉼표 용어로 인정, 한국경제 2014. 10. 27.
이영순(2014), 한글날 바라본 우리말 사용, 경인일보 2014. 10. 9.
이영희(2012), 가로쓰기 · 띄어쓰기 · 쉼표 … 한글 근대화 과정 한눈에, 중앙일보 2012. 10. 25.
이영희(2012), 주시경 '말모이 원고' 문화재 된다, 중앙일보 2012. 10. 9.
이유진(2014), '개기다', '꼬시다', '삐지다' 표준어 된다, 한겨레 2014. 12. 15.

이은희(2009), 우리말 바루기: 그리 맞장구치는 게 맞아?, 중앙일보 2009. 6. 30.
이은희(2009), 우리말 바루기: 판이 바뀌었다, 중앙일보 2009. 3. 16.
이은희(2009), 우리말 바루기: '몇 일'은 없다, 중앙일보 2009. 6. 23.
이은희(2010), 우리말 바루기: 그렇게 쓰지 말아라(?), 중앙일보 2010. 4. 19.
이은희(2013), 우리말 바루기: 오뉴월 더위, 중앙일보 2013. 7. 2.
이은희(2014), 우리말 바루기: '도찐개찐'은 '도긴 개긴', 중앙일보 2014. 12. 30.
이은희(2014), 우리말 바루기: 며칠 몇 시인지 아세요?, 중앙일보 2014. 06. 17.
이인숙(2007), 柳 · 羅 · 李씨 '류 · 라 · 리'로 바꿔 호적에 쓸수 있다, 경향신문 2007. 7. 29.
이재경(2007), 우리말 '스무고개', 경향신문 2007. 2. 8.
이재설(2009), 안습 · 지못미에서 열폭 · 갑툭튀까지…외계어는 진화중, 중앙일보 2009. 10. 9.
이재운(2009), 외래어 가려 써 우리말 가꾸자, 한겨레 2009. 6. 21.
이종구(2013), 남녀 '확 깨는' 순간, 맞춤법 틀리는 남자와 ○○한 여자?, 국민일보 2013. 10. 4.
이준훈(2007), 한글의 세계화를 위하여, 조선일보 2007. 3. 21.
이해준(2014), 어이없는 맞춤법 실수들…"감기 빨리 낳으세요", 중앙일보 2014. 10. 9.
이형석(2014), '마침표'도 공식 용어로, 점 3개 말줄임표도 허용, 헤럴드경제 2014. 10. 27.
인상순(2007), 우리말바루기: 살짝궁, 중앙일보 2007. 1. 25.
인천일보(2014), 우리언어 훼손을 이대로 방치할 건가, 인천일보 2014. 12. 8.
임도원(2009), "사투리는 참아줘유"…서울말이 표준어 합헌, 한국경제 2009. 5. 28.
임병길(2011), 헷갈리는 '사이시옷 규정' 쉽게 고쳐야, 조선일보 2011. 7. 18.
임성수(2009), "쪽팔리다… 골때리다… 배째라" 황당한 한국어 교재, 국민일보 2009. 6. 28.
임주영(2007), 성씨 '柳 · 羅 · 李'→'류 · 라 · 리'로 쓸 수 있다, 한겨레 2007. 7. 29.
임지선(2009), '뒤죽박죽' 한식메뉴 외국어 표기 표준화, 경향신문 2009. 11. 5.
임지영(2011), 어제의 오늘: 1940년 조선어학회, 외래어표기법 통일안 발표, 2011. 6. 6.
임지영(2011), 어제의 오늘: 1940년 조선어학회, 외래어표기법 통일안 발표, 경향신문 2011. 6. 6.
임철순(2011), '-실게요'라는 말 듣기 싫다, 한국일보 2011. 11. 3.
임철순(2013), '~하실게요'라고 말하지 말라, 2013. 10. 7.
임철순(2013), "된소리는 불편한 소리", 한국일보 2013. 2. 21.
임철순(2013), 말을 파묻다, 한국일보 2013. 4. 28.
임철순(2013), 암적 존재?, 한국일보 2013. 5. 22.
임철순(2013), 옥상을 감금하다, 한국일보 2013. 7. 17.
임철순(2013), 정말 '어의가 없네', 한국일보 2013. 6. 10.

장인철(2009), Gimpo Airport→짐포공항? 문화부 로마자 · 외래어 표기법 재개정 검토, 한국일보 2009. 6. 24.
전병근(2011), "짜장면 표준어 수용하듯 언어 현실 적극 반영하겠다", 조선일보 2011. 9. 16.
전병근(2011), Pyeongchang? P'yŏngch'ang?... 올림픽 여는 평창 표기에 큰 관심, 조선일보 2011. 7. 8.
전병근(2011), 짜장면이라고 말하고 자장면이라고 적는다?, 조선일보 2011. 7. 22.
전병근(2012), '하면 돼지' 틀려요… '하면 되지' 맞습니다, 조선일보 2012. 5. 31.
전수태(2009), '암(수)캐'가 '암(수)개'로, 한겨레 2009. 10. 12.
전재우(2014), '이젠 마침표 · 쉼표, 공식용어'…문체부 · 국립국어원, 한글맞춤법 문장부호 일부 개정, 국민일보 2014. 10. 27.
전혜원(2014), 마침표 · 쉼표, 공식용어로 인정된다, 아시아투데이 2014. 10. 27.
전혜원(2014), 일제시대 언어독립운동 펼친 '조선어학회 33인'을 조명하다, 아시아투데이 2014. 11. 20.
정원식(2014), '3.1운동'으로 써도 된다… 용법 일부 개정 내년 시행, 경향신문 2014. 10 . 27.
정재숙(2010), 뉴스 클립: 뉴스 인 뉴스 〈141〉 한글날 앞두고 숫자로 보는 한글, 중앙일보 2010. 9. 30.
정종법(2011), 띄어쓰기 예외 많지만 기본 규칙은 알아야, 한겨레 2011. 12. 26.
정종법(2011), 뗄까 붙일까, 쓰임새 알면 고민 해결, 한겨레 2011. 12. 19.
정종법(2012), 외래어라고 제각각 들리는 대로 쓰면 '안~돼', 한겨레 2012. 1. 2.
정진홍(2010), 정진홍의 소프트파워: 훈민정음 되살리자 - 대한민국 르네상스 ①, 중앙일보 2010. 1. 9.
정호은(2006), 열린마당: 인터넷 외계어 범람 … '잼있따'가 맞는 줄 알았어요, 중앙일보 2006. 12. 12.
조동기(2012), 한국어 표기, 그 불편한 진실들, 한국일보 2012. 10. 10.
조병희(2006), 열린마당: 도로 영문표지판 표기 'way'를 'gil'로 써서야, 중앙일보 2006. 10. 24.
조선일보(2006), 치마 자락→치맛자락 '따로 맞춤법' 통일, 조선일보 2006. 5. 19.
주필(2014), 문장부호, 인천일보 2014. 11. 19.
지명훈(2014), "류관순→유관순 열사로 바꿉니다", 동아일보 2014. 3. 14.
채서영(2010), 너무 어려운 사이시옷, 조선일보 2010. 10. 4.
채지은(2011), 외래어 · 틀린말 투성이 방송 제목, 한국일보 2011. 8. 3.
최명국(2014), '대학생 한글 인식 조사' 응답자 49.9% "다시 태어나면 영어가 모국어 됐으면", 전북일보 2014. 10. 9.
최성우(2008), 우리말 바루기: 수식 관계 띄어쓰기, 중앙일보 2008. 1. 3.
최성우(2014), 우리말 바루기: 해질녘(?), 중앙일보 2014. 5. 9.
최성철(2010), 외래어 표기법 새로 만들자!, 한겨레 2010. 3. 15.
최성철 · 이덕환(2010), 외국어 표기 한글 새 문자 논쟁, 조선일보 2010. 2. 2.
최연진(2006), 정통부는 '국어 공부중', 한국일보 2006. 6. 27.
최원형(2010), 그릇된 말글살이 '국어발전 부담금' 물리자, 한겨레 2010. 11. 26.
최인호(2006), 사투리, 한겨레 2006. 12. 21.
최지영(2009), 이런 표현 사라집니다, 중앙일보 2009. 3. 8.
하정민(2014), 맞춤법 지적이 '넌씨눈'?, 동아일보 2014. 11. 5.
한국경제(2006), '짭잘하다' '짭짤하다' 어느게 맞는 말이지?, 한국경제 2006. 10. 9.
한국경제(2007), 문장에 숨결을 불어넣는 '쉼표', 한국경제 2007. 4. 27.
한국경제(2008), '데'와 '-ㄴ데', 한국경제 2008. 6. 6.
한국경제(2008), '-만/-마는/-만은', 한국경제 2008. 12. 12.
한국경제(2008), 맞춤법 공략하기, 한국경제 2008. 4. 12.
한국경제(2008), '박이'와 '-배기/-빼기', 한국경제 2008. 5. 31.
한국경제(2008), '지'와 '-ㄴ(ㄹ)지', 한국경제 2008. 7. 18.
한국경제(2009), 문장부호 엿보기 : 인용문의 마침표, 한국경제 2009. 6. 5.
한국경제(2010), 준말 만들기, 한국경제 2010. 6. 25.
한국경제(2011), 한글 띄어쓰기 · 맞춤법이 가장 궁금, 한국경제 2011. 5. 11.
한규희(2006), 우리말 바루기: 739. '참석키로'(?) 했다, 중앙일보 2006. 6. 13.
한규희(2006), 우리말 바루기: 779. 길다란(?) 회초리, 중앙일보 2006. 8. 9.
한규희(2007), 우리말 바루기: '무색케, 도입케'(?), 중앙일보 2007. 6. 20.
한규희(2007), 우리말 바루기: 수 표현의 띄어쓰기, 중앙일보 2007. 4. 12.
한규희(2008), 우리말 바루기: 가슴을 '할켰다'(?)고, 중앙일보 2008. 6. 26.
한규희(2008), 우리말 바루기: 잘 '처리할른지'(?), 중앙일보 2008. 1. 31.
한규희(2008), 우리말 바루기: '거칠은'(?) 벌판, 중앙일보 2008. 2. 20.
한덕동(2013), "일본식 한자 판치는 공문서, 한글로 바로 쓰고 싶었죠", 한국일보 2013. 10. 7.
허동현(2010), 그때 오늘: 천연두 퇴치, 한글 근대화에 앞장선 선각자 지석영, 중앙일보 2010. 3. 24.
허재영(2009), '수-' 발음법, 쓰임에 따라 달라져, 한겨레 2009. 8. 9.
허재영(2009), 음상의 차이 따라 다양해지는 상징어, 한겨레 2009. 7. 12.
허재영(2009), 정책이 빚은 남북 언어의 차이, 한겨레 2009. 10. 11.
허진석(2011), 우리말, 다듬고… 지키고… 알리고…, 동아일보 2011. 1. 6.

허철구(2007), 우리말 바로쓰기: 강조하고있다(X)→강조하고 있다(O), 조선일보 2007. 9. 19.

허철구(2007), 우리말 바로쓰기: 자신부터(O)→자신 부터(X), 조선일보 2007. 4. 11.

헤럴드경제(2014), 가장 충격적인 맞춤법 실수, 감기 빨리 나으세요 '낳으세요?', 헤럴드경제 2014. 10. 9.

홍성호(2006), '붉은악마'는 단어일까?, 한국경제 2006. 7. 27.

홍성호(2006), 이두 박근 삼두 박근?, 한국경제 2006. 5. 29.

홍성호(2007), 100년전 한글의 모습, 한국경제 2007. 1. 26.

홍성호(2008), 오렌지는 우리말, 어륀지는 외국말, 한국경제 2008. 4. 27.

홍성호(2009), '얽히고설키다'를 알면 우리말이 보인다, 한국경제 2009. 2. 27.

홍윤표(2014), 국어사전 편찬 국가기구 설치 절실, 세계일보 2014. 7. 8.

홍진수(2006), 국립국어원 표준국어대사전 '종이사전' 안낸다, 경향신문 2006. 10. 9.

황경상(2012), 문장부호 명칭 온점은 '마침표', 반점은 '쉼표'로 바뀐다, 경향신문 2012. 10. 23.

황용주(2014), 우리말 바루기: 국어원, 사전 변경 내용 주기적으로 공개, 중앙일보 2014. 6. 20.

황현산(2014), 황현산의 밤이 선생이다: 한글날에 쓴 사소한 부탁, 경향신문 2014. 10. 10.

찾아보기

일 러 두 기

1. 본서의 찾아보기는 크게 두 가지 성격으로 나뉜다. 그 하나는 개별 조항에 나오는 용례들의 색인이고, 다른 하나는 본문의 설명에 나오는 용어들의 색인이다.
2. 용례의 경우에는 《맞춤법》과 《표준어 규정》, 그리고 《표준어 모음》의 용례들을 함께 묶어 이용의 편의를 도모하였다. 용례 뒤의 번호는 다음의 예와 같이 해당 용례를 보이는 항을 의미한다.

   ㉯ 불긋불긋 19 → 맞춤법 제19항
   길라잡이 1.25 → 표준어 규정 제1부 표준어 사정 원칙 제25항
   발갈이 2.23 → 표준어 규정 제2부 표준 발음법 제23항
   각시 3.1 → 표준어 모음 1. 어휘 선택
   대견하다 3.21 → 표준어 모음 2. 발음 (1) 장단
   겨울잠 3.22 → 표준어 모음 2. 발음 (2) 경음
3. 용어들의 경우에는 해당 용어가 보이는 면수를 보였다.

찾아보기

1. 용례 찾아보기

| ㅁ |

| ㅂ |

| ㅅ |

| ㅇ |

2. 용어 찾아보기

| ㄷ |

| ㄹ |

| ㅁ |

| ㅂ |

| ㅅ |

보정 한글 맞춤법 강의

초판 1쇄 발행 2018년 2월 20일
초판 3쇄 발행 2024년 2월 20일

지 은 이 이희승 안병희 한재영
펴 낸 이 김길준
펴 낸 곳 (학)신구학원신구문화사

등 록 1968년 6월 10일
주 소 경기도 성남시 중원구 광명로 377 신구대학교 우촌학사 1층
전 화 031-741-3055~6
팩 스 031-741-3054
이 메 일 shingupub@naver.com
홈페이지 www.shingubook.com
출판등록 1968년 6월 10일

ISBN 978-89-7668-278-9 93710